Informe Final de la Cuadragésima Tercera Reunión Consultiva del Tratado Antártico

REUNIÓN CONSULTIVA
DEL TRATADO ANTÁRTICO

Informe Final de la Cuadragésima Tercera Reunión Consultiva del Tratado Antártico

París, Francia
14 al 24 de junio de 2021

Volumen II

Secretaría del Tratado Antártico
Buenos Aires
2021

Reunión Consultiva del Tratado Antártico (43ª: 2021: Informe Final de la Cuadragésima Tercera Reunión Consultiva del Tratado Antártico. París, Francia, 14 al 24 de junio de 2021
Buenos Aires: Secretaría del Tratado Antártico, 2021.
532 p.

ISBN 978-987-8929-13-2

1. Derecho internacional – Asuntos medioambientales. 2. Sistema del Tratado Antártico. 3. Derecho ambiental – Antártida. 4. Protección del medioambiente – Antártida.

DDC 341.762 5

Publicado por:

Secretariat of the Antarctic Treaty
Secrétariat du Traité sur l'Antarctique
Секретариат Договора об Антарктике
Secretaría del Tratado Antártico

Maipú 757, Piso 4
C1006ACI Ciudad Autónoma
Buenos Aires - Argentina
Tel: +54 11 3991 4250
ats@ats.aq

Este libro también está disponible en: www.ats.aq (versión digital) y para compras en línea.

ISSN 2346-9889
ISBN (vol. II): 978-987-8929-13-2
ISBN (obra completa): 978-987-8929-00-2

Índice

VOLUMEN I

Medida 7 (2021): Zona Antártica Especialmente Protegida n.° 106 (cabo Hallett, Tierra Victoria del Norte, mar de Ross): plan de gestión revisado

Medida 8 (2021): Zona Antártica Especialmente Protegida n.° 120 (archipiélago de Punta Géologie, Tierra de Adelia): plan de gestión revisado

Medida 9 (2021): Zona Antártica Especialmente Protegida n.° 121 (cabo Royds, isla Ross): plan de gestión revisado

Medida 10 (2021): Zona Antártica Especialmente Protegida n.º 131, (glaciar Canadá, lago Fryxell, valle Taylor, Tierra de Victoria): plan de gestión revisado

Medida 11 (2021): Zona Antártica Especialmente Protegida n.º 134 (punta Cierva e islas frente a la costa, costa Danco, península antártica): plan de gestión revisado

Medida 12 (2021): Zona Antártica Especialmente Protegida n.° 148 (monte Flora, bahía Esperanza, península antártica): plan de gestión revisado

Medida 13 (2021): Zona Antártica Especialmente Protegida n.° 155 (cabo Evans, isla Ross): plan de gestión revisado

Medida 14 (2021): Zona Antártica Especialmente Protegida n.° 157 (bahía Backdoor, cabo Royds, isla Ross): plan de gestión revisado

Medida 15 (2021): Zona Antártica Especialmente Protegida n.° 158 (punta Hut, isla Ross): plan de gestión revisado

Medida 16 (2021): Zona Antártica Especialmente Protegida n.° 159 (cabo Adare, costa Borchgrevink): plan de gestión revisado

Medida 17 (2021): Zona Antártica Especialmente Protegida n.° 163 (glaciar Dakshin Gangotri, Tierra de la Reina Maud): plan de gestión revisado

Medida 18 (2021): Zona Antártica Especialmente Protegida n.º 167 (isla Hawker, Tierra de la Princesa Isabel): plan de gestión revisado

Medida 19 (2021): Zona Antártica Especialmente Protegida n.º 176 (islas Rosenthal, isla Anvers, archipiélago Palmer): plan de gestión

Medida 20 (2021): Zona Antártica Especialmente Protegida n.º 177 (islas Léonie y sudeste de la isla Adelaida, península antártica): plan de gestión

Medida 21 (2021): Zona Antártica Especialmente Protegida n.º 178 (isla Inexpressible y bahía Seaview, mar de Ross): plan de gestión

Medida 22 (2021): Lista revisada de Sitios y Monumentos Históricos antárticos: Pecio del San Telmo

Medida 23 (2021): Sistema de Zonas Antárticas Protegidas: Lista de Sitios y Monumentos Históricos con formato rediseñado

Anexo: Lista revisada de Sitios y Monumentos Históricos

2. Decisiones

Decisión 1 (2021): Sistema de Zonas Antárticas Protegidas: Lista de Sitios y Monumentos Históricos con formato rediseñado

VOLUMEN II

Siglas y abreviaciones

ACAP	Acuerdo sobre la Conservación de Albatros y Petreles
AMP	Área Marina Protegida
ANC	Autoridad Nacional Competente
ASOC	Coalición Antártica y del Océano Austral
BP	Documento de Antecedentes
CCFA	Convención para la Conservación de las Focas Antárticas
CCRVMA	Convención sobre la Conservación de los Recursos Vivos Marinos Antárticos y/o Comisión para la Conservación de los Recursos Vivos Marinos Antárticos
CCRWP	Programa de trabajo de respuesta para el cambio climático
CHA	Comisión Hidrográfica de la Antártida
CMNUCC	Convención Marco de las Naciones Unidas sobre Cambio Climático
COI	Comisión Oceanográfica Intergubernamental
COMNAP	Consejo de Administradores de Programas Antárticos Nacionales
CPA	Comité para la Protección del Medio Ambiente
EIA	Evaluación del Impacto Ambiental
EMG	Evaluación Medioambiental Global
EMI	Evaluación Medioambiental Inicial
FIDAC	Fondos internacionales de indemnización de daños debidos a la contaminación por hidrocarburos
GCI	Grupo de Contacto Intersesional
GSPG	Grupo Subsidiario sobre Planes de Gestión
GSRCC	Grupo Subsidiario sobre respuesta al Cambio Climático
IAATO	Asociación internacional de operadores turísticos en la Antártida
IBA	Áreas Importantes para la Conservación de las Aves
IGP&I Clubs	Grupo internacional de Clubes de Protección e Indemnización
IP	Documento de Información
IPCC	Grupo Intergubernamental de Expertos sobre Cambio Climático
OACI	Organización de Aviación Civil Internacional
OHI	Organización Hidrográfica Internacional
OMI	Organización Marítima Internacional
OMM	Organización Meteorológica Mundial
OMT	Organización Mundial del Turismo
PCTA	Parte Consultiva del Tratado Antártico
PNUMA	Programa de las Naciones Unidas para el Medio Ambiente
RBCA	Región Biogeográfica de Conservación Antártica
RCC	Centros de Coordinación de Rescates
RCTA	Reunión Consultiva del Tratado Antártico

RETA	Reunión de Expertos del Tratado Antártico
SAR	Búsqueda y Salvamento
SCAR	Comité Científico de Investigación Antártica
SC-CAMLR	Comité Científico de la CCRVMA
SEII	Sistema electrónico de intercambio de información
SMH	Sitio y Monumento Histórico
SOLAS (o SEVIMAR)	Convenio Internacional para la Seguridad de la Vida Humana en el Mar
SOOS	Sistema de Observación del Océano Austral
SP	Documento de la Secretaría
STA	Sistema del Tratado Antártico o Secretaría del Tratado Antártico
TdR	Término de Referencia
UAV/RPAS	Vehículos Aéreos no Tripulados / Sistemas de Aeronaves Dirigidas por Control Remoto
UICN	Unión Internacional para la Conservación de la Naturaleza
VSSOS	Estadías nocturnas breves con apoyo de embarcaciones
WP	Documento de Trabajo
ZAEA	Zona Antártica Especialmente Administrada
ZAEP	Zona Antártica Especialmente Protegida

PARTE II

Medidas, Decisiones y Resoluciones (Cont.)

4. Planes de Gestión

Plan de gestión de la Zona Antártica Especialmente Administrada n.° 6, colinas de Larsemann, Antártida oriental

1. Introducción

Las colinas de Larsemann son una zona libre de hielo de aproximadamente 40 km^2 y el "oasis" costero más al sur de la región de la bahía de Prydz en la Antártida oriental. Las zonas costeras libres de hielo son poco comunes en la Antártida y, por ende, la región de las colinas de Larsemann es importante a nivel ambiental, científico y logístico.

En 2007, las colinas de Larsemann fueron designadas Zona Antártica Especialmente Administrada (ZAEA) en respuesta a una designación conjunta de Australia, China, India, Rumanía y la Federación de Rusia. La principal razón para su designación fue el promover la coordinación y cooperación de las Partes en la planificación y realización de actividades en la región, con el propósito de lograr mayores resultados de protección del medio ambiente.

El Plan de gestión original para la ZAEA n.° 6, colinas de Larsemann, se aprobó con la Medida 2 (2007). Se aprobó un Plan de gestión revisado para la Zona con la Medida 15 (2014).

1.1 Geografía

Las Colinas de Larsemann están ubicadas a medio camino entre los cerros Vestfold y la plataforma de hielo Amery, en la costa sudeste de la bahía Prydz, Tierra de la Princesa Isabel, Antártida Oriental (69° 30' S, 76° 19' 58" E) (mapa A). La zona sin hielo consta de dos penínsulas principales (Stornes y Broknes), cuatro penínsulas menores y aproximadamente 130 islas cercanas a la costa. La península más oriental, Broknes, está dividida en dos componentes occidental y oriental por el fiordo Nella. Las zonas sin hielo importantes más cercanas son las islas Bølingen (69° 31' 58" S, 75° 42' E) 25 km al suroeste y las islas Rauer (68° 50' 59" S, 77° 49' 58" E) 60 km al nordeste.

Según el Análisis de Dominios Ambientales de la Antártida (Resolución 3, 2008), las colinas Larsemann se encuentran en el Ambiente D, Geológico del litoral de la Antártida oriental. Según las Regiones Biogeográficas de Conservación Antártica (Resolución 3, 2017), las colinas Larsemann se encuentran en la Región Biogeográfica 7, Antártida Oriental.

1.2 Presencia humana

1.2.1 Historia de las visitas humanas

La zona de las colinas de Larsemann fue cartografiada por primera vez en 1935 por una expedición noruega al mando del capitán Klarius Mikkelsen. Aunque varias naciones realizaron breves visitas durante los 50 años siguientes, la actividad humana de carácter importante o sostenido no comenzó sino hasta mediados de los años ochenta. El período de 1986 a 1989 observó un rápido desarrollo de infraestructura en la zona: se estableció una base de verano de investigación australiana (base Law), una estación de investigación china (Zhongshan) y una estación de investigación soviética (Progress) separadas aproximadamente por 3 km entre ellas en Broknes oriental. Durante este período funcionó también una pista de 2000 metros para aviones con esquíes, operada por la URSS (Rusia) en la meseta de hielo al sur de Broknes, que se usó para más de 100 vuelos intracontinentales. Las estaciones de Zhongshan y Progress funcionan todo el año, al igual que la estación Bharati, que fue establecida por la India en 2012-2013. La base Law opera estacionalmente.

1.2.2 Actividad científica

La investigación basada en la estación incluye hidrología, glaciología, meteorología, sismología, geomagnética, química atmosférica, seguimiento del sistema de posicionamiento global (GPS), física atmosférica y espacial y fisiología humana. La investigación de campo en las colinas de Larsemann se ha concentrado en la geología, la geofísica, la geomorfología, la ciencia cuaternaria, la glaciología, la hidrología, la limnología, la ecología, la geoecología, la biología y los estudios de la biodiversidad (incluida la molecular), la biotecnología y los impactos de los seres humanos.

1.2.3 Visitas turísticas

En la década de los noventa se realizaron visitas turísticas esporádicas a la zona por barco. Estas fueron viajes de medio día, durante los cuales los pasajeros eran trasladados a tierra en helicóptero para que vieran la zona de las estaciones, los lagos, las colonias de aves y otras características de los alrededores de Broknes oriental a pie.

1.2.4 Actividad futura

Las actividades humanas sostenidas que se llevan a cabo en las colinas de Larsemann son promovidas por la ubicación costera y el paisaje libre de hielo. Es evidente el compromiso de las Partes activas en la Zona con el uso sostenido de esta, tanto en el desarrollo y remodelación de las instalaciones de las estaciones como en la organización de las travesías al interior. Se prestará especial atención a la seguridad de las mejoras viales, incluida la nivelación propuesta de la cresta en la carretera entre Progress y el aeródromo.

1.3 Período de designación

La ZAEA está designada por un período indefinido. El Plan de gestión debe ser revisado al menos cada cinco años.

2. Valores de la Zona

La región de la bahía de Prydz contiene una serie de afloramientos rocosos e islas frente a la costa que representan una fracción significativa del componente libre de hielo de la costa este de la Antártida. Las colinas de Larsemann comprenden una zona libre de hielo de alrededor de 40 km^2, que constituye el "oasis" costero más austral (69° 30' S) de este sector geográfico y el segundo en tamaño después de los cerros Vestfold (~410 km^2), 110 km al nordeste. Estos oasis costeros son particularmente raros en la Antártida. Es por eso que las colinas de Larsemann representan un lugar biogeográfico importante con valor ambiental, científico y logístico.

2.1 Valores ambientales y científicos

Gran parte de la investigación científica en las colinas de Larsemann depende del estado relativamente inalterado del medio ambiente natural, por lo que la protección de los valores científicos contribuirá en gran medida a la comprensión y la protección de los abundantes valores ambientales de la Zona.

Con su geología extremadamente distinta de la de los demás afloramientos en la región de la bahía Prydz, las colinas de Larsemann ofrecen una ventana geológica importante a la historia de la Antártida. Las características geológicas y geomorfológicas expuestas y generalizadas son muy útiles para comprender la formación del paisaje y la historia de la capa de hielo polar y del nivel del mar. Muchas de estas características son especialmente vulnerables a las perturbaciones físicas.

La península de Broknes es una de las pocas zonas costeras de la Antártida que permaneció parcialmente libre de hielo durante la última glaciación; los sedimentos allí depositados contienen registros biológicos y paleoclimáticos continuos de hace unos 130.000 años.

Las penínsulas de Stornes y Brattnevet son únicas en términos de su extenso desarrollo de varios lugares de asociaciones minerales de borosilicato y fosfato que son científicamente importantes en su variedad y origen. La investigación en curso busca identificar los procesos geológicos que han concentrado el boro y el fósforo hasta tal punto. Stornes también tiene sedimentos que contienen abundantes foraminíferos, diatomeas y moluscos bien conservados. A los valores geológicos destacados de Stornes y su valor como lugar de referencia para el más afectado Broknes, se les otorgó la protección dentro de la Zona Antártica Especialmente Protegida (ZAEP) n.° 174, Stornes.

Las colinas de Larsemann encierran más de 150 lagos. Aunque algunos de los lagos de mayor importancia científica se encuentran al este de Broknes, los lagos de las colinas de Larsemann se reconocen colectivamente como la característica ecológica más importante de la ZAEA. Los lagos son particularmente valiosos por sus ecosistemas naturales relativamente sencillos. Como son susceptibles a modificaciones físicas, químicas y biológicas, resulta pertinente un enfoque de gestión de la actividad humana basado en cuencas para proteger sus valores científicos. Los campos de nieve en estas cuencas y arroyos también son temas importantes para la medición de los procesos hidrológicos naturales y cualquier expansión del impacto por actividades humanas.

Además, algunos de los lagos en la zona de colinas de Larsemann se caracterizan por inundaciones (acompañadas de) la destrucción de presas de nieve y hielo, represas de cuerpos de agua y descarga de agua a través de canales emergentes. Estas características son de interés tanto desde el punto de vista científico como en el marco de las mediciones para garantizar la seguridad de las operaciones de transporte.

El microclima comparativamente benigno y la presencia de agua dulce en verano también favorecen las formas de vida antárticas. Los petreles de las nieves, los petreles de Wilson y las skúas antárticas se reproducen en la zona, y las focas de Weddell se acercan a la costa para reproducirse y mudar el pelaje. Los musgos, líquenes y mantos de cianobacterias están ampliamente distribuidos y se encuentran en altas concentraciones en algunos lugares. La accesibilidad comparativa de estos sitios biológicos los convierte en una característica valiosa y vulnerable de la zona.

Debido a la historia de actividad humana reducida, concentrada y bien documentada, las colinas de Larsemann también presentan una excelente oportunidad para estudiar y cuantificar el impacto de los seres humanos.

2.2 Valores logísticos

La ZAEA de las colinas de Larsemann, como emplazamiento de las estaciones de tres programas antárticos nacionales que funcionan todo el año, es una base de apoyo logístico importante para el acceso a la región sur de la bahía Prydz y el interior de la Antártida, lo que incluye las estaciones Kunlun en el Domo A (China), Vostok (Rusia), y la región de las montañas Groves. Australia y China han realizado travesías interiores considerables con el apoyo de instalaciones en las colinas de Larsemann. A partir de 2008, Rusia reubicó su base de apoyo para el suministro de la estación Vostok de Mirny a las colinas de Larsemann.

La presencia de una pista de aterrizaje de nieve existente mantenida por Rusia y que opera aviones de medio recorrido también aumenta el valor logístico de la zona, al igual que el uso del fiordo Thala como un respaldo para la descarga de barcos y aumentar el éxito y la seguridad de las operaciones de carga. Dado el carácter duradero de los icebergs que bloquean el paso marítimo a las estaciones de Progress y Zhongshan, es importante el uso del fiordo Thala para el suministro sostenible de las estaciones en la península de Broknes y para la entrega de carga a las estaciones del interior. Rusia planea usar el fiordo Thala a partir de la temporada de verano 2021-2022 para suministrar material de construcción y combustible a la estación de Vostok. El acceso se realizará a través de la península de Stornes, a lo largo del límite con la ZAEP 174, Stornes, que actualmente es el único paso entre el fiordo Thala y el continente. Para apoyar el paso seguro, se ha trabajado desde 2015 para identificar grietas glaciales y cuerpos de agua peligrosos.

2.3 Naturaleza y valores estéticos

Stornes y las penínsulas menores e islas cercanas a la costa presentan menos evidencia de la presencia humana que cualquier otro lugar en la ZAEA. El valor estético de las colinas accidentadas y libres de hielo de la ZAEA, que están salpicadas por lagos y fiordos con el glaciar Dålk, las islas cercanas a la costa, los icebergs y la meseta como trasfondo, lo que las hace dignas y les garantiza la protección.

3. Finalidades y objetivos

Las colinas de Larsemann son designadas ZAEA a fin de proteger el medio ambiente mediante la promoción de la coordinación y la cooperación de las Partes en la planificación y la realización de actividades humanas en la Zona.

Mediante la aprobación de este Plan de gestión, las partes se comprometen a:

- proporcionar orientación a todos los visitantes, que incluyen el personal que participa en programas nacionales de investigación, visitantes transitorios de programas nacionales y participantes en actividades no gubernamentales, sobre la forma apropiada de realizar sus actividades;

- reducir al mínimo el impacto acumulativo y otros impactos ambientales fomentando la comunicación y una estrategia congruente de cooperación para la protección del medio ambiente en la realización de actividades de investigación y apoyo;
- reducir al mínimo los impactos ocasionados por la perturbación física, la contaminación química y biológica en la región, principalmente a través de la administración adecuada del uso de los vehículos;
- prevenir la contaminación del medio ambiente mediante prácticas integrales de manejo de residuos y el manejo y almacenamiento apropiados de sustancias peligrosas;
- implementar las medidas necesarias para proteger el medio ambiente de la introducción accidental o la liberación de especies no autóctonas;
- mantener la vida silvestre y los valores estéticos de la zona;
- proteger la capacidad de realizar investigaciones científicas sin comprometer los valores científicos de la zona, y
- mejorar la comprensión de los procesos naturales de la zona, incluso mediante programas cooperativos de seguimiento y documentación.

4. Descripción de la Zona

4.1 Geografía y límites de la zona

La ZAEA comprende la zona libre de hielo y las islas cercanas a la costa conocidas colectivamente como las colinas de Larsemann (ver mapa A) y la meseta adyacente. La ZAEA incluye la tierra:

comenzando en 69° 23' 20" S, 76° 31' 0" E al este del extremo meridional de Dalkoy y desde allí

al norte hasta 69° 22' 20" S, 76° 30' 50" E al norte de Dalkoy

al noroeste hasta 69° 20' 40 "S, 76° 21' 30" E al norte de la isla Rayada

al noroeste hasta 69° 20’20" S, 76° 14' 20" E al nordeste de la isla Betts

al sudoeste hasta 69° 20' 40" S, 76° 10' 30" E al noroeste de la isla Betts

al sudoeste hasta 69° 21' 50" S, 76° 2' 10" E al noroeste de la isla de Osmar

al sudoeste hasta 69° 22' 30" S, 75° 58' 30" E al oeste de la isla de Osmar

al sudoeste hasta 69° 24' 40" S, 75° 56' 0" E al oeste de la isla Mills

al sudeste hasta 69° 26' 40" S, 75° 58' 50" E al sur de Xiangsi Dao

al sudeste hasta 69°28' 10" S, 76°1' 50" E al sudoeste de la punta McCarthy

al sudeste a la costa hasta 69° 28' 40" S, 76° 3' 20" E

al nordeste hasta 69° 27' 32" S, 76° 17' 55" E al sur de la pista de aterrizaje rusa

al sureste hasta 69° 25' 10" S, 76° 24' 10" E en el lado occidental del glaciar Dålk

al nordeste hasta 69° 24' 40" S, 76° 30' 20" E en el lado este del glaciar Dålk, y

al nordeste volviendo a 69° 23' 20" S, 76° 31' 0" E.

Sin embargo, la intención es gestionar, de acuerdo con este Plan de gestión, toda la actividad humana considerable asociada con las colinas de Larsemann.

No hay marcadores de límites artificiales en el lugar.

4.2 Clima

Una característica importante del clima de las colinas de Larsemann es la existencia de vientos catabáticos persistentes y fuertes que soplan desde el nordeste la mayoría de los días de verano. Las temperaturas diurnas del aire de diciembre a febrero superan con frecuencia los 4 °C y pueden superar los 10 °C, con una temperatura media mensual un poco superior a los 0 °C. Las temperaturas medias mensuales en invierno oscilan principalmente entre -15 °C y -18 °C. La precipitación se produce en forma de nieve y rara vez supera los 250 mm de agua equivalente al año. La cobertura de nieve es generalmente más profunda y más persistente en Stornes que en Broknes. La banca de hielo se extiende hacia el interior de la costa durante el verano y los fiordos y bahías pocas veces están libres de hielo.

4.3 Características naturales

4.3.1 Geología

Las colinas de Larsemann (así como las islas Bolingen y los farallones Brattstrand de los alrededores) difieren de otras partes de la bahía Prydz, debido principalmente a la ausencia de contravetas máficas y grandes filones de charnoquita. Los cimientos de roca expuestos en las colinas de Larsemann se componen de rocas volcanogénicas y sedimentarias supracrustales metamorfoseadas en condiciones de facies de granulita (800–860 °C, 6–7 kbar en el período de máxima intensidad) durante el evento "panafricano" del paleozoico inferior (~500-550 Ma). Al período de máximas condiciones metamórficas siguió la descompresión. Las rocas fueron sometidas a extenso derretimiento y varios episodios de deformación, y sufrieron la intrusión de varias generaciones de pegmatitas y granitos. Debajo de las rocas supracrustales hay un basamento de ortogneis con ortopiroxeno del proterozoico, del cual posiblemente deriven.

4.3.2 Características geomorfológicas

La forma alargada de los accidentes topográficos en gran escala de las colinas de Larsemann se debe a las capas, los pliegues y las fallas composicionales (lineamientos) de la roca base metamórfica. El paisaje está dividido por fiordos y valles grandes, estructuralmente controlados y empinados que rara vez superan los 100 m de profundidad en tierra; el más largo es de 3 km (bahía Barry Jones). La elevación máxima sobre el nivel medio del mar es de 162 m (pico Blundell).

En general, la costa consiste en roca subyacente y hay playas solo en las cabeceras de los fiordos o en bahías aisladas protegidas. Existen varias secuencias de lagos con represas de hielo y desfiladeros asociados y abanicos aluviales. Es probable que las islas mar adentro sean formaciones rocosas erosionadas por los glaciares, aisladas unas de otras por el actual nivel del mar.

Son comunes las formaciones geológicas modeladas por el viento, si bien las cuñas de hielo y sal desempeñan claramente una función importante en el desgranulado y el viento actúa fundamentalmente como un agente transportador. Las formaciones geológicas periglaciales también están extendidas pero no son especialmente abundantes ni están bien desarrolladas.

Debido a la falta de procesos químicos y biológicos formadores de suelos, prácticamente no hay suelos verdaderos. Los depósitos superficiales son generalizados, pero se limitan a las zonas más bajas e incluyen gravas en bancos de nieve, materiales depositados por el viento, taludes y materiales depositados por las lluvias. Se encuentran también suelos muy delgados (de menos de 10 cm de espesor) en asociación con lechos de musgos dispersos y líquenes de distribución discontinua. En algunos lugares existe una capa permacongelada entre los 20-70 cm debajo de la superficie.

Al nordeste de Stornes, aproximadamente a 69° 31' 48" S, 76°° 07' E, hay un afloramiento de sedimento marino posdeposicional del plioceno (4,5-3,8 Ma) de hasta 40 cm de espesor. Estos sedimentos ocupan un banco estrecho de aproximadamente 55 m sobre el nivel del mar y producen foraminíferos abundantes y bien conservados, además de diatomeas y moluscos razonablemente bien conservados.

En Broknes, las áreas que permanecieron libres de hielo durante el último máximo glacial contienen depósitos sedimentarios (en los lagos) que constituyen registros de los cambios climáticos, biológicos y ecológicos del último ciclo glacial.

4.3.3 Lagos y campos de nieve

Las colinas de Larsemann contienen más de 150 lagos con diferentes grados de salinidad, desde agua dulce hasta levemente salada, y tamaños, desde estanques poco profundos hasta cuencas más profundas modeladas por el hielo, pero, en general, son pequeñas (de 5.000 a 30.000 m^2) y poco profundos (de 2 a 5 m). Las superficies de los lagos se congelan durante el invierno y la mayoría se descongelan durante hasta 2 meses en verano, lo que les permite mezclarse bien con los vientos catabáticos. A la mayoría de los lagos llega agua de deshielo y algunos tienen cursos de agua de ingreso y de salida que fluyen constantemente durante el verano y sirven de hábitat para crustáceos, diatomeas y rotíferos. Estos cursos de agua son particularmente evidentes en la península Stornes.

Las pequeñas cuencas y las aguas prácticamente prístinas hacen que los lagos de las colinas de Larsemann sean especialmente susceptibles al impacto de la actividad humana. Las investigaciones han demostrado que varios lagos en el este de Broknes en las inmediaciones de las zonas de la estación y sus carreteras interconectadas han experimentado cambios químicos del agua y aportes de nutrientes, agua de deshielo y sedimentos. Si bien estos lagos muestran claramente el impacto de los seres humanos, la mayoría de los lagos de Broknes y los lagos de otras partes de la Zona parecen estar en gran medida intactos.

Los lagos de Broknes oriental tienen el registro sedimentario más largo de todos los lagos superficiales de la Antártida. Al parecer, la capa de hielo no pasó del lago Nella y no socavó el lago Progress, de modo que estos lagos y otros situados hacia el extremo norte de la península son particularmente útiles para la comunidad científica.

La superficie de los campos nevados de las colinas de Larsemann ha aumentado en un 11% durante los últimos 50 años. En el período de verano, se forma una red hidrográfica temporal a partir del deshielo de los campos de nieve y los glaciares. Los arroyos transportan agua, iones, materia en suspensión y contaminantes sobre las zonas de captación y hacia los lagos y bahías.

Según los resultados de las observaciones de los últimos años, varios lagos de la zona se caracterizan por inundaciones periódicas. Se han realizado estudios detallados dedicados a estos fenómenos en los cuerpos de agua de la península de Broknes desde la temporada 2017-2018, que incluyen estudios hidrológicos y geofísicos, así como observaciones a largo plazo de la dinámica de los cuerpos de agua. La frecuencia y naturaleza de las inundaciones está determinada por una serie de factores, incluidas las características climáticas y geomorfológicas de cada cuerpo de agua. Las inundaciones de los lagos Kristalnoe (Progress) (LH-59) y Discussion ocurren casi anualmente, y del lago Bolder (LH-73) cada pocos años a medida que se alcanzan niveles críticos de agua.

4.3.4 Biota de lagos y arroyos

El grupo más diverso y extendido de productores primarios de las masas de agua continentales del oasis son las cianobacterias (algas verdiazules), entre las que se encuentran muchas especies endémicas de la Antártida y la región de la bahía de Prydz. En segundo lugar en términos de diversidad y distribución de especies están las diatomeas. Aproximadamente el 40% de los taxones de diatomeas que viven en las aguas dulces y salobres de las colinas de Larsemann son endémicas de la bahía de Prydz o de la Antártida (se encuentran principalmente en la parte oriental de Broknes). Las algas verdes también desempeñan un papel importante. Los desmidiales están representados por solo cuatro especies pertenecientes a tres géneros: *Actinotaenium*, *Cosmarium* y *Staurastrum*, pero a menudo co-dominan en las comunidades de algas. Suelen vivir en comunidades bentónicas, pero ocasionalmente también se observan especies del género *Cosmarium* en el plancton. Las algas doradas se encuentran en el plancton (especies del género *Paraphysomonas*) o como estadios de reposo (estomatocistos) en el fondo de los lagos. Las algas dinofitas (dinoflagelados) también se encuentran en el plancton de los cuerpos de agua dulce, pero su abundancia varía significativamente de un año a otro.

La característica más notable de la biota de casi todos los lagos de la región es la presencia de vastas cubiertas de fieltro azul verdoso de cianobacterias (mantos de cianobacterias) que se han acumulado aquí desde el retroceso de los glaciares, y en algunos lugares tienen hasta 130.000 años. Estos mantos suelen tener de 1 a 10 cm de espesor, pero pueden en raras ocasiones alcanzar 1,5 m, lo que no se observa en otros sistemas antárticos de agua dulce. Estos mantos contienen cianobacterias, algas eucariotas (verdes, desmidiales, diatomeas) y estados de reposo de especies planctónicas de algas doradas. La base del manto está compuesta por cianobacterias filamentosas, generalmente del género *Leptolyngbya*, *Phormidesmis* y *Pseudanabaena*. A menudo se encuentran comunidades similares, pero de menor espesor y diferente composición de especies de algas y cianobacterias, en embalses temporales y cursos de agua y zonas de infiltración húmeda.

Los nanoflagelados heterótrofos son más comunes que los autótrofos, aunque su diversidad de especies es pequeña (solo tres o cuatro especies en la mayoría de los lagos). Los ciliados se encuentran en cantidades reducidas, con *Estrombidio* como la especie más común. En la mayoría de los lagos también se encuentra una especie de *Holyophyra*. Los rotíferos ocurren esporádicamente en varios lagos, y el cladócero *Daphniopsis studeri* está muy extendido pero se encuentra en escaso número.

4.3.5 Aves marinas

En las colinas de Larsemann se reproducen skúas antárticas (*Catharacta maccormicki*), petreles de las nieves (*Pagodroma nivea*) y petreles de Wilson (*Oceanites oceanicus*). Si bien se han documentado las cantidades aproximadas y la ubicación de parejas reproductoras en Broknes, y especialmente en el este de Broknes, su distribución por el resto de la zona es incierta.

Entre mediados o finales de octubre y principios de abril hay skúas antárticas, anidando en Broknes casi 17 parejas reproductoras y cantidades similares de aves no reproductoras. En fragmentos de roca subyacente protegidos, hendiduras, laderas de rocas grandes y derrumbes es posible encontrar nidos de petrel de las nieves y petrel de Wilson, los cuales suelen estar ocupados desde octubre a febrero. En Broknes hay entre 850 y 900 parejas de petreles de las nieves y entre 40 y 50 parejas de petreles de Wilson aproximadamente, con concentraciones de petreles de las nieves en la cresta Base y en los afloramientos rocosos adyacentes al glaciar Dålk al este y en la meseta por el sur.

A pesar del evidente hábitat expuesto adecuado para la nidificación, no se encuentra ninguna colonia reproductora de pingüinos de Adelia (*Pygoscelis adeliae)* en las colinas de Larsemann, posiblemente debido a la persistencia del hielo marino después del período de eclosión. No obstante, durante el verano llegan aves para mudar el plumaje desde las colonias de los grupos de islas circundantes situados entre las islas Svenner y las islas Bølingen. También las visitan ocasionalmente pingüinos emperadores (*Aptenodytes forsteri*).

4.3.6 Focas

Las focas de Weddell (*Leptonychotes weddelli*) son numerosos en la costa de las colinas de Larsemann y utilizan el hielo marino local para criar desde octubre y para la muda desde finales de diciembre hasta marzo. Se ha observado la cría en el hielo marino adyacente a las pequeñas islas al nordeste de la parte oriental de Broknes, y se han observado grupos de focas en proceso de muda en tierra cerca de la costa de Broknes adyacente a las estaciones y en grietas de corrientes en los fiordos al este. En reconocimientos aéreos realizados durante el período de muda de pelaje se han observado más de 1.000 focas, con varios grupos grandes (de 50 a 100 focas) en tierra en el fiordo Thala y en hielo apilado justo al oeste de Stornes y muchos grupos más pequeños entre las islas litorales y el hielo al nordeste de Broknes. También son visitantes ocasionales focas cangrejeras (*Lobodon carcinophagus*) y focas leopardo (*Hydrurga leptonyx*).

4.3.7 Microfauna

Se sabe que están presentes cinco géneros de tardígrados terrestres (*Hypsibius*, *Minibiotus*, *Diphascon*, *Milnesium* y *Pseudechiniscus*) que incluyen seis especies en localidades asociadas con la vegetación. Los lagos y arroyos proporcionan una serie de hábitats que contienen una fauna rica y variada. Se han reportado diecisiete especies de rotíferos, tres tardígrados, dos artrópodos, protozoos, un platelminto y nematodos. El cladócero Daphniopsis studeri, una de las pocas especies de crustáceos de agua dulce que se sabe que está presente en los lagos del continente antártico, ha sido identificado en casi todos los lagos de las colinas de Larsemann. Es el animal más grande en estos sistemas y actualmente está restringido a la región de la bahía de Prydz y las islas subantárticas en la provincia del océano Índico Sur. Ha tenido una presencia constante en el este de Broknes a través del último máximo glacial, proporcionando evidencia de que Broknes ha actuado como un importante refugio glacial para la biota antártica a través de uno o más ciclos glaciales completos.

4.3.8 Vegetación terrestre

El muestreo de las zonas costeras desde las colinas de Vestfold hasta las colinas de Larsemann indica que la flora de la costa de Ingrid Christensen es relativamente uniforme y está limitada a una distribución similar de briófitas, líquenes y algas terrestres. La naturaleza del basamento rocoso y la dirección del viento predominante en la mayor parte de la zona más extensa de la bahía Prydz probablemente contribuyan al hecho de que menos del 1 % de las colinas de Larsemann estén cubiertas con vegetación.

La mayor parte de la vida terrestre, incluidos los musgos, los líquenes y los invertebrados acompañantes, se encuentran tierra adentro desde la costa. Sin embargo, se sabe que existen grandes lechos de musgo en sitios protegidos en Stornes y en las islas más grandes (particularmente Kolløy y Sigdøy), donde están asociados con sitios de muda de pingüinos Adelia y en nunataks en el sudoeste. Hay siete especies de musgo identificadas positivamente en la región: *Bryum pseudotriquetum* que es más abundante, *Grimmia antarctici, Grimmia lawiana, Ceratodon pupureus, Sarconeurum glaciale, Bryum algens* y *Bryum argentum.*

La flora de briófitas también comprende una especie de hepática (*Cephaloziella exiliflora*) encontrada en un afloramiento sin nombre al sur de Stornes y conocida en solo otras cuatro localidades antárticas. La cobertura de líquenes es considerable en el nordeste de Stornes y en el cerro Law en Broknes, y la flora de líquenes de la región comprende al menos 25 especies positivamente identificadas. Los estudios realizados en las cercanías de la costa Ingrid Christensen sugieren que no sería extraño que las colinas de Larsemann presentasen cerca de 200 grupos taxonómicos de algas no marinas y grupo taxonómico entre 100 y 120 grupos taxonómicos de hongos.

4.4 Impacto de los seres humanos

La intensa actividad humana en la región desde 1986 ha provocado alteraciones claramente localizadas en el medio ambiente, concentradas en Broknes oriental y la península entre el fiordo Thala y la bahía Quilty. La construcción de los edificios de las estaciones, las instalaciones asociadas y los caminos han causado la degradación física de la superficie libre de hielo. La ruptura de rocas y la exposición de la capa de gelisuelo a raíz del uso repetido de vehículos han llevado a una erosión de la superficie y a cambios en el régimen de desagüe. La contaminación química de algunos lagos y suelos se ha producido a través de la recolección de agua, el derrame accidental de hidrocarburos y la eliminación local de aguas residuales. Las extracciones de agua para uso de la estación han agotado los volúmenes de agua del lago en Broknes.

Se han detectado (y eliminado) especies florales introducidas y existen indicios históricos de ingestión de alimentos de origen humano por parte de la vida silvestre. La basura arrastrada por el viento y la alteración de la superficie por el repetido tránsito peatonal sigue siendo un problema.

Stornes, las penínsulas menores y las islas cercanas a la costa han sido visitadas con menos frecuencia y están menos perturbadas. Mantener este buen estado de conservación es una prioridad importante para la gestión de las colinas de Larsemann.

4.5 Acceso a la Zona

4.5.1 Acceso por tierra

Se han creado quince kilómetros de carreteras sin asfaltar, formadas con material local, al este de Broknes. Incluyen una carretera de 6,7 km que une cada una de las estaciones en Broknes y la meseta continental al sur. Esta carretera sigue la única ruta práctica para evitar las cuencas de los lagos y las pendientes pronunciadas. Hay cuatro secciones particularmente empinadas: una cresta a aproximadamente 0,5 km al sur de Zhongshan; una serie de pendientes pronunciadas entre las bases Progress y Law; una sección que atraviesa la pendiente al oeste del lago Sibthorpe, y el ascenso a la meseta cerca del glaciar Dålk. El último kilómetro de la ruta antes de entrar en la meseta propiamente dicha está marcado por varas a intervalos de 50 a 100 m. También hay rutas para vehículos en las inmediaciones de las estaciones Zhongshan y Progress y una ruta de acceso corta que conecta la base Law con la carretera principal. El acceso de vehículos sobre superficies sin hielo dentro de la Zona está restringido a estas carreteras existentes.

La mayor parte de Stornes, la península más occidental de las colinas de Larsemann, se encuentra dentro del límite de la ZAEP 174. Está prohibido viajar en vehículo dentro de la ZAEP.

El hielo marino generalmente persiste en los fiordos y entre la costa y las numerosas islas cercanas a la costa hasta finales de la temporada de verano. Las condiciones del hielo son variables en los márgenes este y oeste de la ZAEA debido a la presencia de glaciares. Los viajes a través del hielo marino deben considerar estas condiciones. En invierno, puede ser factible el acceso sobre el hielo marino a Zhongshan y Progress a través de la playa al oeste de Zhongshan (69° 22' 30" S, 76° 21' 33" E) y la playa contigua a Progress (69° 22' 44" S, 76° 23' 36" E), según las condiciones del hielo, que son muy variables. Desde el hielo marino puede ser posible acceder a la carretera principal al sur de la sección empinada al sur de Progress a través de la bahía más oriental del fiordo de Nella (69° 22' 58" S, 76° 22' 44" E) o por la caleta Seal (69°23' 6" S, 76° 23' 49" E).

Se puede acceder a las colinas de Larsemann a través de la meseta desde Davis en el nordeste (aproximadamente 330 km) y Mawson en el oeste siguiendo la ruta transversal del glaciar Lambert (aproximadamente 2200 km). Esto comprende una ruta señalizada con estacas que vira al norte en un marcador ubicado a 69° 55' 23" S, 76° 29'49" E y luego sigue una serie de estacas y balizas instaladas en tambores hacia el norte para conectarse con la ruta principal de acceso en Broknes oriental.

4.5.2 Acceso por mar

No se han designado lugares de anclaje o desembarco de barcazas en la zona, debido a las condiciones variables del hielo marino. Las embarcaciones normalmente anclan aproximadamente a 5 mn mar adentro, según las condiciones del hielo, sin embargo, las embarcaciones fletadas por India se han acercado hasta 50 m de la estación Bharati.

El acceso en lanchas desde buques a la costa oriental de Broknes es difícil y algunas veces imposible debido a los trozos de hielo que se encuentran incluso a cientos de metros frente a la costa, transportados por los vientos predominantes del nordeste. Por tanto, los helicópteros constituyen el único medio fiable para transportar personas y suministros a tierra rápidamente.

Debido a las difíciles condiciones de hielo e icebergs y de acceso a la península de Broknes, desde 2010 se ha usado cada vez más el fiordo Thala como el lugar más conveniente y seguro para descargar barcos. En los últimos años, Rusia ha utilizado el sitio de descarga en la península de Stornes para entregar carga a las estaciones de Progress y Vostok. Durante 2021-2025, se transportará una gran cantidad de carga para las obras de construcción en la estación de Vostok desde este punto de descarga.

Los principales sitios utilizados son:

- la bahía, a unos 250 m NNE de Zhongshan a 69° 22' 12" S, 76° 22' 15" E, que consiste en una abertura de unos 15 m entre afloramientos rocosos y una gran zona plana en la costa para operaciones de vehículos;
- la playa contigua a Progress (69° 22' 44" S, 76° 23' 53" E);
- la playa al oeste de Zhongshan que desemboca en el fiordo de Nella (69° 22' 30" S, 76° 21' 25" E);
- El fiordo Thala, a 50 m del sitio de Bharati;
- El fiordo Thala, la playa, Stornes (69° 25' 454" S, 76° 08' 880'' E).

De acuerdo con el plan de gestión de la ZAEP 174 se requiere un permiso para realizar desembarques en todos los rincones de Stornes, excepto en el sudeste.

4.5.3 Acceso por aire

Los lugares designados para aterrizar y repostar helicópteros se utilizarán preferentemente para operaciones generales de helicópteros.

De acuerdo con el plan de gestión de la ZAEP 174, se requiere un permiso para sobrevolar o realizar aterrizajes en todas las zonas excepto en la esquina sudeste de Stornes.

Hay dos helipuertos de cemento (69° 22' 44" S, 76° 21' 32" E) en Zhongshan. La plataforma del sur tiene 15 m de diámetro y muestra un mapa pintado de la Antártida. La otra plataforma está a unos 25 m al norte y tiene 20 m de diámetro. Por lo general, los helicópteros pesados (por ejemplo, Ka-32) aterrizan en el helipuerto más grande y los aviones más ligeros (Dolphins y Squirrels) aterrizan en el helipuerto más al sur. Los aterrizajes generalmente se realizan desde el lado occidental de Zhongshan viajando hacia el edificio principal desde la dirección del lago y descendiendo gradualmente sobre el lago. Los pilotos deben evitar reducir la altitud en el lado sur del lago donde hay una colina de 58 m con radares utilizados para estudios físicos de la atmósfera superior.

Progress tiene un helipuerto de hormigón de 25 m x 25 m a 69° 22′ 38″ S, 76° 23′ 11″ E, 90 m al noroeste del edificio más grande en la zona de la estación (mapa E).

Bharati tiene un helipuerto de hormigón a 69° 24,40' S, 76° 11,59' E, al oeste del edificio de la estación principal a una altura de 38,5 m.

El helipuerto de la base Law (69° 23' 20" S, 76° 22' 55" E) está aproximadamente a 60 m al este de la base. Los helicópteros normalmente deben aterrizar de cara a los vientos predominantes del nordeste.

Las operaciones de pequeñas aeronaves de ala fija con esquís o ruedas se han realizado anteriormente con poca frecuencia en la región y pueden ser posibles sobre el hielo marino adyacente a las estaciones, aunque las condiciones del hielo varían anualmente y la proximidad a las colonias de vida silvestre hace que sea preferible realizar las operaciones en la meseta. Se han realizado aterrizajes cerca del sitio de la anterior pista rusa y la pista de aterrizaje de nieve existente (centrada en 69° 26' 00" S, 76° 19' 58" E). Los vientos predominantes del nordeste y una ligera subida en la superficie sugieren que es preferible aterrizar y despegar hacia el nordeste.

4.5.4 Acceso por tierra

No está restringido el acceso por tierra dentro de la ZAEA (aparte del requisito de un permiso para entrar en la ZAEP 174 Stornes), pero debe realizarse de acuerdo con el Código de Conducta Ambiental en el apéndice 1. Deben usarse las rutas establecidas para minimizar las perturbaciones físicas de la superficie terrestre y evitar la formación de más huellas. Cuando no sea evidente una modificación de la superficie, se debe tomar la ruta más directa entre los puntos, teniendo en cuenta el evitar un uso repetido de la misma ruta y evitar la vegetación y otros elementos sensibles como los márgenes de los lagos y las zonas de filtración húmeda.

4.6 Ubicación de estructuras en o cerca de la Zona

4.6.1 Zhongshan (República Popular de China)

Zhongshan se encuentra en el extremo nordeste de Broknes oriental a 69° 22' 24" S, 76° 22' 40" E y aproximadamente a 11 m sobre el nivel del mar. La estación se estableció en la temporada de verano de 1988-1989 y desde entonces ha sido operada continuamente para facilitar la realización de actividades de investigación científica durante todo el año por parte del programa antártico chino. Como se ha dicho anteriormente, Zhongshan también actúa como base de apoyo logístico para la estación Kunlun y para la investigación científica en otras zonas del interior como las montañas Grove y la plataforma de hielo Amery. Por ello, Zhongshan es un importante centro de apoyo para la investigación China del interior de la Antártida.

Infraestructura de la estación

La estación cuenta aproximadamente con 60 personas en verano y de 20 a 25 en invierno, con una capacidad máxima de 76 personas. La estación consta de siete edificios principales y varios más pequeños (mapa D). Los vehículos a Zhongshan acceden por la carretera principal desde la meseta, y una red de rutas conecta los edificios principales dentro de la zona de la estación. Existen dos helipuertos de hormigón ubicados al oeste del edificio principal de la estación (véase la sección 4.5.3).

Abastecimiento y suministro de combustible y electricidad

La energía eléctrica es suministrada por generadores diésel. El combustible se transfiere desde el buque ya sea en barcaza o por tuberías, según las condiciones del hielo, y se almacena en tanques a granel en el extremo sur de la zona de la estación. Todos los años se entregan entre 200 y 300 m^3 de combustible a la estación.

Para evitar las actividades asociadas con el almacenamiento y transporte de petróleo que dañen el medio ambiente antártico, se construyó en 2011 una nueva instalación de almacenamiento de petróleo en Zhongshan. Esta se encuentra en la parte oriental de la estación, en el límite con Progress. La instalación puede almacenar unas 500 toneladas de combustible y también cuenta con equipos de prevención de derrames de petróleo. Se revisa y mantiene de forma rutinaria el antiguo sistema de almacenamiento de aceite. Este será trasladado a una nueva ubicación de almacenamiento de petróleo para reducir la saturación de la estación y mejorar la seguridad de funcionamiento.

Aguas y aguas residuales

El agua para el enfriamiento de los generadores y las instalaciones de duchas se extrae de una gran laguna glacial inmediatamente al oeste de la estación. Las aguas grises se utilizan para los inodoros después de su tratamiento en la central eléctrica. Las aguas negras son recolectadas y tratadas en la estación de tratamiento de aguas residuales después de pasar por una serie de tanques decantadores que utilizan la fuerza de la gravedad.

Gestión de residuos sólidos

Los residuos combustibles se separan y se queman a alta temperatura en un incinerador de combustible diésel. La cantidad de residuos combustibles producidos requiere una quema del incinerador cada tres o cuatro días de media. La ceniza se recolecta y se almacena para ser devuelta a China. Los residuos no combustibles se clasifican en categorías de residuos y se almacenan al sur de la central eléctrica para su eliminación por barco.

Vehículos

Los vehículos se utilizan en la zona inmediata de la estación y para transportar materiales a otros sitios en Broknes oriental. El mantenimiento de vehículos, generadores e instrumentos se realiza en la central eléctrica o en el taller de vehículos. El aceite usado se devuelve a China.

Reabastecimiento

El reabastecimiento se realiza en general una vez al año, durante el verano. La carga se lleva a la costa utilizando barcazas o trineos remolcados detrás de vehículos de tránsito.

Comunicaciones

La comunicación verbal con China se realiza principalmente por radio de onda corta, INMARSAT y, cada vez más, Broadband Global Area Network (BGAN). El BGAN se ha convertido en el principal equipo de comunicación para enviar y recibir llamadas telefónicas, faxes, correos electrónicos y datos científicos. Se utiliza la radio de alta frecuencia (HF) para las comunicaciones en la zona de la bahía de Prydz y la radio VHF para las comunicaciones locales. Un enlace por radioteléfono también proporciona contacto con Davis (y a través de Davis, a cualquier parte del mundo), que se utiliza para transmitir datos meteorológicos a diario. También se ha instalado un sistema de comunicaciones por satélite de terminal de apertura muy pequeña (VSAT). El sistema establece una comunicación ininterrumpida durante las 24 horas entre la estación y China y ofrece servicios de comunicación por voz, texto y datos. La comunicación Iridium se reserva para emergencias.

Actividad científica

Los programas científicos que se llevan a cabo desde Zhongshan se basan en gran parte en estaciones e incluyen meteorología, monitorización del ozono, física de la atmósfera superior, observaciones de auroras, observaciones geomagnéticas (algunas en cooperación con el programa antártico australiano), observaciones gravimétricas, sismología, procesamiento de imágenes de satélites NOAA de órbita polar, química atmosférica, teledetección, mediciones GPS y fisiología humana. Las actividades fuera de la zona inmediata de la estación durante las temporadas con programas de investigación de verano incluyen la evaluación ambiental y el seguimiento de la nieve y el hielo, el suelo, el agua de mar, el agua dulce, los musgos, los líquenes, la vida silvestre, la geología, la glaciología y los ecosistemas del hielo marino. Se han realizado también travesías tierra adentro para llevar a cabo estudios geológicos, geodésicos, glaciológicos y de meteoritos.

4.6.2 Progress (Rusia)

La base Progress se encuentra al este de Broknes a 69° 23' S, 76° 23' E, aproximadamente a 1 km al sur de Zhongshan. La estación original se estableció en 1988 en una meseta a 300 m de la costa occidental de la bahía de Dålk, desde donde se trasladó en febrero de 1989. La estación fue ocupada esporádicamente y cerrada durante el verano de 1993-1994 y reabierta en la temporada de verano de 1997-1998 para operar como una instalación de investigación durante todo el año. La construcción de un nuevo complejo de invierno se completó en 2013. Incluye un edificio de oficinas/vivienda, un complejo de energía, un garaje y una nueva infraestructura de almacenamiento de combustible (mapa E). La estación está preparada para albergar a hasta 100 personas durante el verano.

Infraestructura de la estación

El complejo de la estación principal incluye:

- una edificio oficina/vivienda de tres pisos, con alojamiento para 50 personas (25 personas durante el invierno, cuando se asigna a cada persona una habitación), cinco laboratorios científicos (estudios meteorológicos, oceanográficos "húmedos" y secos, geofísicos, hidrobiológicos y de imágenes de satélite), salas de estar, una oficina de la estación, un centro de radio e información, una galería, un almacén para suministros de comida, comedores/cafetería, gimnasio, sauna, baños y duchas;
- un edificio de dos plantas del complejo energético (ZEM) que alberga una central eléctrica diésel, un taller de reparación para hasta ocho vehículos de transporte, una planta de calderas automatizadas para calentar la estación (a base de productos de aceite usado), una desalinizadora, sistemas de tratamientos de aguas residuales de la estación y talleres de reparación;
- un puesto de observación para el seguimiento de las órbitas de la constelación de satélites del sistema de navegación GLONASS y la monitorización geodésica de los movimientos de la corteza tectónica de la Tierra con los sistemas de satélite, GPS y GLONASS, un pabellón geomagnético y un radar para observar el estado del hielo de las costas y los icebergs, y también para el control de tráfico aéreo de los helicópteros y aviones que vuelan a baja altura, y
- un hangar/garaje para el almacenamiento invernal de vehículos de travesía utilizados para abastecer la estación de Vostok con convoyes continentales de trineos y orugas. (El edificio se convirtió del antiguo complejo de la central eléctrica a un garaje).

Además, la estación cuenta con cuatro pequeños módulos residenciales (utilizados principalmente durante el período estacional) y varios edificios de servicios para diversos fines.

Progress también cuenta con un sistema de seguridad por GPS para seguir los movimientos del personal y de los vehículos a 20 km alrededor de la estación, que se muestran en un monitor en la sala de radio.

El acceso de vehículos a Progress se efectúa por la carretera principal desde la meseta y la red de rutas que unen los edificios principales dentro de la zona de la estación. El helipuerto de la estación se describe en la Sección 4.5.3.

Abastecimiento y suministro de combustible y electricidad

La estación cuenta con un complejo de suministro de energía que consta de una estación de energía diésel-eléctrica con una capacidad total de 800 kW, y una caldera automática para la calefacción de la estación que utiliza residuos de combustible-lubricante.

La infraestructura de almacenamiento de combustible diésel y de aviación de Progress incluye quince depósitos de doble pared con una capacidad de 75 m^3. Los depósitos tienen un sistema de tubería común que proporciona suministro de combustible a los depósitos de consumibles de una central eléctrica diésel y un sistema para medir el nivel, temperatura, densidad, volumen y masa del combustible. También hay un estante metálico para el almacenamiento de combustible y lubricantes en tambores, especialmente prevista para la entrega de combustible al helipuerto. La descarga de combustible del barco de expedición a tierra se realiza a través de una manguera flexible.

Suministro de agua

El agua potable y el agua para las necesidades domésticas se extraen del lago Stepped, que se encuentra al noroeste de la zona de la estación. El agua se canaliza a la planta de tratamiento de agua en el complejo energético, donde se purifica por ósmosis inversa hasta alcanzar la calidad del agua potable.

Gestión de residuos

Los desechos pequeños no combustibles se separan y compactan para su eliminación. Los residuos de la cocina y los combustibles se queman en un incinerador de alta temperatura. Las aguas residuales del edificio principal son tratadas por una unidad biológica y vertidas a la bahía. El edificio del garaje/taller/planta de energía también está equipado con una unidad de tratamiento de aguas residuales. Los edificios más pequeños y antiguos no tienen unidades de tratamiento de aguas residuales; los residuos humanos se guardan en bidones y se devuelven a Rusia.

La chatarra se almacena en la playa contigua a la estación, para devolverla a Rusia.

Vehículos

Progress es la principal base de transporte para el apoyo de los convoyes interiores, incluidos los convoyes a la estación de Vostok. Para ello, se utilizan de ocho a doce transportadores Kässbohrer Pisten Bully Polar 300.

También se utilizan otros vehículos en las cercanías de Progress para actividades científicas y operativas, incluida la estiba de combustible y residuos, y el transporte de personal y equipo a zonas remotas y a la meseta para la preparación de pistas de aterrizaje y operaciones de carga. Dichos vehículos incluyen automóviles, vehículos todo terreno (ATV) con ruedas y orugas y motos de nieve. También hay equipos de remolque para convoyes de tractores y trineos. En invierno, la mayor parte del equipo se encuentra en la estación Progress 1; en verano, algunos de los vehículos pueden ubicarse temporalmente en campos de nieve en la zona de la antigua estación (ver subsección 4.6.6). Durante el trabajo estacional, el equipo de campo puede ubicarse cerca de la pista de aterrizaje a una distancia que garantice la seguridad del vuelo.

Está previsto que los convoyes de transporte más grandes de hasta 38 vehículos Kässbohrer Pisten Bully Polar 300 y Challenger MT 850 entreguen materiales de construcción desde el almacenamiento temporal en la meseta hasta la estación de Vostok entre 2021 y 2025.

Reabastecimiento

El reabastecimiento se lleva a cabo en el período de verano (de noviembre a marzo) utilizando los barcos de expedición científica Akademik Fedorov y Akademik Tryoshnikov. Dado que no es factible la descarga de carga directamente a Broknes, la carga pesada entregada por el barco se transporta a través del hielo fijo al sitio en la península de Stornes (ver subsección 4.6.6) para su posterior transporte a la estación Progress. El resto de la carga se transporta en helicópteros Ka-32. La descarga de combustible y lubricantes necesarios para apoyar las actividades de la estación Progress y Vostok y los convoyes de tractores y trineos se realiza mediante un sistema de mangueras flexibles a través de una base temporal en la costa este de la bahía de Thala (ver subsección 4.6.6).

Comunicaciones

El sistema básico para la transmisión de información periódica son las estaciones terrenas de satélite para la comunicación con la oficina de la expedición antártica rusa y entre estaciones antárticas (canal de telefonía vocal, transferencia de información vía FTP, correo electrónico). La transferencia de información científica operativa y de servicios también se lleva a cabo a través del sistema de comunicaciones por satélite Inmarsat-C, Inmarsat-B e Iridium. Si es necesario, se establece el tiempo de comunicación en el rango de onda corta entre estaciones. La comunicación en la banda VHF se realiza con aeronaves científicas y expedicionarias, transporte trineo-oruga, empleados en rutas de campo, etc.

Actividad científica

La estación Progress es una base científica extensa que asegura el funcionamiento durante todo el año de observaciones (meteorológicas, oceanológicas y geofísicas) y la implementación de muchos programas de investigación estacional. Durante la temporada de verano, se llevan a cabo en las cercanías de la estación Progress investigaciones científicas sobre glaciología, hidrología terrestre, biología, geología y meteorología. Además, la estación sirve de base de apoyo para la investigación geológica y glaciológica tierra adentro.

4.6.3 Bharati (India)

Bharati se encuentra entre el fiordo Thala y la bahía Quilty, al este de Stornes, a 69° 24,41' S, 76° 11,72' E, aproximadamente a 35 m sobre el nivel del mar. La estación se estableció en verano de 2012-2013 para facilitar las actividades de investigación científica del programa antártico indio durante todo el año. Se puede acceder a esta en barco por la bahía de Quilty, pero no tiene acceso directo al continente en vehículo durante el verano. Durante el invierno se puede entrar en la meseta por los pasajes de hielo fijo.

Infraestructura de la estación

Bharati consta de un edificio polivalente, un campamento de satélite y varios módulos en contenedores más pequeños (mapa F). Puede alojar a 47 personas en el edificio principal. Una red de caminos conecta los edificios dentro de la zona de la estación. Existe un helipuerto de hormigón ubicado al oeste del edificio principal (véase la sección 4.5.3).

Abastecimiento y suministro de combustible y electricidad

Tres unidades diésel combinada de generación de energía y calor que se encuentran dentro del edificio principal proporcionan la energía eléctrica. El combustible para las unidades es provisto desde el tanque para uso diario adyacente a la central eléctrica, la cual a su vez extrae el combustible automáticamente del parque de combustible mediante tuberías a prueba de fugas desde una distancia de 300 m.

Se suministra combustible Jet-A1 anualmente desde el barco al parque de combustible utilizando una manguera antifugas de goma reforzada. El parque de combustible cuenta con 13 contenedores cisterna de doble casco, cada uno de 24.000 l de capacidad, y está ubicado junto a la costa a 69° 24,31' S, 76° 11,84 ' E, a una altura de 20 m. Está equipado con sensores de derrames de petróleo y equipos de prevención.

La entrega de combustible a las unidades generadoras de calor y energía y en el helipuerto para helicópteros y vehículos, se realiza a través de una red de tuberías y se controla automáticamente a través de un sistema de gestión de edificios centralizado basado en microprocesadores. Bharati utiliza GLP para cocinar que se suministra en botellas de gas de 10 a 14 kg.

Gestión de aguas y residuos

Se extrae agua de mar de la bahía de Quilty (costa este) a una profundidad de unos 12 m utilizando bombas sumergibles y se eleva al edificio principal a través de una red de tuberías aisladas sobre una distancia de unos 300 m. El agua de mar se introduce en una planta de ósmosis inversa; el agua filtrada se remineraliza y se utiliza para beber, bañarse, etc.

El agua residual se recicla y se usa para la descarga de inodoros. El agua de la cocina pasa a través de trampas de aceite y, junto con las aguas residuales de los inodoros, se filtra y se trata biológicamente. El agua para el baño según las normas europeas se devuelve a la bahía de Quilty a unos 100 m aguas abajo del punto de toma de agua. Todos los desechos líquidos, incluidos los de la cocina, pasan a través de una trampa de aceites y fango, cuyo producto se recolecta en tambores de 200 l.

Los desechos sólidos se separan entre biodegradables y no degradables y se recolectan en tambores de 200 l para su eliminación.

Logística

Se utilizan vehículos de tracción, como Pisten Bullies y motonieves, para el transporte de personal y materiales en torno a la estación. El mantenimiento de vehículos, generadores e instrumentos se realiza en el taller de vehículos. El aceite usado se recoge en bidones y se devuelve a la India.

El reabastecimiento se realiza en general una vez al año, durante el verano. Hasta mediados de diciembre, la carga se transporta a tierra utilizando Pisten Bullies y remolques sobre hielo fijo. Los viajes después del deshielo del hielo fijo se realizan en barcazas con fondo plano para transporte de carga.

Comunicaciones

Se utilizan comunicaciones de HF para contactar con estaciones vecinas. Para las operaciones locales de aeronaves, embarcaciones y en terreno se usan las comunicaciones de VHF. El sistema de puerto abierto Iridium proporciona conectividad con el resto del mundo mediante teléfono y fax.

Actividad científica

Aunque la estación entró en funcionamiento por primera vez en marzo de 2012, los estudios científicos comenzaron en 2005 e incluyen evaluación ambiental, vigilancia de nieve y hielo, suelo, agua de mar, agua dulce, musgos, líquenes, vida silvestre, geología, glaciología y ecosistemas de hielo marino. Las observaciones geomagnéticas y GPS comenzaron en 2007.

4.6.4 Base Law (Australia)

La base Law está ubicada hacia el extremo sur de Broknes oriental, aproximadamente un kilómetro al sur de Progress y 2 km al sur de Zhongshan a 69° 23' 16" S, 76° 22' 47" E. La base se estableció en la temporada de verano 1986-1987.

Infraestructura de la estación

La base Law consta de un edificio polivalente prefabricado, cinco cabañas de fibra de vidrio y un pequeño cobertizo para abluciones. Se eliminan todos los residuos generados.

Abastecimiento y suministro de combustible y electricidad

Se utiliza un pequeño generador de gasolina para proporcionar energía eléctrica y se hace funcionar solo cuando es necesario para cargar baterías, etc. Un pequeño panel solar montado en el techo de la cabaña principal carga las baterías para alimentar las radios de HF y VHF. Se utiliza gas para cocinar y calentar la cabaña principal.

Agua

El agua para beber y lavar se obtiene generalmente durante el verano recolectando y derritiendo nieve de un banco de nieve cercano. También se recolecta agua potable a veces de un pequeño lago de montaña contiguo a la sección de la carretera que conecta la base Law con la ruta principal entre el nordeste de Broknes y la meseta.

Logística

La base Law cuenta con el apoyo de helicópteros de Davis, de estaciones en la zona inmediata y de barcos que reabastecen cualquiera de estas instalaciones. En ocasiones se estacionan cuatriciclos en la base Law. Se usan en las rutas de acceso asignadas para apoyar los programas científicos de verano.

Comunicaciones

La base Law está equipada con radios de HF y VHF.

Actividad científica

Los proyectos de investigación de verano han incluido estudios sobre la historia glacial de la zona, geología, geomorfología, hidrología, limnología y biología, además de estudios del impacto de los seres humanos.

4.6.5 Ubicación de pista de aterrizaje de nieve compactada e instalaciones asociadas (Rusia)

Hay una pista de aterrizaje de nieve ubicada a 7 km al suroeste de Progress (mapa A). La pista tiene 1500 m de largo y 60 m de ancho y es adecuada para aviones equipados con esquís.

Las coordenadas del punto de control de la pista son: 69° 26' 00,32″ S; 76° 19' 56,36″ E. Se accede a la pista a través de una ruta a lo largo de la meseta libre de hielo, así como a lo largo de la sección inicial de la ruta del convoy de tractores y trineos hacia el interior.

El complejo de pistas incluye cuatro módulos de contenedores basados en trineos, que son una central eléctrica diésel; una estación de control del tráfico aéreo, incluidas las instalaciones meteorológicas, de radio y de acceso a Internet; una vivienda para acomodar a seis personas, y, al extremo, una estación meteorológica automática.

4.6.6 Estructuras menores

La infraestructura, incluida la relacionada con la estación Progress, es la siguiente:

Varias cabinas, un depósito de bidones de combustible y un estacionamiento

Estacionamiento para algunos de los vehículos utilizados para preparar la pista en la ubicación original de la estación (69° 24' 02" S, 76° 24' 07" E); este se encuentra en la ruta desde la estación Progress hasta la pista y sirve como lugar para formar trenes de trineo-oruga hacia el interior.

Cabina en la orilla del fiordo Nella

Situado a 69° 23' 01" S, 76° 22' 26" E, se utiliza para apoyar la investigación oceanográfica e hidrobiológica estacional.

Varias cabinas en la ubicación del antiguo geocampo

Situado a 69° 24' 25" S, 76° 24' 14" E, este sitio contiene actualmente varias cabinas. Anteriormente, el sitio estaba destinado a la investigación geofísica aerotransportada, que incluía una pista para aviones An-2 con tren de aterrizaje de esquís, edificios residenciales para la tripulación, personal de aviación y miembros de grupos de investigación geofísica, y depósitos de combustible.

Un sitio con un refugio-cabina en el extremo este de Stornes

Situado a 69° 25' 27" S, 76° 08' 25" E, utilizado para descargar carga pesada entregada desde barcos a la costa sobre hielo fijo. Esta ubicación también proporciona acceso a la meseta y al aeródromo.

Almacenamiento temporal de combustible en la costa este del fiordo Thala

Un depósito de combustible estacional de cámaras (600 m cúbicos) en la costa este de la bahía de Thala, donde se utilizan mangueras flexibles para descargar combustible para las estaciones Progress y Vostok y los convoyes de tractores trineos.

Almacenamiento abierto temporal de cargas para la estación de Vostok (2,2 km al sur fuera de la ZAEA)

Un sitio de 1580×440 m para el almacenamiento de módulos de construcción para el nuevo complejo de invierno en la estación de Vostok, situado en la meseta y delimitado por vértices con las siguientes coordenadas: 69° 28' 55,303" S, 76° 16' 50,459" E; 69° 29' 09,384" S, 76° 16' 56,067" E; 69° 29' 16,427" S, 76° 14' 31,970" E; 69° 29' 02,345" S, 76° 14' 26,388" E. En el mismo lugar se ubicará un campamento temporal compuesto por contenedores para alojar al personal que trabaja en las operaciones logísticas. La distancia entre el centro del borde norte del sitio y la zona de disposición/preparación del convoy es de 8,2 km a lo largo del camino. La distancia desde el punto de descarga del barco en la bahía de Thala es de 13,8 km.

Sitio de seguimiento

Un sitio de seguimiento a largo plazo a aproximadamente 250 m al nordeste de la base Law, que se estableció en 1990 para medir la tasa de descenso de la superficie causado por la abrasión del viento y la meteorización salina. El sitio está situado en un gneis amarillo de grano grueso expuesto y consta de 24 sitios de microerosión marcados por anillos amarillos pintados. No se debe cruzar el sitio a pie, ya que afectará a las mediciones de la erosión natural. (Se desaconseja la práctica de usar pintura u otros medios permanentes para marcar sitios y es preferible el uso de ubicaciones de GPS).

Monumentos

Un montículo de piedras erigido el 8 de febrero de 1958 conmemora la primera visita de las Expediciones Nacionales Australianas de Investigaciones Antárticas (ANARE) a las colinas de Larsemann en el punto más alto de la isla Knuckey (69° 23' 12" S, 76° 3' 55" E), la más grande de un grupo de tres islas que se encuentran a alrededor de 1,1 km al noroeste de Stornes. El montículo contiene una nota que incluye los nombres del contingente. En el lado norte de la colina en el extremo norte de la costa este de Broknes, al norte de Zhongshan, se encuentra un monumento a un vicepresidente de la Administración ártica y antártica de China. El monumento de cemento contiene algunas de las cenizas del vicepresidente.

Kharkovchanka, un tractor pesado para nieve usado en la Antártida de 1959 a 2010, se encuentra en una colina de 23 m a 69° 22' 41" S, 76° 22' 59" E, a 183 m de la oficina principal y edificio residencial de Progress y a 87 m de la orilla del Lago Stepped. Según la Medida 19 (2015), se incorporó a la lista de Sitios y Monumentos Históricos como SMH 92.

En una colina que domina la costa norte de la bahía Seal a 69° 23' 01" S, 76° 23' 38" E, hay un cementerio que contiene las tumbas de tres miembros de la Expedición Antártica Rusa:

- Andrey Skurikhin, que murió en 1998 (la tumba es un ataúd de metal con una lápida al lado);
- Yuri Pasko, que murió en 2007 (la tumba es un ataúd de metal con una lápida y una cruz al lado), y
- Yuri Dostovalov, que murió en 2008 (la tumba es un montículo de piedras con una lápida).

Cada tumba está rodeada por una valla metálica baja. La superficie del cementerio es de unos 30 m^2.

Escondite

En una caja de plástico en la cumbre del pico Blundell, en Stornes (69° 6' 14" S, 76° 6' 14" E), el pico más alto de las colinas de Larsemann, hay una cantidad muy pequeña de provisiones para emergencias.

4.7 Ubicación de las zonas protegidas en las cercanías

La ZAEP 174, Stornes (69° 25' S, 76° 6' E) está contenida dentro de la ZAEA. Para acceder a la ZAEP y las actividades realizadas dentro de esta, se necesita un permiso, y el ingreso y las actividades se deben realizar en conformidad con el Plan de gestión de la ZAEP.

La ZAEP 169, bahía Amanda (69º 15' S, 76º 49' 59,9" E), se encuentra a 22 km al nordeste de las colinas de Larsemann. De manera similar, el acceso a la ZAEP y las actividades realizadas dentro de esta requieren un permiso, y las actividades se deben realizar en conformidad con el Plan de gestión de la ZAEP.

El SMH 92, el tractor para nieve Kharkovchanka utilizado en la Antártida de 1959 a 2010 (69° 22' 41" S, 76° 22' 59" E), se encuentra dentro de la ZAEA, en las cercanías de la base Progress.

5. Actividades dentro de la Zona

Todas las actividades dentro de la ZAEA deben cumplir con las disposiciones del Protocolo al Tratado Antártico sobre Protección del Medio Ambiente y el Código de Conducta Ambiental adjunto al presente Plan de gestión. Además, dos zonas ayudan a cumplir los objetivos de gestión de la zona.

5.1 Zona de instalaciones

La construcción de edificios para las estaciones e infraestructura asociada ha causado el mayor impacto en el medio ambiente de las colinas de Larsemann. Sin embargo, estos impactos se han restringido principalmente a las zonas inmediatas de la estación y sus rutas de acceso de conexión. Dado que los lagos se reconocen como la característica ecológica más importante de la ZAEA y son vulnerables al impacto de la actividad humana realizada dentro de los límites de la cuenca, la manera más apropiada de administrar las actividades en la Zona es con una metodología basada en cuencas. Las estaciones de Broknes están relativamente bien agrupadas, casi toda la infraestructura de las estaciones se encuentra en las cuencas de drenaje que descargan en el mar.

Para asegurar que esta situación se mantenga, se define una Zona de Instalaciones dentro del límite de la ZAEA (mapa B), que abarca la mayor parte de Broknes oriental. El límite de la zona de instalaciones está definido por el glaciar Dålk al este, el mar al norte, la costa o el borde occidental de las cuencas de captación impactadas en el oeste y la meseta de hielo que incluye la pista de aterrizaje y la ruta de acceso al sur. La instalación de infraestructuras dentro de la ZAEA se restringirá, en términos generales, a los lugares ya afectados de la zona de instalaciones. Puede considerarse la construcción de nuevas infraestructuras en otros lugares en base a una justificación científica y/o logística adecuada.

5.2 Zona de calma magnética

En Zhongshan se operan varios magnetómetros. Se define una zona circular de 80 m de radio que rodea los sensores del magnetómetro de inducción ubicados en la hondonada norte de la estación a 69° 22' 12" S, 76° 22' 8" E. Se define una zona adicional en un radio de 80 m desde el conjunto de magnetómetros centrado en 69° 22' 22" S, 76° 21' 46" E (Mapa D), al oeste de los lagos de suministro de agua. Deben excluirse de estas zonas todos los materiales ferrosos para evitar la contaminación de las mediciones del campo magnético. También se debe obtener permiso para entrar. India está planificando una zona de calma magnética en Grovnes.

6. Actividades de gestión

La comunicación entre las Partes, entre el personal en tierra y entre el personal en tierra y las oficinas nacionales es necesaria para implementar con éxito el Plan de gestión de la ZAEA. En consecuencia, las Partes con programas de investigación en la zona se comprometen a garantizar una comunicación adecuada tanto a nivel de su programa nacional como sobre el terreno. Los debates anuales para revisar la implementación del Plan de gestión se llevarán a cabo en conjunto con las reuniones anuales del Consejo de Administradores de Programas Antárticos Nacionales.

Los jefes pertinentes de las estaciones y las bases se reunirán también una vez al año (si es factible desde el punto de vista logístico) y se comunicarán oralmente durante el año sobre los distintos aspectos de la gestión de la región de las colinas de Larsemann.

6.1 Logística, incluidas las instalaciones

- Todo desarrollo adicional de caminos e infraestructura en las zonas libres de hielo se limitará a la sección de la parte oriental de Broknes que ya ha sido modificada por la actividad humana y estará delimitada por la zona de instalaciones (véase la sección 5.1), salvo que se justifique hacerlo fuera de dicha zona por motivos científicos o de logística razonables. Esta restricción no se aplicará a las instalaciones que se erijan para garantizar la seguridad de los trabajadores en el terreno.
- La evaluación del impacto ambiental procederá según lo requerido por el artículo 8 del Protocolo de Madrid antes de construir o modificar estructuras. Las Partes que propongan realizar dichas actividades informarán a las demás Partes que tengan programas de investigación activos en la Zona.
- Se promoverá el uso cooperativo de infraestructura en lugar de construir instalaciones nuevas.
- Se considerará el posible impacto de las estructuras artificiales sobre los valores silvestres y estéticos y, siempre que sea posible, se reducirá al mínimo este impacto mediante la limitación de tales estructuras a las zonas ya afectadas y mediante un emplazamiento que reduzca al mínimo su visibilidad desde las zonas circundantes. Es posible que se necesite investigación para ayudar en la evaluación completa de dichos impactos antes de las actividades de construcción.
- Las nuevas zonas de almacenamiento de combustible estarán cercadas y ubicadas fuera de los límites de la cuenca del lago siempre que sea posible. La idoneidad de la ubicación actual de las zonas de almacenamiento de combustible se examinará antes de la próxima revisión programada del Plan.
- Se clausurarán las rutas vehiculares que no concuerden con las metas de este Plan de gestión y se rehabilitará la zona afectada siempre que sea posible.
- Se explorarán opciones de cooperación para el traslado de personal, suministros y combustible.
- Como mínimo, las actividades de retiro y manejo de desechos deben ceñirse a las disposiciones del Anexo II al Protocolo de Madrid.
- Los residuos y el equipo en desuso se retirarán de la Zona del Tratado Antártico lo antes posible.
- Las Partes con programas activos de investigación en la Zona formularán conjuntamente planes de contingencia para aquellos incidentes que puedan tener efectos adversos en el medio ambiente.
- La basura dispersa por el viento se recogerá regularmente y cada vez que se presente la oportunidad.
- Periódicamente, se revisarán los equipos que se dejen en el terreno para decidir sobre su posible retirada y se evaluará su protección temporal para impedir su dispersión por el viento e incidentes similares.
- Según corresponda, se investigará y avanzará en la rehabilitación de sitios modificados y en desuso.

6.2 Especies introducidas

- Las Partes activas en las colinas de Larsemann:
  - Educarán al personal de los programas, incluidos los contratistas, acerca de los posibles riesgos para el medio ambiente provocados por la introducción de especies no autóctonas.

- Garantizarán que el personal que entre en la ZAEA limpie su calzado mediante, por ejemplo, procedimientos de limpiezas de botas (preferiblemente antes de partir hacia la Antártida) o la entrega de calzado nuevo.
- Evitarán el traslado a la ZAEA de arena, materiales o grava sin tratar.
- Recolectarán e incinerarán o retirarán de la región todo suelo u otro material orgánico que se encuentre en la carga.
- Retirarán de la región o mantendrán dentro de los edificios de la estación todo suelo no estéril que se haya enviado anteriormente a la ZAEA.
- Recordarán al personal del programa la responsabilidad impuesta por el Protocolo de Madrid en cuanto a no llevar suelo no estéril a la Antártida ni cultivar o importar plantas para fines decorativos.
- Mantendrán dentro de los edificios de la estación toda planta cultivada como alimento.
- Darán prioridad a la incineración o repatriación de los residuos de alimentos.
- Evitarán que los animales silvestres tengan acceso a los alimentos de la estación y a los residuos de dichos alimentos.
- Elaborarán protocolos para evitar la contaminación biológica o la contaminación cruzada de los lagos de la Zona, particularmente los que estén fuera de la zona de instalaciones.
- Realizarán la vigilancia de especies introducidas.
- Compartirán la información acerca del hallazgo de toda especie no autóctona introducida a través de las operaciones del programa y que persistan en la Zona, con el fin de obtener asesoría científica y operacional, y si corresponde, las medidas adecuadas para su erradicación o contención.
- Aplicarán conjuntamente estas medidas, cuando corresponda.

6.3 Perturbación de la vida silvestre

- En la planificación y la realización de actividades en la Zona se tendrá en cuenta la necesidad de mantener distancias apropiadas respecto de la fauna.

6.4 Gestión de datos

- Las Partes con programas de investigación activos en la zona desarrollarán conjuntamente y proporcionarán información a una base de datos para registrar la información de gestión relevante y los registros de metadatos para ayudar a la planificación y coordinación de actividades. Este intercambio de datos incluirá la información geográfica y la adición de la toponimia en el *Composite Gazetteer of Antarctica* del SCAR.
- Se tomarán iniciativas para aumentar los conocimientos acerca de los valores ambientales de la ZAEA y del impacto de la actividad humana sobre estos valores, a fin de aplicar dichos conocimientos a la gestión ambiental de la ZAEA.

6.5 Ciencia

- Siempre que sea posible, se emprenderá la cooperación y la coordinación de la investigación científica.

6.6 Seguimiento

- Las Partes con programas de investigación activos en la Zona llevarán a cabo conjuntamente actividades de seguimiento para evaluar la efectividad del presente Plan de gestión.

6.7 Monumentos

- Se gestionarán actividades destinadas a garantizar la conservación de los monumentos existentes cuando se considere recomendable.
- Está prohibida la colocación de otros montículos de piedras o monumentos fuera del área de instalaciones.

6.8 Intercambio de información

- A fin de afianzar la cooperación y la coordinación de actividades en la ZAEA, evitar la repetición de actividades y facilitar la consideración del impacto acumulativo, las Partes que desarrollen actividades en la zona:
  - distribuirán a otras Partes detalles de las actividades que puedan tener relación con el funcionamiento de este plan de gestión (es decir, propuestas para retirarse o establecer nuevas actividades de investigación, propuestas para construir nuevas instalaciones, información obtenida sobre visitas no gubernamentales, etc.), y
  - proporcionarán informes al Comité de Protección Ambiental sobre avances significativos en la implementación de este Plan de gestión.
- Otras Partes que propongan realizar actividades en la región, incluidos los grupos no gubernamentales, informarán a al menos una de las Partes activas en la ZAEA de sus intenciones, en el espíritu de las finalidades y objetivos de este Plan de gestión.

Apéndice 1. Código de conducta ambiental

La finalidad de este código de conducta es ofrecer unas directrices generales para reducir al mínimo el impacto ambiental en las colinas de Larsemann, especialmente con respecto de las actividades que se realicen lejos de las zonas de las estaciones.

Principios generales

- El medio ambiente antártico es muy vulnerable al impacto de la actividad humana y, en general, tiene una capacidad natural mucho menor para recuperarse de las perturbaciones que el medio ambiente de otros continentes, lo cual se debe tener en cuenta al realizar actividades sobre el terreno.
- Todo lo que se lleve al terreno debe retirarse, incluidos los desechos humanos. Eso implica también evitar el uso o la dispersión de materiales foráneos que sean difíciles de recoger y retirar. Se recomienda dejar en la estación, antes de salir de esta, cualquier envase o envoltorio innecesario.
- Está permitida la recolección o alteración de especímenes biológicos, muestras geológicas o artefactos fabricados por el hombre solo con autorización previa y, si es necesario, de conformidad con un permiso.
- La información relativa a todas las actividades de campo (como sitios de muestreo, campamentos, depósitos, derrames de combustible, marcadores, equipo, etc.), incluidas las personas de contacto de los programas nacionales, deben registrarse de manera precisa para su traspaso a una base de datos sobre gestión.

Viajes

- Algunas comunidades biológicas y formaciones geológicas son particularmente frágiles, aún cuando estén protegidas por la nieve. En los desplazamientos por la región, se debe estar alerta y evitar dichos elementos.
- Se debe limitar el uso de los vehículos y helicópteros a las tareas esenciales con el fin de reducir las emisiones atmosféricas, la formación de caminos y la perturbación física del terreno, los impactos en las comunidades biológicas, la perturbación de la vida silvestre y la posibilidad de derrames de combustible. Se debe evitar el sobrevuelo de lagos.
- El uso de vehículos se limitará a las rutas libres de hielo, al hielo marino y al hielo de meseta. Solo se accederá a las instalaciones a través de las rutas existentes.
- Se debe prever y utilizar los vehículos teniendo en cuenta las distancias mínimas respecto de la vida silvestre identificadas en este Código.
- Se debe llenar el tanque de combustible de los vehículos y demás equipo en la estación antes de salir, a fin de reducir la necesidad de reabastecimiento cuando se está en el terreno.
- Se deben planificar las actividades a fin de evitar los reabastecimientos de combustible o cambios de aceite cuando haya viento que podría ocasionar derrames accidentales en los lagos, y sobre la vegetación y otras zonas delicadas. El uso de bidones de combustible se hará siempre con boquilla o embudo.
- Al trasladarse a pie, siempre que sea posible, se usarán los caminos existentes y los cruces designados.
- Se evitará marcar nuevos caminos. Si no hay caminos, se debe tomar la ruta más directa que evite las áreas con vegetación y las formaciones geológicas delicadas (como pedregales, sedimentos, lechos de arroyos y bordes de lagos).

Vida silvestre

- No se debe alimentar a la vida silvestre.
- Mantenga las distancias adecuadas con respecto a la vida silvestre (consulte el cuadro).
- Al trasladarse a pie en torno a la fauna, se debe guardar silencio, moverse con lentitud, mantenerse agachado y alejarse si es evidente que se está perturbando a la fauna.

Distancias a las que es probable que ocurran perturbaciones al acercarse a la vida silvestre a pie

Especie	Distancia (metros)
Petrel gigante y albatros en temporada de reproducción o nidificación	100 m
Pingüino emperador (en colonia, acurrucado, mudando, con huevos o con polluelos)	50 m
Todos los demás pingüinos (en colonias, muda, con huevos o polluelos)	30 m
Priones, petreles, skúas, en nidos Focas con crías y crías de foca solas	20 m
Pingüinos no reproductores y focas adultas	5 m

Distancia a la que es probable que ocurran perturbaciones al acercarse a la vida silvestre en vehículos pequeños (por ejemplo, quads y skidoos)

Toda la vida salvaje	150 m

Distancia a la que es probable que ocurran perturbaciones al acercarse a la vida silvestre utilizando vehículos de orugas

Toda la vida salvaje	250 m

Distancias en las que es probable que ocurran perturbaciones al acercarse a la vida silvestre en avión

Aves	**Vertical** *Helicópteros monomotor* 2500 pies (~ 750 m) *Helicópteros bimotores* 5000 pies (~ 1500 m) **Horizontal** ½ mn (~ 930 m)
Focas	**Vertical y Horizontal** Helicópteros monomotor 2500 pies (~ 750 m) Helicópteros bimotores 5000 pies (~ 1500 m)

	Aviones bimotores de ala fija 2500 pies (~ 750 m)

Campamentos en el terreno

- Si es posible, se deben usar los alojamientos existentes.
- Los campamentos deben ubicarse lo más lejos posible del borde de los lagos, arroyos, sitios con vegetación y animales silvestres, a fin de evitar la contaminación y perturbaciones.
- Se debe garantizar que el equipo y los suministros estén bien sujetos en todo momento para evitar que los animales hurguen en ellos en busca de alimento o que sean dispersados por fuertes vientos.
- Se deben recoger todos los desechos producidos en los campamentos, incluidos los desechos humanos y las aguas grises, y deben ser devueltos a la estación para su posterior tratamiento o eliminación.
- Si es posible, se deben utilizar generadores eólicos o solares para reducir al mínimo el uso de combustible.

Trabajo de campo

- Se debe limpiar meticulosamente toda la ropa y el equipo antes de su ingreso a la Antártida y antes de su traslado entre lugares de toma de muestras, a fin de evitar la contaminación, la contaminación cruzada y la introducción y propagación de organismos foráneos.
- No se deben erigir montículos y debe reducirse al mínimo el uso de otros objetos para marcar lugares. Se deben retirar los marcadores al completar la tarea relacionada.
- Si se cuenta con un permiso para tomar muestras, el tamaño de estas debe limitarse al mínimo especificado en el permiso y las muestras se extraerán del lugar menos visible que sea posible.
- Se debe usar una tela o lámina protectora al tomar muestras del suelo y rellenar los orificios a fin de prevenir la erosión eólica y la dispersión de sedimentos más profundos.
- Se debe tener el máximo cuidado al manipular productos químicos y combustible, y garantizar que se cuente con los materiales apropiados para contener y absorber derrames.
- Se reducirá al mínimo el uso de agua y productos químicos líquidos que puedan contaminar los registros isotópicos y químicos del hielo de lagos y glaciares.
- Los equipos de muestreo de aguas y sedimentos deben limpiarse meticulosamente para evitar la contaminación cruzada entre los lagos.
- Se debe evitar devolver a las fuentes de agua grandes volúmenes de agua extraída desde una capa inferior para evitar la contaminación del lago o los efectos tóxicos en la biota de la superficie. El exceso de agua o sedimento debe devolverse a la estación para su eliminación o tratamiento adecuados.
- Es necesario cerciorarse de que el equipo de muestreo esté bien amarrado y no dejar nada congelado en el hielo que posteriormente pueda causar contaminación.
- No se debe realizar el aseo personal en los lagos, como tampoco se debe nadar o bucear en ellos. Estas actividades contaminan el cuerpo de agua y perturban físicamente la columna de agua, las delicadas comunidades microbianas y los sedimentos.

Nota: Las pautas establecidas en este Código de Conducta Ambiental pueden no aplicarse en casos de emergencia.

Apéndice 2: Datos de contacto del programa nacional

Australia

División Antártica Australiana

Channel Highway

Kingston

Tasmania 7050

Australia

Teléfono: +61 (03) 6232 3209

Fax: +61 (03) 6232 3357

Correo electrónico: director@aad.gov.au

República Popular de China

Administración ártica y antártica de China

1 Fuxingmenwai Street

Beijing 100860

República Popular de China

Teléfono: +86 10 6803 6469

Fax: +86 10 6801 2776

Correo electrónico: longway71@163.com

India

National Centre for Polar & Ocean Research

Headland Sada, Vasco-da-Gama

Goa 403 804

India

Teléfono: +91 832 2525 501

Fax: +91 832 2525 502

+91 832 2520 877

Correo electrónico: mravi@ncpor.res.in

Federación de Rusia

Russian Antarctic Expedition

Arctic and Antarctic Research Institute

38 Bering Street

199397 St Petersburg

Rusia

Teléfono: +7 812 337 3205

Fax: +7 812 337 3205

Correo electrónico: klep@aari.ru pom@aari.ru

Apéndice 3: Referencias de las colinas de Larsemann y bibliografía seleccionada

Andreev, M.P. (1990). Lichens of oazis of the East Antarctic. *Novosti Sistematiki Nizshikh Rastenii 27*:93-95. (In Russian.).

Andreev, M.P. (1990). Lichens of the Bunger Oazis (East Antarctic). *Novosti Sistematiki Nizshikh Rastenii 27*:85-93. (In Russian.).

Andreev, M.P. (1991). Lichenological studies in the in the Thirty Forth Soviet Antarctic Expedition. *Informatsionnyi Byulleten Sovetskoi Antarkticheskoi Ekspeditsii 115*:44-47. (In Russian.).

Andreev, M.P. (2006). Lichens of the Prydz Bay area (Eastern Antarctica). *Novosti Sistematiki Nizshikh Rastenii 39*:188-198. (In Russian.).

Andreev, M.P. (2006). Lichens from Prince Charles Mountains (Radok Lake area, Mac.Robertson Land). SCAR XXIX/COMNAP XVIII Hobart Tasmania. SCAR Open Science Conference 12-14 July. SCALOP Symposium 13 July. Abstract Volume. P. 421.

Andreev, M. (2006). The lichen flora of oases of continental Antarctic, and the ecological adaptations of Antarctic lichens. *KSM Newsletter 18*(2):24–28.

Andreev M. (2006). The lichen flora of oases of continental Antarctic, and the ecological adaptations of Antarctic lichens. International Meeting of the Federation of Korean Microbiological Societies, October 19–20, Seoul, Korea. Abstracts. Seoul. Pp. 77–80.

Andreev, M.P. (2008). Lichens from Prince Charles Mountains (Radok Lake area), Mac.Robertson Land. Polar Research – Arctic and Antarctic Perspectives in the International Polar Year. SCAR/IASC IPY Open Science Conference. St. Petersburg, Russia, July 8–11. 2008. Abstract Volume. P. 205.

Andreev, M. (2010). Lichens of continental Antarctic: biodiversity, geography and ecology. Abstracts of 24 Internationale Polartagung (6-12 September 2010, Universitatzentrum Obergurgl). Obergurgl. P. 16.

Andreev, M.P. *and* Kurbatova, L.E. (2012). Botanical investigations on South Shetland Islands in season of 54 RAE. *Russian Polar Investigations 1*(7):21–23. (In Russian.).

Andreev, M.P. *and* Kurbatova, L.E. (2015). Comparative diversity of mosses and lichens in coastal and interior oases of Prydz Bay area (Antarctica). High latitudes and high mountains: driver of or driven by global change? 26th International Congress on Polar Research 6-11 September 2015, München, Germany / Reports on Polar and Marine Research No 690. München, German Society for Polar Research, Pp. 25-26.

Andreev, M.P., Kurbatova L.E., Dorofeev V.I. *and* Ivanov A.Yu. (2015). Alien plants on the Russian Antarctic stations. *Problems of Arctic and Antarctic 4* (106):45-54. (In Russian.).

Andreev, M.P., Kurbatova, L.E., Dorofeev, V.I. *and* Ivanov A.Yu. (2016). Fanerogam plants – aliens in Antarctic. *Russian Polar Investigations 1*(23):23–24. (In Russian.).

Andreev, M.P., Kurbatova, L.E. and Dorofeev, V.I. (2017). Invasive plant species on Antarctic continent. Biodiversity: Approaches of study and conservation. Proceedings of the International Scientific Conference dedicated to 100th anniversary of the Department of Botany, Tver State University (Tver, November 8-11, 2017). (In Russian.).

Antony, R., Krishnan, K.P., Thomas, S., Abraham, W.P. *and* Thamban, M. (2009). Phenotypic and molecular identification of *Cellulosimicrobium cellulans* isolated from Antarctic snow. *Antonie van Leeuwenhoek International Journal of General and Molecular Microbiology* 96(4):627.

Antony, R., Mahalinganathan, K., Krishnan, K.P. *and* Thamban, M. (2011). Microbial preference for different size classes of organic carbon: A study from Antarctic snow. *Environmental Monitoring and Assessment* DOI 10.1007/s10661-011-2391-1.

Antony, R., Mahalinganathan, K., Thamban, M. *and* Nair, S. (2011). Organic carbon in Antarctic snow: spatial trends and possible sources. *Environmental Science and Technology* 45(23):9944–9950, DOI: 10.1021/es203512t.

Antony, R., Thamban, M., Krishnan, K.P. *and* Mahalinganathan, K. (2010). Is cloud seeding in coastal Antarctica linked to biogenic bromine and nitrate variability in snow? *Environmental Research Letters* 5:014009, doi:10.1088/1748-9326/5/1/014009.

Asthana, R., Shrivastava, P.K., Beg, M.J. *and* Jayapaul, D. (2013). Grain size analysis of lake sediments from Schirmacher Oasis (Priyadarshini) and Larsemann Hills, East Antarctica. *Twenty Fourth Indian Antarctic Expedition 2003-2005, Ministry of Earth Sciences Technical Publication* No. 22, pp. 175-185.

Averina S. G. *and* Krasnova A.D. (2016). Characteristics of cultivated strains of cyanobacteria of Lake Stepped (Antarctica). Abstracts of the reports of the international scientific school-conference 'Cyanoprokaryotes (cyanobacteria): taxonomy, ecology, distribution'. *Apatity*. Pp. 12-14. (In Russian.).

Beg, M.J. *and* Asthana, R. (2013). Geological studies in Larsemann Hills, Ingrid Christensen Coast, East Antarctica. *Twenty Fourth Indian Antarctic Expedition 2003-2005, Ministry of Earth Sciences Technical Publication* No. 22 pp. 363-367.

Bian, l., Lu, L. *and* Jia, P. (1996). Characteristics of ultraviolet radiation in 1993-1994 at the Larsemann Hills, Antarctica. *Antarctic Research (Chinese edition) 8*(3):29-35.

Boronina A.S., Popov S.V. ., Pryakhina G.V. Hydrological characteristics of lakes in the eastern part of the Broknes Peninsula, Larsemann Hills, East Antarctica // Ice and Snow, 2019, V. 59, No. 1, pp. 39–48. doi: 10.15356 / 2076-6734-2019-1-39-48. (In Russian).

Burgess, J., Carson, C., Head, J. *and* Spate, A. (1997). Larsemann Hills – not heavily glaciated during the last glacial maximum. *The Antarctic Region: Geological Evolution and Processes*. Pp. 841-843.

Burgess, J. *and* Gillieson, D. (1988). On the thermal stratification of freshwater lakes in the Snowy Mountains, Australia, and the Larsemann Hills, Antarctica. *Search 19*(3):147-149.

Burgess, J. S. *and* Kaup, E. (1997). Some aspects of human impacts on lakes in the Larsemann Hills, Princess Elizabeth Land, Eastern Antarctica. In: Lyons, W., Howard-Williams, C. and Hawes, I. (Eds). *Ecosystem Process in Antarctic Ice-free Landscapes*. A.A. Balkema Publishers, Rotterdam. Pp. 259-264.

Burgess, J.S., Spate, A.P. *and* Norman, F.I. (1992). Environmental impacts of station development in the Larsemann Hills, Princess Elizabeth Land, Antarctica. *Journal of Environmental Management 36*:287-299.

Burgess, J.S., Spate, A.P. *and* Shevlin, J. (1994). The onset of deglaciation in the Larsemann Hills, East Antarctica. *Antarctic Science 6*(4):491-495.

Carson, C.J. *and* Grew, E.S. (2007). *Geology of the Larsemann Hills Region, Antarctica.* First Edition (1:25 000 scale map). Geoscience Australia, Canberra.

Carson, C.J., Dirks, P.G.H.M., Hand, M., Sims, J.P. *and* Wilson, C.J.L. (1995). Compressional and extensional tectonics in low-medium pressure granulites from the Larsemann Hills, East Antarctica. *Geological Magazine 132*(2):151-170.

Carson, C.J., Dirks, P.H. G.M. *and* Hand, M. (1995). Stable coexistence of grandidierite and kornerupine during medium pressure granulite facies metamorphism. *Mineralogical Magazine* 59:327-339.

Carson, C. J., Fanning, C.M. *and* Wilson, C.J. L. (1996). Timing of the Progress Granite, Larsemann Hills: additional evidence for Early Palaeozoic orogenisis within the east Antarctic Shield and implications for Gondwana assembly. *Australian Journal of Earth Sciences 43*:539-553.

China (1996). Oil spill contingency plan for Chinese Zhongshan Station in Antarctica. *Information Paper #87, ATCM XXI*, Christchurch, New Zealand.

Cromer, L., Gibson, J.A.E., Swadling, K.M. *and* Hodgson, D.A. (2006). Evidence for a lacustrine faunal refuge in the Larsemann Hills, East Antarctica, during the Last Glacial Maximum. *Journal of Biogeography* 33:1314-1323.

Dartnall, H.J.G. (1995). Rotifers and other aquatic invertebrates from the Larsemann Hills, Antarctica. *Papers and Proceedings of the Royal Society of Tasmania 129*:17-23.

Dirks, P.H.G.M., Carson, C.J. *and* Wilson, C.J.L. (1993). The deformational history of the Larsemann Hills, Prydz Bay: The importance of the Pan-African (500 Ma) in East Antarctica. *Antarctic Science 5*(2):179-192.

Ellis-Evans, J.C., Laybourn-Parry, J., Bayliss, P.R. *and* Perriss, S.J. (1998). Physical, chemical and microbial community characteristics of lakes of the Larsemann Hills, Continental Antarctica. *Archiv fur Hydrobiologia* 141(2):209-230.

Ellis-Evans, J.C., Laybourn-Parry, J., Bayliss, P.R. *and* Perriss, S.T. (1997). Human impact on an oligotrophic lake in the Larsemann Hills. In: Battaglia, B., Valencia, J. and Walton, D.W.H. (Eds). *Antarctic communities: Species, structure and survival.* Cambridge University Press, Cambridge, UK. Pp. 396-404.

Fedorova, I.V., Savatyugin, L.M., Anisimov, M.A. *and* Azarova, N.S. (2010). Change of the Schirmacher oasis hydrographic net (East Antarctic, Queen Maud Land) under deglaciation conditions. *Ice and Glacier* 3(111):63-70.

Fedorova, I.V., Verkulich, S.R., Potapova, T.M. *and* Chetverova, A.A. (2011). Postglacial estimation of the Schirmacher oasis lakes (East Antarctic) on the basis of hydrologo-geochemical and paleogeographical investigation. In: Kotlyakov, V.M. (Ed.). *Polar Cryosphere and Land Hydrology*. Pp. 242-251.

Gasparon, M. (2000). Human impacts in Antarctica: Trace element geochemistry of freshwater lakes in the Larsemann Hills, East Antarctica. *Environmental Geography 39*(9):963-976.

Gasparon, M., Lanyon, R., Burgess, J.S. *and* Sigurdsson, I.A. (2002). The freshwater lakes of the Larsemann Hills, East Antarctica: chemical characteristics of the water column. *ANARE Research Notes 147*:1-28.

Gasparon, M. *and* Matschullat, J. (2006). Geogenic sources and sink trace metals in the Larsemann Hills, East Antarctica: Natural processes and human impact. *Applied Geochemistry* 21(2):318-334.

Gasparon, M. *and* Matschullat, J. (2006). Trace metals in Antarctic ecosystems: Results from the Larsemann Hills, East Antarctica. *Applied Geochemistry* 21(9):1593-1612.

Gibson, J.A.E. *and* Bayly, I.A.E. (2007). New insights into the origins of crustaceans of Antarctic lakes. *Antarctic Science* 19(2):157-164.

Gibson, J.A.E., Dartnall, H.J.G. *and* Swadling, K.M. (1998). On the occurrence of males and production of ephippial eggs in populations of *Daphniopsis studeri* (Cladocera) in lakes in the Vestfold and Larsemann Hills, East Antarctica. *Polar Biology 19*:148-150.

Gillieson, D. (1990). Diatom stratigraphy in Antarctic freshwater lakes. *Quaternary Research in Antarctica: Future Directions, 6-7 December 1990.* Pp. 55-67.

Gillieson, D. (1991). An environmental history of two freshwater lakes in the Larsemann Hills, Antarctica. *Hydrobiologia 214*:327-331.

Gillieson, D., Burgess, J., Spate, A. *and* Cochrane, A. (1990). An atlas of the lakes of the Larsemann Hills, Princess Elizabeth Land, Antarctica. *ANARE Research Notes 74*:1-73.

Goldsworthy, P.M., Canning, E.A. *and* Riddle, M.J. (2002). Contamination in the Larsemann Hills, East Antarctica: Is it a case of overlapping activities causing cumulative impacts? In: Snape, I. and Warren, R. (Eds). *Proceedings of the 3rd International Conference: Contaminants in Freezing Ground. Hobart, 14-18 April 2002*, pp. 60-61.

Goldsworthy, P.M., Canning, E.A. *and* Riddle, M.J. (2003). Soil and water contamination in the Larsemann Hills, East Antarctica. *Polar Record* 39(211):319-337.

Grew, E.S., McGee, J.J., Yates, M.G., Peacor, D.R., Rouse, R.C, Huijsmans, J.P.P., Shearer, C.K., Wiedenbeck, M., Thost, D.E. *and* Su, S.-C. (1998). Boralsilite ($Al_{16}B_6Si_2O_{37}$): A new mineral related to sillimanite from pegmatites in granulite-facies rocks. *American Mineralogist* 83:638-651.

Grew, E.S, Armbruster, T., Medenbach, O., Yates, M.G. *and* Carson, C.J. (2006). Stornesite-(Y), (Y, $Ca)\square_2Na_6(Ca,Na)_8(Mg,Fe)_{43}(PO_4)_{36}$, the first terrestrial Mg-dominant member of the fillowite group, from granulite-facies paragneiss in the Larsemann Hills, Prydz Bay, East Antarctica. *American Mineralogist* 91:1412-1424.

Grew, E.S, Armbruster, T., Medenbach, O., Yates, M.G. *and* Carson, C.J. (2007). Chopinite, [(Mg,Fe)$_3$□]$(PO_4)_2$, a new mineral isostructural with sarcopside, from a fluorapatite segregation in granulite-facies paragneiss, Larsemann Hills, Prydz Bay, East Antarctica. *European Journal of Mineralogy* 19:229-245.

Grew, E.S, Armbruster, T., Medenbach, O., Yates, M.G. *and* Carson, C.J. (2007). Tassieite, (Na,□)$Ca_2(Mg,Fe^{2+},Fe^{3+})_2(Fe^{3+},Mg)_2(Fe^{2+},Mg)_2(PO_4)_6(H_2O)_2$, a new hydrothermal wicksite-group mineral in fluorapatite nodules from granulite-facies paragneiss in the Larsemann Hills, Prydz Bay, East Antarctica. *The Canadian Mineralogist* 45:293-305.

Grew, E.S., Graetsch, H., Pöter, B., Yates, M.G., Buick, I., Bernhardt, H.-J., Schreyer, W., Werding, G., Carson, C.J. *and* Clarke, G.L. (2008). Boralsilite, $Al_{16}B_6Si_2O_{37}$, and "boron-mullite": compositional variations and associated phases in experiment and nature. *American Mineralogist* 93:283-299.

Grigorieva S.D., Chetverova A.A., Ryzhova E.V., Deshevykh G.A., Popov S.V. Hydrological and geophysical engineering surveys in the area of Progress station (Larsemann Hills oasis, East Antarctica) during the 64th RAE season. *Russian Polar Research*, No. 2, 2019, pp. 23–28. (In Russian).

Grigorieva S.D., Ryzhova E.V., Popov S.V., Kashkevich M.P., Kashkevich V.I. The structure of the near-surface part of the glacier in the area of Thala Bay (East Antarctica) according to the results of the georadar works of the 2018/19 season. *Probl. Arctic and Antarctic*, 2019, V. 65, No. 2, pp. 201–211. doi: 10.30758 / 0555-2648-2019-65-2-201-211(In Russian).

Grigorieva S.D., Kinyabayeva E.R., Kuznetsova M.R., Popov S.V., Kashkevich M.P. The structure of snow-ice bridges of breakthrough lakes of the Broknes Peninsula (Larsemann Hills oasis, East Antarctica) according to GPR data. *Ice and Snow*, 2021, 61 (1). (In Russian).

Grigoreva S.D., Kiniabaeva E.R., Kuznetsova M.R., Kashkevich M.P. Examples of Application of GPR for Ensuring Safety of Infrastructure Objects at the Area of the Russian Antarctic Station Progress (East Antarctica). ENGINEERING AND ORE GEOPHYSICS 2020. 16th scientific-practical conference in conjunction with the workshop "Engineering and Ore Geology 2020". 2020. (In Russian).

He, J. *and* Chen, B. (1996). Vertical distribution and seasonal variation in ice algae biomass in coastal sea ice off Zhongshan Station, East Antarctica. *Antarctic Research (Chinese)* 7(2):150-163.

Hodgson, D.A., Noon, P.E., Vyvermann, W., Bryant, C.L., Gore, D.B., Appleby, P., Gilmour, M., Verleyen, E., Sabbe, K., Jones, V.J., Ellis-Evans, J.C. *and* Wood, P.B. (2001). Were the Larsemann Hills ice-free through the Last Glacial Maximum? *Antarctic Science* 13(4):440-454.

Hodgson, D.A., Verleyen, E., Sabbe. K., Squier, A.H., Keely, B.J., Leng, M.J., Saunders, K.M. *and* Vtyverman, W. (2005). Late Quaternary climate-driven environmental change in the Larsemann Hills, East Antarctica, multi-proxy evidence from a lake sediment core. *Quaternary Research* 64:83-99.

Jawak, S.D. *and* Luis, A.J. (2011). Applications of WorldView-2 satellite data for Extraction of Polar Spatial Information and DEM of Larsemann Hills, East Antarctica. *International Conference on Fuzzy Systems and Neural Computing.* Pp. 148-151

Kaup, E. *and* Burgess, J.S. (2002). Surface and subsurface flows of nutrients in natural and human impacted lake catchments on Broknes, Larsemann Hills, Antarctica. *Antarctic Science* 14(4):343-352.

Kinyabayeva E.R., Grigorieva S.D., Kuznetsova M.R., Mirakin A.V., Popov S.V. Complex surveys for organizing a site for storing and assembling modules of the new wintering complex at Vostok station during the season of the 65th Russian Antarctic Expedition. *Russian Polar Research*, 2020, No. 3, pp. 32–35. (In Russian).

Krishnan, K.P., Sinha, R.K., Kumar, K., Nair, S. *and* Singh, S.M. (2009). Microbially mediated redox transformation of manganese (II) along with some other trace elements: a case study from Antarctic lakes. *Polar Biology* 32:1765-1778.

Kurbatova L.E. *and* Andreev M.P. (2015). Moss and lichenflora of the Larsemann Hills coastal oasis (Prydz Bay region, Continental Antarctic). VII IAC 2015. VII International Antarctic Conference 'Antarctic research: new horizons and priorities'. Kyiv, Ukraine, May 12-14, 2015. Abstracts. Kyiv. Pp. 44-45.

Kurbatova L.E. *and* Andreev M. P. (2015). Bryophytes of the Larsemann Hills (Princess Elizabeth Land, Antarctica). *Novosti Sistematiki Nizshikh Rastenii 49*:360-368.

Li, S. (1994). A preliminary study on aeolian landforms in the Larsemann Hills, East Antarctica. *Antarctic Research (Chinese edition)* 6(4):23-31.

Mahalinganathan, K., Thamban, M. Laluraj, C.M. *and* Redkar, B.L. (2012). Relation between surface topography and sea-salt snow chemistry from Princess Elizabeth Land, East Antarctica. *The Cryosphere* 6:505-515.

Marchant, H. J., Bowman, J., Gibson, J., Laybourn-Parry, J. *and* McMinn, A. (2002). Aquatic microbiology: the ANARE perspective. In: Marchant, H.J., Lugg, D.J. and Quilty, P.G. (Eds). *Australian Antarctic Science: The first 50 years of ANARE.* Australian Antarctic Division, Hobart. Pp. 237-269.

McMinn, A. *and* Harwood, D. (1995). Biostratigraphy and palaeoecology of early Pliocene diatom assemblages from the Larsemann Hills, eastern Antarctica. *Antarctic Science 7*(1):115-116.

Miller, W.R., Heatwole, H., Pidgeon, R.W.J. *and* Gardiner, G.R. (1994). Tardigrades of the Australian Antarctic territories: the Larsemann Hills East Antarctica. *Transactions of the American Microscopical Society 113*(2):142-160.

Pahl, B.C., Terhune, J.M. *and* Burton, H.R. (1997). Repertoire and geographic variation in underwater vocalisations of Weddell Seals (*Leptonychotes weddellii*, Pinnipedia: Phocidae) at the Vestfold Hills, Antarctica. *Australian Journal of Zoology* 45:171-187.

Popov S.V., Sukhanova A.A., Polyakov. Application of the GPR profiling method to ensure the safety of transport operations of the Russian Antarctic Expedition. *Meteorology and Hydrology*, No. 2, 2020, pp. 126–131. (In Russian).

Popov S.V., Boronina A.S., Pryakhina G.V., Grigorieva S.D., Sukhanova A.A., Tyurin S.V. Outbursts of glacial and subglacial lakes in the Larsemann Hills (East Antarctica), in 2017-2018. *Georisk*, 2018, T. XII, No. 3, pp. 56–67. (In Russian).

Popov S.V., Boronina A.S., Grigorieva S.D., Sukhanova A.A., Deshevykh G.A. Hydrological, glacio-geophysical and geodetic engineering surveys in the eastern part of the Broknes Peninsula (East Antarctica, Progress station area) during the 63rd RAE season. *Russian Polar Research*, No. 1, 2018, pp. 24–26. (In Russian).

Pryakhina G.V., Chetverova A.A., Grigorieva S.D., Boronina A.S., Popov S.V. Breakthrough of Lake Progress (East Antarctica): approaches to assessing the characteristics of breakout floods. *Ice and Snow*, 2020, V. 60, No. 4, pp. 613–622. doi: 10.31857 / S2076673420040065. (In Russian).

Quilty, P.G. (1990). Significance of evidence for changes in the Antarctic marine environment over the last 5 million years. In: Kerry, K.R. and Hempel, G. (Eds). *Antarctic Ecosystems: Ecological change and conservation.* Springer-Verlag, Berlin. Pp. 3-8.

Quilty, P.G. (1993). Coastal East Antarctic Neogene sections and their contribution to the ice sheet evolution debate. In: Kennett, J.P. and Warnke, D. (Eds). *The Antarctic Paleo environment: A perspective on global change. Antarctic Research Series* 60*:251-264.*

Quilty, P.G., Gillieson, D., Burgess, J., Gardiner, G., Spate, A. *and* Pidgeon, R. (1990). *Ammophidiella* from the Pliocene of Larsemann Hill, East Antarctica. *Journal of Foraminiferal Research* 20(1):1-7.

Ren, L., Zhao, Y., Liu, X. *and* Chen, T. (1992). Re-examination of the metamorphic evolution of the Larsemann Hills, East Antarctica. In: Yoshida, Y., Kaminuma, K. and Shiraishi, K. (Eds). *Recent Progress in Antarctic Earth Science.* Terra Scientific Publishing, Tokyo, Japan. Pp.145-153.

Ren, L., Grew, E.S., Xiong, M. *and* Ma, Z. (2003). Wagnerite-*Ma5bc*, a new polytype of $Mg_2(PO_4)(F,OH)$, from granulite-facies paragneiss, Larsemann Hills, Prydz Bay, East Antarctica. *The Canadian Mineralogist* 41:393-411.

Riddle, M.J. (1997). The Larsemann Hills, at risk from cumulative impacts, a candidate for multi-nation management. *Proceedings of the IUCN Workshop on Cumulative Impacts in Antarctica.* Washington DC, USA. 18-21 September 1996. Pp. 82-86.

Russia (1999). Initial Environmental Evaluation Compacted Snow Runway at the Larsemann Hills. *Information Paper #79 Corr.2, ATCM XXIII*, Lima, Peru.

Ryss, A. Yu., Andreev, M.P. *and* Kurbatova, L.E. (2012). Nematodes of mosses and lichens of Antarctic: biodiversity, trophic groups, succession stages of communities. Proceedings of the V All-Russian conference with International participation on theoretical and marine parasitology (23-27 April 2012, Svetlogorsk, Kaliningrad district). Nigmatullin, Ch.M. (Ed.). AtlantNIRO Publishing C., Kaliningrad. Pp.186–188.

Sabbe, K., Verleyen, E., Hodgson, D.A. *and* Vyvermann, W. (2003). Benthic diatom flora of freshwater and saline lakes in the Larsemann Hills and Rauer Islands (East Antarctica). *Antarctic Science* 15:227-248.

Safronova T.V. (2016). Algological research of flora in the vicinity of Progress station in the season of the 61st RAE. *Russian Polar Studies 3*(25):17-19. (In Russian.).

Safronova T.V and Smirnova S.V. (2017). Study of the algal and cyanobacterial flora in freshwater waterbodies of the Antarctic in the season of the 62nd RAE. *Russian Polar Research 3*(29):17-20. (In Russian.).

Seppelt, R.D. (1986). Bryophytes of the Vestfold Hills. In: Pickard, J. (Ed.) *Antarctic Oasis: Terrestrial environments and history of the Vestfold Hills.* Academic Press, Sydney. Pp. 221-245.

Shrivastava, P.K., Asthana, R., Beg, M.J. *and* Singh, J. (2009). Climatic fluctuation imprinted in quartz grains of lake sediments from Schirmacher Oasis and Larsemann Hills area, East Antarctica. *Indian Journal of Geosciences* 63(1):81–87.

Shrivastava, P.K., Asthana, R., Beg, M.J. *and* Ravindra, R. (2011). Ionic characters of lake water of Bharati Promontory, Larsemann Hills, East Antarctica. *Journal of the Geological Society of India* 78(3):217-225.

Singh, A.K., Jayashree, B., Sinha, A.K., Rawat, R., Pathan, B.M. *and* Dhar, A. (2011). Observation of near conjugate high latitude substorm and their low latitude implications. *Current Science 101*(8):1073-1078.

Singh, A.K., Sinha, A.K., Rawat, R., Jayashree, B., Pathan, B.M. *and* Dhar, A. (2012). A broad climatology of very high latitude substorms. *Advances in Space Research* 50(11):1512-1523.

Singh, S.M., Nayaka, S. and Upreti, D.K. (2007). Lichen communities in Larsemann Hills, East Antarctica. *Current Science* 93(12):1670-1672.

Spate, A. P., Burgess, J. S. *and* Shevlin, J. (1995). Rates of rock surface lowering, Princess Elizabeth Land, Eastern Antarctica. *Earth Surface Processes and Landforms 20*:567-573.

Stuwe, K. *and* Powell, R. (1989). Low-pressure granulite facies metamorphism in the Larsemann Hills area, East Antarctica: Petrology and tectonic implications for the evolution of the Prydz Bay area. *Journal of Metamorphic Geology 7*(4):465-483.

Stuwe, K., Braun, H.M. *and* Peer, H. (1989). Geology and structure of the Larsemann Hills area, Prydz Bay, East Antarctica. *Australian Journal of Earth Sciences 36*:219-241.

Sukhanova A.A., Popov S.V., Boronina A.S., Grigorieva S.D., Kashkevich M.P. Geophysical surveys in the area of Progress station, East Antarctica, during the 63rd RAE season (2017/18). *Ice and Snow*, 2020, V. 60, No. 1, pp. 149–160, doi: 10.31857 / S2076673420010030.

Thamban, M. *and* Thakur, R.C. (2013). Trace metal concentrations of surface snow from Ingrid Christensen Coast, East Antarctica – Spatial variability and possible anthropogenic contributions. *Environmental Monitoring and Assessment* 184(4):2961-2975.

Thamban, M., Laluraj, C.M., Mahalinganathan, K., Redkar, B.L., Naik, S.S. *and* Shrivastava, P.K. (2010). Glacio-chemistry of surface snow from the Ingrid Christensen Coast, East Antarctica, and its environmental implications. *Antarctic Science* 22(4):435–441.

Wadoski, E.R., Grew, E.S. *and* Yates, M.G. (2011). Compositional evolution of tourmaline-supergroup minerals from granitic pegmatites in the Larsemann Hills, East Antarctica. *The Canadian Mineralogist* 49:381-405.

Walton, D.H., Vincent, W.F., Timperley, M.H., Hawes, I. *and* Howard-Williams, C. (1997). Synthesis: Polar deserts as indicators of change. In: Lyons, Howard-Williams and Hawes (Eds). *Ecosystem Processes in Antarctic Ice-free Landscapes.* Balkema, Rotterdam. Pp. 275-279.

Wang, Z. (1991). Ecology of *Catharacta maccormicki* near Zhongshan Station in Larsemann Hills, East Antarctica. *Antarctic Research (Chinese edition)* 3(3):45-55.

Wang, Z. *and* Norman, F.I. (1993). Foods of the south polar skua *Catharacta maccormicki* in the Larsemann Hills, East Antarctica. *Polar Biology 13*:255-262.

Wang, Z. *and* Norman, F.I. (1993). Timing of breeding, breeding success and chick growth in south polar skuas (*Catharacta maccormicki*) in the Eastern Larsemann Hills. *Notornis 40*(3):189-203.

Wang, Z., Norman, F.I., Burgess, J.S., Ward, S.J., Spate, A.P. *and* Carson, C.J. (1996). Human influences on breeding populations of south polar skuas in the eastern Larsemann Hills, Princess Elizabeth Land, East Antarctica. *Polar Record 32*(180):43-50.

Wang, Y., Liu, D., Chung, S.L., Tong, L. *and* Ren, L. (2008). SHRIMP zircon age constraints from the Larsmann Hills region, Prydz Bay, for a late Mesoproterozoic to early Neoproterozoic tectono-thermal event in East Antarctica. *American Journal of Science* 308:573–617.

Waterhouse, E.J. (1997). Implementing the protocol on ice free land: The New Zealand experience at Vanda Station. In: Lyons, Howard-Williams and Hawes (Eds.). *Ecosystem processes in Antarctic ice-free landscapes.* Balkema, Rotterdam. Pp. 265-274.

Whitehead, M.D. *and* Johnstone, G.W. (1990). The distribution and estimated abundance of Adelie penguins breeding in Prydz Bay, Antarctica. *Proceedings of the NIPR Symposium on Polar Biology 3*:91-98.

Woehler, E.J. *and* Johnstone, G.W. (1991). Status and conservation of the seabirds of the Australian Antarctic Territory. *ICBP Technical Publications 11*:279-308.

Zakharov,V.G., Andreev, M.P. *and* Solomina, O.N. (1998). Variations of the glaciation in the Amery Ice Shelf area (East Antarctic) revealed by lichenometry. *The Antarctic 34*:130-139. (In Russian.).

Zhao, Y., Liu, X, Song, B., Zhang, Z., Li, J., Yao, Y. *and* Wang, Y. (1995). Constraints on the stratigraphic age of metasedimentary rocks from the Larsemann Hills, East Antarctica: Possible implications for Neoproterozoic tectonics. *Precambrian Research* 75:175-188.

Zhao, Y., Song, B., Wang, Y., Ren, L., Li, J. *and* Chen, T. (1992). Geochronology of the late granite in the Larsemann Hills, East Antarctica. In: Yoshida, Y., Kaminuma, K. and Shiraishi, K. (Eds). *Recent Progress in Antarctic Earth Science.* Terra Scientific Publishing Co., Tokyo. Pp. 155-161.

Apéndice 4: Mapas de las colinas de Larsemann

Mapa A. Topografía y características físicas
Mapa B. Zonas de gestión y áreas libres de hielo
Mapa C. Detalle del norte de BroknesMapa D. Estación ZhongshanMapa E. Estación ProgressMapa F. Estación Bharati

Los mapas detallados de la región están disponibles a través del sitio web del Centro de datos antárticos australiano en:
http://aadc-maps.aad.gov.au/aadc/mapcat/search_mapcat.cfm
(Mapas con números de referencia 13130 y 13135)

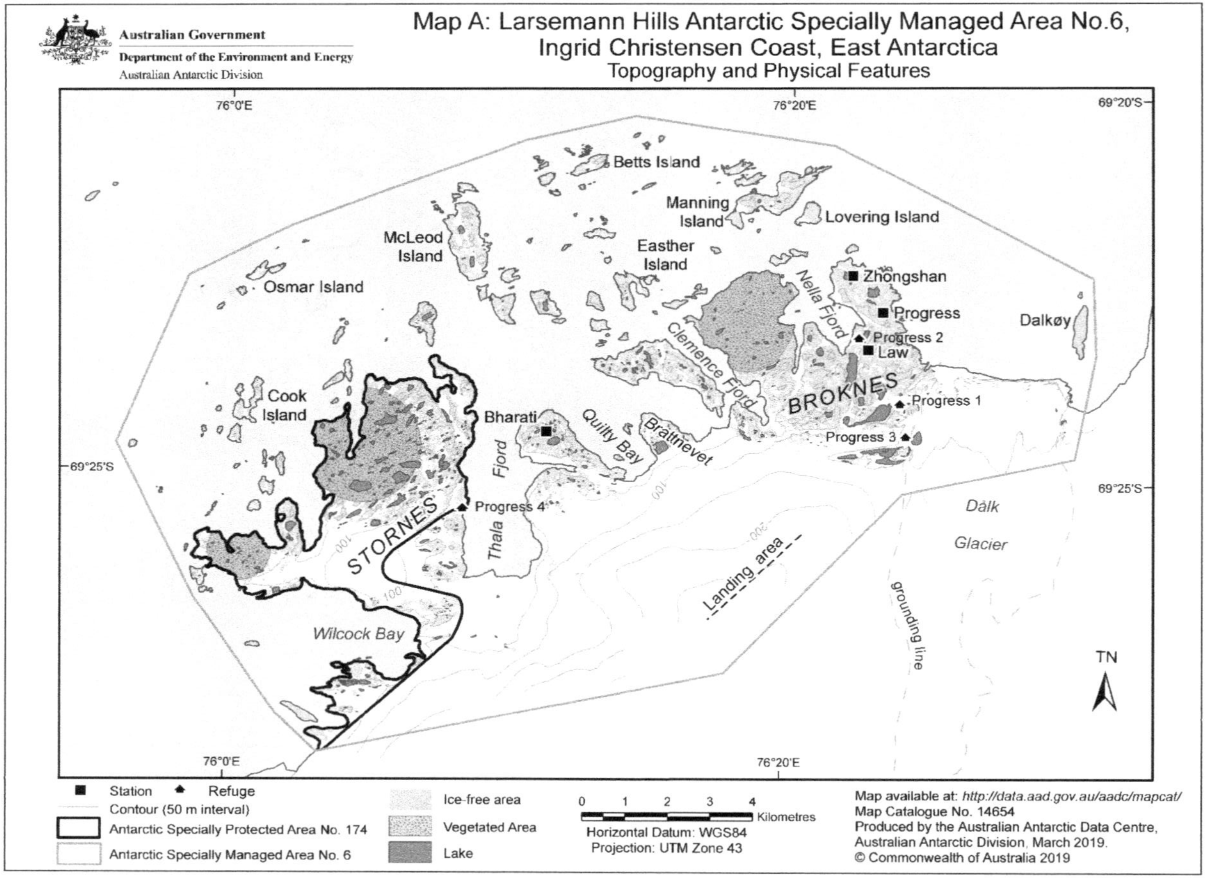
Australian Government
Department of the Environment and Energy
Australian Antarctic Division
Map A: Larsemann Hills Antarctic Specially Managed Area No.6,
Ingrid Christensen Coast, East Antarctica
Topography and Physical Features
76°0'E
76°20'E
69°20'S
69°25'S
Betts Island
Manning Island
Lovering Island
McLeod Island
Easther Island
Zhongshan
Osmar Island
Nella Fjord
Progress
Dalkøy
Clemence Fjord
Progress 2
Law
Cook Island
BROKNES
Progress 1
Bharati
Quilty Bay
Brattnevet
Progress 3
Fjord
Progress 4
STORNES
Thala
Dålk
Glacier
Landing area
grounding line
Wilcock Bay
TN
Station
Refuge
Contour (50 m interval)
Antarctic Specially Protected Area No. 174
Antarctic Specially Managed Area No. 6
Ice-free area
Vegetated Area
Lake
0 1 2 3 4 Kilometres
Horizontal Datum: WGS84
Projection: UTM Zone 43
Map available at: http://data.aad.gov.au/aadc/mapcal/
Map Catalogue No. 14654
Produced by the Australian Antarctic Data Centre, Australian Antarctic Division, March 2019.
© Commonwealth of Australia 2019

Australian Government
Department of the Environment and Energy
Australian Antarctic Division

Map B: Larsemann Hills Antarctic Specially Managed Area No.6, Ingrid Christensen Coast, East Antarctica

Management Zones

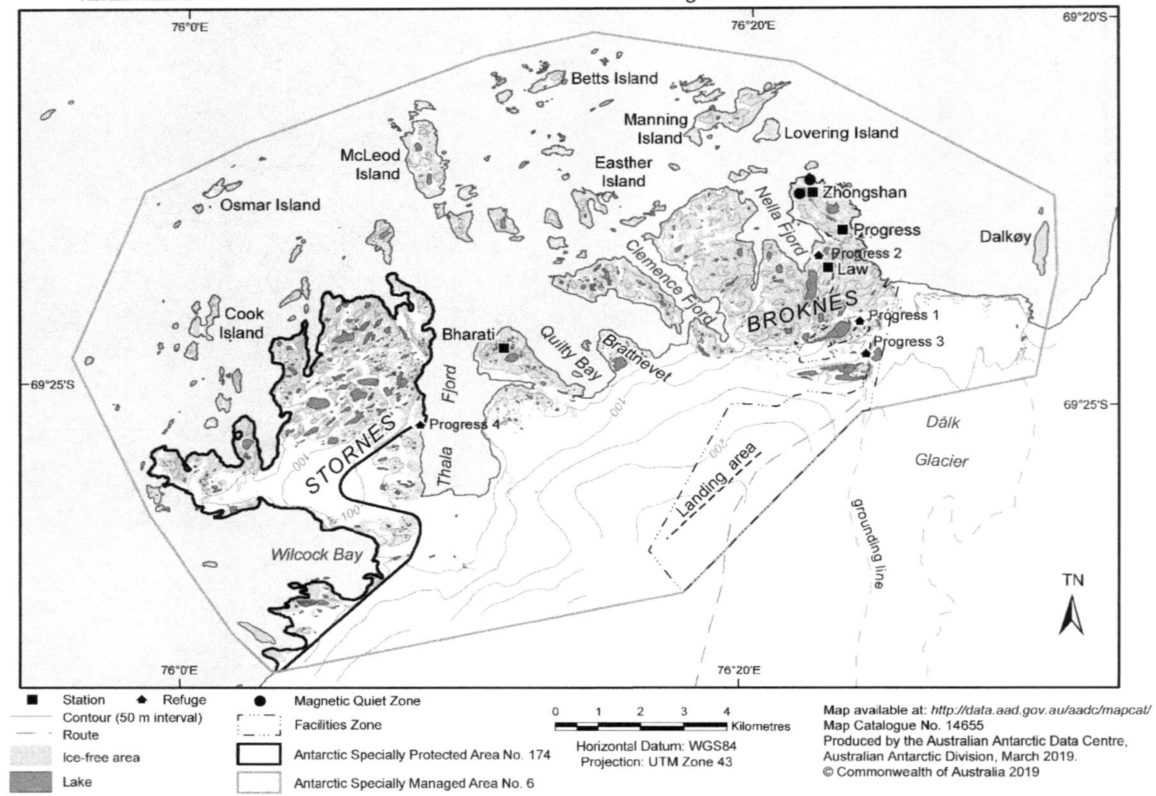

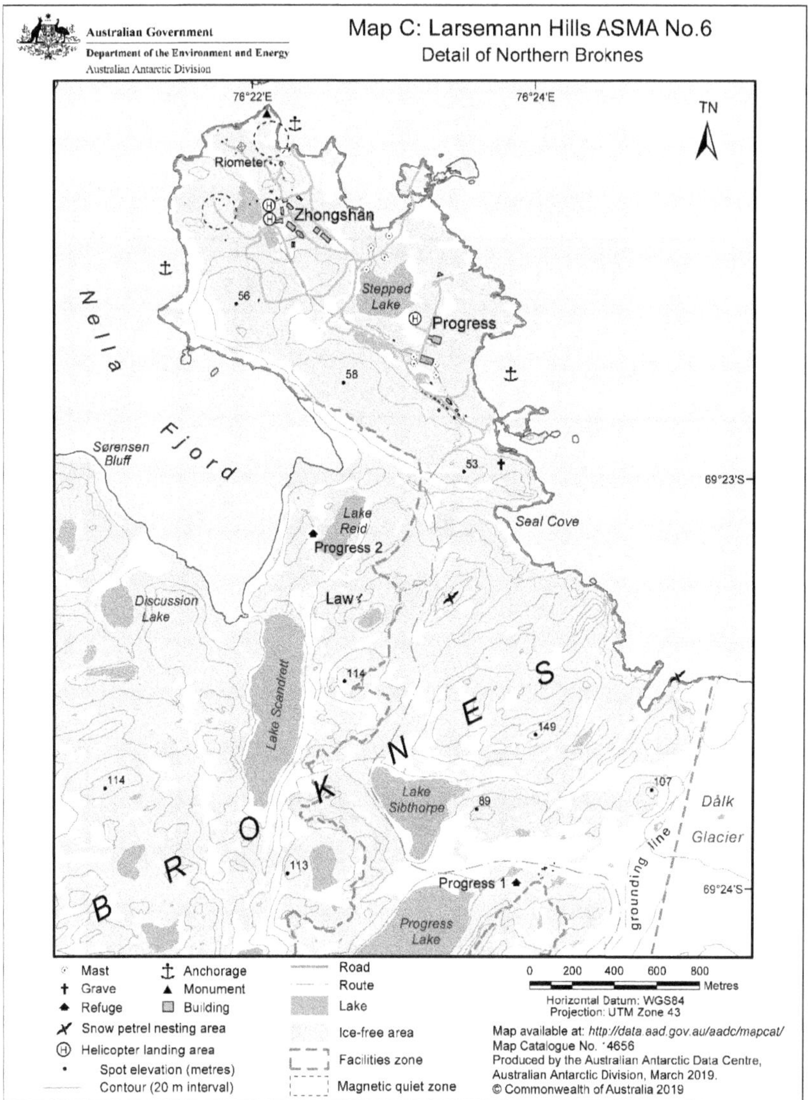

Australian Government
Department of the Environment and Energy
Australian Antarctic Division
Map C: Larsemann Hills ASMA No.6
Detail of Northern Broknes
76°22'E
76°24'E
TN
Riometer
Zhongshan
Stepped Lake
Progress
56
58
53
Nella Fjord
Sørensen Bluff
Seal Cove
69°23'S
Lake Reid
Progress 2
Discussion Lake
Law
Lake Scandrett
114
149
BROKNES
Lake Sibthorpe
89
107
Dålk Glacier
grounding line
113
Progress 1
69°24'S
Progress Lake
Mast
Grave
Refuge
Anchorage
Monument
Building
Snow petrel nesting area
Helicopter landing area
Spot elevation (metres)
Contour (20 m interval)
Road
Route
Lake
Ice-free area
Facilities zone
Magnetic quiet zone
0 200 400 600 800 Metres
Horizontal Datum: WGS84
Projection: UTM Zone 43
Map available at: http://data.aad.gov.au/aadc/mapcat/
Map Catalogue No. 14656
Produced by the Australian Antarctic Data Centre, Australian Antarctic Division, March 2019.
© Commonwealth of Australia 2019

Australian Government
Department of Agriculture, Water and the Environment
Australian Antarctic Division

Map D: Larsemann Hills Antarctic Specially Managed Area No. 6

Zhongshan Station

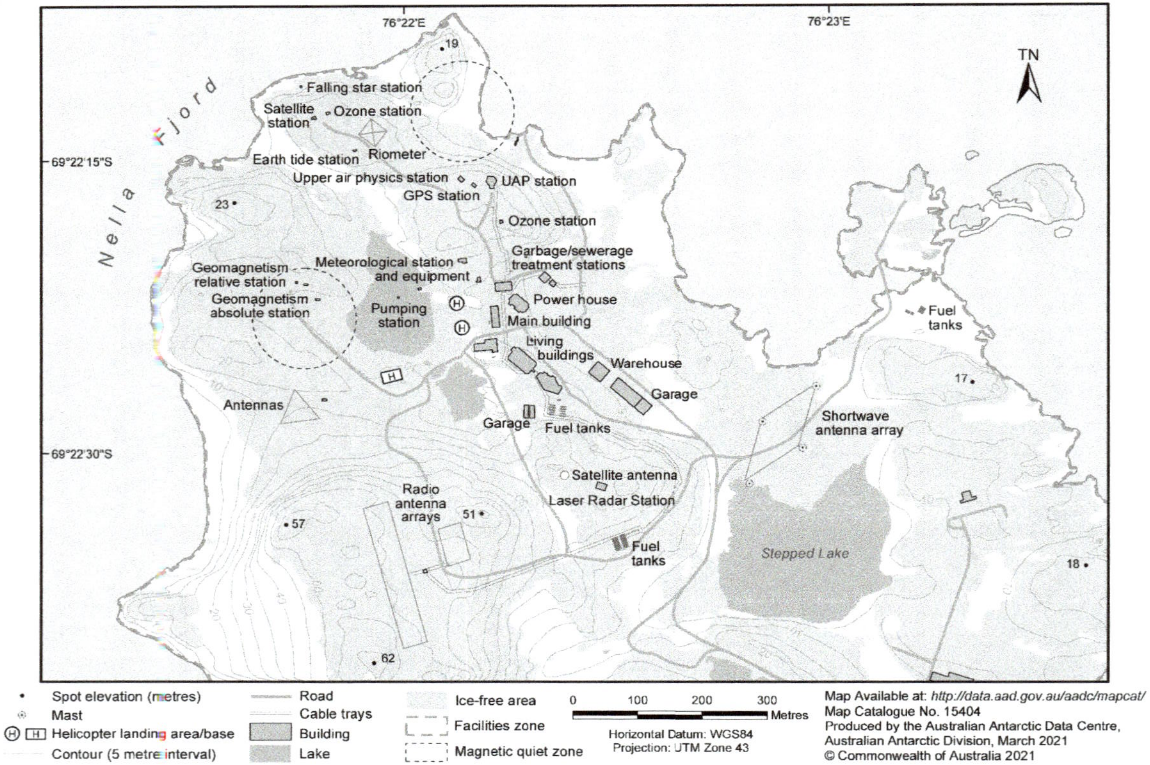

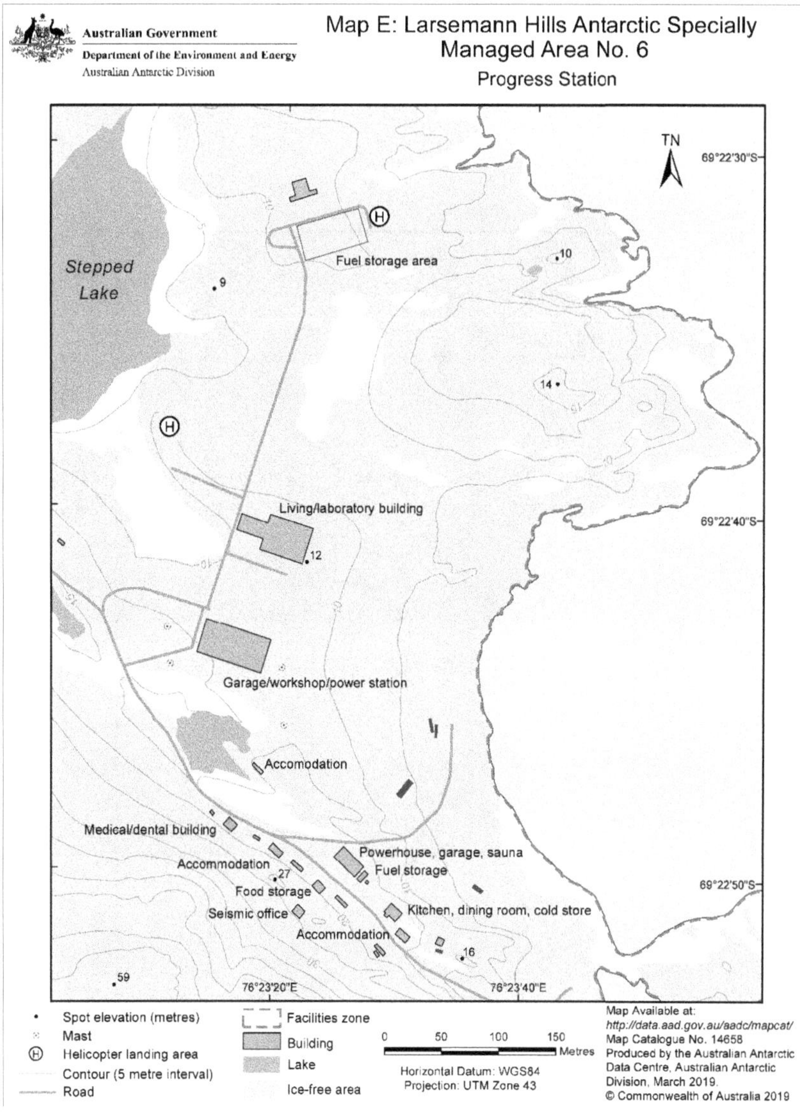
Australian Government
Department of the Environment and Energy
Australian Antarctic Division
Map E: Larsemann Hills Antarctic Specially Managed Area No. 6
Progress Station
TN
69°22'30"S
69°22'40"S
69°22'50"S
76°23'20"E
76°23'40"E
Stepped Lake
Fuel storage area
Living/laboratory building
Garage/workshop/power station
Accomodation
Medical/dental building
Accommodation
Food storage
Seismic office
Accommodation
Powerhouse, garage, sauna
Fuel storage
Kitchen, dining room, cold store
Spot elevation (metres)
Mast
Helicopter landing area
Contour (5 metre interval)
Road
Facilities zone
Building
Lake
Ice-free area
0 50 100 150 Metres
Horizontal Datum: WGS84
Projection: UTM Zone 43
Map Available at:
http://data.aad.gov.au/aadc/mapcat/
Map Catalogue No. 14658
Produced by the Australian Antarctic Data Centre, Australian Antarctic Division, March 2019.
© Commonwealth of Australia 2019

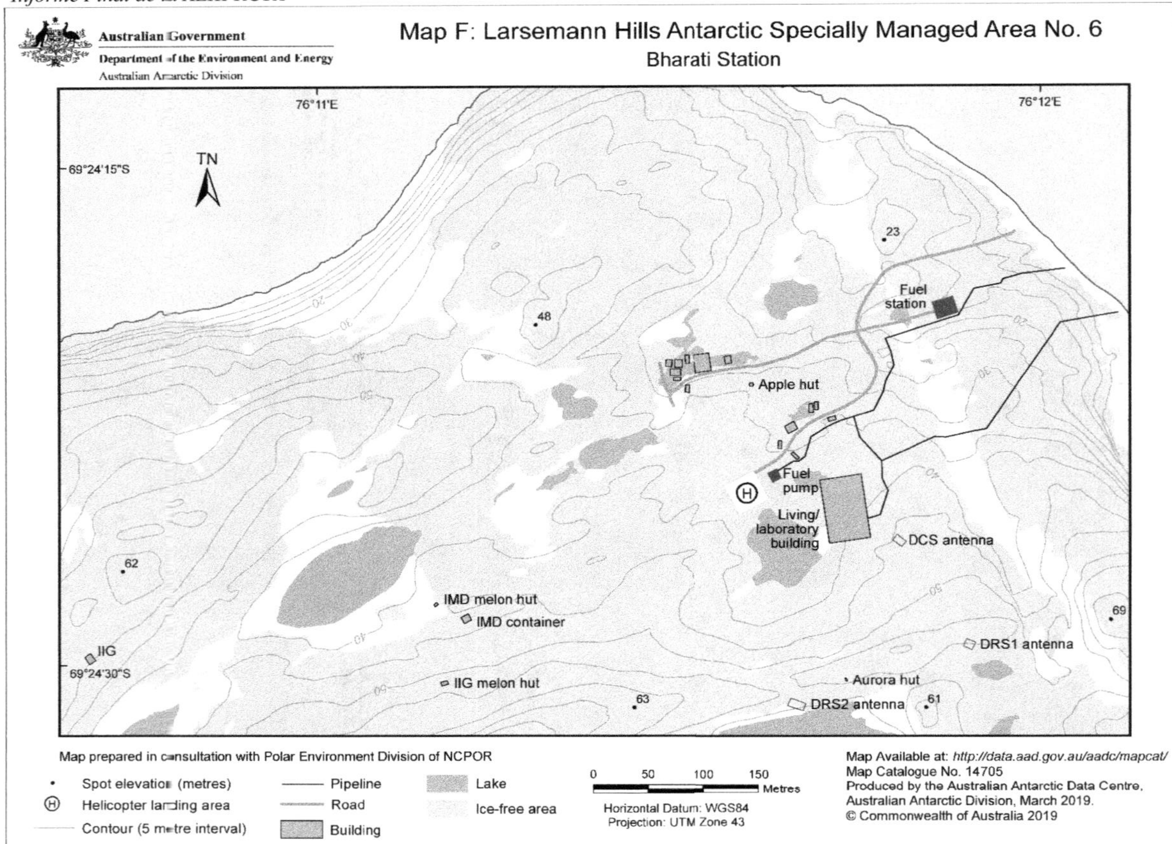
Australian Government
Department of the Environment and Energy
Australian Antarctic Division
Map F: Larsemann Hills Antarctic Specially Managed Area No. 6
Bharati Station
76°11'E
76°12'E
69°24'15"S
69°24'30"S
TN
23
48
62
69
63
61
Fuel station
Apple hut
Fuel pump
Living/ laboratory building
DCS antenna
IMD melon hut
IMD container
IIG
IIG melon hut
DRS1 antenna
Aurora hut
DRS2 antenna
Map prepared in consultation with Polar Environment Division of NCPOR
Spot elevation (metres)
Helicopter landing area
Contour (5 metre interval)
Pipeline
Road
Building
Lake
Ice-free area
0 50 100 150 Metres
Horizontal Datum: WGS84
Projection: UTM Zone 43
Map Available at: http://data.aad.gov.au/aadc/mapcat/
Map Catalogue No. 14705
Produced by the Australian Antarctic Data Centre, Australian Antarctic Division, March 2019.
© Commonwealth of Australia 2019

Plan de Gestión para la

Zona Antártica Especialmente Protegida n.° 101,

PINGÜINERA TAYLOR, TIERRA DE MAC ROBERTSON

Introducción

La pingüinera Taylor es una colonia de pingüinos emperador (*Aptenodytes forsteri*) situada en el lado este del glaciar Taylor, en la Tierra de Mac Robertson (67° 27' S; 60° 51' E, mapa A). Este lugar fue designado originalmente como Zona Especialmente Protegida n.° 1 mediante la Recomendación IV-I (1966) a propuesta de Australia. Se aprobó un plan de gestión para la Zona en virtud de la Recomendación XVII-2 (1992). De conformidad con la Decisión 1 (2002), se cambiaron la designación y el número a Zona Antártica Especialmente Protegida (ZAEP) n.º 101. Los planes de gestión revisados para la ZAEP se aprobaron mediante la Medida 2 (2005), la Medida 1 (2010) y la Medida 1 (2015). La pingüinera Taylor se designó como ZAEP para proteger la mayor colonia conocida de pingüinos emperador situada en su totalidad en tierra.

1. Descripción de los valores que requieren protección

En la actualidad hay 61 colonias conocidas de pingüinos emperador alrededor de la Antártida. La primera colonia terrestre fue descubierta en islas Emperor, islas Dion, península antártica (67° 52' S, 68° 43' W) en 1948. Unas 150 parejas reproductoras ocupaban la isla, pero a partir de los años 1970 la población disminuyó, llegando a apenas 22 parejas en 1999. No se han avistado pingüinos emperador en la isla Dion desde 2009 y es probable que la colonia se haya extinguido. Otra colonia terrestre fue descubierta en el glaciar Taylor en octubre de 1954. Esta colonia se sitúa plenamente en tierra durante la temporada de cría. Debido a esta característica poco común, se designó a la colonia como Zona Especialmente Protegida en 1966, al igual que la isla Emperor. En 1999 se descubrió una tercera colonia terrestre con unas 250 parejas en la bahía Amundsen, en la Antártida oriental.

La colonia de pingüinos emperador del glaciar Taylor es la mayor colonia que se conoce en tierra (mapa B) y, como tal, reviste una gran importancia científica. El Programa Antártico Australiano realizó el seguimiento de la población de la colonia del glaciar Taylor entre 1957 y 1987, y lo ha hecho todos los años a partir de 1988. Los censos fotográficos ofrecen recuentos muy exactos. La cantidad de ejemplares adultos de la colonia alcanzó un promedio de 3680 parejas reproductoras en los primeros años. En el periodo 1988-2010, la población promediaba 2930 parejas, es decir, 20,5 % menos que en años anteriores. En el período 2011-2019, la media de la población era de 2700, lo que representa una caída adicional del 9 % (datos no publicados) (ver figura 1). Las razones de esta disminución aún se están investigando. Se dispone de registros similares solamente en relación con dos colonias de pingüinos emperador, en el archipiélago Punta Géologie (ZAEP 120, 66º 40' S, 140º 01'E) y en isla Haswell (ZAEP 127, 66º 31' S, 93º 00' E), donde disminuyó la población en ambas colonias aproximadamente un 43 % durante los años setenta. También hay disponibles datos poblacionales sobre una serie de colonias en la región del mar de Ross. Sin embargo, los registros acerca de estos últimos no son continuos, y no incluyen los recuentos de las colonias durante el invierno.

Cada año el Programa Antártico Australiano realiza no más de tres visitas al glaciar Taylor. Las pequeñas colinas rocosas que rodean la colonia la hacen ideal para el trabajo de censo y permiten la observación de los pingüinos sin ingresar al área de reproducción. Por lo tanto, desde 1988, aproximadamente, la perturbación de la colonia por actividades humanas ha sido muy pequeña y se puede descartar la influencia humana directa como posible factor que influya en la salud de esta población.

2. *Finalidades y objetivos*

La gestión de la pingüinera Taylor tiene por objeto las siguientes finalidades:

- evitar perturbación por actividades humanas innecesaria a fin de no degradar los valores de la Zona o ponerlos en considerable riesgo;
- permitir las investigaciones del ecosistema, en especial de la avifauna, y del medio físico, siempre que se lleven a cabo por razones apremiantes y que no puedan realizarse en otro lugar;
- reducir al mínimo la posibilidad de introducción de agentes patógenos que puedan causar enfermedades en las poblaciones de aves de la Zona;
- reducir al mínimo la posibilidad de introducción de plantas, animales y microbios no autóctonos en la Zona;
- permitir la recopilación regular y sostenible de datos sobre el estado de la población de la colonia de pingüinos emperador, y
- permitir visitas para fines de gestión como apoyo de los objetivos del Plan de Gestión.

3. *Actividades de gestión*

Las siguientes actividades de gestión serán llevadas a cabo para proteger los valores del área:

- se realizarán las visitas necesarias a la Zona (preferiblemente no menos de una vez cada cinco años) para determinar si continúa sirviendo a los fines para los cuales fue designada y para cerciorarse de que las medidas de gestión sean adecuadas;
- el Plan de Gestión se debe revisar al menos una vez cada cinco años y se debe actualizar conforme sea necesario.

4. *Período de designación*

Designación con período de vigencia indefinida.

5. *Mapas*

- Mapa A: Zona Antártica Especialmente Protegida n.° 101, pingüinera Taylor, costa Mawson, Tierra de Mac Robertson, Antártida oriental. El mapa del recuadro muestra la ubicación en relación con el continente antártico.
- Mapa B: Zona Antártica Especialmente Protegida n.° 101, pingüinera Taylor: topografía y colonia de pingüinos emperador.
- Mapa C. Zona Antártica Especialmente Protegida n.° 101, pingüinera Taylor: aproximación y aterrizaje de vehículos y helicópteros.
- Mapa D: Zona Antártica Especialmente Protegida n.° 101, pingüinera Taylor: puntos limítrofes de la ZAEP

Todas las especificaciones del mapa: *datum* horizontal: WGS84; *datum* vertical: Nivel medio del mar

6. *Descripción de la Zona*

6(i) Coordenadas geográficas, indicadores de límites y características naturales

La ZAEP de la pingüinera Taylor se ubica aproximadamente a 90 kilómetros al oeste de la estación de investigación Mawson, de Australia, y comprende la totalidad del afloramiento más septentrional del sector oriental del glaciar Taylor, Tierra de Mac Robertson (67° 27’ 14” S, 60° 53’ 0” E, mapa B). El apéndice 1 y el mapa D muestran las coordenadas de los límites de la Zona. El límite de la Zona sigue el borde costero (por la marca de bajamar) desde un punto en la esquina noroeste de la Zona en 67° 27' 4,9" S, 60° 52' 58,2"E (punto limítrofe 1), en dirección aproximadamente hacia el sur hasta el punto limítrofe 6 (67° 27' 27,8" S, 60° 53' 7,7" E). Desde ahí, el límite continúa en dirección oeste y luego hacia el norte (siguiendo aproximadamente el límite de la zona libre de hielo) hasta el punto limítrofe 22 (67° 27' 18" S, 60° 52' 50,2" E) y luego sigue hacia el norte por el acantilado de hielo hasta el punto limítrofe 23 (67° 27' 5,3" S, 60° 52' 57,1" E) para unirse una vez más con el punto limítrofe 1. La superficie de la Zona es de unos 0,27 km^2. No hay indicadores de límites del sitio.

La colonia de pingüinos emperador está ubicada en un afloramiento rocoso bajo en el extremo sudoeste de una bahía formada por el glaciar Taylor al oeste, el casquete glacial al sur y las islas del archipiélago Colbeck al este. El hielo fijo rodea la Zona por el norte y el este. Existe un terreno sin hielo adyacente al glaciar en el límite occidental, y hacia el sur la roca se eleva abruptamente para encontrarse con el hielo de la meseta. Las crestas redondeadas de roca forman una herradura alrededor de un área plana central de roca expuesta y morrena. La altura media de las crestas es de unos 30 metros. Durante el invierno, la zona central está cubierta de nieve y la ocupan pingüinos emperador. A fines de la primavera se forman dos lagos de deshielo pequeños y un arroyo desemboca al nordeste.

La Zona tiene también una terraza costera típica de las diversas que se encuentran en la costa de la Tierra de Mac Robertson. La playa está formada de guijarros, cantos y roca grande de origen local que varían en tamaño entre 1 cm y 1 m. Desde la costa, la playa se inclina hacia arriba hasta una plataforma bien definida de varios metros de ancho y de 3 a 6 m sobre el nivel del mar. La Zona está claramente definida por sus rasgos naturales.

Clima

Los datos meteorológicos de la Zona son limitados. Las condiciones son probablemente similares a las del área de la estación Mawson, donde las temperaturas medias mensuales oscilan entre + 0,1 ° C en enero y -18,8 ° C en agosto, con temperaturas extremas que oscilan entre + 10,6 ° C y -36,0 ° C. La velocidad media anual del viento es de 10,9 m por segundo. Los fuertes vientos catabáticos del sudeste, prolongados y frecuentes, soplan desde el casquete glacial con velocidades medias del viento de más de 25 m por segundo y las ráfagas a menudo superan los 50 m por segundo. Otras características generales del clima son la gran nubosidad que se mantiene durante el año, una humedad muy baja, precipitaciones escasas y períodos frecuentes de vientos fuertes, ventisqueros y baja visibilidad debido al paso de sistemas importantes de baja presión.

Dominios ambientales, Regiones Biogeográficas de Conservación de la Antártida y Zonas Importantes para la Conservación de las Aves

Según el análisis de dominios ambientales para el continente antártico (Resolución 3 [2008]), la pingüinera Taylor se encuentra en el medioambiente D, geológico del litoral de la Antártida oriental. Según las Regiones Biogeográficas de Conservación Antártica (Resolución 3 [2017]), la Zona se encuentra en la Región Biogeográfica 16, montañas Príncipe Carlos. La pingüinera Taylor se identifica como Zona Importantes para la Conservación de las Aves 119 pingüinera Taylor sobre la base de la colonia de pingüinos emperador (Resolución 5 [2015]).

Características geológicas y edafológicas

El gneis con granate-biotita-cuarzo-feldespato y las rocas de granito y migmatita en la pingüinera Taylor son metamórficas y están probablemente formadas a partir de antiguas rocas sedimentarias metamórficas. . Las rocas metamórficas tienen infiltraciones de charnoquita Mawson con una edad isotópica de 100 millones de años, definiendo así una edad mínima para las rocas metamórficas. Muchas zonas de cizallamiento cruzan las rocas metamórficas bandeadas y se reconocen rastros de una superficie antigua de erosión a una altitud aproximada de 60 m.

Vegetación

La flora de la pingüinera Taylor comprende al menos diez especies de líquenes (cuadro 1) y una cantidad desconocida de algas terrestres y de agua dulce. No se han registrado musgos en la Zona. En la región se encuentran 26 especies de líquenes y tres especies de musgos, 20 de las cuales se encuentran en las cercanías del cerro Chapman y 16 en el cabo Bruce, en la cara occidental del glaciar Taylor. Los tipos de rocas no son propicias para la colonización por líquenes. La mayoría de los líquenes que se encuentran en la Zona crecen en los afloramientos más altos en el extremo meridional, donde la erosión es menor.

Líquenes	**Nombre común**	**Características**
Buellia frigida		Endémica, epilítica
Caloplaca citrina	Liquen de fuego	Crustoso
Candelariella flava		Común, color naranja
Lecanora expectans		Epibriofítico, suele ocupar musgos
Lecidea phillipsiana		Endolítico, común
Pseudephebe minuscula	Liquen rizado negro	Crustoso, marrón oscuro
Physcia caesia	Liquen rosetón gris azulado	Hongo liquenizado folioso
Rhizoplaca melanophthalma	Liquen *rimmed navel*	Subcrustoso, gris claro
Xanthoria elegans	Liquen *elegant sunburst*	Hongo liquenizado, circumpolar
Xanthoria mawsonii		Ornitocorprofílico

Cuadro 1. Plantas observadas en la pingüinera Taylor

Aves

Pingüinos emperador

El lugar de reproducción de los pingüinos emperador es un anfiteatro orientado al norte formado por la lengua del glaciar Taylor al oeste y cerros rocosos al este. Los pingüinos suelen ocupar zonas que están al mismo nivel y que se hallan cubiertas de nieve durante la mayor parte de la temporada de reproducción.

Las primeras crías se han observado a mediados de julio, lo que indica el inicio de la puesta a mediados de mayo. De mediados de diciembre a mediados de enero, los pichones comienzan a salir de la colonia, por lo general durante el día, cuando hace más calor, y amaina el viento catabático. Las aves adultas y los pichones se dirigen en dirección nornordeste hacia una polinia situada a entre 60 y 70 km de la colonia. La extensión del hielo fijo se reduce a aproximadamente 25 km a mediados de enero, pero varía anualmente. La polinia parece ser una característica permanente de la costa Mawson.

A raíz del inicio del programa de seguimiento en curso en 1988, los pingüinos ocuparon la parte sur de la Zona hasta aproximadamente 2010. Durante los últimos años se han desplazado hacia el sector norte, donde pasan el invierno actualmente. La colonia todavía ocupa la parte norte de la Zona durante el invierno, pero los polluelos a veces regresan a la parte sur en noviembre/diciembre.

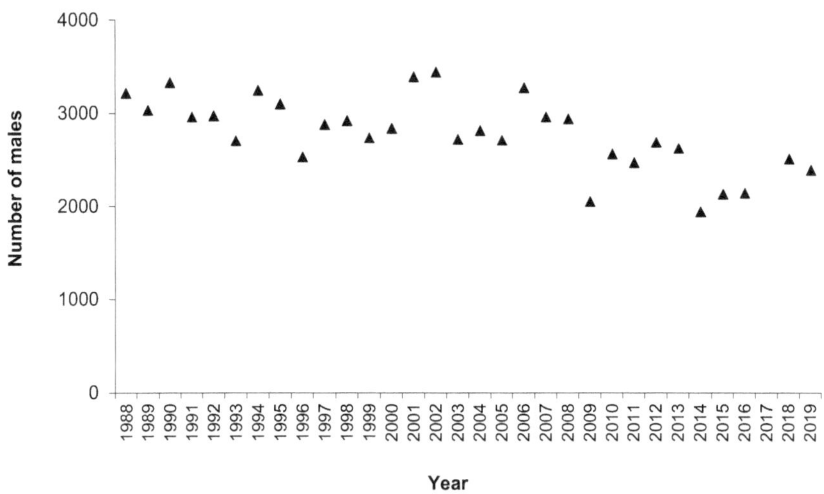

Figura 1. Número de pingüinos emperador adultos que estaban en la colonia en el glaciar Taylor durante el invierno, 1988-2002. Fuente: Robertson *et al.* (2014) y datos no publicados.

Skúas

Suelen aparecer skúas en la colonia de pingüinos. Se desconoce si se reproducen en este lugar.

6(ii) Acceso a la Zona

Viajar a la Zona en vehículo sobre hielo marino se ha vuelto cada vez más difícil en los últimos años. En general, era posible desde principios de mayo hasta mediados de diciembre. Desde 2005, el acceso solo ha sido posible en el período comprendido entre mediados de junio y principios de noviembre. En 2017, las malas condiciones del hielo marino hicieron imposible una visita de invierno. El acceso por aeronave podría ser posible de acuerdo con la sección 7(ii) de este plan.

6(iii) Ubicación de estructuras dentro de la Zona o en áreas adyacentes

En 2011 se instalaron dos cámaras automáticas en la Zona sobre las crestas rocosas que rodean la zona de reproducción de los pingüinos (véase la ubicación de las cámaras en el mapa B: 67° 27' 24" S, 60° 52' 55" E y 67° 27' 12" S, 60° 53' 06" E). Aproximadamente a 5 km al nordeste de la Zona se encuentra un refugio con cuatro literas en el archipiélago Colbeck (véase el mapa A, 67° 26' 17,9" S, 60° 59' 23,6" E). La estación Mawson (67° 36' S, 62° 53' E) se encuentra a unos 90 kilómetros hacia el este.

6(iv) Ubicación de las zonas protegidas en las cercanías

ZAEP n.º 102, islas Rookery, Tierra de Mac Robertson (67° 36' 36" S y 62° 32' 01" E) está a casi 80 km al este de la pingüinera Taylor (véase el mapa A).

6(v) Zonas especiales en el interior del área

No hay áreas especiales al interior de la Zona.

7. Términos y condiciones para los permisos de entrada

7(i) Condiciones generales de los permisos

Se prohíbe el ingreso a la Zona excepto con un permiso expedido por una autoridad nacional pertinente. Las condiciones para la expedición de permisos son las siguientes:

- que el permiso se expida por razones científicas de carácter urgente, que no puedan atenderse en otro lugar, en especial para el estudio científico de la avifauna y el ecosistema de la Zona, o con fines de gestión esenciales y compatibles con los objetivos del plan, como inspecciones, o tareas de mantenimiento o evaluación;
- que las acciones permitidas no pongan en peligro los valores de la Zona;
- que las acciones permitidas sean compatibles con el Plan de Gestión;
- que el permiso, o una copia de este, se lleve consigo dentro de la Zona;
- que se presente un informe de la visita a la autoridad que figure en el permiso;
- que el permiso será expedido por un período determinado, y
- que se avise a la autoridad nacional pertinente sobre cualquier actividad o medida que no estuviera comprendida en el permiso.

7 (ii) Acceso a la Zona y desplazamiento en su interior o sobre ella

Siempre que sea posible, el acceso a la Zona en vehículos debería efectuarse desde el hielo marino del lado oriental, al oeste del archipiélago Colbeck, a fin de no cruzar los senderos de los pingüinos desde la colonia hasta el mar (ver mapa B). Se prohíbe la entrada de vehículos a la Zona. Los vehículos utilizados para el transporte a la Zona deben dejarse fuera de la Zona, hacia el este, y la entrada a la Zona debe hacerse a pie. La ruta de acceso para vehículos está marcada en el mapa C.

El uso de aeronaves está supeditado a las siguientes condiciones:

- se deberá tratar en todo momento de no perturbar las colonias con las aeronaves;
- los sobrevuelos de la colonia están prohibidos, excepto cuando sean esenciales para fines científicos o de gestión. Dichos sobrevuelos deberán efectuarse a una altura de 930 m (3050 pies) como mínimo en el caso de los helicópteros monomotores y aeronaves de ala fija, y de 1500 m (5000 pies) como mínimo en el caso de los helicópteros bimotores;
- no se permite el aterrizaje de aeronaves de ala fija dentro de la Zona;
- las aeronaves de ala fija que se usen para la aproximación a la Zona no deberán aterrizar, despegar o volar a menos de 930 m (3050 pies) ni volar a menos de 750 m (2500 pies) de la colonia;
- los helicópteros se aproximarán a la Zona desde el este sobre el hielo marino y, preferiblemente, si el estado del hielo lo permite, aterrizarán fuera de la Zona en el punto marcado con una «H» en el mapa C (60° 53' 32,5" E, 67° 27' 6,1 "S), tras lo cual se entrará en la Zona a pie;
- fuera de la Zona, los helicópteros monomotores no deberían aterrizar o despegar a menos de 930 m (3050 pies) o volar a menos de 750 m de la colonia, y los helicópteros bimotores no deberían aterrizar, despegar o volar a menos de 1500 m (5000 pies) de la colonia;

- si es indispensable aterrizar dentro de la Zona debido a las condiciones inadecuadas del hielo marino, podrán aterrizar únicamente helicópteros monomotores, en el nordeste de la Zona, en el punto marcado «H» en el mapa C (60° 53' 17,8" E, 67° 27' 6,8" S), donde un promontorio al sur oculta la colonia e impide que lleguen ruidos;
- los helicópteros monomotores que se aproximen para aterrizar en la Zona deberían volar a la menor altura que sea segura sobre el hielo marino a fin de no perturbar a la colonia;
- no se permite el reabastecimiento de combustible en la Zona.

Se prohíben los sobrevuelos de colonias de aves dentro de la Zona mediante sistemas de aeronaves dirigidas por control remoto (RPAS), excepto cuando sea esencial para propósitos científicos o de gestión apremiantes. Dichos sobrevuelos se realizarán de acuerdo con las Directrices Medioambientales para la Operación de Sistemas de Aeronaves Dirigidas por Control Remoto (RPAS) en la Antártida.

No hay rutas marcadas para peatones dentro de la Zona. A menos que un permiso autorice la perturbación, los peatones deberán mantenerse bien alejados del área de la colonia (por lo menos a una distancia de 50 m) y ceder el paso a los pingüinos que salgan y entren. Si es posible, los peatones que circulen en la Zona y sus alrededores deberían tratar de no cruzar las rutas de acceso de las aves o de cruzar rápidamente, sin obstruir el tránsito de pingüinos.

7(iii) Actividades que pueden llevarse a cabo dentro de la Zona, incluyendo restricciones de tiempo y lugar

Pueden encontrarse pingüinos en la Zona durante la mayor parte del año, y son particularmente sensibles a las perturbaciones durante los siguientes períodos:

- de mediados de mayo a mediados de julio, cuando están incubando huevos; y
- de mediados de julio a mediados de septiembre, cuando los adultos están empollando a los pichones.

Se puede llegar a la Zona para realizar censos de la colonia de pingüinos emperador. La colonia es ideal para la realización de censos, que es posible sin perturbar a las aves. El mejor mirador para ver y fotografiar a los pingüinos en invierno es un promontorio rocoso contiguo al glaciar Taylor, en el extremo occidental de la colonia, al oeste de la colonia y al este de la Zona. El momento ideal para realizar un censo de adultos es desde el 22 de junio al 5 de julio, dado que durante este período la mayoría de las aves presentes son los machos que incuban, cada uno de los cuales representa una pareja reproductora.

Otras actividades que se pueden realizar en la Zona:

- investigaciones científicas urgentes que no puedan realizarse en otro lugar y que no pongan en peligro la avifauna o el ecosistema de la Zona;
- actividades de gestión indispensables, entre ellas la vigilancia, y
- muestreo, que debería limitarse al mínimo necesario para los programas de investigación aprobados.

7(iv) Instalación, modificación o desmantelamiento de estructuras

No se podrán erigir estructuras ni instalar equipamiento científico en la Zona salvo para actividades científicas o de gestión indispensables y durante el plazo de validez preestablecido que se especifique en el permiso. Los señalizadores y los equipos científicos deberán estar bien sujetos y en buen estado y llevar claramente el nombre del país que otorgó el permiso, el nombre del investigador principal y el año de instalación. Todos estos artículos deberían estar confeccionados con materiales que presenten un riesgo mínimo de daños para la fauna y la flora o de contaminación de la Zona.

Una de las condiciones para la expedición del permiso será que el equipo relacionado con la actividad aprobada deberá ser retirado al concluir la actividad o antes. Los detalles de los señalizadores y el equipo dejado temporalmente en el lugar (ubicaciones del GPS, descripción, etiquetas, etc., y fecha desmantelamiento prevista) se notificarán a la autoridad que haya expedido el permiso.

Las cabañas de campaña provisionales que se autoricen se instalarán en un lugar bien alejado de la colonia de pingüinos al noreste de la Zona, donde un promontorio al sur oculta la colonia.

7(v) Ubicación de los campamentos

Aproximadamente a 5 km al nordeste de la Zona se encuentra un refugio con cuatro literas en el archipiélago Colbeck (véase el mapa A, 67° 26' 17,9"S, 60° 59' 23,6" E).

Se permite acampar en la Zona, bien lejos de la colonia de pingüinos, de preferencia en el lugar al nordeste de la Zona donde un promontorio que está al sur oculta la colonia (según lo indicado en el mapa B).

7(vi) Restricciones relativas a los materiales y organismos que puedan introducirse en la Zona

- Se prohíbe llevar a la Zona productos derivados de aves de corral, entre ellos alimentos desecados que contengan huevo en polvo.
- No se dejarán depósitos de alimentos u otros suministros en la Zona después de la temporada durante la cual se necesiten.
- Se prohíbe la introducción deliberada de animales, material de plantas y microorganismos vivos y suelo no estéril en la Zona. Deben tomarse las precauciones más exhaustivas a fin de evitar la introducción accidental en la Zona de animales, material vegetal, microorganismos y suelos no estériles provenientes de otras regiones con características biológicas distintas (dentro de la Antártida o fuera del área comprendida en el Tratado Antártico).
- En el nivel máximo practicable, el calzado y el equipo que se use o se lleve a la Zona (incluidas las mochilas, los bolsos y otros equipos) deberán limpiarse minuciosamente antes de ingresar y luego de salir de ella.
- Las botas, los equipos de muestreo e investigación y los señalizadores que entren en contacto con el suelo deben desinfectarse o limpiarse con agua caliente y cloro antes de entrar a la Zona y después de visitarla, con el fin de evitar la introducción accidental de animales, material vegetal, microorganismos y suelo no estéril a la Zona. La limpieza se debe llevar a cabo en la cabaña de refugio o en la estación.
- Los visitantes también deben consultar y ceñirse adecuadamente a las recomendaciones incluidas en el *Manual sobre especies no autóctonas* del Comité para la Protección del Medio Ambiente, y en el *Código de conducta del Comité Científico de Investigaciones Antárticas (SCAR) para el uso de animales con fines científicos en la Antártida.*
- No se deben introducir en la Zona herbicidas ni pesticidas. Cualquier otro producto químico, incluidos los radionúclidos o los isótopos estables, que se introduzca con fines científicos o de gestión especificados en el permiso deberá retirarse de la Zona a más tardar cuando concluya la actividad para la cual se haya expedido el permiso.
- No se podrá almacenar combustible en la Zona, a menos que sea necesario para fines indispensables relacionados con la actividad para la cual se haya expedido el permiso. Todo el combustible de ese tipo deberá ser retirado cuando concluya la actividad para la cual se haya expedido el permiso. No se permiten los depósitos permanentes de combustible.
- Todo el material que se introduzca podrá permanecer durante un período determinado únicamente, deberán ser retirados a más tardar cuando concluya dicho período y deberá ser almacenado y manipulado con métodos que reduzcan al mínimo el riesgo de impacto ambiental.

7(vii) Recolección de flora y fauna autóctonas o daños que puedan sufrir estas

Se prohíbe la toma de ejemplares de la flora y fauna autóctonas y la intromisión perjudicial en ellas, excepto con un permiso. En caso de toma de animales o intromisión perjudicial, como norma mínima, se hará de acuerdo con el *Código de conducta del SCAR para el uso de animales con fines científicos en la Antártida*.

Las investigaciones ornitológicas sobre las aves reproductoras presentes en la Zona deberán limitarse a actividades que no sean invasivas y que no las perturben. En caso de que sea necesaria la captura de ejemplares, esta deberá realizarse, de ser posible, fuera de la Zona a fin de reducir la perturbación de la colonia.

7(viii) Toma o retiro de materiales que el titular del permiso no haya llevado a la Zona

Se podrá recolectar o retirar material de la Zona únicamente de conformidad con un permiso, y dicho material deberá limitarse al mínimo necesario para cubrir las necesidades científicas o de gestión.

Todo material de origen humano que con probabilidad comprometa los valores de la Zona y que no haya llevado a la Zona el titular del permiso, o que no esté comprendido en otro tipo de autorización, podrá retirarse salvo que el impacto de su retiro sea potencialmente mayor que el efecto de dejar el material *in situ*. De encontrarse tal material, se deberá notificar a la autoridad que haya expedido el permiso, si es posible mientras la expedición todavía se encuentre en la Zona.

7(ix) Eliminación de residuos

Deberán retirarse de la Zona todos los residuos, incluidos los desechos humanos. Los desechos de expediciones deberán almacenarse de forma tal que la fauna silvestre (por ejemplo, las skúas) no pueda escarbar en la basura hasta que los desechos puedan eliminarse o retirarse de la Zona. Los desechos deberán retirarse a más tardar cuando parta la expedición. Se podrán verter desechos humanos y aguas grises en el mar, lejos de la Zona.

7(x) Medidas que pueden ser necesarias para continuar cumpliendo con los objetivos del Plan de Gestión

Se pueden otorgar permisos de ingreso a la Zona con el fin de:

- realizar actividades científicas de observación e inspección de la Zona, que podrán incluir la recolección de muestras para su análisis o examen;
- erigir o realizar el mantenimiento de postes señalizadores, estructuras o equipos científicos, o
- implementar otras medidas de protección.

Todos los sitios donde se lleven a cabo actividades de vigilancia a largo plazo deberán estar debidamente marcados y se deberá determinar su ubicación GPS a fin de asentarla en el Sistema del Directorio de Datos Antárticos por medio de la autoridad nacional pertinente.

Los visitantes deberán tomar precauciones especiales para evitar la introducción de organismos no autóctonos en la Zona. Causa especial preocupación la introducción de agentes patógenos, microbios o vegetación provenientes de suelos, flora y fauna de otros lugares de la Antártida, incluidas las estaciones de investigación, o de regiones fuera de la Antártida. A fin de reducir al mínimo el riesgo de introducción de especies no autóctonas, antes de ingresar en la Zona los visitantes deberán limpiar meticulosamente el calzado y todo el equipo que vaya a usarse en la Zona, en especial el equipo de muestreo y los señalizadores.

7(xi) Requisitos relativos a los informes

El titular principal de un permiso para cada visita a la Zona debe presentar un informe ante la autoridad nacional correspondiente tan pronto como sea posible, y no más allá de los seis meses luego de concluida la visita. Dichos informes sobre visitas deberán incluir, en la medida de lo posible, la información señalada en el formulario de informe de visita contenido en la *Guía para la preparación de planes de gestión para las Zonas Antárticas Especialmente Protegidas*. Si procede, la autoridad nacional también debería enviar una copia del informe de visitas a la Parte que haya propuesto el Plan de Gestión, a fin de ayudar en la administración de la Zona y en la revisión del Plan de Gestión. Las Partes deberían, en la medida de lo posible, depositar los originales o copias de dichos informes originales sobre visitas en un archivo de acceso público a fin de mantener un registro de su uso, con el fin de llevar a cabo cualquier revisión del Plan de Gestión y de organización del uso científico de la Zona.

Se enviará una copia del informe a la Parte responsable de la elaboración del Plan de Gestión (Australia) a fin de contribuir a la gestión de la Zona y el monitoreo de las poblaciones de aves.

8. Documentación de apoyo

Barbraud, C., Gavrilo M, Mizin, Y. and Weimerskirch, W. (2011) Comparison of emperor penguin declines between Pointe Géologie and Haswell Island over the past 50 years. *Antarctica Science* 23: 461-468.

Barbraud, C., Delord, K., Bost, C.A., Chaigne, A., Marteau, C. and Weimerskirch, H. (2020) Population trends of penguins in the French Southern Territories. *Polar Biology* 43: 835-850.

Budd, G.M. (1961): The biotopes of emperor penguin rookeries. *Emu* 61:171-189.

Budd, G.M. (1962): Population studies in rookeries of the emperor penguin Aptenodytes forsteri.

Proceedings of the Zoological Society, London 139: 365-388.

Crohn, P.W. (1959): A contribution to the geology and glaciology of the western part of the Australian Antarctic Territory. *Bulletin of the Bureau of Mineral Resources, Geology and Geophysics, Australia*, No. 32.

Filson, R.B. (1966): The lichens and mosses of Mac.Robertson Land. Melbourne: Department of External Affairs, Australia (Antarctic Division).

Fretwell, P.T., LaRue, M.A., Morin, P., Kooyman, G.L., Wienecke, B., et al. (2012) An emperor penguin population estimate: the first global, synoptic survey of a species from space. *PLoS ONE* 7(4): e33751. doi:10.1371/journal.pone.0033751

Fretwell, P. T. and Trathan, P. N. (2020) Discovery of new colonies by Sentinel2 reveals good and bad news for emperor penguins. *Remote Sensing in Ecology and Conservation*. doi.org/10.1002/rse2.176

Horne, R.S.C. (1983): The distribution of penguin breeding colonies on the Australian Antarctic Territory, Heard Island, the McDonald Islands and Macquarie Island. *ANARE Research Notes* No. 9.

Kato, A. and Ichikawa, H. (1999) Breeding status of Adélie and Emperor penguins in the Mt RiisserLarsen area, Amundsen Bay. *Polar Bioscience* 12: 36-39.

Kirkwood, R. and Robertson, G. (1997): Seasonal change in the foraging ecology of emperor penguins on the Mawson Coast, Antarctica. *Marine Ecology Progress Series* 156: 205-223.

Kirkwood, R. and Robertson, G. (1997): The energy assimilation efficiency of emperor penguins, *Aptenodytes forsteri*, fed a diet of Antarctic krill, *Euphausia superba. Physiological Zoology* 70: 27-32.

Kirkwood, R. and Robertson, G. (1997): The foraging ecology of female emperor penguins in winter. *Ecological Monographs* 67: 155-176.

Kirkwood, R. and Robertson, G. (1999): The occurrence and purpose of huddling by Emperor penguins during foraging trips. *Emu* 99: 40-45.

Longton, R. E. (1988): Biology of polar bryophytes and lichens, Cambridge University Press, Cambridge, pp. 307-309.

Melick, D. R., Hovenden, M. J. and Seppelt, R. D. (1994): Phytogeography of bryophyte and lichen vegetation in the Windmill Islands, Wilkes Land, Continental Antarctica. *Vegetation* 111: 71-87.

Morgan, F., Barker, G., Briggs, C. Price, R. and Keys, H (2007): Environmental Domains of Antarctica, Landcare Research New Zealand Ltd

Øvstedal, D. O. and Lewis Smith, R. I. (2001): Lichens of Antarctica and South Georgia: A guide to their identification and ecology, Cambridge University Press, Cambridge.

Robertson, G. (1990): Huddles. *Australian Geographic* 20: 76-94.

Robertson, G. (1992): Population size and breeding success of emperor penguins *Aptenodytes forsteri* at the Auster and Taylor Glacier Colonies, Mawson Coast, Antarctica. Emu. 92: 62-71.

Robertson, G. (1994): The foraging ecology of emperor penguins (*Aptenodytes forsteri*) at two Mawson Coast Colonies, Antarctica. *PhD Thesis, University of Tasmania.*

Robertson, G. (1995): The foraging ecology of emperor penguins *Aptenodytes forsteri* at two Mawson Coast colonies, Antarctica. *ANARE Reports* 138, 139.

Robertson, G. and Newgrain, K. (1992): Efficacy of the tritiated water and 22Na turnover methods in estimating food and energy intake by Emperor penguins *Aptenodytes forsteri. Physiological Zoology* 65:933-951.

Robertson, G., Wienecke, B., Emmerson, L., and Fraser, A.D. (2014). Long-term trends in the population size and breeding success of emperor penguins at the Taylor Glacier colony, Antarctica. *Polar Biology* 37: 251-259.

Robertson, G., Williams, R. Green, K. and Robertson, L. (1994): Diet composition of emperor penguin chicks *Aptenodytes forsteri* at two Mawson Coast colonies, Antarctica. *Ibis* 136: 19-31

Schwerdtfeger, W. (1970): *The climate of the Antarctic. In: Climates of the Polar Regions* (*ed. S. Orvig*), pp. 253-355.

Schwerdtfeger, W. (1984). Weather and Climate of the Antarctic. In *Developments in Atmospheric Science*, Vol. 15, Elsevier Science, New York, 261 pp.

Streten, N.A. (1990): A review of the climate of Mawson – a representative strong wind site in East Antarctica. *Antarctic Science* 2: 79-89.

Trail, D.S. (1970): ANARE 1961 Geological traverses on the Mac.Robertson Land and Kemp Land Coast. *Bulletin of the Bureau of Mineral Resources, Geology and Geophysics, Australia*, No. 135.

Trail, D.S., McLeod, I.R., Cook, P.J. and Wallis, G.R. (1967): Geological investigations by the Australian National Antarctic Research Expeditions 1965. *Bulletin of the Bureau of Mineral Resources, Geology and Geophysics, Australia*, No. 118.

Trathan, P.N., Fretwell, P.T. and Stonehouse, B. (2011) First recorded loss of an emperor penguin colony in the recent period of Antarctic regional warming: implications for other colonies. *PLoS ONE* 6: e14738.

Trathan, P. N., Wienecke, B., Barbraud, C., Jenouvrier, S., Kooyman, G., Le Bohec, C., & Fretwell, P. T. (2020). The emperor penguin-Vulnerable to projected rates of warming and sea ice loss. *Biological Conservation* 241 108216.

Whinam J, Chilcott N. and Bergstrom D.M. 2005: Subantarctic hitchhikers: expeditioners as vectors for the introduction of alien organisms. *Biological Conservation* 121: 207-219.

Wienecke, B., Kirkwood, R. and Robertson, G. (2004): Pre-moult foraging trips and moult locations of emperor penguins at the Mawson Coast. *Polar Biology* 27: 83-91.

Wienecke, B. C. and Robertson, G. (1997): Foraging space of emperor penguins *Aptenodytes forsteri* in Antarctic shelf waters in winter. *Marine Ecology Progress Series* 159: 249-263.

Wienecke, B., Robertson, G., Kirkwood and R., Lawton, K. (2007): Extreme dives by free-ranging emperor penguins. *Polar Biology* 30: 133-142.

Wienecke, B., Kirkwood, R. and Robertson, G. (2004): Pre-moult foraging trips and moult locations of emperor penguins at the Mawson Coast. *Polar Biology* 27: 83-91.

Wienecke, B. (2009): Emperor penguin colonies in the Australian Antarctic Territory: how many are there? *Polar Record* 45: 304-312.

Wienecke, B. (2009): The history of the discovery of emperor penguin colonies, 1902-2004. *Polar Record* 46: 271-276.

Willing, R.L. (1958): Australian discoveries of Emperor penguin rookeries in Antarctica during 1954-57. *Nature, London*, 182: 1393-1394.

Apéndice 1: pingüinera Taylor, Zona Antártica Especialmente Protegida n.° 101, coordenadas limítrofes

Punto limítrofe	Latitud (S)	Longitud (E)	Punto limítrofe	Latitud (S)	Longitud (E)
1	67° 27' 4,9"	60° 52' 58,2"	14	67° 27' 27,9"	60° 52' 49,3"
2	67° 27' 17,1"	60° 53' 29,5"	15	67° 27' 28,7"	60° 52' 48,8"
3	67° 27' 17,7"	60° 53' 31,0"	16	67° 27' 28,9"	60° 52' 47,7"
4	67° 27' 21,6"	60° 53' 27,5"	17	67° 27' 28,9"	60° 52' 46,5"
5	67° 27' 22,4"	60° 53' 19,3"	18	67° 27' 28,3"	60° 52' 46,0"
6	67° 27' 27,8"	60° 53' 7,7"	19	67° 27' 24,9"	60° 52' 45,4"
7	67° 27' 29,1"	60° 53' 4,9"	20	67° 27' 20,7"	60° 52' 50,1"
8	67° 27' 29,8"	60° 53' 2,6"	21	67° 27' 19,3"	60° 52' 49,9"
9	67° 27' 30,1"	60° 53' 0,5"	22	67° 27' 18,0"	60° 52' 50,2"
10	67° 27' 29,8"	60° 52' 57,1"	Sigue hacia el norte por el acantilado de hielo		
11	67° 27' 29,3"	60° 52' 55,5"	23	67° 27' 5,3"	60° 52' 57,1"
12	67° 27' 28,0"	60° 52' 54,6"			
13	67° 27' 27,4"	60° 52' 51,5"			

Australian Government
Department of Agriculture, Water and the Environment
Australian Antarctic Division

Map A: Antarctic Specially Protected Area No 101, Taylor Rookery, Mawson Coast, Mac.Robertson Land, East Antarctica

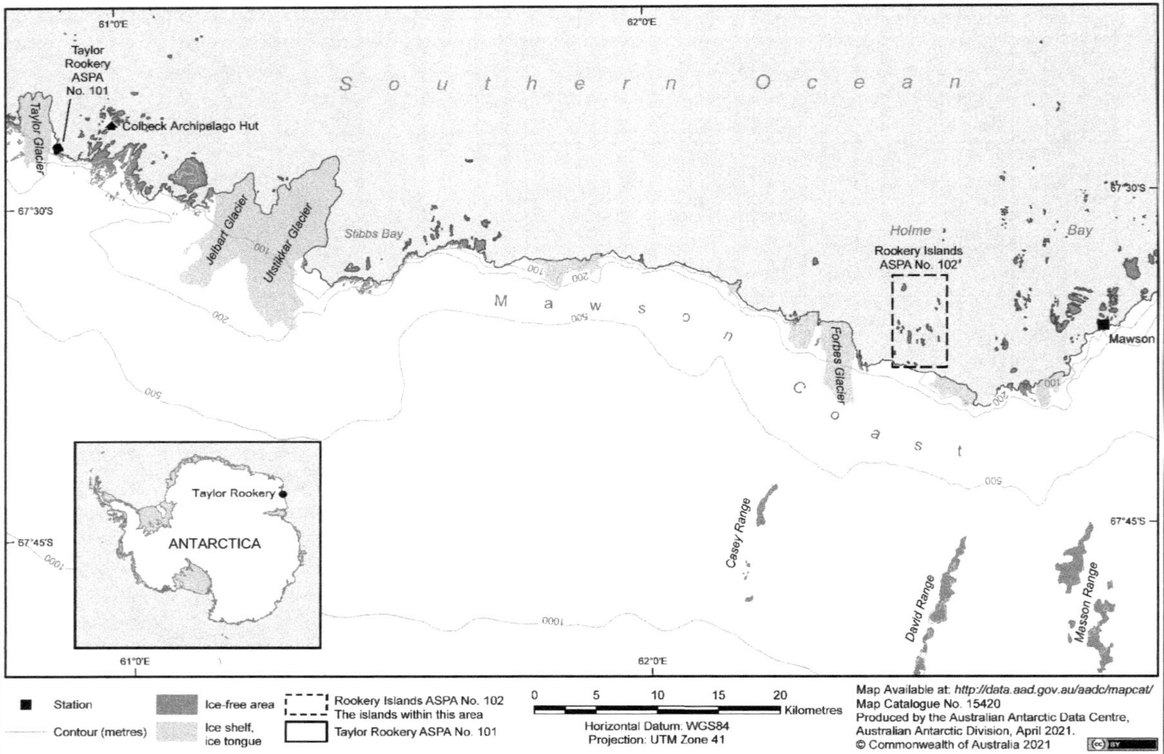

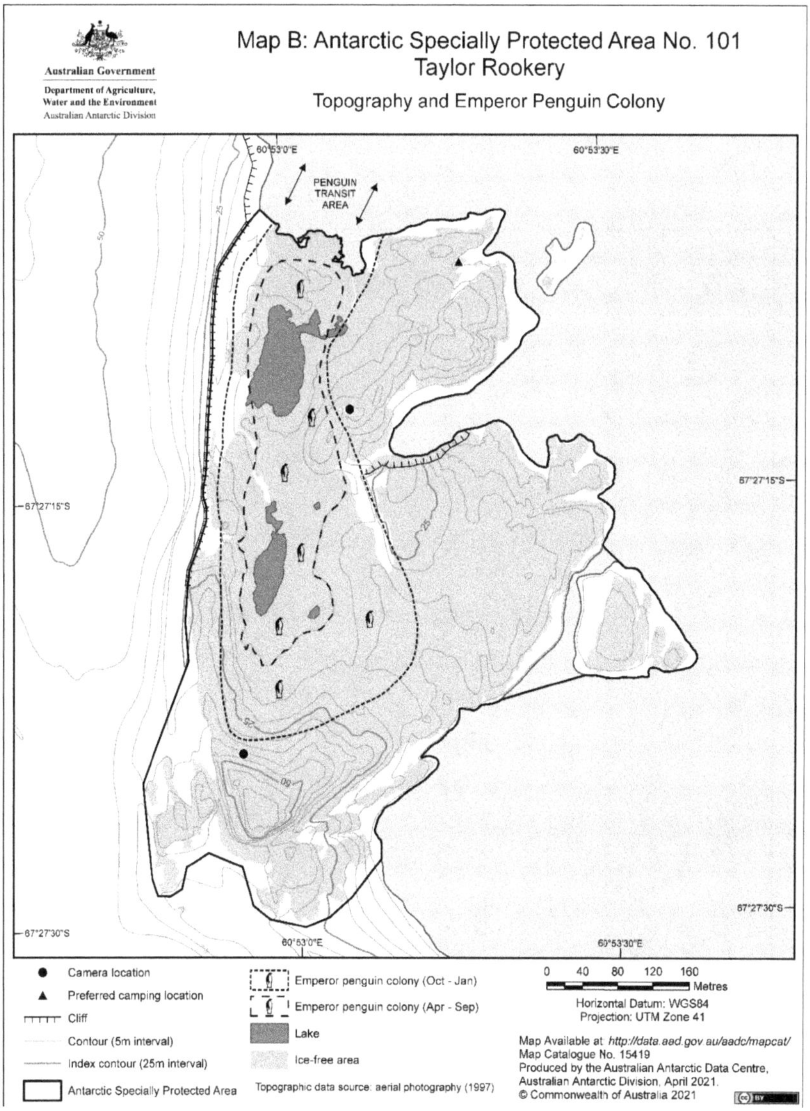
Australian Government
Department of Agriculture, Water and the Environment
Australian Antarctic Division
Map B: Antarctic Specially Protected Area No. 101
Taylor Rookery
Topography and Emperor Penguin Colony
60°53'0"E
60°53'30"E
PENGUIN TRANSIT AREA
67°27'15"S
67°27'30"S
25
50
Camera location
Preferred camping location
Cliff
Contour (5m interval)
Index contour (25m interval)
Antarctic Specially Protected Area
Emperor penguin colony (Oct - Jan)
Emperor penguin colony (Apr - Sep)
Lake
Ice-free area
Topographic data source: aerial photography (1997)
0 40 80 120 160
Metres
Horizontal Datum: WGS84
Projection: UTM Zone 41
Map Available at: http://data.aad.gov.au/aadc/mapcat/
Map Catalogue No. 15419
Produced by the Australian Antarctic Data Centre, Australian Antarctic Division, April 2021.
© Commonwealth of Australia 2021

Australian Government
Department of Agriculture, Water and the Environment
Australian Antarctic Division

Map C: Antarctic Specially Protected Area No. 101, Taylor Rookery

Vehicle and Helicopter Approach and Landing Site

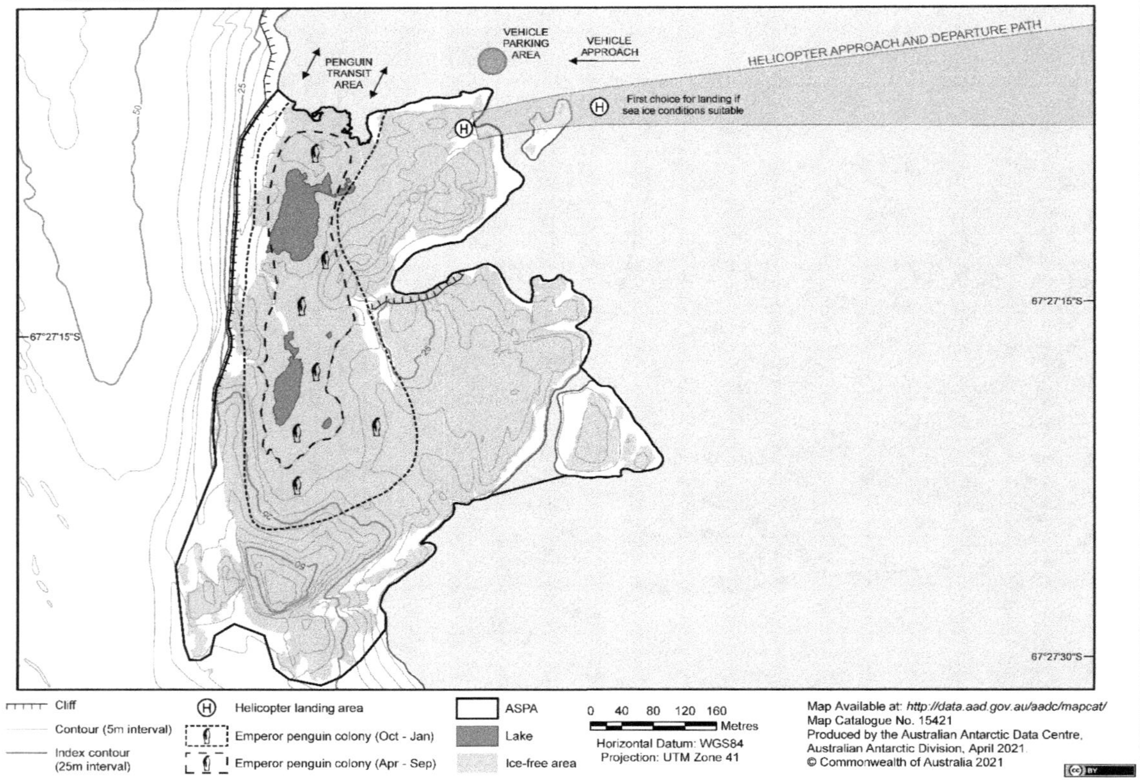

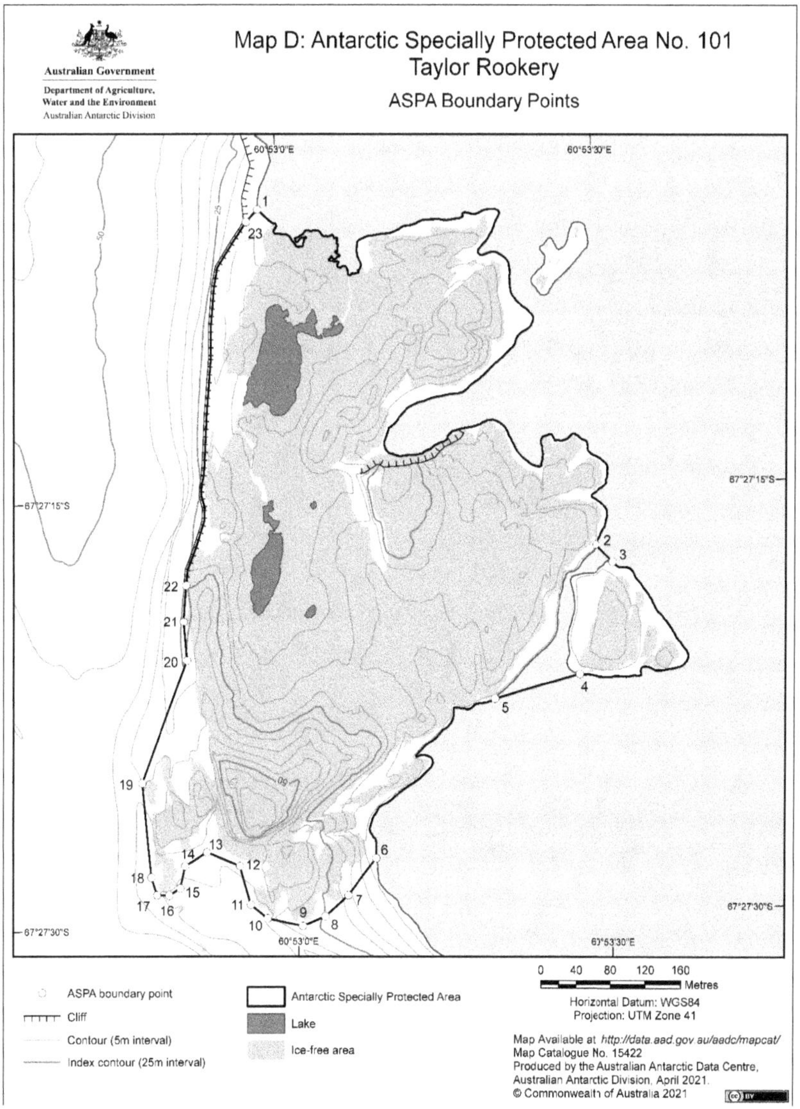
Australian Government
Department of Agriculture, Water and the Environment
Australian Antarctic Division
Map D: Antarctic Specially Protected Area No. 101
Taylor Rookery
ASPA Boundary Points
60°53'0"E
60°53'30"E
67°27'15"S
67°27'30"S
1
2
3
4
5
6
7
8
9
10
11
12
13
14
15
16
17
18
19
20
21
22
23
ASPA boundary point
Cliff
Contour (5m interval)
Index contour (25m interval)
Antarctic Specially Protected Area
Lake
Ice-free area
0 40 80 120 160
Metres
Horizontal Datum: WGS84
Projection: UTM Zone 41
Map Available at http://data.aad.gov.au/aadc/mapcat/
Map Catalogue No. 15422
Produced by the Australian Antarctic Data Centre, Australian Antarctic Division, April 2021.
© Commonwealth of Australia 2021

Plan de gestión para la

Zona Antártica Especialmente Protegida n.º 102

ISLAS ROOKERY, BAHÍA HOLME, TIERRA DE MAC. ROBERTSON

Introducción

Las islas Rookery son un grupo de islas pequeñas y rocas en la parte occidental de la bahía Holme, situadas al norte de las cordilleras Masson y David en la Tierra de Mac. Robertson, Antártida oriental (67° 36' 36" S, 62° 32' 01" E, mapas A y B). Las islas Rookery fueron originalmente designadas como Zona Especialmente Protegida n.º 2 mediante la Recomendación IV-II (1966), después de una propuesta de Australia. Se aprobó un plan de gestión para la Zona en virtud de la Recomendación XVII-2 (1992). De conformidad con la Decisión 1 (2002), se cambiaron la designación y el número a Zona Antártica Especialmente Protegida (ZAEP) n.º 102. Se adoptaron planes de gestión revisados para la ZAEP de conformidad con la Medida 2 (2005), la Medida 2 (2010) y la Medida 2 (2015). La Zona ha sido designada para proteger las colonias reproductoras de las seis especies de aves residentes en la región, entre ellas el petrel gigante antártico (*Macronectes giganteus*) y el petrel damero (*Daption capense*), que no han sido observadas en ningún otro lugar de la región. La Zona es una de las cuatro colonias de reproducción conocidas de petreles gigantes antárticos en la Antártida oriental.

1. Descripción de los valores que requieren protección

Las islas Rookery contienen colonias reproductoras de seis especies de aves: Pingüino Adelia (*Pygoscelis adeliae*), petrel damero, petrel de las nieves (*Pagodroma nivea*), petrel de Wilson (*Oceanites oceanicus*), petrel gigante antártico y skúa antártica (*Catharacta maccormicki*). La Zona se designó principalmente para salvaguardar este conjunto inusual de especies de aves. Las islas Rookery ofrecen también una muestra representativa de los hábitats de las islas cercanas a la costa que se encuentran a lo largo de la Tierra de Mac. Robertson.

En la isla Giganteus, la tercera isla más grande del grupo de islas Rookery, se encuentra una colonia pequeña de alrededor de cuatro parejas de petreles gigantes antárticos. Sin embargo, ocasionalmente se observan más de 80 petreles gigantes antárticos alimentándose de cadáveres de focas en la región de la bahía Holme. No se conoce que la especie se reproduzca en ningún otro sector de la bahía Holme. Este es uno de los cuatro únicos lugares de reproducción en la Antártida oriental. Las otras tres colonias antárticas orientales están ubicadas cerca de las estaciones australianas de Casey (islas Frazier, ZAEP 160, 66° 14' S, 110° 10' E, 250 parejas aprox.) y Davis (isla Hawker, ZAEP 167, 68º 35' S, 77º 50' E, 35 parejas aprox.), y cerca de la estación francesa Dumont d'Urville (archipiélago Pointe-Géologie, ZAEP 120, 66º 40' S, 140º 01' E, 12-15 parejas). Estas cuatro colonias reproductoras representan menos del 1% de la población reproductora mundial, integrada por unas 50.000 parejas reproductoras, de las cuales aproximadamente 11.000 se encuentran al sur de 60º S, principalmente en la región de la península Antártica.

En la actualidad hay relativamente pocos datos publicados que permitan realizar análisis sólidos de las tendencias de la población del petrel gigante antártico. En la Antártida oriental, las colonias de Giganteus y Hawker (ZAEP 167) parecen haber permanecido sin cambios, mientras que se produjo un posible aumento en las islas Frazier (ZAEP 160).

El conjunto de aves marinas que ocupa la Zona está compuesto de poblaciones reproductoras de seis de las ocho especies de aves marinas voladoras y una especie de pingüinos, lo que brinda una oportunidad única para estudiar las dinámicas poblacionales de diferentes especies. Además, es importante proteger a los petreles gigantes antárticos en el límite sur de su área de reproducción. Las partes del Tratado

Antártico se comprometieron a reducir al mínimo la perturbación por actividades humanas de los petreles gigantes antárticos y a alentar los recuentos regulares de la población en todos los lugares de reproducción del Área del Tratado Antártico.

2. Finalidades y objetivos

La gestión de las islas Rookery tiene por objeto las siguientes finalidades:

- prevenir la degradación o el riesgo sustancial de los valores de la Zona evitando perturbaciones humanas innecesarias en ella;
- permitir las investigaciones científicas sobre el ecosistema, en especial sobre la avifauna, y el medio físico, siempre que sean indispensables y que no puedan realizarse en otro lugar;
- reducir al mínimo la posibilidad de introducir agentes patógenos que puedan causar enfermedades en las poblaciones de aves de la Zona;
- reducir al mínimo la posibilidad de introducción de plantas, animales y microbios no autóctonos en la Zona;
- reducir al mínimo la perturbación de los petreles gigantes por los seres humanos en la isla Giganteus;
- permitir el uso de la isla Giganteus como zona de referencia para estudios comparativos futuros con otras poblaciones reproductoras de petreles gigantes;
- limitar las visitas de personas a la isla durante la temporada de cría a fin de preservar la isla Giganteus, en adelante, como una zona muy restringida;
- permitir la recopilación regular de datos sobre el estado de las poblaciones y las características demográficas conexas de las distintas especies de aves;
- permitir visitas para fines de gestión como apoyo de los objetivos del plan de gestión.

3. Actividades de gestión

Se deben emprender las siguientes actividades de gestión en aras de proteger los valores de la Zona:

- se pondrá a disposición de las estaciones científicas/operacionales adyacentes información sobre la Zona (con indicaciones sobre las restricciones especiales que se apliquen) y una copia de este plan de gestión. Se procederá del mismo modo con los barcos que visiten las cercanías;
- cuando sea factible, se efectuarán las visitas necesarias a la Zona (preferiblemente no menos de una vez cada cinco años) para determinar si continúa sirviendo a los fines para los cuales fue designada y cerciorarse de que las medidas de gestión sean adecuadas;
- cuando sea factible, se deber realizar por lo menos una visita de investigación para realizar censos de los petreles gigantes en la isla Giganteus y de otras poblaciones de aves marinas en cada período de cinco años a fin de que se puedan evaluar las poblaciones reproductoras;
- el plan de gestión será revisado por lo menos cada cinco años.

4. Período de designación

La designación abarca un período indeterminado.

5. Mapas

- Mapa A: Zona Antártica Especialmente Protegida n.º 102, islas Rookery, costa Mawson, Tierra de Mac. Robertson, Antártida oriental. El mapa del recuadro muestra la ubicación en relación con el continente antártico.
- Mapa B: Zona Antártica Especialmente Protegida n.º 102, islas Rookery. Distribución de aves.

- Mapa C. Zona Antártica Especialmente Protegida n.º 102, isla Giganteus (zona restringida). Topografía y distribución de aves.

Especificaciones de todos los mapas:

- Datum horizontal: WGS84. Proyección: Zona UTM 49.

6. Descripción de la Zona

6(i) Coordenadas geográficas, indicadores de límites y características naturales

Las islas Rookery son un grupo pequeño de alrededor de 75 islas menores y rocas en la parte sudoeste de la bahía Holme, Tierra de Mac. Robertson, situadas aproximadamente 10 km al oeste de la estación australiana Mawson. La Zona comprende las rocas y las islas ubicadas en un rectángulo enmarcado por las siguientes coordenadas: 62° 28' 01" E, 67° 33' 45" S; 62° 34' 37" E, 67° 33' 47" S; 62° 28' 02" E, 67° 38' 10" S; 62° 34' 39" E, 67° 38' 11" S (mapa B) y excluye el medio marino situado bajo la línea de bajamar. La Zona tiene una superficie aproximada de 0,85 km^2.

No hay indicadores de límites del sitio.

Las islas Rookery presentan un tamaño variable, desde pequeñas rocas que apenas sobresalen del agua durante la marea alta hasta islas más grandes, entre las que figuran la isla Rookery (aproximadamente 1.000 m de largo, 230 m de ancho y con una altitud de 62 m la más alta del grupo) y la isla Giganteus (unos 600 m de largo, 280 m de ancho y 30 m de alto). En la isla Giganteus son evidentes las terrazas costeras.

Clima

La Zona se encuentra unos 15 km al este de la estación Mawson; las condiciones meteorológicas son probablemente similares a las de la estación Mawson, donde las máximas y mínimas temperaturas medias (de 1991 a 2020) oscilan entre +2,2 °C y -3 °C en enero y -14,7 °C a -21,3 °C en agosto, con temperaturas extremas (de 1961 a 2020) que oscilan entre +10,6 °C y -36,0 °C. La velocidad media anual del viento es de 10,9 metros por segundo, con períodos prolongados y frecuentes de fuertes vientos catabáticos del sudeste procedentes del casquete polar. La velocidad media del viento es de 43 kilómetros por hora y las rachas superan a menudo los 180 kilómetros por hora. La velocidad media del viento disminuye en dirección al mar a medida que se aleja del casquete polar, pero es improbable que sea mucho menor en las islas Rookery, situadas a tan solo 7 km de la costa. Otras características generales del clima costero de la Antártida, al cual están expuestas todas estas islas, son la gran nubosidad que se mantiene durante el año, una humedad absoluta muy baja, precipitaciones escasas y períodos frecuentes de vientos intensos, ventisqueros y baja visibilidad debido al paso de sistemas importantes de baja presión.

Dominios Ambientales, Regiones Biogeográficas de Conservación y Áreas Importantes para la Conservación de las Aves de la Antártida

Según el Análisis de Dominios Ambientales de la Antártida (Resolución 3 [2008]), las islas Rookery se encuentran en el ambiente D, Geológico del litoral de la Antártida oriental. Según las Regiones Biogeográficas de Conservación de la Antártida [Resolución 3 (2017)], las islas Rookery se encuentran en la Región Biogeográfica 16, las montañas Príncipe Carlos. Las islas Rookery están identificadas como el Área Importante para la Conservación de las Aves n.º 121, islas Rookery, debido a la colonia de pingüinos Adelia que albergan [Resolución 5 (2015)].

Características geológicas y edafológicas

Las islas Rookery son afloramientos de la charnoquita Mawson, un tipo de roca que se encuentra en una superficie de al menos 2.000 km^2 a lo largo de la costa de la Tierra de Mac. Robertson. Las charnoquitas de las islas Rookery son de la variante de textura fina y contienen poco hipersteno, pero comparativamente una gran cantidad de granate y biotita. Las charnoquitas encierran abundantes bandas y corneanas en forma de lentes, cuarzo granatífero y gneis feldespatoso. Varios diques pegmáticos atraviesan las rocas de charnoquita.

Vegetación

No se han encontrado musgos o líquenes en ninguna de las islas Rookery. Hay algunas algas terrestres sin identificación taxonómica. La mayoría de las islas más pequeñas y las rocas son rociadas por el agua de mar en invierno y a veces son socavadas por el hielo marino apilado en invierno y primavera. Es improbable que puedan establecerse especies de musgo o líquenes.

Aguas interiores

En las islas Rookery no hay masas de agua dulce.

Aves

Se sabe que se reproducen seis especies de aves en las islas Rookery: Pingüino Adelia (*Pygoscelis adeliae*), petrel damero (*Daption capense*), petrel de las nieves (*Pagodroma nivea*), petrel de Wilson (*Oceanites oceanicus*), petrel gigante antártico (*Macronectes giganteus*) y skúa antártica (*Catharacta maccormicki*).

Un pequeño número de petreles gigantes antárticos ocupa una superficie reducida en la isla Giganteus (Mapa C). La colonia es muy escasa desde mediados de la década de 1960, con dos a cuatro parejas reproductoras. Durante el recuento realizado en 2007 se contaron cuatro nidos en dos ocasiones diferentes, con dos parejas y dos aves solas en el primer recuento (27 de noviembre), y tres parejas y un ave solitaria incubando un único huevo (por lo que se supuso que su pareja estaba ausente) en el segundo recuento (10 de diciembre). Los nidos son montículos de piedras poco profundos y están construidos sobre amplios parches de grava en las terrazas costeras. Hay en la zona numerosos sitios de anidación antiguos, pero no hay evidencia de que estén en uso.

Se sabe que los petreles dameros se reproducen en dos islas de la Zona: la isla Rookery y la isla Pintado, un islote situado 300 m al noroeste de la isla Rookery. Los censos más recientes de las poblaciones de petreles dameros en estas islas encontraron 110 nidos ocupados en la isla Pintado el 13 de diciembre de 2018 y 10 nidos ocupados en la isla Rookery el 24 de diciembre de 2007. Las colonias reproductoras de petreles dameros conocidas más cercanas a la Zona están presentes en cuatro afloramientos rocosos cercanos al glaciar Forbes, 8 km al oeste, y en los monolitos Scullin y Murray (ZAEP 164), unos 200 km al este. Una cámara automática en la isla sin nombre a 420 m al noroeste de la isla Rookery (Mapa B) lleva a cabo un seguimiento del éxito reproductivo anual de aproximadamente 15 nidos de petreles dameros.

Los pingüinos de Adelia se reproducen en 14 de las islas. El estudio de población más reciente en la Zona en la temporada de reproducción 2007/2008 estimó que la población reproductora en las 14 islas era de aproximadamente 91.000 nidos ocupados, lo que representa más del doble de la población presente en 1988/1989. Las mayores poblaciones están presentes en la isla Rookery (31.000 nidos ocupados en 2007/2008) y la isla Giganteus (11.000 nidos ocupados en 2007/2008). Aunque no se ha repetido el estudio de toda la Zona desde 2007/2008, se están realizando estudios de islas individuales a intervalos periódicos que contribuirán a obtener una estimación actualizada de la Zona en su conjunto. Los resultados de este estudio indicarán si las tendencias de la población de pingüinos Adelia en la Zona son coherentes con otras a lo largo de la costa de Mawson, donde algunas poblaciones se han estancado o incluso han disminuido desde principios de la década de 2000 después de haber aumentado durante un largo período. Asimismo, cuatro cámaras de funcionamiento remoto en tres islas dentro de la Zona (Mapa B) están llevando a cabo un seguimiento del éxito reproductivo anual en aproximadamente 30 nidos de pingüinos Adelia en cada ubicación de dichas cámaras.

Los petreles de las nieves anidan en todas las islas Rookery, alcanzando la mayor concentración en la isla Rookery. Con frecuencia se ven petreles de Wilson volando alrededor de las islas y se han observado nidos en algunos lugares.

6(ii) Acceso a la Zona

El viaje a la Zona puede realizarse en vehículos de nieve o en navíos (según las condiciones del hielo marino) así como en aeronave. No hay lugares designados para el desembarco (véase también la sección 7(ii)).

6(iii) Ubicación de estructuras dentro de la Zona o en áreas adyacentes

Hay cinco cámaras de lapso de tiempo que operan a distancia ubicadas en:

- 67º 37' 55,5" S, 62º 30' 47,9" E,
- 67º 36' 12,6" S, 62º 29' 17,0" E
- 67º 36' 19,6" S, 62º 32' 20,9" E
- 67º 36' 43,8" S, 62º 30' 4,4" E, y
- 67º 36' 45,7" S, 62º 30' 3,1" E.

Las cámaras permiten el seguimiento a largo plazo del éxito reproductivo y la fenología de los pingüinos Adelia y los petreles dameros, causando la menor perturbación posible. Pese a que las cámaras no son permanentes, se prevé que se mantendrán instaladas durante un plazo mayor al de la vigencia de este plan. No hay otras estructuras dentro de la Zona o en sus proximidades.

6(iv) Ubicación de las zonas protegidas en las cercanías

La ZAEP n.º 101, pingüinera Taylor, Tierra de Mac. Robertson (67° 27' 14" S, 60° 53' 0" E) está situada unos 80 km al oeste.

6(v) Áreas especiales en el interior de la Zona

La isla Giganteus ha sido designada como Zona restringida con el fin de conferir un alto grado de protección a los petreles gigantes antárticos (mapas B y C). El ingreso está restringido y solo se permite con los propósitos y las condiciones expresadas en otras secciones de este plan de gestión.

7. Términos y condiciones para los permisos de entrada

7(i) Condiciones generales

Se prohíbe el ingreso a la Zona excepto con un permiso expedido por una autoridad nacional pertinente. Las condiciones para la expedición de un permiso para ingresar a la Zona son las siguientes:

- que el permiso se expida por razones científicas de carácter urgente, que no puedan atenderse en otro lugar, en especial para el estudio científico de la avifauna y el ecosistema de la Zona, o con fines de gestión esenciales y compatibles con los objetivos del plan, como inspecciones, o tareas de mantenimiento o inspección;
- que las acciones permitidas no pongan en peligro los valores de la Zona;
- que las acciones permitidas sean compatibles con el plan de gestión;
- el permiso, o una copia autorizada de este, deberá llevarse consigo dentro de la Zona;
- se deberá presentar un informe de la visita a la autoridad que figure en el permiso;
- el permiso se expedirá por un período determinado;
- se notificará a la autoridad nacional pertinente cualquier actividad o medida que no estuviera comprendida en el permiso.

Se permite entrar en la Zona restringida de la isla Giganteus exclusivamente si se cumplen las condiciones señaladas a continuación:

- Los permisos para ingresar a la Zona restringida de la Isla Giganteus durante el período de reproducción del petrel gigante antártico (del 1 de octubre al 30 de abril) solo pueden expedirse con el propósito de realizar censos. Fuera de la temporada de cría pueden hacerse otras investigaciones de conformidad con un permiso.
- Cuando sea factible, los censos deben realizarse desde fuera de la colonia de petreles gigantes antárticos, utilizando miradores desde los cuales se pueda efectuar el recuento de las aves presentes.
- La permanencia en la Zona restringida debe tener la duración mínima que sea razonablemente necesaria para llevar a cabo el censo.

- Las visitas para realizar censos deben ser efectuadas por un equipo que incluya a algún miembro de un Programa Antártico Nacional con conocimientos científicos y experiencia pertinentes. El resto del personal deber permanecer en la costa.
- Para las actividades permitidas asociadas con la obtención de datos censales o biológicos, las personas no deben aproximarse más de lo necesario para realizar el censo de los petreles gigantes antárticos (en ningún caso a menos de 20 m), y siempre y cuando no se perturbe a las aves (que estas no muestren cambios en su comportamiento).
- Se prohíben los sobrevuelos de la isla Giganteus.

7(ii) Acceso a la Zona y desplazamientos en su interior o sobre ella

Se podrá viajar a la Zona en embarcaciones, en vehículo sobre el hielo marino o en aeronave.

En las islas se prohíben los vehículos, y tanto estos como las embarcaciones deben dejarse en la costa. En las islas solamente se podrá circular a pie. Los vehículos que se usen para llegar a las islas sobre el hielo marino no deben acercarse a menos de 250 m de las concentraciones de aves.

Se prohíbe el acceso a la isla Giganteus excepto de conformidad con lo dispuesto en este plan.

Si el acceso a las islas no es posible en embarcaciones o en vehículo sobre el hielo marino, se podrán utilizar aeronaves de ala fija o helicópteros de acuerdo con las siguientes condiciones:

- se debe tratar en todo momento de no perturbar las colonias de aves con las aeronaves;
- se deben fomentar los aterrizajes y desembarques en el hielo marino (en los casos en que sea posible);
- se prohíbe el aterrizaje de aeronaves en la isla Giganteus durante la temporada de cría;
- dado que las aeronaves son tal vez el único medio de acceso viable a las otras islas cuando no se pueda llegar por mar o por el hielo marino, podrán aterrizar helicópteros monomotores en las islas durante la temporada de cría en los casos en que sea posible mantener una distancia de al menos 500 m de las colonias de aves. Se podrá autorizar el aterrizaje de aeronaves con fines científicos o de gestión esenciales solamente si puede demostrarse que la perturbación será mínima. Solo debe abandonar el helicóptero el personal que deba realizar trabajos en la Zona;
- al viajar a la isla Giganteus en aeronave fuera de la temporada de cría, es preferible aterrizar en el hielo marino, manteniendo las distancias que se indican a continuación;
- en cualquier otro momento, no deben aterrizar o despegar helicópteros monomotores ni aeronaves de ala fija a menos de 930 m (3.050 pies) ni volar a menos de 750 m de las colonias de aves; asimismo, los helicópteros bimotores no deben aterrizar, despegar o volar a menos de 1.500 m (5.000 pies) de las colonias de aves;
- se prohíben los sobrevuelos de la Zona durante la temporada de cría, excepto con fines científicos o de gestión esenciales. Dichos sobrevuelos deben efectuarse a una altura de 930 m (3.050 pies) como mínimo en el caso de los helicópteros monomotores y aeronaves de ala fija, y de 1.500 m (5.000 pies) como mínimo en el caso de los helicópteros bimotores;
- está prohibido el repostaje de aeronaves en la Zona.

Se prohíben los sobrevuelos de colonias de aves en la Zona mediante Sistemas de Aeronaves Dirigidas por Control Remoto (RPAS), excepto cuando sea esencial para fines científicos o de gestión urgentes. Dichos sobrevuelos se realizarán de acuerdo con las *Directrices medioambientales para la operación de sistemas de aeronaves dirigidas por control remoto (RPAS) en la Antártida.*

No hay caminos marcados dentro de la Zona. A menos que un permiso autorice la perturbación, los peatones deben mantenerse al menos a 100 m de las concentraciones de aves y ceder el paso a los pingüinos que salgan y entren. Los peatones que circulen en la Zona o en sus alrededores deben tratar de no cruzar las rutas de acceso de las aves o de cruzar rápidamente, sin perturbar el tránsito de los pingüinos.

7(iii) Actividades que se realizan o pueden realizarse dentro de la Zona, incluidas las restricciones de tiempo y lugar

Se podrán llevar a cabo las siguientes actividades dentro de la Zona si se autorizan en un permiso:

- investigaciones científicas coherentes con el plan de gestión para la Zona que no puedan realizarse en otro lugar y que no pongan en peligro ni los valores por los cuales se ha designado la Zona ni los ecosistemas de esta;
- actividades indispensables de gestión, incluida la observación;
- muestreo, que debe limitarse al mínimo necesario para los programas de investigación aprobados.

7(iv) Instalación, modificación o desmantelamiento de estructuras

Se aplicarán los siguientes requisitos a la instalación, modificación o desmantelamiento de estructuras:

- Se prohíben las estructuras o instalaciones permanentes.
- No se podrán erigir otras estructuras o instalaciones dentro de la Zona, salvo que dicha actuación se especifique en un permiso.
- Se podrán construir refugios temporales de tamaño reducido, paranzas, casamatas o pantallas para facilitar el estudio científico de la avifauna.
- La instalación (incluida la selección del sitio), el mantenimiento, la modificación y la retirada de estructuras deben efectuarse de forma que se reduzca al mínimo la perturbación de las aves reproductoras.
- Todos los equipos científicos o señalizadores instalados dentro de la Zona deben estar claramente identificados por país, nombre del investigador principal, año de instalación y fecha prevista de retirada.
- Los señalizadores, los letreros o las estructuras instaladas en la Zona con fines científicos o de gestión deben estar bien sujetos y en buen estado, y serán retirados cuando ya no sean necesarios. Todos estos artículos deben elaborarse con materiales que presenten un riesgo mínimo de contaminación o de daños para las poblaciones de aves de la Zona.
- Los permisos se expedirán con la condición de que las estructuras, el equipo o los señalizadores sean retirados antes de que venza el permiso.

7(v) Ubicación de los campamentos

Se prohíbe acampar en la Zona salvo en una situación de emergencia.

7(vi) Restricciones relativas a los materiales y organismos que pueden introducirse en la Zona

Los materiales y organismos que pueden introducirse en la Zona están sujetos a las siguientes restricciones:

- No se deben introducir productos avícolas en la Zona, incluidos alimentos deshidratados que contengan huevo en polvo.
- No se deben dejar depósitos de alimentos u otros suministros dentro de la Zona más allá de la temporada en la que se necesiten.
- Se prohíbe la introducción deliberada de animales, material vegetal, microorganismos vivos y suelo no estéril en la Zona. Se debe extremar la cautela para evitar la introducción accidental en la Zona de animales, material vegetal, microorganismos y suelos no estériles provenientes de otras regiones con características biológicas distintas (dentro de la Antártida o fuera del área comprendida en el Tratado Antártico).
- En la máxima medida posible, el calzado y el equipo que se use o se lleve a la Zona (incluidas las mochilas, los bolsos de mano y otros equipos) deben limpiarse minuciosamente antes de ingresar a la Zona y al salir de ella.
- Las botas, los equipos de muestreo e investigación y los señalizadores que entren en contacto con el suelo deben desinfectarse o limpiarse con agua caliente y cloro antes de entrar a la Zona y después de visitarla, con el fin de evitar la introducción accidental de animales, material vegetal, microorganismos y suelo no estéril en la Zona. La limpieza debe realizarse en la estación.

- Los visitantes también deben consultar y seguir, según corresponda, las recomendaciones contenidas en el *Manual sobre especies no autóctonas* del Comité para la Protección del medio ambiente (CPA) y en el *Código de conducta ambiental para el trabajo de investigación científica sobre el terreno en la Antártida* del SCAR.
- No se deben introducir herbicidas ni pesticidas en la Zona. Cualquier otro producto químico que pueda introducirse con fines científicos o de gestión especificados en un permiso, incluidos los radionucleidos o isótopos estables, debe retirarse de la Zona, si es posible, a más tardar al finalizar la actividad para la que se concedió el permiso.
- No se podrá almacenar combustible en la Zona, a menos que sea necesario para fines indispensables relacionados con la actividad para la cual se haya expedido el permiso. No se permiten los depósitos permanentes de combustible.
- Todos los materiales introducidos en la Zona pueden permanecer allí únicamente durante un período determinado; deben ser retirados a más tardar cuando concluya dicho período, y ser almacenados y manipulados con métodos que reduzcan al mínimo el riesgo de impacto ambiental.

7(vii) Recolección de flora y fauna autóctonas o daños que puedan sufrir estas

- Se prohíbe la toma de ejemplares de flora y fauna autóctonas y la intromisión perjudicial en ellas, excepto de conformidad con un permiso. En caso de recolección de animales o intromisión perjudicial en estos, como norma mínima se hará de acuerdo con el *Código de conducta del SCAR para el uso de animales con fines científicos en la Antártida.*
- Las investigaciones ornitológicas se limitarán a actividades no invasivas que no perturben a las aves marinas reproductoras de la Zona. Se concederá una elevada prioridad a los censos, incluidas las fotografías aéreas a efectos del censo de población.
- Se evitará en todo momento la perturbación de los petreles gigantes antárticos.

7(viii) Recolección o retirada de materiales que el titular del permiso no haya llevado a la Zona

- Se podrá recolectar o retirar material de la Zona únicamente de conformidad con un permiso y dicho material se limitará al mínimo necesario para fines de índole científica o de gestión.
- Todo material de origen humano que pueda comprometer los valores de la Zona, que no haya sido llevado allí por el titular del permiso o que no esté comprendido en otro tipo de autorización, podrá ser retirado salvo que el impacto de su extracción pueda ser mayor que el efecto de dejar el material *in situ*. Si se encuentra dicho material, se notificará a la autoridad que haya expedido el permiso, si es posible, mientras la expedición esté presente en la Zona.

7(ix) Eliminación de residuos

- Todos los residuos, incluso los residuos de origen humano, deben ser retirados de la Zona. Los desechos de expediciones deben almacenarse de forma tal que la fauna silvestre (por ejemplo, las skúas) no pueda escarbar en la basura hasta que los desechos puedan eliminarse o retirarse de la Zona. Los desechos deben retirarse a más tardar cuando parta la expedición. Se podrán verter desechos humanos y aguas grises en el mar fuera de la Zona.

7(X) Medidas que pueden ser necesarias para continuar cumpliendo los objetivos del plan de gestión

Se pueden otorgar permisos de ingreso a la Zona con el fin de:

- realizar actividades científicas de observación e inspección de la Zona, que podrán incluir la recolección de muestras para su análisis o examen;
- erigir o mantener equipos y estructuras científicas, y postes de límites;
- adoptar otras medidas de protección.

Todos los sitios donde se lleven a cabo actividades de vigilancia a largo plazo deben estar debidamente marcados y se debe determinar su ubicación con el sistema mundial de determinación de la posición (GPS) a fin de asentarla en el Sistema del Directorio de Datos Antárticos por medio de la autoridad nacional pertinente.

Los visitantes deben tomar precauciones especiales contra la introducción de organismos no autóctonos para ayudar a mantener los valores ecológicos y científicos de la Zona. Causa especial preocupación la introducción de agentes patógenos, microbios o vegetación provenientes de regiones fuera de la Antártida, o de suelos, flora y fauna de otros lugares de la Antártida, incluidas las estaciones de investigación. Antes de ingresar a la Zona, los visitantes deben limpiar a fondo el calzado y cualquier equipo, en particular el equipo de muestreo y los señalizadores que se utilizarán en la Zona, para reducir al mínimo el riesgo de introducciones.

Cuando sea posible, se realizará un censo de petreles gigantes antárticos en la isla Giganteus al menos con frecuencia quinquenal. Durante esta visita podrán realizarse censos de otras especies siempre que no se ocasione una perturbación adicional a los petreles gigantes antárticos.

A fin de reducir la perturbación de la vida silvestre, se mantendrán en un mínimo los niveles de ruido, incluida la comunicación verbal. Se prohíbe el uso de herramientas de motor y toda otra actividad que pueda generar ruido y perturbe a las aves nidificantes en la Zona durante el período de cría (del 1 de octubre al 30 de abril).

7(xi) Requisitos relativos a los informes

El titular principal de un permiso para cada visita a la Zona debe presentar un informe ante la autoridad nacional correspondiente tan pronto como sea posible, y no más allá de los seis meses tras concluida la visita. Dichos informes sobre visitas deben incluir, en la medida de lo posible, la información señalada en el formulario de informe de visita contenido en la *Guía para la Preparación de Planes de Gestión para las Zonas Antárticas Especialmente Protegidas*. Si procede, la autoridad nacional también debe enviar una copia del informe de visitas a la Parte que haya propuesto el Plan de Gestión, a fin de ayudar en la administración de la Zona y en la revisión del Plan de Gestión. Siempre que sea posible, las Partes deben depositar los originales o copias de dichos informes de visitas originales en un archivo de acceso público para mantener un registro de uso, a los efectos de cualquier revisión del plan de gestión y para organizar el uso científico de la Zona.

Se debe enviar una copia del informe a la Parte responsable de elaborar el plan de gestión (Australia) a fin de contribuir a la gestión de la zona y el seguimiento de las poblaciones de aves. Los informes de las visitas suministrarán información detallada sobre datos censales, la ubicación de las colonias o nuevos nidos no documentados anteriormente, así como un breve resumen de las conclusiones de la investigación y copias de las fotografías tomadas de la Zona.

8. Documentación de apoyo

Department of the Environment and Energy, 2019, Environmental Code for Participants in the Australian Antarctic Program, Australian Antarctic Division, Hobart.

Cowan AN (1981) Size variation in the snow petrel. *Notornis* 28, 169 188.

Cowan AN (1979) Giant petrels at Casey. *Australian Bird Watcher* 8, 66 67.

Crohn PW (1959) *A contribution to the geology and glaciology of the western part of the Australian Antarctic Territory*. Report for the Bureau for Mineral Resources, Geology and Geophysics Australia No. 52.

Croxall JP, Steele WK, McInnes SJ & Prince PA (1995) Breeding distribution of the snow petrel Pagodroma nivea. *Marine Ornithology* 23, 69 99.

DSEWPC (Department of Sustainability, Environment, Water, Population and Communities) (2011a) *Background Paper: Population status and threats to albatrosses and giant petrels listed as threatened under Environment Protection and Biodiversity Conservation Act 1999*. Department of Sustainability, Environment, Water, Population and Communities, Canberra.

DSEWPC (2011b) *National Recovery Plan for threatened albatrosses and giant petrels 2011 2016*. Department of Sustainability, Environment, Water, Population and Communities, Canberra.

Garnett ST & Szabo JK & Dutson G (2011) *The action plan for Australian birds 2010*. CSIRO Publishing, Collingwood, Victoria.

Horne RSC (1983) The distribution of penguin breeding colonies on the Australian Antarctic Territory, Heard Island, the McDonald Island, and Macquarie Island. ANARE Research Notes, No. 9.

Kizaki K (1972) Sequence of metamorphism and deformation in the Mawson Charnockite of East Antarctica, in RJ Adie (ed) *Antarctic Geology and Geophysics*. Universitetsforlaget, Osla. pp 527 530.

Lee JE & Chown SL (2009) Breaching the dispersal barrier to invasion: quantification and management. *Ecological Applications* 19, 1944 1959.

Lynch HJ, Naveen R & Fagan WF (2008) Censuses of penguin, blue-eyed shag *Phalacrocorax atriceps* and southern giant petrel *Macronectes giganteus* populations on the Antarctic Peninsula, 2001 2007. *Marine Ornithology* 36, 83 97.

Ingham SE (1959) Banding of giant petrels by the Australian National Antarctic Research Expeditions, 1955 58. *Emu* 59, 189 200.

Jouventin P & Weimerskirch H (1991) Changes in the population size and demography of southern seabirds: management implications, in CM Perrins, JD Lebreton & GJM (eds), *Bird population studies: Relevance to conservation and management*. Oxford University Press. pp 297 314.

Orton MN (1963) Movements of young giant petrels bred in Antarctica. *Emu* 63, 260.

Patterson DL, Woehler EJ, Croxall JP, Cooper J, Poncet S, Peter H-U, Hunter S & Fraser WR (2008) Breeding distribution and population status of the northern giant petrel *Macronectes halli* and the southern giant petrel *M. giganteus*. *Marine Ornithology* 36, 115 124.

SCAR (Scientific Committee on Antarctic Research) (2008) *Status of the Regional, Antarctic Population of the Southern Giant Petrel – Progress*. Working Paper 10 rev.1 to the 31st Antarctic Treaty Consultative Meeting, Ukraine, 2008.

Sheraton JW (1982) Origin of charnockitic rock of Mac.Robertson Land, in CC Craddock (ed), *Antarctic Geoscience*. pp 487 489.

Southwell, C. Emmerson, L., Newbery, K., McKinlay, J., Kerry, K., Woehler, E. and Ensor. P. (2015) Re-constructing historical Adélie penguin abundance estimates by retrospectively accounting for detection bias. *PLoS ONE 10*: e0123540.

Southwell C, McKinlay J, Low M, Wilson D, Newbery K, Lieser J & Emmerson L (2013) New methods and technologies for regional-scale abundance estimation of land-breeding marine animals: application to Adélie penguin populations in East Antarctica. *Polar Biology* 36, 843 856.

Southwell, C., Emmerson, L., McKinlay, J., Takahashi, A., Kato, A., Barbraud, C., Delord, K. and Weimerskirch. H. (2015) Spatially extensive standardized surveys reveal widespread, multi-decadal increase in East Antarctic Adélie penguin populations. *PLoS ONE 10* (10): e0139877.

Stattersfield AJ & Capper DR (2000) *Threatened birds of the world*. Birdlife International, Lynx Publications., Barcelona.

Trail DS (1970) *ANARE 1961 Geological traverses on the Mac.Robertson and Kemp Land Coast*. Report for the Bureau for Mineral Resources, Geology and Geophysics, Australia, No 135.

Trail DS, McLeod IR, Cook PJ & Wallis GR (1967) *Geological investigations by the Australian National Antarctic Research Expeditions 1965*. Report for the Bureau for Mineral Resources, Geology and Geophysics Australia, No. 118.

van Franeker JA, Gavrilo M, Mehlum F, Veit RR & Woehler EJ (1999) Distribution and abundance of the Antarctic petrel. *Waterbirds* 22, 14 28.

van den Hoff J & Newberry K (2006) Southern Giant Petrels *Macronectes giganteus* diving on submerged carrion. *Marine Ornithology* 34, 61–64.

Whinam J, Chilcott N & Bergstrom DM (2005) Subantarctic hitchhikers: expeditioners as vectors for the introduction of alien organisms. *Biological Conservation* 121, 207 219.

Wienecke B, Leaper R, Hay I & van den Hoff J (2009) Retrofitting historical data in population studies: southern giant petrels in the Australian Antarctic Territory. *Endangered Species Research* 8, 157 164.

Wilson D (2009) The Cape petrel Daption capense around Mawson station, east Antarctica: new breeding localities and population counts. *Notornis* 56, 162 164.

Woehler EJ & Croxall JP (1997) The status and trends of Antarctic and subantarctic seabirds. *Marine Ornithology* 25, 43 66.

Woehler EJ & Johnstone GW (1991) Status and conservation of the seabirds of the Australian Antarctic Territory, in JP Croxall (ed), *Seabird Status and Conservation: A Supplement, ICBP Technical Publication* No.11. pp 279 308.

Woehler EJ & Riddle MJ (2001) Long-term population trends in southern giant petrels in the Southern Indian Ocean. Poster presented at Eighth SCAR Biology Symposium, Amsterdam.

Woehler, E.J., Riddle, M.J. and Ribic, C.A. (2001): Long-term population trends in southern giant petrels in East Antarctica. Proceedings Eighth SCAR Biology Symposium, Amsterdam.

Woehler EJ, Johnstone GW & Burton HR (1989) The distribution and abundance of Adelie penguins, *Pygoscelis adeliae*, in the Mawson area and at the Rookery Islands (Antarctic Specially Protected Area 102), 1981 and 1988. ANARE Research Notes 71.

Woehler EJ, Cooper J, Croxall JP, Fraser WR, Kooyman GL, Miller GD, Nel DC, Patterson DL, Peter H-U, Ribic CA, Salwicka K, Trivelpiece WZ & Weimerskirch H (2001) A statistical assessment of the status and trends of Antarctic and subantarctic seabirds. SCAR/CCAMLR/NSF, 43.

Australian Government
Department of Agriculture, Water and the Environment
Australian Antarctic Division

Map A: Antarctic Specially Protected Area No 102, Rookery Islands, Mawson Coast, Mac.Robertson Land, East Antarctica

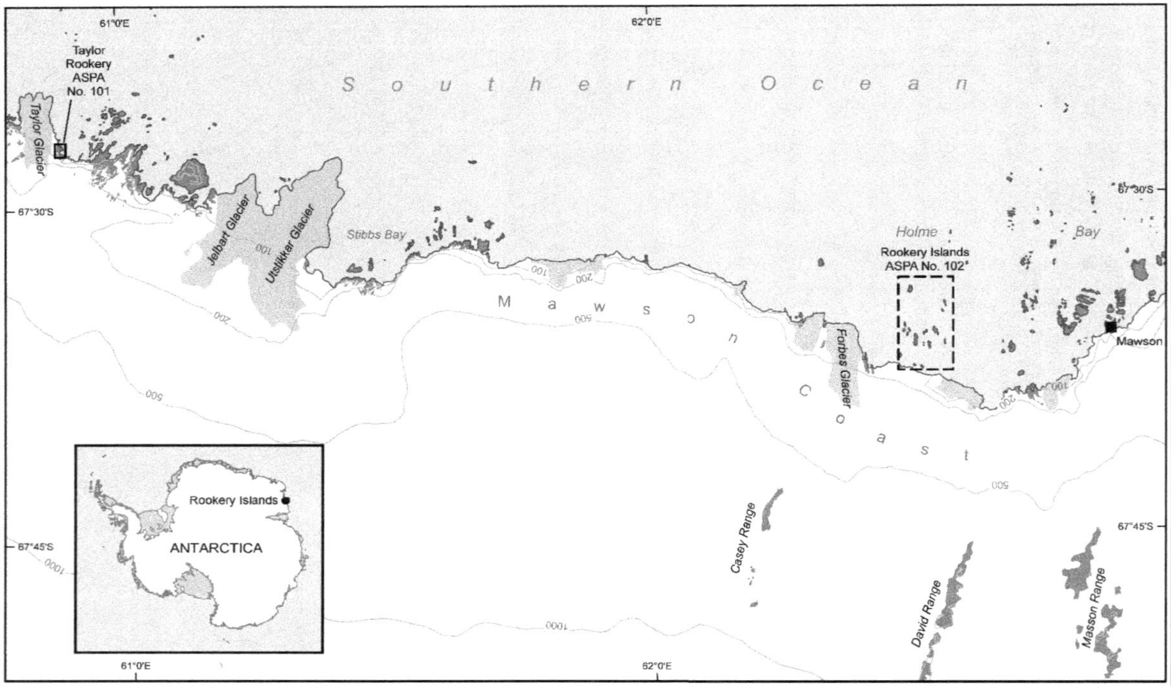

■ Station — Contour (metres) — Ice-free area — Ice shelf, ice tongue — Rookery Islands ASPA No. 102 The islands within this area — Taylor Rookery ASPA No. 101

0 5 10 15 20 Kilometres

Horizontal Datum: WGS84
Projection: UTM Zone 41

Map Available at: *http://data.aad.gov.au/aadc/mapcat/*
Map Catalogue No. 15407
Produced by the Australian Antarctic Data Centre, Australian Antarctic Division, April 2021.

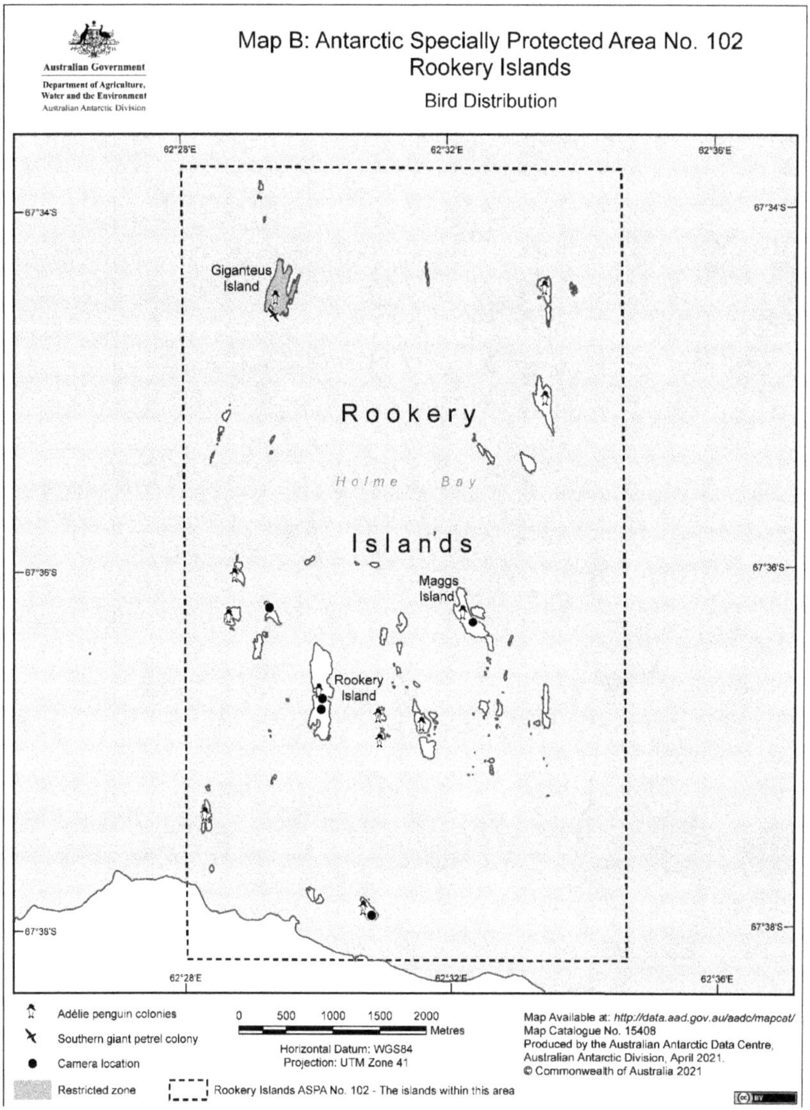

Australian Government
Department of Agriculture, Water and the Environment
Australian Antarctic Division
Map B: Antarctic Specially Protected Area No. 102
Rookery Islands
Bird Distribution
62°28'E
62°32'E
62°36'E
67°34'S
67°36'S
67°38'S
Giganteus Island
Rookery Islands
Holme Bay
Maggs Island
Rookery Island
Adélie penguin colonies
Southern giant petrel colony
Camera location
Restricted zone
Rookery Islands ASPA No. 102 - The islands within this area
0 500 1000 1500 2000 Metres
Horizontal Datum: WGS84
Projection: UTM Zone 41
Map Available at: http://data.aad.gov.au/aadc/mapcat/
Map Catalogue No. 15408
Produced by the Australian Antarctic Data Centre, Australian Antarctic Division, April 2021.
© Commonwealth of Australia 2021

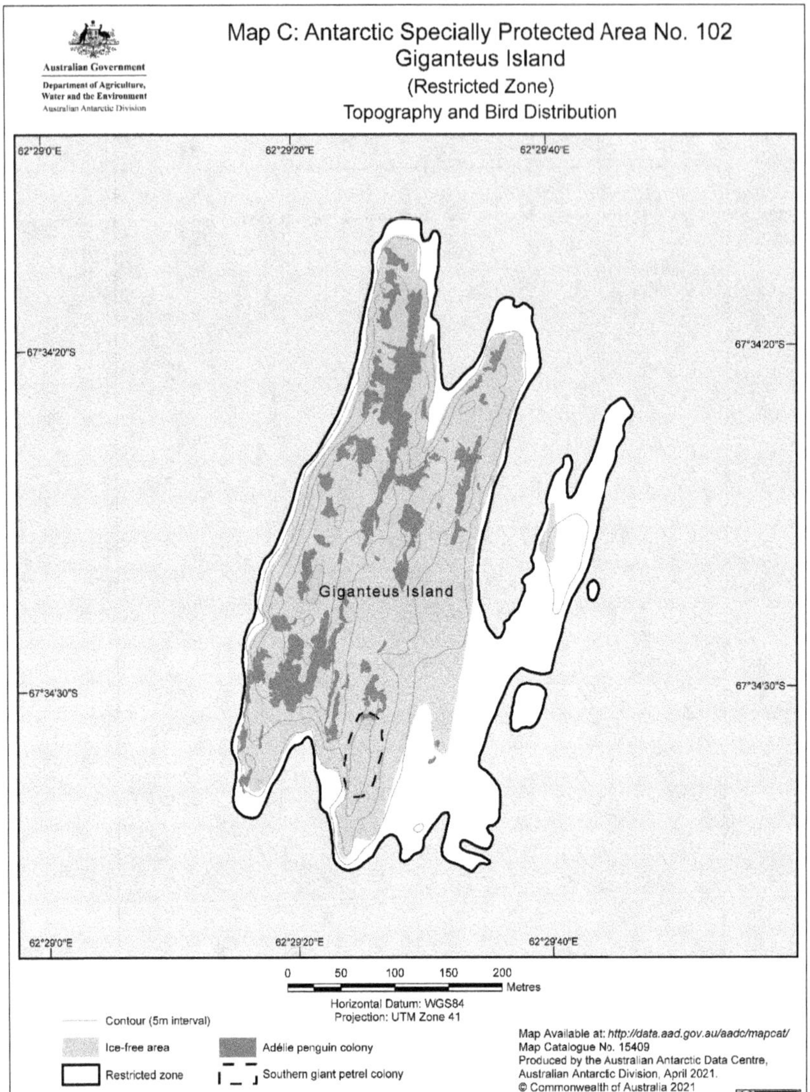
Australian Government
Department of Agriculture, Water and the Environment
Australian Antarctic Division
Map C: Antarctic Specially Protected Area No. 102
Giganteus Island
(Restricted Zone)
Topography and Bird Distribution
62°29'0"E
62°29'20"E
62°29'40"E
67°34'20"S
67°34'30"S
Giganteus Island
0 50 100 150 200
Metres
Horizontal Datum: WGS84
Projection: UTM Zone 41
Contour (5m interval)
Ice-free area
Adélie penguin colony
Restricted zone
Southern giant petrel colony
Map Available at: http://data.aad.gov.au/aadc/mapcat/
Map Catalogue No. 15409
Produced by the Australian Antarctic Data Centre, Australian Antarctic Division, April 2021.
© Commonwealth of Australia 2021

Plan de Gestión de la Zona Antártica Especialmente Protegida n.º 103

ISLA ARDERY E ISLA ODBERT, COSTA BUDD, TIERRA DE WILKES, ANTÁRTIDA ORIENTAL

Introducción

La isla Ardery y la isla Odbert (66° 22’ 20” S; 110° 29’ 10” E, mapa A) fueron originalmente designadas como Zona Especialmente Protegida n.º 3, mediante la Recomendación IV-III (1966), después de una propuesta presentada por Australia. Se aprobó un Plan de Gestión para la Zona en virtud de la Recomendación XVII-2 (1992). De conformidad con la Decisión 1 (2002), se cambiaron la designación y el número a Zona Antártica Especialmente Protegida (ZAEP) n.º 103. Se adoptaron una serie de planes de gestión revisados para la ZAEP con arreglo a la Medida 2 (2005), la Medida 3 (2010) y la Medida 3 (2015). La Zona ha sido designada fundamentalmente para proteger el inusual conjunto de colonias reproductoras de varias especies de petreles. En particular, el petrel antártico (*Thalassoica antarctica*) y el fulmar austral (*Fulmarus glacialoides*) presentan un interés científico especial.

1. Descripción de los valores que requieren protección

La Zona ha sido designada fundamentalmente para proteger el conjunto de los cuatro tipos de petreles fulmares que se encuentran en la isla Ardery y la isla Odbert (mapas B y C). Las cuatro especies de petreles fulmares, todos pertenecientes a diferentes géneros, son los petreles antárticos, los fulmares australes, los petreles del Cabo (*Daption capense*) y los petreles de las nieves (*Pagodroma nivea*). Todos ellos se reproducen en la Zona en cantidades suficientes para permitir que se lleve a cabo un estudio comparativo. El estudio de estos cuatro géneros en un mismo lugar tiene una gran importancia ecológica para comprender su respuesta a los cambios en el ecosistema del Océano Austral.

El petrel antártico es la única especie del género *Thalassoica*, y suele encontrarse en los mares de Ross y Weddell y, en una proporción mucho menor, en la Antártida Oriental. De manera similar, el fulmar antártico habita las islas que se encuentran principalmente cerca de la península Antártica y aquellas del Arco de Scotia, donde reside alrededor de un cuarto de su población mundial. Debido a que los fulmares australes requieren que sus hábitats para la reproducción se ubiquen en pendientes más escarpadas (para permitir el descenso desde la colonia cuando comienzan a volar) que los de los petreles antárticos, esta especie es más propensa a sufrir una disminución de su éxito reproductivo cuando se dan unas condiciones meteorológicas desfavorables.

Ambas islas están ocupadas por poblaciones reproductoras de petreles de Wilson (*Oceanites oceanicus*) y págalos antárticos (*Catharacta maccormicki*). Además, en la isla Odbert también hay una población reproductora de pingüinos de Adelia (*Pygoscelis adeliae*).

2. Finalidades y objetivos

La gestión de la isla Ardery y la isla Odbert tiene las siguientes finalidades:

- evitar cualquier perturbación por actividades humanas innecesaria a fin de no degradar los valores de la Zona o crear riesgos considerables para estos.
- permitir las investigaciones científicas del ecosistema, en especial de la avifauna, y del medio físico, siempre que sean por razones apremiantes y que no puedan llevarse a cabo en otro lugar;
- reducir al mínimo la posibilidad de introducción de agentes patógenos que puedan causar enfermedades en las poblaciones de aves de la Zona;

- reducir al mínimo la posibilidad de introducción de plantas, animales y microbios no autóctonos en la Zona;
- permitir la recopilación regular de datos sobre el estado de las poblaciones de las distintas especies de aves, y
- permitir visitas con fines de gestión para cumplir los objetivos del Plan de Gestión.

3. Actividades de gestión

Se llevarán a cabo las siguientes actividades de gestión para proteger los valores de la Zona:

- Se facilitarán copias de este Plan de Gestión en la estación Casey y a los buques que visiten las inmediaciones.
- Se efectuarán las visitas necesarias a la Zona, preferiblemente al menos una vez cada cinco años, para determinar si la Zona continúa sirviendo a los fines para los que fue designada y para garantizar que las actividades de gestión y mantenimiento sean apropiadas.
- El Plan de Gestión se revisará, por lo menos, cada cinco años.

4. Período de designación

La designación abarca un período indeterminado.

5. Mapas

- Mapa A: Zona Antártica Especialmente Protegida n.º 103, isla Ardery e isla Odbert, costa Budd, Tierra de Wilkes, Antártida Oriental. El mapa del recuadro muestra la ubicación en relación con el continente antártico.
- Mapa B: Zona Antártica Especialmente Protegida n.º 103, isla Ardery: Topografía y distribución de las aves.
- Mapa C: Zona Antártica Especialmente Protegida n.º 103, isla Odbert: Topografía y distribución de las aves.
- Mapa D: Zona Antártica Especialmente Protegida n.º 103: isla Ardery e isla Odbert: Aproximación y aterrizaje de helicópteros.

Especificaciones para todos los mapas: Datum horizontal: WGS84; datum vertical: Nivel medio del mar

6. Descripción de la Zona

6(i) Coordenadas geográficas, indicadores de límites y características naturales

La isla Ardery (66° 22'15" S, 110° 27' 0" E) y la isla Odbert (66° 22' 24" S, 110° 32' 28" E) se encuentran entre las más meridionales de las islas Windmill, al sur de la bahía Vincennes, frente a la costa Budd de la Tierra de Wilkes, Antártida oriental. La Zona abarca ambas islas hasta la línea de bajamar. La superficie de la Zona ocupa unos 3,12 km^2.

Topografía:

La isla Ardery y la isla Odbert están situadas a 3 km y 0,6 km, respectivamente, al oeste del cerro la cordillera Robinson, al sur de la estación Casey.

La isla Odbert tiene aproximadamente 2,7 km de longitud y 0,8 km de ancho. Su costa es rocosa y se eleva de manera abrupta desde el mar hacia una meseta. El punto más alto está a 90 m. La meseta está dividida por una serie de valles que siguen una dirección sur desde el borde plano en la ladera norte. Estos valles están cubiertos de nieve en invierno. Las cumbres de los cerros permanecen básicamente libres de hielo y nieve. En algunos años, la isla permanece unida por hielo marino al cerro Robinson, en el territorio continental.

La isla Ardery es una isla libre de hielo, con pendiente marcada, de casi 1,2 km de longitud y 0,8 km de ancho, con orientación este-oeste. El punto más alto está a 117 m sobre el nivel del mar.

El terreno en ambas islas es escarpado y está surcado por grietas. Los acantilados están fracturados y tienen estrechos salientes expuestos que en el verano están ocupados por aves marinas nidificantes. En las laderas de los cerros y la región de la meseta, la roca expuesta está esmerilada por el hielo y el fondo de los valles está cubierto con morrenas. Las islas han estado expuestas al rebote isostático. Los detritos de morrenas y solifluxión abundan en las alturas superiores a 30 metros sobre el nivel medio del mar, aunque a menor altura se encuentran en una cantidad mucho menor.

Geología

La región de las islas Windmill representa uno de los afloramientos más orientales de terreno mesoproterozoico de facies de granulita de baja presión que se extiende al oeste de los cerros Bunger, hacia los complejos arqueanos de la Tierra de la Princesa Isabel y hacia afloramientos menores al este en la zona de Dumont d'Urville y en la bahía Commonwealth. El área total de las zonas de los afloramientos mide tan solo unos cuantos kilómetros cuadrados. El afloramiento mesoproterozoico de las islas Windmill y los complejos arqueanos de la Tierra de la Princesa Isabel son dos de las pocas áreas importantes en la Antártida oriental que se correlacionan directamente con un equivalente australiano en una reconstrucción de Gondwana. El terreno de facies mesoproterozoicas comprende una serie de metapelitas y metapsamitas intercaladas con secuencias máficas a ultramáficas y félsicas con cuerpos calcosilicatados poco comunes, grandes cuerpos de fusión parcial (supracrustales de las islas Windmill), granito no deformado, charnoquita, gabro, pegmatita y aplita, cortada por diques de dolerita de aparición tardía con orientación hacia el este.

La isla Ardery y la isla Odbert forman parte de la gradación meridional de una transición de grado metamórfico que separa la parte norte de la región de las islas Windmill de la parte sur. El grado metamórfico varía de facies de anfibolita y ortoclasa de silimanita-biotita en el norte de la península Clark a granulita de biotita-cordierita-almandina y granulita hornabléndica-ortopiroxénica en la península de Browning en el sur.

La isla Ardery y la isla Odbert, junto con el cerro Robinson, la isla Holl, la isla Peterson y la península Browning, son similares desde el punto de vista geológico y están compuestos por charnoquita de Ardery. Aunque las charnoquitas tienen composición granítica, se formaron en condiciones anhidras. La charnoquita de Ardery de la isla Ardery y la isla Odbert forman intrusiones en las rocas metamórficas de Windmill y consisten en un conjunto modal de hornablenda de cuarzo + plagioclasa + microclina + ortopiroxeno + biotita + clinopiroxeno con opacos y circonio y apatita en menor grado. Se ha establecido una edad isotópica de casi 1200 millones de años para la charnoquita de Ardery. La charnoquita es propensa a la meteorización profunda y se desintegra fácilmente por su formación mineral, mientras que las secuencias metamórficas de las partes septentrionales de la región tienen una formación mineral y una estructura cristalina mucho más estable. Esta diferencia repercute considerablemente en la distribución de la vegetación en la región de las islas Windmill, dado que los tipos de rocas del norte ofrecen un sustrato más apropiado para los líquenes de crecimiento lento.

Los suelos de las islas están poco desarrollados y comprenden poco más que harina de roca, morrenas y material erosionado. Algunos suelos contienen cantidades pequeñas de materia orgánica derivada de los excrementos y las plumas de aves marinas.

Glaciación

La desglaciación de la región de las islas Windmill ocurrió durante el Pleistoceno tardío. La desglaciación de la región sur de las islas Windmill concluyó unos 8.000 años antes del Paleoceno, y la región norte, incluida en la península de Bailey, unos 5.500 años AP. El levantamiento isostático se ha producido a una velocidad de 0,5 a 0,6 m/100 años, con un límite medio marino superior caracterizado por unas crestas empujadas por el hielo y observado en el cercano cerro Robinson a aproximadamente 28,5 metros.

Clima

El clima de la región de las islas Windmill es frígido antártico. Las condiciones en la isla Ardery y en la isla Odbert probablemente sean similares a las imperantes en la zona de la estación Casey, que está a unos 12 km al norte. Los datos meteorológicos para el período de 1989 a 2021 de la estación Casey (altitud 32 m) en la península de Bailey muestran temperaturas medias en todos los meses (en °C) que oscilan desde -2,5 y -18,7 (mínimas) hasta 2,3 y -10,8 (máximas). Las temperaturas extremas oscilaron entre 9,2 y -37,5.

El clima es seco con nevadas medias anuales de 218,1 mm al año (equivalente a las precipitaciones pluviales) para el período de 1989 a 2021. Las nevadas anuales extremas durante el mismo período variaron de 126,8 mm a 362,4 mm.

El área presenta un promedio de 96 días con vendavales, mayormente de dirección este, provenientes del casquete glacial. Las tempestades son un fenómeno frecuente, especialmente durante el invierno. Las nevadas son frecuentes durante el invierno, pero los vientos extremadamente fuertes barren los afloramientos de la península. En la mayoría de las crestas de las colinas, la nieve se acumula en el lado de sotavento de los afloramientos rocosos y en las depresiones del substrato. En las partes más bajas de las laderas, los ventisqueros son más profundos.

Dominios ambientales, regiones biogeográficas de conservación antártica y Zonas importantes para las aves

Según el Análisis de dominios ambientales para el continente antártico (Resolución 3, 2008), la isla Ardery y la isla Odbert se encuentran en el Ambiente L - Capa de hielo del litoral continental. Según las

Regiones biogeográficas de conservación de la Antártida (Resolución 3 (2017)), la Zona se encuentra en la región biogeográfica 7 - Antártida oriental. La isla Ardery y la isla Odbert están identificadas como Zona Antártica Importante para las Aves 145, isla Ardery / isla Odbert.

Características biológicas

Terrestres

La flora de la isla Odbert comprende tres especies de musgos, once especies de líquenes (cuadro 1), y una cantidad desconocida de algas terrestres y de agua dulce. En las elevaciones más pronunciadas del sur de la isla se encuentran las mayores extensiones de líquenes, en una zona de lecho de roca fracturada por el hielo. Las algas están presentes en lagos pequeños de montaña, en zonas con infiltraciones de suelo y en el suelo mismo. Debajo de unos ventisqueros ubicados pendiente abajo de las colonias de pingüinos hacia la parte occidental de la isla, hay grupos de la especie *Prasiola*, así como otras algas verdes y cianobacterias.

La flora de la isla Ardery comprende varias especies de líquenes similares a las encontradas en la isla Odbert.

Los únicos invertebrados que se han encontrado son ectoparásitos de aves. La isla Ardery es la localidad típica de la pulga antártica *Glaciopsyllus antarcticus*, asociada a los fulmares australes.

MUSGOS
Bryum pseudotriquetrum Hedw.) Gaertn., Meyer y Scherb.
Ceratodon purpureus (Hedw.) Brid.
Schistidium antarcticum (= Grimmia antarctici) (Card.) L.I. Savicz & Smirnova
LÍQUENES
Buellia frígida (Darb.) *Buellia*
soredians Filson Buellia sp.

Caloplaca athallina Darb.
Caloplaca citrina (Hoffm.) Th. Fr.
Candelariella flava (C.W. Dodge & Baker) Castello y Nimis
Rhizoplaca melanophthalma (Ram.) Leuck. y Poelt
Rinodina olivaceobrunnea Dodge y Baker
Umbilicaria decussata (Vill.) Zahlbr.
Xanthoria mawsonii Dodge.
Usnea antarctica Du Rietz
ALGAS
Prasiola crispa Kützing Prasiococcus sp.

Tabla 1. Lista de musgos, líquenes y algas observadas en la isla Odbert.

Lagos

En todas las islas Windmill hay lagos y lagunas monomícticas frías, en las depresiones del lecho rocoso, que generalmente permanecen libres de hielo durante enero y febrero. Hay lagos con abundantes nutrientes cerca de la costa, junto a algunas colonias de pingüinos activas o abandonadas. Tierra adentro hay lagos estériles alimentados por el agua del deshielo y las precipitaciones locales. En la isla Ardery y en la isla Odbert hay muchos lagos pequeños de montaña que se congelan en invierno y se llenan de agua de deshielo en verano. Muchos de estos lagos son efímeros y se secan cuando se aproxima el final del verano. Hay otros lagos pequeños de montaña debajo de bancos de nieve, alimentados continuamente por el agua del deshielo.

Aves y focas

La isla Odbert cuenta con poblaciones reproductoras de pingüinos de Adelia, petreles dameros, petreles de las nieves, fulmares australes, petreles de Wilson y págalos antárticos. La isla Ardery tiene una composición similar de especies, además de petreles antárticos, pero no tiene pingüinos de Adelia reproductores. El petrel gigante (*Macronectes giganteus*), que se reproduce en las islas Frazier, a unos 23 km al noroeste, es la única especie de las que se reproducen en las islas Windmill que no se reproduce ni en la isla Ardery ni en la isla Odbert.

No viven focas en la isla Ardery y la isla Odbert, si bien se observan con frecuencia focas de Weddell (*Leptonychotes weddellii*) en el hielo marino de los alrededores. La principal zona de nacimiento de crías está a 3 km al sudeste, entre la isla Herring y la parte continental de la Antártida. En esta zona, la perturbación del hielo marino producida por el movimiento del glaciar Peterson garantiza la disponibilidad y el acceso a agua y alimentos. Anualmente nacen casi 100 cachorros en la región. Un poco más al sur, en la isla Peterson y la península Browning, suelen permanecer elefantes marinos (*Mirounga leonina*) en tierra, de los cuales se ven hasta 100 al año, en su mayoría machos, y se han observado también algunas hembras.

Pingüino Adelia

En la isla Odbert se reproducen pingüinos de Adelia y, aunque periódicamente se desplazan a la costa de la isla Ardery, no se reproducen ahí. Las estimaciones más recientes de los pingüinos de Adelia en la isla Odbert son 22.000 nidos ocupados en 2016-2017. Generalmente, comienzan a poner huevos antes de mediados de noviembre. Los primeros polluelos rompen el cascarón a mediados de diciembre y, cuando crecen, comienzan a abandonar la colonia a principios de febrero.

Fulmar austral

La población total de fulmares australes (*Fulmarus glacialoides*) en la Zona es de alrededor de 5.000 parejas reproductoras. Hay alrededor de 3000 sitios ocupados por fulmares australes en la isla Ardery. Las colonias más grandes están en los acantilados de la parte norte y alrededor del extremo oriental de la isla. En la isla Odbert, la mayoría de los 2000 sitios están concentrados en dos colonias grandes situadas en el farallón Haun y en la zona central del norte.

Los fulmares australes se reproducen en colonias en los acantilados y los barrancos o en sus proximidades. Los nidos están ubicados en los salientes pequeños de los acantilados, aunque también se observan en terrazas grandes cercanas de forma prácticamente plana. Algunas aves anidan al aire libre y otras, en grictas profundas o entre rocas sueltas. Los primeros huevos aparecen a principios de diciembre y la mayoría se pone en el lapso de diez días. En la tercera semana de enero comienza la incubación, y los pichones comienzan a salir del cascarón a mediados de marzo.

Petrel antártico

Se ha estimado que el total de la población de petreles antárticos asciende a poco más de 300 parejas reproductoras. La colonia más grande, hallada en la meseta norte de la isla Ardery, contiene al menos 150 sitios en la zona principal y unos 25 sitios en grupos más pequeños en las proximidades. En la isla Odbert hay alrededor de 30 nidos en una zona pequeña situada fuera de los acantilados septentrionales centrales.

La mayoría de los nidos de petreles antárticos se encuentran en zonas de mesetas o secciones con laderas suaves de acantilados abruptos situadas en la meseta Norte, así como en otras colonias más pequeñas en torno al barranco Soucek. Los nidos están muy cerca unos de otros. Las aves aparentemente tratan de no hacer nidos aislados en salientes pequeños. A fines de noviembre, los primeros petreles antárticos regresan del éxodo previo a la puesta y, una semana después, la mayoría de las aves regresan a poner huevos. Los primeros polluelos salen del cascarón en la segunda semana de enero, de finales de febrero hasta principios de marzo comienzan a salirles las plumas y las crías abandonan el nido antes de mediados de marzo.

Petrel damero

Aproximadamente 750 parejas reproductoras de petreles dameros (*Daption capense*) ocupan la Zona, y la reproducción se produce principalmente en las pequeñas colonias de los acantilados situados en el norte de la isla Ardery. Hay nidos dispersos a ambos lados de la montaña Snowie. Hay de 100 a 200 sitios de nidificación en la isla Odbert, en su mayoría alrededor de las colonias de fulmares.

Los petreles dameros prefieren los sitios de nidificación que están protegidos por rocas sobresalientes y se encuentran bien resguardados por detrás y, si es posible, por los costados. La mayoría de los nidos están en las partes menos abruptas de los acantilados o a lo largo de los bordes superiores de los acantilados en colonias y en pequeños grupos dispersos. Después de regresar del éxodo que precede a la incubación, ponen huevos a finales de marzo y los polluelos empiezan a romper el cascarón en la segunda semana de enero. A la mayoría de los polluelos empieza a salirle plumas durante la primera semana de marzo.

Petrel de las nieves

Se calcula que el número de petreles de las nieves (*Pagodroma nivea*) en la Zona supera las 1100 parejas reproductoras. En 1990 se hallaron aproximadamente 1000 sitios de nidificación de petreles de las nieves en la isla Ardery, en su mayor parte en las laderas de la montaña Snowie. Los petreles de las nieves parecen ser menos abundantes en la isla Odbert que en la isla Ardery, con casi 100 a 1000 sitios de nidificación. En 2003, se estimó que 752 nidos activos estaban en la isla Ardery y 824 en la isla Odbert.

Los petreles de las nieves se reproducen en grietas o en agujeros entre rocas sueltas en agregaciones dispersas y de baja densidad. Son comunes los nidos aislados, al igual que los nidos dentro de colonias de otras especies. El hábitat apropiado para los petreles de las nieves también alberga petreles de Wilson. El comienzo de la puesta de huevos varía según las concentraciones de nidos y se produce en las tres primeras semanas de diciembre. Los polluelos comienzan a salir del cascarón desde mediados de enero en adelante y las plumas les empiezan a salir en las dos primeras semanas de marzo.

Petreles de Wilson

Los petreles de Wilson (*Oceanites oceanicus*) están distribuidos de manera amplia y anidan en todas las rocas apropiadas de la Zona. Se han documentado casi 1000 lugares de nidificación en la isla Ardery. En la isla Odbert hay entre 1000 y 2000 lugares de nidificación, con una densidad inferior a la preponderante en la isla Ardery debido a la dispersión general de áreas adecuadas para la nidificación. Los petreles de Wilson se reproducen en agujeros profundos y estrechos. Debido a que los nidos pueden ser extremadamente difíciles de detectar, es posible que los cálculos de población estén considerablemente subestimados.

Págalo antártico

En 1984-1985 se reproducían diez parejas de págalos antárticos (*Catharacta maccormicki*) en la isla Ardery y otras tres parejas más tenían territorios. En 1986-1987 se encontró un número similar, si bien solo siete parejas producían huevos. La isla Odbert contaba con entre 10 y 20 parejas. La distribución de los nidos de págalos antárticos en la isla Ardery refleja su dependencia de los petreles. La mayoría de las parejas tienen puntos de observación cercanos a los nidos de petreles, cuyo territorio de alimentación pueden observar en los acantilados de las aves. En la isla Odbert, la mayoría de los nidos están cerca de las colonias de pingüinos.

Los nidos son agujeros poco profundos cavados en la grava y están al aire libre en el suelo plano o levemente protegidos por las rocas circundantes. Los territorios y la ubicación de los nidos parecen mantenerse estables de un año a otro. Cerca de los nidos suele haber varias depresiones de nidos anteriores. La puesta de huevos varía considerablemente, aunque se concentra de finales de noviembre a comienzos de diciembre. En los últimos días de diciembre se observan los primeros polluelos, que comienzan a volar a mediados de febrero.

Especies de aves no reproductoras

La isla Ardery es visitada regularmente por petreles gigantes comunes, tanto adultos como inmaduros. Cuando el viento es favorable, vuelan a lo largo de los acantilados de las aves en busca de alimento.

6(ii) Acceso a la Zona

Se puede viajar a la Zona en vehículo sobre el hielo marino, en barco o en aeronave, de conformidad con la Sección 7(ii) de este plan.

6(iii) Ubicación de estructuras dentro de la Zona o en zonas adyacentes

Hay cuatro cámaras «time lapse» que operan de forma remota ubicadas en la isla Ardery y dos en la isla Odbert (ubicaciones en la isla Ardery: 66° 22' 6,3" S, 110° 26'42,9" E; 66° 22'13,4" S, 110° 27 '46,2" E; 66° 22' 6,2" S, 110° 26' 56,3" E; 66° 22' 7,7" S, 110° 26'57,7"E (mapa B), ubicaciones en la isla Odbert: 66° 22' 37,8" S, 110° 33' 55,3" E 66° 22' 37,7" S, 110° 33' 47,6" E (mapa C)). Las cámaras, instaladas en 2010-2011 (primeras cinco cámaras) y 2018-2019 (última cámara), se colocaron para vigilar a largo plazo el éxito reproductivo y la fenología de los fulmares australes, los petreles dameros y los pingüinos de Adelia causando la menor perturbación posible. Aunque las cámaras no son permanentes, se espera que se mantengan instaladas durante un plazo mayor al del presente plan.

6(iv) Ubicación de otras zonas protegidas en las cercanías

Las siguientes zonas protegidas están ubicadas en cercanías de la isla Ardery y la isla Odbert (véase el mapa A):

- nordeste de la península Bailey (66° 17' S, 110° 32' E) (ZAEP n.º 135), a unos 12 km al norte de la isla Ardery y la isla Odbert;
- península Clark (66°15' S, 110° 36' E) (ZAEP n.º 136), a unos 16 km al norte de la isla Ardery y la isla Odbert, e
- islas Frazier (66° 13' S, 110° 11' E) (ZAEP n.º 160), a unos 23 km al nordeste de la isla Ardery y la isla Odbert.

6(v) Áreas especiales en el interior de la Zona

No hay zonas especiales al interior de la Zona.

7. Términos y condiciones para los permisos de entrada

7(i) Condiciones generales de los permisos

Se prohíbe el ingreso a la Zona excepto con un permiso expedido por una autoridad nacional pertinente. Las condiciones para la expedición de un permiso para ingresar a la Zona son las siguientes:

- que el permiso se expida por razones científicas urgentes que no puedan atenderse en otro lugar, en especial, para el estudio científico de la avifauna y el ecosistema de la Zona, o con fines de gestión esenciales y compatibles con los objetivos del plan, tales como inspecciones, tareas de mantenimiento o exámenes;
- que las acciones permitidas no pongan en peligro los valores de la Zona;
- que las acciones permitidas sean compatibles con el Plan de Gestión;
- que el permiso, o una copia de éste, se lleve consigo dentro de la Zona;
- que se presente un informe de la visita a la autoridad que figure en el permiso;
- que los permisos se expidan por un período determinado.
- que se informe a la autoridad nacional pertinente sobre cualquier actividad o medida que no esté comprendida en el permiso.

7 (ii) Acceso a la Zona y desplazamientos en su interior o sobre ella

Los vehículos y barcos que se usen para llegar a las islas deberán permanecer en la costa. Dentro de la Zona se podrá circular a pie solamente.

Los sitios de desembarque y aterrizaje definidos para el acceso por mar y helicóptero a la isla Ardery y la isla Odbert se muestran en el mapa D. En la isla Ardery, el sitio preferido para el desembarque es en Robertson Landing, donde hay tres rocas a las que se puede amarrar el barco u otro equipo. El lugar marcado en el mapa D como lugar de desembarco en la isla Ardery se encuentra a menos de 200 m de las colonias de aves marinas. No obstante, es el lugar preferido para desembarcar sin peligro en la isla. Los desembarcos deben efectuarse con cuidado para no perturbar a las aves. Aunque no hay rutas definidas para peatones dentro de la Zona, los peatones deben mantener la distancia y tratar en todo momento de no perturbar a las aves.

Si el acceso a las islas no es posible en lancha o en vehículo sobre el hielo marino, se podrán utilizar aeronaves de ala fija o helicópteros siempre que se cumplan las siguientes condiciones:

- Se deberá tratar en todo momento de no perturbar las colonias con las aeronaves.
- Se deberán promover los aterrizajes en el hielo marino (en los casos en que sea posible).
- Se evitará en todo momento el sobrevuelo de las islas, excepto cuando se considere esencial para fines científicos o de gestión autorizados en un permiso. En tales casos, el sobrevuelo debe hacerse a una distancia vertical u horizontal de 930 m (3050 pies) como mínimo en el caso de las aeronaves monomotores y de 1500 metros (5000 pies) en el caso de las aeronaves bimotores.
- Durante la temporada de reproducción de los pingüinos y los petreles, definida en este documento como el período del 1 de noviembre al 1 de
- abril, el desplazamiento en helicópteros a las islas debe mantenerse al mínimo.
- Se prohíbe usar helicópteros bimotores en la isla Ardery o la isla Odbert.
- La aproximación en helicóptero monomotor a la isla Ardery debe hacerse a gran altura desde el sur, dado que las densidades más bajas de aves se encuentran en los acantilados del sur (véanse los mapas B y D).
- La aproximación en helicóptero monomotor a la isla Odbert debe hacerse preferentemente desde el sur, evitando las áreas de acantilados debido a los petreles nidificantes (véanse los mapas C y D).
- Los lugares para el aterrizaje de helicópteros monomotores marcados en el mapa D son aproximados, por lo que los pilotos deberán cerciorarse de no perturbar a las colonias reproductoras.
- Solamente el personal que deba desempeñar tareas en la Zona debería bajar del helicóptero.

- Está prohibido repostar aviones en la Zona.

Se prohíben los sobrevuelos de las colonias de aves en la Zona mediante sistemas de aeronaves dirigidas a distancia (RPAS), excepto cuando sea fundamental por motivos científicos o de gestión indispensables. Dichos sobrevuelos tendrán lugar de acuerdo con las *Directrices ambientales para la operación de sistemas de aeronaves dirigidas a distancia (RPAS) en la Antártida.*

7(iii) Actividades que se llevan a cabo o que se pueden llevar a cabo dentro de la Zona

Se podrán llevar a cabo las siguientes actividades dentro de la Zona si se autorizan en un permiso:

- investigaciones científicas concordantes con el Plan de Gestión de la Zona que no puedan realizarse en otro lugar y que no pongan en peligro los valores por los cuales se ha designado la Zona o los ecosistemas de la Zona;
- actividades de gestión indispensables, incluidas las actividades de vigilancia; y
- muestreo, que debería limitarse al mínimo necesario para los programas de investigación aprobados.

7 (iv) Instalación, modificación o desmantelamiento de estructuras No se podrán erigir estructuras permanentes en la Zona.

- Toda estructura que se erija o instale en la Zona deberá estar especificada en un permiso.
- Los señalizadores y los equipos científicos deberán estar bien sujetos y en buen estado, y deberán mostrar claramente el nombre del país que otorgó el permiso, el nombre del investigador principal y el año de instalación. Todos estos artículos deberán estar hechos de materiales que presenten un riesgo mínimo de contaminación para la Zona.
- Una de las condiciones para la expedición del permiso será la retirada del equipo asociado a la investigación científica antes del vencimiento del permiso correspondiente. Los datos de los señalizadores y el equipo que permanezca temporalmente en el lugar (ubicaciones del GPS, descripción, etiquetas, etc., y fecha desmantelamiento prevista) se notificarán a la autoridad que haya expedido el permiso.
- Si se permite, la instalación de las cabañas de campaña temporales en la isla Ardery se llevará a cabo antes del 1 de noviembre, fecha en que comienza la temporada de cría, y se desmantelará después del 1 de abril, cuando las crías se hayan marchado. La instalación y el desmantelamiento deberían llevarse a cabo con la ayuda de vehículos sobre el hielo marino a menos que las condiciones del hielo marino lo impidan.

7(v) Ubicación de los campamentos

- Se prohíbe acampar en la isla Odbert salvo en una situación de emergencia.
- Si es necesario para el trabajo de campo, podrá erigirse una cabaña temporal en la isla Ardery en el punto especificado en el mapa D, ya que hay ocho anclajes de roca sólida disponibles en esta ubicación. Hay una cabaña de refugio (cabaña del cerro Robinson) en tierra firme, situada fuera de la zona del cerro Robinson (66° 22,4' S; 110° 35,2' E), a unos 800 m al oeste de la isla Odbert (véase el mapa A).

7(vi) Restricciones relativas a los materiales y organismos que pueden introducirse en la Zona

- Se prohíbe llevar a Zona productos derivados de aves, entre los que se incluyen los alimentos desecados que contengan huevo en polvo.
- No se dejarán depósitos de alimentos u otros suministros en la Zona después de la temporada durante la cual se necesiten.
- Se prohíbe la introducción deliberada de animales, material vegetal, microorganismos vivos y tierra no estéril en la Zona. Deben tomarse las precauciones más estrictas a fin de evitar la introducción accidental en la Zona de animales, materiales vegetales, microorganismos y tierras no estériles provenientes de otras regiones con características biológicas distintas (dentro de la Antártida o fuera de la zona comprendida en el Tratado Antártico);

- En la máxima medida de lo posible, el calzado y el equipo que se use o se lleve a la Zona (incluidas las mochilas, los bolsos y otros equipos) deberán limpiarse minuciosamente antes del acceso y después de la salida.
- Las botas, los equipos de muestreo e investigación y los señalizadores que entren en contacto con el suelo deben desinfectarse o limpiarse con agua caliente y blanqueador antes de entrar a la Zona y al concluir la visita, con el fin de evitar la introducción accidental de animales, material vegetal, microorganismos y suelo no estéril en la Zona. La limpieza se debe llevar a cabo en la cabaña de refugio o en la estación.
- Los visitantes también deben consultar y seguir, según corresponda, las recomendaciones contenidas en el
- *Manual sobre especies no autóctonas* del Comité para la Protección del Medio Ambiente, y en el *Código de conducta ambiental para el trabajo de investigación científica sobre el terreno en la Antártida* del Comité Científico de Investigaciones Antárticas (SCAR).
- No se deben introducir herbicidas ni pesticidas en la Zona. Cualquier otro producto químico, incluidos los radionúclidos e isótopos estables, que se introduzca para los fines científicos o de gestión especificados en el permiso, deberá retirarse de la Zona a más tardar cuando concluya la actividad para la cual se haya expedido el permiso.
- No se podrá almacenar combustible en la Zona, a menos que sea necesario para fines indispensables relacionados con la actividad para la cual se haya expedido el permiso. No se permiten los depósitos permanentes de combustible.
- Todos los materiales introducidos en la Zona podrán permanecer allí durante un período determinado únicamente, deberán ser retirados cuando concluya dicho período, o antes, y deberán ser almacenados y manipulados con métodos que reduzcan al mínimo el riesgo de impacto ambiental.

7(vii) Recolección o intromisión perjudicial con la flora y fauna autóctonas

- Se prohíbe la toma de ejemplares de la flora y fauna autóctonas y la intromisión perjudicial en ellas, excepto con un permiso.
- En caso de recolección de animales o intromisión perjudicial con ellos, como norma mínima, se hará de acuerdo con el *Código de conducta del SCAR para el uso de animales con fines científicos en la Antártida.*
- Las investigaciones ornitológicas sobre las aves reproductoras presentes en la Zona deberán limitarse a actividades que no sean invasivas y que no las perturben. Se dará prioridad a las tareas de planimetría. Si es necesario capturar ejemplares, la captura debería efectuarse en nidos de la periferia de la Zona, si es posible, a fin de reducir la perturbación.

7(viii) Recolección o retirada de materiales que el titular del permiso no haya introducido en la Zona

- Se podrá recolectar o retirar material de la Zona únicamente de conformidad con un permiso, y dicho material debería limitarse al mínimo necesario para fines de índole científica o de gestión.
- Cualquier material de origen humano que pueda comprometer los valores de la Zona, que no haya sido llevado allí por el titular del permiso o que no esté comprendido en otro tipo de autorización, podrá retirarse salvo que el impacto de su extracción pueda ser mayor que el efecto de dejar el material *in situ*. En tal caso, se deberá notificar a la autoridad nacional pertinente y esperar a su aprobación antes de retirarlo.

7(ix) Eliminación de residuos

- Todos los residuos, incluidos los residuos de origen humano, deberán retirarse de la Zona. Los residuos de las expediciones deberán almacenarse de forma tal que la fauna silvestre (por ejemplo, los págalos) no escarbe en ellos hasta que puedan eliminarse o retirarse de la Zona. Los desechos deberán retirarse a más tardar la expedición abandone la Zona. Se podrán verter desechos humanos y aguas grises en el mar fuera de la Zona.

7(x) Medidas que pueden ser necesarias para continuar cumpliendo los objetivos del Plan de Gestión

Se pueden otorgar permisos de acceso a la Zona con el fin de:

- llevar a cabo actividades científicas de observación e inspección de la Zona, que podrán incluir la recolección de muestras para su análisis o examen;
- erigir postes indicadores, estructuras o equipos científicos, así como llevar a cabo las tareas oportunas para su mantenimiento; o
- implementar otras medidas de protección.

Todos los sitios donde se lleven a cabo actividades de vigilancia a largo plazo deberán estar debidamente marcados y se deberá determinar su ubicación mediante el sistema de posicionamiento global (GPS) a fin de registrarlos en el Directorio Central de la Antártida (AMD) por medio de la autoridad nacional pertinente.

A fin de mantener los valores ecológicos y científicos de la Zona, los visitantes deberán tomar una serie de precauciones especiales para evitar la introducción de especies no autóctonas. Presenta una especial preocupación la introducción de agentes patógenos, microbios o vegetación provenientes de suelos, flora y fauna de otros lugares de la Antártida, incluidas las estaciones de investigación, o de regiones fuera de la Antártida. A fin de reducir al mínimo el riesgo de introducción de especies no autóctonas, antes de ingresar en la Zona, los visitantes deberán limpiar meticulosamente el calzado y todo el equipo que vaya a usarse en su interior, en especial, el equipo de muestreo y los señalizadores.

7(xi) Requisitos relativos a los informes

El titular principal del permiso para cada visita a la Zona debe presentar un informe ante la autoridad nacional correspondiente tan pronto como sea posible, a más tardar seis meses después de concluir la visita. Dichos informes sobre visitas deberán incluir, en la medida de lo posible, la información señalada en el formulario de informe de visita contenido en la *Guía para la Preparación de Planes de Gestión para las Zonas Antárticas Especialmente Protegidas*. Si procede, la autoridad nacional también debería enviar una copia del informe de visitas a la Parte que haya propuesto el Plan de Gestión, a fin de contribuir a la administración de la Zona y a la revisión del Plan de Gestión. Siempre que sea posible, las Partes deberán depositar el informe de visita original o sus copias en un archivo al cual el público tenga acceso, a fin de llevar un registro del uso, para que pueda utilizarse en las revisiones del plan de gestión y en la organización del uso científico de la Zona.

Se enviará una copia del informe a la Parte responsable de la elaboración del Plan de Gestión (Australia) a fin de contribuir a la gestión de la zona y al seguimiento de las poblaciones de aves. Asimismo, los informes de las visitas suministrarán información pormenorizada sobre datos censales, ubicación de colonias o nidos nuevos que no se hayan documentado anteriormente, e incluirán un breve resumen de las conclusiones de la investigación, así como las copias de las fotografías tomadas de la Zona.

8. Documentación de apoyo

Baker, S.C. & Barbraud, C. 2000. Foods of the south polar skua *Catharacta maccormicki* at Ardery Island, Windmill Islands, Antarctica. *Polar Biology* 24: 59-61.

Blight, D.F. & Oliver, R.L. 1977. The metamorphic geology of the Windmill Islands, Antarctica, a preliminary account. *Journal of the Geological Society ofAustralia* 22: 145-158.

Blight, D.F. & Oliver, R.L. 1982. Aspects of the history of the geological history of the Windmill Islands, Antarctica. In: *Antarctic Geoscience* (ed. C.C. Craddock), University of Wisconsin Press, Madison, pp. 445454.

Cowan, A.N. 1979. Ornithological studies at Casey, Antarctica, 1977-1978. *Australian Bird Watcher*, 8:69.

Cowan, A.N. 1981. Size variation in the snow petrel. *Notornis* 28: 169-188.

Creuwels, J.C.S & van Frenker, J.A. 2001. Do two closely related petrel species have a different breeding strategy in Antarctica. *Proceedings of the VIIIth SCA International Biology Symposium*, 27 August-1 September 2001, Vrije Univesiteit, Amsterdam.

Creuwels, J.C.S., Poncet S., Hodum, P.J, & van Frenker, J.A. 2007. Distribution and abundance of the southern fulmars *Fulmarus glacialoides*, *Polar Biology* 30: 1083-1097.

Creuwels, J.C.S., van Frenenker, J.a., Doust, S.J., Beinssen A., Harding, B. & Hentschel, O. 2008. Breeding strategies of Antarctic petrels *Thalassoica antarctica* and southern fulmars *Fulmarus glacialoides* in the high Antarctic and implications for reproductive success, *Ibis* 150: 160-171

Croxall, J.P., Steele, W.K., McInnes, S.J. & Prince, P.A. 1995. Breeding distribution of the snow petrel *Pagodroma nivea. Marine Ornithology* 23: 69-99.

Department of the Environment and Energy, 2019, Environmental Code for Participants in the Australian Antarctic Program, Australian Antarctic Division, Hobart.

Filson, R.B. 1974. Studies on Antarctic lichens II: Lichens from the Windmill Islands, Wilkes Land. *Muelleria*, 3:9-36.

Goodwin, I.D. 1993. Holocene deglaciation, sea-level change, and the emergence of the Windmill Islands, Budd Coast, Antarctica. *Quaternary Research* 40: 70-80.

Horne, R. 1983. The distribution of penguin breeding colonies on the Australian Antarctic Territory, Heard Island, the McDonald Islands and Macquarie Island. *ANARE Research Notes* No. 9.

Jouventin, P., & Weimerskirch, H. 1991. Changes in the population size and demography of southern seabirds: management implications. In: *Bird population studies: Relevance to conservation and management*. (eds. C.M. Perrins, J.-D. Lebreton, and G.J.M Hirons) Oxford University Press: pp. 297-314.

Keage, P. 1982. Location of Adélie penguin colonies, Windmill Islands. *Notornis*, 29: 340-341.

Lee J.E, Chown S.L. 2009: Breaching the dispersal barrier to invasion: quantification and management. *Ecological Applications* 19: 1944-1959.

Luders, D.J. 1977. Behaviour of Antarctic petrels and Antarctic fulmars before laying. *Emu* 77: 208-214.

McLeod, I.R. & Gregory, C.M. 1967. Geological investigations for along the Antarctic coast between longitudes 108°E and 166°E. Report of the Bureau for Mineral Resources, Geology and. *Geophysics. Australia* No. 78, pp. 30-31.

Melick, D.R., Hovenden. M.J., & Seppelt, R.D. 1994. Phytogeography of bryophyte and lichen vegetation in the Windmill Islands, Wilkes Land, Continental Antarctica. *Vegetatio* 111: 71-87.

Murray, M.D., Orton, M.N. & Penny, R.L. 1972. Recoveries of silver-grey petrels banded on Ardery Island, Windmill Islands, Antarctica. *Australian Bird Bander* 10, 49-51.

Murray M.D. & Luders D.J. 1990. Faunistic studies at the Windmill Islands, Wilkes Land, East Antarctica, 1959-80. *ANARE Research Notes* 73: 1-45.

Olivier, F., Lee, A.V., Woehler, E.J. 2004. Distribution and abundance of snow petrels *Pagodroma nivea* in the Windmill Islands, East Antarctica. *Polar Biology* 27: 257-265.

Olivier, F., & Wotherspoon, S.J. 2006. Distribution and abundance of Wilson's storm petrels *Oceanites oceanicus* at two locations in East Antarctica: testing habitat selection models. *Polar Biology* 29: 878-892.

Orton, M. R. 1963. A brief survey of the fauna of the Windmill Islands, Wilkes Land, Antarctica. *Emu* 63, 14-22.

Paul, E., Stüwe, K., Teasdale, J. & Worley, B. 1995. Structural and metamorphic geology of the Windmill Islands, east Antarctica: field evidence for repeated tectonothermal activity. *Australian Journal of Earth Sciences* 42: 453-469.

Phillpot, H.R. 1967. Selected surface climate data for Antarctic stations. Commonwealth of Australia: Bureau of Meteorology.

Robertson, R. 1961. Geology of the Windmill Islands, Antarctica. *IGY Bulletin* 43: 5-8.

Robertson, R. 1961. Preliminary report on the bedrock geology of the Windmill Islands. In: Reports on the Geological Observations 1956-60. IEY Glaciology Report No. 4, (IEY World Data Centre 4: Glaciology). American Geographical Society, New York.

Schwerdtfeger, W. 1970. The climate of the Antarctic. In: *Climate of polar regions* (ed. S. Orvig), Elsevier pp. 253-355, Amsterdam.

Schwerdtfeger, W. 1984. Weather and climate of the Antarctic, Amsterdam: Elsevier.

Smit, F.G.A.M. & Dunnet, G.M. 1962. A new genus and species of flea from Antarctica, (*Siphonaptera: Ceratophyllidae*). *Pacific Insect* 4: 895-903.

Southwell, C., Emmerson, L., McKinlay, J., Takahashi, A., Kato, A., Barbraud, C., Delord, K. and Weimerskirch. H. 2015. Spatially extensive standardized surveys reveal widespread, multi-decadal increase in East Antarctic Adélie penguin populations. *PLoS ONE* 10 (10): e0139877.

van Franeker, J.A, Creuwels, J.C.S., van der Veer, W., Cleland, S. & Robertson, G. 2001. Unexpected effects of climate change on the predation of Antarctic petrels. *Antarctic Science* 13: 430-439.

van Franeker, J.A., Bell, P.J., & Montague, T.L. 1990. Birds of Ardery and Odbert islands, Windmill Islands, Antarctica. *Emu* 90: 74-80.

van Franeker, J.A., Gavrilo, M., Mehlum, F., Veit, R.R. & Woehler, E.J. 1999. Distribution and abundance of the Antarctic petrel. *Waterbirds* 22: 14-28.

Whinam J, Chilcott N, & Bergstrom D.M. 2005: Subantarctic hitchhikers: expeditioners as vectors for the introduction of alien organisms. *Biological Conservation* 121: 207-219.

Williams, I.S., Compston W., Collerson K.D., Arriens, P.A. & Lovering J.F. 1983. A Reassessment of the age of the Windmill metamorphics, Casey area. In: Antarctic Earth Science (ed. R.L. Oliver, P.R. James & J.B. Jago), Australian Academy of Sciences, Canberra, pp. 73-76.

Woehler E.J. & Croxall J.P. 1997. The status and trends of Antarctic and subantarctic seabirds. *Marine Ornithology* 25: 43-66.

Woehler, E.J. & Johnstone, G.W. 1991. Status and conservation of the seabirds of the Australian Antarctic Territory. In Seabird status and conservation: A Supplement. (ed. J.P. Croxall) ICBP Technical Publication No. 11: 279-308.

Woehler, E.J., Slip, D.J., Robertson, L.M., Fullagar, P.J. & Burton, H.R. 1991. The distribution, abundance and status of Adélie penguins *Pygoscelis adeliae* at the Windmill Islands, Wilkes Land, Antarctica. *Marine Ornithology* 19: 1-17.

Woehler, E.J., Cooper, J., Croxall, J.P., Fraser, W.R., Kooyman, G.L., Miller, G.D., Nel, D.C., Patterson, D.L., Peter, H-U, Ribic, C.A., Salwicka, K., Trivelpiece, W.Z. & Weimerskirch, H. 2001. A Statistical Assessment of the Status and Trends of Antarctic and Subantarctic Seabirds.

SCAR/CCAMLR/NSF.

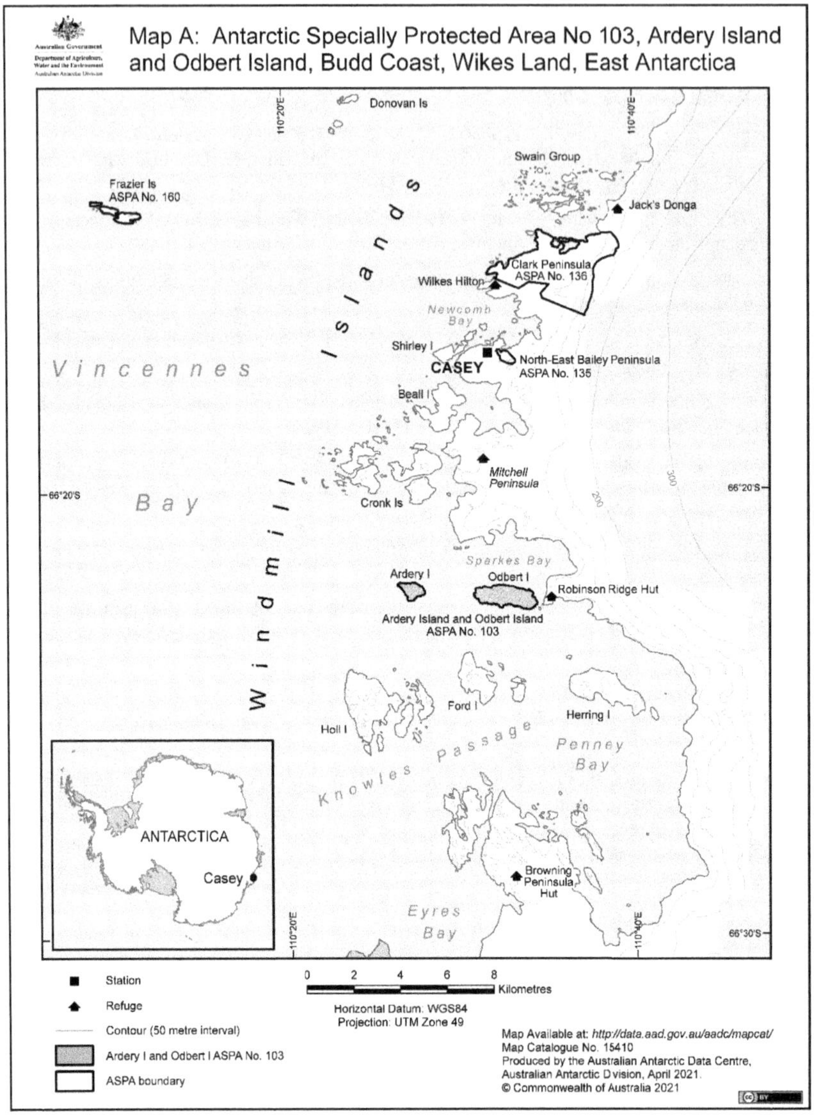

Map A: Antarctic Specially Protected Area No 103, Ardery Island and Odbert Island, Budd Coast, Wikes Land, East Antarctica

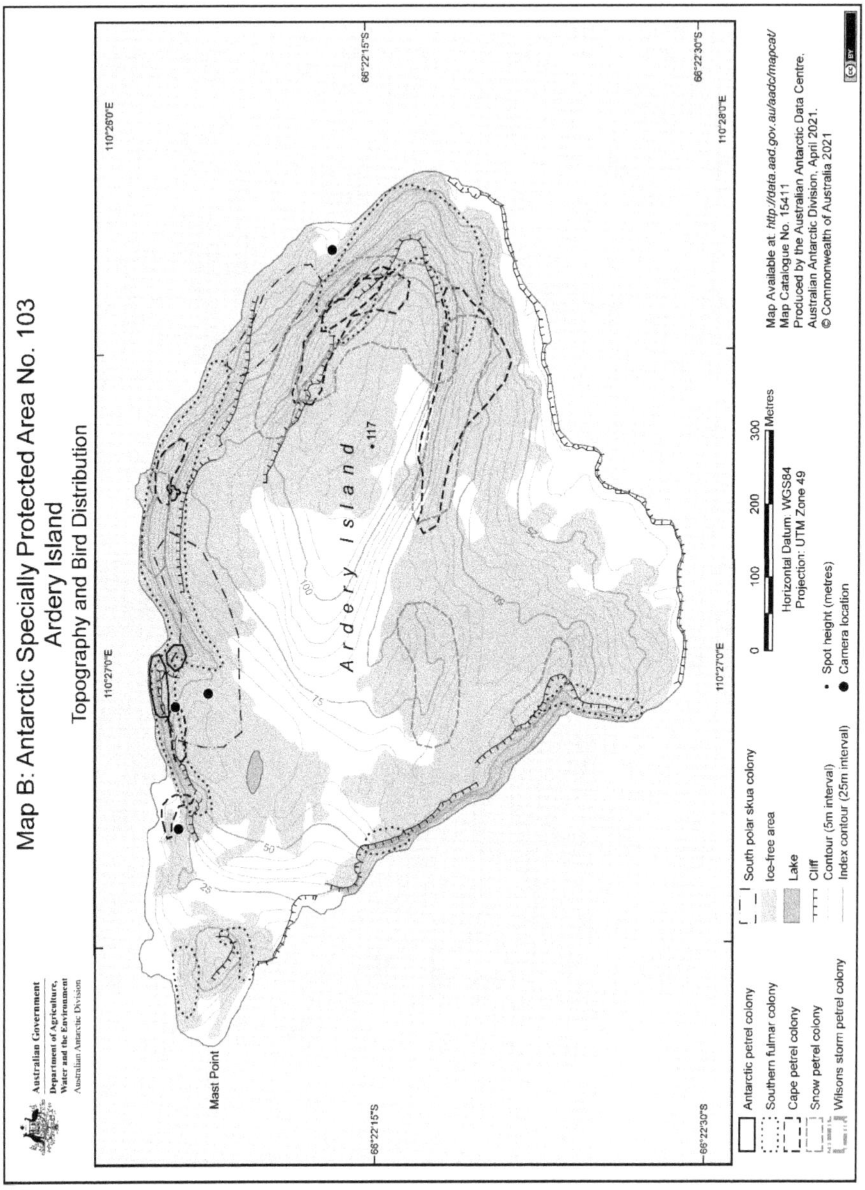
Map B: Antarctic Specially Protected Area No. 103
Ardery Island
Topography and Bird Distribution
Australian Government
Department of Agriculture, Water and the Environment
Australian Antarctic Division
Mast Point
Ardery Island
110°27'0"E
110°28'0"E
66°22'15"S
66°22'30"S
Antarctic petrel colony
Southern fulmar colony
Cape petrel colony
Snow petrel colony
Wilsons storm petrel colony
South polar skua colony
Ice-free area
Lake
Cliff
Contour (5m interval)
Index contour (25m interval)
Spot height (metres)
Camera location
0 100 200 300 Metres
Horizontal Datum: WGS84
Projection: UTM Zone 49
Map Available at: http://data.aad.gov.au/aadc/mapcat/
Map Catalogue No. 15411
Produced by the Australian Antarctic Data Centre,
Australian Antarctic Division, April 2021.
© Commonwealth of Australia 2021

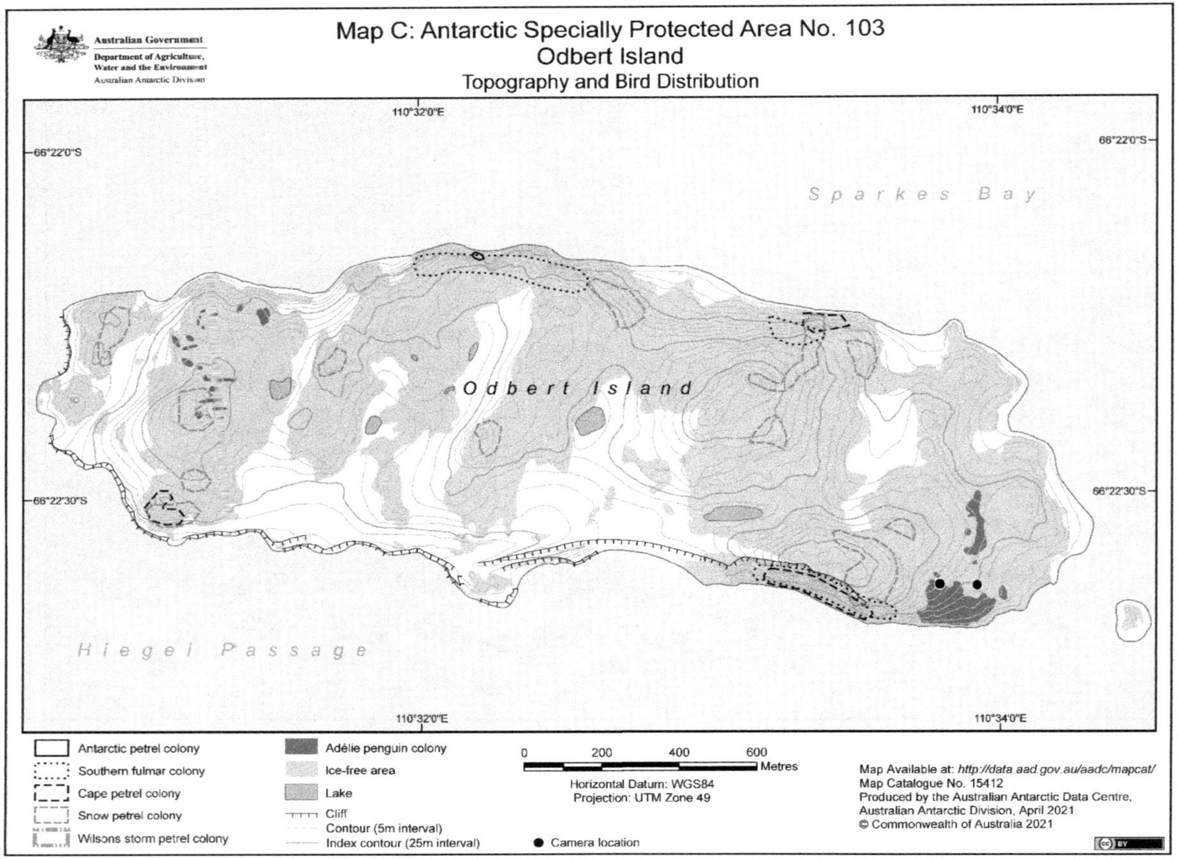
Australian Government
Department of Agriculture, Water and the Environment
Australian Antarctic Division
Map C: Antarctic Specially Protected Area No. 103
Odbert Island
Topography and Bird Distribution
110°32'0"E
110°34'0"E
66°22'0"S
66°22'30"S
Sparkes Bay
Odbert Island
Hiegel Passage
Antarctic petrel colony
Southern fulmar colony
Cape petrel colony
Snow petrel colony
Wilsons storm petrel colony
Adélie penguin colony
Ice-free area
Lake
Cliff
Contour (5m interval)
Index contour (25m interval)
0 200 400 600 Metres
Horizontal Datum: WGS84
Projection: UTM Zone 49
Camera location
Map Available at: http://data.aad.gov.au/aadc/mapcat/
Map Catalogue No. 15412
Produced by the Australian Antarctic Data Centre, Australian Antarctic Division, April 2021
© Commonwealth of Australia 2021

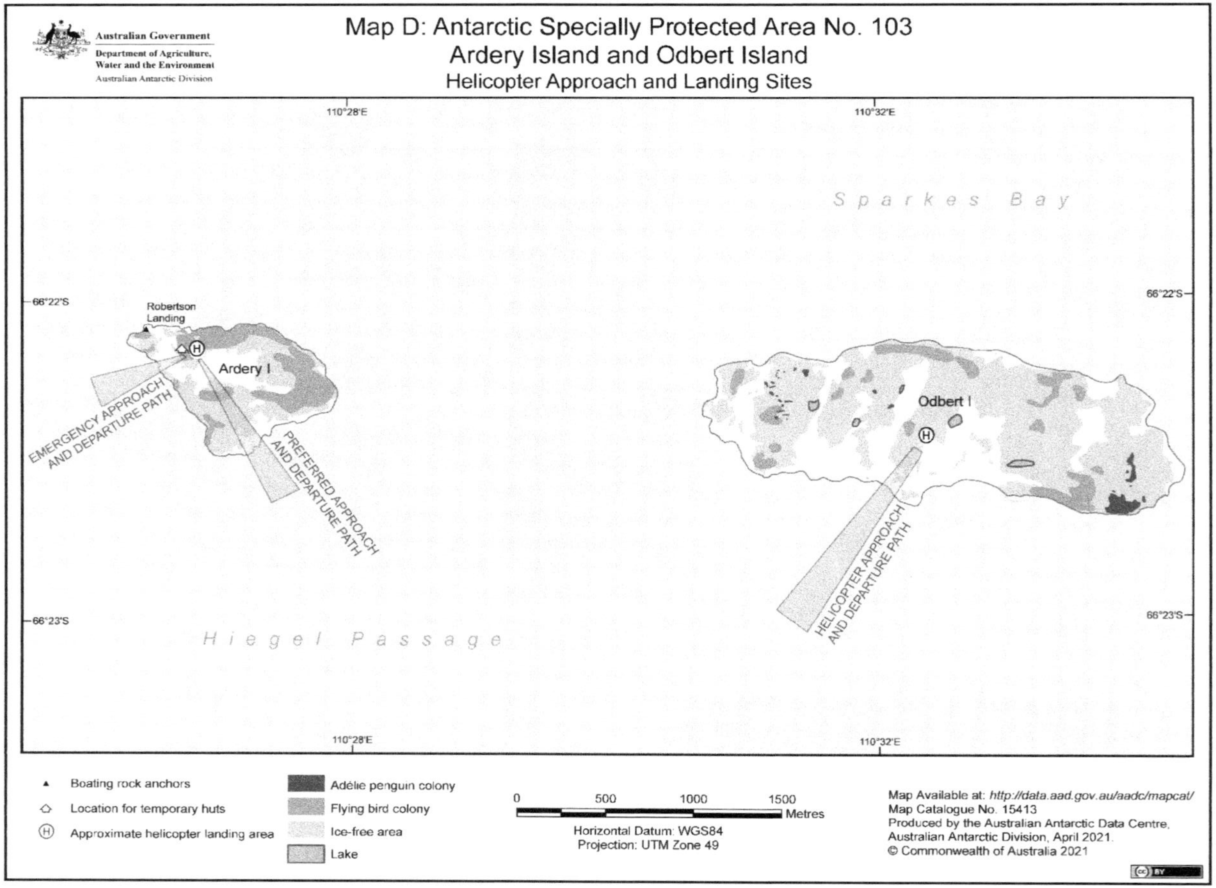
Australian Government
Department of Agriculture, Water and the Environment
Australian Antarctic Division
Map D: Antarctic Specially Protected Area No. 103
Ardery Island and Odbert Island
Helicopter Approach and Landing Sites
110°28'E
110°32'E
66°22'S
66°23'S
Sparkes Bay
Hiegel Passage
Robertson Landing
Ardery I
Odbert I
EMERGENCY APPROACH AND DEPARTURE PATH
PREFERRED APPROACH AND DEPARTURE PATH
HELICOPTER APPROACH AND DEPARTURE PATH
Boating rock anchors
Location for temporary huts
Approximate helicopter landing area
Adélie penguin colony
Flying bird colony
Ice-free area
Lake
0
500
1000
1500
Metres
Horizontal Datum: WGS84
Projection: UTM Zone 49
Map Available at: http://data.aad.gov.au/aadc/mapcat/
Map Catalogue No. 15413
Produced by the Australian Antarctic Data Centre, Australian Antarctic Division, April 2021.
© Commonwealth of Australia 2021

Plan de Gestión para la

Zona Antártica Especialmente Protegida n.º 104

ISLA SABRINA, ISLAS BALLENY, ANTÁRTIDA

1. Descripción de los valores que requieren protección

La isla Sabrina, ubicada en el archipiélago de las islas Balleny, fue originalmente designada como Zona Especialmente Protegida (ZEP) n.º 4 en la Recomendación IV-4 (1966), con el argumento de que «las Islas Balleny, tierras antárticas del extremo septentrional de la zona del mar de Ross, poseen una fauna y flora que reflejan muchas de las distribuciones circumpolares de esta latitud, y que el islote Sabrina en especial constituye una muestra representativa de esta fauna y flora». El sitio fue redesignado como Zona Antártica Especialmente Protegida (ZAEP) n.º 104 en la Decisión 1 (2002). Se elaboró y adoptó un Plan de Gestión en la Medida 3 (2009) y la Medida 4 (2015) que incluyó la isla Sabrina, el «islote Chinstrap» y el Monolito.

La razón principal para que se designara a la isla Sabrina como Zona Antártica Especialmente Protegida es la protección de valores ecológicos sobresalientes, específicamente la biodiversidad única de la región del mar de Ross.

Las islas Balleny, descubiertas en febrero de 1839 por John Balleny, un cazador de focas británico, se ubican a aproximadamente 325 km al norte de las costas Pennell y Oates. El archipiélago consta de tres islas principales, Young, Buckle y Sturge, y de varios islotes más pequeños, tiene una dirección noroeste-sureste y se extiende unos 160 kilómetros entre los 66° 15'S hasta los 67° 10'S y de los 162° 15'E hasta los 164° 45'E (mapa 1). Las islas Balleny son las únicas islas verdaderamente oceánicas (y no continentales) del sector antártico del mar de Ross, exceptuando la isla Scott, que se encuentra a aproximadamente 505 kilómetros al noreste del cabo Adare. El archipiélago se ubica dentro de la Corriente Circumpolar Antártica principal, por lo que proporciona un importante hábitat de descanso y reproducción a especies de aves marinas y focas, además de tener un rol significativo en la distribución circumpolar de diversas especies (véanse los cuadros 1 y 2, apéndice 1).

La isla Sabrina, el «islote Chinstrap» y el Monolito se encuentran a unos 3 kilómetros al sur-sureste de la isla Buckle. Estas islas son el único sitio de reproducción de los pingüinos barbijo (*Pygoscelis antarctica*) entre las islas Bouvetoya y Pedro I (en un área de 264° de longitud), y la mayoría de las parejas reproductoras se encuentran en la isla Sabrina. Además, esta población coexiste con una colonia de pingüinos Adelia (*P. adeliae*) mucho mayor, similar a las colonias que viven cerca del extremo de la península Antártica en las islas Shetland del Sur, y más al norte en las islas Orcadas del Sur. Normalmente, las áreas de reproducción de las dos especies tienden a estar separadas.

La colonia de pingüinos Adelia de la isla Sabrina reviste especial importancia debido a que es la más grande del archipiélago y abarca la mayoría de las parejas reproductoras de pingüinos barbijo. Por su aislamiento y las dificultades que suelen imponer las condiciones meteorológicas y el estado del hielo, las islas Balleny han sufrido muy pocas perturbaciones por actividades humanas, con excepción de las asociadas a las pesquerías del océano austral.

2. Finalidades y objetivos

La gestión de la isla Sabrina tiene por objeto las siguientes finalidades:

- prevenir la degradación o el riesgo sustancial de los valores de la Zona evitando perturbaciones por actividades humanas innecesarias en ella;
- evitar o reducir al mínimo la introducción de plantas, animales y microbios no autóctonos en la Zona;

- conservar el ecosistema natural como zona de referencia que en gran medida no ha sido perturbada directamente por las actividades humanas;
- evitar la perturbación de la colonia de pingüinos barbijo, que es anómala desde el punto de vista de la distribución de la especie;
- permitir investigaciones científicas en la Zona siempre y cuando se lleven a cabo por razones de carácter urgente, no puedan efectuarse en otro lugar y no pongan en riesgo el sistema ecológico natural de la Zona;
- permitir visitas con fines de gestión para cumplir los objetivos del Plan de Gestión.

3. Actividades de gestión

Se llevarán a cabo las siguientes actividades de gestión para proteger los valores de la Zona:

- Se facilitarán copias del presente Plan de Gestión a las embarcaciones que operen en las proximidades de la Zona.
- Los programas nacionales se asegurarán de que los límites de la Zona y las restricciones que se apliquen en su interior estén marcados en los mapas y cartas marinas pertinentes de los que sean responsables.
- En la medida de lo posible, se visitará la Zona según sea necesario para evaluar si continúa sirviendo a los fines para los que fue designada y asegurar que las actividades de gestión sean adecuadas.

4. Período de designación

Designación con período de vigencia indefinido.

5. Mapas y fotografías

Mapa 1: ZAEP 104: Isla Sabrina, islas Balleny, Antártida. Mapa regional.

Nivel de referencia: WGS84; Proyección: Estereográfica polar de la Antártida; Recuadro y mapa principal de la fuente de datos: Base de datos digital antártica del SCAR, versión 6, 2012.

Mapa 2: ZAEP 104: Isla Sabrina, islas Balleny, Antártida. Límite, acceso y características. Nivel de referencia: WGS84; Proyección: UTM Zona 58 Sur; Fuente de datos: imágenes de Digital Globe, satélite WorldView-1, adquiridas el 14 de enero de 2011, resolución de 50 cm. Características captadas por el Departamento de Información Territorial de Nueva Zelandia.

Imagen diagonal de recuadro obtenida en diciembre de 2014 por la Real Fuerza Aérea de Nueva Zelandia (RNZAF).

6. Descripción de la Zona

6(i) Coordenadas geográficas, indicadores de límites y características naturales

Ubicación y descripción general:

Las islas Balleny están a unos 325 km al norte de las costas Pennell y Oates (mapa 1). Son la parte visible de una cadena de montes marinos de origen volcánico. Hay tres islas principales y varios islotes más pequeños, así como rocas expuestas. La Isla Sabrina, situada a 66°55 S, 163°19 E, a tres kilómetros del extremo sur de la isla Buckle, es la isla central de las tres principales. Tiene menos de 2 km de ancho y se eleva aproximadamente 180 m sobre el nivel del mar. Un enclave volcánico de unos 80 m de alto, denominado «el Monolito», está unido al extremo sur de la isla Sabrina por una flecha litoral de roca. Al nordeste de la isla Sabrina hay un islote pequeño, conocido comúnmente como «islote Chinstrap». Gran parte de la isla Sabrina está cubierta por un campo de nieve/hielo permanente.

Límites:

La ZAEP incluye a la isla Sabrina, el Monolito y el «islote Chinstrap» sobre el nivel del mar, con marea baja (mapa 2). El área marina no se incluye en la ZAEP.

Rasgos naturales:

Alrededor de la cuarta parte de la isla Sabrina está cubierta de hielo y nieve permanentes, y hay un pie de hielo que llega al mar en el extremo septentrional. Una cresta escarpada recorre la isla, con pendientes de escoria en el este y el sur. La mayor parte de la costa de la isla presenta acantilados que caen a pique, excepto por una playa de guijarros en el sudoeste.

Las pendientes de escoria del este de la cresta central de la isla Sabrina están ocupadas por nidos de pingüinos Adelia y barbijo. Las aves acceden a sus lugares de nidificación a través de la playa, al sur de la isla. La isla Sabrina alberga la colonia de pingüinos más grande de las islas Balleny, con una cifra de unas 3.770 parejas reproductoras de pingüinos Adelia, registrada en 2000, y 202 pingüinos barbijo adultos y 109 polluelos en 2006. En el «islote Chinstrap» había 2.298 parejas reproductoras de pingüinos en el año 2000, mientras que en 1965 y 1984 se observaron unas 10 parejas de pingüinos barbijo.

En 2014, las observaciones desde un pequeño bote situado en el lado suroeste de la isla Sabrina y el noroeste del islote Chinstrap informaron de avistamientos de ejemplares de pingüinos barbijo tanto en la isla Sabrina (84) como en el islote Chinstrap (40).

Se avistaron petreles dameros (*Daption capense*) anidando en la isla Sabrina en 2006 y en el lado sur del Monolito en 1965 (aunque esto no se ha confirmado en expediciones más recientes). Se han visto algunos ejemplares de pingüinos macaroni (*Eudyptes chrysolophus*) en la isla Sabrina (1964, posible avistamiento en 1973). En 2014 se registró un solo pingüino rey.

En la isla Sabrina se han registrado varias especies de algas, entre ellas mixoficofitas, xantofíceas (de las especies *Tribonema*) y cloroficofitas (de las especies *Prasiola*). También se ha informado de la presencia de bacterias cromogénicas (amarillo brillante), levaduras, 14 especies de hongos filamentosos, dos especies de hongos termófilos (*Aspergillus fumigatus* y *Chaetomium gracile*), ácaros (*Stereotydeus mollis, Nanorchestes antarcticus*, especies de *Coccorhgidia*) y nematodos. Hay líquenes que se incrustan en las rocas, principalmente de las especies *Caloplaca* o *Xanthoria*, en la parte superior de la cresta principal.

6(ii) Acceso a la Zona

- La Zona es de difícil acceso debido al ángulo escarpado de los acantilados y el terreno de cada isla, así como a las condiciones del hielo en distintas épocas del año. No se ha identificado una ruta de acceso al «islote Chinstrap», aunque se puede acceder a la isla Sabrina y al Monolito en helicóptero o en lanchas desde la playa de guijarros que se encuentra al suroeste de la isla Sabrina (mapa 2).
- Se aplican restricciones de acceso a la Zona, cuyas condiciones específicas se establecen en la Sección 7(ii), a continuación.

6(iii) Ubicación de estructuras dentro de la Zona y en áreas adyacentes

No se conoce la existencia de estructuras en la Zona o en áreas adyacentes a ella.

6(iv) Ubicación de las zonas protegidas en las cercanías

La zona protegida más cercana a la isla Sabrina es la ZAEP 159: cabo Adare, costa Borchgrevink, ubicada aproximadamente a 560 kilómetros al sureste.

6(v) Áreas especiales en el interior de la Zona

No hay zonas especiales al interior de la Zona.

7. Términos y condiciones para los permisos de entrada

7(i) Condiciones generales de los permisos

Se prohíbe el ingreso a la Zona excepto con un permiso expedido por una autoridad nacional pertinente. Las condiciones para la expedición de un permiso para ingresar a la Zona son las siguientes:

- el permiso debe expedirse por razones científicas de carácter urgente, que no puedan llevarse a cabo en otro lugar, o por razones que sean esenciales para la gestión de la Zona;
- las actividades permitidas deben estar en consonancia con el presente Plan de Gestión;
- las actividades permitidas no pondrán en peligro el sistema ecológico natural ni los valores ambientales o científicos de la Zona;
- el permiso debe expedirse por un período determinado; y
- se deberá llevar el permiso, o una copia de este, dentro de la Zona.

7(ii) Acceso a la Zona y desplazamientos en su interior o sobre ella

- Los aterrizajes de helicópteros y los sobrevuelos por debajo de los 2.000 pies están prohibidos, excepto si se dispone de un permiso.
- El acceso a la isla Sabrina y al Monolito se realiza en lancha o helicóptero a través de la playa de grava situada bajo las pendientes de escoria, al suroeste de la isla Sabrina, 66° 55,166'S, 163° 18,599'E (mapa 2).
- No se ha identificado ninguna ruta de acceso preferida al «islote Chinstrap».
- La operación de aeronaves sobre la Zona deberá efectuarse, como requisito mínimo, con arreglo a los «Lineamientos para los aviones que vuelan cerca de las concentraciones de aves» contenidos en la Resolución 2 (2004).
- La operación de Sistemas de Aeronaves Dirigidas por Control Remoto en la zona debe efectuarse, como mínimo, de conformidad con las «Directrices medioambientales para la operación de sistemas de aeronaves dirigidas por control remoto (RPAS)1 en la Antártida» contenidas en la Resolución 4 (2018).
- Por lo general, todos los desplazamientos por el interior de la zona deberán efectuarse a pie. La circulación de peatones deberá mantenerse en el mínimo indispensable para llevar a cabo las actividades permitidas, y se deberá hacer todo lo posible para reducir a un mínimo los efectos de las pisadas.

7(iii) Actividades que pueden llevarse a cabo dentro de la Zona

Las actividades que pueden llevarse a cabo dentro de la Zona incluyen las siguientes:

- investigaciones científicas para propósitos apremiantes que no puedan emprenderse en otro lugar y que no pongan en peligro el sistema ecológico natural o los valores medioambientales o científicos de la Zona; y
- actividades de gestión esenciales, incluido el seguimiento y las inspecciones.

7(iv) Instalación, modificación o desmantelamiento de estructuras

- No se deben erigir nuevas estructuras (como letreros o indicadores de límites) dentro de la Zona, ni instalar equipo científico, excepto por razones científicas o de gestión apremiantes y por períodos preestablecidos, según lo especificado en el correspondiente permiso.
- Todos los señalizadores, estructuras o equipos científicos instalados en la Zona deben mostrar claramente el país, el nombre del organismo o investigador principal, el año de instalación y la fecha de desmantelamiento prevista.
- Todos estos elementos deben estar libres de organismos, propágulos (p. ej., semillas y huevos) y tierra no estéril; además, deben estar confeccionados con materiales que soporten las condiciones ambientales y que representen el mínimo riesgo posible de contaminación de la Zona.

- El desmantelamiento de estructuras o equipos específicos cuyos permisos hayan expirado será responsabilidad de la autoridad que haya expedido el permiso original y debe ser una condición para el otorgamiento del permiso.

7(v) Ubicación de los campamentos

Si es necesario, podrán emplazarse campamentos para las actividades científicas o de gestión autorizadas. El lugar para acampar debe seleccionarse de tal modo que reduzca al mínimo la perturbación de la vida silvestre, y se deberá tener cuidado de sujetar correctamente todo el equipo.

7(vi) Restricciones relativas a los materiales y organismos que puedan introducirse en la Zona

- No se permitirá la introducción deliberada de animales, material vegetal, microorganismos y tierras no estériles en la Zona. Deben tomarse precauciones a fin de evitar la introducción accidental de animales, material vegetal, microorganismos y suelos no estériles provenientes de una región con características biológicas distintas (dentro de la Antártida o fuera del área comprendida en el Tratado Antártico).
- Todo el equipo de muestreo, el calzado, la ropa exterior, las mochilas y demás equipos que se usen en la Zona o se lleven a ella deberán limpiarse minuciosamente antes de entrar en la Zona. Se recomienda cepillar el calzado con una solución desinfectante antes de cada desembarco.
- No está permitido introducir en la Zona productos avícolas, incluidos los alimentos que contengan huevos desecados sin cocinar.
- No se podrán llevar plaguicidas a la Zona. Cualquier otro producto químico que se introduzca para propósitos científicos, de gestión o de seguridad apremiantes especificados en el permiso deberá retirarse de la Zona a más tardar cuando concluya la actividad para la cual se haya expedido el permiso.
- No se podrá almacenar combustible, alimentos u otros materiales en la Zona, salvo que sea indispensable para concretar objetivos esenciales relativos a la actividad para la cual se haya expedido el permiso. Todos los materiales introducidos deberán retirarse cuando ya no se necesiten. No se permiten los depósitos permanentes.
- Se deberán llevar materiales para responder ante posibles derrames; dichos materiales han de ser apropiados para la cantidad de combustibles o de otros líquidos peligrosos que se lleven a la Zona. Todo derrame debe limpiarse de inmediato, siempre que la respuesta tenga un impacto ambiental menor que el derrame en sí.

7(vii) Recolección de la flora y fauna autóctonas o intromisión perjudicial en estas

Están prohibidas la recolección de flora y fauna autóctonas o la intromisión perjudicial en estas, salvo de conformidad con un permiso otorgado con arreglo al Anexo II del Protocolo al Tratado Antártico sobre Protección del Medio Ambiente. En caso de recolección de animales o intromisión perjudicial con ellos, como norma mínima, se hará de acuerdo con el Código de conducta del SCAR para el uso de animales con fines científicos en la Antártida.

7(viii) Recolección o traslado de materiales que no hayan sido traídos a la Zona por el titular del permiso

- Únicamente se podrán recolectar materiales de la Zona o retirarse de ella de conformidad con un permiso, y dicho material deberá limitarse al mínimo necesario para fines de índole científica o de gestión. No se concederán permisos si existe una preocupación razonable en cuanto a que el muestreo propuesto pudiera tomar, retirar o dañar cantidades tales de suelo, sedimento, microbiota, flora o fauna autóctonas que puedan afectar a su distribución o abundancia en la Zona.
- Todo material de origen humano que pueda comprometer los valores de la Zona y que no haya sido llevado a la Zona por el titular del permiso, o que no esté comprendido en otro tipo de autorización, podrá

ser retirado, salvo que el impacto de su extracción pueda ser mayor que el efecto de dejar el material *in situ*. En tal caso se deberá notificar a las autoridades pertinentes.

7(ix) Eliminación de residuos

Deberán retirarse de la Zona todos los residuos, incluidos los de origen humano.

7(x) Medidas que pueden ser necesarias para continuar cumpliendo los objetivos del Plan de Gestión

Se pueden otorgar permisos de acceso a la Zona con el fin de:

- llevar a cabo actividades científicas de vigilancia e inspecciones, que pueden incluir la recolección limitada de muestras o datos para su análisis o revisión;
- erigir o mantener postes de límites, estructuras o equipos científicos;
- aplicar otras medidas de gestión.

7(xi) Requisitos relativos a los informes

El titular principal del permiso para cada visita a la Zona debe presentar un informe ante la autoridad nacional correspondiente tan pronto como sea posible, a más tardar seis meses después de concluir la visita. Dichos informes de visita deben incluir, según corresponda, la información identificada en el formulario de informe de visita recomendado, que figura en el Apéndice 2 de la Guía para la Preparación de Planes de Gestión para las Zonas Antárticas Especialmente Protegidas anexa a la Resolución 2 (2011), disponible en el sitio web de la Secretaría del Tratado Antártico (www.ats.aq).

Si procede, la autoridad nacional también debería enviar una copia del informe de visitas a la Parte que haya propuesto el Plan de Gestión, a fin de contribuir a la administración de la Zona y a la revisión del Plan de Gestión.

Los datos actuales disponibles sobre la Zona son muy limitados. Por lo tanto, Nueva Zelandia, la Parte responsable de la revisión del presente Plan de Gestión, agradecería que se le proporcionaran copias de datos e imágenes que puedan facilitar la gestión futura de la Zona.

8. Documentación de apoyo

Bradford-Grieve, Janet and Frenwick, Graham. November 2001. A Review of the current knowledge describing the biodiversity of the Balleny Islands: Final Research Report for Ministry of Fisheries Research Projects ZBD2000/01 Objective 1 (in part). NIWA, New Zealand.

de Lange W., Bell R. 1998. Tsunami risk from the southern flank: Balleny Islands earthquake. Water and atmosphere. 6(3), pp 13-15.

Macdonald, J.A., Barton, Kerry J., Metcalf, Peter. 2002. Chinstrap penguins (Pygoscelis antarctica) nesting on Sabrina Islet, Balleny Islands, Antarctica. Polar Biology 25:443-447

Robertson,CJR, Gilbert, JR, Erickson, AW. 1980. Birds and Seals of the Balleny Islands, Antarctica. National Museum of New Zealand Reconds 1(16).pp271-279

Sharp, Ben R. 2006. Preliminary report from New Zealand research voyages to the Balleny Islands in the Ross Sea region, Antarctica, during January-March 2006. Ministry of Fisheries, Wellington, New Zealand.

Smith, Franz. 2006. Form 3: Format and Content of Voyage Reports: Balleny Islands Ecology Research Voyage.

Tidemann, S.C, Walleyn, A., Ryan, J.F. 2015. Observations of penguins and other pelagic bird species in the Balleny Islands, Antarctica. Australian Field Ornithology, 32: 169-175.

Varian, SJ. 2005. A summary of the values of the Balleny Islands, Antarctica. Ministry of Fisheries, Wellington, New Zealand.

Apéndice A

Cuadro A.1 - Especies de aves registradas en las islas Balleny

En este cuadro se enumeran los avistamientos registrados en informes de expediciones y en publicaciones científicas. La situación de las especies indicadas como reproductoras ha sido confirmada en expediciones recientes (es decir, desde 2000); las especies marcadas con una S se reproducen en la misma isla Sabrina.

Nombre común	**Especie**	**Reproducción**
Pingüino Adelia	*Pygoscelis adeliae*	✓ S
Fulmar antártico	*Fulmarus glacialoides*	✓
Petrel antártico	*Thalassoica antarctica*	✓
Prión antártico	*Pachyptila desolata*	
Gaviotín ártico	*Sterna paradisaea*	
Albatros de ceja negra	*Diomedea melanophrys*	
Albatros de Campbell	*Thalassarche impavida*	
Petrel damero	*Daption capense*	✓ S
Pingüino barbijo	*Pygoscelis antarctica*	✓ S
Albatros de cabeza gris	*Diomedea chrysostoma*	
Pingüino rey	*Aptenodytes patagonicus*	
Albatros de manto claro	*Phoebetria palpebrata*	
Pingüino de frente dorada	*Eudyptes chrysolphus*	
Petrel moteado	*Pterodroma inexpectata*	
Petrel de las nieves	*Pagodroma nivea*	✓
Pardela oscura	*Puffinus griseus*	
Petrel gigante común	*Macronectes giganteus*	
Págalo antártico	*Catharacta maccormicki*	
Págalo pardo	*Catharacta antarctica subsp lonnbergi*	
Albatros errante	*Diomedea exulans*	
Petrel de mentón blanco	*Procellaria aequinoctialis*	
Petrel de cabeza blanca	*Pterodroma lessonii*	
Petrel de Wilson	*Oceanites oceanicus*	

Cuadro A.2 - Especies de focas registradas en las islas Balleny

En este cuadro se enumeran los avistamientos registrados en informes de expediciones y en publicaciones científicas. No se ha confirmado la reproducción de ninguna de estas especies.

Nombre común	**Especie**
Foca cangrejera	*Lobodon carcinophagus*
Elefante marino	*Mirounga leonina*
Foca leopardo	*Hydrurga leptonyx*
Foca de Weddell	*Leptonychotes weddellii*

Figura A.1 - ZAEP 104 Isla Sabrina, islas Balleny, Antártida. Mapa regional

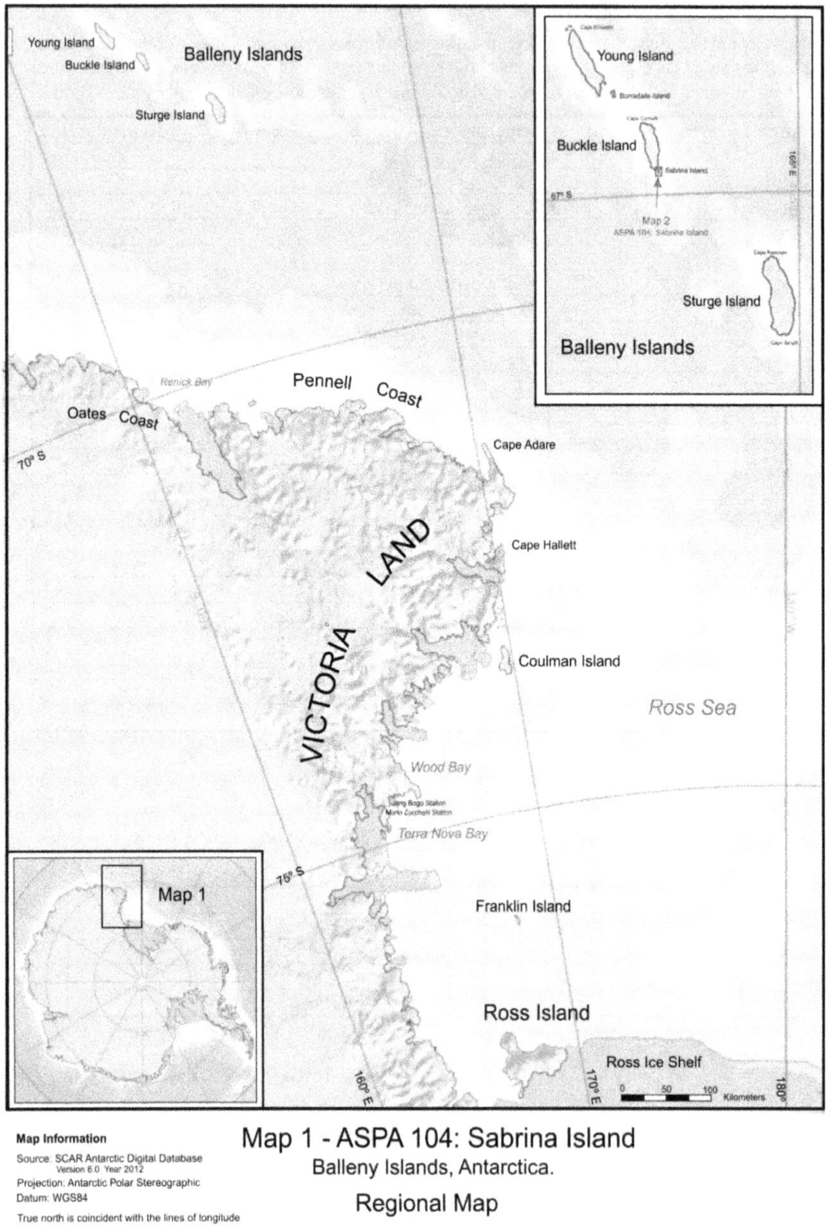

Figura A.2 - ZAEP 104: Isla Sabrina, islas Balleny, Antártida. Límite, acceso y características

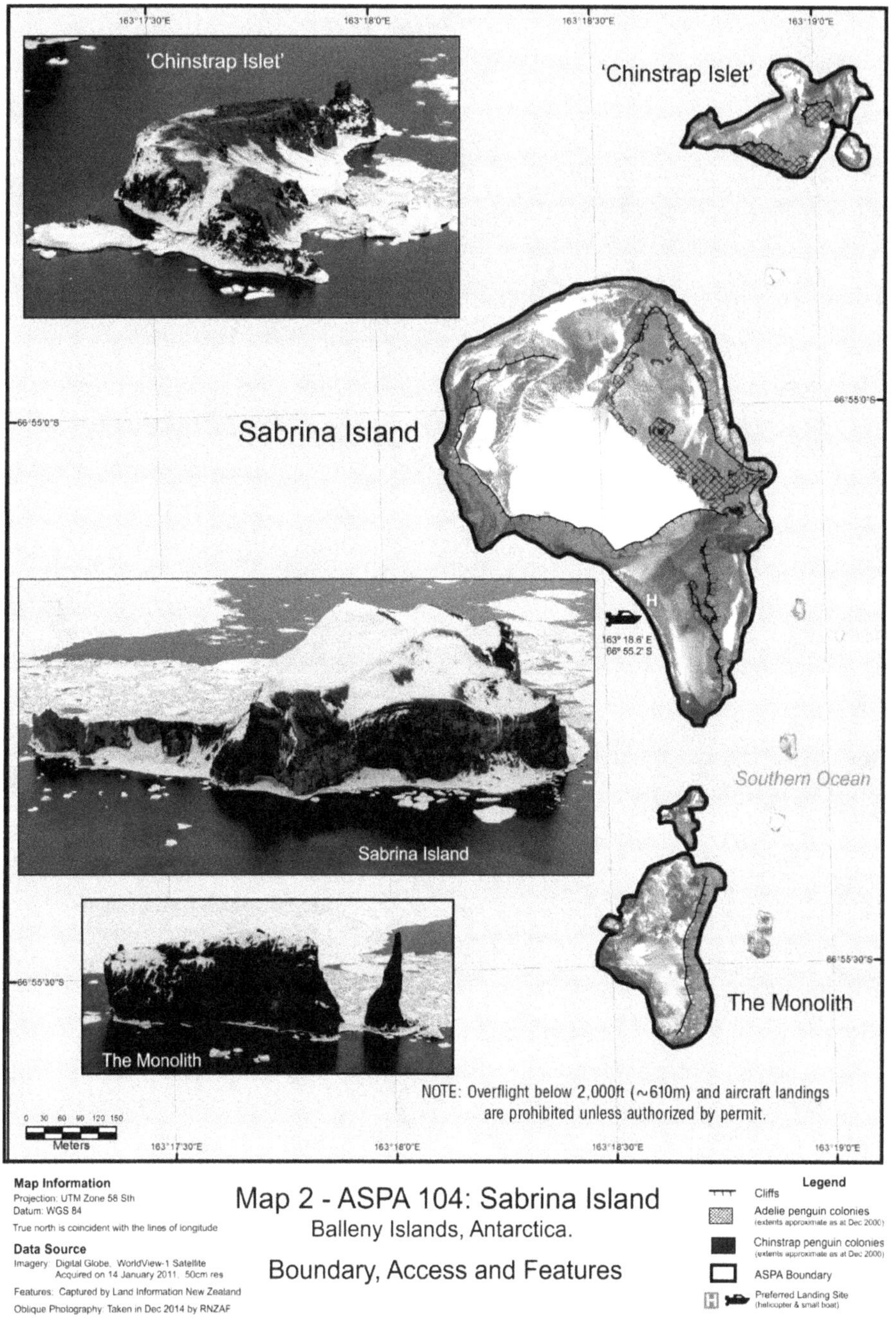

Plan de Gestión para la

Zona Antártica Especialmente Protegida n.º 105

ISLA BEAUFORT, ENSENADA MCMURDO, MAR DE ROSS

1. Descripción de los valores que requieren protección

La isla Beaufort fue originalmente designada como Zona Especialmente Protegida No. 5 en la Recomendación IV-5 (1966) debido a «que contiene una importante y variada avifauna, que es uno de los terrenos de reproducción más importantes del área, y que debería ser protegida a fin de conservar el sistema ecológico natural como área de referencia». Esta zona fue redesignada mediante la Decisión 1 (2002) como Zona Antártica Especialmente Protegida (ZAEP) n.º 105, y se adoptó un Plan de Gestión revisado mediante la Medida 2 (2003), la Medida 4 (2010) y la Medida 5 (2015). La Zona es una isla que ha permanecido relativamente intacta por la actividad humana y que se ha reservado principalmente para proteger los valores ecológicos del sitio de la interferencia humana.

La isla Beaufort es la característica más septentrional del archipiélago de Ross, y se encuentra aproximadamente a 30 kilómetros al norte del cabo Bird, isla de Ross. Forma parte del borde de un cono volcánico, el resto del cual desapareció debido a la erosión y ahora está sumergido al este de la isla. La isla, y los restos de la caldera sumergida, bloquean la deriva predominantemente hacia el oeste de los bloques de hielo y los icebergs que se desprenden de la cercana plataforma de hielo de Ross. Los icebergs se fragmentan en estas cimas, lo que a su vez facilita un rápido crecimiento del hielo. La isla Beaufort es predominantemente rocosa, pero algunas partes están cubiertas de hielo y nieve. En el lado sudoeste de la isla hay una plataforma ancha, libre de hielo, con terrazas costeras detrás de las cuales se forman lagunas de verano alimentadas por pequeños arroyos de deshielo que desaguan en la costa. Los campos de hielo inclinados (alrededor de 12° a 15°) cubren gran parte del lado oriental y septentrional de la isla. En el extremo norte de esta se encuentra una amplia superficie plana con una elevación inferior a 50 m, donde el hielo permanente de la isla desemboca en una playa de rocas, bordeando esa parte de la costa. El lado oriental de la isla frente al centro de la caldera está formado por acantilados casi verticales.

La avifauna es la más variada del sur del mar de Ross. Existe una gran colonia de pingüinos Adelia (*Pygoscelis adeliae*) en la amplia plataforma del lado suroeste de la isla, y una subcolonia más pequeña recién formada, establecida en 1995, en la playa a lo largo de la costa noroeste. La colonia de pingüinos Adelia tiene 45.000 años de antigüedad. Existe una colonia reproductora de pingüinos emperador (*Aptenodytes forsteri*) en ubicaciones variables en el hielo fijo al norte y al este de la isla, donde los icebergs en tierra facilitan el establecimiento del hielo fijo. Hay una colonia de págalos antárticos (*Catharacta maccormicki*) en las costas norte y sur, y se han visto petreles de las nieves (*Pagodroma nivea*) anidando en cavidades en los acantilados al sur de la isla. Los límites de la Zona, que anteriormente excluían la colonia de pingüinos emperador, se han ampliado para incluir el hielo fijo que podría ser ocupado por aves reproductoras. En el hielo fijo, junto a los témpanos varados, hay focas de Weddell (*Leptonychotes weddellii*), que tienen allí sus crías, y en las proximidades hay focas leopardo (*Hydruga leptonyx*) y orcas del mar de Ross (tipo C), aunque se ven también orcas de la variedad conocida como tipo B. Las orcas del mar de Ross se sienten atraídas por los peces, y las focas leopardo, mientras que las orcas tipo B se ven atraídas por los pingüinos y las focas. En las aguas circundantes también se han visto focas cangrejeras (*Lobodon carcinophagus*), ballenas Minke (*Balaenoptera acutorostrata*) y ballenas picudas de Arnoux (*Berardius arnuxii*).

La isla Beaufort se encuentra en el Dominio S (McMurdo - Geológico de Tierra de Victoria Meridional), de acuerdo con el Análisis de Dominios Ambientales para la Antártida (Resolución 3 [2008]), y en la Región 9 (Tierra de Victoria Meridional), conforme a las Regiones Biogeográficas de Conservación Antártica (Resolución 6 [2012]).

La Zona Importante para las Aves (ZIA) n.º 188, isla Beaufort, se encuentra dentro de la Zona.

Las aguas abiertas y el hielo permanente que se encuentra alrededor de la isla durante las primeras fases de la estación estival hacen que el acceso sea difícil, por lo que se sabe que la mayor parte del área ha sido visitada esporádicamente. Aparte de los pingüinos, la isla Beaufort no ha sido objeto de un estudio integral y, en gran medida, no se ha visto perturbada por la actividad humana. Sin embargo, recientemente se ha observado un retroceso de los campos de nieve y hielo. Los valores estéticos, ecológicos y científicos resultantes del aislamiento y del impacto relativamente pequeño de la actividad humana son razones importantes para conferir protección especial a la isla Beaufort.

2. Finalidades y objetivos

La finalidad del presente Plan de Gestión es proteger la Zona y sus características a fin de preservar sus valores. Los objetivos del Plan de Gestión son los siguientes:

- prevenir la degradación o el riesgo sustancial de los valores de la Zona evitando perturbaciones por actividades humanas innecesarias en ella;
- conservar el ecosistema natural como zona de referencia que en gran medida no ha sido perturbada directamente por las actividades humanas;
- permitir las investigaciones científicas del ecosistema natural, las comunidades vegetales, la avifauna, las comunidades de invertebrados y los suelos, siempre que sea por razones indispensables y que no puedan realizarse en otro lugar;
- reducir al mínimo las perturbaciones de dichas comunidades causadas por los seres humanos evitando el muestreo excesivo;
- reducir al mínimo la posibilidad de introducción de plantas, animales y microbios no autóctonos en la Zona;
- permitir visitas con fines de gestión para cumplir los objetivos del Plan de Gestión.

3. Actividades de gestión

Se llevarán a cabo las actividades siguientes para proteger los valores de la Zona:

- Se dispondrá de copias de este Plan de Gestión (que establezcan las restricciones especiales que se aplican), junto con mapas de la Zona, en las estaciones científicas y de investigación operacionales adyacentes.
- Los señalizadores, carteles o estructuras instalados en la Zona con fines científicos o de gestión deberán estar bien sujetos y en buen estado, y deberán ser retirados cuando ya no sean necesarios.
- Se efectuarán las visitas que sean necesarias para determinar si la Zona continúa sirviendo a los fines para los cuales fue designada, y para garantizar que las medidas de gestión y mantenimiento sean apropiadas.
- Los programas antárticos nacionales que operen en la región deberán consultarse entre sí a fin de cerciorarse de que se están llevando a cabo las actividades de gestión antedichas.

4. Período de designación

Designación con período de vigencia indefinido.

5. Mapas y fotografías

- Mapa 1: Mapa topográfico y de acceso aéreo de la isla Beaufort. Especificaciones: Proyección: cónica conformada de Lambert; esferoide y datum horizontal: WGS8; fuentes de datos: datos de límites, topografía e infraestructura de la ZAEP suministrados por Antarctica New Zealand (2019).
    - Recuadro 1: Región del mar de Ross que muestra la ubicación de la isla Beaufort cerca de la isla de Ross

- Recuadro 2: Isla Beaufort en relación con la isla de Ross, que muestra las ubicaciones de la estación McMurdo (EE. UU.) y la base Scott (NZ).

- Mapa 2: Fauna y vegetación de la isla Beaufort en la costa norte. Las especificaciones son las mismas que para el mapa 1; terreno libre de hielo a partir de las imágenes del mapa aéreo de Nueva Zelandia (22 de noviembre de 1993).
- Mapa 3: Isla Beaufort - Colonia de pingüinos Adelia en la playa Cadwalader. Las especificaciones son las mismas que para el mapa 1.
  - Fotografía 1: Isla Beaufort, costa norte, imagen aérea, C. M. Harris, enero de 1995
  - Fotografía 2: Isla Beaufort, costa norte, págalos antárticos y vegetación, C. M. Harris, enero de 1995.
  - Fotografía 3: Isla Beaufort, playa Cadwalader, imagen aérea, C. M. Harris, enero de 1995.

6. Descripción de la Zona

6(i) Coordenadas geográficas, indicadores de límites y características naturales

La Zona designada abarca la totalidad de la isla Beaufort (76° 56' S, 166° 56' E) por encima de la marca de pleamar media, e incluye el hielo fijo adyacente ocupado por pingüinos emperador reproductores (mapa 1). Las coordenadas son las siguientes:

- desde la costa norte de la isla Beaufort, a 76° 55' 44" S, 166° 52' 42" E, hacia el norte, hasta los 76° 55' 30" S, 166° 52' 49" E;
- desde los 76° 55' 30" S, 166° 52' 49" E hacia el este, hasta los 76° 55' 30" S, 167° 00' E;
- desde los 76° 55' 30" S, 167° 00' E sur a lo largo del paralelo de longitud 167° hasta donde se cruza con la línea costera de la isla Beaufort a 76° 55' 30" S, 167° E (mapa 1).

La isla forma parte de las chimeneas volcánicas de finales del período terciario que se formaron en serie a lo largo de una línea de debilidad en el lecho del mar de Ross. La isla está formada por los restos de un cono basáltico de la última era interglaciar, aproximadamente, y es una parte de la caldera. Más de tres cuartas partes del cono consisten ahora en una serie circular de picos sumergidos en el este de la isla Beaufort. Estos picos sumergidos, junto con la isla, bloquean la deriva predominantemente hacia el oeste de la banca de hielo y ocasionan el varamiento de témpanos, lo cual, a su vez, posibilita el establecimiento de hielo fijo en esta zona. En este hielo fijo se reproducen pingüinos emperador. La ubicación de la colonia reproductora varía según la distribución del hielo fijo. Por lo tanto, se ha ampliado el límite de la zona protegida a fin de dar cabida a la ubicación de la colonia en cualquier temporada.

Las características geológicas de la isla son típicas de un complejo basáltico erosionado de origen subaéreo. Pueden verse corrientes de lava, así como tobas y brechas de explosión. Muchas de las rocas volcánicas presentan intrusiones de diques basálticos tardíos, y hay indicios de tobas de ceniza estratificadas y flujos soldados de salpicaduras provenientes de conos locales subsidiarios de cenizas y de hornitos. La isla tiene unos 7 km de largo y 3,2 km de ancho, con una elevación máxima de 771 m en el pico Paton. El lado oeste y noroeste de la isla es predominantemente un campo de hielo con acantilados de hielo a lo largo del borde noroeste, de unos 20 m, sobre la costa, mientras que en los lados este y sur de la isla, libre de hielo en su mayor parte, hay acantilados inaccesibles, casi verticales, que se elevan directamente desde el mar. En la costa sudoeste está la playa Cadwalader, que comprende una playa y una flecha litoral en forma de cúspide, detrás de los cuales se elevan acantilados basálticos escarpados y numerosos conos de deyección. En la playa, una serie de crestas, generalmente ocupadas por pingüinos Adelia reproductores, dan lugar a lagunas de agua de deshielo e indican el avance temporal de la playa desde los acantilados debido al levantamiento isostático. En el lado norte de la isla hay una serie de terrazas costeras; en algunas hay rastros (plumas y guano) de una antigua ocupación (de hace 45.000 años) por pingüinos, al parecer sustancial. Al pie de los acantilados del sur, que están muy erosionados, hay plataformas submareales (de abrasión) y grandes rocas. Los acantilados del este caen a pico al mar. La isla Beaufort es relativamente inaccesible por mar, excepto por la costa sur y la costa norte, debido a los acantilados escarpados de la isla, los picos sumergidos y los témpanos varados. En consecuencia, los buques se mantienen a una distancia prudente de la isla. En vista del aislamiento de la isla Beaufort y debido a que se navega poco en la región, no se han instalado indicadores de límites ni carteles para marcar la Zona.

En la isla Beaufort hay una colonia principal de pingüinos Adelia y una subcolonia formada recientemente. La colonia principal de 70.468 parejas reproductoras (2013/2014) ocupa la superficie llana de la playa Cadwalader (mapas 1 y 3). Entre 1981 y 2000 se produjo una tendencia general a la baja en la cantidad de parejas reproductoras en la colonia principal, seguida de una tendencia al alza desde 2001 a 2012. El de 2013/2014 es el conteo de parejas reproductoras más alto registrado en este sitio desde que se comenzó con los conteos en 1981, y supone cerca del doble del promedio a 30 años (39.391 parejas reproductoras) para este sitio (Lyver *et al.*, 2014). En 1995 se estableció una subcolonia en el extremo occidental de la playa libre de hielo de la costa norte (76° 55' S, 166° 52' E), formada por dos parejas con tres polluelos y entre 10 y 15 aves no reproductoras. La subcolonia ha continuado creciendo, con 525 parejas reproductoras durante la temporada de reproducción 2005-2006, 677 parejas reproductoras durante la temporada 2008-2009 y 989 parejas reproductoras en la temporada 2013/2014. Desde 1996, los científicos de los programas de Estados Unidos y Nueva Zelandia han anillado una muestra de 400 pingüinos Adelia próximos a concluir su primera muda en la zona de la playa Cadwalader. En la colonia viven en la actualidad algunos cientos de adultos anillados que sobrevivieron a la etapa juvenil. Se han avistado pingüinos anillados en los cabos Royds, Bird y Crozier, especialmente en la subcolonia de la playa norte. No hace mucho tiempo, numerosos pingüinos emigraban desde la isla Beaufort a las colonias de la isla de Ross, pero eso ya no ocurre debido al retroceso de los campos de hielo y la mayor disponibilidad de espacio para anidar. Por encima la playa, una terraza costera de morrena con núcleo de hielo (de 5 a 20 m de altura y de 2 a 3 metros de ancho en la mayor parte de su extensión, aunque se ensancha hasta 50 metros en el extremo este) se extiende 550 m antes de elevarse más abruptamente hacia los acantilados basálticos inestables que persisten a lo largo de todo el lado oriental de la isla. Se encontraron por lo menos tres depósitos de subfósiles de colonias de pingüinos en la terraza de morrena. Cada capa está separada verticalmente por unos 50 a 100 cm de grava y arena, lo que parece indicar que una colonia considerable de pingüinos reproductores ocupó esta parte de la isla.

En el talud detrítico escarpado que se acumula debajo de los acantilados que se elevan detrás de la colonia de pingüinos Adelia, en la playa Cadwalader, anidan págalos antárticos (alrededor de 150 parejas, aunque no se sabe con exactitud). Otra población de aproximadamente 50 parejas de págalos (contadas en 1995) se reproduce en la terraza y en las pendientes libres de hielo de la costa norte. Se desconoce la proporción de aves reproductoras en relación con las no reproductoras en esta población, pero en enero de 1995 y 1997 se contaron alrededor de 25 y 50 polluelos, respectivamente. Se han observado también varios petreles de las nieves en los acantilados, por encima de la colonia de pingüinos Adelia, en la playa Cadwalader.

Todos los años, de abril a enero, aproximadamente, se presenta en el hielo fijo que se extiende desde la costa norte y la costa este de la isla Beaufort una pequeña colonia de pingüinos emperador (de 1962 a 2012 se contaron entre 131 y 2038 polluelos vivos; en 2012 se contaron 812 adultos mediante fotografías aéreas, y en 2018, 462). Los recuentos de polluelos representan mínimamente el número de parejas reproductoras. Los conteos de polluelos en la isla Beaufort arrojaron cantidades menores entre 2000 y 2004, cuando el iceberg gigante B15A colisionó con la lengua noroeste de la barrera de hielo Ross en cabo Crozier, isla de Ross (Kooyman *et al.*, 2007). En 2012 se constató mediante fotografías aéreas la presencia de 705 polluelos, y de 417 en 2018.

Entre 2000 y 2012 los conteos de polluelos y adultos fueron variables. El tamaño de la colonia está limitado por la extensión y el estado del hielo fijo, que influyen en la disponibilidad de sitios de reproducción a sotavento en las pendientes septentrionales de la isla Beaufort. La ubicación precisa de la colonia varía de un año a otro, e incluso durante la temporada de reproducción, pero en general la superficie ocupada está en hielo fijo al pie de los acantilados frente a la esquina nordeste de la isla, tal como se indica en los mapas 1 y 2. Un mayor coeficiente de variación de la abundancia de polluelos en esta pequeña colonia parece indicar que esta ocupa un hábitat marginal, y que podría ser susceptible a los cambios ambientales.

La terraza de morrena con núcleos de hielo sobre la playa en el extremo norte de la isla (mapas 1 y 3) favorece el crecimiento de la vegetación. Es poco lo que puede crecer en la capa gruesa de guano que cubre la playa Cadwalader, y el resto de la isla consiste en acantilados o está cubierta de hielo. En visitas realizadas en enero de 1995 y 1997, se describió un área con vegetación, de 50 metros de ancho, situada entre 5 y 7 metros por encima de la playa, en el lado norte de la isla, que consistía en una amplia superficie continua (de alrededor de 2,9 ha) con una sola especie de musgo, *Bryum argenteum*. Entre el *B. argenteum* se encuentra también otra especie de musgo, *Hennediella heimii*. Se sabe que la comunidad de musgo alberga poblaciones significativas de ácaros (*Acari*) y colémbolos (*Collembola*). Aunque no se ha llevado a cabo ningún estudio detallado de invertebrados, se encontró una gran abundancia de *Gomphiocephalus hodgsoni* (colémbolos) y *Stereotydeus mollis* (ácaros) en muestras de musgo tomadas en la isla Beaufort. En análisis genéticos recientes de estas poblaciones se han encontrado haplotipos genéticos de ADN mitocondrial en la isla Beaufort que no se han encontrado en otras poblaciones de invertebrados de la región del mar de Ross.

En este sitio hay una comunidad diversa de algas, que también son prolíficas en la plataforma de la costa meridional. Aunque todavía no se ha hecho un estudio detallado de las algas, se han encontrado varias especies, entre ellas las algas de nieve de color rojo *Chlamydomonas sp.*, *Chloromonas sp.* y *Chlamydomonas nivalis*. Este lugar es uno de los más septentrionales donde se han observado algas de las nieves de color rojo, y la *Prasiola crispa* es especialmente abundante en el sitio de la playa septentrional. Se encontraron varias clorofitas y xantofitas unicelulares (entre ellas especies de *Botrydiopsis* y *Pseudococcomyxa*) y cianobacterias (en particular oscilatorias) mezcladas con *P. crispa*. Las algas de las nieves de color verde, que aparecen como una franja verde en los niveles inferiores de los bancos de nieve situados por encima de la playa y debajo de los acantilados de hielo, comprendían una mezcla de especies de *Chloromonas* y *Klebsormidium*.

6(ii) Áreas restringidas dentro de la Zona

Ninguna.

6(iii) Estructuras situadas dentro de la Zona y en sus proximidades

La única estructura que se sabe que existe en la isla es un indicador en una roca prominente en la colonia de pingüinos Adelia en la playa Cadwalader (mapa 3). El letrero, erigido en 1959-1960, lleva los nombres y las ciudades de origen de los marineros y el capitán del HMNZS *Endeavour*. La señal, colocada sobre una base de hormigón, se encontraba en buen estado en noviembre de 2008. Podría tener valor histórico y debería permanecer *in situ* a menos que haya razones indispensables para retirarlo, lo cual debería mantenerse bajo revisión.

En el mapa de la isla elaborado en 1960 se muestra una estación de investigación astronómica, pero se desconoce si existe algún indicador permanente. La estación se registra como ubicada en el extremo sur de la línea divisoria de la cresta de la isla principal a una altitud de 549 m (mapa 3).

6(iv) Ubicación de otras zonas protegidas en las cercanías de la Zona

La zona protegida más cercana a la isla Beaufort es el valle New College, playa Caughley, cabo Bird (ZAEP 116), situada aproximadamente a 30 km al sur, en el cabo Bird, isla de Ross. El cabo Royds y la bahía Backdoor (ZAEP 121 y 157) están a otros 35 km al sur, en la isla de Ross. El cabo Crozier (ZAEP 124) está a unos 40 km al este. (Véase el recuadro: Mapa 1).

7. Términos y condiciones para los permisos de entrada

Se prohíbe el ingreso en la Zona excepto con un permiso expedido por una autoridad nacional competente. Las condiciones para la emisión de un permiso de ingreso a la zona incluyen:

- que el permiso se expida solamente con fines de gestión esenciales o por razones científicas indispensables que no puedan atenderse en otro lugar;
- que las acciones permitidas no pongan en riesgo los valores ecológicos o científicos de la Zona;
- todas las actividades de gestión deberán estar orientadas al cumplimiento de los objetivos del plan de gestión;
- que las acciones permitidas sean compatibles con el Plan de Gestión;
- el permiso, o una copia de este, debe llevarse dentro de la Zona;
- que se presente un informe de la visita a la autoridad que figure en el permiso;
- que los permisos se expidan por un período determinado.

7(i) Acceso y circulación dentro de la Zona

- Se prohíben los vehículos terrestres en la Zona; el acceso a ella se hará mediante botes pequeños o aeronaves.
- No hay restricciones especiales con respecto a los lugares de acceso a la isla en lancha. Se prohíbe que los pilotos, la tripulación de aeronaves o embarcaciones, o cualquier otra persona que se encuentre en ellas se alejen a pie de las inmediaciones de los sitios designados para aterrizar y para desembarcar, salvo que cuenten con un permiso.
- La operación de aeronaves sobre la Zona deberá efectuarse, como requisito mínimo, con arreglo a los «Lineamientos para los aviones que vuelan cerca de las concentraciones de aves» contenidos en la Resolución 2 (2004).
- Normalmente se prohíbe sobrevolar las áreas de reproducción de aves a menos de 610 m (2.000 pies) de altura. Las áreas donde se aplican estas restricciones especiales se muestran en los mapas 1 y 3. Cuando sea necesario por motivos científicos o de gestión (por ejemplo, fotografías aéreas para determinar el tamaño de la colonia), se permitirá sobrevolar transitoriamente estas áreas a una altitud mínima de 300 m (1.000 pies). Estos sobrevuelos deben estar autorizados específicamente en un permiso.
- Las aeronaves deben aterrizar en la isla solo en el lugar designado (166° 52' 05" E, 76° 55' 09" S: mapas 1 y 3) en la gran punta plana de hielo situada en el extremo norte de la isla.
- Si el estado de la nieve en el lugar de aterrizaje designado en el momento de la visita impide un aterrizaje seguro de la aeronave, se puede encontrar una alternativa adecuada, a mediados o finales de la temporada, al lugar de aterrizaje designado en el campamento norte, designado en el extremo occidental de la playa norte, en la isla Beaufort. Es preferible que las aeronaves se aproximen al lugar de aterrizaje y salgan desde el sur o desde el oeste (mapa 1). Cuando sea necesario utilizar el lugar alternativo de aterrizaje del campamento de la playa norte, por razones prácticas podría ser necesario aproximarse desde el norte. En ese caso, la aeronave debe tratar de no sobrevolar la zona situada al este de este lugar, que está indicada en los mapas 1 y 3.
- Se prohíbe el uso de granadas de humo al aterrizar dentro de la Zona, salvo que sea absolutamente necesario por razones de seguridad, en cuyo caso se deberán recuperar todas las granadas.
- La operación de Sistemas de Aeronaves Dirigidas por Control Remoto en la zona debe efectuarse, como mínimo, de conformidad con las «Directrices medioambientales para la operación de sistemas de aeronaves dirigidas por control remoto (RPAS)1 en la Antártida» contenidas en la Resolución 4 (2018). Los visitantes deben tratar de no perturbar innecesariamente a las aves y de no caminar sobre la vegetación visible. La circulación de peatones debería limitarse al mínimo necesario para alcanzar los objetivos de las actividades autorizadas, y se debería hacer todo lo posible para reducir al mínimo los efectos.

7(ii) Actividades que se llevan pueden llevarse a cabo en la Zona, incluidas las restricciones con respecto al horario y el lugar

- Investigaciones científicas apremiantes que no puedan realizarse en otro lugar y que no pongan en peligro el ecosistema de la Zona.
- Actividades esenciales de gestión, incluido el seguimiento.

7(iii) Instalación, modificación o desmantelamiento de estructuras

No se podrán erigir estructuras ni instalar equipo científico en la Zona excepto con arreglo a lo especificado en un permiso. Todos los señalizadores, las estructuras y el equipo científico que se instalen en la Zona deberán estar autorizados en un permiso e indicar claramente el nombre del país, el nombre del investigador principal y el año de instalación. Todos estos artículos deberán estar confeccionados con materiales que presenten un riesgo mínimo de contaminación de la Zona. Será condición obligatoria para el otorgamiento del permiso la retirada de todo el equipo específico cuyo permiso haya vencido.

7(iv) Ubicación de los campamentos

Se permite acampar solo en dos sitios designados (mapas 1, 2 y 3). El campamento norte está ubicado en la zona plana al norte del lugar de aterrizaje, en un lugar más protegido del extremo noroeste de la playa, a 200 m de donde anidan varias parejas de pingüinos de Adelia y págalos (si estuvieran presentes). El segundo sitio está a 100 m del borde norte de la gran colonia de pingüinos de Adelia en la playa Cadwalader.

7(vi) Restricciones relativas a los materiales y organismos que puedan introducirse en la Zona

- No se deben introducir deliberadamente animales, material de plantas o microorganismos en la Zona, y deberán tomarse las precauciones indicadas en la sección 7(ix) para evitar las introducciones accidentales.
- No se deben introducir herbicidas ni pesticidas en la Zona. Cualquier otro producto químico, incluidos los radionucleidos o isótopos estables, que puedan introducirse con fines científicos o de gestión especificados en el Permiso, deberá retirarse de la Zona a más tardar al finalizar la actividad para la que se otorgó el permiso.
- No está permitido introducir en la Zona productos avícolas, incluidos los alimentos que contengan huevos desecados sin cocinar.
- No se podrá almacenar combustible en la Zona, a menos que sea necesario para fines indispensables relacionados con la actividad para la cual se haya expedido el permiso.
- Todos los materiales introducidos podrán permanecer en la Zona durante un período determinado, deberán ser retirados a más tardar cuando concluya dicho período y deberán ser almacenados y manipulados con métodos que reduzcan al mínimo el riesgo de su introducción en el medio ambiente. No se permiten los depósitos permanentes.

7(vi) Recolección de flora y fauna autóctonas o su intromisión perjudicial en estas

Se prohíbe la toma de ejemplares de la flora o la fauna autóctonas y la intromisión perjudicial en ellas, excepto con un permiso aparte expedido de conformidad con el artículo 3 del Anexo II por la autoridad nacional pertinente específicamente con ese fin. En caso de recolección de fauna o intromisión perjudicial hacia esta, debería procederse, como norma mínima, de conformidad con el *Código de Conducta del SCAR para el Uso de Animales con Fines Científicos en la Antártida.*

7(vii) Toma o traslado de cualquier elemento que el titular del permiso no haya llevado a la Zona

Únicamente se podrán recolectar materiales de la Zona o retirarse de ella de conformidad con un permiso, y dicho material deberá limitarse al mínimo necesario para fines de índole científica o de gestión. Todo material de origen humano que pueda comprometer los valores de la Zona y que el titular del permiso no haya llevado a la Zona o que no esté comprendido en otro tipo de autorización, se podrá retirar, salvo que el impacto de su retirada sea probablemente mayor que el efecto de dejar el material *in situ*. En tal caso, deberá informarse a las autoridades nacionales pertinentes.

7(viii) Eliminación de desechos

Deberán retirarse de la Zona todos los residuos, incluidos los de origen humano.

7(ix) Medidas necesarias para garantizar el continuo cumplimiento de los objetivos y las finalidades del Plan de Gestión

- Se podrán conceder permisos para ingresar en la Zona a fin de realizar actividades de seguimiento biológico e inspección del sitio que abarquen la recolección de pequeñas muestras para análisis, desarrollo de estudios o medidas de protección.
- Todos los sitios específicos de seguimiento a largo plazo deberán estar debidamente marcados.
- A fin de mantener los valores ecológicos y científicos resultantes del aislamiento y el impacto históricamente pequeño de los seres humanos en la isla Beaufort, los visitantes deberán tomar precauciones especiales para evitar la introducción de especies no autóctonas. Causa especial preocupación la introducción de microbios o plantas provenientes de suelos de otros sitios antárticos, incluidas las estaciones, o de regiones situadas fuera de la Antártida. A fin de reducir al mínimo el riesgo de introducción de especies no autóctonas, los visitantes deberán tomar las medidas siguientes:
- Todo el equipo de muestreo y los señalizadores que se lleven a la Zona deberán esterilizarse y, en la máxima medida posible, mantenerse en estado estéril antes de utilizarlos en la Zona. En la mayor medida de lo posible, el calzado y demás equipo que se use en la Zona o se lleve allí (incluidas las mochilas, los bolsos de mano, las estacas y lonas de las tiendas de campaña y cualquier otro equipo para acampar) deberán limpiarse minuciosamente o esterilizarse y mantenerse en ese estado antes de entrar en la Zona.

- La esterilización debe efectuarse empleando un método aceptable, por ejemplo, con luz ultravioleta, con un autoclave o mediante el lavado de las superficies expuestas con una solución de 70 % de etanol en agua.

7(x) Requisitos relativos a los informes

Las Partes deben cerciorarse de que el titular de cada permiso presente a las autoridades pertinentes un informe en el que se describan las actividades llevadas a cabo. Dichos informes deberán incluir, según corresponda, la información señalada en el Formulario de informes de visitas recomendado por el SCAR. Las Partes deberán llevar un registro de dichas actividades y, en el intercambio anual de información, presentar descripciones resumidas de las actividades llevadas a cabo por las personas bajo su jurisdicción, que deberán ser lo suficientemente pormenorizadas como para que se pueda determinar la eficacia del Plan de Gestión. Siempre que sea posible, las Partes deberán depositar el informe original o sus copias en un archivo de acceso público, a fin de llevar un registro de uso, que podrá emplearse tanto para las revisiones del Plan de Gestión como para la organización del uso científico de la Zona.

Bibliografía

Ainley, D.G., Ballard, G., Barton, K.J., Karl, B.J., Rau, G.H., Ribic, C.A. and Wilson, P.R. 2003. Spatial and temporal variation of diet within a presumed metapopulation of Adélie penguins. *Condor*, 105, 95-106.

Barber-Meyer, S.M., Kooyman, G.L. and Ponganis, P.J. 2007. Estimating the relative abundance of emperor penguins at inaccessible colonies using satellite imagery. *Polar Biology*, 30, 1565-1570.

Barber-Meyer, S.M., Kooyman, G.L. and Ponganis, P.J. 2008. Trends in western Ross Sea emperor penguin chick abundances and their relationships to climate. *Antarctic Science*, 20 (1), 3-11.

Barry, J.P., Grebmeier, J.M., Smith, J. and Dunbar, R.B. 2003. Oceanographic versus seafloor-habitat control of ebnthic megafaunal communities in the S.W. Ross Sea, Antarctica. *Antarctic Research Series*, 76, 335-347.

Caughley, G. 1960. The Adélie penguins of Ross and Beaufort Islands. *Records of Dominion Museum*, 3 (4), 263-282.

Centro Ricera e Documetazione Polare, Rome, 1998. *Polar News*, 13 (2), 8-14.

Denton, G.H., Borns, H.W. Jr., Grosval's, M.G., Stuiver, M., Nichols, R.L. 1975. Glacial history of the Ross Sea. *Antarctic journal of the United States*, 10 (4), 160-164.

Emslie, S.D., Berkman, P.A., Ainley, D.G., Coats, L. and Polito, M. 2003. Late-Holocene initiation of ice-free ecosystems in the southern Ross Sea, Antarctica. *Marine Ecology Progress Series*, 262, 19-25.

Emslie, S.D., Coats, L., Licht, K. 2007. A 45,000 yr record of Adélie penguins and climate change in the Ross Sea, Antarctica. *Geology*, 35 (1), 61–64.

Harrington, H.J. 1958. Beaufort Island, remnant of Quaternary volcano in the Ross Sea, Antarctica. *New Zealand journal of geology and geophysics*, 1 (4), 595-603.

Kooyman, G.L., Ainley, D.G., Ballard, G. and Ponganis, P.J. 2007. Effects of giant icebergs on two emperor penguin colonies in the Ross Sea, Antarctica. *Antarctic Science* 19 (1), 31-38.

LaRue, M., a. Unpublished aerial counts via USAP event B-243-M. 2018.

LaRue, M.A., Ainley, D.G., Swanson, M., Dugger, K.M., Lyver, P.O., Barton, K. and Ballard, G. 2013. Climate change winners: Receding ice fields facilitate colony expansion and altered dynamics in an Adelie penguin metapopulation. PLoS ONE 8(4): e60568. doi:10.1371/journal.pone.0060568.

Lyver, P. O., Barron, M., Barton, K.J., Ainley, D.G., Pollard, A., Gordon, S., McNeill, S., Ballard, G. and Wilson, P.R. 2014. Trends in the breeding population of Adelie penguins in the Ross Sea, 1981-2012: A coincidence of climate and resource extraction effects. PLoS ONE 9(3): e91188. doi:10.1371/journal.pone.0091188.

McGaughran, A., Torricelli, G., Carapelli, A., Frati, F., Stevens, M.I., Convey, P. and Hogg, I.D. 2009. Contrasting phylogenetic patterns for spring tails reflect different evolutionary histories between the Antarctic Peninsula and continental Antarctica. *Journal of Biogeography*, doi:10.1111/j.1365-2699.2009.02178.x

McGaughran, A., Hogg, I.D. and Stevens, M.I. 2008. Phylogeographic patterns for springtails and mites in southern Victoria Land, Antarctica suggests a Pleistocene and Holocene legacy of glacial refugia and range expansion. *Molecular Phylogenetics and Evolution*, 46, 606-618.

Schwaller, M.R. Olson, C.E. Jr., Ma, Z., Zhu, Z., Dahmer, P. 1989. Remote sensing analysis of Adélie penguin rookeries. *Remote sensing of environment*, 28, 199-206.

Seppelt, R.D., Green, T.G.A., Skotnicki, M.L. 1999. Notes on the flora, vertebrate fauna and biological significance of Beaufort Island, Ross Sea, Antarctica. *Polarforschung*, 66, 53-59.

Stevens, M.I. and Hogg, I.D. 2002. Expanded distributional records of Collembola and Acari in southern Victoira Land, Antarctica. *Pedobiologia*, 46, 485-495.

Stonehouse, B. 1966. Emperor penguin colony at Beaufort Island, Ross Sea, Antarctica. *Nature*, 210 (5039), 925-926.

Todd, F.S. 1980. Factors influencing Emperor Penguin mortality at Cape Crozier and Beaufort Island, Antarctica. *Biological Sciences*, 70 (1), 37

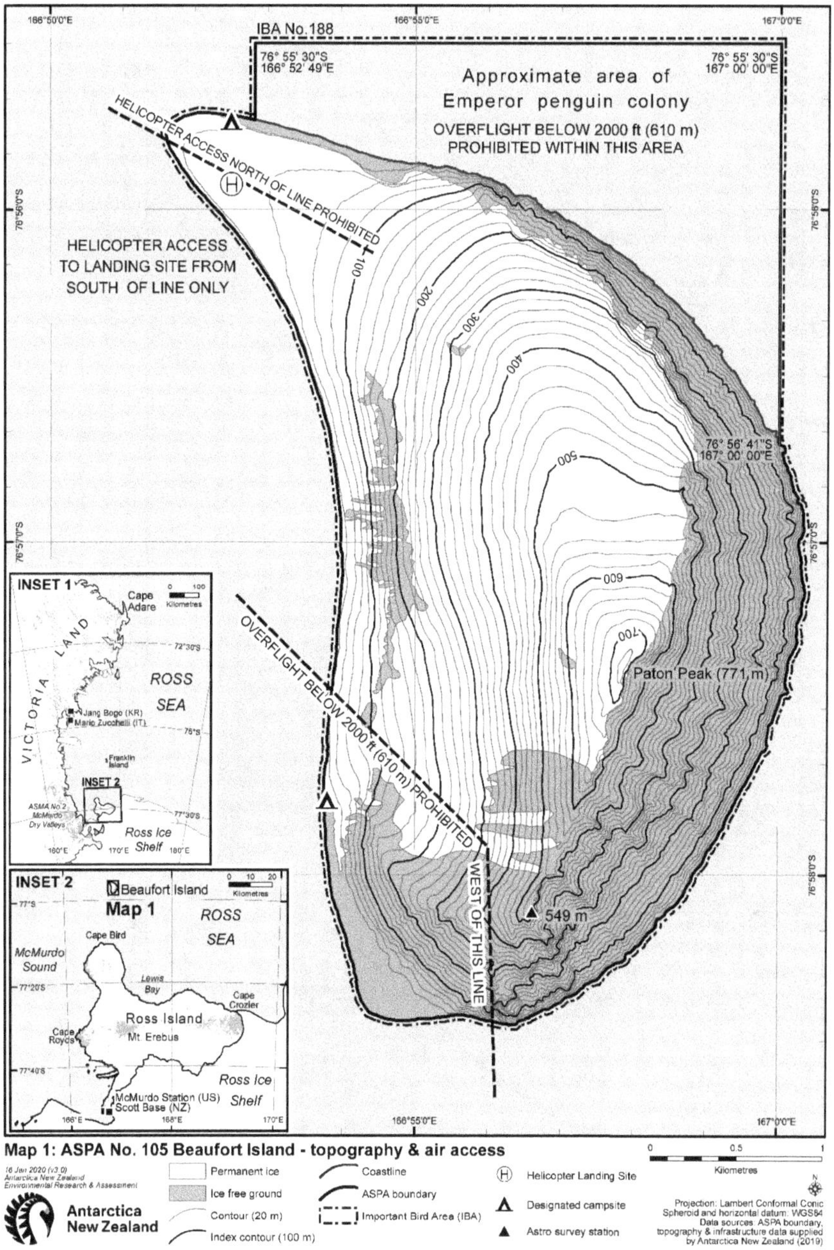

Map 1: ASPA No. 105 Beaufort Island - topography & air access

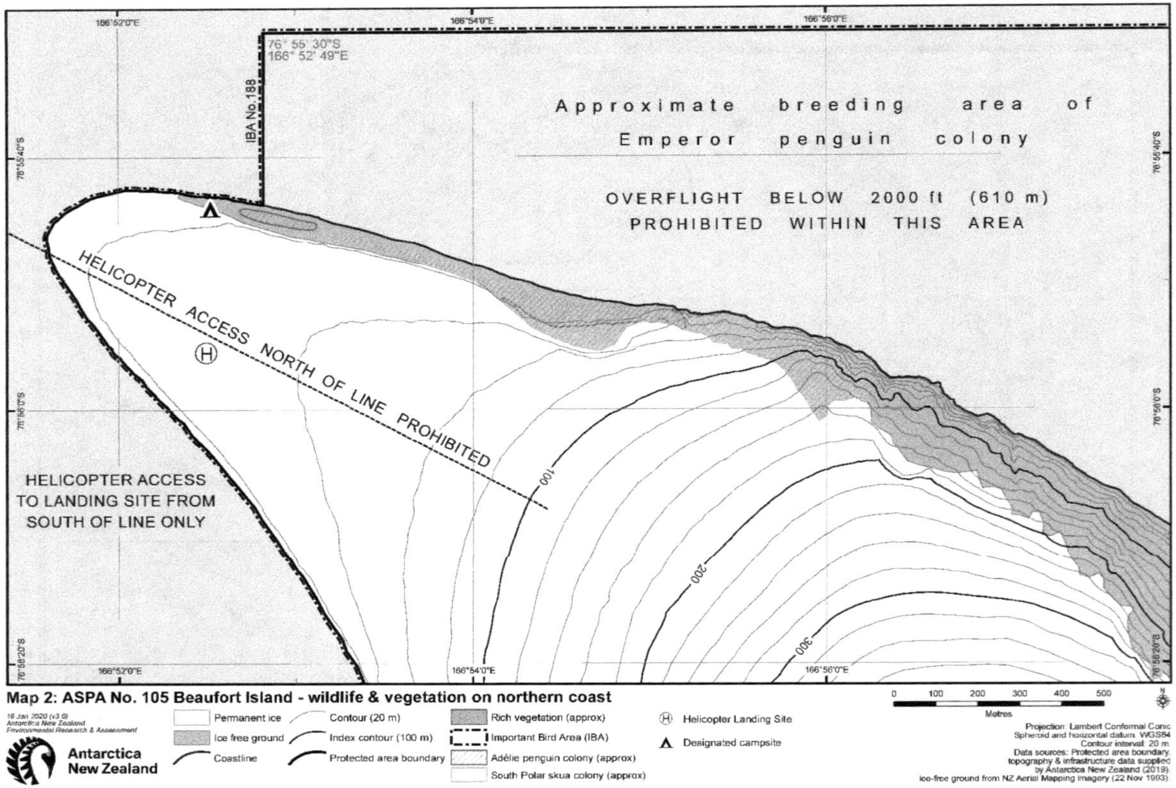

Map 2: ASPA No. 105 Beaufort Island - wildlife & vegetation on northern coast

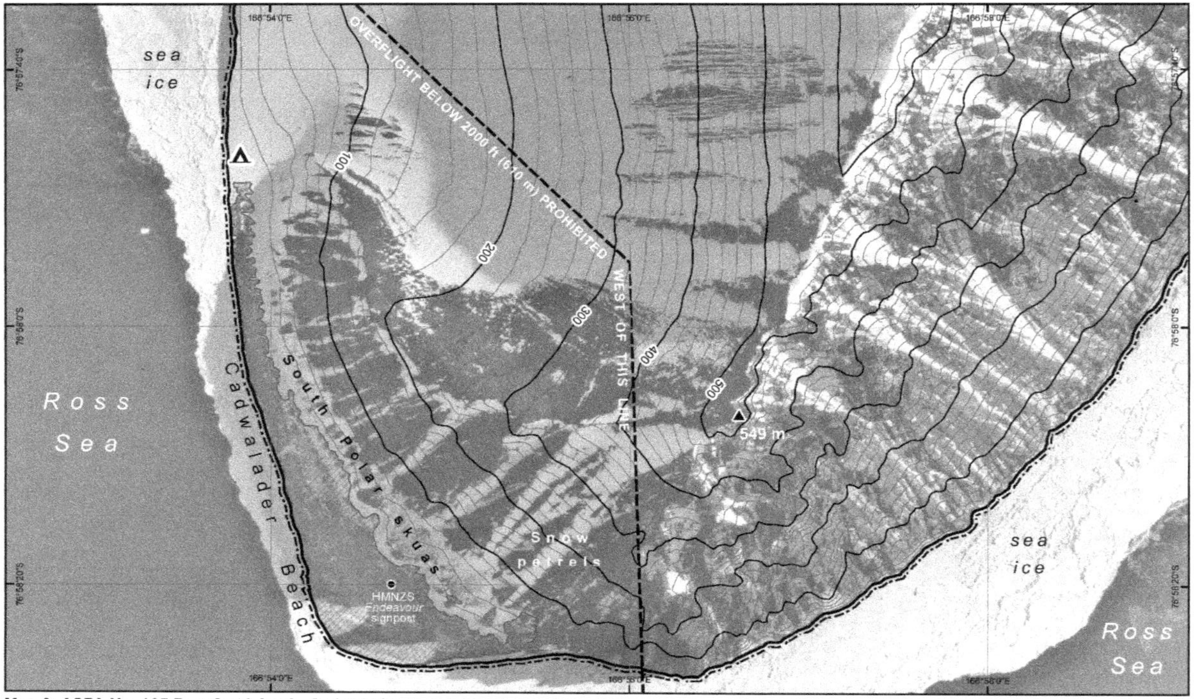

Map 3: ASPA No. 105 Beaufort Island - Cadwalader Beach Adélie penguin colony

15 Jan 2020 (v3.0)
Antarctica New Zealand
Environmental Research & Assessment

Antarctica New Zealand

Protected area boundary & coastline
Contour (20 m)
Index contour (100 m)
Important Bird Area (IBA)
Adélie penguin colony (approx)
Designated campsite
Astro survey station
Signpost

0 100 200 300 400 500
Metres

Projection: Lambert Conformal Conic
Spheroid and horizontal datum: WGS84
Contour interval: 20 m.
Data sources: ASPA boundary, topography & infrastructure data supplied by Antarctica New Zealand (2019).
Background imagery NZ Aerial Mapping (22 Nov 1993).

Plan de Gestión para la Zona Antártica Especialmente Protegida (ZAEP) n.º 106 Cabo Hallett, Tierra Victoria del Norte, mar de Ross

Introducción

La Zona Antártica Especialmente Protegida del cabo Hallett está situada en el extremo norte de la península Hallett, en Tierra Victoria del Norte, a 72° 19' 11" S, 170° 13' 25" E. Área aproximada: 0,53 km^2. La razón primordial de la designación de la Zona es que constituye un ejemplo sobresaliente de diversidad biológica, en particular un ecosistema terrestre rico y diverso. Abarca un área pequeña de vegetación particularmente rica que representa un recurso científico valioso para el seguimiento de los cambios en la vegetación de la Antártida. La Zona contiene la comunidad de artrópodos más diversa que se conoce en la región del mar de Ross, la cual reviste interés científico. Asimismo, en la Zona hay una gran colonia reproductora de pingüinos de Adelia (*pygoscelis adeliae*), que tenía unas 47 000 parejas en 2017/18 y está recolonizando el sitio donde antes estaba la estación Hallett (Nueva Zelandia y Estados Unidos), razón por la cual reviste especial interés científico. El cabo Hallett es la única zona protegida de Tierra Victoria del Norte que ha sido designada debido a su ecosistema terrestre o que incluye una colonia importante de aves, de modo que constituye una muestra representativa importante del ecosistema de esta región de la Antártida. La Zona fue propuesta por los Estados Unidos de América y adoptada mediante la Recomendación IV-7 [1966, Zona Especialmente Protegida (ZEP) n.º 7]; los límites se ampliaron mediante la Recomendación XIII-13 (1985); la Zona se renombró y se volvió a numerar mediante la Decisión 1 (2002) y los límites se ampliaron aún más mediante la Medida 1 (2002) para incluir la colonia de pingüinos de Adelia, aumentando el tamaño de la Zona a 75 ha. Se realizó un ajuste adicional al límite en virtud de la Medida 5 (2010) para eliminar la zona administrada y reemplazarla con dos sitios ubicados fuera de la zona protegida, cuya administración recaería en las Directrices para Sitios que Reciben Visitantes del Tratado Antártico. Uno de los sitios donde se permite el acceso de visitantes está en la costa norte y noroeste de Seabee Hook, y el otro está en la costa sudeste. Un plan de gestión revisado fue aprobado por la Medida 6 (2015).

La ZAEP n.º 106 no se clasificó en función del Análisis de Dominios Ambientales para la Antártida (EDA v.2.0) (Resolución 3 (2008)), si bien un análisis posterior confirmó que la Zona está situada en el «Dominio U, geológico de Tierra de Victoria del Norte». Bajo la clasificación de Regiones Biogeográficas de Conservación Antártica (Resolución 3 (2017)), la Zona se encuentra dentro de la RBCA 8 - Tierra Victoria del Norte. La Zona ha sido identificada como Zona Importante para la Conservación de las Aves (ZIA) n.º 170.

1. Descripción de los valores que requieren protección

Se designó originalmente una superficie de aproximadamente 12 hectáreas en cabo Hallett en virtud de la Recomendación IV-7 (1966, ZEP n.º7) a raíz de una propuesta de Estados Unidos, porque constituía un notable ejemplo de diversidad biológica, ya que contenía «una pequeña parcela de vegetación particularmente rica y diversa que sustenta una fauna terrestre variada». En la propuesta se mencionaba en particular la rica avifauna de la Zona, señalándose que era de «gran interés científico». Los límites de la Zona se extendieron en la Recomendación XIII-13 (1985) a fin de incluir extensos rodales de vegetación situados al sur y al norte de la Zona, ampliándola a unas 32 hectáreas. Los límites se extendieron aún más en virtud de la Medida 1 (2002) con objeto de incluir los valores científicos relacionados con la colonia de pingüinos de Adelia (*pygoscelis adeliae*) situada en Seabee Hook, identificada como ZIA n.º 170 en 2015, aumentando así la superficie de la Zona a 75 hectáreas. Las revisiones de los límites y de la zonificación realizadas en virtud de la Medida 5 (2010) redujeron la superficie a 53 hectáreas.

La parte oriental de la Zona contiene una variedad de hábitats con comunidades de plantas que se consideran importantes porque incluyen los ejemplos más extensos, representativos y sobresalientes que se conocen cerca del extremo septentrional del gradiente latitudinal de la Tierra Victoria y el mar de Ross. En estudios de la vegetación se han encontrado cinco especies de musgos en la Zona, entre las cuales predomina *bryum subrotundifolium*, y 27 especies de líquenes. Aunque se han identificado pocas especies de algas, se supone que hay numerosas especies presentes. Los hábitats terrestres han sido objeto de extensos estudios. Los más recientes se realizaron en el marco del Proyecto Internacional del Gradiente Latitudinal (LGP), en el cual participaron Nueva Zelandia, Estados Unidos e Italia. Una parcela de vegetación en la parte este de la Zona, particularmente valiosa como recurso científico para el seguimiento de los cambios en la vegetación de la

Antártida, ha sido designada Área Restringida. Este sitio fue estudiado a fondo por primera vez en 1961/62 y constituye un punto de referencia útil para la medición de los cambios en la vegetación a escala detallada.

Se dispone de información detallada sobre la distribución y la abundancia de especies de artrópodos en la Zona, que también constituyen un recurso científico valioso. En cuanto a la riqueza de especies, en el cabo Hallett se encuentra la comunidad de artrópodos más diversa que se conoce en la región del mar de Ross, con ocho especies de ácaros (*acari*) y tres de colémbolos (*collembola*) identificadas en la Zona. El cabo Hallett es la localidad tipo de dos de ellos (*coccorhagidia gressitti* y *eupodes wisei*).

Durante los primeros estudios científicos realizados en la Zona se colocaron varios señalizadores para marcar sitios donde se realizaban estudios de plantas y aves. Muchos de esos señalizadores permanecen *in situ* y constituyen un recurso muy valioso para los estudios científicos en los cuales se desee repetir mediciones.

La estación Hallett fue construida por Nueva Zelandia y Estados Unidos en Seabee Hook en 1956 en ocasión del Año Geofísico Internacional y funcionó de manera continua hasta que se cerró en 1973. Aunque se han desmantelado todas las estructuras, el sitio sigue poseyendo valores históricos y patrimoniales duraderos relacionados con su uso anterior. En reconocimiento de esos valores, muchas de las estructuras y los objetos de la antigua estación ahora se encuentran en el Museo de Canterbury, en Christchurch. En 2015, el único objeto restante conocido que podría tener valor histórico o científico era los restos bien preservados de un perro *husky* que murió en 1964, que están en una caja de madera cerrada, situada en la parte este de la Zona.

Los pingüinos de Adelia han comenzado a recolonizar el sitio donde estaba la estación. Debido a la historia del impacto de los seres humanos en la colonia de pingüinos de Adelia y el cierre posterior de la estación, junto con la disponibilidad de datos históricos fidedignos y repetitivos sobre los cambios de la población de pingüinos de Adelia, este sitio es único en su género e ideal para el estudio científico de los efectos en la colonia y su recuperación tras una perturbación sustancial del ecosistema. Como tal, el sitio tiene gran valor científico, y para mantener ese valor es conveniente controlar cuidadosamente y controlar toda la presencia humana ulterior.

Además de los valores ecológicos y científicos descritos, la Zona posee importantes valores estéticos, con su combinación de prolíficos recursos biológicos y el impresionante paisaje circundante de la ensenada Edisto y el monte Herschel (3335 m). Seabee Hook es uno de los pocos sitios relativamente accesibles en el norte del mar de Ross. El sitio tiene también un gran valor educativo como ejemplo de cierre y desmantelamiento de una estación. Ahora el sitio parece estar recuperándose.

2. Finalidades y objetivos

La gestión del cabo Hallett persigue las siguientes finalidades:

- evitar la degradación de los valores de la Zona y los riesgos importantes para los mismo, y prevenir la perturbación innecesaria causada por el ser humano;
- permitir la investigación científica, en particular de la ecología terrestre y de las aves marinas, previniendo al mismo tiempo los muestreos innecesarios y las perturbaciones humanas en la Zona;
- permitir otras investigaciones científicas siempre que no pongan en peligro los valores de la Zona;
- evitar el retiro o la alteración de los señalizadores utilizados en investigaciones científicas anteriores que podrían ser útiles para estudios comparativos futuros;
- permitir actividades de limpieza y remediación ambiental relacionadas con el cierre y desmantelamiento de la antigua estación Hallett, según se requiera y corresponda, siempre que el impacto de estas actividades no sea mayor que el efecto de dejar el material *in situ*;
- tener en cuenta el potencial histórico y los valores patrimoniales de cualquier artefacto antes de retirarlo o desecharlo, permitiendo al mismo tiempo la realización de actividades apropiadas de limpieza y remediación;
- reducir al mínimo la posibilidad de introducción de plantas, animales y microbios no autóctonos en la Zona;
- reducir al mínimo la posibilidad de introducción de patógenos que puedan causar enfermedades en las poblaciones de fauna dentro de la Zona; y
- permitir visitas con fines de gestión para cumplir los objetivos del Plan de Gestión.

3. Actividades de gestión

- Se deberían colocar señalizadores a fin de indicar las áreas donde se requieran actividades de gestión específicas, como los sitios de observación científica;
- Los señalizadores, los carteles o las estructuras erigidos dentro de la Zona con fines científicos o de gestión estarán bien sujetos, se mantendrán en buen estado y se retirarán cuando dejen de ser necesarios.
- Los programas nacionales antárticos que operen en la Zona deben mantener un registro de todos los hitos, los carteles y las estructuras montados dentro de la Zona.
- Los programas nacionales deberán asegurar que los límites de la Zona y las restricciones que se aplican en su interior estén marcados en los mapas y cartas de los cuales son responsables;
- En la medida de lo posible, se deberá tratar de retirar los residuos pequeños que siguen presentes en la Zona tras el desmantelamiento de la estación Hallett, pero eso deberá hacerse en consulta con las autoridades apropiadas a fin de que no se pierdan los posibles valores históricos o patrimoniales de cualquier artefacto.
- Se realizarán las visitas necesarias a la Zona (preferiblemente una cada cinco años, como mínimo) para determinar si continúa sirviendo a los fines para los que fue designada y para garantizar que las medidas de gestión y mantenimiento sean las adecuadas.
- Los programas nacionales antárticos que operan en la región deben consultarse entre sí a fin de garantizar que se apliquen las disposiciones mencionadas.

4. Período de designación

Designación con período de vigencia indefinida.

5. Mapas

Mapa 1: ZAEP n.º 106, cabo Hallett: Panorama regional.

Especificaciones del mapa: Proyección: Cónica conforme de Lambert; paralelos de referencia: primero, 72° 20' S; segundo, 72° 30' S; meridiano central: 170° 00' E; latitud de origen: 72° 00' S; esferoide y horizonte de referencia: WGS84; intervalo de curvas de nivel: 200 m.

Mapa 2: ZAEP n.º 106, cabo Hallett: Orientación sobre el acceso por aire.

Especificaciones del mapa: Proyección: Cónica conforme de Lambert; paralelos de referencia: primero, 72° 19' S; segundo, 72° 19' 30"S; meridiano central: 170° 13' 30" E; latitud de origen: 72° 00' S; esferoide: WGS84; nivel de referencia: Estación geodésica Fisher del USGS 1989-90: Coordenadas ITRF93 72° 19' 06,7521" S, 170° 12' 39,916" E;

Mapa 3: ZAEP n.º 106, cabo Hallett: Topografía.

Las especificaciones del mapa 3 son las mismas del mapa 2. Equidistancia de las curvas de nivel: 5 m. Las curvas de nivel se obtuvieron de un modelo digital de elevación utilizado para generar una ortofotografía en escala de 1:2500 con una exactitud posicional de ±1 m (horizontal) y ±2 m (vertical) y una resolución de píxeles en tierra de 0,25 m.

Mapa 4: ZAEP n.º 106, cabo Hallett: sitio de la antigua estación Hallett

Las especificaciones del mapa 4 son las mismas del mapa 2.

Mapa 5: ZAEP n.º 106, cabo Hallett: Área Restringida.

Las especificaciones del mapa 5 son las mismas del mapa 2. Ortofoto digital y datos de las instalaciones suministrados por Jeong-Hoon Kim, nota personal, 2020.

6. Descripción de la Zona

6(i) Coordenadas geográficas, indicadores de límites y características naturales

Descripción general

El cabo Hallett está ubicado en el extremo sur de la bahía Moubray, en Tierra Victoria del Norte, en la parte occidental del mar de Ross (mapa 1). La zona protegida ocupa la mayor parte del terreno libre de hielo de una flecha litoral en forma de cúspide de baja elevación conocida como Seabee Hook e incluye las laderas occidentales adyacentes del extremo norte de la península Hallett, que se extiende hacia el este de la caleta Willett hasta el borde de los glaciares permanentes (mapas 1 y 3).

Límites y coordenadas

El límite norte de la Zona se extiende a lo largo de la costa norte de Seabee Hook, desde los 72° 19' 05,0" S, 170° 14' 25,5" E hasta el límite oriental de la colonia de pingüinos de Adelia a 72° 19' 04,9" S, 170° 14' 19,3" E (mapa 3). Después, el límite sigue el borde del área de anidación de la colonia de pingüinos de Adelia (tal como se definió en 2009), manteniendo una distancia de 5 metros como mínimo de la colonia, hasta llegar a la coordenada de 72° 19' 07,9" S, 170° 12' 25,3" E (mapa 4).

De los 72° 19' 07,9" S, 170° 12' 25,3" E, el límite se extiende 33 m al oeste hasta la costa, a 72° 19' 07,9" S, 170° 12' 21,8" E (mapa 4). Desde este punto en la costa, el límite de la Zona se dirige hacia el sur, siguiendo la línea de la costa oeste y sur de Seabee Hook hasta la posición a 72° 19' 19,1" S, 170° 12' 54,3" E, que está cerca del extremo sudoriental de la flecha litoral (mapa 3). Desde este lugar, el límite se extiende hacia el norte, alrededor del borde del área de anidación, manteniendo una distancia de 5 metros como mínimo de la colonia, en la parte sudeste de Seabee Hook, hasta la posición a 72° 19' 15,3" S, 170° 12' 58,7" E (mapa 3). Desde este punto en la costa, el límite de la Zona se dirige hacia el norte, siguiendo la línea de bajamar a lo largo de la costa este de Seabee Hook, y después sigue la línea de bajamar de la costa de la caleta Willett hasta llegar al límite sur, a 72° 19' 28,0" S, 170° 13' 24,9" E (mapa 3).

De los 72° 19' 28,0" S, 170° 13' 24,9" E, el límite se extiende hacia el este hasta el glaciar Bornmann, siguiendo un arroyo estacional que desciende del glaciar. Después, el límite oriental de la Zona sigue el glaciar y el borde del hielo permanente hacia el norte, a una elevación de 120 a 150 m, cruzando las escarpadas pendientes occidentales de la península Hallett y siguiendo los afloramientos superiores de una serie de crestas rocosas que cortan la pendiente. Después, el límite desciende hasta llegar a la costa norte de Seabee Hook, en la base de un contrafuerte rocoso a 72° 19' 05,0" S, 170° 14' 25,5" E (mapa 3).

Clima

Seabee Hook está rodeada de hielo marino durante ocho meses del año, aproximadamente. El hielo marino generalmente se rompe todos los años desde fines de diciembre hasta principios de enero y vuelve a formarse a principios de marzo. En verano, la temperatura varía de 4°C a -8°C, con una temperatura media anual de –15,3°C. Los vientos soplan principalmente desde el sur. Durante el verano son comunes las precipitaciones en forma de nieve. Las precipitaciones anuales ascienden al equivalente en agua de alrededor de 18,3 cm.

Geología, geomorfología, suelos y medioambiente de agua dulce

La topografía de la Zona comprende la gran parte plana de la flecha litoral y las laderas adyacentes escarpadas de derrubios que forman parte de la pendiente occidental de la península Hallett. Seabee Hook está formada por material volcánico grueso depositado en una serie de crestas en la playa, con un terreno suavemente ondulado de montículos y depresiones y varias partes planas. Muchas de las depresiones contienen agua de deshielo en el verano y están colonizadas por densos tapetes de algas. En el nordeste de la Zona hay un pequeño arroyo de deshielo que fluye desde las pendientes occidentales de la península Hallett hasta la caleta Willett. Los suelos del cabo Hallett son más húmedos que los de otros lugares de Tierra Victoria del Sur. Los suelos subsuperficiales generalmente quedan saturados después de las nevadas y durante el verano se acumula agua subterránea a una profundidad de 8 a 80 cm. El gelisuelo yace bajo los suelos de Seabee Hook a una profundidad de ~1 m (Hofstee *et al*., 2006). Los suelos de las zonas ocupadas por colonias de pingüinos, o bien afectadas por la escorrentía que causan, tienen rasgos ornitogénicos y se clasifican como haploteles típico sobre flancos y acuorteles típico entre flancos de acuerdo con Hofstee *et al.*

(2006). Fuera de las zonas influenciadas por la presencia de pingüinos, estos autores clasificaron los suelos como haploteles típico, incluido un ejemplo de haploturbeles típico en una zona de suelos estructurados.

Vegetación

En las partes más húmedas de la Zona, el componente de algas consiste principalmente en el alga verde laminar *prasiola crispa y protococcus* sp., asociadas a formas filamentosas y verdes azuladas (*ulothrix* sp.) y cianobacterias (por ejemplo, *nostoc*). Posiblemente haya otras especies de algas, pero se han identificado pocas.

La vegetación dentro de la Zona, con excepción de algas como *prasiola*, se limita en gran medida al terreno libre de hielo no ocupado por los pingüinos reproductores de Adelia, que se encuentra al este de caleta Willett y al sur de los 72° 19'10" S. Esta área incluye una franja de 100-200 m de terreno relativamente llano junto a la caleta Willett y pendientes más escarpadas hasta la cresta de la península Hallett. La faja de terreno plano comprende varios montículos secos de pedregullo hasta una altura de 1,5 m, muchos de los cuales están ocupados por nidos de skúas, y en la parte norte los antiguos depósitos de guano indican la ocupación anterior por pingüinos de Adelia. Se pueden encontrar pequeños tepes de musgo y algas en la base de estos montículos, pero las partes superiores están desprovistas de vegetación. Hay grandes lechos de musgo que colonizan los llanos de grava estables en la parte norte del terreno plano donde hay una capa freática elevada, mientras que en el sur hay tepes dispersos de musgo, algas y líquenes en rocas más ásperas, angulares y sueltas. El musgo ralea a medida que el terreno sube, con la notable excepción de un tepe particularmente denso y extenso de alrededor de 3900 m^2, donde el sustrato está cubierto casi por completo, que ocupa un valle poco profundo en una ladera de derrubios en el sur de la Zona (mapa 3). En el mapa 3 se muestran sólo las áreas más prolíficas.

Se han identificado cinco especies de musgo en la Zona (cuadro 1). *Bryum subrotundifolium* es el musgo predominante en la Zona. Debido a la presencia de *bryum subrotundifolium* en un área tan enriquecida por las aves, la Zona es un ejemplo excelente de sitio con vegetación afectada por las aves. Asimismo, la presencia de rodales casi monoespecíficos de *bryum pseudotriquetrum* en este sitio es inusual en la región.

La ladera escarpada de derrubios junto a la gran área plana está cortada por barrancos poco profundos y crestas pequeñas, con varios afloramientos rocosos prominentes, en los cuales, particularmente en el norte de la Zona, hay grandes rodales de líquenes y musgo disperso que cubren entre el 70 y 100 % de la superficie en muchos lugares. Se tiene registro de veintisiete especies de líquenes en la Zona (cuadro 1). Es posible observar especies de líquenes tolerantes al nitrógeno como *caloplaca, candelariella, physcia* y *xanthoria* en las inmediaciones de la zona de reproducción de pingüinos (Crittenden *et al.*, 2015).

En la Zona se han encontrado ocho especies de ácaros y tres de colémbolos (cuadro 1) (Sinclair *et al.*, 2006). La especie *f. grisea* se da principalmente en las laderas de pedregal y áreas adyacentes, y se informó de la presencia de la especie *c. cisantarcticus* asociada con el musgo, que se encontraba en abundante cantidad en terreno llano, mientras que la especie *d. klovstadi* abundaba bajo las piedras de las laderas. Se han encontrado cuatro especies de nematodos en la zona de cabo Hallett (cuadro 1), de las cuales la más abundante, y en general la más dominante, es *panagrolaimus davidi Timm* (Raymond *et al.*, 2013).

Tabla 1: Especies de musgo, líquenes e invertebrados registradas en la ZAEP n.º 106, cabo Hallett

Musgos a	**Líquenes** a, b, c, d	**Invertebrados**
		Ácaros e
Bryum subrotundifolium	*Acarospora gwynnii*	*Coccorhagidia gressittii*
Bryum pseudotriquetrum	*Amandinea petermannii*	*Eupodes wisei*
Ceratodon purpureus	*Amandinea coniops*	*Maudheimia petronia*
Grimmia sp	*Buellia frigida*	*Nanorchestes* sp.,
Sarconeurum glaciale	*Caloplaca athallina*	*Stereotydeus belli*
	Caloplaca citrina	*S. puncatus*
	Caloplaca saxixola	*Tydeus setsukoae*
	Candelaria murrayi	*T. wadei*
	Candelariella flava	
	Lecanora chrysoleuca	**Colémbolos** e
	Lecanora expectans	*Cryptopygus cisantarcticus*
	Lecanora mons-nivis	*Friesea grisea*

Musgos a	**Líquenes** a, b, c, d	**Invertebrados**
	Lecanora physciella	*Desoria klovstadi*
	Lecidea cancriformis	
	Lecidella greenii	**Nematodos** f
	L. siplei	*Eudorylaimus antarcticus* (Steiner) Yeates
	Physcia caesia	*Panagrolaimus davidi* Timm
	Pleopsidium chlorophanum	*Plectus* sp.
	Rhizocarpon geographicum	*Scottnema lindsayae* Timm
	Rhizoplaca chrysoleuca	
	Rhizoplaca macleanii	
	Rhizoplaca melanophthalma	
	Umbilicaria decussata	
	Usnea sphacelata	
	Xanthomendoza borealis	
	Xanthoria elegans	
	Xanthoria mawsonii	

Fuentes:
a T.G.A. Green, Universidad de Waikato, Nueva Zelandia y R. Seppelt, División Antártica Australiana, 2002; b Smykla *et al.* 2011; c Ruprecht *et al.* 2012; d Crittenden *et al.* 2015; e Sinclair *et al.* 2006; f Raymond *et al.* 2013.

Aves

En Seabee Hook se encuentra una de las colonias de pingüinos de Adelia más grandes de la región del mar de Ross, con un promedio de 42 628 parejas reproductoras de estos pingüinos (*pygoscelis adeliae*) del que se informó durante más de 14 temporadas de muestreo entre 1981 y 2012 (Lyver *et al.*, 2014). En 2009/10 había cerca de 63 971 parejas reproductoras (total combinado de conteos directos de nidos, fotografías aéreas oblicuas y de terreno realizados entre el 26 de noviembre y el 3 de diciembre de 2009. Datos inéditos, ERA 2010). En Seabee Hook también estaba la estación Hallett de Estados Unidos y Nueva Zelandia, que funcionó entre 1956 y 1973. Durante ese período, la estación y la infraestructura conexa ocupaban una superficie de 4,6 ha de terreno que antes era ocupada por pingüinos de Adelia reproductores. Para emplazar la estación Hallett en 1956 hubo que desalojar a 7580 pingüinos, incluidos 3318 polluelos, a fin de despejar las 0,83 ha necesarias para pasar una aplanadora y construir los edificios. La colonia se vio muy afectada por la construcción y el funcionamiento de la estación Hallett, y la población se redujo desde 62 900 parejas en 1959 a tan solo 37 000 en 1968, aunque para 1972 había repuntado llegando a las 50 156 parejas. Las fluctuaciones de la población posiblemente hayan sido exacerbadas por los cambios en la cobertura de hielo marino documentados para la totalidad de la región. Para 1987, después del cierre de la estación en 1973, la colonia había llegado casi a su población de 1959, pero en ese entonces eran pocas las áreas modificadas por los seres humanos que lograron una recolonización completa. El área que antes ocupaba la estación se ha recolonizado en parte, aunque según los cálculos de 1998/99 el número de parejas reproductoras era de 39 014, y en un censo aéreo realizado en 2006/07 como parte de un programa a largo plazo se observaron sólo 19 744 parejas reproductoras (Lyver y Barton, 2008, datos inéditos). El conteo de 63 971 de parejas reproductoras de pingüinos de Adelia realizado a fines de 2009 (datos inéditos, ERA 2010) es similar a las cifras registradas en Seabee Hook aproximadamente en la época de la construcción de la estación Hallett. Más recientemente, Kim *et al* (2018) registró 47 373 parejas reproductoras de una encuesta con drones realizada el 23 de noviembre de 2017.

En la Zona se reproducen skúas antárticas (*catharacta maccormicki*) cuya población disminuyó desde 181 parejas reproductoras en 1960/61 a las 98 aves reproductoras observadas tanto en 1968/69 como en 1971/72. En enero de 1983 había una población de 247 aves (84 parejas reproductoras y 79 individuos no reproductores). En un reconocimiento realizado entre el 27 de noviembre y el 2 de diciembre de 2009 se contaron 14 parejas reproductoras y 66 individuos solos en Seabee Hook. Además, se contaron 23 parejas reproductoras y 92 individuos solos al este de la caleta Willett, con un total de 37 parejas reproductoras y 158 individuos solos, es decir, un total de 232 aves en 2009/10. En la Zona hay alrededor de 250 sitios de anidación de skúas marcados y numerados. No deberían alterarse ni eliminarse estos señalizadores.

A fines de septiembre se encontraron pingüinos emperador (*aptenodytes forsteri*) en las proximidades, y a fines de enero y en febrero se encontraron pingüinos barbijo (*pygoscelis antarctica*) solitarios. Cerca del cabo Hallett, frente a la ensenada Edisto, se reproducen petreles de Wilson (*oceanites oceanicus*) y petreles de las nieves (*pagodroma nivea*). En diciembre de 2009 se observaron numerosos petreles de las nieves alrededor de los acantilados de cabo Hallett, lo cual parece indicar que se reproducen en esta área. Se han avistado con frecuencia petreles gigantes comunes (*macronectes giganteus*) en las proximidades de la Zona, aunque su número ha disminuido en los últimos años, posiblemente debido a la disminución de las poblaciones más al norte. Es habitual ver focas de Weddell (*leptonychotes weddellii*), que se reproducen en la ensenada Edisto y a las que se ha avistado en tierra en Seabee Hook. Entre otros mamíferos que se ven comúnmente frente a la costa se encuentran las focas leopardo (*leptonyx hydrurga*) y las ballenas minke (*balaenoptera acutorostrata*).

Se estableció la Zona Importante para la Conservación de las Aves (ZIA) n.º 170, Seabee Hook, cabo Hallett, porque la colonia de pingüinos incluye en torno a un 1 % de la población estimada mundial de pingüinos de Adelia (Harris *et al.*, 2015). Los límites de la ZIA coinciden con los de la ZAEP (mapa 3).

Actividades e impacto de los seres humanos

La estación Hallett fue construida en Seabee Hook en diciembre de 1956, como parte del Año Geofísico Internacional, por Nueva Zelandia y Estados Unidos. La base, que funcionó continuamente hasta su cierre en febrero de 1973, proporcionó apoyo para diversas actividades, entre ellas la expedición de 1967/68 al monte Herschel encabezada por Sir Edmund Hilary. La construcción de la estación tuvo un gran impacto ambiental, ya que cerca de 8000 pingüinos de Adelia fueron desalojados del sitio. En 1984 se inició la limpieza gradual de la estación, y en 2001 Nueva Zelandia y Estados Unidos elaboraron un plan plurianual conjunto de remediación de la estación y la zona circundante. Las tareas de remediación continuaron en 2003/04 y 2004/05, con la demolición y el retiro de la mayoría de las estructuras que quedaban. Los últimos objetos importantes que quedaban fueron retirados a fines de enero de 2010. Muchos de los edificios y artefactos de la antigua estación Hallett ahora están en el Museo de Canterbury, en Christchurch.

Algunos materiales relacionados con la antigua estación siguen dispersos en toda la Zona, entre ellos, se cuentan trozos pequeños de madera y metal, alambre y bidones metálicos, en su mayoría firmemente incrustados en el suelo. Además, en el este de la Zona (mapa 3) hay una caja de madera cerrada, cubierta de piedras, con los restos bien preservados de un perro *husky* que murió en 1964.

Como parte de la operación de limpieza, se levantaron montículos dentro de la huella de la antigua estación con el propósito de fomentar la recolonización por pingüinos de Adelia, y gran parte de esta área ahora está ocupada (mapa 4). Debido a la historia del impacto de los seres humanos sobre la colonia de pingüinos de Adelia y su posterior recuperación, el sitio reviste gran valor científico para las investigaciones sobre el impacto en la colonia y su recuperación tras una perturbación sustancial del ecosistema.

6(ii) Acceso a la Zona

El acceso a la Zona puede realizarse por vía aérea, desde el mar o a pie sobre el hielo marino. Cuando hay hielo marino, se pueden encontrar áreas de hielo marino potencialmente más estables y más adecuadas para el aterrizaje de aeronaves en los sitios al suroeste de Seabee Hook, en el encierro de la ensenada Edisto. Sin embargo, el hielo marino de la ensenada Edisto puede romperse con rapidez, incluso a principios de la temporada, de modo que hay que tener cuidado.

Se aplican restricciones de acceso dentro de la Zona, en particular para todas las operaciones de aeronaves. Las condiciones específicas de acceso se establecen en la sección 7(ii), a continuación.

6(iii) Ubicación de estructuras dentro de la Zona o en áreas adyacentes

La estación Hallett se estableció en Seabee Hook en diciembre de 1956 y se cerró en febrero de 1973. Para 1960 los edificios de la estación Hallett ocupaban 1,8 hectáreas, y los caminos, vertederos de residuos, depósitos de combustible y antenas de radio ocupaban otras 2,8 hectáreas. La estación estuvo ocupada todo el año hasta 1964, y después siguió funcionando durante el verano solamente hasta su cierre. La estación se fue desmantelando paulatinamente después de 1984, y en 1996 quedaban sólo seis estructuras, entre ellas un gran tanque de combustible de 378 500 litros (100 000 galones). En febrero de 1996 se extrajo el combustible líquido que quedaba en el tanque. En 2003/04 y 2004/05 se reanudaron las tareas de limpieza a fin de retirar las estructuras restantes, incluido el tanque de combustible, y de extraer la tierra contaminada de la Zona. Todos los demás objetos importantes que quedaban fueron retirados de la Zona el 30 y 31 de enero de 2010.

A unos 50 m al norte del lugar designado para acampar (mapa 3) hay dos estaciones meteorológicas automáticas operadas por Estados Unidos (Investigaciones Ecológicas a Largo Plazo de los Valles Secos de McMurdo) y Nueva Zelandia (Instituto Nacional de Investigaciones Hidrológicas y Atmosféricas), con una separación de 10 m. Dentro de un muro de contención situado a unos 50 m al sur del sitio designado para acampar, Nueva Zelandia mantiene varios bidones de combustible de reserva. Cerca de una roca grande en la parte este de la Zona hay una caja cerrada, cubierta por piedras sueltas, que contiene los restos de un perro *husky* que murió en 1964 (mapa 3).

En 2017/18, la República de Corea instaló un campamento de investigación de varios años diseñado para alojar hasta 12 personas (mapas 3 y 5) y permanecerá en la Zona hasta al menos 2021/22. El campamento ocupa un área de unos 100 x 40 m cerca de la costa de caleta Willett, y está contenido dentro de la hormigón, aunque puede acamparse en hielo marino adyacente fuera de la Zona y la Zona de Instalaciones. En 2020/21, el campamento comprendía un edificio principal (7 x 6 m), instalaciones de almacenamiento (un edificio de madera de 9 x 4 m, varias cajas de madera y un refugio para motonieves), dos baños, tres depósitos de combustible y hasta 12 tiendas para equipo de campamento y vivienda. Los paneles solares están instalados en el edificio principal para reducir el consumo de combustible. Se accede al campamento a pie desde el hielo marino o a lo largo de la costa de caleta Willett. El lugar designado para el aterrizaje secundario de helicópteros (mapa 2) se utiliza para el acceso de helicópteros.

La estación geodésica FISHER del USGS (mapas 3 y 4) consiste en una tablilla de latón antártico estándar del USGS estampada con la inscripción «FISHER 1989-90» y está ubicada en la parte superior de un gran bloque de hormigón (2x1x1 m) a una altura de 2,15 m. El punto de referencia se encuentra aproximadamente a 80 m al sur de la reserva de emergencia y 140 m tierra adentro desde la costa noroeste de Seabee Hook. Tras la recolonización del lugar donde antes estaba la estación, el punto de referencia ahora se encuentra dentro de una subcolonia pequeña de pingüinos de Adelia. Por lo tanto, es probable que esté rodeado de aves reproductoras durante el verano. En el lugar donde antes estaba la estación (mapa 4) hay una caja grande (de alrededor de 1,5 m^2 y 1 m de alto) con la parte superior pintada de rojo encendido, y una caja más pequeña dentro, con suministros para situaciones de emergencia.

En la Zona quedan señalizadores de varios estudios científicos, incluidos los que delinean la parcela de observación de la vegetación en el Área Restringida. Cabe destacar que no se han documentado todos los señalizadores históricos.

Las estaciones científicas permanentes más cercanas a la Zona son Mario Zucchelli (Italia) y Jang Bogo (República de Corea), que se encuentran a unos 330 km al sur de la Zona (mapa 1, recuadro 1)

6(iv) Ubicación de las zonas protegidas en las cercanías

La zona protegida más cercana al cabo Hallett es la ZAEP n.º 159, cabo Adare, 115 km al norte.

6(v) Zonas especiales en el interior del área

Zona de Instalaciones

Se designa una Zona de Instalaciones en la costa este de caleta Willett para contener campamentos temporales, instalaciones científicas y de apoyo y para garantizar que las actividades humanas relacionadas estén contenidas y gestionadas dentro de una parte claramente definida de la Zona (mapa 5). El acceso a la Zona de Instalaciones está autorizado mediante un permiso en apoyo de las actividades autorizadas por el permiso. La Zona de Instalaciones está diseñada para minimizar la huella de los campamentos y las instalaciones asociadas dentro de la Zona, y se extiende por una longitud aproximada de 90 m a lo largo de la costa y hasta un máximo de 40 m tierra adentro. Las coordenadas las esquinas límite de la Zona de Instalaciones se indican en el cuadro 2.

Cuadro 2. Coordenadas de las esquinas de la Zona de Instalaciones

Vértice	**Latitud (S)**	**Longitud (E)**
A	72° 19' 13,1" S	170° 13' 33,8" E
B	72° 19' 13,5" S	170° 13' 37,8" E

C	72° 19' 14,4" S	170° 13' 36,8" E
D	72° 19' 14,3" S	170° 13' 35,2" E
I	72° 19' 16,1" S	170° 13' 33,0" E
F	72° 19' 15,8" S	170° 13' 30,5" E

La Zona de Instalaciones está ubicada para ayudar a minimizar los impactos humanos y ocupa un área de gravas de playa no consolidadas que antes se utilizaba como carretera cuando la estación Hallett estaba en funcionamiento. En el terreno duro y rocoso de la Zona de Instalaciones se han colocado estacas para los tensores de las tiendas de campaña. El sitio está expuesto a la niebla del mar y mareas ocasionales.

Área Restringida

Un área pequeña que está justo debajo de las laderas de derrubio del nordeste de la Zona ha sido designada Área Restringida a fin de preservar una parte de la Zona como sitio de referencia para estudios comparativos de la vegetación en el futuro. Se permite entrar en el Área Restringida solo con fines urgentes que no puedan alcanzarse en otros lugares de la Zona. El resto de la Zona está más disponible en general para programas de investigación y la recolección de muestras.

Rudolph (1963) confeccionó un mapa detallado de una parcela de 28 m por 120 m, aproximadamente, en la cual se estaba haciendo un estudio de la vegetación. La parcela de estudio posteriormente fue trasladada y Brabyn *et al.* (2006) elaboraron otro mapa a fin de cuantificar los cambios en la vegetación del sitio durante un período de 42 años. Este sitio establecido por Rudolph es un recurso sumamente útil para observar los cambios en la vegetación. Los señalizadores utilizados en ambos estudios permanecen *in situ* y definen la extensión de la parcela de observación de la vegetación. La esquina nordeste de la parcela está marcada por una roca grande con un montículo de piedras encima, situada a 72° 19' 11,37" S, 170° 14' 2,55" E. Rudolph (1963) y Brabyn *et al.* describen detalladamente la parcela. (2006). Rudolph también fotografió piedras colonizadas por líquenes, que Brabyn *et al.* (2006) volvieron a fotografiar a fin de medir las tasas de crecimiento de los líquenes. Uno de estos sitios (que se indica en el mapa 3) está dentro del Área Restringida y no se debe perturbar.

El Área Restringida, un rectángulo de 58 m de ancho y 140 m de largo, forma una zona de seguridad de 20 m en el lado noroeste y de 10 m en los otros tres lados alrededor de la parcela de observación. Las coordenadas de las esquinas del Área Restringida se indican en el cuadro 3. Se ha colocado una serie de montículos de piedras (en lo posible, sobre piedras que ya estaban allí) a fin de indicar la extensión del Área Restringida (mapa 3).

Cuadro 3. Coordenadas de las esquinas del Área Restringida

Vértice	**Latitud (S)**	**Longitud (E)**
Noreste	72° 19' 11,219" S	170° 14' 4,012" E
Noroeste	72° 19' 10,43" S	170° 13' 58,341" E
Suroeste	72° 19' 14,479" S	170° 13' 51,901" E
Sudeste	72° 19' 15,299" S	170° 13' 57,338" E

Zona de Acceso de Helicópteros

Una Zona de Acceso de Helicópteros muestra la ruta de acceso preferente desde la zona primaria hasta la secundaria para el aterrizaje de helicópteros, siguiendo una ruta a lo largo de la costa sur de caleta Willett (mapa 2).

7. Términos y condiciones para los permisos de entrada

7(i) Condiciones generales de los permisos

Se prohíbe el ingreso a la Zona excepto con un permiso expedido por una autoridad nacional pertinente. Las condiciones para la expedición de permisos son las siguientes:

- se expide únicamente con fines científicos o por motivos esenciales para la gestión de la Zona;
- las acciones permitidas deberán ser compatibles con este Plan de Gestión;
- las actividades permitidas darán la correspondiente consideración al proceso de Evaluación de impacto medioambiental para la protección continua de los valores ambientales, científicos, educativos, históricos y estéticos de la Zona;
- se expedirá por motivos indispensables de índole educativa o de difusión que no puedan llevarse a cabo en otro sitio y que no entren en conflicto con los objetivos del presente Plan de Gestión;
- el permiso se expedirá por un período determinado;
- deberá llevarse el permiso, o una copia de este, cuando se está dentro de la Zona;

7(ii) Acceso a la Zona y desplazamientos en su interior o sobre ella

El ingreso en la Zona deberá efectuarse en lancha, en helicóptero o a pie. El acceso de vehículos está estrictamente limitado a la Zona de Instalaciones.

Acceso a pie a la Zona y desplazamientos en su interior

- La circulación de peatones debería limitarse al mínimo necesario para alcanzar los objetivos de las actividades autorizadas y se debería hacer todo lo posible para reducir al mínimo los efectos. Los visitantes deben tratar de no caminar sobre la vegetación visible. Hay que tener cuidado al caminar en terrenos húmedos y en pedregales, donde la circulación de peatones puede dañar fácilmente los suelos delicados y las comunidades de plantas.
- Se permite entrar en el Área Restringida solo con fines urgentes que no puedan alcanzarse en otros lugares de la Zona.
- Es importante que todos los visitantes tengan cuidado de limitar sus movimientos alrededor del lugar para acampar, manteniéndose en el área a lo largo de la costa a fin de no pisotear las áreas interiores, estacionalmente húmedas y colonizadas abundantemente por diversas plantas e invertebrados, donde se están llevando a cabo investigaciones.
- En la colonia de pingüinos de Adelia, los visitantes no deberían entrar en los subgrupos de pingüinos con nidos salvo que sea necesario con fines de investigación o gestión. Cuando sea posible, los visitantes deberían caminar alrededor de la franja costera de Seabee Hook, alrededor de los subgrupos o entre ellos. Se observan vestigios del antiguo camino de la estación desde la esquina noroeste de la caleta Willett hasta el lugar donde antes estaba la estación y queda un corredor comparativamente ancho desde el cual los peatones pueden mantenerse a una distancia razonable de las aves que anidan.
- Los visitantes deberían tratar de no caminar en las laderas de derrubios de la parte este de la Zona salvo que sea necesario con fines esenciales de investigación o gestión: los pedregales son un hábitat delicado y fácil de dañar que alberga una comunidad diversa de flora y fauna.

Acceso de vehículos

Los vehículos están prohibidos en la Zona, excepto los vehículos pequeños (por ejemplo, motonieves o vehículos todoterreno, que pueden utilizarse en el hielo marino que rodea la Zona), que pueden acceder a la Zona de Instalaciones mediante un permiso de estacionamiento destinado a áreas lo más cercanas posible a la costa. El acceso de vehículos se realizará por la ruta menos sensible y más corta practicable, evitando zonas húmedas o con vegetación.

Acceso en lancha

No hay restricciones especiales con respecto a los lugares por los cuales se puede llegar a la Zona en lanchas, aunque los desembarcos para acampar deberían efectuarse en la caleta Willett a fin de no tener que cruzar la colonia de pingüinos de Adelia con equipo para acampar. Se ha notificado la presencia de corrientes fuertes y remolinos en la costa de Seabee Hook del lado del mar, que podrían dificultar los desembarcos de lanchas. El mar generalmente está más calmo en la caleta Willett y en el lado de sotavento de Seabee Hook.

Acceso y sobrevuelo de aeronaves

Se aplican restricciones a las operaciones de aeronaves entre el 1 de octubre y el 31 de marzo. Durante ese período podrán operar y aterrizar aeronaves en la Zona ciñéndose estrictamente a las siguientes condiciones (véase el mapa 2):

1) se prohíbe el sobrevuelo en la Zona de aeronaves pilotadas a menos de 2000 pies (610 m, aproximadamente) de altura, salvo con un permiso para fines autorizados en el Plan de Gestión;
2) se recomienda enfáticamente a aeronaves pilotadas no sobrevolar ni aterrizar a menos de media milla náutica (930 m, aproximadamente) de la colonia de pingüinos de Adelia de Seabee Hook con fines turísticos;
3) en la medida de lo posible, las aeronaves pilotadas deben evitar aterrizar a menos de media milla náutica (930 m, aproximadamente) de la colonia de pingüinos de Adelia de Seabee Hook;
4) para aterrizar a más de media milla náutica (930 m, aproximadamente) de la colonia de pingüinos de Adelia, las aeronaves pilotadas pueden seleccionar un sitio acorde con las necesidades de la visita y las condiciones locales;
5) El lugar de aterrizaje principal (72° 19,686' S, 170° 11,460' E) que se indica en el mapa 2 es el sitio que está más cerca del lugar designado para acampar, al cual se llega caminando sobre el hielo marino. Se podrá aterrizar en este lugar si las condiciones locales lo permiten;
6) el lugar de aterrizaje secundario se utilizará únicamente para los fines esenciales para los que se ha concedido un permiso; y
7) si es peligroso o no es factible que aeronaves pilotadas aterricen a más de media milla náutica (930 m, aproximadamente) de la colonia de pingüinos de Adelia (por ejemplo, si no hay hielo marino o si el hielo marino está en mal estado, si las condiciones meteorológicas son desfavorables o por motivos de logística importantes, como el traslado de equipo pesado), se aplican las siguientes condiciones:

AERONAVES DE ALA FIJA

- Podrán aterrizar aeronaves pilotadas de ala fija a más de un cuarto de milla náutica (460 m, aproximadamente) de la colonia de pingüinos de Adelia.
- No deben aterrizar aeronaves pilotadas de ala fija en la caleta Willett.

HELICÓPTEROS

- - Los helicópteros deberán aterrizar en el lugar secundario designado en la caleta Willett (72° 19,262' S, 170° 13,523' E) (mapa 2), en tierra o en el hielo marino junto al lugar para acampar.
- Ocasionalmente, el lugar de aterrizaje se inunda con la marea alta, en cuyo caso se podrá aterrizar en terreno seco de las proximidades, evitando los lugares con vegetación, preferiblemente en las playas de gravilla que están al sur del lugar designado para los aterrizajes, lo más cerca posible de la costa. Se deben evitar los aterrizajes más cerca de la colonia de pingüinos de Adelia.
- Los helicópteros deben seguir la Zona de Acceso de Helicópteros recomendada en la mayor medida posible al acceder al lugar de aterrizaje secundario. La ruta preferida para la aproximación de helicópteros es desde el sur y va desde el lugar de aterrizaje principal hasta el lugar secundario, siguiendo la costa del sur de la caleta Willett (mapa 2).

8) Se prohíben el sobrevuelo de los Sistemas de Aeronaves Dirigidas por Control Remoto (RPAS) por debajo de los 610 m (2000 pies) y su aterrizaje al interior de la Zona, salvo que se haga de conformidad con un permiso emitido por una autoridad nacional competente; El uso de RPAS al interior de la Zona debe ceñirse a las Directrices Medioambientales para la Operación de Sistemas de Aeronaves Dirigidas por Control Remoto (RPAS) en la Antártida (Resolución 4 [2018]).

7 (iii) Actividades que pueden llevarse a cabo dentro de la Zona

- Investigaciones científicas que no pongan en peligro los valores de la Zona;

- Actividades de gestión esenciales, entre ellas la evaluación o remediación del impacto y la observación e inspección.
- Actividades con fines educativos o de difusión (como documentales fotográficos, de audio o escritos, producción de recursos o servicios educativos, o capacitación de personal de los programas sobre métodos de limpieza) que no puedan, por motivos de fuerza mayor, realizarse en otro lugar. Las actividades educativas o de difusión no incluyen el turismo.
- Actividades que tengan por objeto la protección de los recursos históricos al interior de la Zona.

7(iv) Instalación, modificación o desmantelamiento de estructuras/equipos

- No se podrán erigir estructuras en la Zona, con excepción de aquellas que se especifiquen en un permiso;
- Todas las estructuras y el equipo científico que se instalen en la Zona deberán estar autorizado en un permiso y llevar claramente el nombre del país, el nombre del investigador principal y el año de instalación. Todos estos elementos deben estar confeccionados con materiales que presenten un riesgo mínimo de contaminación de la Zona.
- La instalación (incluyendo la selección del lugar), el mantenimiento, la modificación o el desmantelamiento de estructuras deberá efectuarse de una forma que reduzca a un mínimo la perturbación de la flora y la fauna, preferentemente evitando la temporada de cría principal (01 de octubre - 31 de marzo).
- Se deben usar los suministros para situaciones de emergencia únicamente en una verdadera emergencia y avisar a las autoridades apropiadas para que se los pueda reponer.
- Además, el retiro de equipo específico cuyo permiso haya vencido será responsabilidad de la autoridad que haya expedido el permiso original y será una condición para el otorgamiento del permiso.

7(v) Ubicación de los campamentos

- Se prohíben los campamentos permanentes en la Zona.
- Los campamentos temporales deben estar ubicados dentro de la Zona de Instalaciones (consulte la sección 6 (v)) (mapas 3 y 5). Se pueden hacer excepciones por razones científicas o logísticas imperiosas (por ejemplo, para asistir continuamente a un puesto de observación de aves o realizar otras observaciones) siempre que hayan sido autorizadas en el permiso y siempre que no se encuentre dentro del Área Restringida. Deben usarse estacas de tienda existentes dentro de la Zona de Instalaciones, si es posible. Si el campamento debe trasladarse a un terreno seco debido a una marea o tormenta, se deben evitar los sitios con vegetación en la mayor medida posible y mantenerse lo más cerca posible de la costa. La escasa vegetación coloniza el suelo cercano y los nidos de skúas polares del sur están presentes en las cercanías, por lo que se debe tener cuidado para minimizar la perturbación.
- Está prohibido acampar dentro del Área Restringida (ver sección 6 (v)) (mapa 3).
- Se permite acampar en el hielo marino de la caleta Willett, que se encuentra fuera de la Zona. Cuando las condiciones lo permitan, acampar sobre hielo marino puede ser preferible a acampar en tierra dentro de la Zona de Instalaciones, y puede ayudar a cumplir el objetivo de minimizar los impactos.

7 (vi) Restricciones relativas a los materiales y organismos que pueden introducirse en la Zona

Además de los requisitos del Protocolo al Tratado Antártico sobre Protección del Medio Ambiente, las restricciones relativas a los materiales y organismos que puedan introducirse en la Zona son las siguientes:

- Se prohíbe la introducción deliberada de animales, material vegetal y microorganismos vivos y suelo no estéril en la Zona. Deben tomarse precauciones para prevenir la introducción accidental de animales, material vegetal, microorganismos y tierra no estéril desde otras regiones distintas biológicamente (dentro o fuera de la zona del Tratado Antártico).
- Los visitantes deberán cerciorarse de que el equipo de muestreo y los señalizadores llevados a la Zona estén limpios. En el nivel máximo practicable, la vestimenta, el calzado y el equipo que se use o se lleve a la Zona (incluidos, por ejemplo, mochilas, bolsos, tiendas, bastones, trípodes, etc.) deberán limpiarse minuciosamente antes de ingresar a la Zona. Los visitantes también deben consultar y ceñirse adecuadamente a las recomendaciones incluidas en el Manual sobre especies no autóctonas del Comité

para la Protección del Medio Ambiente (Resolución 4 [2016]; CPA 2019) y el Código de Conducta Ambiental sobre el Trabajo de Investigación sobre el Terreno en la Antártida (Resolución 5 [2018]).

- Las aves de corral y los huevos crudos, o los productos que contengan aves de corral o huevos crudos, están prohibidos en la Zona. Los productos a partir de aves de corral y huevos procesados y/o cocidos deben evitarse siempre que sea posible». Toda ave traída que no sea consumida o usada dentro de la Zona, incluidas todas sus partes, productos o desperdicios, debe ser retirada de la Zona o eliminada mediante la incineración o algún medio equivalente que elimine el riesgo para la flora y la fauna autóctonas.
- Los herbicidas o pesticidas están prohibidos en la Zona.
- Cualquier otro producto químico, incluidos radionúclidos o isótopos estables, que se introduzca con fines científicos o de gestión especificados en el permiso deberá ser retirado de la Zona cuando concluya la actividad para la cual se haya expedido el permiso o con anterioridad.
- No se podrá almacenar combustible, alimentos u otros materiales en la Zona, salvo que sea indispensable para la actividad para la cual se haya expedido el permiso. Dichos materiales deben almacenarse dentro de la Zona de Instalaciones a menos que sean necesarios en otro lugar para fines esenciales autorizados por permiso. En general, todo material que se introduzca podrá permanecer solamente por un período expreso y deberá ser retirado a más tardar cuando concluya dicho período.
- Todos los materiales deberán almacenarse y manipularse de manera tal que se reduzca a un mínimo el riesgo de su introducción en el medio ambiente.
- Si se producen escapes que puedan comprometer los valores de la Zona, se recomienda retirar el material únicamente si el impacto de dicho retiro no sea mayor que el de dejar el material *in situ*.

7(vii) Toma de, o intromisión perjudicial sobre flora y fauna autóctonas

Están prohibidas la recolección de flora y fauna autóctonas o la interferencia perjudicial que pudieran sufrir estas, salvo en conformidad con un permiso expedido de acuerdo con el artículo 3 del anexo II del Protocolo al Tratado Antártico sobre Protección del Medio Ambiente. En caso de recolección de fauna o intromisión perjudicial hacia esta, debería procederse, como norma mínima, de conformidad con el Código de Conducta del SCAR para el Uso de Animales con Fines Científicos en la Antártida.

7(viii) Recolección o traslado de materiales que el titular del permiso no haya llevado a la Zona

- Se podrá recolectar o retirar material de la Zona únicamente de conformidad con un permiso, y dicho material deberá limitarse al mínimo necesario para cubrir las necesidades científicas o de gestión. No se expedirán permisos si existe una preocupación razonable de que el muestreo propuesto conduzca a la toma, el retiro o el daño de una cantidad tal del suelo o de la flora o fauna autóctonas que su distribución o abundancia en la Zona se vea afectada de forma significativa.
- Se prohíbe retirar o alterar los señalizadores dejados en la Zona como parte de trabajos científicos anteriores, salvo que se autorice específicamente en un permiso.
- A excepción de los señaladores científicos indicados anteriormente, todo material de origen humano que vaya probablemente a comprometer los valores de la Zona, que no haya sido llevado a la Zona por el titular del permiso y que claramente no posea valor histórico, o que no esté comprendido en otro tipo de autorización, puede ser retirado de la Zona a menos que el impacto ambiental provocado por su retiro sea mayor que los efectos que pueda ocasionar dicho material en el lugar *in situ*. Si ese es el caso, se debe notificar a la autoridad nacional correspondiente y se debe obtener aprobación.
- Si se encuentra material que probablemente tenga un gran valor histórico o patrimonial, no se lo debería perturbar, dañar, retirar o destruir. Todos esos artefactos deben registrarse y ser derivados a la autoridad correspondiente para que se decida sobre su conservación o retiro. Si se cuenta con un permiso, se podrán trasladar o retirar objetos con fines de preservación, protección o restablecimiento de la exactitud histórica.
- En la parte oriental de la Zona hay una caja de madera cerrada con los restos bien preservados de un perro *husky*, que no deberían perturbarse mientras se consideran las opciones para su manejo futuro.

7(ix) Eliminación de residuos

Deberán retirarse de la Zona todos los residuos, incluidos aquellos sólidos de origen humano. Los residuos humanos líquidos y los residuos líquidos domésticos pueden desecharse en el mar fuera de la Zona, por ejemplo en caleta Willett. Se recomienda que, cuando haya hielo marino en caleta Willett, dichos residuos líquidos se eliminen en una grieta de marea al menos a 100 m de la Zona de Instalaciones cuando sea posible, y cuando no haya hielo marino, se recomienda que esos residuos se eliminen en el mar, durante la marea baja en la costa, al menos 100 m al sur de la Zona de Instalaciones. Si es posible, se recomienda que los residuos líquidos se lleven a la estación más cercana para su eliminación.

7(x) Medidas que pueden ser necesarias para continuar cumpliendo con los objetivos del Plan de Gestión

Se pueden otorgar permisos de ingreso a la Zona con el fin de:

1) realizar actividades científicas de supervisión e inspecciones, que podrían incluir la recolección limitada de muestras o datos para análisis o revisión;
2) instalar o mantener postes indicadores, estructuras o equipos científicos (los sitios que se utilicen para actividades de vigilancia a largo plazo deberán estar debidamente marcados);
3) implementar medidas de protección.

7(xi) Requisitos relativos a los informes

- El titular principal de un permiso para cada visita a la Zona debe presentar un informe ante la autoridad nacional competente tan pronto como sea posible una vez concluida la visita de conformidad con los procedimientos nacionales.
- Dichos informes deberían incluir, según corresponda, la información señalada en el formulario para Informes de visitas incluido en el Apéndice 2 de la Guía para la Preparación de Planes de Gestión para las Zonas Antárticas Especialmente Protegidas anexo a la Resolución 2 (2011). Si procede, la autoridad nacional también debería enviar una copia del informe de visitas a la Parte que haya propuesto el Plan de Gestión, a fin de ayudar en la administración de la Zona y en la revisión del Plan de Gestión.
- Siempre que sea posible, las Partes deberían depositar el informe original o las copias de los mencionados informes originales en un archivo de acceso público a fin de mantener un registro de uso, para fines de revisión del Plan de Gestión y para fines de la organización del uso científico de la Zona.
- Se deberá notificar a las autoridades pertinentes sobre toda actividad realizada o medida adoptada de forma excepcional, sobre todo elemento eliminado o sobre cualquier material vertido que no se haya retirado, en los casos en los que ello no estuviera incluido en el permiso.

8. Documentación de apoyo

Brabyn, L., Beard, C., Seppelt, R.D., Rudolph, E.D., Türk, R. & Green, T.G.A. 2006. Quantified vegetation change over 42 years at Cape Hallett, East Antarctica. *Antarctic Science* **18**(4): 561–72.

Brabyn, L., Green, T.G.A., Beard, C. & Seppelt, R.D. 2005. GIS goes nano: Vegetation studies in Victoria Land, Antarctica. *New Zealand Geographer* **61**: 139–47.

Crittenden, P.D., Scrimgeour, C.M., Minnullina, G., Sutton, M.A., Tang, Y.S. & Theobald, M.R. 2015. Lichen response to ammonia deposition defines the footprint of a penguin rookery. *Biogeochemistry* **122**: 295–311. doi:10.1007/s10533-014-0042-7

Harris, C.M., Lorenz, K., Fishpool, L.D.C., Lascelles, B., Cooper, J., Coria, N.R., Croxall, J.P., Emmerson, L.M., Fijn, R.C., Fraser, W.L., Jouventin, P., LaRue, M.A., Le Maho, Y., Lynch, H.J., Naveen, R., Patterson-Fraser, D.L., Peter, H.-U., Poncet, S., Phillips, R.A., Southwell, C.J., van Franeker, J.A., Weimerskirch, H., Wienecke, B., & Woehler, E.J. 2015. *Important Bird Areas in Antarctica 2015*. BirdLife International and Environmental Research & Assessment Ltd., Cambridge.

Hofstee, E. H., Balks, M. R., Petchey, F., & Campbell, D. I. (2006). Soils of Seabee Hook, Cape Hallett, northern Victoria Land, Antarctica. *Antarctic Science* **18**(4): 473-486. doi:10.1017/S0954102006000526

Lyver, P.O'B., Barron, M., Barton, K.J., Ainley, D.G., Pollard, A., Gordon, S., McNeill, S., Ballard G. & Wilson, P.R. 2014. Trends in the breeding population of Adélie penguins in the Ross Sea, 1981–

2012: a coincidence of climate and resource extraction effects. *PLoS ONE* **9**(3): e91188. doi:10.1371/journal.pone.0091188

Kim J.-H., Kim H.-C., Kim J.-I., Hyun C.-U., Jung J.-W., Kim Y.-S., Chung H. & Shin H.C. 2018. Application of aerial photography for ecological survey and habitat management of Adélie penguins. Paper prepared for WG-EMM-18/38 25 June 2018.

Raymond, M.R., Wharton, D.A. & Marshall, C.J. 2013. Factors determining nematode distributions at Cape Hallett and Gondwana station, Antarctica. *Antarctic Science* **25**(3): 347-57.

Rudolph, E.D. 1963. Vegetation of Hallett Station area, Victoria Land, Antarctica. *Ecology* **44**: 585–86.

Ruprecht, U., Lumbsch, H.T., Brunauer, G., Green, T.G.A. & Türk, R. 2012. Insights into the diversity of Lecanoraceae (Lecanorales, Ascomycota) in continental Antarctica (Ross Sea region). *Nova Hedwigia* **94**(3): 287–306. doi:10.1127/0029-5035/2012/0017

Sinclair, B.J., M.B. Scott, C.J. Klok, J.S. Terblanche, D.J. Marshall, B. Reyers & S.L. Chown. 2006. Determinants of terrestrial arthropod community composition at Cape Hallett, Antarctica. *Antarctic Science* **18**(3): 303-12.

Smykla, J., Krzewicka, B., Wilk, K., Emslie, S.D. & Sliwa, L. 2011. Additions to the lichen flora of Victoria Land, Antarctica. *Polish Polar Research* **32**(2): 123-38.

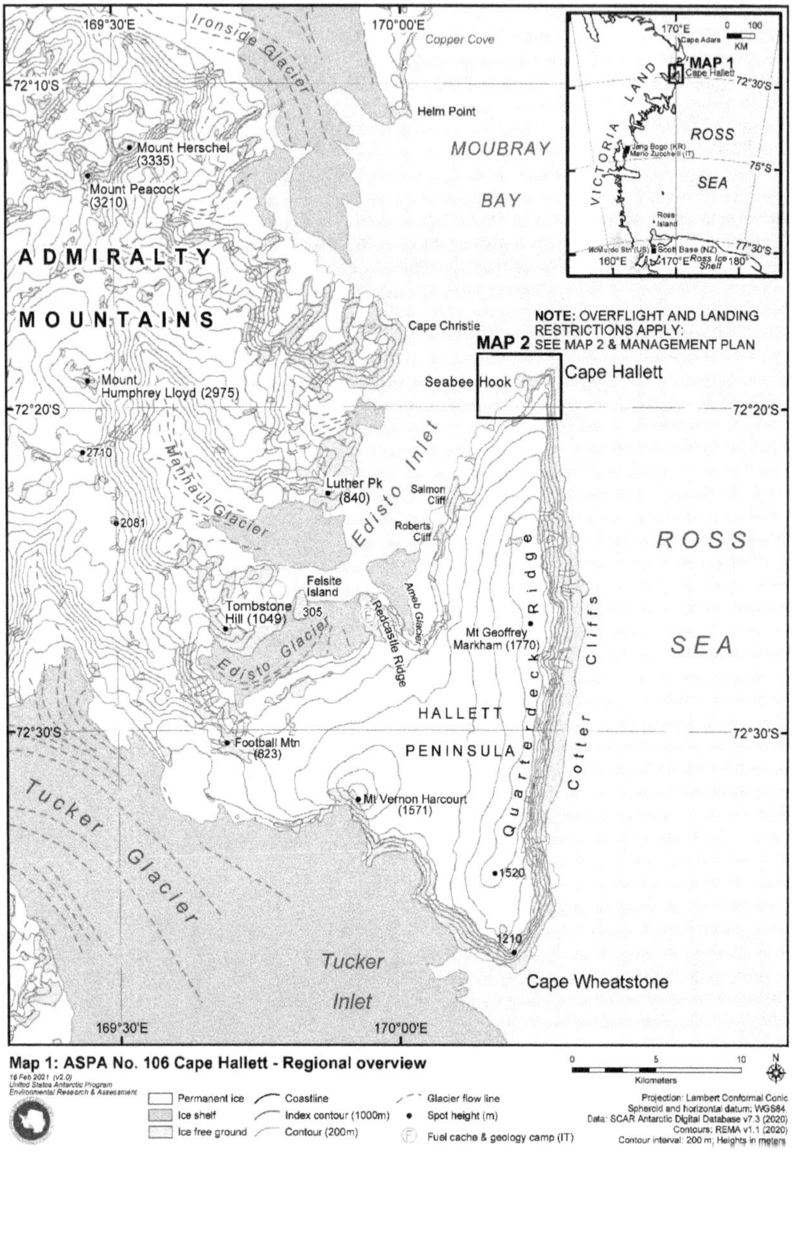

Map 1: ASPA No. 106 Cape Hallett - Regional overview

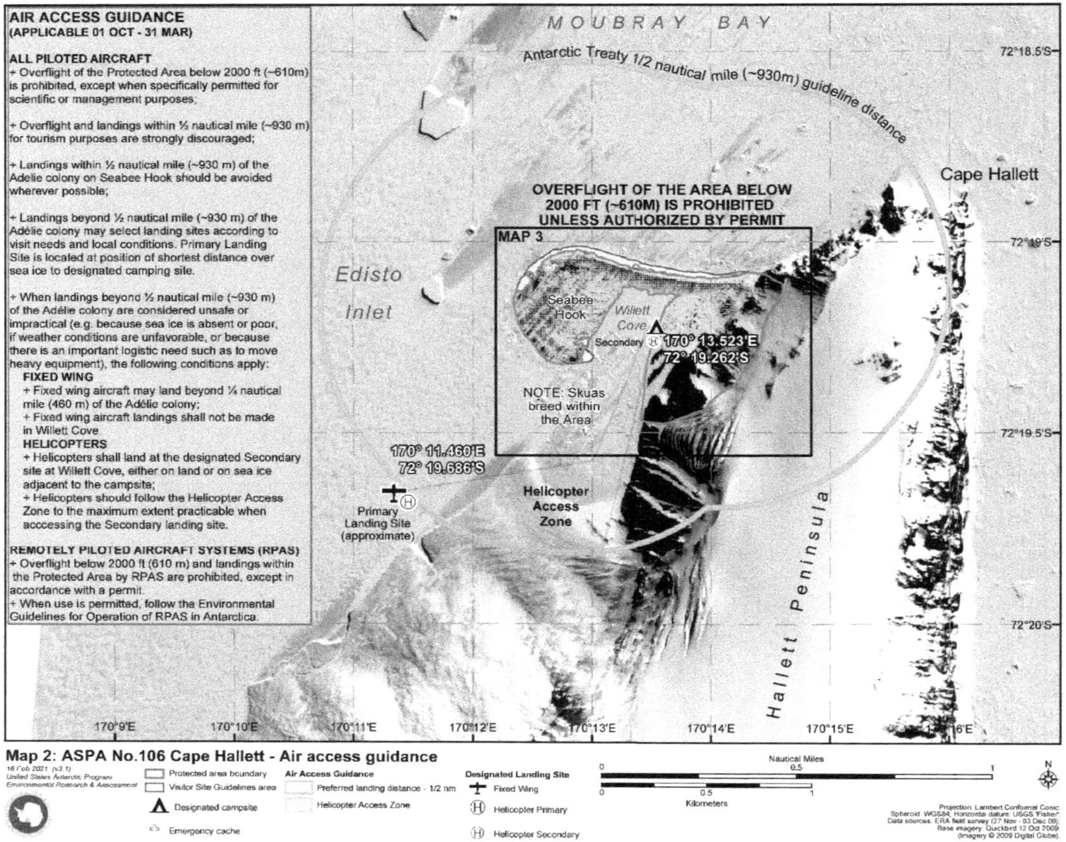
AIR ACCESS GUIDANCE
(APPLICABLE 01 OCT - 31 MAR)
ALL PILOTED AIRCRAFT
+ Overflight of the Protected Area below 2000 ft (~610m) is prohibited, except when specifically permitted for scientific or management purposes;
+ Overflight and landings within ½ nautical mile (~930 m) for tourism purposes are strongly discouraged;
+ Landings within ½ nautical mile (~930 m) of the Adelie colony on Seabee Hook should be avoided wherever possible;
+ Landings beyond ½ nautical mile (~930 m) of the Adélie colony may select landing sites according to visit needs and local conditions. Primary Landing Site is located at position of shortest distance over sea ice to designated camping site.
+ When landings beyond ½ nautical mile (~930 m) of the Adélie colony are considered unsafe or impractical (e.g. because sea ice is absent or poor, if weather conditions are unfavorable, or because there is an important logistic need such as to move heavy equipment), the following conditions apply:
FIXED WING
+ Fixed wing aircraft may land beyond ¼ nautical mile (460 m) of the Adélie colony;
+ Fixed wing aircraft landings shall not be made in Willett Cove.
HELICOPTERS
+ Helicopters shall land at the designated Secondary site at Willett Cove, either on land or on sea ice adjacent to the campsite;
+ Helicopters should follow the Helicopter Access Zone to the maximum extent practicable when acccessing the Secondary landing site.
REMOTELY PILOTED AIRCRAFT SYSTEMS (RPAS)
+ Overflight below 2000 ft (610 m) and landings within the Protected Area by RPAS are prohibited, except in accordance with a permit.
+ When use is permitted, follow the Environmental Guidelines for Operation of RPAS in Antarctica.
MOUBRAY BAY
Antarctic Treaty 1/2 nautical mile (~930m) guideline distance
Cape Hallett
OVERFLIGHT OF THE AREA BELOW 2000 FT (~610M) IS PROHIBITED UNLESS AUTHORIZED BY PERMIT
MAP 3
Edisto Inlet
Seabee Hook
Willett Cove
Secondary
170° 13.523'E
72° 19.262'S
NOTE: Skuas breed within the Area
170° 11.460'E
72° 19.686'S
Primary Landing Site (approximate)
Helicopter Access Zone
Hallett Peninsula
72°18.5'S
72°19'S
72°19.5'S
72°20'S
170°9'E
170°10'E
170°11'E
170°12'E
170°13'E
170°14'E
170°15'E
Map 2: ASPA No.106 Cape Hallett - Air access guidance
16 Feb 2021 (v3.1)
United States Antarctic Program
Environmental Research & Assessment
Protected area boundary
Visitor Site Guidelines area
Designated campsite
Emergency cache
Air Access Guidance
Preferred landing distance - 1/2 nm
Helicopter Access Zone
Designated Landing Site
Fixed Wing
Helicopter Primary
Helicopter Secondary
Nautical Miles
0
0.5
1
Kilometers
N
Projection: Lambert Conformal Conic
Spheroid: WGS84; Horizontal datum: USGS 'Fisher'
Data sources: ERA field survey (27 Nov - 03 Dec 09);
Base imagery: Quickbird 12 Oct 2009
(Imagery © 2009 Digital Globe).

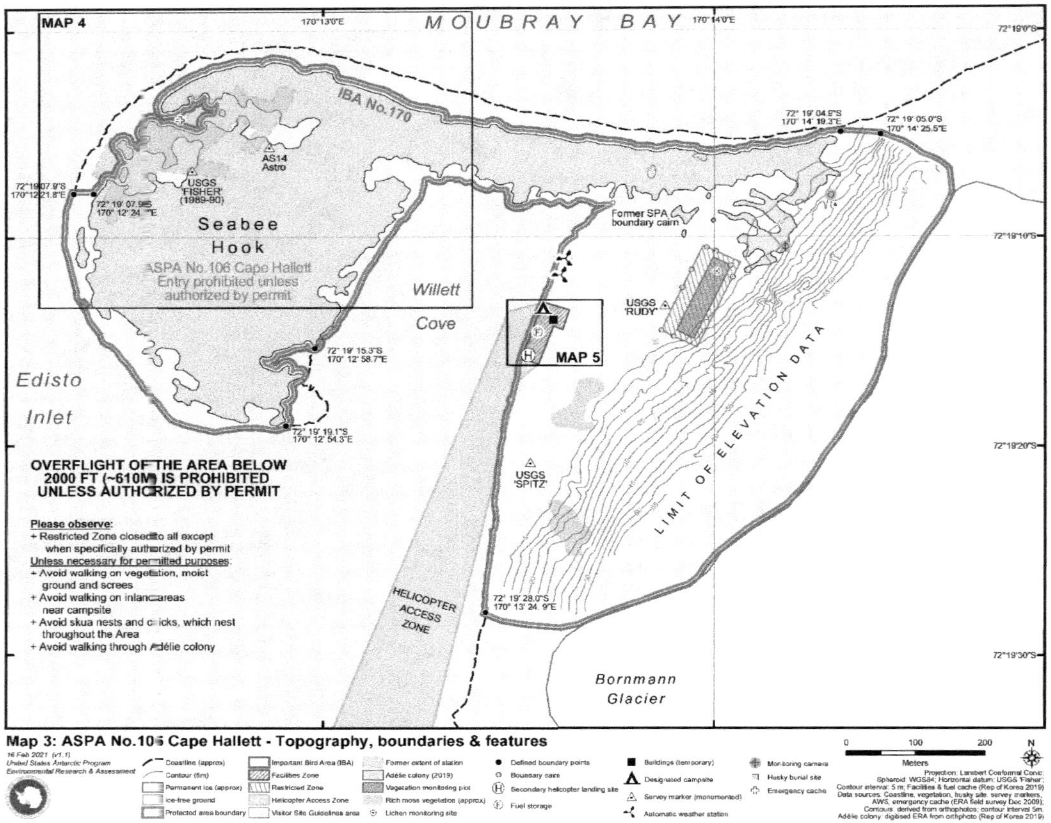

Map 3: ASPA No.106 Cape Hallett - Topography, boundaries & features

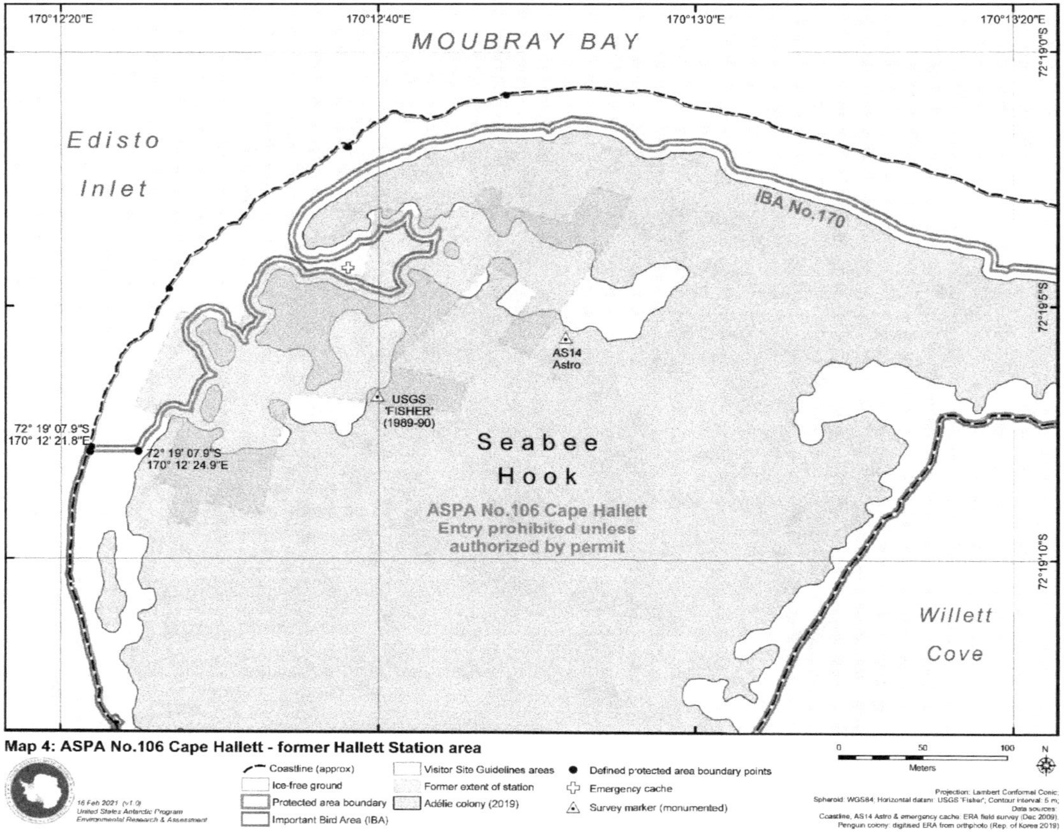

Map 4: ASPA No.106 Cape Hallett - former Hallett Station area

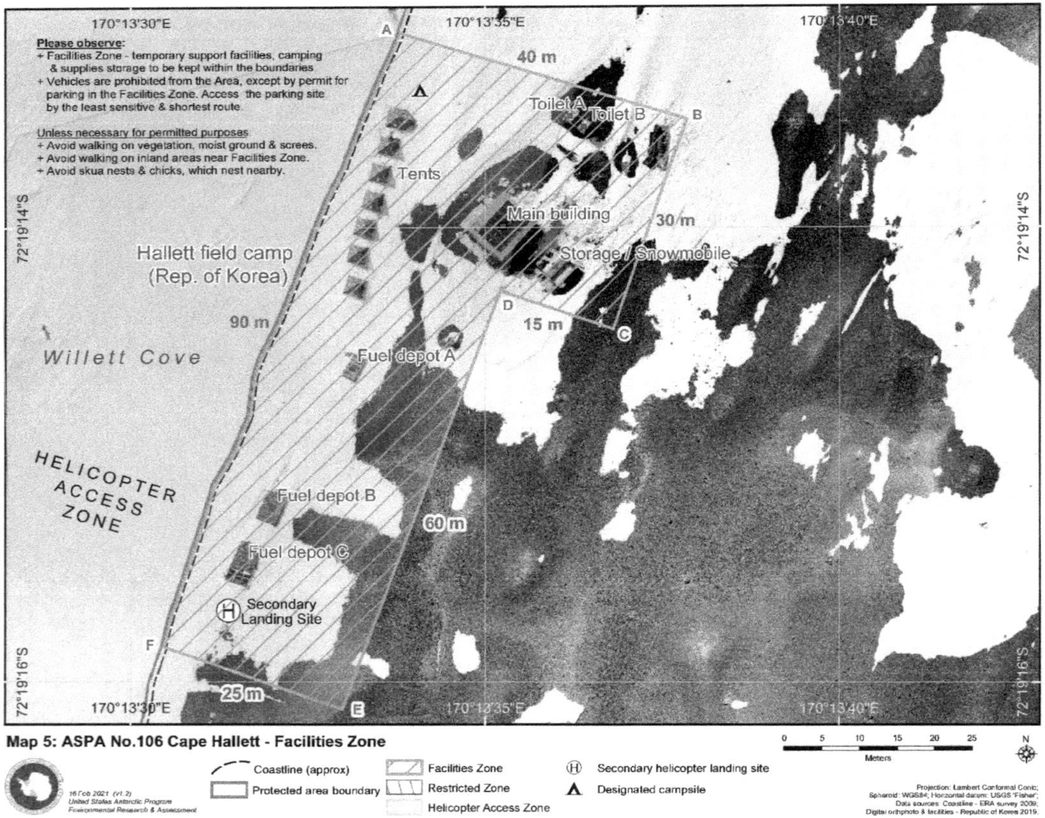

Map 5: ASPA No.106 Cape Hallett - Facilities Zone

Plan de Gestión para la Zona Antártica Especialmente Protegida n.º 120

ARCHIPIÉLAGO DE PUNTA GÉOLOGIE, TIERRA DE ADELIA

Islas Jean Rostand, Le Mauguen (antes Alexis Carrel), islas Lamarck y Claude Bernard, nunatak Bon Docteur y lugar de reproducción de pingüinos emperador

Introducción

El archipiélago de Punta Géologie, en Tierra de Adelia, está formado por 8 islas principales agrupadas en menos de 2,4 km², a unos 5 km del continente antártico. La isla de los Petreles, la más grande de estas islas, alberga la estación científica francesa Dumont-d'Urville (66° 39′ 46″ S 140° 0′ 07″ E).
Este archipiélago tiene la originalidad de albergar para su reproducción ocho de las nueve especies de aves que anidan en las costas del continente antártico, así como una de las cuatro especies de focas endémicas de la Antártida. Entre estas 8 especies de aves, 4 pertenecen a la familia de las *Procellariidae*, 2 a la de las *Spheniscidae*, 1 a *Stercorariidae* y, finalmente, 1 pertenece a la familia de las *Hydrobatidae*. En particular, están presentes representantes de una especie emblemática de la Antártida, los pingüinos emperador, cuya colonia de invierno se encuentra a unos cientos de metros de la base de Dumont-d'Urville.
Cuatro islas, un nunatak y el lugar de reproducción del pingüino emperador se clasificaron en 1995 (Medida 3, XIX RCTA) como Zona Antártica Especialmente Protegida dado que constituían un ejemplo representativo de ecosistemas antárticos terrestres desde el punto de vista biológico, geológico y estético.
La Resolución 3 (2008) recomendaba que el «análisis de dominios ambientales para el continente antártico» sirva «como modelo dinámico para un marco ambiental y geográfico sistemático» (ver también Morgan *et al.*, 2007). Según este modelo, la ZAEP 120 pertenece al dominio ambiental L (plataforma de hielo continental costera).
La Resolución 6 (2012) también recomendó que las «regiones biogeográficas de conservación antártica» se utilicen junto con el análisis de dominios ambientales para calificar las regiones donde se establecen ZAEP y así responder a la noción de criterio ambiental y geográfico sistemático mencionado en el párrafo 2 del artículo 3 del anexo V del Protocolo al Tratado Antártico relativo a la protección del medio ambiente. Así, el archipiélago de Punta Géologie está vinculado a la Región Biogeográfica de Conservación de la Antártida n.° 13, Tierra de Adelia (ver Terauds *et al.*, 2016), una de las regiones de conservación biogeográfica más pequeñas (178 km²).
Cabe señalar, además, que el sector de Punta Géologie ha sido identificado como una Zona Importante para la Conservación de las Aves (ZIA n.º 150) según los criterios A1 (presencia de especies amenazadas a nivel mundial) y A4iii (sitio conocido por, o sospechado refugio, de forma regular, de al menos 10 000 parejas de aves marinas de una o más especies) (Harris *et al.*, 2015).
La Zona Antártica Especialmente Protegida n.° 120 de Punta Géologie, en lo sucesivo denominada «la Zona», corresponde al perímetro delimitado en el punto 6(i) e ilustrado por el mapa 2.

1 Descripción de los valores que requieren protección

Valor ambiental

La Zona constituye una de las costas más representativas de las tierras de Adelia por su interés faunístico y científico. Posee valores ambientales y científicos excepcionales debido a la diversidad de especies de aves y mamíferos marinos que allí se reproducen:

- Foca de Weddell (*Leptonychotes weddellii*)
- Pingüino emperador (*Aptenodytes forsteri*)
- Skúa antártica (*Catharacta maccormicki*)
- Pingüino de Adelia (*Pygoscelis adeliae*)
- Petrel de Wilson (*Oceanites oceanicus*)
- Petrel gigante del sur (*Macronectes giganteus*)
- Petrel de las nieves (*Pagodroma nivea*)
- Petrel damero (*Daption capense*)

Valor científico

Desde hace muchos años (a partir de 1952 o 1964 según las especies), se vienen desarrollando programas de investigación y seguimiento continuo de aves y mamíferos marinos que apoyan actualmente el Instituto Polar francés Paul-Emile Victor (IPEV) y el CNRS (Centro Nacional de Investigación Científica). Así es como se ha podido constituir una base de datos demográficos de un valor excepcional dada la duración de las observaciones. Estos seguimientos a largo plazo han recibido la etiqueta de «Zonas Taller Antárticas» del CNRS, que les otorga el estatus de iLTsER (International Long Term Socio-Ecological Research), equivalentes biológicos de los observatorios físicos del medio ambiente. Los programas de investigación contribuyen, en particular, al programa de seguimiento ecológico de la CCRVMA (CEMP).

La presencia humana en la Zona está mayoritariamente ligada a la implementación de programas científicos que llevan a cabo estos seguimientos. El número de personas presentes al mismo tiempo en la Zona suele ser de 2, o incluso, muy excepcionalmente, de 4. La frecuencia de las visitas varía de un año a otro. Sigue siendo menor de un acceso por día.

Entre las 61 áreas de reproducción de pingüinos emperador enumerados (Fretwell y Trathan, 2020), el de Punta Géologie es uno de los pocos que se encuentra en las inmediaciones de una base permanente. Por tanto, se trata de un sitio privilegiado para el estudio de esta especie y su entorno, por lo que requiere una atención especial en cuanto a la reducción de las perturbaciones ligadas a la proximidad de la base.

2 Finalidades y objetivos

Los objetivos de la gestión de la Zona Especialmente Protegida de Punta Géologie son los siguientes:

- evitar cualquier deterioro o riesgo de deterioro de los valores de la Zona;
- permitir la investigación científica que no pueda llevarse a cabo en otro lugar, garantizando al mismo tiempo que se minimizan sus posibles impactos, en particular desarrollando, en la medida de lo posible, el uso de medios que permitan reducir la presencia humana en el lugar;
- prevenir perturbaciones de los ambientes y especies de la Zona evitando cualquier presencia humana injustificada en ella;
- reducir las perturbaciones relacionadas con la presencia humana cerca de la Zona, en particular cerca de la base de Dumont-d'Urville, y con las operaciones logísticas desplegadas allí;
- minimizar el riesgo de introducir plantas, animales o microbios no autóctonos en la Zona.

3 Actividades de gestión

Se llevarán a cabo las siguientes actividades de gestión a fin de proteger los valores de la zona:

- El presente plan de gestión se revisa regularmente a fin de garantizar el seguimiento de las medidas de protección de los valores de la ZAEP.
- Se iniciará una reflexión sobre la constitución de una base de datos sobre la biodiversidad de la ZAEP y su estado de conservación, que finalmente permita un seguimiento regular de los cambios en los valores ambientales.

- De acuerdo con el artículo 7 del anexo V del Protocolo al Tratado Antártico sobre Protección del Medio Ambiente, el acceso a la Zona está sujeto a la obtención de un permiso expedido por una autoridad competente durante todo el año.
- Todas las actividades de naturaleza científica o de gestión llevadas a cabo en la Zona deben someterse a una evaluación de impacto ambiental de conformidad con lo exigido en el anexo I del Protocolo al Tratado Antártico sobre Protección del Medio Ambiente.
- De conformidad con el anexo III al Protocolo al Tratado Antártico sobre Protección del Medio Ambiente, los equipos o materiales abandonados serán retirados, en la medida de lo posible, siempre que dicha remoción no afecte adversamente al medio ambiente y a los valores de la Zona.
- Todo el personal que permanezca en o transite por la estación Dumont d'Urville deberá ser informado de la existencia de la ZAEP, de sus límites geográficos, de las condiciones de acceso reglamentadas y, de manera general, del presente plan de gestión. Con este objeto, un letrero con un mapa de la zona que expone las restricciones y medidas de gestión particulares que se aplican en ella figura a la vista en la estación Dumont d'Urville y a bordo del Astrolabe. Se están implementando actividades para crear conciencia sobre los problemas de biodiversidad vinculados a la ZAEP.
- Además, están disponibles copias del presente plan de gestión en los cuatro idiomas del Tratado en la estación Dumont d'Urville. La información relativa a cada incursión en la ZAEP, especificando como mínimo: actividad emprendida o razón de la presencia, cantidad de personas implicadas, duración de la estancia y observaciones específicas es registrada por el jefe de estación de Dumont d'Urville e introducida en una base de datos.
- Las actividades cercanas a la ZAEP (desarrollo de la estación de Dumont-d'Urville, energía, gestión de aguas residuales y residuos, logística, suministros, tránsito de vehículos de motor, vuelos en helicóptero, etc.) se realizan , en la medida de lo posible, teniendo en cuenta las sensibilidad a las perturbaciones de los ambientes y especies de la ZAEP, con el fin de reducir las presiones potenciales en términos de perturbación de especies, contaminación e introducción de especies y patógenos.

4 Período de designación

La zona es designada como Zona Antártica Especialmente Protegida (ZAEP) por un período indeterminado.

5 Mapas

El mapa 1 muestra la situación geográfica de la Tierra de Adelia en la Antártida y la ubicación del archipiélago de Punta Géologie en la costa de la Tierra de Adelia.
El mapa 2 del archipiélago de Punta Géologie indica la ubicación de las principales colonias de aves y, con líneas de puntos discontinuos, los límites de la Zona Antártica Especialmente Protegida 120 en este archipiélago.

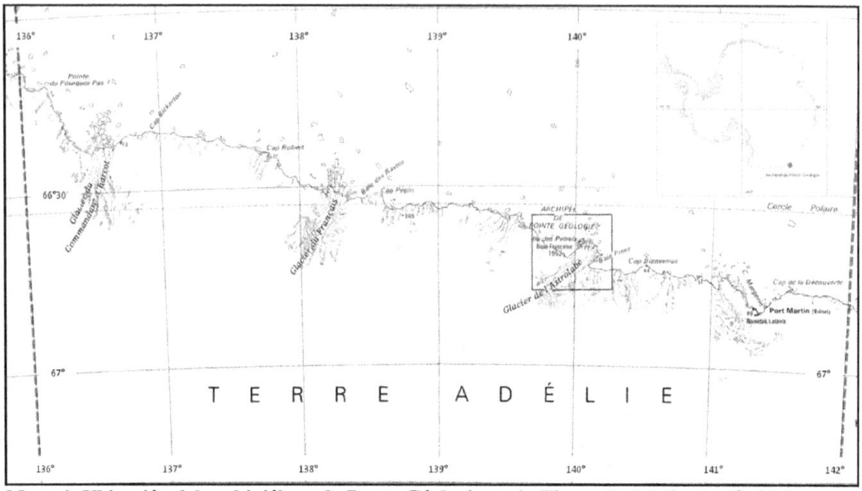

Mapa 1. Ubicación del archipiélago de Punta Géologie, en la Tierra de Adelia (Antártida)

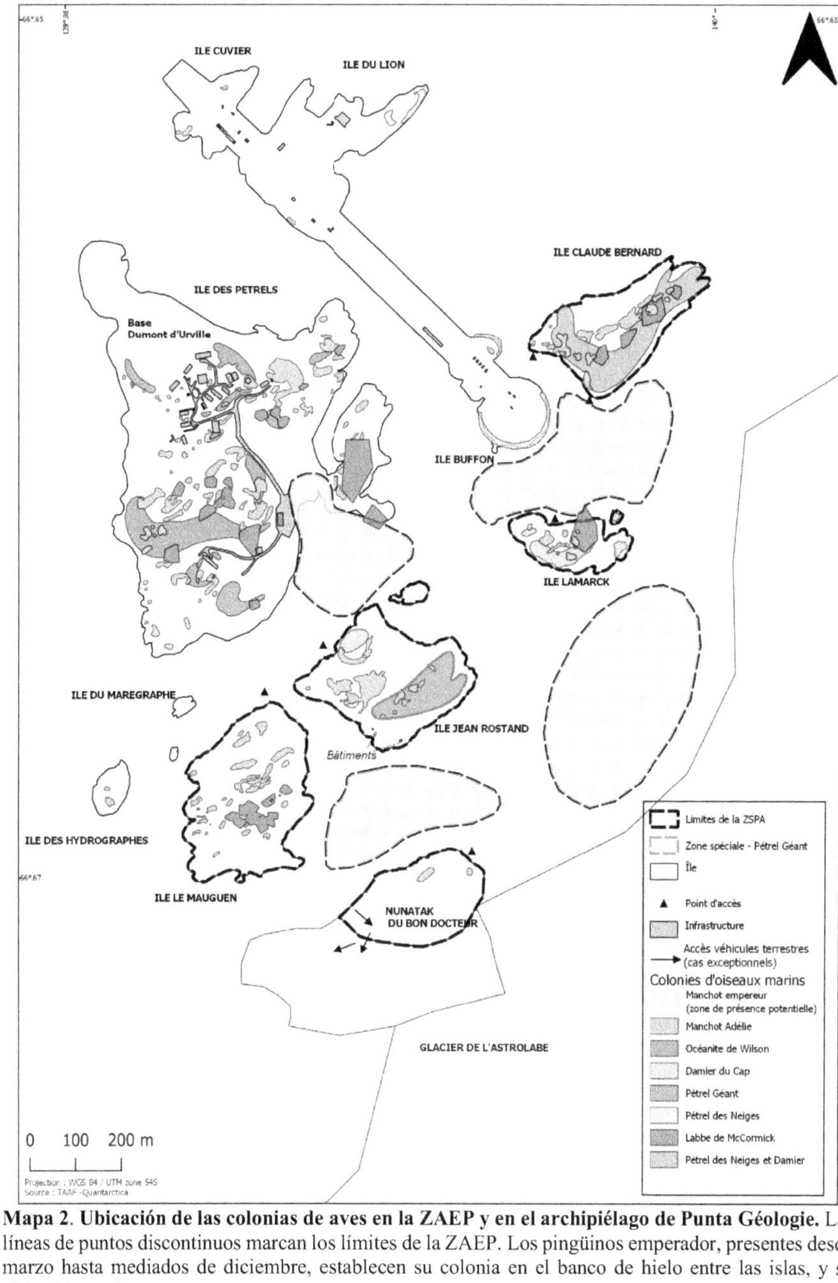

Mapa 2. Ubicación de las colonias de aves en la ZAEP y en el archipiélago de Punta Géologie. Las líneas de puntos discontinuos marcan los límites de la ZAEP. Los pingüinos emperador, presentes desde marzo hasta mediados de diciembre, establecen su colonia en el banco de hielo entre las islas, y su ubicación varía.

6 Descripción de la zona e identificación de los sectores

6 (i) Coordenadas geográficas, indicadores de límites y características naturales

LÍMITES Y COORDENADAS

La ZAEP 120 se encuentra al borde de la costa de Tierra de Adelia, en el corazón del archipiélago de Punta Géologie (140° a 140° 02' E; 66° 39' 30'' a 66° 40' 30'' S). Se compone de los siguientes territorios:

- la isla Jean Rostand;
- la isla Le Mauguen (antigua isla Alexis Carrel);
- la isla Lamarck;
- la isla Claude Bernard;
- el nunatak Bon Docteur;
- el lugar de reproducción de los pingüinos emperador, cuyo límite está determinado por la presencia de uno o más grupos de pingüinos emperador aumentados por una zona tampón de 40 m[1].

En total, la superficie de los afloramientos rocosos no sobrepasa los 2 km². Los puntos más elevados se encuentran en una cordillera que va de nordeste a sudoeste (isla Claude Bernard: 47,60 m; isla Jean Rostand: 36,39 m; isla de Le Mauguen (antes Alexis Carrel): 28,24 m, nunatak Bon Docteur: 28,50 m). Durante el verano austral, el banco de hielo entre las islas desaparece y sólo las laderas norte de las islas siguen parcialmente cubiertas por ventisqueros. La ZAEP está entonces bien delimitada por sus características naturales (contorno de las islas y afloramientos rocosos)
No existen rutas ni caminos en el interior de la Zona.

DESCRIPCIÓN GENERAL DE LA ZONA

Clima

Las condiciones meteorológicas promedio (temperatura: -10,8 °C; presión: 987,3 hPa; velocidad del viento: 9,5 m s^{-1}, dirección preferencial del viento: 120-160°) (König-Langlo *et al.* 1998) y estacionales en el límite de la capa de hielo desempeñan un papel fundamental en la acumulación de nieve y su derretimiento, así como en la extensión del banco de hielo cerca del continente. La estacionalidad se caracteriza por un invierno largo, de mayo a octubre, un verano corto, de noviembre a enero, y entre estaciones extremadamente cortas (Périard & Pettré 1993). La fuerte estacionalidad de las temperaturas (-15 °C en invierno, -0,5 °C en verano de media) implica que el deshielo solo se produce de diciembre a febrero, afectando a las condiciones de la nieve en los distintos nunataks, así como al descongelamiento del hielo alrededor del archipiélago. Este es el resultado directo de las variaciones en el suministro de energía por radiación solar, fuerte en verano, y del enfriamiento radiativo «nocturno» en la meseta antártica responsable del establecimiento de capas atmosféricas estables en el origen del viento catabático (Gallée & Pettré 1998; König-Langlo *et al.* 1998). El viento catabático fuerte y persistente es una característica clave del clima de la región del archipiélago (Périard & Pettré 1993). No obstante, la zona se ve afectada por frecuentes sistemas de baja presión procedentes del noroeste (King & Turner 1997). Se observan condiciones de mayor presión en verano e invierno, pero la precipitación se da durante todo el año sin mostrar un ciclo estacional claro (König-Langlo *et al.* 1998). Las cantidades notables de nieve se limitan a unos pocos eventos de elevada precipitación que pueden ocurrir en cualquier época del año (Turner *et al.* 2019). Estos los causa el intenso desplazamiento de humedad desde latitudes medias. Estos eventos ocurren durante condiciones de bloqueo atmosférico, causando aumentos significativos de temperatura y fuertes precipitaciones que pueden dar lugar a los raros eventos lluviosos registrados en el área (Favier *et al.* 2011 ; Wille *et al.* 2021). Aunque es poco común, la ocurrencia de precipitaciones lluviosas durante las primeras semanas de vida de los pingüinos de Adelia puede ser dramática para su éxito reproductivo (Ropert-Coudert *et al.* 2015). La evolución de las

[1] En el caso de que los grupos o la colonia se encuentren a menos de 40 m de los asentamientos humanos existentes en la isla de los Petreles o en la Piste du Lion, los procedimientos *ad hoc* se determinarán de acuerdo con las disposiciones del Protocolo de Madrid y su anexo II.

temperaturas en el sector durante el próximo siglo superará a la observada a escala global (según los escenarios de emisión de gases de efecto invernadero, todo el continente se calentará entre 1,3 ± 0,5 °C y 4,8 ± 1,2 °C (Bracegirdle *et al.* 2020 ; Krinner *et al.* 2019). Este calentamiento influirá directamente en las comunidades de aves y mamíferos que viven en el archipiélago. Sin embargo, la variabilidad climática interanual en el área es extremadamente intensa y depende, en primer orden, de la situación atmosférica a gran escala, principalmente de la intensidad del modo anular austral (Marshall *et al.* 2017) y, en segundo lugar, de las condiciones regionales (por ejemplo, extensión del hielo marino) (Goursaud *et al.* 2019 ; Krinner *et al.* 2014). Es por esto por lo que no se espera el surgimiento del calentamiento global antropogénico en este sector antes de mediados del siglo XXI (Mora et al. 2013).

Geología
Los escarpes bien marcados ofrecen perfiles transversales asimétricos, suavemente inclinados hacia el norte, más empinados hacia el sur. Numerosas fallas y fracturas hacen que el terreno sea muy accidentado. Las rocas del basamento, formadas principalmente por gneises ricos en sillimanita, cordierita y granate, están cortadas por una densa red de vetas de anatextita rosa. Las partes más deprimidas de las islas están cubiertas de morrenas cuyo tamaño de grano es heterogéneo (con bloques que varían en diámetro desde unos pocos centímetros hasta más de un metro).

Comunidades biológicas terrestres
Flora e invertebrados
En la Zona no viven plantas vasculares ni macroartrópodos. Solo la alga cosmopolita *Prasiola crispa* está presente y puede tener, localmente, una cobertura significativa, en relación con los aportes de excrementos de aves.

Fauna silvestre
En el archipiélago de Punta Géologie se reproducen siete especies de aves y una de mamífero marino (foca de Weddell). Todas han sido objeto de seguimiento de su población desde los años cincuenta y sesenta. El cuadro 1 brinda información sobre el número de aves marinas observadas; el cuadro 2, sobre los períodos de presencia de estas diferentes especies y el cuadro 3, sobre la sensibilidad estimada de cada una de ellas. La foca de Weddell no se reproduce en la Zona, sino en el banco de hielo exterior a esta. La población, a finales de octubre, varía entre 70 y 170 individuos según el año, de ellos entre 30 y 50 recién nacidos (datos del CEBC-CNRS no publicados).
Entre las especies de aves que son visitantes regulares se incluyen el petrel antártico, *Thalassoica antártida*, y el pingüino de barbijo, *Pygoscelis antarctica*. Varias especies de mamíferos marinos visitan regularmente el archipiélago, pero no se reproducen allí, incluidas cuatro de focas (foca leopardo, *Hydrurga leptonyx;* foca cangrejera *Lobodon carcinophaga;* elefante marino del sur, *Mirounga Leonina*; foca de Ross, *Ommatophoca rossii*) y dos de cetáceos (orca *Orcinus orca* y ballena minke antártica *Balaenoptera bonaerensis*).

Amenazas y presiones
El establecimiento de la estación Dumont-d'Urville ha provocado una disminución significativa de la población de petreles gigantes en el archipiélago de Punta Géologie. Las colonias reproductoras ubicadas en la isla de los Petreles desaparecieron casi por completo a finales de la década de 1950, durante los primeros años de la instalación de la base en las inmediaciones de estas colonias (ampliación de edificios, intensificación de vuelos de helicópteros, instalación y reemplazo de tanques de petróleo, persecución directa). Actualmente, entre el 95 % y el 100 % de la población de petreles gigantes de Punta Géologie se reproduce en la ZAEP, en la parte sureste de la isla Rostand. Una pareja se reproduce regularmente en la isla de los Petreles, en Mont des Géants.
El trabajo realizado entre 1984 y 1993 para conectar las islas Buffon, Cuvier y Lion con el fin de establecer una pista de aterrizaje dio como resultado la destrucción de las áreas de reproducción de aproximadamente 3000 parejas de pingüinos Adelia, 210 parejas de petreles de las nieves, 170 parejas de petreles dameros, 180 parejas petreles de Wilson y 3 parejas de skúas antárticas (Micol & Jouventin, 2001). Una porción relativamente grande de parejas de pingüinos de Adelia se desplazó a la ZAEP, a diferencia de las otras especies (Micol & Jouventin 2001, CEBC, datos no publicados).

La marcada disminución de los pingüinos emperador, a finales de los años 1970, parece deberse a una prolongada anomalía climática que se produjo entre 1976 y 1982 y que provocó una disminución considerable de la superficie del banco de hielo (Barbraud & Weimerskirch 2001; Barbraud *et al.*, 2011; Jenouvrier *et al.*, 2009, 2012). Es probable que otros efectos acumulativos, como los trabajos de construcción en la estación y la pista de Lion y el trabajo científico de ese momento también hayan afectado a la población de Punta Géologie y hayan empujado a algunas de las aves a emigrar a otras colonias, en particular la de Mertz (Cristofari *et al.*, 2016). Durante los últimos quince años, la población reproductora de pingüinos emperador se ha mantenido estable o ha aumentado ligeramente en paralelo con un aumento en la extensión del banco de hielo en el sector de Tierra de Adelia (Barbraud *et al.*, 2020, cuadro 3); sin embargo, se requiere vigilancia en vista de los cambios recientes observados (ver más abajo).

Entre las especies de aves presentes en el archipiélago de Punta Géologie, el pingüino emperador y el petrel gigante se reproducen únicamente dentro de la ZAEP (con la excepción de una pareja de petrel gigante presente en la isla de los Petreles). Desde el establecimiento de esta ZAEP en 1995, las poblaciones de estas dos especies permanecen estables o aumentan ligeramente (cuadro 3). Las proyecciones a largo plazo, sin embargo, hacen necesario mantener un alto estado de protección a través de este plan de gestión.

La región del archipiélago de Punta Géologie aún no muestra una tendencia significativa de evolución de temperaturas y precipitaciones. De hecho, la zona está marcada, sobre todo, por una variabilidad meteorológica interanual muy elevada, por un lado, y, por otro, por unas condiciones de hielo marino que varían considerablemente de un año a otro. Desde 2010, el archipiélago de Punta Géologie ha experimentado condiciones de hielo marino particularmente extensas, probablemente atribuibles al impacto de la llegada del iceberg gigante B9B a Tierra de Adelia. A estas condiciones de hielo marino en Punta Géologie se han sumado dos años de fenómenos meteorológicos más intensos de lo habitual (lluvia, temperaturas) ante lo que las poblaciones de aves marinas cuya ecología alimentaria depende del hielo marino han mostrado respuestas extremas que han llegado hasta el nulo éxito reproductivo para algunos de ellas, especialmente en el caso de los pingüinos Adelia (Barbraud *et al.*, 2015; Ropert-Coudert *et al.*, 2015, 2018). Sin embargo, temporadas recientes sugieren que se está desarrollando un nuevo régimen de condiciones de hielo marino que será menos desfavorable para los pingüinos y algunos petreles con una recesión más rápida en la temporada de verano.

Las proyecciones climáticas del IPCC sugieren una disminución en la extensión y concentración del hielo marino frente a la costa de Tierra de Adelia a partir de mediados del siglo XXI. Es muy probable que esta disminución ejerza impactos negativos en varias especies de aves marinas que se reproducen en el archipiélago, como el pingüino emperador (Jenouvrier *et al.*, 2009, 2014), el pingüino de Adelia (Iles *et al.*, 2020), o las skúas antárticas (Pacoureau *et al.*, 2019), pero escasos efecto para otras, como el petrel de las nieves (Barbraud *et al.*, 2011; Sauser *et al.*, 2021).

Las estructuras equipadas con cables tensores como el mástil ionosférico en la isla de los Petreles (fuera de uso durante varios años), así como los cables eléctricos aéreos entre edificios, constituyen una seria amenaza para varias especies. De hecho, tanto colisiones como mortalidad de aves voladoras se han observado regularmente durante varios años (al menos 70 individuos murieron por colisión contra estos cables desde 1999, incluidas 45 skúas antárticas y 14 petreles gigantes, datos no publicados CEBC-CNRS). Esto muestra la vulnerabilidad de estas especies a los cables aéreos y sugiere que la instalación de nuevos cables en áreas utilizadas por aves marinas voladoras tendría impactos negativos. Estas especies cuentan con escasos efectivos en Punta Géologie (skúa antártica, fulmar antártico, petrel gigante) y una mortalidad aditiva en especies tan longevas puede ejercer un efecto negativo casi inmediato en su población.

Los contaminantes representan una amenaza adicional para varias especies. De hecho, se han detectado varios tipos de contaminantes de origen antropogénico (mercurio, contaminantes orgánicos persistentes como hexaclorobenceno, policlorobifenilos, polibromodifeniléteres, organoclorados) en varias especies (pingüino emperador, pingüino de Adelia, petrel de las nieves, skúa antártica) que se reproducen en la zona (Goutte *et al.*, 2013; Tartu *et al.*, 2014; Carravieri *et al.*, 2020). En el caso de ciertos contaminantes, como el mercurio, se han demostrado efectos negativos en los parámetros de reproducción con un impacto potencial en la dinámica de la población (Goutte *et al.*, 2014, 2018).

Cuadro 1: Cantidad de parejas de aves que se reproducen en la ZAEP 120 (recuento durante el ciclo de reproducción 2019/2020). La proporción de la población que se reproduce al interior de esta ZAEP con relación a la del archipiélago Punta Géologie en su totalidad (PG) se menciona igualmente (fuente: datos no publicados CEBC-CNRS sobre el ciclo reproductivo 2019/2020 excepto para los petreles de Wilson, datos de 2016 en Barbraud *et al.*, 2018).

Lugar	Pingüino emperador	Pingüino de Adelia	Skúa antártica	Petrel de las nieves	Petrel damero	Petrel de Wilson	Petrel gigante
Isla Claude Bernard	--	4201	10	132	99	106	--
Isla Lamarck	--	1445	2	27	11	32	--
Isla J. Rostand		5396	8	44	20	83	19
Isla de Le Mauguen (antes Alexis Carrel)	--	4396	18	15	11	63	--
Nunatak Bon Docteur	--	1461	3	2	--	43	--
Banco de hielo invernal entre las islas	3727	--	--	--	--	--	--
Total ZAEP	3727	16899	41	220	141	327	19
Total Punta Géologie	3727	41151	78	856	266	793	20
% ZAEP/Punta Géologie	100 %	41 %	53 %	26 %	53 %	41 %	95 %

Cuadro 2: Presencia de aves en áreas de reproducción

	Pingüino emperador	Pingüino de Adelia	Skúa antártica	Petrel de las nieves	Petrel damero	Petrel de Wilson	Petrel gigante
Primera llegada	Marzo	Octubre	Octubre	Septiembre	Octubre	Noviembre	Julio
Primera puesta	Mayo	Noviembre	Noviembre	Diciembre	Diciembre	Diciembre	Octubre
Última salida	Finales de diciembre	Marzo	Marzo	Marzo	Marzo	Marzo	Abril

Cuadro 3: Sensibilidad a las perturbaciones humanas y evolución de las poblaciones de aves del archipiélago de Punta Géologie (fuentes: datos no publicados CEBC-CNRS, Barbraud *et al.*, 2020 Pacoureau *et al.*, 2019; Sauser *et al.*, 2021, Barbraud *et al.*, 2018 para los datos de petreles de Wilson).

		Pingüino emperador	Pingüino de Adelia	Skúa antártica	Petrel de las nieves	Petrel damero	Petrel de Wilson	Petrel gigante	Foca de Weddell
Sensibilidad		elevado	media	media	elevado	elevado	elevado	elevado	media
Tendencias	1952-1984	disminución	?	?	?	?	?	disminución	?
	1984-2000	estable	aumento	aumento	estable	estable	disminución	estable	estable
	2000-2019	aumento	estable	aumento	estable	estable	?	ligero aumento	disminución

6 (ii) Instalaciones dentro de la Zona

La histórica cabaña Prévost y un refugio se encuentran en la isla Rostand, con exclusión de cualquier otra estructura en toda la Zona. Estos edificios los utilizan principalmente los científicos para protegerse de las condiciones meteorológicas durante sus operaciones de seguimiento de la población.

6 (iii) Ubicación de otras zonas protegidas cercanas

La zona protegida más cercana a la ZAEP 120 es la ZAEP 166, Puerto Martin, ubicada a 60 km al este.

6 (iv) Zonas especiales dentro de la ZAEP

Lugares de nidificación de petreles gigantes en la isla Rostand
Dentro de la ZAEP, las áreas de reproducción de petreles gigantes están presentes exclusivamente en la parte sureste de la isla Rostand. Todos los lugares de nidificación de esta especie en la isla Rostand están cubiertos por una zona especial, destinada a asegurar su protección reforzada, y la cuyo perímetro es el definido en el mapa 2.
Las autorizaciones para acceder a esta zona especial están sujetas a su mención explícita en los permisos de acceso de la ZAEP emitidos en virtud del artículo 7. Solo se autorizan las visitas con fines científicos. Se podrá autorizar un máximo de cinco visitas anuales para todos los programas.

7 Condiciones para la expedición de permisos

- El acceso a la Zona está prohibido a menos que una autoridad nacional competente designada en virtud del artículo 7 del anexo V del Protocolo al Tratado Antártico para la Protección del Medio Ambiente haya expedido un permiso. A fin de evitar cualquier conflicto entre las operaciones llevadas a cabo en la ZAEP y de permitir la evaluación de los impactos acumulativos potenciales antes de la actividad, la autoridad nacional competente que expide el permiso debe informar de ella al jefe de la estación de Dumont d'Urville o a la autoridad nacional competente francesa lo antes posible.
- Se podrán expedir permisos para las actividades previstas en el párrafo 7(ii) de este documento. En los permisos se especifica, para cada visita, las actividades previstas, su duración, el número de accesos así como la cantidad máxima de personas autorizadas para ingresar a la Zona (titulares del permiso y eventuales acompañantes necesarios por razones profesionales o de seguridad, que deberán ser elegidos por científicos en función de su experiencia).

7 (i) Acceso a la zona y circulación dentro de esta

El acceso a la Zona está autorizado solo a pie o en embarcación ligera (en verano).
Sobrevuelo

- Ningún helicóptero puede aterrizar en la ZAEP (excepto para los procedimientos de emergencia).
- El sobrevuelo de la Zona está prohibido para cualquier aeronave (excepto en el caso de procedimientos de emergencia). El sobrevuelo y aterrizaje en la Zona por parte de Sistemas de Aeronaves Dirigidas por Control Remoto (drones) están prohibidos, salvo si se efectúan en el marco de las actividades previstas en el punto 7 (ii) y de conformidad con un permiso expedido por una autoridad nacional competente. La utilización de drones en el interior de la Zona debe ajustarse a las Directrices Medioambientales para la Operación de Sistemas de Aeronaves Dirigidas por Control Remoto (RPAS) en la Antártida (Resolución 4 [2018]).

Vehículos terrestres

- La circulación de vehículos terrestres entre la estación Dumont d'Urville, en la isla de los Petreles, y la estación de Cabo Prudhomme, en el continente, se realizan normalmente en invierno en línea recta, sobre el banco de hielo. Cuando en raras ocasiones el estado del hielo marino no permita realizar estos trayectos de forma segura, el jefe de la estación de Dumont-d'Urville podrá autorizar un recorrido por el borde oeste del nunatak Bon Docteur, como se indica en el mapa 2.
- En todos los casos, los vehículos terrestres que vayan a circular cerca de las concentraciones de pingüinos emperador deben respetar una distancia mínima de 40 m con respecto a estos animales.

Desplazamiento a pie

- El movimiento de personas autorizadas dentro de la Zona debe realizarse con especial atención para evitar perturbar a las aves y deteriorar las áreas de anidación y sus accesos.

7 (ii) Actividades realizadas o que puedan realizarse dentro de la Zona, incluidas las restricciones en cuanto a tiempo y lugar

- Actividades orientadas a facilitar objetivos científicos esenciales que no pueden realizarse en otro lugar.
- Actividades encaminadas a atender los objetivos de conservación de los ambientes o especies presentes.
- Actividades de gestión y de logística indispensables. La solicitud de permiso en este caso debe demostrar que no es posible una alternativa viable para acceder a la Zona.
- Actividades con fines pedagógicos o de divulgación científica (tomas cinematográficas o fotográficas, tomas de sonido...) que no se puedan realizar en otro lugar.

7 (iii) Instalación, modificación o retiro de estructuras

- Se prohíbe el establecimiento de nuevas estructuras o instalaciones permanentes. Solo se podrán instalar estructuras o equipos temporales en la Zona con fines científicos esenciales o para actividades de gestión o de conservación autorizadas por una autoridad nacional competente.
- Las modificaciones o retiros eventuales de las únicas instalaciones que se encuentran actualmente presentes en la isla Rostand requerirán, para poder llevarse a cabo, una autorización.

7 (iv) Ubicación de los campamentos

Está prohibido acampar en la Zona. Solo se harán excepciones por razones de seguridad, en particular cuando se realicen expediciones científicas o de conservación. Si este es el caso, las carpas deben instalarse de tal manera que perturben el entorno lo menos posible.

7 (v) Restricciones aplicables a los materiales y organismos que se pueden introducir en la Zona[2]

- De conformidad con las disposiciones del anexo II del Protocolo al Tratado Antártico sobre Protección del Medio Ambiente, la introducción deliberada de animales o plantas vivos está prohibida en la Zona.
- Para evitar la introducción involuntaria de microbios, invertebrados o plantas de otros sitios de la Antártida, incluidas las estaciones u otras regiones fuera de la Antártida, todo el material que se introduzca en la Zona, incluido el equipamiento científico, debe limpiarse o esterilizarse.
- El calzado, ropa, bolsas y, en general, todos los contenedores que se traigan a la Zona deben haberse limpiado a fondo de antemano.
- No se pueden introducir a la Zona productos avícolas, incluidos los desechos asociados con estos productos y los productos que contienen huevo en polvo.
- Está prohibido introducir productos químicos en la zona, salvo para actividades científicas autorizadas con las condiciones estipuladas en los permisos otorgados. Todo producto químico deberá ser retirado de la zona a más tardar cuando concluya la actividad para la que se haya expedido el permiso.
- Está prohibido almacenar combustibles, productos alimentarios u otro material en la zona, a menos que se necesiten para la actividad para la que se haya otorgado el permiso. Todos los materiales introducidos deberán ser retirados de la zona cuando dejen de utilizarse. Está prohibido el almacenamiento permanente.

7 (vi) Toma de muestras e intervención sobre la flora y fauna autóctonas

---

[2] El *Manual sobre especies no autóctonas* del CPA y las listas de verificación para los gestores de cadenas de suministro de los Programas Antárticos Nacionales para la reducción del riesgo de transferencia de especies no autóctonas del COMNAP/SCAR ofrecen instrucciones adicionales en la materia.

- Se prohíbe cualquier remoción o intervención sobre flora y fauna autóctonas, salvo de conformidad con un permiso que lo especifique. En caso de que la toma de animales o la intervención estén autorizados, el Código de Conducta del SCAR para el Uso de Animales con Fines Científicos en la Antártida (XLII RCTA-XXII Reunión del CPA, Resolución 4) debería utilizarse como norma mínima.
- Los especímenes muertos o enfermos de flora y fauna autóctonas solo podrán sacarse de la Zona si así se indica expresamente en el permiso.

7 (vii) Recolección o retiro de cualquier objeto o material que el titular de la autorización no haya llevado a la Zona

- Está prohibido recolectar o retirar objetos y materiales que no hayan sido llevados a la Zona por el titular de un permiso, a menos que se especifique lo contrario en el permiso.
- Los desechos de origen humano pueden retirarse de la Zona, con la condición de que ello no perjudique al entorno o valores de esta.

7 (viii) Eliminación de desechos

Todos los desechos producidos deben ser retirados de la Zona al final de cada visita, de conformidad con el anexo III del Protocolo al Tratado Antártico sobre Protección del Medio Ambiente, como norma mínima.

7 (ix) Medidas necesarias para alcanzar las finalidades y los objetivos del plan de gestión

- Las visitas a la Zona están estrictamente limitadas a las actividades previstas en el párrafo 7 (ii) y debidamente autorizadas.
- Las actividades de carácter científico se llevarán a cabo de conformidad con el Código de Conducta Ambiental del SCAR para las Investigaciones Científicas sobre el Terreno en la Antártida (XXXII RCTA-XII Reunión del CPA, IP004) y con el Código de Conducta del SCAR para el Uso de Animales con Fines Científicos en la Antártida (XXXIV RCTA-XIV Reunión del CPA IP53).

7 (x) Informes de visitas

Las Partes deberán cerciorarse de que el titular principal de cada permiso presente a las autoridades competentes un informe de las actividades realizadas en la Zona. Este informe, que se entregará al final de cada campaña, deberá incluir, en su caso, la información identificada en el formulario para informes de visitas contenido en la *Guía para la preparación de planes de gestión para las Zonas Antárticas Especialmente Protegidas* (Resolución 2, 2011).
Estos informes contienen, en su caso, los sitios visitados y los datos recopilados necesarios para el seguimiento ambiental de la Zona (tamaño y distribución de las poblaciones, en particular).
Si corresponde, la autoridad nacional debe enviar una copia del informe de la visita a la Parte que propuso el plan de gestión para que pueda usarlo con el fin de una adecuada gestión de la Zona o de la revisión del plan de gestión.
En la medida de lo posible, las Partes deberán depositar los originales o copias de los informes originales de la visita en un archivo accesible al público a fin de mantener un archivo habitual, que se utilizará al examinar el plan de gestión y en la organización de la Zona con fines científicos.

8 Documentos de referencia

Barbraud, C. et Weimerskirch, H. 2001. Emperor penguins and climate change. *Nature*, 411: 183-186.
Barbraud, C., Rivalan, P., Inchausti, P., Nevoux, M., Rolland, V. & Weimerskirch, H. 2011. Contrasted demographic responses facing future climate change in Southern Ocean seabirds. *Journal of Animal Ecology* 80 : 89-100.
Barbraud C., Delord K., Weimerskirch H. 2015. Extreme ecological response of a seabird community to unprecedented sea ice cover. *Royal Society Open Science*, 2: 140456.

Barbraud, C., Vasseur, J. & Delord, K. 2018. Using distance sampling and occupancy rate to estimate abundance of breeding pairs of Wilson's Storm Petrel (*Oceanites oceanicus*) in Antarctica. *Polar Biology* 41:313-322.

Barbraud, C., Delord, K., Bost, C.A., Chaigne, A., Marteau C. & Weimerskirch, H. 2020. Population trends of penguins in the French Southern Territories. *Polar Biology* 43: 835-850.

Bracegirdle, T. J., Krinner, G., Tonelli, M.; Haumann, F. A., Naughten, K. A., Rackow, T., Roach, L. A., & Wainer, I., 2020. Twenty first century changes in Antarctic and Southern Ocean surface climate in CMIP6. *Atmospheric Sci. Lett.*, 21, e984.

Carravieri, A., Bustamante, P., Labadie, P., Budzinski, H., Chastel, O. & Cherel, Y. 2020. Trace elements and persistent organic pollutants in chicks of 13 seabird species from Antarctica to the subtropics. Environmental International 134: 105225.

Cristofari, R., Bertorelle, G., Ancel, A., Benazzo, A., Le Maho, Y., Ponganis, P.J., Stenseth, N.C., Trathan, P.N., Whittington, J.D., Zanetti, E., Zitterbart, D.P., *Le Bohec, C. & *Trucchi, E. 2016. Full circumpolar migration ensures evolutionary unity in the Emperor penguin. *Nature Communications* 7:11842.

FrethwellFavier, V., Agosta, C., Genthon, C., Arnaud, L., Trouvillez, A. & Gallée, H., 2011. Modeling the mass and surface heat budgets in a coastal blue ice area of Adelie Land, Antarctica. *J. Geophys. Res. Earth Surf.*, 116, F03017.

Fretwell, P.T., et Trathan, P.T., 2020. Discovery of new colonies by Sentinel2 reveals good and bad news for new emperor penguins. *Remote sensing in Ecology and Conservation.*

Gallée, H., & Pettré, P. 1998. Dynamical Constraints on Katabatic Wind Cessation in Adélie Land, Antarctica. *J. Atmospheric Sci.*, 55, 1755–1770.

Goursaud, S., Masson-Delmotte, V., Favier, V., Preunkert, S., Legrand, M., Minster, B., & Werner, M., 2019. Challenges associated with the climatic interpretation of water stable isotope records from a highly resolved firn core from Adélie Land, coastal Antarctica. *The Cryosphere*, 13, 1297–1324.

Goutte, A., Chevreuil, M., Alliot, F., Chastel, O., Cherel, Y., Eléaume, M. & Massé, G. 2013. Persistent organic pollutants in benthic and pelagic organisms off Adélie Land, Antarctica. *Marine Pollution Bulletin* 77:82-89.

Goutte, A., Bustamante, P., Barbraud, C., Delord, K., Weimerskirch, H. & Chastel, O. 2014. Demographic responses to mercury exposure in two closely related Antarctic top predators. *Ecology* 95:1075-1086.

Goutte, A., Meillère, A., Barbraud, C., Budzinski, H., Labadie, P., Peluhet, L., Weimerskirch, H., Delord, K. & Chastel, O. 2018. Demographic, endocrine and behavioral responses to mirex in the South polar skua. *Science of the Total Environment* 631-632:317-325.

Harris, C.M., Lorenz, K., Fishpool, L.D.C., Lascelles, B., Cooper, J., Croxall, J.P., Emmerson, L.M., Fijn, R., Fraser, W.L., Jouventin, P., LaRue, M.A., Le Maho, Y., Lynch, H.J., Naveen, R., Patterson-Fraser, D.L., Peter, H.-U., Poncet, S., Phillips, R.A., Southwell, C.J., van Franeker, J.A., Weimerskirch, H., Wienecke, B., & Woehler, E.J. 2015. *Zones importantes pour la conservation des oiseaux en Antarctique 2015 Résumé.* BirdLife International and Environmental Research & Assessment Ltd., Cambridge.

Iles, D., Lynch H., Ji, R., Barbraud, C., Delord, K. & Jenouvrier, S. 2020. Sea ice predicts long-term trends in Adélie penguin population growth, but not annual fluctuations: Results from a range-wide multi-scale analysis. *Global Change Biology* 26:3788-3798.

Jenouvrier, S., Caswell, H., Barbraud, C., Holland, M., Stroeve, J. & Weimerskirch, H. 2009. Demographic models and IPCC climate projections predict the decline of an emperor penguin population. *Proceedings of the National Academy of Sciences USA* 106: 1844-1847.

Jenouvrier, S., Holland, M., Stroeve, J., Barbraud, C., Weimerskirch, H., Serreze, M. et Caswell, H. 2012. Effects of climate change on an emperor penguin population: analysis of coupled demographic and climate models. *Global Change Biology*, 18, 2756-2770.

Jenouvrier, S., Holland, M., Stroeve, J., Serreze, M., Barbraud, C., Weimerskirch, H. & Caswell, H. 2014. Projected continent-wide declines of the emperor penguin under climate change. *Nature Climate Change* 4: 715-718.

King, J. C., & Turner, J., 1997. *Antarctic Meteorology and Climatology*. Camb. Core.

König-Langlo, G., King, J. C., & Pettré, P., 1998. Climatology of the three coastal Antarctic stations Dumont d'Urville, Neumayer, and Halley. *J. Geophys. Res. Atmospheres*, 103: 10935–10946.

Krinner, G., Largeron, C., Ménégoz, M., Agosta, C., & Brutel-Vuilmet, C., 2014. Oceanic Forcing of Antarctic Climate Change: A Study Using a Stretched-Grid Atmospheric General Circulation Model. *J. Clim.*, **27**, 5786–5800.
Krinner, G., Beaumet, J., Favier, V., Déqué, M., & Brutel-Vuilmet, C., 2019. Empirical Run-Time Bias Correction for Antarctic Regional Climate Projections with a Stretched-Grid AGCM. *J. Adv. Model. Earth Syst.*, 11, 64–82.
Marshall, G. J., Thompson, D. W. J., & van den Broeke, M. R., 2017. The Signature of Southern Hemisphere Atmospheric Circulation Patterns in Antarctic Precipitation. *Geophys. Res. Lett.*, **44**, 11,580-11,589.
Micol, T. et Jouventin, P. 2001. Long-term population trends in seven Antarctic seabirds at Pointe Géologie (Terre Adélie). *Polar Biology*, 24, 175-185.
Mora, C., Frazier, A. G, Longman, R. J., Dacks, R. S., Walton, M. M., Tong, E. J., Sanchez, J. J., Kaiser, L. R., Stender, Y. O., Anderson, M., Ambrosino, C. M., Fernandez-Silva, I., Giuseffi, L. M. & Giambelluca, T. W., 2013. The projected timing of climate departure from recent variability. *Nature*, 502, 183–187.
Morgan, F., Barker, G., Briggs, C., Price, R. et Keys, H. 2007. *Environmental Domains of Antarctica Version 2.0 Final Report*, Manaaki Whenua Landcare Research New Zealand Ltd. 89 pp.
Pacoureau, N., Delord, K., Jenouvrier, S. & Barbraud, C. 2019. Demographic and population responses of an apex predator to climate and its prey: a long-term study of south polar skuas. *Ecological Monographs*.
Périard, C., & Pettré, P., 1993. Some aspects of the climatology of Dumont d'Urville, Adélie land, Antarctica. *Int. J. Climatol.*, 13, 313–328.
RCTA XXXIV-CPE XIV IP53 2011. *SCAR's Code of Conduct for the Use of Animals for Scientific Purposes in Antarctica.*
Ropert-Coudert Y., Kato A., Meyer X., Pellé M., Macintosh A., Angelier F., Chastel O., Widmann M., Arthur B., Raymond B., Raclot T. 2015. A complete breeding failure in an Adélie penguin colony correlates with unusual and extreme environmental events. *Ecography*, 38, 111-113.
Ropert-Coudert Y., Kato A., Shiomi K., Barbraud C., Angelier F. Delord K., Poupart T., Koubbi P., Raclot T. 2018. Two recent massive breeding failures in an Adelie penguin colony call for the creation of a marine protected area in D'Urville Sea/Mertz. *Frontiers in Marine Science*, 264.
Sauser, C., Delord, K. & Barbraud, C. 2021. Demographic sensitivity to environmental forcings: a multi-trait, multi-colony approach. *Oikos.*
Tartu, S., Bustamante, P., Goutte, A., Cherel, Y., Weimerskirch, H., Bustnes, J.O. & Chastel, O. 2014. Age-related mercury contamination and relationship with luteinizing hormone in a long-lived Antarctic bird. *PLoS ONE* 9(7):e103642.
Terauds, A., Lee, J.R. 2016. Antarctic biogeography revisted: updating the Antarctic Conservation Biogeographic Regions. *Diversity and Distributions*, 22, 836-840.
Turner, J., Phillips, T., Thamban, M., Rahaman, W., Marshall, G. J., Wille, J. D., Favier, V., Winton, V. H. L., Thomas, E., Wang, Z., van den Broeke, M., J. Scott Hosking, Lachlan-Cope, T., 2019. The Dominant Role of Extreme Precipitation Events in Antarctic Snowfall Variability. *Geophys. Res. Lett.*, 46, 3502–3511.
Wille, J. D., Favier, V., Gorodetskaya, I. V., Agosta, C., Kittel, C., Beeman, J. C., Jourdain, N. C., Lenaerts, J. T. M., Codron, F., 2021. Antarctic Atmospheric River Climatology and Precipitation Impacts. *J. Geophys. Res. Atmospheres*, 126, e2020JD033788.

Plan de Gestión para la
Zona Antártica Especialmente Protegida (ZAEP) n.º 121
CABO ROYDS, ISLA ROSS

Introducción

El cabo Royds está en el extremo occidental de la isla de Ross, en la ensenada McMurdo, a 77° 33' 20" S 166° 09' 56" E. Área aproximada de la ZAEP: 0,66 km^2. Las principales razones para su designación son que en la Zona se encuentra la colonia de pingüinos de Adelia (*Pygoscelis adeliae*) más austral de la actualidad, para cuya población se dispone de la más larga serie cronológica de datos demográficos en la Antártida, datos de un valor científico sobresaliente y poco común. Además, la Zona tiene importantes valores ecológicos terrestres y de agua dulce, entre ellos las observaciones más australes de algas de nieve, la localidad tipo de la descripción original de varias especies de algas y la presencia inusual de una forma de materia orgánica disuelta derivada casi en su totalidad de microbios.

La Zona se designó originalmente como Sitio de Especial Interés Científico (SEIC) N° 1 en la Recomendación VIII-4 (1975) después de una propuesta de los Estados Unidos de América. La designación como SEIC se extendió mediante la Recomendación X-6 (1979), la Recomendación XII-5 (1983), la Resolución 7 (1995) y la Medida 2 (2000). Se adoptó una revisión mediante la Recomendación XIII-9 (1985). La Zona cambió de nombre y número a Zona Antártica Especialmente Protegida (ZAEP) N. º 121 en la Decisión 1 (2002). Se aprobó un plan de gestión revisado mediante la Medida 1 (2002), posteriormente mediante la Medida 5 (2009) cuando se redujo el tamaño del componente marino, y mediante la Medida 2 (2014).

La zona está situada en el Dominio Ambiental P, plataformas de hielo de Ross y Ronne-Filchner, según el Análisis de Dominios Ambientales para la Antártida (Resolución 3 (2008)) y en la Región 9, Tierra de Victoria Meridional, según las Regiones Biogeográficas de Conservación Antártica (Resolución 3 (2017)).

1. Descripción de los valores que requieren protección

Originalmente, se designó una zona de 300 m^2 en el cabo Royds mediante la Recomendación VIII-4 (1975, SEIC n. 1) después de una propuesta de los Estados Unidos que se fundamenta en su apoyo a la colonia de pingüinos de Adelia (*Pygoscelis adeliae*) más austral y más consistentemente ocupada de la que se tiene conocimiento. La colonia ocupada intermitentemente de carácter más austral se encuentra en el cabo Barne, al sur de la bahía Backdoor, a ~1,4 km del cabo Royds (por ejemplo, en el período 1988-2001). Se trata, probablemente, de una prolongación demográfica de la colonia de Royds. La población de pingüinos de Adelia del cabo Royds decreció desde 1956 hasta el principio de los años 60 como consecuencia de la interferencia humana durante un período en el que una sólida cobertura de hielo marino convirtió a la colonia en especialmente sensible a la incorporación reducida de miembros. En 1963, las autoridades de Estados Unidos y Nueva Zelanda acordaron restringir las actividades y formular un plan de gestión para la Zona con el propósito de proteger los valores científicos relacionados con las investigaciones sobre los pingüinos. El sitio recibió protección especial a fin de que la población pudiera recuperarse y de salvaguardar los programas científicos en curso. La población comenzó a crecer hasta alcanzar casi las 4000 parejas en 1999, debido fundamentalmente a la variación natural en la cobertura de hielo marino. Más recientemente, la colonia se ha visto afectada (pérdida del componente del cabo Barne incluida) por las extremas condiciones del hielo marino, especialmente entre 2001 y 2005. La colonia de pingüinos del cabo Royds se encuentra, desde 2005, en proceso de recuperación.

La larga serie cronológica de datos sobre la población de la colonia de pingüinos en el cabo Royds tiene un valor sobresaliente y poco común, ya que posibilita la investigación de las interacciones biológicas de larga duración con factores de forzamiento ambiental y de las respuestas a los mismos. La colonia sigue teniendo un gran valor científico y ecológico y, por consiguiente, merece una protección especial ininterrumpida a largo plazo, especialmente en vista de las visitas que el cabo Royds recibe de personas de estaciones cercanas y de grupos de turistas.

La Zona original fue ampliada en 1985 como resultado de una propuesta de Nueva Zelanda (Recomendación XIII-9) de incluir una franja costera de 500 m de ancho a fin de proteger el acceso al mar y el área de alimentación cercana a la costa de los pingüinos Adelia, así como las investigaciones previstas del ecosistema marino costero del cabo Royds. En esta zona costera del cabo Royds se hicieron estudios de la estructura y la dinámica de la población de peces nototénidos. Más recientemente, los estudios de los hábitos de búsqueda de alimento de los pingüinos Adelia del cabo Royds, realizados tras la adopción de este componente marino de la Zona, mostraron que el área marina, tal como había sido designada, no era importante como área de alimentación de los pingüinos, los cuales buscan alimento en un área mayor de la que se conocía hasta ese momento. Además, las investigaciones programadas del ecosistema marino costero del cabo Royds no se han realizado en la medida de lo previsto, y actualmente son pocos los estudios que se están haciendo de la población de peces nototénidos en el cabo Royds. En vista de esos factores, y debido a que los valores específicos relacionados con el medio marino contiguo al cabo Royds siguen sin describir, se ha redefinido el límite marino mediante la Medida 5 (2009) a fin de prestar más atención al área que rodea la colonia de pingüinos Adelia. Se ha mantenido el componente marino contiguo a la colonia de pingüinos del cabo Royds porque incluye la vía de acceso principal de los pingüinos a la colonia, que de lo contrario estaría expuesta a perturbaciones innecesarias ocasionadas por los visitantes y las operaciones locales de helicópteros en las proximidades.

En las investigaciones realizadas en los últimos decenios se ha observado también que la Zona tiene importantes valores relacionados con ecosistemas de agua dulce y terrestres. El lago Pony es una localidad tipo para las descripciones originales de ciertas especies de algas recolectadas durante la expedición antártica británica de Shackleton de 1907-1909. La observación más austral de algas de nieve, entre las que predominaban las *Chlamydomonas*, se realizó dentro del perímetro de la Zona. Además, en estudios recientes se ha comprobado que la materia orgánica disuelta (ácido fúlvico) en el lago Pony es de origen casi totalmente microbiano, lo cual se considera inusual. Debido a la poca comprensión que se tiene de estas sustancias, es necesario contar con muestras de referencia aisladas con fines de investigación: una muestra recolectada en el lago Pony ha sido una valiosa contribución como referencia para la Sociedad Internacional de Sustancias Húmicas. Por último, se ha señalado que, debido a la poca diversidad de organismos del suelo, el sitio es útil para las comparaciones con otros hábitats más favorables.

La cabaña de Shackleton (Sitio y Monumento Histórico N° 15), ubicado en la ZAEP N° 157 (bahía Backdoor), está a 170 metros al nordeste de la colonia de pingüinos Adelia. Junto con la colonia, constituye una atracción de gran valor estético y educativo para los visitantes. Debido a la regularidad y la frecuencia de las visitas al cabo Royds, la Zona podría ser dañada fácilmente por los seres humanos si no se le confiere protección adecuada. Los valores científicos y ecológicos de la Zona deben ser protegidos a largo plazo de los posibles efectos adversos de estas actividades. Sin embargo, en vista de la utilidad de la colonia de pingüinos de Adelia como la más accesible de cualquier especie de pingüinos para los visitantes y participantes en programas nacionales en el mar de Ross meridional, se estableció el acceso controlado a dos miradores externos pero cercanos a los límites de la ZAEP a fin de ofrecer a los visitantes del cabo Royds la oportunidad de observar la colonia sin causar en ella un impacto significativo. Estas visitas están supeditadas a las Directrices para el sitio adoptadas por medio de la Resolución 3 (2021).

Hay reliquias de la época de los viajes de Shackleton en un depósito pequeño situado en un encierro en una bahía del lado occidental de la zona de nidificación de pingüinos (77° 33' 14,3" S 166° 09' 35,2"

E: Mapa 2). El depósito tiene valor histórico y no debería ser perturbado excepto con un permiso expedido para tareas de conservación o gestión.

Los límites abarcan la totalidad de la colonia de pingüinos Adelia, la parte sur del lago Pony y el medio marino hasta los 500 metros desde la costa de la punta Flagstaff, que comprende un componente terrestre de 0,05 km^2 y un componente marino de 0,61 km^2, lo que resulta en una zona total de 0,66 km^2.

2. Finalidades y objetivos

La gestión del cabo Royds persigue las siguientes finalidades:

- evitar la degradación de los valores de la Zona y los riesgos importantes para los mismos, al prevenir las perturbaciones causadas por los seres humanos y los muestreos innecesarios;
- permitir las investigaciones científicas del ecosistema de la Zona, en particular de la avifauna y los ecosistemas terrestres y de agua dulce, siempre que no comprometan los valores debido a los cuales se protege la Zona;
- permitir otras investigaciones científicas y visitas para fines educativos y de difusión (tales como información documental (visual, sonora o escrita) o la producción de recursos y servicios educativos), siempre y cuando dichas actividades se realicen por razones apremiantes, que no puedan llevarse a cabo en otro lugar y que no comprometerán los valores por los cuales se protege la Zona;
- Reducir al mínimo la posibilidad de introducción de especies no autóctonas (por ejemplo, plantas, animales y microbios) en la Zona;
- reducir al mínimo la posibilidad de introducción de patógenos que puedan causar enfermedades en las poblaciones de fauna dentro de la Zona;
- tener en cuenta los posibles valores históricos y patrimoniales de cualquier artefacto antes de retirarlo o desecharlo, permitiendo al mismo tiempo que se realicen tareas apropiadas de limpieza y remediación si son necesarias; y
- permitir visitas con fines de gestión para cumplir los objetivos del Plan de gestión.

3. Actividades de gestión

Se deberán emprender las siguientes actividades de gestión en aras de proteger los valores de la Zona:

- Se colocarán señalizadores de colores vivos, que deberían ser claramente visibles desde el aire y no presentar una amenaza importante para el medio ambiente, a fin de marcar el helipuerto contiguo a la zona protegida (mapas 1 y 2).
- Se colocarán letreros con ilustraciones del lugar y sus límites, que indiquen claramente las restricciones al ingreso, en lugares apropiados de los límites de la Zona a fin de evitar el ingreso accidental. Además, en la primera visita de cada temporada, deberán colocarse banderas para señalar la ruta de acceso de vehículos sobre hielo marino y la zona de aparcamiento en la bahía Backdoor de forma que quienes viajen sobre hielo marino hasta el cabo Royds puedan evitar el límite marino de la Zona. Esas banderas se retirarán justo antes del fin de los viajes sobre el hielo marino cada temporada.
- Deberán colocarse, en lugares bien visibles, carteles que indiquen la ubicación de la Zona (así como las restricciones especiales vigentes) y deberá mantenerse disponible una copia del presente plan de gestión en todas las cabañas de investigación situadas en el cabo Royds.
- Las copias de este Plan de gestión se pondrán a disposición de todos los buques y aeronaves que visiten u operen en las proximidades del cabo Royds, y todo el personal (personal del programa nacional, expediciones en terreno, líderes de expediciones turísticas, pilotos y capitanes de buques) que operen en las proximidades, accedan o vuelen cerca de la Zona, deberán ser informados por su programa nacional, operador de turismo o autoridad nacional pertinente sobre

la ubicación, los límites y las restricciones que se aplican al acceso y sobrevuelo dentro de la Zona.

- Los programas nacionales deberán adoptar medidas para garantizar los límites de la Zona y las restricciones que correspondan dentro de estos estén marcados en los mapas y las cartas náuticas o aeronáuticas pertinentes.
- Los señalizadores, los carteles o las estructuras erigidos dentro de la Zona con fines científicos o de gestión estarán bien sujetos, se mantendrán en buen estado y se los eliminará cuando dejen de ser necesarios.
- Los Programas Nacionales Antárticos que operen en la Zona debieran mantener un registro de todos los hitos, los carteles y las estructuras montados dentro de la Zona.
- Se realizarán las visitas necesarias a la Zona (por lo menos una cada cinco años) para determinar si continúa sirviendo a los fines para los que fue designada y para garantizar que las medidas de gestión y mantenimiento sean las adecuadas.
- Los programas antárticos nacionales que operen en la región deberán realizar consultas entre ellos a fin de cerciorarse de que se tomen estas medidas.

4. Período de designación

Designación con período de vigencia indefinida.

5. Mapas y fotografías

Mapa 1: ZAEP n.º 121 cabo Royds - ubicación.

Proyección: Cónica conforme de Lambert; Paralelos de referencia: Paralelos normales: primero, 77° 33' 10" S; segundo, 77º 33'30" S. Meridiano central: 166º 10'00"E. Latitud de origen: 78º 00'00"S Esferoide: WGS84.
Fuentes de datos:
El mapa base y las curvas de nivel están derivados de una ortofotografía mediante imágenes aéreas adquiridas por USGS/DoSLI (SN7847) el 16 de noviembre de 1993, elaborada con una escala de 1:2500, con una exactitud posicional de ±1,25 m (horizontal) y ±2,5 m (vertical) y una resolución espacial de 0,4 m. Poste señalizador: UNAVCO (enero de 2014). Límite de la ZAEP: ERA (enero de 2014). Marcas de levantamientos: LINZ (2011). Miradores y EMA (aprox.): ERA (enero de 2014). Senderos y anclajes del Plan de Gestión de la ZAEP n.º 157; zona aproximada de nidificación de pingüinos, digitalizada a partir de imágenes aéreas con referencias geográficas, adquiridas el 19 enero de 2005 (P. Lyver, nota personal, 2014), actualizado por D. Ainley nota personal, 2019. Las curvas de nivel (intervalo 10 metros) y otras infraestructuras fueron proporcionados por Gateway Antarctica (2009).
Recuadro 1: Región del Mar de Ross, que muestra la ubicación del Recuadro 2.
Recuadro 2 Región de la isla Ross, que muestra la ubicación del mapa 1 y de la Estación McMurdo (EE. UU.) y la Base Scott (NZ).

Mapa 2: ZAEP n.º 121 cabo Royds – acceso aéreo. Especificaciones cartográficas según Mapa 1.

Mapa 3: ZAEP n.º 121 – topografía, acceso, instalaciones y fauna silvestre. Especificaciones cartográficas iguales a las del mapa 1, excepto que el intervalo de las curvas de nivel es de 2 m.

6. Descripción de la Zona

6(i) Coordenadas geográficas, indicadores de límites y características naturales

Descripción general

El cabo Royds (77° 33' 20" S 166° 09' 56" E) está situado en el extremo occidental de la isla de Ross, en la ensenada McMurdo, y ocupa una franja costera de tierra libre de hielo de unos 8 km de ancho, en la parte inferior de las pendientes occidentales del monte Erebus (Mapa 1, recuadros). La Zona comprende una pequeña parte del cabo Royds e incluye componentes tanto terrestres como marinos.

El componente terrestre de la Zona consiste en terreno libre de hielo situado aproximadamente a 350 m de la punta Flagstaff (77° 33' 21" S 166° 09' 55" E), ocupado por temporadas por una colonia de pingüinos reproductores de Adelia (*Pygoscelis adeliae*). El límite abarca toda la zona ocupada por los pingüinos reproductores y las dos rutas principales que usan los pingüinos para llegar al mar: las bahías Arrival y Backdoor. El componente marino comprende una zona de mar a menos de 500 m de la costa del cabo Royds, que incluye la principal ruta de acceso de los pingüinos a la colonia.

Límites y coordenadas

El límite septentrional del componente terrestre de la Zona se extiende 53 m desde un encierro pequeño en una bahía de la esquina noroeste de la Zona, en línea recta hacia el nordeste, hasta un señalizador de levantamiento indicado en mapas anteriores de Nueva Zelandia como IT2 (77° 33' 11,1" S 166° 09' 33,8" E), que consiste en un tubo de hierro clavado en el suelo. De allí, el límite se extiende 9 m al este desde el IT2 hasta un poste señalizador (77° 33' 11,2" S 166° 09' 35,2" E), desde el cual sigue 30 m hacia el este-noreste hasta otro poste (77° 33' 10,9" S 166° 09' 39,4" E) a medio camino de la pendiente de una pequeña colina. Desde este poste señalizador, el límite se extiende en dirección sudeste a lo largo de 133 m, hasta un poste (77° 33' 11,8" S 166° 09' 59,0" E) al este del lago Pony. Desde allí, el límite se extiende 42 m en dirección sur-suroeste hasta un poste señalizador (77° 33' 12,9" S 166° 10' 01,9" E), desde el cual sigue 74 m hasta otro poste (77° 33' 15,2" S 166° 10' 05,7" E) en el extremo sur del mirador de pingüinos. Desde allí, el límite se extiende 18 m hasta la costa en la bahía Arrival (77° 33' 15,8" S 166° 10' 06,6" E). Desde allí, el límite nordeste se extiende a lo largo de la costa desde la bahía Arrival hasta la punta Derrick. El límite desde el lago Pony (poste señalizador en 77° 33' 11,8" S 166° 09' 59,0" E) hasta la punta Derrick coincide con el límite sur de la ZAEP n.º 157, bahía Backdoor, que ha sido designado a fin de proteger la cabaña histórica de Shackleton y los artefactos conexos (Sitio y Monumento Histórico n.º 15).

El componente marino de la Zona abarca el área situada dentro de los 500 m de la línea media de pleamar de la costa de la punta Flagstaff. El límite se extiende 500 m al sudoeste desde la punta Derrick en el este (77° 33' 14,1" S 166° 10' 22" E), de allí en dirección oeste, manteniendo una distancia de 500 m de la costa hasta 77° 33' 11,8" S 166° 08' 10" E, y de allí 500 m hacia el este hasta la costa en la esquina noroeste de la Zona (77° 33' 11,8" S 166° 09' 25" E).

Clima

Una Estación Meteorológica Automática (EMA) instalada 1,75 km al noreste de la Zona lleva registrando datos desde 2004. Los datos quedan archivados y están disponibles en el Centro de Investigación Meteorológica Antártica de la Universidad de Wisconsin-Madison, en ftp://amrc.ssec.wisc.edu/pub/aws/spawar/ (acceso el 30 de marzo de 2020). Los datos sobre la temperatura del aire registrados en cabo Royds y en las cercanías de la Estación McMurdo, ubicada aproximadamente a 35 km al sudeste del cabo Royds, indican que, en general, diciembre es el mes más cálido y que julio es el mes más frío. El viento en el cabo Royds sopla principalmente del sudeste y dispersa un rocío de agua salada por toda la Zona (Broady, 1989a). Los datos de la Estación McMurdo, correspondientes al período de 1973 a 2004 muestran una velocidad media del viento de alrededor de 10 nudos, en tanto que la velocidad máxima registrada fue de 112,3 nudos (Centro de investigación meteorológica antártica, 2009).

Los registros climatológicos de larga duración muestran que, durante los años sesenta, la temperatura del aire y la velocidad del viento registradas en la Base Scott fueron relativamente bajas, seguidas de un período de calentamiento a principios de los años setenta (LaRue *et al.* 2013). A partir de principios de la década de 1980 se observó una marcada tendencia a un calentamiento en toda la zona de la ensenada McMurdo (Blackburn *et al.* 1991) y los registros de la estación McMurdo indican que la temperatura del aire alcanzó el nivel máximo a fines de los años 80. Al mismo tiempo que ocurría esto, las temperaturas mínimas continuaron subiendo (LaRue *et al.* 2013).

Características geológicas y edafológicas

El componente terrestre de la Zona se compone de terreno rocoso de flujos irregulares de lava, grava volcánica y escoria rojiza oscura, que termina en el lado del mar en un acantilado bajo de 10 a 20 m de alto. Hay suelos minerales y arena junto con sales incrustadas y suelos ornitogénicos compactados asociados a la colonia de pingüinos Adelia (Cowan y Casanueva, 2007).

Aves reproductoras

En la Zona se encuentra la colonia de pingüinos de Adelia (*Pygoscelis adeliae*) más austral del mundo actualmente, cuya población anual se ha situado en los últimos años entre las 2500 y las 4000 parejas reproductoras durante el período de ocupación, que abarca aproximadamente desde mediados de octubre hasta mediados de febrero (figura 1). Se calcula que el tamaño de la población en 1959 era similar al de 1909, sin indicios de que hubiera sido mayor anteriormente (Ainley, 2002), pero después disminuyó a menos de 1000 parejas reproductoras en 1963 como consecuencia de las condiciones severas del hielo, que hicieron a la colonia más sensible a las perturbaciones ocasionadas por las visitas y las operaciones de helicópteros (Thompson, 1977). Tras la adopción de restricciones para las visitas y, en 1996, el traslado del helipuerto a un sitio más alejado de la colonia, la población de pingüinos creció, llegando a cuadruplicarse (Ainley *et al.* 2005; Taylor y Wilson, 1990). Después de llegar a su nivel máximo en 1987, el número de pingüinos Adelia en el cabo Royds disminuyó abruptamente en 1988 y 1989, pero después volvió a recuperarse hasta llegar a una población comparable a la registrada a finales de los años 80. Para 1998, la población de pingüinos de Adelia del cabo Royds había llegado a 4000 parejas reproductoras, cifra que fue decreciendo hasta reducirse a 2400 parejas en el año 2000 (Ainley *et al.* 2004).

Las fluctuaciones de la población de pingüinos Adelia en el cabo Royds están relacionadas con los cambios en una gama de variables climáticas y ambientales. El fuerte aumento de población que se produjo durante los años 80 se ha vinculado a la extracción de ballenas minke del sector del mar de Ross, hecho al que se categorizó como "caza científica de ballenas" y que continuó por un tiempo. El incremento en la población de pingüinos cesó al cesar la caza de ballenas y recuperarse la población de ballenas minke (Ainley *et al.* 2007). Más que decrecer al tiempo que se recuperaba el número de ballenas, los vientos en aumento confirieron a las polinias de la ensenada McMurdo y el mar de Ross una mayor consistencia, lo que prolongó su persistencia, para beneficio de las colonias del cabo Royds (y el resto del mar de Ross) (Ainley *et al.* 2005 y 2010). En general, desde la perspectiva de una escala temporal más breve, Wilson *et al.* (2001) observaron una correlación inversa significativa entre la variación anual del número de pingüinos de Adelia y la extensión del hielo marino en invierno: cuando la cobertura de hielo marino era más extensa (es decir, se extendía más hacia el norte), la supervivencia de los animales subadultos era menor porque el hielo marino restringía el acceso a áreas de alimentación productivas. En consecuencia, el número total de pingüinos Adelia en el cabo Royds respondía con cinco años de rezago a la variación en la concentración del hielo marino. La influencia de la cobertura de hielo marino en el número de pingüinos de Adelia en la Zona fue más evidente tras el varamiento de icebergs de gran tamaño (incluido el iceberg denominado B-15A) en la costa norte de la isla de Ross antes de la temporada de nidificación de 2001 (Arrigo *et al.* 2002; Ainley *et al.* 2003). La obstrucción causada por los icebergs produjo una cobertura inusualmente extensa de hielo marino entre 2001 y 2005, con la excepción de 2003. El número de parejas reproductoras y el número de polluelos plenamente criados cayó drásticamente, migrando una parte significativa a cabo Bird (Dugger *et al.* 2014). Al desaparecer los icebergs en 2005, el régimen de hielo marino volvió a un estado de "normalidad", y el número de parejas reproductoras mostró una recuperación gradual, alcanzando en 2019 un nivel similar al existente antes del suceso de los icebergs (figura 1).

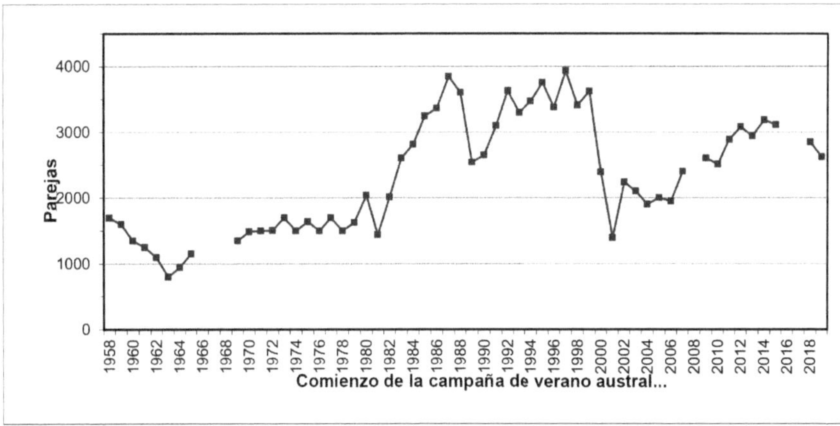

Figura 1. Número de parejas reproductoras de pingüinos Adelia en el cabo Royds, 1958-1959 y 2019-2020. (Fuentes: Stonehouse 1965; Taylor *et al.* 1990; Woehler 1993; Woehler, nota personal, 1999; Ainley *et al.* 2004; Lyver *et al.* 2014; Ainley 2014, Ainley, nota personal, 2019).

La Zona ha sido monitoreada regularmente desde 1957 y todos los años desde 1981 ha sido fotografiada desde el aire durante la fase de incubación de la temporada de cría, es decir, en torno al 1 de diciembre de cada año, fecha en la que únicamente se hallan presentes las aves de incubación individual. La evaluación anual del tamaño de la población del pingüino de Adelia en las colonias de la isla de Ross, en el mar de Ross, entre 1959 y 2019 constituye la más larga serie cronológica de registros de datos biológicos marinos en la Antártida (Taylor y Wilson 1990; Taylor *et al.* 1990; Wilson *et al.* 2001). Por lo tanto, la larga historia de observaciones científicas en el cabo Royds ofrece la rara oportunidad de evaluar las tendencias demográficas durante períodos prolongados.

Los estudios de los hábitos de los pingüinos de Adelia en lo que se refiere a la búsqueda de alimento durante los veranos australes de 1997/98 a 2014/15 indican que la distancia media recorrida para buscar alimento desde el cabo Royds oscila entre los 9,70 km y los 12,09 km (Ainley *et al.* 2004; Ford *et al.* 2015; Saenz *et al. in press*), y se observó que la actividad de búsqueda de alimento era escasa a menos de 200 m de la costa (Ainley, nota personal, 2008). El área de búsqueda de alimento de los pingüinos de la colonia del cabo Royds coincide en gran medida (30 a 75 %) con el área de las aves procedentes del cabo Bird y la isla Beaufort (Ainley *et al.* 2004). Se suelen ver pingüinos anillados del cabo Royds, el cabo Bird y la isla Beaufort en las otras colonias (LaRue *et al.* 2013, Dugger *et al.* 2014).

Además de la colonia de pingüinos de Adelia del cabo Royds, existe una significativa población reproductora de skúas antárticas (*Catharacta maccormicki*) dentro de la ZAEP, con una serie de nidos cercanos al límite. Se alcanzó un total de 76 parejas reproductoras en 1981 (Ainley *et al.* 1986). Mientras muchas de estas skúas que anidaban en el cabo Royds en ese momento se mantenían, probablemente, a base de desechos procedentes de la estación McMurdo, se observó a algunos ejemplares buscar alimento dentro de la colonia de pingüinos de Adelia (Young 1962a). Sin embargo, se observó que la depredación de pingüinos jóvenes por las skúas era limitada y que solo algunas de las skúas que se reproducían en el cabo Royds obtenían alimento en la colonia de pingüinos (Young, 1962b). Al cesar el vertido de desechos de origen humano en la Estación McMurdo en los años 80 y mejorar los procedimientos de tratamiento de residuos, disminuyó la población de skúas del cabo Royds (y el cabo Evans). Actualmente, el número de skúas se sitúa por debajo de las 30 parejas, contabilizando todo el cabo (Wilson *et al.* 2016). Hoy en día, entre 9 y 11 parejas anidan dentro o muy cerca de la ZAEP.

Biología marina y oceanografía

El ecosistema marino de dentro de los límites de la Zona y de sus inmediaciones se investigó en 2012-2014 (Saenz *et al. in press*). Las presas principales del pingüino, el diablillo antártico y el kril glacial, abundan a lo largo del borde de hielo fijo de la ensenada McMurdo, que habitualmente se extiende hacia el oeste desde el cabo Royds hasta la ensenada. Con la búsqueda intensiva de alimento por parte de los pingüinos y ballenas minke, disminuye la disponibilidad del kril a escasa profundidad y los pingüinos empiezan a decantarse cada vez más por el diablillo (Ainley *et al.* 2006; Saenz et al. *in press*). En lo relativo al fondo marino, las muestras recogidas a varios kilómetros al norte del cabo Royds consisten en grava volcánica gruesa y en rocas pequeñas y grandes. En las investigaciones sobre la población y la estructura de los peces nototénidos realizadas en los alrededores se observó que este pez abundaba y que la especie más común en ese momento era *Trematomus bernacchii*. También se encontraron *Trematomus hansoni, T. centronotus, T. nicolai y Gymnodraco acuticeps.* así como invertebrados tales como equinoideos, asteroideos (por ejemplo, *Odontaster validus*), ofiuroideos, picnogónidos (por ejemplo, *Pentanymphon antarcticum, Colossendeis robusta*), pterópodos, copépodos, anfípodos, isópodos, hirudineos, briozoos, poliquetos, ctenóforos, moluscos y medusas. Varios kilómetros al sur, en bahía Erebus, la fauna ictícola cambió durante el suceso del sólido hielo marino asociado al varamiento de grandes icebergs, cuando los depredadores aerobios (especialmente focas) quedaron excluidos de la zona. Únicamente durante 2005 se observaron ejemplares de *T. bernacchi*, pero, con la vuelta de unas condiciones marítimas de "mayor normalidad", se observaron varias especies más (Buckley 2013). La comunidad de invertebrados bénticos está dominada por un grupo faunístico denominado "de cuenca" (Barry *et al.* 2003). Las corrientes oceánicas locales se originan en la plataforma continental del este del mar de Ross y fluyen hacia el oeste a lo largo de la plataforma de hielo de Ross, pasando el cabo Crozier, y después giran hacia el noroeste a lo largo de la costa de la Tierra Victoria. La corriente se divide en la isla Beaufort, donde un brazo pequeño gira hacia el sur, pasando los cabos Bird y Royds (Jacobs *et al.* 1970; Barry 1988). La corriente más cálida y que fluye en dirección sur recorriendo la costa oeste de la isla de Ross aporta una inyección de fitoplancton procedente del mar de Ross (Barry & Dayton 1988, Saenz *et al. in press*).

Ecosistemas terrestres y de agua dulce

Las lagunas de la Zona, incluido el lago Pony, son ricas en nutrientes y contienen una comunidad abundante y diversa de algas adaptadas a un medio con una concentración elevada de nutrientes y salinidad, entre las cuales predominan el fitoplancton, las diatomeas y los tapetes bentónicos de oscilatoriáceas (Broady, 1987). Algunas especies de algas fueron descritas formalmente por primera vez tras su recolección en el lago Pony (West y West, 1911), de modo que el sitio es una "localidad tipo". Hay algas de nieve, predominantemente *Chlamydomonas*, en pequeños parches de nieve en el pie de hielo costero junto a la colonia de pingüinos, el sitio más meridional con algas de nieve (Broady, 1989a).

El lago Pony se identificó como una fuente importante de materia orgánica disuelta de origen microbiano (Brown *et al.* 2004). El ácido fúlvico es un tipo de materia orgánica disuelta derivada de la descomposición de materia vegetal y la actividad microbiana. El ácido fúlvico del lago Pony es un miembro final importante porque es de origen casi totalmente microbiano. El ácido fúlvico influye en las características químicas, el ciclado y la biodisponibilidad de elementos químicos en medios terrestres y acuáticos. Como estas sustancias no se comprenden bien, se necesitan muestras aisladas de referencia para las investigaciones. Se tomó una muestra de referencia de ácido fúlvico del lago Pony que fue facilitada como miembro final microbiano a fin de que pudiera distribuirse por medio de la Sociedad Internacional de Sustancias Húmicas. Debido a la abundancia de materia orgánica disuelta y su ubicación conveniente cerca de la Estación McMurdo, el lago es ideal para este trabajo en el terreno.

Desde 1990 se llevan a cabo estudios de poblaciones de invertebrados terrestres (nematodos) de los suelos ornitogénicos del cabo Royds. A diferencia de los invertebrados de los valles secos, que son más diversos, se observó una sola especie de nematodo en el cabo Royds (*Panagrolaimus davidi*)

(Porazinska *et al.* 2002). La abundancia de nutrientes en los suelos del cabo Royds es la causa de la poca biodiversidad de organismos del suelo, razón por la cual la Zona es sensible a las perturbaciones locales y mundiales ocasionadas por los seres humanos. Además, el cabo Royds sirve para comparar los hábitats que están estudiándose en los valles secos McMurdo.

Hay pocos líquenes en la Zona, aunque en otras partes del cabo Royds se encuentran distintos tipos de rodales de líquenes (crustosos, foliosos y fruticosos), distribuidos en tres áreas definidas que se cree que son el producto del aerosol marino y las formas de acumulación de la nieve (Broady, 1989a, 1989b).

Actividades e impacto de los seres humanos

Los cambios en la población de pingüinos Adelia del cabo Royds, atribuidos al menos en parte a las visitas de seres humanos y las operaciones de helicópteros, se analizan en la sección precedente sobre las aves reproductoras.

Se producen frecuentes visitas al cabo Royds tanto de personal que integra los programas nacionales de la estación McMurdo (EE. UU.) y base Scott (NZ), ambas cercanas, como de grupos de turistas para ver la cabaña Shackleton y la colonia de pingüinos de Adelia. Las autoridades nacionales controlan minuciosamente las visitas al cabo Royds. La entrada a zonas protegidas únicamente es posible con un permiso, y los permisos de entrada en la ZAEP n.º 121 solo se expiden bajo las condiciones especificadas en la Sección 7 (i) incluida más adelante. El número de visitantes puede oscilar dependiendo de una serie de factores, entre ellos el hielo marino y las condiciones climáticas, la logística disponible y el número de operadores turísticos en funcionamiento ese año.

Los miradores de pingüinos se ubican fuera de la Zona, justo al norte y al este del límite existente (Mapa 3). Se proporciona orientación a los visitantes, las visitas son supervisadas estrictamente, y en general se respetan los límites de la Zona.

6 (ii) Acceso a la Zona

Es posible acceder a la Zona en travesías por tierra o por hielo marino, por mar o por aire, en sitios de aterrizaje de helicópteros fuera de la Zona. Para acceder a la Zona se recomiendan rutas específicas, y aplican restricciones de sobrevuelo y aterrizaje de aeronaves. Las condiciones específicas de dichas restricciones se encuentran establecidas a continuación en la Sección 7(ii).

6(iii) Ubicación de estructuras dentro de la Zona y adyacentes a la misma

La cabaña Shackleton (ZAEP n.º 157 y Sitio y Monumento Histórico n.º 15) (77° 33' 10,7" S 166° 10' 06,4" E) se ubica aproximadamente a 70 m de la señal del límite noreste del componente terrestre de la Zona, 100 m al noreste del cual se halla un pequeño refugio de investigación (Nueva Zelandia) (77° 33' 07,5" S 166° 10' 10,6" E) (Mapa 2). Una EMA y una instalación de cámara remota pueden encontrarse 10 m dentro del límite oriental de la Zona (Mapa 2), a 80 m de la cabaña de Shackleton (presentes en abril de 2020). En la Zona hay dos señalizadores de levantamientos: el IT2 está en el límite norte de la parte terrestre de la Zona y ya se ha descrito, en tanto que el IT3 (77° 33' 19,7" S 166° 09' 52,7" E) (que también consiste en un tubo de hierro clavado en el suelo) está a 45 m al noroeste de la punta Flagstaff. Hay reliquias de la época de los viajes de Shackleton en un depósito pequeño situado en un encierro en una bahía del lado occidental de la zona de nidificación de pingüinos (77° 33' 14,3" S 166° 09' 35,2" E: Mapa 2). No se debería perturbar ese depósito excepto de conformidad con un permiso para tareas de conservación o gestión.

6(iv) Ubicación de las zonas protegidas en las cercanías

Las zonas protegidas más cercanas al cabo Royds son la bahía Backdoor (ZAEP No157 y SMH No15), que está junto al límite de la Zona y comparte una parte de este; el cabo Evans (ZAEP No155), 10 km al sur; la cresta Tramway (ZAEP No130), cerca de la cima del monte Erebus, 20 km al este; el valle New College (ZAEP No116), 35 km al norte, en el cabo Bird; y las Alturas de Arrival (ZAEP No122), junto a la Estación McMurdo, 35 km al sur. El cabo Crozier (ZAEP No124) está a 75 km al este, en la isla Ross.

6(v) Zonas especiales al interior del área

No hay zonas especiales designadas al interior de la Zona.

7. Términos y condiciones para los permisos de entrada

7 (i) Condiciones generales de los permisos

Se prohíbe el ingreso a la Zona excepto con un permiso expedido por una autoridad nacional pertinente. Las condiciones para la expedición de permisos son las siguientes:

- el permiso debe ser emitido para investigaciones científicas, específicamente para la investigación de la avifauna de la Zona, o para fines científicos, educativos o de difusión indispensables que no puedan llevarse a cabo en otro sitio, o por motivos esenciales para la gestión de la Zona;
- Las actividades permitidas deberán atenerse a este Plan de Gestión;
- Se dará a las actividades permitidas la correspondiente consideración a través del proceso de Evaluación de impacto ambiental para la protección continua de los valores ambientales y científicos de la Zona.
- Las distancias de aproximación a la fauna se deben respetar, salvo cuando las necesidades científicas lo requieran de otra forma y esto se especifique en los permisos correspondientes.
- El permiso se expedirá por un período determinado;
- se deberá llevar el permiso, o una copia de este, dentro de la Zona.

7 (ii) Acceso a la Zona y desplazamientos en su interior o sobre ella.

En la parte terrestre de la Zona se ingresará a pie y se prohíbe usar vehículos. En la parte marina de la Zona se ingresará a pie o en vehículo cuando haya hielo marino, o en buque o lancha en los períodos de aguas libres. El acceso a pie a la Zona debe realizarse desde la dirección del sitio para el aterrizaje de helicópteros y, si se llega sobre el hielo marino o en lancha, en la bahía Backdoor y desde allí a pie, siguiendo los senderos que se muestran en los mapas 1 y 3.

Acceso a la Zona y desplazamientos en su interior

La circulación por tierra en la Zona deberá efectuarse a pie. Los peatones deberán mantenerse a una distancia mínima de 5 m de la fauna silvestre, a menos que sea necesario aproximarse con fines autorizados por el permiso. Los visitantes deben desplazarse con cuidado, para reducir al mínimo la perturbación de la flora, la fauna, los suelos y las masas de agua. Los peatones deben caminar alrededor de las colonias de pingüinos y no entrar en los subgrupos de pingüinos que estén anidando, excepto con fines de investigación o gestión. Se debe tener cuidado de no pisotear los nidos al desplazarse por el terreno ocupado por skúas. El tránsito de peatones se reducirá a un mínimo de manera congruente con los objetivos de todas las actividades permitidas y se hará todo lo posible por reducir a un mínimo los efectos.

Acceso de buques y lanchas

Está prohibido el ingreso de buques y lanchas al componente marino de la Zona, excepto de conformidad con un permiso. Los buques en proceso de embarque de pasajeros deben permanecer al menos a 300 m de la costa y el acceso de visitantes, ya sea en embarcaciones pequeñas o sobre el hielo marino, debe realizarse en el sitio de desembarque, que se encuentra en la costa noroeste de la bahía Backdoor (mapas 1 y 3).

Acceso por aeronaves y sobrevuelos

Podrán operar aeronaves en la Zona y sus inmediaciones cumpliendo estrictamente las siguientes condiciones (consultar Mapa 2):

1) Se prohíbe el aterrizaje de helicópteros dentro de la Zona.
2) Se prohíbe el sobrevuelo de la Zona en aeronaves pilotadas por debajo de 2000 ft (610 m, aproximadamente) sobre el nivel del suelo, salvo si se cuenta con un permiso expedido por una autoridad nacional apropiada.
3) Se desaconseja enfáticamente el sobrevuelo/aterrizaje de toda aeronave a menos de ½ milla náutica (930 m, aproximadamente) de la ZAEP n.º 121, salvo con objetivos científicos o de gestión (Mapa 2).
4) Los helicópteros deben aterrizar en el sitio de desembarco principal (77° 33,06' S 166° 10,38' E) (mapas 1-3), a 250 m al noreste de la cabaña de Shackleton y unos 125 m al norte de la cabaña refugio de Nueva Zelandia.
5) En 77° 33,11' S 166° 10,24' E se encuentra un sitio de desembarque secundario, a aproximadamente 100 m al suroeste del sitio de desembarque principal (mapas 2 y 3), el cual debe evitarse cuando esté ocupado por la colonia de pingüinos (desde el 1 de noviembre hasta el 1 de marzo). Junto al campamento de temporada (EE. UU.), a unos 200 m al norte del sitio de desembarque principal, se halla un sitio de desembarque secundario que puede utilizarse durante todo el año.
6) Se prohíben el sobrevuelo de los Sistemas de Aeronaves Dirigidas por Control Remoto (RPAS) por debajo de los 610 m (2000 pies) y su aterrizaje al interior de la Zona, salvo que se haga de conformidad con un permiso emitido por una autoridad nacional competente; El uso de RPAS al interior de la Zona debe ceñirse a las Directrices Medioambientales para la Operación de Sistemas de Aeronaves Dirigidas por Control Remoto (RPAS) en la Antártida (Resolución 4 [2018]).

7 (iii) Actividades que pueden llevarse a cabo dentro de la Zona

- Investigaciones científicas que no pongan en peligro al ecosistema o los valores científicos de la Zona
- Actividades con fines educativos o de difusión (tales como informes documentales (por ejemplo, visuales, en audio o escritos), o la producción de recursos o servicios educativos) que respondan a motivos indispensables y que no puedan llevarse a cabo en otro sitio. Las actividades con fines educativos o de difusión no incluyen el turismo.
- Actividades con el fin de preservar o proteger recursos históricos de la Zona
- Actividades de gestión esenciales, que incluyen observación e inspección

7(iv) Instalación, modificación o desmantelamiento de estructuras / equipos

- No se podrá montar ninguna estructura en la Zona, con excepción de las especificadas en un permiso, y, con excepción de los hitos y señales permanentes, se prohíben las estructuras o instalaciones permanentes;
- Todas las estructuras, equipo científico o señalizadores instalados en la Zona deben estar autorizados mediante un permiso expreso, y estar claramente identificados por país, nombre del investigador principal, año de instalación y fecha de retiro prevista. Todos estos artículos deberán estar libres de organismos, propágulos (por ejemplo, semillas, huevos) y suelo no estéril y estarán

fabricados en materiales que puedan soportar las condiciones ambientales y planteen un riesgo mínimo de contaminación o daño a los valores de la Zona.

- La instalación (incluida la selección del lugar), el mantenimiento, la modificación o el desmantelamiento de estructuras y equipos deberán efectuarse de una forma que perturbe mínimamente la flora y la fauna, de preferencia, se debe evitar la temporada de cría principal (1 de octubre al 31 de marzo).
- El desmantelamiento de estructuras o equipos específicos para los cuales el permiso haya expirado será de responsabilidad de la autoridad que haya expedido el permiso original y deberá ser una condición para el otorgamiento del permiso.

7(v) Ubicación de los campamentos

Se prohíbe acampar en la parte terrestre de la Zona. Cuando hay hielo marino se puede acampar en la parte marina de la Zona, con un permiso. En esos casos se deberían evitar las rutas de aproximación de los pingüinos a menos de 200 m de la colonia reproductora, pero fuera de eso los lugares para acampar no están restringidos a un lugar determinado. En el exterior de la Zona se halla un campamento de Nueva Zelandia junto al refugio (NZ), 175 m al noreste de la Zona. Un campamento de los Estados Unidos puede encontrarse a unos 350 m al norte y arriba del refugio (mapas 1 y 3).

7 (vi) Restricciones relativas a los materiales y organismos que pueden introducirse en la Zona

Además de los requisitos del Protocolo al Tratado Antártico sobre Protección del Medio Ambiente, las restricciones relativas a los materiales y organismos que pueden introducirse en la Zona son las siguientes:

- Se prohíbe la introducción deliberada de animales, material vegetal y microorganismos vivos y suelo no estéril en la Zona. Deben tomarse precauciones a fin de evitar la introducción accidental de animales, material vegetal, microorganismos y suelos no estériles provenientes de otras regiones con características biológicas distintas (dentro de la Antártida o fuera del área comprendida en el Tratado Antártico).
- Los visitantes deberán cerciorarse de que el equipo de muestreo y los señalizadores llevados a la Zona estén limpios. En el nivel máximo practicable, la vestimenta, el calzado y el resto de equipo que se use o se lleve a la Zona (incluidos mochilas, bolsos, bastones, etc.) deberán limpiarse minuciosamente antes de ingresar a la Zona. Los visitantes también deben consultar y ceñirse adecuadamente a las recomendaciones incluidas en el Manual sobre especies no autóctonas del Comité para la Protección del Medio Ambiente (Resolución 4 [2016]; CPA 2019) y el Código de Conducta Ambiental sobre el Trabajo de Investigación sobre el Terreno en la Antártida (Resolución 5 [2018]).
- Se prohíbe el ingreso de aves de corral y productos avícolas de cualquier tipo, incluidos los huevos desecados sin cocinar. Todos los productos avícolas (como partes, subproductos o desechos de dichos productos) que se lleven a cabañas cercanas, instalaciones o campamentos, y que no se consuman o utilicen, deben retirarse o desecharse mediante incineración o medios equivalentes para eliminar los riesgos a la flora y la fauna autóctonas.
- Los herbicidas o pesticidas están prohibidos en la Zona.
- Cualquier otro producto químico, incluidos radionúclidos o isótopos estables, que se introduzca con fines científicos o de gestión especificados en el permiso deberá ser retirado de la Zona cuando concluya la actividad para la cual se haya expedido el permiso o con anterioridad.
- No se debe almacenar combustible, alimentos, productos químicos u otros materiales en la Zona, a no ser que esté específicamente autorizado por un permiso y deben ser almacenados y manipulados de forma que se reduzca a un mínimo el riesgo de su introducción accidental en el medio ambiente.
- Todos los materiales introducidos podrán permanecer en la Zona durante un período expreso únicamente, y deberán ser retirados a más tardar cuando concluya dicho período.

- Todos los materiales deberán almacenarse y manipularse de manera tal que se reduzca a un mínimo el riesgo de su introducción en el medio ambiente.
- Si se producen escapes que puedan comprometer los valores de la Zona, se recomienda retirar el material únicamente si el impacto de dicho retiro no sea mayor que el de dejar el material *in situ*.

7(vii) Toma de, o intromisión perjudicial sobre flora y fauna autóctonas

Se prohíbe retirar o perturbar la flora y la fauna, salvo en conformidad con un permiso expedido conforme al Artículo 3 del Anexo II del Protocolo al Tratado Antártico sobre Protección del Medio Ambiente. En caso de toma o intromisión perjudicial de fauna, esto debería hacerse, como norma mínima, de conformidad con el Código de Conducta del SCAR para el Uso de Animales con Fines Científicos en la Antártida.

7(viii) Recolección o traslado de materiales que el titular del permiso no haya llevado a la Zona

- Se podrá recolectar o retirar material de la Zona únicamente en conformidad con un permiso, y dicho material deberá limitarse al mínimo necesario para cubrir las necesidades científicas o de gestión. Esto incluye muestras biológicas, ejemplares de rocas y suelo y artículos históricos.
- Todo material de origen humano que probablemente comprometa los valores de la Zona y que no haya sido llevado a la Zona por el titular del permiso, o que no esté comprendido en otro tipo de autorización, podrá ser retirado de cualquier parte de la Zona salvo que el impacto de su extracción sea probablemente mayor que el efecto de dejar el material *in situ*. Si ese es el caso, se debe notificar a la autoridad correspondiente para obtener aprobación.
- Salvo que esté específicamente autorizado en un permiso, se prohíbe que los visitantes manipulen, tomen o dañen artefactos históricos encontrados en la Zona o que interfieran en ellos. Se deberá avisar a las autoridades nacionales apropiadas sobre cualquier artefacto nuevo que se encuentre. Con un permiso se podrán trasladar o retirar artefactos con fines de preservación, protección o restablecimiento de su exactitud histórica.

7(ix) Eliminación de residuos

Todos los residuos, incluso los residuos de origen humano, deberán ser retirados de la Zona.

7(x) Medidas que pueden ser necesarias para continuar cumpliendo con los objetivos del Plan de Gestión

Se pueden otorgar permisos de ingreso a la Zona con el fin de:

1) llevar a cabo actividades de observación biológica e inspección de la Zona, las que pueden incluir la obtención de una pequeña cantidad de muestras o datos para análisis o revisión;
2) Instalar o realizar el mantenimiento de postes señalizadores, marcadores, estructuras o equipos científicos o logísticos esenciales;
3) Implementar medidas de protección;
4) Llevar a cabo investigaciones o gestión de manera tal que se evite interferir con las actividades de observación e investigación a largo plazo o una posible repetición de los esfuerzos. Las personas que planifican nuevos proyectos dentro de la Zona deben consultar con los programas establecidos que trabajan dentro de ella, como los de los Estados Unidos y Nueva Zelandia, antes de comenzar el trabajo.

7(xi) Requisitos relativos a los informes

- El titular principal de un permiso para cada visita a la Zona debe presentar un informe ante la autoridad nacional competente una vez concluida la visita, de conformidad con los procedimientos nacionales y las condiciones para la expedición de permisos.

- Dichos informes deberán incluir, según corresponda, la información señalada en el formulario de informe de la visita contenido en la Guía para la Preparación de Planes de Gestión para las Zonas Antárticas Especialmente Protegidas (Resolución 2 [2011]). Si corresponde, la autoridad nacional también debe remitir un ejemplar del informe de la visita a la Parte que haya propuesto el Plan de gestión, como ayuda en la gestión de la Zona y en la revisión del plan de gestión.
- Las Partes deberían, en la medida de lo posible, depositar los originales o copias de dichos informes originales sobre visitas en un archivo de acceso público a fin de mantener un registro de su uso, con el fin de llevar a cabo cualquier revisión del plan de gestión y de organización del uso científico de la Zona.
- Se deberá notificar a las autoridades pertinentes sobre toda actividad realizada o medida adoptada de forma excepcional o sobre cualquier material vertido que no se haya retirado, en los casos en los que ello no estuviera incluido en el permiso.

8. Documentación de apoyo

Ainley, D.G. 2002. The Adélie penguin: bellwether of climate change. Columbia University Press, New York.

Ainley, D.G. 2014. Hatching eggs. Data from graph showing Adélie penguin breeding pairs at Cape Royds 1996-2007, accessed Feb 2014 at http://icestories.exploratorium.edu/dispatches/hatching-eggs/.

Ainley, D.G., Ballard, G., Ackley, S., Blight, L.K., Eastman, J.T., Emslie, S.D., Lescroël, A., Olmastroni, S., Townsend, S.E., Tynan, C.T., Wilson, P. & Woehler, E. 2007. Paradigm lost, or is top-down forcing no longer significant in the Antarctic marine ecosystem? *Antarctic Science* **19**(3): 283–290.

Ainley, D.G., Ballard, G., Barton, K.J. & Karl, B.J. 2003. Spatial and temporal variation of diet within a presumed metapopulation of Adélie penguins. *Condor* **105**: 95–106.

Ainley, D.G., Clarke, E.D., Arrigo, K., Fraser, W.R., Kato, A., Barton, K.J. & Wilson, P.R. 2005. Decadal-scale changes in the climate and biota of the Pacific sector of the Southern Ocean, 1950s to the 1990s. *Antarctic Science* **17**: 171–82.

Ainley, D.G., Morrell, S.H. & Wood R. C. 1986. South polar skua breeding colonies in the Ross Sea region, Antarctica. *Notornis* **33**(3): 155–63.

Ainley, D.G., Ribic, C.A., Ballard, G., Heath, S., Gaffney, I., Karl, B.J., Barton, K.J., Wilson, P.R. & Webb, S. 2004. Geographic structure of Adélie penguin populations: overlap in colony-specific foraging areas. *Ecological Monographs* **74**(1):159–78.

Ainley, D.G., Russell, J., Jenouvrier, S., Woehler, E., Lyver, P. O'B., Fraser, W.R. & Kooyman, G.L. 2010. Antarctic penguin response to habitat change as earth's troposphere reaches 2°c above pre-industrial levels. *Ecological Monographs* **80**: 49-66.

Arrigo, K. R., van Dijken, G.L., Ainley, D.G., Fahnestock, M.A. & Markus, T. 2002. Ecological impact of a large Antarctic iceberg. *Geophysical Research Letters* **29**(7): 1104.

Barry, J. 1988. Hydrographic patterns in McMurdo Sound, Antarctica and their relationship to local benthic communities. *Polar Biology* **8**: 377–91.

Barry, J.P. & Dayton, P.K. 1988. Current patterns in McMurdo Sound, Antarctica and their relationship to local biotic communities. *Polar Biology* **8**:367-76.

Barry, J.P., Grebmeier, J., Smith, J. & Dunbar, R.B. 2003. Bathymetric versus oceanographic control of benthic megafaunal patterns in the Ross Sea, Antarctica. Antarctic Research Series **78**: 327-54.

Blackburn, N., Taylor, R.H. & Wilson, P.R. 1991. An interpretation of the growth of the Adélie penguin rookery at Cape Royds, 1955-1990.New Zealand Journal of Ecology **15**(2): 117-21.

Broady PA 1987. Protection of terrestrial plants and animals in the Ross Sea regions, Antarctica. *New Zealand Antarctic Record* **8** (1): 18-41.

Broady PA 1989a. Broadscale patterns in the distribution of aquatic and terrestrial vegetation at three ice-free regions on Ross Island, Antarctica. In Vincent, W. & Ellis-Evans, C. (eds) *High latitude limnology*. Kluwer, Dordrecht. *Developments in Hydrobiology* **49**: 77-95.

Broady PA 1989b. The distribution of *Prasiola calophylla* (Carmich.)Menegh. (Chlorophyta) in Antarctic freshwater and terrestrial habitats. *Antarctic Science* **1** (2): 109-18.
Brown, A., McKnight, D.M., Chin, Y.P., Roberts, E.C. & Uhle, M. 2004. Chemical characterization of dissolved organic material in Pony Lake, a saline coastal pond in Antarctica. *Marine Chemistry* **89** (1-4): 327-37.
Buckley, B.A. 2013. Rapid change in shallow water fish species composition in an historically stable Antarctic environment. *Antarctic Science* **25**(5), 676–680 doi:10.1017/S0954102013000114
CEP (Committee for Environmental Protection). 2019. Non-Native Species Manual: Revision 2019. Secretariat of the Antarctic Treaty, Buenos Aires.
Cowan, D.A. & Casanueva, A. 2007. Stability of ATP in Antarctic mineral soils. *Polar Biology* **30** (12): 1599-1603.
Dugger, K.M., Ballard, G., Ainley, D.G., Lyver, P.O'B. & Schine, C. 2014. Adélie penguins coping with environmental change: results from a natural experiment at the edge of their breeding range. *Frontiers in Ecology and Evolution* **2**: 68. doi: 10.3389/fevo.2014.00068.
Ford, R.G., Ainley, D.G., Lescroël, A., Lyver, P.O'B., Toniolo, V. & Ballard, G. 2015. Testing assumptions of central place foraging theory: a study of Adélie penguins *Pygoscelis adeliae* in the Ross Sea. *Journal of Avian Biology* **46**: 193-205. doi: 10.1111/jav.00491
Jacobs, S.S., Amos, A.F. &. Bruchhausen, P.M. 1970. Ross Sea oceanography and Antarctic bottom water formation. *Deep-Sea Research* **17**: 935–62.
LaRue, M.A., Ainley, D.G., Swanson, M., Dugger, K.M., Lyver, P.O., Barton K. & Ballard, G. 2013. Climate change winners: receding ice fields facilitate colony expansion and altered dynamics in an Adélie Penguin metapopulation. PLoS ONE 8(4): e60568. doi:10.1371/journal.pone.0060568
Lyver, P.O'B., M. Barron, K.J. Barton, D.G. Ainley, A. Pollard, S. Gordon, S. McNeill, G. Ballard, and P.R. Wilson. 2014. Trends in the breeding population of Adélie penguins in the Ross Sea, 1981–2012: a coincidence of climate and resource extraction effects. *PLOS ONE* **9** (3): e91188. https://doi.org/10.1371/journal.pone.0091188
Martin, L. 1991. Cumulative environmental change: case study of Cape Royds, Antarctica. Unpublished M.Sc. thesis, University of Auckland.
Porazinska, D.L., Wall, D.H. &Virginia R.A. 2002. Invertebrates in ornithogenic soils on Ross Island, Antarctica. *Polar Biology* **25** (8): 569-74.
Saenz, B.L., Ainley, D.G., Daly, K.L., Ballard, G., Conlisk, E., Elrod, M.L. & Kim, S.L. In press. Predation structuring of an Antarctic marginal-ice-zone food web. *Scientific Reports*.
Sladen, W.J.L. & Leresche, R.E. 1970. New and developing techniques in Antarctic ornithology. In Holdgate, W.M. (ed) *Antarctic ecology I*. Academic Press, London: 585-96.
Stonehouse, B. 1963. Observations on Adélie penguins (*Pygoscelis adeliae*) at Cape Royds, Antarctica. *Proceedings XIIIth International Ornithological Congress, 1963:* 766-79.
Stonehouse, B. 1965. Counting Antarctic animals. *New Scientist* (July 29): 273-76.
Taylor, R.H. & Wilson, P.R. 1990. Recent increase and southern expansion of Adelie penguin populations in the Ross Sea, Antarctica, related to climatic warming. *New Zealand Journal of Ecology* **14**: 25-29.
Taylor, R.H., Wilson, P.R. & Thomas, B.W. 1990. Status and trends of Adélie penguin populations in the Ross Sea region. *Polar Record* **26** (159): 293-304.
Thomson, R.B. 1977. Effects of human disturbance on an Adélie penguin rookery and measures of control. In Llano, G.A. (ed) *Adaptations within Antarctic ecosystems. Proceedings of the Third SCAR Symposium on Antarctic Biology*. Smithsonian Institution, Washington, DC: 1177-80.
West, W. & West, G.S. 1911. Freshwater algae. *Reports on the scientific investigations: Biology, by the British Antarctic Expedition 1907-1909* **1:** 263-298; Plates 24-26.
Wilson, P.R., Ainley, D.G., Nur, N. Jacobs, S.S., Barton, K.J.., Ballard, G. & Comiso, J.C., 2001. Adélie penguin population change in the Pacific sector of Antarctica: relation to sea-ice extent and the Antarctic Circumpolar Current. *Marine Ecology Progress Series* **213**: 301-09.
Wilson, D.J., Lyver P. O'B., Greene, T.C., Whitehead, A.L., Dugger, K.M., Karl, B.J., Barringer, J.R.F., McGarry, R., Pollard A.M. & Ainley, D.G. 2016. South Polar Skua breeding populations in the Ross Sea assessed from demonstrated relationship with Adélie Penguin numbers. *Polar Biology* doi 10.1007/s00300-016-1980-4.

Woehler, E.J. (ed) 1993. *The distribution and abundance of Antarctic and subantarctic penguins.* SCAR, Cambridge.
Young, E.C. 1962a. The breeding behaviour of the south polar skua *Catharacta maccormicki. Ibis* **105** (2): 203–33.
Young, E.C. 1962b. Feeding habits of the south polar skua *Catharacta maccormicki. Ibis* **105** (3): 301–18.

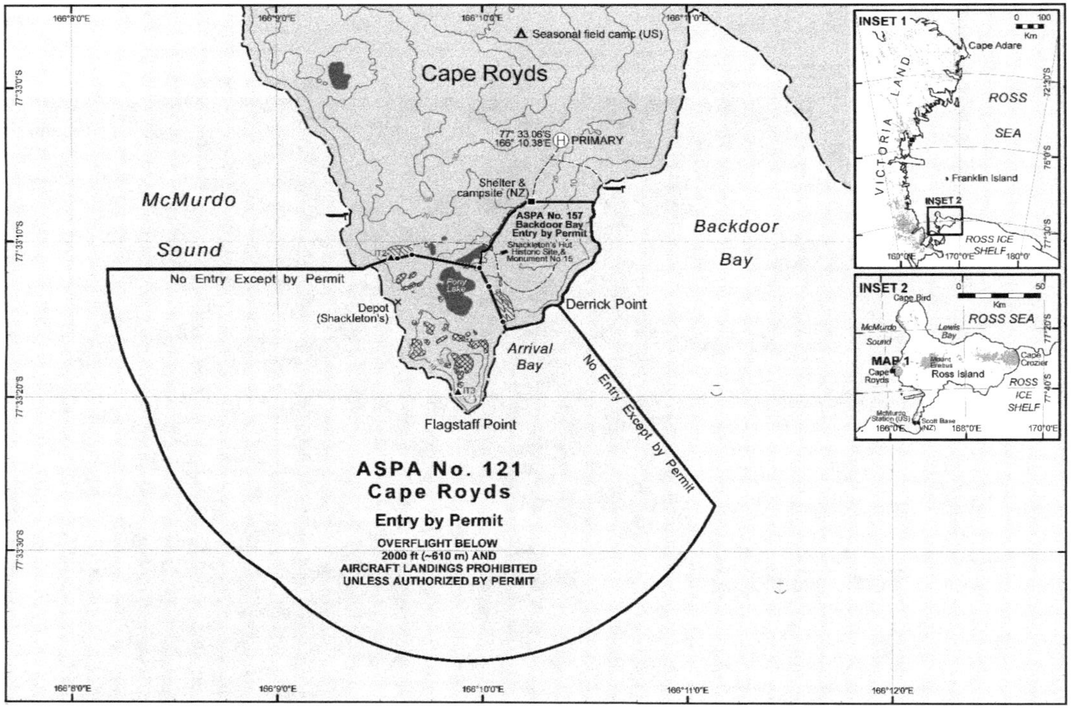

Map 1: ASPA No. 121 Cape Royds - location

08 Jan 2021 (v1.0)
United States Antarctic Program
Environmental Research & Assessment

Coastline (approx) · Contour (10 m) · Ice free ground · Ocean · Lake / pond · Antarctic Specially Protected Area (ASPA) boundary · Penguin nesting area (2019 approx.) · Penguin viewing area · Path · Building · Survey marker · Signpost / boundary point · Helicopter landing site · Small boat landing site · Ship anchorage

0 50 100 150 200
Meters

Projection: Lambert Conic Conformal. Spheroid and horizontal datum: WGS 84. Data sources: ASPA boundary: ERA (Jan 2020); Signposts: UNAVCO (Jan 2014); Topography & infrastructure data supplied by Gateway Antarctica (2009); Penguins: aerial image (Landcare Research 2005) digitised by ERA, updated 2019 Ainley pers. comm.

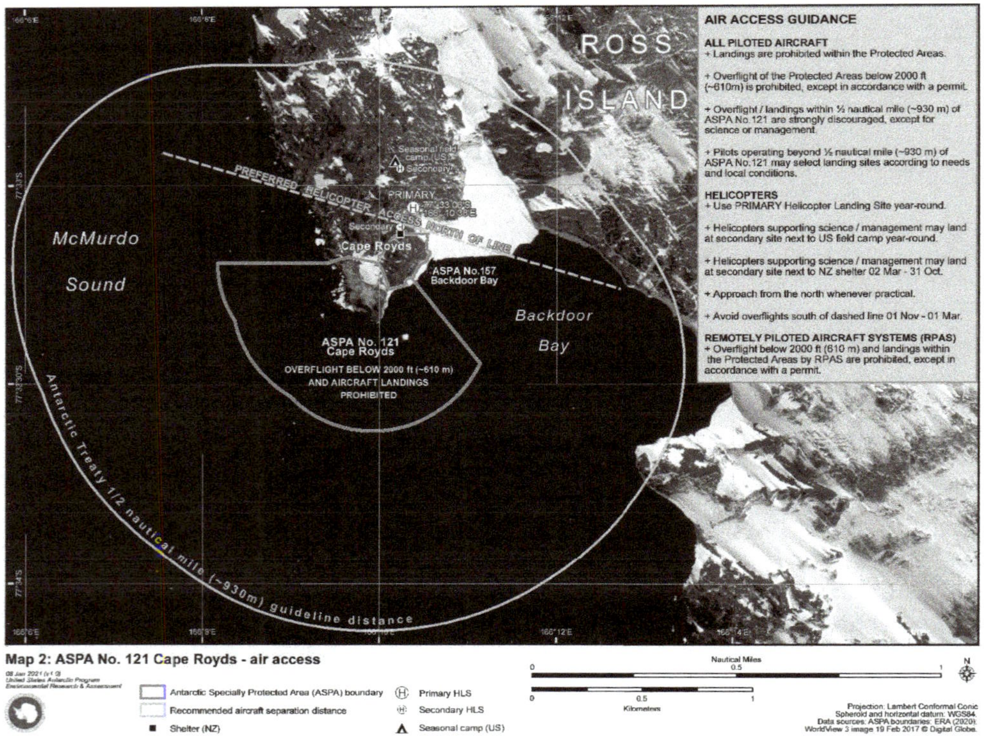

Map 2: ASPA No. 121 Cape Royds - air access

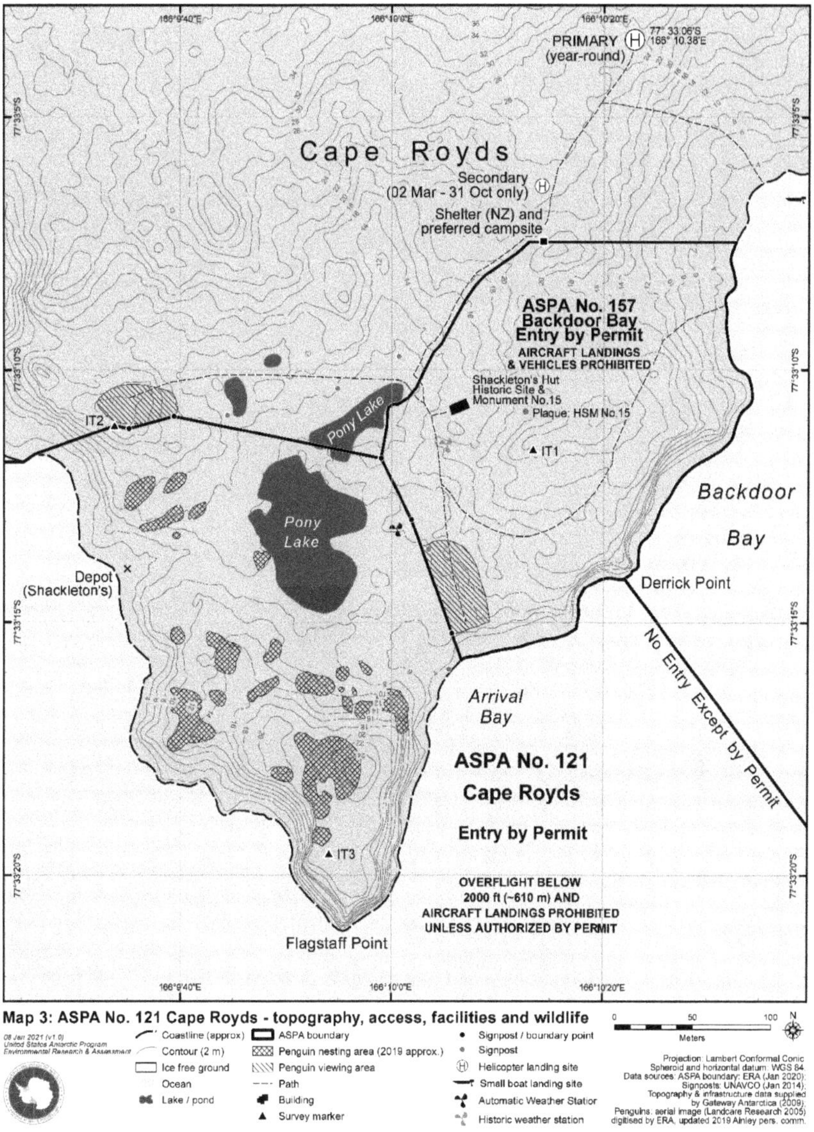

Map 3: ASPA No. 121 Cape Royds - topography, access, facilities and wildlife

Plan de Gestión para la

Zona Antártica Especialmente Protegida n.º 131

GLACIAR CANADÁ, LAGO FRYXELL, VALLE TAYLOR, TIERRA DE VICTORIA

1. Descripción de los valores que requieren protección

Se designó originalmente una superficie de aproximadamente 1 km^2 entre el lado este del glaciar Canadá y el lago Fryxell en virtud de la Recomendación XIII-8 (1985) como SEIC n.º 12 tras una propuesta presentada por Nueva Zelandia, sobre la base de que contiene uno de los más abundantes desarrollos de vegetación (briofitas y algas) en los Valles Secos de McMurdo. La Zona ha sido designada principalmente con el fin de proteger los valores ecológicos y científicos del lugar desde el punto de vista de la investigación.

A través de la Medida 3 (1997) se ampliaron los límites de la Zona a fin de incluir zonas biológicamente ricas que en un principio no se habían incluido. La zona fue redesignada mediante la Decisión 1 (2002) como Zona Antártica Especialmente Protegida (ZAEP) n.º 131, y se adoptó un Plan de Gestión revisado mediante la Medida 1 (2006), la Medida 6 (2011) y la Medida 6 (2016).

Los valores ecológicos de la Zona se derivan de las ricas comunidades de plantas que se encuentran principalmente en una zona húmeda (denominada «el marjal») cerca del glaciar en la parte central de la Zona. La Zona comprende un terreno en pendiente libre de hielo, lagunas de verano y pequeños arroyos de deshielo que fluyen desde el glaciar Canadá hacia el lago Fryxell. La composición y distribución de las comunidades de musgos, líquenes, cianobacterias, bacterias y algas de la Zona están estrechamente relacionadas con el régimen hídrico. Por lo tanto, la hidrología y la calidad del agua contribuyen de forma importante a los valores ecológicos del sitio.

La Zona ha sido bien estudiada y documentada, lo que aumenta su valor para la investigación científica. Las comunidades de vegetación, en particular los briófitos, son vulnerables a la perturbación derivada del pisoteo y la toma de muestras. Las áreas dañadas pueden tardar mucho tiempo en recuperarse. Se han identificado los sitios de los cuales se conoce la época en que fueron dañados, lo cual resulta útil ya que constituyen unas de las pocas áreas de los Valles Secos de McMurdo donde se pueden medir los efectos a largo plazo de las perturbaciones, así como la velocidad de recuperación.

La Zona tiene importancia regional y su valor científico para las investigaciones ecológicas continúa siendo excepcional. La creciente presión que ejercen las actividades científicas, logísticas y turísticas en la región, unida a la vulnerabilidad de la Zona a la perturbación derivada del pisoteo, la toma de muestras, la contaminación o la introducción de especies no autóctonas, implica que los valores de la Zona siguen requiriendo una protección constante.

2. Finalidades y objetivos

Las finalidades de la gestión del glaciar Canadá son las siguientes:

- prevenir la degradación de los valores de la Zona o un riesgo sustancial para estos evitando la perturbación por actividades humanas innecesarias en la Zona, incluido el muestreo excesivo;
- permitir otras investigaciones científicas en la Zona siempre que respondan a razones apremiantes que no puedan resolverse en otro lugar;
- prevenir o reducir al mínimo la posibilidad de que se introduzcan en la Zona plantas, animales y microbios no autóctonos;

- permitir visitas con fines de gestión para cumplir los objetivos del Plan de Gestión.

3. Actividades de gestión

Se llevarán a cabo las siguientes actividades de gestión para proteger los valores de la Zona:

- Deberá mantenerse disponible una copia del presente plan de gestión, incluidos los mapas de la Zona, en las estaciones de investigación activas cercanas y en todas las instalaciones de las cabañas de investigación ubicadas en el valle Taylor que se encuentren en un radio de 20 km de la Zona.
- En los lugares adecuados de los límites de la Zona, se instalarán montículos de piedras o carteles señalizadores que ilustren el lugar y sus límites, con indicaciones claras respecto a las restricciones de ingreso, a fin de evitar accesos accidentales.
- Los señalizadores, los letreros o las estructuras instaladas en la Zona con fines científicos o de gestión deberán estar bien sujetos y en buen estado, y se retirarán cuando ya no sean necesarios.
- Deberán efectuarse las visitas necesarias a la Zona, por lo menos una vez cada cinco años, para determinar si continúa sirviendo a los fines para los que fue designada y para garantizar que las medidas de gestión sean apropiadas.
- Los programas antárticos nacionales que operen en la región deberán consultarse entre sí a fin de cerciorarse de que se llevan a cabo las actividades de gestión antedichas.

4. Período de designación

Designación con período de vigencia indefinido.

5. Mapas

Mapa 1: ZAEP 131, Glaciar Canadá: Mapa regional.

Mapa 2: ZAEP 131, Glaciar Canadá: Zona de acceso de helicópteros.

Mapa 3: ZAEP 131, Glaciar Canadá: Mapa de densidad de la vegetación.

Especificaciones del mapa: Proyección: Cónica conforme de Lambert. Paralelos de referencia: primero: 77° 35' 00" S; segundo: 77º 38'00"S Meridiano central: 163º 00'00"E; latitud de origen: 78º 00'00"S Esferoide: WGS84 Las curvas derivan de combinar imágenes de ortofotografía y de Lansat. Las áreas exactas de terreno húmedo asociado al marjal varían según la estación y de un año a otro.

6. Descripción de la Zona

6(i) Coordenadas geográficas, indicadores de límites y características naturales

El glaciar Canadá está situado en el valle Taylor, en los Valles Secos de McMurdo. La Zona designada abarca la mayor parte de la región frontal del glaciar en el lado este de la parte baja de la cuenca del glaciar Canadá y en la orilla norte del lago Fryxell (77º 37'S, 163º 03'E, Mapa 1). Comprende un terreno de pendiente suave a moderada, libre de hielo, a una elevación de 20 m a 220 m, con lagunas y arroyos estacionales de deshielo que desaguan el glaciar Canadá en el lago Fryxell.

El límite sur de la Zona consiste en la orilla del lago Fryxell, hasta el borde del agua. Actualmente, el nivel del lago se está elevando. Este límite se extiende alrededor de 1 km al nordeste desde el punto de encuentro del glaciar Canadá con el lago Fryxell (77° 37,20"S; 163° 3,64'E) hasta la esquina sudeste del límite marcado con un montículo de piedras (77° 36,83' S; 163° 4,88' E) junto a una pequeña isla en el lago Fryxell. La isla fue una vez parte de una pequeña península que se extendía hasta el lago Fryxell, pero el aumento del nivel del lago la ha convertido en una isla (Mapa 3). La península estuvo señalada por una gran roca partida rodeada por un círculo de rocas que se usó como punto de referencia para el levantamiento del SEIC original efectuado por Nueva Zelandia en 1985, pero esta roca ya no es visible. Aún puede verse en la isla un poste de madera que marca el sitio 7 del proyecto de perforaciones de los Valles Secos (1973).

Una cresta de morrena que se extiende pendiente arriba desde la esquina sudeste en dirección norte define el límite oriental de la Zona. En una loma de esta cresta hay un mojón (77° 36,68' S; 163° 4,40' E) a 450 m de la esquina sudeste del límite. La cresta desciende abruptamente antes de encontrarse con la pendiente, sin rasgos distintivos, de la ladera principal del valle Taylor. La esquina de límite ubicada al nordeste de la Zona se encuentra en esta pendiente y está indicada con un mojón (77° 36,43' S; 163° 3,73' E).

Desde el mojón de límite ubicado al nordeste, el límite septentrional sube en pendiente suave hacia el oeste 1,7 km hasta el glaciar Canadá, hasta el punto donde el arroyo fluye desde el glaciar y el campo de nieve, por una brecha visiblemente angosta en la morrena (77° 36,42' S; 162° 59,69' E).

El límite occidental sigue el borde del glaciar durante 1 km, aproximadamente, bajando por una pendiente de morrena lateral con un gradiente bastante parejo hacia la esquina sudoeste del límite, donde el glaciar se encuentra con la orilla del lago (77° 37,20' S; 163° 3,64' E).

Se cree que la zona del marjal en el glaciar Canadá es el área de vegetación de más alta densidad en los Valles Secos de McMurdo (Mapa 3). El flujo de agua en el verano, junto con la microtopografía, son los factores más importantes para determinar el lugar de crecimiento de musgos, líquenes, cianobacterias y algas. La cara del glaciar también brinda protección frente a los vientos destructivos que podrían arrancar los musgos en su estado liofilizado y de la abrasión del polvo que transporta el viento.

El marjal está cerca del borde del glaciar. Existen dos zonas principales de vegetación, separadas al norte y al sur por una pequeña laguna de escasa profundidad (Mapa 3). El área del marjal, de pendiente suave, es muy húmeda en el verano, con áreas de terreno húmedo, pequeñas lagunas y arroyos. Las pendientes más altas de esta área son más secas, pero la vegetación coloniza numerosos cauces de arroyos pequeños que corren paralelos al glaciar, descendiendo desde el límite superior de la Zona hasta el marjal. Las morrenas onduladas contribuyen a la acumulación de parches persistentes de nieve en esta pendiente, que también podrían proporcionar humedad para el crecimiento de la vegetación. Los cauces de arroyos y la vegetación asociada son menos visibles a medida que se alejan del glaciar (Mapa 3). Estas pendientes y el marjal central desaguan hacia el sudeste por medio del arroyo Canadá. Antes de 1983, el arroyo Canadá se conocía informalmente como arroyo Fryxell.

En el marjal se identificaron cuatro especies de musgos: predominan las especies *Bryum argenteum* (antes mencionada como *Bryum subrotundifolium)* y *Hennediella heimii* (antes mencionada como *Pottia heimii)*, con la presencia poco común de *Bryum pseudotriquetrum* y *Syntrichia sarconeurum* (antes conocida como *Sarconeurum glaciale)*. La especie *B. argenteum* se presenta principalmente en zonas con flujo de agua e infiltraciones. Allí donde fluye el agua, una alta proporción de este musgo tiene comunidades epifíticas *Nostoc* asociadas. En dirección a los bordes de las zonas donde fluye el agua o en terreno de mayor altura, predomina la especie *Hennediella heimii*. En este lugar se encuentran esporofitas de *Hennediella heimii*, y puede ser una de las zona más australes donde se ha registrado la proliferación de un musgo.

El crecimiento de líquenes en la Zona puede pasar inadvertido, pero los líquenes epilíticos *Carbonea vorticosa, Sarcogyne privigna, Lecanora expectans, Rhizoplaca melanophthalma* y *Caloplaca citrina* pueden encontrarse en una pequeña zona cerca del desagüe de la laguna cercana al glaciar Canadá. En toda la zona del marjal se encuentran también líquenes casmoendolíticos sobre muchas rocas.

Se han descrito más de 37 especies de algas y cianobacterias de agua dulce en ese sitio. La parte superior del arroyo Canadá parece pobre a primera vista, aunque se observa el crecimiento de comunidades incrustantes, predominantemente cianobacterias, en las caras laterales e inferiores de las piedras y rocas. En esta parte superior del arroyo y solo en ella se han observado cianobacterias *Chamaesiphon subglobosus* y un alga verde de la especie *Prasiola*, originalmente identificada como *P. calophylla*, aunque posteriormente clasificada como una nueva especie, *P. glacialis*. La especie *Prasiola glacialis,* que crece en franjas verdes bajo las piedras del arroyo, suele verse solamente cuando las piedras se voltean. Los mantos de cianobacterias, que abarcan un diverso conjunto de especies (como *Oscillatoria, Pseudanabaena, Leptolyngbya, Phormidium, Gloeocapsa, Calothrix* y *Nostoc*), y las bacterias heterotróficas se extienden por las zonas centrales e inferiores del arroyo, y son más diversos que los que se encuentran en la parte superior. Las colonias mucilaginosas de *Nostoc commune* predominan en el agua estancada del marjal central, y crecen sobre el musgo de los márgenes húmedos de cursos de agua, en tanto los mantos de cianobacterias cubren gran parte del polvo mineral y la grava en las secciones con flujo. en el flujo de salida de las zonas centrales del arroyo se encuentra el alga verde filamentosa *Binuclearia*. La sección baja de la cuenca del arroyo es similar en su composición floral a la sección superior, aunque se ha observado una abundante cantidad de algas *Tribonema elegans* y *Binuclearia*; sin embargo, no se encuentra *Prasiola glacialis*. *Tribonema elegans* rara vez se encuentra presente en esta región de la Antártida.

Se han descrito seis tipos de *phyla* en la Zona: los tres grupos principales son rotíferos, nematodos y tardígrados, y también hay protozoos, platelmintos y artrópodos. No hay registros de presencia de *Collembola* en la Zona, aunque se ha documentado fuera de esta.

Se ha descrito la vegetación del marjal Canadá como abundante, pero de escasa diversidad, comparada con otros sitios de la Antártida caracterizados por una gran riqueza botánica. Probablemente esto se debe, al menos en parte, a las características oligotróficas del sitio. El agua que fluye por el arroyo es similar al agua de deshielo glacial, con una conductividad en diciembre de 2014 cercana a 35,32 $\mu S\ cm^{-1}$ desde el punto donde deja el glaciar hasta el delta donde desemboca en el lago. La prevalencia de cianobacterias fijadoras de nitrógeno (*Nostoc* y especies de *Calothrix*) también respalda la hipótesis de un estado de bajo nivel de nutrientes.

El glaciar Canadá se encuentra en el Dominio S (McMurdo - Geológico de Tierra de Victoria Meridional), de acuerdo con el Análisis de Dominios Ambientales para la Antártida (Resolución 3 [2008]), y en la Región 9 (Tierra de Victoria Meridional), conforme a las Regiones Biogeográficas de Conservación Antártica (Resolución 6 [2012]).

Son notables los indicios de actividad humana en el pasado dentro de la Zona. Es posible encontrar indicios de actividad humana pasada en los suelos adyacentes a la cabaña original neozelandesa y en el sitio designado para el aterrizaje de helicópteros, que aparecen en zonas localizadas de residuos petroquímicos y nutrientes del suelo. Dentro del área del marjal, puede observarse el daño sufrido por los sitios de vegetación, que incluye senderos, huellas y sitios de extracción experimental de testigos y trozos más grandes de colchones de musgos. Además, en el marjal hay varios señalizadores antiguos.

De 1979 a 1983 se instaló un invernadero de plástico en la Zona cercana al marjal con el fin de llevar a cabo investigaciones y para el cultivo experimental de hortalizas. La estructura se retiró al final de cada temporada hasta 1983, cuando se utilizó para el almacenamiento de equipos durante el invierno. La estructura fue destruida por una tormenta ese invierno. Los restos del invernadero que se encontraban en la Zona fueron retirados.

Cerca del área del marjal, el primer sitio de la cabaña neozelandesa en el glaciar Canadá comprendía senderos marcados por líneas de piedras, áreas que habían sido despejadas para acampar, un antiguo helipuerto y varias estructuras bajas de roca. Cerca de este lugar, también se hicieron por lo menos cuatro pozos no muy profundos (de aproximadamente 1 m de profundidad). Este sitio se trasladó a un segundo sitio en 1989, y se recuperó el sitio de la primera cabaña. El sitio de la segunda cabaña comprendía dos edificios pequeños, varios campamentos nuevos y un helipuerto. Los edificios fueron retirados por completo en la temporada 1995-96. El helipuerto todavía se conserva, ya que es el único sitio designado para el aterrizaje de helicópteros en la Zona. La zona de acampada se eliminó en 2021, aunque los senderos señalizados mediante líneas de rocas y las áreas anteriormente utilizadas como campamentos todavía se conservan.

En el arroyo Canadá hay una presa (véase la sección 6(iii)). Los datos hidrológicos recogidos en este arroyo midieron el caudal de desagüe promedio del arroyo Canadá, obteniendo un caudal de 22,13 l/s [mínimo = 0,0 l/s y máximo = 395,76 l/s] entre noviembre de 2014 y febrero de 2015. La temperatura media del agua en dicho período fue de 1,99 °C [mín. = -1,1 °C y máx. = 11,34 °C] (http://www.mcmlter.org/).

Desde la Zona de instalaciones del campamento del lago Fryxell se extiende un sendero entre la orilla del lago y la presa del arroyo Canadá (Mapas 2 y 3). Existe otro sendero entre el lugar designado para el aterrizaje de helicópteros y el borde del glaciar Canadá, que cruza una zona húmeda con vegetación, aunque no está indicado en el mapa. También hay una ruta de acceso ubicada entre la zona de instalaciones del campamento del lago Hoare y la zona de instalaciones del campamento del lago Fryxell, que apenas traspasa el límite norte (Mapas 1, 2 y 3).

6(ii) Áreas especiales en el interior de la Zona

Ninguna.

6(iii) Ubicación de estructuras dentro de la Zona y en áreas adyacentes

En la temporada 1981-1982 se construyó una presa de rocas en la parte estrecha del arroyo Canadá, que se retiró al final de la temporada. En 1990 se construyó en las cercanías una presa más grande con una canaleta Parshall de 9 pulgadas (Mapa 3). La canaleta está hecha de fibra de vidrio negro. La presa está formada por bolsas de poliéster rellenas con tierra de aluvión de las proximidades del cauce del arroyo. Se repararon los sitios que habían sido alterados durante la construcción, y para la temporada siguiente ya no quedaban rastros. El lado de la presa que está corriente arriba está forrado de nailon recubierto de vinilo. Se ha practicado una muesca en la presa para permitir el desagüe en caso de que el caudal aumente. Ha sido necesario retirar del cauce la nieve estacional para evitar que el agua se embalse en la presa. El instrumental de registro de datos y las baterías están guardados en una caseta de madera contrachapada cercana, situada en el lado norte del arroyo. El mantenimiento de la presa está a cargo del Proyecto de Investigaciones Ecológicas a Largo Plazo de los Valles Secos de McMurdo.

Los límites de la Zona están marcados con tres mojones.

La Zona de instalaciones del campamento del lago Fryxell (Estados Unidos) está ubicada un kilómetro y medio hacia el este de la Zona (20 m sobre el nivel del mar), en un punto intermedio a lo largo del lago Fryxell, sobre el lado norte del lago. La Zona de instalaciones F6 (EE. UU.) está ubicada aproximadamente 10 km hacia el este de la Zona, sobre el lado sur del lago Fryxell. La Zona de instalaciones del campamento del lago Hoare (Estados Unidos) está ubicada 3 km hacia el oeste de la Zona (65 m sobre el nivel del mar), sobre el lado oeste del glaciar Canadá, en la base del glaciar, sobre el lado norte del lago Hoare. La Zona de visitantes del valle Taylor está ubicada al sur de la Zona, al frente del glaciar Canadá (Mapa 1).

6(iv) Ubicación de las zonas protegidas en las cercanías

Las zonas protegidas más cercanas al glaciar Canadá son:

- Glaciar Taylor inferior y cataratas de Sangre, valle Taylor, Valles Secos de McMurdo, (ZAEP n.º 172), aproximadamente 23 km al oeste del valle Taylor.
- Terraza Linnaeus, cordillera Asgard (ZAEP n.º 138) aproximadamente 47 km al oeste del valle Wright.
- Valles de Barwick y Balham, Tierra de Victoria meridional (ZAEP n.º 123) aproximadamente 50 km al noroeste (Mapa 1, recuadro).

7. Términos y condiciones para los permisos de entrada

Se prohíbe el ingreso a la Zona excepto con un permiso expedido por una autoridad nacional pertinente. Las condiciones para la expedición de un permiso para ingresar a la Zona son las siguientes:

- el permiso debe expedirse por razones científicas de carácter urgente, que no puedan llevarse a cabo en otro lugar, o por razones que sean esenciales para la gestión de la Zona;
- las actividades permitidas no deberán poner en peligro los valores ecológicos o el valor para la investigación científica de la Zona;
- deberá estudiarse pormenorizadamente el acceso a cualquier zona que se indique que posee una densidad de vegetación superior al 21% (Mapa 3) y a cualquier zona situada a una distancia de hasta 5 metros de los arroyos; además, en el permiso se deberán establecer condiciones especiales para el acceso a dichas zonas;
- todas las actividades de gestión deberán estar orientadas al cumplimiento de los objetivos del plan de gestión;
- las acciones permitidas deben ser compatibles con el plan de gestión;

- el permiso, o una copia de este, debe llevarse dentro de la Zona;
- debe proporcionarse un informe de la visita a las autoridades que figuran en el permiso; y,
- que los permisos se expidan por un período determinado.

7(i) Acceso a la Zona y desplazamientos en su interior y sobre ella

El acceso a la Zona deberá efectuarse principalmente a pie. Se podrá acceder a la Zona en helicóptero únicamente por razones científicas o administrativas apremiantes, para lo cual se deberá contar con el correspondiente permiso. Se prohíben los vehículos en la Zona, y todo desplazamiento en su interior deberá efectuarse a pie.

Los peatones que circulen por el valle no podrán ingresar en la Zona sin un permiso. Se alienta a los visitantes que hayan obtenido un permiso a que circulen en la medida de lo posible por los senderos establecidos. Los visitantes deberán evitar pisar la vegetación visible (tanto seca como húmeda) o caminar por el lecho de los arroyos. Se debe tener cuidado al caminar en terrenos húmedos, donde la circulación de peatones puede dañar fácilmente los suelos delicados y las comunidades de plantas, algas y bacterias, además de degradar la calidad del agua. Se deberá caminar alrededor de esas zonas, sobre suelo rocoso o hielo, pisando las piedras más grandes cuando no se pueda evitar cruzar un arroyo. También se debe tener cuidado con la vegetación con incrustaciones de sal en zonas más secas, que puede pasar desapercibida. La circulación de peatones debe limitarse al mínimo necesario para alcanzar los objetivos de las actividades autorizadas, y se debe hacer todo lo posible para reducir al mínimo sus efectos.

De forma predeterminada, el aterrizaje de helicópteros deberá efectuarse en los lugares de aterrizaje existentes en las zonas de las instalaciones cercanas (lago Hoare y lago Fryxell). El acceso a la Zona en helicóptero será excepcional y solo podrá tener lugar si está específicamente autorizado por un permiso. Los helicópteros deberán aterrizar solamente en el sitio designado (163° 02,88' E; 77° 36,97' S, Mapa 2). Los pilotos deben seguir la Zona de acceso de helicópteros para acceder al lugar de aterrizaje designado (Mapa 2). Está prohibido sobrevolar la Zona por debajo de los 300 pies (aproximadamente 100 m). Se otorgarán excepciones a estas restricciones de vuelo únicamente con fines científicos o de gestión excepcionales, que deberán estar específicamente autorizadas en el permiso. Está prohibido el uso de granadas de humo de helicópteros dentro de la Zona, salvo que sea imprescindible por motivos de seguridad. En este caso, deberán ser recuperadas.

Durante un aterrizaje, los pilotos, tripulaciones aéreas y otros pasajeros tienen prohibido desplazarse a pie más allá de las inmediaciones del lugar de aterrizaje. Solo puede hacerlo el personal autorizado por el permiso.

7(ii) Actividades que pueden llevarse a cabo dentro de la Zona

- Investigaciones científicas que no puedan llevarse a cabo en otro lugar y que no pongan en peligro el ecosistema de la Zona.
- Actividades de gestión esenciales, incluidas las actividades de observación e inspección.

En vista de la importancia del régimen hídrico para el ecosistema, las actividades deberán desempeñarse de forma tal que se reduzca a un mínimo la alteración de los cursos de agua y la calidad del agua. Las actividades que se lleven a cabo fuera de la Zona (por ejemplo, en el glaciar Canadá) que podrían afectar a la cantidad y calidad del agua deberán planificarse y llevarse a cabo teniendo en cuenta los efectos que puedan producirse corriente abajo. Asimismo, quienes realicen actividades dentro de la Zona deberían tener presente los efectos corriente abajo, dentro de la Zona y en el endorreico lago Fryxell.

Las actividades que causen perturbaciones en la zona del marjal deben tener en cuenta la lenta recuperación de este sitio. En particular, se debe extremar la precaución para reducir al mínimo cualquier tamaño y número de muestras necesarias y llevar a cabo el muestreo de forma que sea probable que la comunidad de vegetación se recupere en su totalidad.

Se prohíbe el uso de Sistemas de Aeronaves Dirigidas por Control Remoto (RPAS) en la Zona, excepto de conformidad con un permiso. El uso de RPAS en el interior de la Zona debe ceñirse a las Directrices medioambientales para la operación de sistemas de aeronaves dirigidas por control remoto (RPAS) en la Antártida (Resolución 4 [2018]).

7(iii) Instalación, modificación o desmantelamiento de estructuras

No podrá montarse ninguna estructura dentro de la Zona. Tampoco podrá instalarse equipo científico, salvo que sea por razones científicas o de gestión excepcionales y deberán estar especificadas en un permiso. Todos los indicadores de límites, estructuras o equipos científicos que se instalen en la Zona deberán estar autorizados por un permiso, y deberán llevar claramente el nombre del país, el nombre del investigador principal, el año de instalación y la fecha en que esté previsto retirarlos. Todos estos artículos deberán estar libres de organismos, propágulos (semillas, huevos) y suelo no estéril, y deberán estar fabricados con materiales que presenten un riesgo mínimo de contaminación para la Zona. El desmantelamiento de estructuras o equipos específicos cuyo permiso haya expirado debe ser una condición para el otorgamiento del permiso.. Se prohíben las estructuras o instalaciones permanentes.

7(iv) Ubicación de los campamentos

Se prohíbe acampar en la Zona. Deben emplearse las Zonas de instalaciones cercanas, ubicadas fuera de la Zona (Mapa 1), como base para el trabajo dentro de la Zona.

7(v) Restricciones relativas a los materiales y organismos que puedan introducirse en la Zona

No se deben introducir deliberadamente animales, material vegetal o microorganismos vivos en la Zona, y deberán tomarse las precauciones indicadas en la sección 7(ix) para evitar su introducción accidental. No se deben introducir herbicidas ni pesticidas en la Zona. Cualquier otro producto químico, incluidos los radionucleidos o isótopos estables, que puedan introducirse con fines científicos o de gestión especificados en el Permiso, deberá retirarse de la Zona a más tardar al finalizar la actividad para la que se otorgó el permiso. No se almacenará combustible u otros productos químicos en la Zona. Cualquier otro material introducido podrá permanecer en la Zona exclusivamente durante un período determinado, deberá retirarse a más tardar cuando concluya dicho período y su almacenamiento y manipulación deberá efectuarse con métodos que reduzcan al mínimo el riesgo de su introducción en el medio ambiente.

7(vi) Recolección de flora y fauna autóctonas o su intromisión perjudicial en estas

Queda prohibida la recolección de la flora y fauna autóctonas o la intromisión perjudicial en estas, salvo que se efectúe de conformidad con un permiso expedido específicamente a tal efecto, conforme al Anexo II al Protocolo al Tratado Antártico sobre Protección del Medio Ambiente. En caso de recolección de animales o intromisión perjudicial con ellos, como norma mínima, se hará de acuerdo con el Código de conducta del SCAR para el uso de animales con fines científicos en la Antártida.

Se podrá recoger o retirar material de la Zona únicamente de conformidad con un permiso, y dicho material deberá limitarse al mínimo de muestras necesario para fines de índole científica o de gestión. El muestreo deberá llevarse a cabo mediante técnicas que reduzcan al mínimo la perturbación de la Zona y con las cuales se pueda esperar la recuperación total de la vegetación a partir de las muestras.

7(vii) Recolección o retirada de materiales que no hayan sido llevados a la Zona por el titular del permiso

Cualquier material de origen humano susceptible de comprometer los valores de la Zona, que no haya sido llevado a esta por el titular del permiso o autorizado de otra manera, podrá retirarse, a menos que el impacto de su retirada pueda ser mayor que el de dejar el material en el lugar. En ese caso, se debe notificar a la autoridad competente y obtener la aprobación antes de proceder a su retirada.

7(viii) Eliminación de desechos

Deberán retirarse de la Zona todos los residuos, incluidos los de origen humano.

7(ix) Medidas que puedan requerirse para garantizar el continuo cumplimiento de los objetivos y las finalidades del Plan de gestión

Se pueden otorgar permisos de acceso a la Zona con el fin de:

- llevar a cabo actividades de observación biológica e inspección de la Zona, que pueden incluir la obtención de una pequeña cantidad de muestras o datos para análisis o revisión;
- erigir o mantener postes de límites, estructuras o equipos científicos;
- adoptar medidas de protección;

Todos los sitios específicos de vigilancia a largo plazo deben estar debidamente señalizados en el sitio y en los mapas de la Zona. Debe solicitarse a las autoridades nacionales correspondientes la posición GPS a fin de asentarla en el sistema del Directorio Antártico Maestro.

A fin de mantener los valores científicos y ecológicos de las comunidades vegetales que se encuentran en la Zona, los visitantes deberán tomar precauciones especiales para evitar la introducción de especies no autóctonas. Causa especial preocupación la introducción de microbios o plantas provenientes de suelos de otros sitios antárticos, incluidas las estaciones, o de regiones situadas fuera de la Antártida. Para reducir a un mínimo el riesgo de introducciones, antes de entrar en la Zona, los visitantes deberán limpiar meticulosamente el calzado y todo el equipo que vayan a utilizar en la Zona, en particular, el equipo de muestro y los señalizadores.

7(x) Requisitos relativos a los informes

El titular principal del permiso para cada visita a la Zona debe presentar un informe ante la autoridad nacional correspondiente tan pronto como sea posible, a más tardar seis meses después de concluir la visita. Estos informes de visita deben incluir, según proceda, la información identificada en el formulario de informes de visita (contenido en el Apéndice 4 de la Guía para la Preparación de Planes de Gestión para las Zonas Antárticas Especialmente Protegidas anexo a la Resolución 2 [1998], disponible en el sitio web de la Secretaría del Tratado Antártico, www.ats.aq).

Si procede, la autoridad nacional también debería enviar una copia del informe de visitas a la Parte que haya propuesto el Plan de Gestión, a fin de contribuir a la administración de la Zona y a la revisión del Plan de Gestión. Las Partes deben mantener un registro de tales actividades y notificarlas durante el intercambio anual de información. Siempre que sea posible, las Partes deberán depositar el informe de visita original o sus copias en un archivo al cual el público tenga acceso, a fin de llevar un registro del uso, para que pueda utilizarse en las revisiones del plan de gestión y en la organización del uso científico de la Zona.

8. Bibliografía

Broady, P.A. 1982. Taxonomy and ecology of algae in a freshwater stream in Taylor Valley, Victoria Land, Antarctica. Archivs fur Hydrobiologia 32 (Supplement 63 (3), Algological Studies): 331-349.

Conovitz, P.A., McKnight, D.M., MacDonald, L.H., Fountain, A.G. and House, H.R. 1998. Hydrologic processes influencing stream flow variation in Fryxell Basin, Antarctica. Ecosystem Processes in a Polar Desert: The McMurdo Dry Valleys, Antarctica. Antarctic Research Series 72: 93-108.

Downes, M.T., HowardWilliams, C. and Vincent, W.F. 1986. Sources of organic nitrogen, phosphorus and carbon in Antarctic streams. Hydrobiologia 134: 215225.

Fortner, S.K., Lyons, W.B. and Munk, L. 2013. Diel stream geochemistry, Taylor Valley, Antarctica. Hydrological Processes 27: 394-404.

Fortner, S.K., Lyons, W.B. and Olesik, J.W. 2011. Eolian deposition of trace elements onto Taylor Valley Antarctic glaciers. Applied Geochemistry 26: 1897-1904.

Fountain, A. G., Fernandez-Diaz, J. C., Obryk, M., Levy, J., Gooseff, M., Van Horn, D. J., ... & Shrestha, R. (2017). High-resolution elevation mapping of the McMurdo Dry Valleys, Antarctica, and surrounding regions. Earth System Science Data, 9(2), 435.

Green, T.G.A., Seppelt, R.D. and Schwarz, A-M.J. 1992. Epilithic lichens on the floor of the Taylor Valley, Ross Dependency, Antarctica. Lichenologist 24(1): 57-61.

HowardWilliams, C., Priscu, J.C. and Vincent, W.F. 1989. Nitrogen dynamics in two Antarctic streams. Hydrobiologia 172: 5161.

HowardWilliams, C. and Vincent, W.F. 1989. Microbial communities in Southern Victoria Land streams I: Photosynthesis. Hydrobiologia: 172: 2738.

HowardWilliams, C., Vincent, C.L., Broady, P.A. and Vincent, W.F. 1986. Antarctic stream ecosystems: Variability in environmental properties and algal community structure. Internationale Revue der gesamten Hydrobiologie 71: 511544.

Levy, J.L., Cary, S.C., Joy, K. and Lee, C.K. 2020 Detection and community-level identification of microbial mats in the McMurdo Dry Valleys using drone-based hyperspectral reflectance imaging. Antarctic Science 32(5): 361-381. doi:10.1017/S0954102020000243

Lewis, K.J., Fountain, A.G. and Dana, G.L. 1999. How important is terminus cliff melt? A study of the Canada Glacier terminus, Taylor Valley, Antarctica. Global and Planetary Change 22(1-4): 105-115.

Lewis, K.J., Fountain, A.G. and Dana, G.L. 1998. Surface energy balance and meltwater production for a Dry Valley glacier, Taylor Valley, Antarctica. International Symposium on Antarctica and Global Change: Interactions and Impacts, Hobart, Tasmania, Australia, July 13-18, 1997. Papers. Edited by W.F. Budd, et al; Annals of glaciology, Vol.27, p.603-609. United Kingdom.

McKnight, D.M. and Tate, C.M. 1997. Canada Stream: A glacial meltwater stream in Taylor Valley, South Victoria Land, Antarctica. Journal of the North American Benthological Society 16(1): 14-17.

Pannewitz, S., Green, T.G.A., Scheiddegger, C., Schlensog, M. and Schroeter, B. 2003. Activity pattern of the moss *Hennediella heimii* (Hedw.) Zand. in the Dry Valleys, Southern Victoria Land, Antarctica during the mid-austral summer. Polar Biology 26(8): 545-551.

Seppelt, R.D. and Green, T.G.A. 1998. A bryophyte flora for Southern Victoria Land, Antarctica. New Zealand Journal of Botany 36: 617-635.

Seppelt, R.D., Green, T.G.A., Schwarz, A-M.J. and Frost, A. 1992. Extreme southern locations for moss sporophytes in Antarctica. Antarctic Science 4: 37-39.

Seppelt, R.D., Turk, R., Green, T.G.A., Moser, G., Pannewitz, S., Sancho, L.G. and Schroeter, B. 2010. Lichen and moss communities of Botany Bay, Granite Harbour, Ross Sea, Antarctica. Antarctic Science 22(6): 691-702.

Schwarz, A.-M. J., Green, J.D., Green, T.G.A. and Seppelt, R.D. 1993. Invertebrates associated with moss communities at Canada Glacier, southern Victoria Land, Antarctica. Polar Biology 13(3): 157-162.

Schwarz, A-M. J., Green, T.G.A. and Seppelt, R.D. 1992. Terrestrial vegetation at Canada Glacier, South Victoria Land, Antarctica. Polar Biology 12: 397-404.

Sjoling, S. and Cowan, D.A. 2000. Detecting human bacterial contamination in Antarctic soils. Polar Biology 23(9): 644-650.

Skotnicki, M.L., Ninham, J.A. and Selkirk, P.M. 1999. Genetic diversity and dispersal of the moss *Sarconeurum glaciale* on Ross Island, East Antarctica. Molecular Ecology 8(5): 753-762.

Strandtmann, R.W. and George, J.E. 1973. Distribution of the Antarctic mite *Stereotydeus mollis* Womersley and Strandtmann in South Victoria Land. Antarctic Journal of the USA 8:209-211.

Vandal, G.M., Mason, R.P., McKnight, D.M. and Fitzgerald, W. 1998. Mercury speciation and distribution in a polar desert lake (Lake Hoare, Antarctica) and two glacial meltwater streams. Science of the Total Environment 213(1-3): 229-237.

Vincent, W.F. and HowardWilliams, C. 1989. Microbial communities in Southern Victoria Land Streams II: The effects of low temperature. Hydrobiologia 172: 3949.

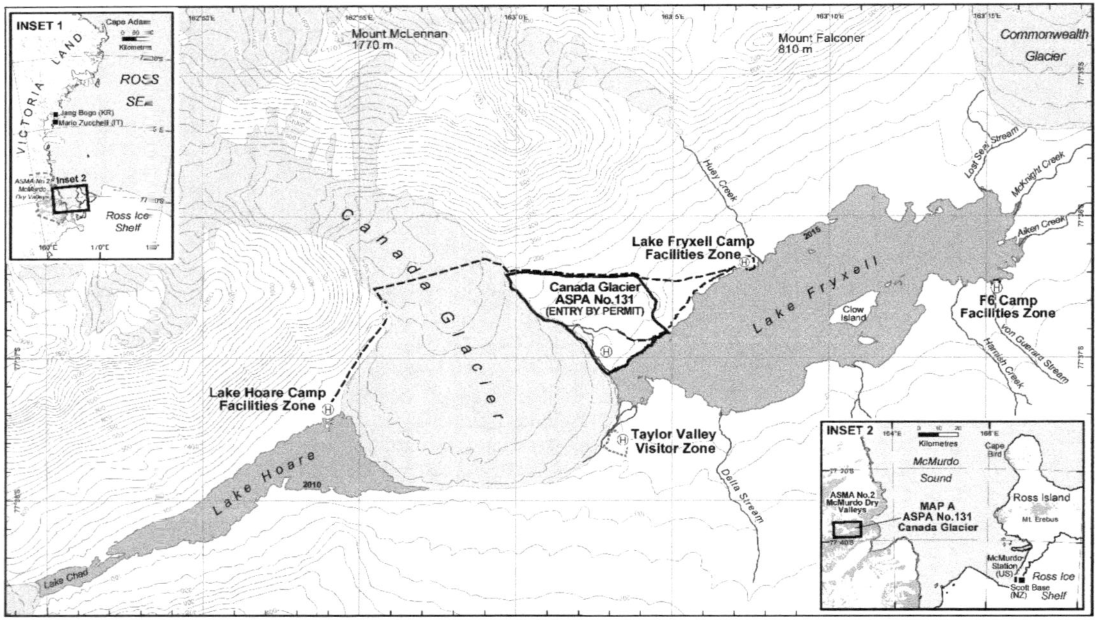

Map 1: ASPA No.131 Canada Glacier regional overview

Environmental Research & Assessment
Issued 28 Apr 2021

Antarctica New Zealand

Contour (50 m) · Stream · Lake · Glacier · Path · Helicopter landing site · Protected Area boundary · Facilities Zone · Visitor Zone

0 1 2 Kilometres

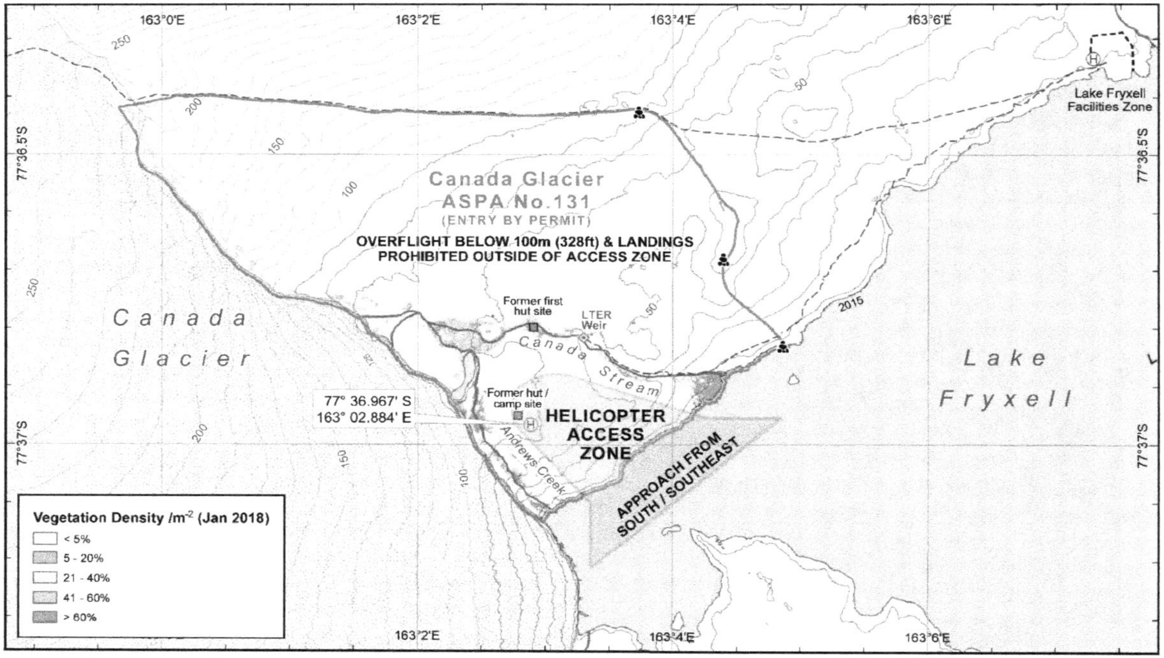

Map 2: ASPA No.131 Canada Glacier Helicopter Access Zone

Environmental Research & Assessment
Issued 28 Apr 2021

Antarctica New Zealand

Glacier
Lake / Pond
Contour (10 m)
Stream
Protected Area boundary
Path
Cairn
Weir
Helicopter Access Zone
Helicopter landing site
Former hut / camp site

0 100 200 300 400 500
Metres

N

Projection: Lambert Conformal Conic;
Spheroid & horizontal datum: WGS84;
Data sources: Streams digitised from aerial imagery (1993);
Cairns, former huts, weir: Gateway Antarctica;
Topography & lake shoreline: LiDAR survey 2015 (Fountain et al. 2017);
Vegetation survey: B.Bollard (AUT) Jan/Feb 2018;
ASPA boundary: Management Plan (Apr 2021).

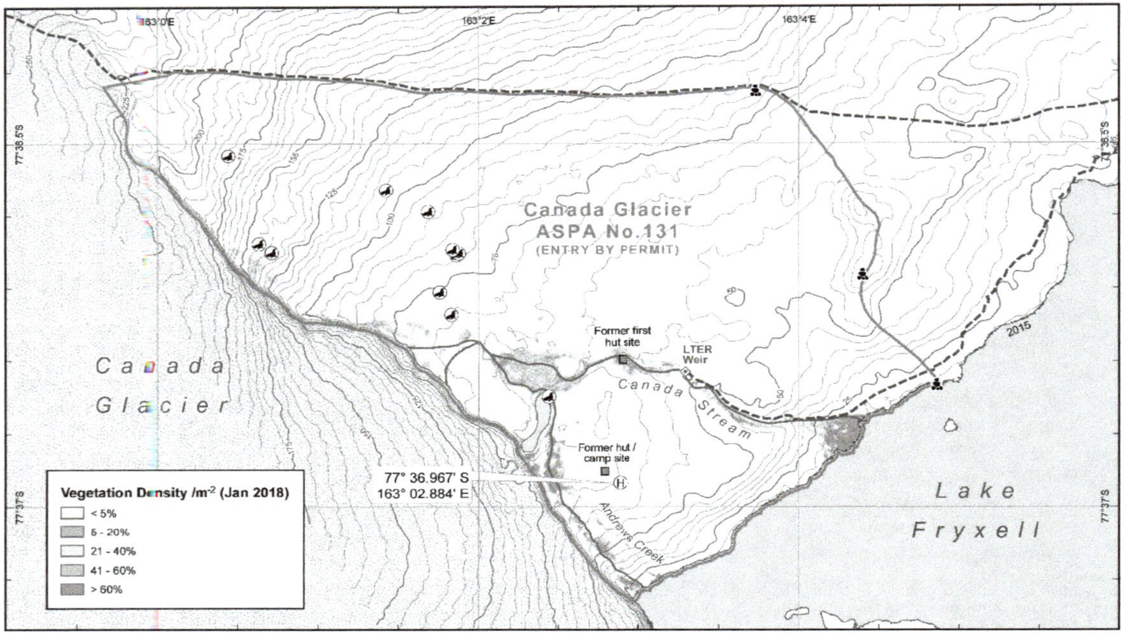

Map 3: ASPA No.131 Canada Glacier vegetation density

Environmental Research & Assessment
Issued 28 Apr 2021

Antarctica New Zealand

Index Contour (25m)
Contour (5m)
Stream
Lake / Pond
Glacier
Protected Area boundary
Former hut / camp site
Path
Cairn
Helicopter landing site
Weir
Mummified seal

0 100 200 300 400 500
Metres
N

Projection: Lambert Conformal Conic
Spheroid & horizontal datum: WGS84;
Data sources: Streams digitised from aerial imagery (1993)
Contours, cairns, former huts, weir: Gateway Antarctica
Lake shoreline: based on LIDAR survey 2015 (Fountain et al. 2017)
Vegetation survey: B Rolfard (AUT), Jan/Feb 2018
ASPA boundary: Management Plan (Apr 2021)

Plan de Gestión para la Zona Antártica Especialmente Protegida No. 134

PUNTA CIERVA E ISLAS FRENTE A LA COSTA, COSTA DANCO, PENÍNSULA ANTÁRTICA

Introducción

Esta Zona fue originariamente designada como Sitio de Especial Interés Científico (SEIC) No. 15 (Recomendación RCTA XIII-8, RCTA XIII, Bruselas, 1985), después de una propuesta de Argentina, debido a su gran diversidad vegetal y al hecho de que posee colonias reproductivas de al menos diez especies de aves.

Durante la XXI Reunión Consultiva del Tratado Antártico (Christchurch 1997), se adoptó el Plan de Gestión revisado de la Zona, conforme al formato establecido por el Anexo V del Protocolo de Madrid, y según lo dispuesto por la Medida 3 (1997). Durante la XXV Reunión Consultiva del Tratado Antártico (Varsovia 2002), y una vez que el Anexo V entrara en vigencia, el entonces *Sitio de Especial Interés Científico* Nro. 15 se transformó, mediante la Decisión 1 (2002), en la *Zona Antártica Especialmente Protegida* Nro. 134. El Plan de manejo fue posteriormente revisado y en la XXIX Reunión Consultiva del Tratado Antártico, (Edimburgo, 2006), la Medida 1 (2006) aprobó una nueva versión del mismo. El Plan fue nuevamente revisado y en la XXXVI RCTA (Bruselas, 2013) se aprobó la anterior versión mediante la Medida 5 (2013), ahora reemplazado por el presente.

Las razones originales para su designación siguen vigentes y a estas se le han sumado, en los últimos años, otras que le han otorgado mayor relevancia. Esta área posee un gran valor científico debido a su inusual biodiversidad, que incluye numerosas especies de aves, de flora, y de invertebrados. La singular topografía de la zona, junto a la abundancia y diversidad de vegetación, ofrece condiciones muy favorables para la formación de numerosos microhábitats, los cuales favorecen a su vez el desarrollo de una alta biodiversidad y le otorgan un valor paisajístico excepcional a la Zona.

En la actualidad, existe la necesidad de aumentar el volumen de estudios relacionados a la abundancia y reproducción de aves marinas y mamíferos, dado que los mismos tienen la potencialidad de ser utilizados como indicadores ecológicos de procesos a escala global y de la calidad ambiental de los ecosistemas (Costa et al, 2019; Croxall *et al* 1998). A este respecto, la ubicación geográfica de la ZAEP N°134 resulta clave para la realización de este tipo de estudios y otros comparativos entre su fauna y la que habita otras zonas antárticas. Las variabilidades climáticas y oceanográficas han mostrado tener efectos en las poblaciones de aves marinas, generalmente con consecuencias profundas, como la reducción en el éxito reproductivo y alteraciones en los ciclos de apareamiento de algunas especies (Chambers *et al.* 2011; Krüger *et al*, 2018; Warwick-Evans *et al*, 2021).

La región de la Península Antártica es uno de los sitios del planeta donde se han verificado los mayores efectos del cambio climático global, el cual ha incidido de manera directa en la formación y duración del hielo marino y, como consecuencia, está afectando al conjunto de la cadena alimentaria (Morley *et al*, 2020; Turner *et al*, 2009). Estudios recientes señalan que los forzantes de cambio en los ecosistemas del Océano Sur están provocando en la región oeste de la Península Antártica un aumento de la temperatura, la pérdida de hielo marino y un aumento del potencial de invasión de especies entre otros impactos (Morley *et al*, 2020). Puntualmente algunos autores señalan que la zona de Punta Cierva es la que mayor calentamiento ha sufrido en toda la península (Wilhelm, Bockheim y Haus, 2016). La estabilidad en el estado positivo del SAM (Modo Anular del Sur) ha impactado en los vientos, la circulación de agua y la extensión del hielo marino

(Stammerjohn *et al.* 2008; Thompson y Solomon 2002) y ha repercutido sobre la flora y fauna antártica.

En este contexto, la ZAEP N° 134 es un área poco disturbada, que permite la realización de estudios comparativos con poblaciones que habitan áreas de frecuente disturbio humano (acumulación de basura, contaminación, turismo y pesca; Woehler *et al.* 2001, Patterson et al. 2008). En los últimos años se ha registrado una tendencia hacia el aumento en la abundancia de algunas poblaciones que habitan la ZAEP, como es el caso de los pingüinos, en contraposición a lo observado en otras áreas, donde la frecuencia de disturbio humano está en correspondencia con la disminución en la abundancia de algunas poblaciones (Woehler *et al* 2001, Lynch *et al.* 2008, Gonzalez-Zeballos *et al.* 2013). Asimismo, hay que tener en cuenta en los próximos años evaluar el efecto del turismo como fuente de disturbio sobre la zona de la ZAEP y sus posibles efectos sobre las poblaciones de aves y mamíferos que la habitan. También es importante estudiar en la ZAEP los impactos de procesos como el aumento de la temperatura, que tiene consecuencias directas en el aumento de las áreas libres de hielo y la consiguiente formación de suelos que son importantes en la dinámica de la zona.

Su designación como ZAEP garantiza que los actuales programas de investigación a largo plazo no se vean perjudicados por interferencia humana accidental, destrucción de vegetación y suelo, polución de cuerpos de agua y perturbación sobre aves, especialmente en épocas coincidentes con los períodos reproductivos.

Distintos programas antárticos tienen proyectos de investigación actualmente en la ZAEP. Los principales intereses científicos pasan entro otros por el estudio de la dinámica poblacional de las colonias de pingüinos además de estudiar la cronología reproductiva. También se monitorear la presencia de desechos marinos y microplásticos en las colonias y especies de estudio. Otros proyectos estudian los procesos de retracción de los glaciares y la formación de suelos en la región. Un tema de interés también es el inventario de los distintos tipos de humedales presentes en Punta Cierva además de la caracterización y seguimiento en el tiempo. Se realizan estudios sobre la riqueza de especies y comunidades de algas y fitoplancton, así como de la flora presente.

También hay varios proyectos estudiando los efectos del cambio climático sobre las poblaciones de pinnípedos como sobre las especies de aves marinas. Por ejemplo, se trabaja con *Arctocephalus gazella, Leptonychotes weddellii, Hydrurga leptonyx* estudiando la relación con la cobertura de hielo en el área y fenómenos globales tales como el Niño Oscilación del Sur (ENSO) a través de la evaluación del impacto de estos predadores en los recursos marinos, sus estrategias de alimentación y su relación con la disponibilidad de presas. Respecto a la biología trófica de aves antárticas con efectos evidentes del calentamiento global, se estudian las variaciones de diversos parámetros poblacionales de aves, expuestas a diferentes condiciones locales, analizando las respuestas de estas frente a los cambios observados. Por último, se puede mencionar los estudios que se realizan sobre la dinámica del permafrost en la zona.

1. Descripción de los valores a ser protegidos

El área costera alberga una importante cantidad de colonias de aves, colonias reproductivas de mamíferos marinos y una extensa vegetación. La cobertura de líquenes, musgos y comunidades dominadas por gramíneas es muy extensa en Punta Cierva. Los valores de la Zona se encuentran asociados a su alta diversidad biológica en términos de flora y fauna y a sus características topográficas, a las que se suman un alto valor paisajístico. La línea de costa es muy abrupta y los intermareales rocosos son poco abundantes. Existe una alta riqueza de especies, tanto animales como vegetales y la abundancia de algunas de ellas es, en algunos casos, excepcional. La gran variedad de relieves, formas de costas y la extensa y variada cobertura vegetal, ofrecen una diversidad escénica inusual en el ámbito antártico, lo que le da un alto valor paisajístico, razón por lo que fue establecida como una zona antártica especialmente protegida (Santos, 2014). De manera general se puede mencionar que se encuentran unas 18 especies de musgos, 70 de líquenes, 2 hepáticas, unas 20 especies de hongos y anidan 12 especies de aves.

Si bien Antártida es considerada como una de las pocas áreas no contaminadas de nuestro planeta, debido a que se encuentra relativamente aislada y distante de los grandes centros industriales y urbanos, la evidencia de una presencia excesiva de contaminantes en el norte de la península se puede ver en la reciente detección de sustancias asociadas a la actividad humana en lugares que deben considerarse intactos (Olalla, Moreno & Valcárcel, 2020).

Por todo lo anterior, su particular localización geográfica en el noroeste de la península antártica le da a esta ZAEP y a los numerosos programas de investigación científica que se desarrollan en la zona, una importancia crucial a fin de explicar, al menos parcialmente, alteraciones en los ecosistemas antárticos producto del cambio climático y/o disturbios humanos.

De acuerdo con Morgan et al. (2007) la ZAEP N°134 representa al dominio ambiental "Geológico de las latitudes medias septentrionales de la Península Antártica" y de acuerdo con Terauds *et al.* (2012) el área se encuentra en la región biogeográfica "Noroeste de la Península Antártica". También según las "Áreas Importantes para la Conservación de las Aves en la Antártida 2015" (Harris *et al*, 2015), Punta Cierva y las Islas Costeras (Mapa 4-Figura 7) constituyen el IBA ANT081.

Para más detalles sobre las características del área remitirse al punto 6 del presente documento.

2. Metas y objetivos

La gestión de la ZAEP N° 134 está orientada a:

- Preservar el ecosistema natural y evitar las perturbaciones humanas innecesarias;
- Permitir el desarrollo de cualquier investigación científica, siempre que no ponga en peligro los valores de la zona;
- Evitar cambios importantes en la estructura y composición de las comunidades de flora y fauna;
- Conservar la flora de la zona como organismos referentes, libres de impacto antrópico.
- Prevenir o minimizar la introducción en la Zona de plantas, animales y microbios no nativos;
- Reducir al mínimo la posibilidad de introducción de patógenos que puedan causar enfermedades en las poblaciones de fauna dentro de la zona.
- Evitar la introducción, producción o diseminación de contaminantes químicos que puedan afectar el área.
- Proteger la biodiversidad de la Zona, evitando cambios importantes en la estructura y composición de las comunidades de fauna y flora.
- Evitar disturbio humano innecesario.
- Permitir el desarrollo de investigación científica que no puede llevarse a cabo en otros lugares, y la continuidad de los estudios biológicos a largo plazo en curso establecidos en el área, así como el desarrollo de cualquier otra investigación científica siempre y cuando no comprometa los valores por los cuales la Zona se encuentra protegida.
- Evitar o minimizar la introducción involuntaria de propágulos, plantas, animales o microbios, así como de patógenos potencialmente dañinos de la fauna y flora.
- Permitir el desarrollo de estudios y tareas de control para estimar los efectos directos e indirectos producidos por la actividad de la base científica cercana (Base Primavera)

3. Actividades de gestión

Las siguientes actividades de gestión serán llevadas a cabo para proteger los valores del área:

- El personal destinado a Base Primavera (Argentina) y en particular, el personal autorizado a entrar en la ZAEP, serán instruidos específicamente sobre las condiciones del Plan de Gestión.

- Se facilitarán copias del plan de manejo de esta zona en Base Primavera.
- Se circulará sólo por sectores libres de vegetación, y evitando la aproximación a la fauna, salvo cuando los proyectos científicos así lo establezcan y si se cuenta con los permisos de intromisión perjudicial correspondientes.
- Las distancias de aproximación a la fauna deben ser respetadas, salvo cuando los proyectos científicos lo requieran de otra forma y siempre que los permisos pertinentes hayan sido expedidos.
- La toma de muestras se limitará al mínimo requerido para el desarrollo de los planes de investigación científica aprobados.
- Se realizarán visitas a fin de asegurar que las medidas de gestión y mantenimiento sean las adecuadas.
- Todos los carteles, así como otras estructuras erigidas en la Zona con objetivos científicos o de gestión serán adecuadamente asegurados, y mantenidos en condiciones.
- Podrán demarcarse senderos de tránsito a pie hacia sitios de investigación, con el objeto de limitar la circulación.
- De acuerdo con los requerimientos del Anexo III del Protocolo de Protección ambiental del Tratado Antártico, todo equipo o material abandonado o en desuso debe ser removido siempre y cuando ello no impacte de manera adversa sobre el ambiente.
- El plan de manejo debe ser revisado no menos que una vez cada cinco años y actualizado de ser necesario.
- Todos los responsables de aeronaves que operen en el área deben ser informados de la ubicación, límites y restricciones que aplican a la entrada y sobrevuelo del área.
- Se implementarán medidas preventivas para evitar la introducción de especies no nativas y para el control de la erradicación de la especie introducida *Poa pratensis* que ya no se encuentra en la ZAEP.
- De acuerdo a la Resolución 5 (2019) se recordará al personal de la Base primavera y a todos los investigadores que visiten la ZAEP la prohibición de utilizar productos de cuidado personal que contengan microperlas de plástico;
- Se realizarán las visitas necesarias (por lo menos una vez cada cinco años) para determinar si la Zona continúa sirviendo a los fines para los cuales fue designada y cerciorarse de que las medidas de gestión y mantenimiento sean adecuadas;
- Los programas antárticos nacionales que operan en la región deben realizar consultas entre sí a fin de garantizar la aplicación de las disposiciones mencionadas.

4. Período de designación

Designado por tiempo indefinido.

5. Mapas

El Mapa 1 (Figura 4) muestra la ubicación general de la ZAEP N° 134. En el Mapa 2 (Figura 5) se observa la ZAEP en relación con la costa de Danco. En sombreado, el conjunto de áreas que forman la ZAEP N° 134 (el ambiente marino submareal entre los distintos sectores continental e insulares no está incluido en la ZAEP). El Mapa 3 (Figura 6) muestra en detalle el área en los alrededores de Base Primavera, (excluida de la ZAEP N° 134). El Mapa 4 (Figura 7) muestra en detalle los sectores incluidos en la ZAEP N° 134, los límites de la IBA ANT081 y la ubicación general de las distintas colonias de aves dentro de la ZAEP.

6. Descripción del Área

6(i) Coordenadas geográficas, límites y características naturales

Punta Cierva (Lat. 64°10'1.05"S, Lon. 60°56'38.06"O) está localizada sobre la costa sur de caleta Cierva, al norte de bahía Hughes, entre las costas de Danco y de Palmer, en el sector noroeste de la península Antártica. El sitio comprende el área libre de hielo entre la costa sudoeste de caleta Cierva y la costa noreste de la caleta Santucci. También están incluidas las islas Apéndice (Lat. 64°11'41.99"S, Long. 61° 1'3.25"O) y José Hernández (Lat. 64°10'10.06"S, Long. 61° 6'11.34"O) y los islotes Musgo (Lat. 64°10'2.22"S, Long. 61° 1'49.43"O) y Pingüino (Lat. 64° 8'35.90"S, Long. 60°59'11.43"O) (Tabla 1), que se encuentran hacia el oeste/sudoeste de Punta Cierva. Aunque la zona intermareal de cada una de estas áreas está incluida en el Área, el ambiente marino submareal no lo está. La Base Primavera (Argentina) y sus instalaciones asociadas, así como el área de playa utilizada como acceso a la misma están excluidas de la Zona.

Tabla 1: resumen de las coordenadas de las localidades incluidas en la ZAEP.

Localidad	*Latitud*	*Longitud*
Punta Cierva	64° 10' 1.05"S	60° 56' 38.06"O
Ite. Pingüino o Mar	64° 8' 35.90"S	60° 59' 11.43"O
Ite. Musgo	64° 10' 2.22"S	61° 1' 49.43"O
I. José Hernández	64° 10' 10.06"S	61° 6' 11.34"O
I. Apéndice	64° 11' 41.99"S	61° 1' 3.25"O

6(ii) Características Naturales

La Zona es rica en especies, tanto animales como vegetales, y la abundancia de algunas de ellas es, en algunos casos, excepcional. Asimismo, la Zona posee un alto valor paisajístico debido a la gran variedad de relieves y formas de costas, la presencia de diferentes litologías y un marcado sistema de fracturas. A lo anterior se suma una extensa y variada cobertura vegetal que da como resultado una diversidad escénica inusual para el ámbito antártico.

Punta Cierva muestra un diseño estructural relativamente simple. Se halla dominada por tres cumbres: El cerro Mojón, el cerro Escombrera y el cerro Chato, alineados en dirección Este-Oeste, definiendo una ladera de pendiente fuerte hacia el sur, cubierta permanentemente por nieve, y otra ladera de pendiente moderada a suave hacia el norte, libre de nieve durante el verano. En esta última se observa un gran desarrollo de vegetación, con áreas de cobertura continua de gramíneas briofitas y líquenes asociados, y también numerosas especies de aves, incluyendo el asentamiento de una colonia de pingüinos *Papua* (Novatti 1978, Agraz *et al*, 1994). Estas características dan al área un valor científico y estético excepcional.

En estudios previos, Agraz *et al.* (1994) dividieron Punta Cierva en dos zonas ambientales según el tipo de sustrato y cobertura de vegetación, (1) paredón rocoso (o zona costera) y (2) ladera expuesta. El paredón rocoso es una franja costera con pendientes abruptas, una superficie rocosa con escombros de distintos tamaños. En algunos sectores este sustrato es inestable y se encuentra atravesado por numerosos cañones. La mayor parte está libre de nieve durante el verano austral. La vegetación es muy escasa, con líquenes y gramíneas. Muchas cavidades naturales se encuentran entre las rocas. Esta primera zona constituye el sitio de nidificación de cinco especies de aves. El segundo sitio, la ladera expuesta, comprende desde la costa hasta las cumbres, una gran variedad de ambientes y exposiciones. Las pendientes son moderadas a abruptas y las rocas de tamaño variable, consolidadas o no, cuya superficie está libre de hielo durante la época estival austral. Las áreas altas presentan glaciares que en verano dan origen a numerosos chorrillos. Estos alimentan las zonas más bajas, donde está el mayor desarrollo de la vegetación.

Clima

No se dispone de datos meteorológicos a largo plazo para el sitio debido a que no hay una estación meteorológica permanentemente instalada. Sin embargo, Quintana (2001) registró datos meteorológicos en Punta Cierva durante el verano de 1992/93 con una temperatura media mensual que varió de 1.8 ° C a 2.2 ° C, mientras que la humedad relativa promedió 79% y la velocidad media del viento fue de 7.9 km/h. Datos generales indican que la temperatura máxima y mínima oscilan entre los 13 y -20ºC. Los vientos que se han podido registrar predominan del sector NO a una velocidad promedio de 45 km/h. Según Wilhelm y col (2016) el clima es marino frío, con una temperatura media anual del aire de aproximadamente -3,2 ° C y precipitaciones anuales que oscilan entre 400 y 1.100 mm. La profundidad de la nieve invernal podría superar 1 m; sin embargo, durante el verano la mayor parte de la nieve estacional se derrite por completo. El área de estudio generalmente se inclina hacia el norte exponiéndola a altas entradas de radiación solar durante el verano (Wilhelm, Bockheim & Haus, 2016).

En cuanto al cambio climático esperado para la zona, si bien no hay datos específicos, según Turner *et al* (2005) desde la década de 1950, la temperatura del aire a lo largo de la Península Antártica Occidental ha aumentado a una tasa de 0,56ºC por década. Estos aumentos de temperatura han provocado un rápido retroceso de los glaciares y la consiguiente exposición del suelo. Las tendencias de la temperatura de la superficie muestran un calentamiento significativo en la Península Antártica y, en menor medida, en la Antártida Occidental desde principios de la década de 1950, con pocos cambios en el resto del continente. Las mayores tendencias de calentamiento ocurren en las partes occidental y norte de la Península Antártica, un área que involucra a la zona de Punta Cierva. Algunos datos señalan un calentamiento de + 0,20° C por década, y además indican que el calentamiento de la península occidental ha sido mayor durante el invierno, con temperaturas invernales que se incrementaron en + 1,03° C por década desde 1950 hasta 2006.

Geología y suelos

El lecho de roca de Cierva Point es de origen ígneo intrusivo. Las tierras bajas más septentrionales están formadas por granodioritas con xenolitos de dolerita muy grandes (> 1 m). El centro de la península (cuesta arriba y al sur) está dominado por granitos de feldespato de ortoclasa cristalizada. Ambas regiones granitoides contienen diques compuestos de dolerita. La región de contacto entre la granodiorita y el granito muestra signos de metamorfismo de contacto. El lado este de la península, junto con los picos del sur, está dominado por basaltos que contienen cristales de olivino y cuarzo.

El lecho rocoso pulido, las estrías y las fracturas curvas pequeñas en el lecho rocoso de toda la península indican que, en algún momento, casi toda la región estuvo cubierta por glaciar. Con base en la posición actual del glaciar, es probable que toda la ladera haya sido glaciar hace tan solo un par de cientos de años. Actualmente, la mayor parte de la península está libre de hielo; sin embargo, la parte oriental está dominada por un gran glaciar que retrocede rápidamente. El terreno de Punta Cierva es escarpado, salpicado por varias terrazas naturales. Las pendientes varían de 0 al 20% en bancos y del 30 al 60% en acantilados rocosos. Las terrazas contienen varios estanques permanentes y materiales no consolidados con suelos derivados del lecho de roca erosionada. Estas terrazas están ocupadas durante gran parte del año por pingüinos papúa (*Pygoscelis papua*).

Respecto a los suelos de la ZAEP, la mayor información está relacionada con Punta Cierva. Wilhelm, Bockheim & Haus (2016) describieron 27 suelos agrupados en cuatro categorías de suelos: ácidos (pH <5), neutros (pH> 5), dominados por el musgo (altas acumulaciones de materia orgánica) y ornitogénicos (altas acumulaciones de fósforo). Los suelos neutros son los recién formados y han experimentado el menor desarrollo y están ubicados más cerca del margen del glaciar. Los suelos ácidos se ubican más alejados del margen del glaciar, lo que permite que ocurra una mayor lixiviación de nutrientes. Estos suelos tienen valores de pH extremadamente bajos (tan bajos como 3.5) pero no tienen las altas acumulaciones de fósforo que se encuentran en los suelos ornitogénicos o el alto contenido de carbono del suelo que se encuentra en los suelos dominados por el musgo. En una región con glaciares en rápida retirada como la Península Antártica, la proximidad al margen del glaciar se convierte en un factor importante que determina las propiedades del suelo. Los suelos más alejados del glaciar han tenido más tiempo para verse afectados por la lixiviación, la actividad de los pingüinos y la acumulación de musgo.

Los suelos de los bancos ocupados por pingüinos se consideran ornitogénicos, debido a la gran cantidad de sitios de anidación que se encuentran en la región. Las características de los suelos ornitogénicos incluyen altas acumulaciones de P y Ca y acidez extrema. Por lo general, los suelos ornitogénicos se encuentran en regiones donde los pingüinos pueden anidar y tener fácil acceso a los alimentos, como sitios de baja elevación que están lo suficientemente lejos tierra adentro como para que los depósitos de guano no se eliminen fácilmente (Wilhelm, Bockheim & Haus, 2016).

Algunas de las capas de musgos más gruesas registradas en la Península Antártica se encuentran en Punta Cierva. Los suelos dominados por musgo se distinguen por horizontes oscuros con ricas acumulaciones de materia orgánica del suelo, especialmente en la superficie (Wilhelm, Bockheim & Haus, 2016).

Respecto al permafrost Ramos Marín (2018) menciona que para Punta Cierva la parte superior del permafrost se observa a profundidades de 0,4, 1 y 5 m y la temperatura en estas profundidades es de -1,4 ºC, -2,6 ºC y 1,2 ºC en estos lugares. En lo sitios donde se alcanza la parte superior del permafrost, se estima que la profundidad de la parte superior del permafrost oscilaba entre 0,4 y 5 m con temperaturas entre -0,2 ºC y -2,6 ºC. Ramos Martín (2018) mencionan que si se diera un aumento de 1°C en los promedios de temperatura cerca del 50% del permafrost actual de la zona desaparecería y concluye que la degradación del permafrost en Punta Cierva puede generar impactos significativos en el ecosistema local.

Flora y fauna

La flora es muy abundante y se localiza tanto en zonas húmedas como secas. En las zonas húmedas dominan musgos bajo la forma de carpetas (*Drepanocladus uncinatus*) y colchones (*Polytrychum alpestre*). En los lugares secos, sobre las rocas, dominan líquenes de los géneros *Usnea* y *Xanthoria*. También abunda la gramínea *Deschampsia Antarctica*.

La cobertura de musgos, líquenes y gramíneas es muy extensa. Las comunidades vegetales más conspicuas son las asociaciones de líquenes dominantes, el colchón de musgo dominado por *Polytrichum alpestre* y *Chorisodontium aciphillum* y la subformación de *Deschampsia colobanthus*. El colchón de musgos cubre áreas de más de cien metros cuadrados, con una profundidad promedio de cerca de 80 cm. La flora presente incluye las dos especies antárticas de plantas con flores, unas 18 especies de musgos, unas 70 de líquenes, dos hepáticas, así como unas 20 especies de hongos. Las microalgas no marinas, especialmente en los islotes Musgo y Pingüino, son muy abundantes y con registros poco usuales. La fauna de artrópodos terrestres es también muy numerosa, en ocasiones asociada a las fosas de marea presentes en el área litoral de la Zona.

Un dato relevante es el registro de una gramínea no nativa, la *Poa pratensis*. La misma fue introducida inadvertidamente en Punta Cierva durante experimentos de trasplante de *Nothofagus antarctica* y *N. pupilo* entre 1954-1955 (Ross et al 1996, Corte 1961, Smith 1996), a partir de 1995, se registró un aumento en el área de cobertura de esta especie. Probablemente su expansión se debió a los cambios ambientales que se registraron en el área. Luego de realizarse estudios sobre *Poa pratensis* y las comunidades a las que se encontraba asociada, se decidió la estrategia de erradicación que menos impacto generaría en el ecosistema (ver Documento de Información 13, presentado a la XXXV Reunión Consultiva del Tratado Antártico).

De manera resumida se puede mencionar que la descripción del estado de colonización de la planta no nativa *Poa pratensis* y el posterior proceso de erradicación es considerado en RCTA XXXV IP13 Estado de colonización de la hierba no nativa *Poa pratensis* en Punta Cierva, Costa Danco, Península Antártica, RCTA XXXVI IP35 La hierba no nativa *Poa pratensis* en Cierva Point, Danco Coast, Península Antártica - investigaciones en curso y planes de erradicación futuros y

RCTA XXXVIII IP29 Erradicación exitosa de *Poa pratensis* en Cierva Point, Danco Coast, Península Antártica.

Finalmente, durante el verano austral 2014-2015 se llevó a cabo una erradicación de la planta exótica en Punta Cierva. Se extrajeron más de 500 kg de suelo y material vegetal durante la operación. Luego en febrero de 2016, un año después, se realizó un seguimiento de la erradicación, donde no se observaron rebrotes de las plantas no nativas, en cambio se encontraron algunos pequeños brotes de la hierba antártica nativa *Deschampsia antarctica* en la base de la plataforma en la que se encontraba la planta no nativa (Pertierra *et al*, 2017). Estas observaciones permitieron concluir que ha habido cierta regeneración de la comunidad natural y que no hubo resurgimiento de *Poa pratensis* a partir de las plantas no extraídos por completo y que la presencia de un banco de semillas parece poco probable (Pertierra et al. 2013).

En relación con la flora del lugar, Santos (2014) menciona que la cobertura de musgos, líquenes y gramíneas es muy extensa. Las comunidades vegetales más conspicuas son las asociaciones de líquenes, el colchón de musgo, dominado por *Polytrichum-Chorisodontium* y la subformación de *Deschampsia-Colobanthus*, que cubren áreas de más de cien metros cuadrados, con una profundidad promedio de 80 cm. A nivel microalgas se registraron un total de 61 especies. Los grupos mejor representados fueron las Cyanobacteria (22 especies) y Chlorophyta (28 especies), esta última dominada en gran parte por formas flageladas. En general, las islas más grandes (Musgo y Pingüino) tienen una alta riqueza de especies en general (29 y 36 especies, respectivamente) (Mataloni & Pose, 2001).

En cuanto a los mamíferos marinos se ha estudiado que las aguas que bañan las costas de la ZAEP N° 134 son visitadas anualmente, en particular durante los meses de verano, por numerosos ejemplares de cetáceos y pinnípedos. Entre los cetáceos registrados se encuentra la Ballena Jorobada (*Megaptera novaeangliae*) especie para la cual se han llegado a identificar a partir de los patrones de coloración de la faz ventral de la aleta caudal o cola alrededor de 40 individuos, entre los que se cuentan juveniles y crías, en una sola temporada (enero y febrero). Asimismo, en estas aguas se han identificado, mediante características distintivas de la aleta dorsal, más de 15 individuos de ballena Minke Antártica (*Balaenoptera bonaerensis*). Además, en estas mismas aguas se han observado grupos de orcas (*Orcinus orca*) compuestos por hasta 13 individuos. Todas estas especies han sido observadas ocupando tanto las Caletas presentes en el área (Cierva, Santucci y Escondida) como también en las aguas que rodean a las islas que forman parte de la ZAEP.

En cuanto a las especies de pinnípedos, se han observado ejemplares de foca de Weddell (*Leptonychotes weddellii*), lobo fino antártico (*Arctocephalus gazella*), elefante marino del sur (*Mirounga leonina*) foca cangrejera (*Lobodon carcinophaga*) y foca leopardo (*Hydrurga leptonyx*). Las tres especies mencionadas son abundantes durante el verano austral dado que allí encuentran las condiciones necesarias (costas libres con playas refugiadas y/o grandes témpanos a la deriva en aguas tranquilas) para llevar a cabo el proceso de muda de pelaje. A partir de los estudios realizados por el programa de mamíferos marinos del IAA se ha constatado que estas especies frecuentan el sitio anualmente habiéndose confirmado su presencia en la zona durante los últimos 16 años de manera consecutiva (Javier Negrete datos inéditos).

A su vez, a partir del programa de marcado y recaptura llevado a cabo durante los últimos 10 años se corroboró que tanto las focas de Weddell como los leopardos marinos exhiben un alto grado de fidelidad a este mismo sitio, habiéndose observado ejemplares que retornan año a año (Meade *et al* 2015, Negrete *et al* 2014). Esta población de leopardos tiene la particularidad de poseer hábitos alimenticios distintivos dado que varios ejemplares que allí se encuentran consumen un gran porcentaje de krill (Botta *et al* 2018, Guerrero *et al* 2014,2016, Rogers *et al* 2014). Considerando la alta frecuencia de cetáceos en la zona y los patrones de uso del hábitat por parte de los pinnípedos, los cuales demuestran que estos animales pasan gran parte del tiempo alimentándose en el agua o bien mudando su pelaje en los témpanos (Bobinac *et al* 2014 y Javier Negrete en preparación), resulta vital que en el futuro cercano se considere el sector marino dentro de la zona protegida, más aún si se tiene en cuenta que el incremento de buques turísticos que visitan el área y la cantidad de embarcaciones que despliegan una vez allí podrían ocasionar disturbios y/o accidentes en estos animales.

En cuanto a la presencia de aves en la ZAEP los estudios han demostrado que anidan 10 especies de aves: Pingüino Barbijo (*Pygoscelis antarctica*), Pingüino Papúa (*P. papua*), Petrel Gigante del Sur (*Macronectes giganteus*), Petrel Pintado o Damero (*Daption capense*), Petrel de las Tormentas de Wilson (*Oceanites oceanicus*), Cormorán antártico (*Leucocarbo atriceps bransfieldensis*), Paloma Antártica (*Chionis alba*), Escúas (especie predominante *Catharacta maccormickii*), Gaviota Cocinera (*Larus dominicanus*) y Gaviotín Antártico (*Sterna vittata*)(Gonzalez *et al*, 2013). Las colonias más numerosas corresponden a las de Pingüino Barbijo (*Pygoscelis antarctica)*, Pingüino Papúa (*P. papua)*, Petrel de las Tormentas de Wilson (*Oceanites oceanicus)*, Escúa polar (*Catharacta maccormickii)* y Gaviota Cocinera (*Larus dominicanus).* Según los últimos relevamientos disponibles las colonias de la ZAEP (en especial las de pingüinos) muestran una tendencia al aumento poblacional. Esta situación remarca la importancia del área protegida para la protección de los valores naturales que posee.

Se ha señalado que el estado de las poblaciones de aves marinas puede proporcionar indicadores valiosos sobre las condiciones de sus entornos de alimentación y anidación en relación con los procesos a escala global. Gonzalez *et al* (2013) indican que se ha demostrado que la variabilidad y los cambios climáticos y oceanográficos afectan a las aves marinas, a menudo con profundas consecuencias, como la reducción del éxito reproductivo y la alteración de los ciclos de reproducción de algunas especies. Puntualmente en al caso de la ZAEP se ha demostrado que el área tiene una alta riqueza de especies, tanto animales como vegetales, pero que la mayor abundancia de aves, principalmente pigoscelidos está dentro de ella. En este sentido podemos comenzar por las colonias de *Pygoscelis papua* que es la más abundante en la ZAEP. En la tabla 2 y la figura 1 se pueden observar que a través del tiempo los datos poblacionales han mostrado una tendencia al aumento lo mismo que su rango de distribución.

Tabla 2: Número de parejas reproductivas por localidad para Pygoscelis papua.(datos extraídos de Gonzalez-Zeballos et al. 2013).

Publicación	***Novatti (1978)***		***Poncet & poncet (1987)***	***Quintana et al (1998)***		***Favero et al (2000)***	***Gonzalez Zeballos et al (2013)***	***Juarez (2021)****
Año	1954	1958	1984-1987	1991	1996	1998	2011	2019
Punta Cierva	559	614	600	800	1041	593	2680	7000
Isla Apéndice			450			905	2795	
Total ZAEP	559	614	1050	800	1041	1498	5475	7000

* Datos aproximados del tamaño de las colonias de la ZAEP aún no publicados.

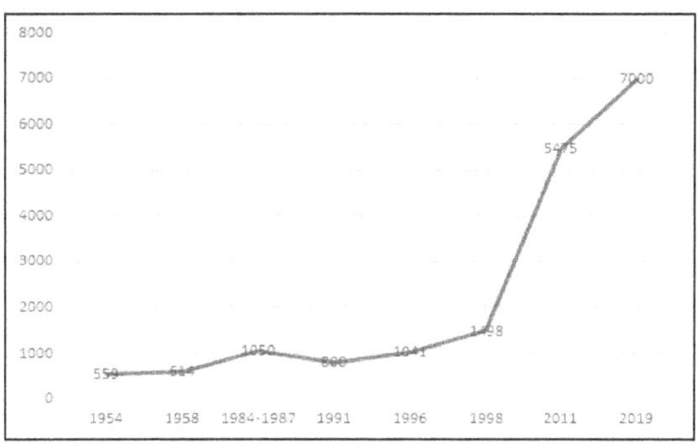

Figura 1: serie temporal del número de parejas reproductivas para la ZAEP de Pygoscelis papua. (datos extraídos de Gonzalez-Zeballos et al. 2013)

Tabla 3: Número de parejas reproductivas por localidad para Pygoscelis antarctica. (datos extraídos de Gonzalez-Zeballos et al. 2013).

Publicación	**Muller-Schwarze (19759**	**Poncet & poncet (1987)**	**Favero et al (2000)**	**Gonzalez Zeballos et al (2013)**	**Juarez (2021)***
Año	1971	1984-1987	1998	2011	2019
Ite. Pingüino o Mar		500	1553	2763	
I. José Hernández	2060	200	546	180	4000
I. Apéndice		1100	152	33	
Total ZAEP	2060	1800	2251	2976	4000

* Datos aproximados del tamaño de las colonias de la ZAEP aún no publicados.

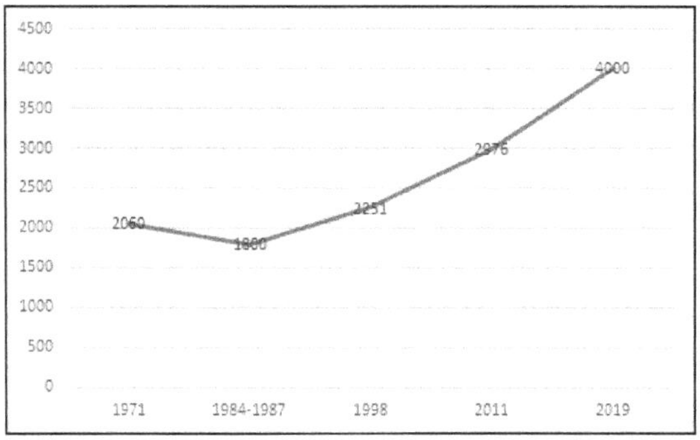

Figura 2: serie temporal de parejas reproductivas por localidad para Pygoscelis antarctica. (datos extraídos de Gonzalez-Zeballos et al. 2013).

En el caso de *Pygoscelis antarctica* (Tabla 3 y Figura 2) también se ha registrado en la serie temporal una tendencia al aumento en el tamaño poblacional del total de las parejas reproductivas presentes en la ZAEP. En este caso puntual se puede observar en la tabla 2 que si bien la colonia de Islote Pingüino o Mar muestra una tendencia significativa en aumento, las otras colonias vienen disminuyendo su número. Será importante en los próximos años determinar las causas del este comportamiento. Respecto a las otras especies de aves marinas se puede observar en la tabla 4 y en la figura 3 los sitios donde se encuentra presente en la ZAEP y lo últimos datos de cantidad de parejas reproductivas. Según los últimos registros la mayoría de ellas está en aumento poblacional, sin embargo, se trabaja en tener registras actuales para evaluar de manera precisa el estado de las colonias presentes.

Tabla 4: Número de parejas reproductivas por especie y localidad. PB: Phalacrocorax bransfieldensis, MG: Macronectes giganteus, DP: Daption capense, CA:Chionis alba, SM: Stercorarius maccormicki, LD: Larus dominicanus, SV: Sterna vittata (datos extraídos de Gonzalez-Zeballos et al. 2013).

Especie	PB		MG		DP		CA		SM		LD		SV	
Año	1997-98	2010-11	1997-98	2010-11	1997-98	2010-11	1997-98	2010-11	1997-98	2010-11	1997-98	2010-11	1997-98	2010-11
Punta Cierva	0	0	0	0	7	3	2	1	145	166	158	73	45	57
Ite. Pingüino o Mar	0	0	0	0	1	0	3	1	3	3	8	10	0	3
Ite. Musgo	0	0	35	42	28	17	3	4	10	26	120	70	15	19
I. José Hernández	21	21	0	0	0	0	1	1	0	17	15	9	35	11
I. Apéndice	0	0	5	41	23	11	1	2	2	12	68	12	15	12
Total ZAEP	21	21	40	83	59	31	10	9	160	224	369	174	110	102

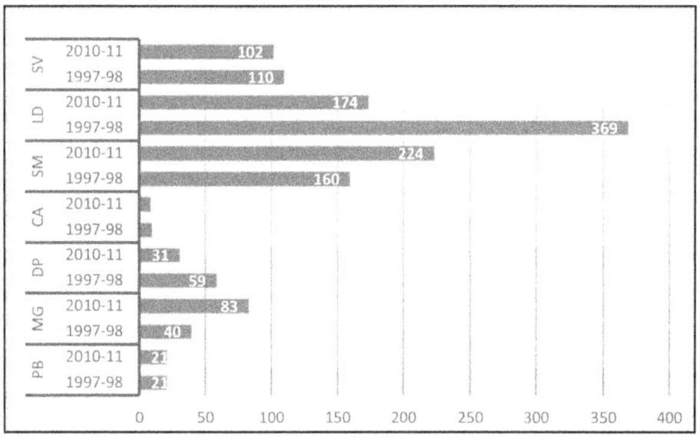

Figura 3: comparación del número de parejas reproductivas por especie y localidad. PB: Phalacrocorax bransfieldensis, MG: Macronectes giganteus, DP: Daption capense, CA:Chionis alba, SM: Stercorarius maccormicki, LD: Larus dominicanus, SV: Sterna vittata (datos extraídos de Gonzalez-Zeballos et al. 2013).

Actividades Humanas e Impacto

Una de las actividades humanas de mayor significancia en la zona es el Turismo. Las características naturales que presenta el área, y el crecimiento y diversificación del turismo en el continente antártico, posicionan a la zona de Caleta Cierva dentro de los 20 sitios más visitados y elegido por los operadores turísticos. Aunque en el área comprendida por la ZAEP no está permitido el acceso para el turismo y cualquier otra actividad recreativa, el incremento de turistas en el área marítima circundante desarrollando una amplia gama de actividades se ha evidenciado año tras año en cada temporada turística. Entre las más realizadas se encuentran los cruceros en embarcaciones menores (Small Boat Cruising), Kayaking, zambullida polar (Polar Plunge), Stand Up Paddle Surf, Snorkeling y Submarinismo (Scuba Diving).

Para proporcionar una adecuada protección a los valores identificados en la ZAEP, los visitantes y el staff responsable del contingente turístico, deben seguir adecuadamente las recomendaciones y límites del plan de manejo para evitar cualquier interferencia o perturbación. Si bien los datos son aproximados según las estadísticas de la IAATO, en la zona de Caleta Cierva se ha registrado un promedio entre 9500 y 13000 turistas en las últimas temporadas próximos a la ZAEP, lo que representa un impacto significativo en la zona.

6(ii) Acceso a la Zona.

Sólo en caso de excepciones autorizadas, el acceso al área debe realizarse a pie desde la base primavera. El acceso a las islas adyacentes se realizará mediante embarcaciones menores. Este acceso marino está permitido por cualquier punto de las islas incluidas en la Zona. El acceso al área a través de las playas se debe evitar siempre que la fauna animal esté presente, especialmente durante época reproductiva.

Para más información véase la sección *7 (ii)*.

6(iii) Estructuras situadas dentro de la Zona y en sus proximidades.

Estructuras dentro del Área

Dentro de la Zona no se encuentran estructuras.

Estructuras adyacentes al Área

Contigua a la ZAEP; fuera de los límites de la Zona se encuentra la Base Primavera (Argentina. 64º09'S 60º58'W), localizada al noroeste de punta Cierva y contigua a la Zona. La misma permanece abierta sólo durante los meses de verano. Se compone de ocho edificios y un área delimitada para aterrizaje de helicópteros. Los edificios se encuentran interconectados mediante pasarelas a los fines de evitar el daño a la vegetación.

6.(iv) Ubicación de otras Áreas Protegidas cercanas

- *ZAEP Nro. 152, sector occidental del Mar de la Flota, frente a la Isla Baja, Islas Shetland del Sur, a unos 90 kilómetros al noroeste de la ZAEP 134. Se encuentra ubicada frente a la costa oeste y sur de la isla Low entre 63°15'S y 63°30'S y entre 62°00'O y 62°45'O.*
- *ZAEP 153, Sector oriental de la Bahía Dallmann, frente a la costa occidental de la Isla Brabante, Archipiélago de Palmer, a unos 90 km al oeste de la ZAEP 134. Se encuentra ubicada entre las latitudes 64°00'S y 64°20'S y desde 62°50'W hacia el este hasta la costa oeste de la isla Brabant, (aproximadamente 520 km2).*

6(v)Áreas especiales dentro del área.

No hay áreas especiales dentro del área.

7. Términos y condiciones de Permiso de entrada

7(i) Condiciones generales de permisos.

El ingreso a la Zona está prohibido excepto mediante un permiso otorgado por Autoridades nacionales apropiadas.

Las condiciones para otorgar un permiso para el ingreso a la Zona son que:

- *sea otorgado para un propósito científico, concordante con los objetivos del Plan de Gestión, y que no pueda ser llevado a cabo en otro sitio.*
- *las acciones permitidas no perjudiquen al sistema ecológico natural del Área.*
- *sea otorgado para cualquier actividad de gestión (inspección, mantenimiento o revisión), en apoyo de los objetivos del presente Plan de Gestión.*
- *las acciones permitidas estén de acuerdo con este Plan de gestión*
- *el Permiso, o una copia autorizada, sea portado por el investigador principal autorizado al ingresar a la Zona.*
- *un informe post-visita sea suministrado a la Autoridad Nacional competente mencionada en el Permiso.*
- *el turismo y cualquier otra actividad recreativa no será permitida*

7(ii). Acceso y movimientos dentro del Área

Cualquier acceso a la Zona será posible mediante un permiso otorgado por una autoridad competente, y sólo será otorgado para actividades que estén de acuerdo con este Plan de Gestión.

El único acceso para helicópteros se encuentra fuera de los límites de la Zona, en el área adyacente a Base Primavera. Los helicópteros pueden aterrizar sólo en la zona especificada al este-sud-este de la Base. La ruta de vuelo a utilizar está limitada a una aproximación y partida hacia el norte. La operación de aeronaves sobre la Zona se efectuará, como mínimo estándar, según lo establecido en la Resolución 2 (2004), "Lineamientos para la Operación de Aeronaves sobre concentraciones de aves". Como regla general, ninguna aeronave deberá volar sobre la ZAEP a menos de 610 metros (2000 pies), salvo en casos de emergencia o de seguridad aérea. Los movimientos dentro de la Zona se realizarán evitando perturbar a la fauna y flora, especialmente durante la estación reproductiva.

No se permite la circulación de vehículos de ningún tipo.

7(iii) Actividades que se llevan a cabo o pueden llevarse a cabo dentro de la Zona

- Actividades de investigación científica que no puedan realizarse en otros lugares y que no pongan en peligro al ecosistema de la Zona.
- Actividades esenciales de gestión, incluyendo monitoreo.
- Si en base a razones de índole científica o de conservación se considerara necesario el acceso a determinados sitios de nidificación de aves y colonias de mamíferos podría incluir mayores restricciones entre fines de octubre y principios de diciembre. Este período es considerado especialmente sensible porque coincide con los picos de puesta de huevos de las aves anidantes en la Zona.
- El uso de RPAs no estará permitido dentro de los límites de a ZAEP, excepto que sea analizado previamente y caso por caso durante el proceso de evaluación de impacto ambiental. Sólo podrá ser usado cuando así conste en el permiso de ingreso y bajo las condiciones que allí se establezcan. Durante el proceso de análisis y autorización se tendrán en cuenta las directivas que hubiese vigentes en el Tratado Antártico.

7(iv) Instalación, modificación o remoción de estructuras

No deben construirse estructuras adicionales o instalarse equipos dentro del Área, excepto para actividades científicas o de gestión esenciales y con el adecuado permiso.

Cualquier equipo científico instalado en la Zona, así como cualquier marca de investigación, deberá ser aprobado por permiso y claramente rotulado, indicando el país, nombre del investigador principal y año de instalación. Todos los materiales instalados deberán ser de naturaleza tal que impongan un mínimo riesgo de contaminación en la Zona, o de causar daño a la vegetación o disturbio sobre fauna.

Las marcas de investigación no deberán permanecer luego de que expire el permiso. Si algún proyecto específico no puede ser concluido dentro del plazo permitido, deberá solicitarse una extensión que autorice la permanencia de cualquier elemento en la Zona.

7(v) Ubicación de campamentos

Las Partes que desarrollen actividades de investigación en la Zona, normalmente tendrán disponible la Base Primavera para su alojamiento, previa coordinación con el Programa Antártico Argentino. Sólo se permitirá la instalación de carpas con el objeto de alojar instrumental o material científico, o para ser empleadas como base de observación.

7(vi) Restricciones de materiales y organismos que pueden ser introducidos en el Área

- No pueden ser deliberadamente introducidos en el Zona animales vivos ni material vegetal. Se deben adoptar todas las recomendaciones necesarias en contra de la introducción intencional de especies no nativas en el área. A este respecto, cabe considerar que estas especies son frecuentemente introducidas por humanos. Tanto la ropa como el equipo personal o los instrumentos científicos y herramientas de trabajo pueden introducir larvas de insectos, semillas, propágulos, etc. Para más información ver el Manual de Especies no Nativas- CEP 2011.
- No deberán ser introducidos productos de granja no cocidos.
- No se deben introducir en la Zona herbicidas ni pesticidas. Cualquier otro producto químico, el cual deberá ser introducido con el permiso correspondiente, tendrá que ser removido de la Zona al finalizar la actividad que fuera llevada a cabo con el permiso adecuado. Se deberá documentar de la mejor manera posible el uso y tipo de productos químicos para el conocimiento de otros investigadores.

- No deberán ser depositados dentro de la Zona combustible, alimentos y otros materiales, a menos que sean requeridos en forma esencial por la actividad autorizada en el Permiso correspondiente.

7(vii). Toma o interferencia perjudicial de flora y fauna

Está prohibida cualquier toma o interferencia perjudicial, excepto en concordancia con un Permiso. Cuando una actividad autorizada mediante un permiso involucre toma o interferencia perjudicial, éstas deberán ser consistente con el *Código de Conducta del SCAR para el Uso de Animales con Fines Científicos en la Antártida*, como un mínimo estándar.

La información sobre toma e intromisión prejudicial será debidamente intercambiada a través del Sistema de Intercambio de Información del Tratado Antártico, y su registro deberá ser incorporado, como mínimo, en el *Antarctic Master Directory* o, en la Argentina, en el *Centro de Datos Nacionales Antárticos*.

Los científicos que tomaran muestras de cualquier tipo deberán consultar el sistema electrónico de intercambio de información del Tratado Antártico (EIES) y/o comunicarse con los correspondientes programas antárticos nacionales que pudieran estar involucrados en la toma de muestras en la Zona, a fin de minimizar el riesgo de una posible duplicación.

7(viii). Recolección o remoción de cualquier elemento no introducido al Área por el poseedor de un permiso

Cualquier material de la Zona podrá ser recolectado o removido del Área sólo con el Permiso adecuado. La recolección de especimenes muertos con fines científicos no deberá exceder un nivel tal, que deteriore la base nutricional de las especies carroñeras locales. Lo último depende de la especie que haya que recolectar y de ser necesario se solicitara asesoramiento de un experto previo a la extensión del permiso.

7(ix). Disposición de desechos

Cualquier desecho no fisiológico deberá ser removido de la Zona.

Para el caso de las aguas residuales y los residuos líquidos domésticos, se encontrarán disponibles las instalaciones sanitarias de la Base Primavera (Argentina), siempre que la misma se encuentre abierta. En el caso de realizarse tareas en las islas adyacentes, las aguas residuales podrán ser descargadas en el mar, de acuerdo con lo establecido por el Artículo 5 del Anexo III del Protocolo de Madrid.

Los desechos resultantes de las actividades de investigación en la Zona pueden ser almacenados temporariamente en Base Primavera, a la espera de su remoción. Dicho almacenamiento debe ser realizado conforme a lo establecido por el Anexo III del Protocolo de Madrid, rotulado como basura y debidamente cerrado para evitar pérdidas accidentales.

7(x). Medidas que pueden ser necesarias para asegurar que las metas y objetivos del Plan de Gestión continúen vigentes

Pueden otorgarse permisos de entrada a la Zona para llevar a cabo actividades de monitoreo biológico e inspección, las que podrán incluir la toma de muestras de vegetación o animales para fines de investigación, así como la erección y mantenimiento de los carteles o cualquier otra medida de gestión. Todas las estructuras y marcas instaladas en la Zona con fines científicos, incluyendo señales, deberán ser aprobadas en el Permiso y claramente identificadas por país, señalando el nombre del investigador principal y año de instalación.

7(xi). Requerimientos de informes sobre visitas al Área

El principal poseedor del Permiso, para cada Permiso y una vez que la actividad haya finalizado, deberá elevar un informe de las tareas llevadas a cabo en la Zona, utilizando el formato previamente entregado junto con el Permiso. Este informe deberá ser enviado a la autoridad otorgante del permiso.

Los registros de permisos e informes post-visita relativos a la ZAEP serán intercambiados con las demás Partes Consultivas, como parte del Sistema de Intercambio de Información, según lo establece el Art. 10.1 del Anexo V.

Los permisos e informes deberán ser archivados para el libre acceso a los mismos por cualquier Parte interesada, SCAR, CCRVMA y COMNAP, de modo de proveer la información necesaria de actividades humanas en la Zona para asegurar una gestión adecuada.

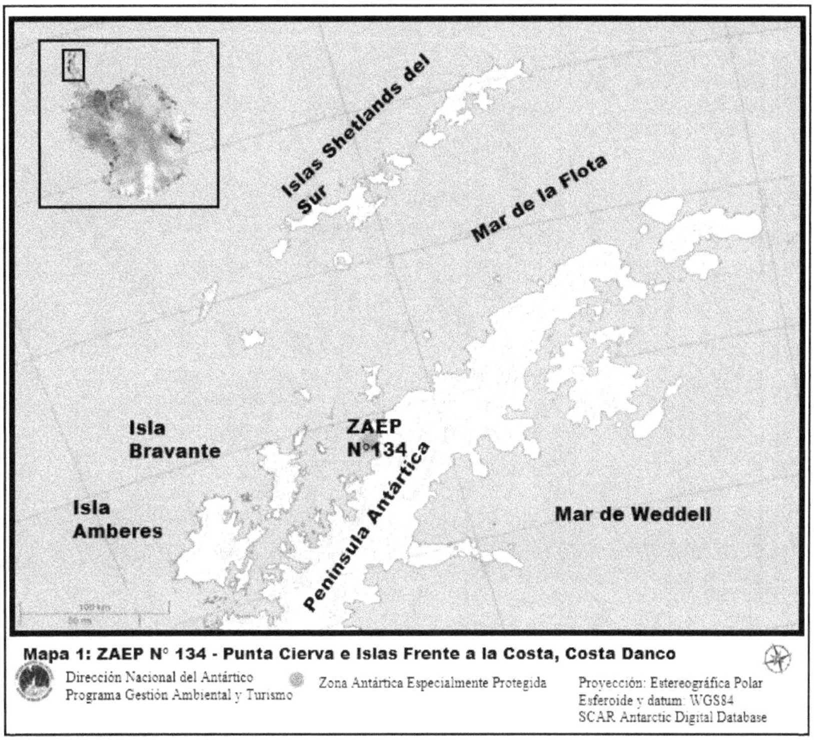

Figura 4: Ubicación general de la Zona Antártica Especialmente Protegida Nro. 134, Punta Cierva e islas frente a la costa, Costa Danco, Península Antártica.

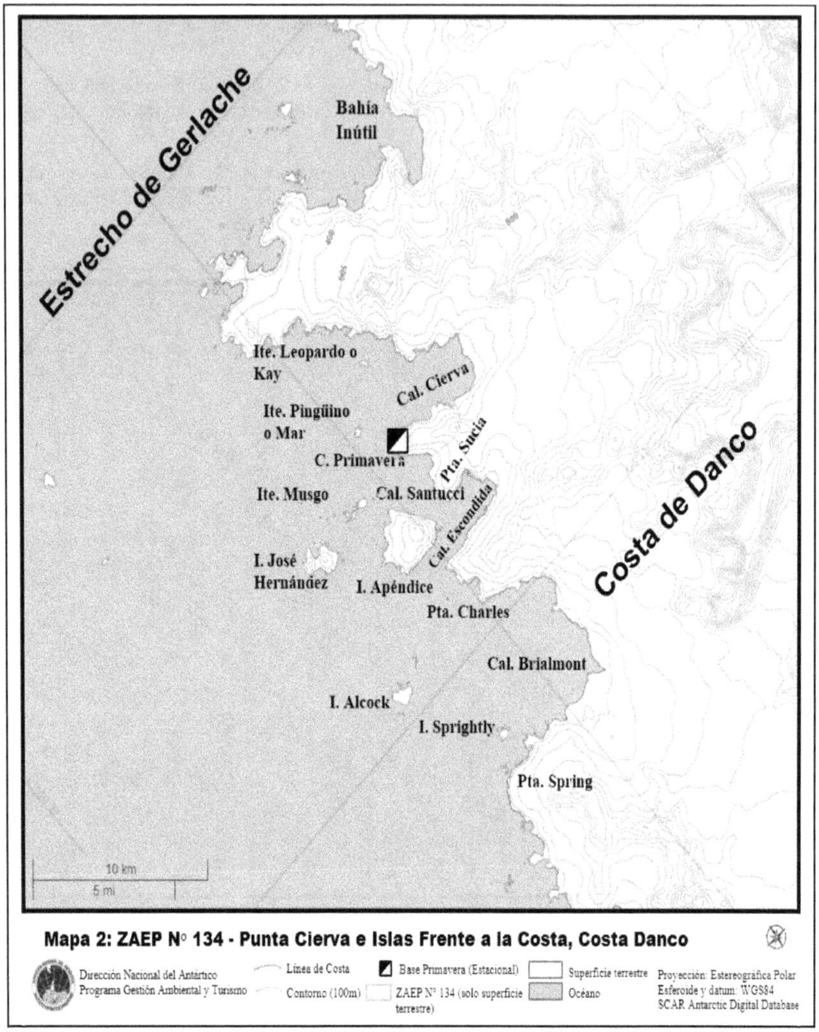

Figura 5: Zona Antártica Especialmente Protegida Nro. 134, Punta Cierva e Islas frente a la costa, Costa Danco, Península Antártica. En sombreado, el conjunto de áreas que forma la ZAEP N°134 (el ambiente marino submareal entre los distintos sectores continental e insulares no está incluido en la ZAEP).

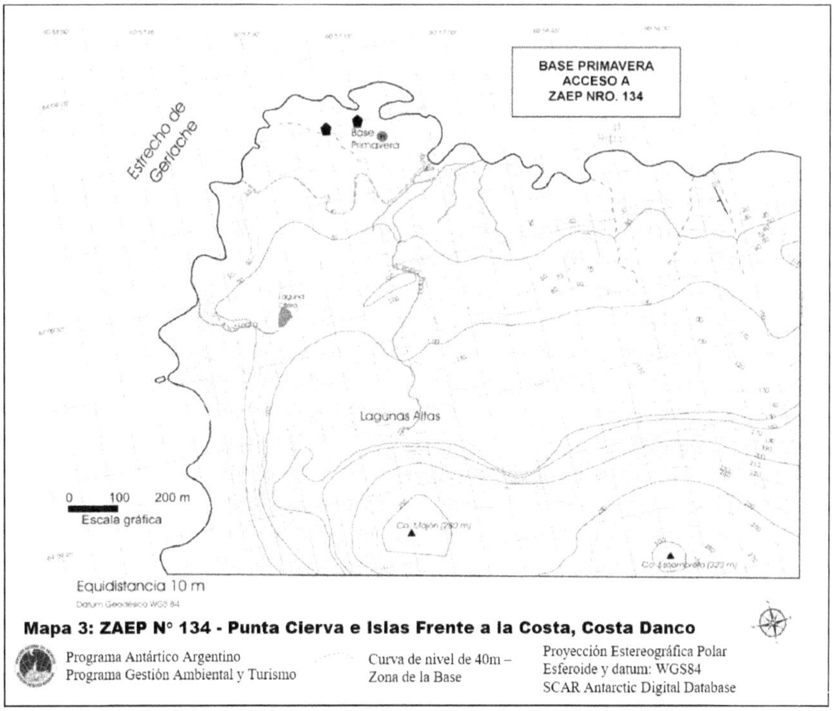

Figura 6: Sector de Punta Cierva que incluye a Base Primavera (la línea gris de puntos sobre la curva de nivel de 40 m indica el área de la base, excluida de la ZAEP N°134).

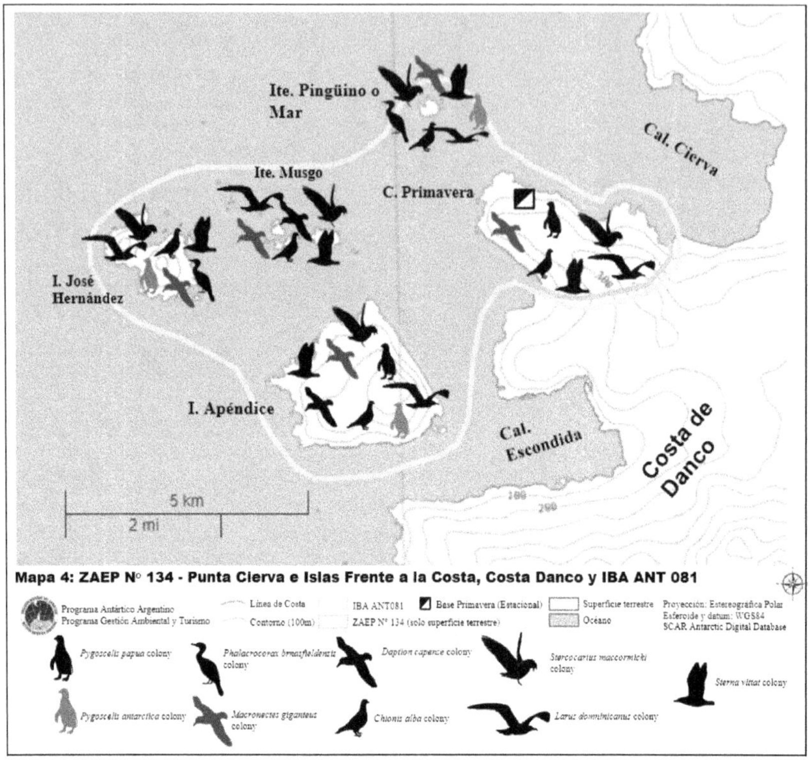

Figura 7: Detalle de los límites de los sectores que integran la ZAEP N° 134 y de la IBA ANT081. Además, se muestra a ubicación general de las distintas colonias de aves ubicadas en la reserva.

8. Bibliografía

Agraz, J. L., Quintana, R.D. y Acero, J. M. 1994. Ecología de los ambientes terrestres en Punta Cierva (Costa de Danco, Península Antártica). *Contrib. Inst. Ant. Arg.*, 439, 1-32.

ATCM XXXV IP 13. Colonisation status of the non-native grass Poa pratensis at Cierva Point, Danco Coast, Antarctic Peninsula.

Bobinac M.A., Negrete J, Poljak S., Carlini P., Galliari J., Márquez M.E.I, Mennucci J.A. y Leonardi M.S. (2014). El comportamiento de la foca cangrejera (Lobodon carcinophaga) como determinante de la infección de piojos: ¿Por qué los juveniles son los piojosos? XXVII *Jornadas Argentinas de Mastozoología.*

Botta S., Secchi E.R., Rogers T.L., Prado J.H., de Lima R.C., Carlini P., Negrete J. (2018). Isotopic niche overlap and partition among three Antarctic seals from the Western Antarctic Peninsula. *Deep Sea Research Part II: Topical Studies in Oceanography* 149: 240-249.

Chambers L.E., Devney C.A., Congdon B.C., Dunlop N., Woehler E.J. & Dann P. 2011. Observed and predicted effects of climate on Australian seabirds. *Emu* 111: 235-251.

Convey P. y Quintana. R.D.1997. The terrestrial arthropod fauna of Cierva Point SSSI, Danco Coast, northern Antartic Peninsula. *European Journal of Soil Ecology*, 33 (1): 19-29.

Corte, A. 1961. La primera fanerogama adventicia hallada en el continente Antártico. *Contribucion del Instituto Antártico Argentino* 62, 1–14.

Costa, E. S., Santos, M. M., Coria, N. R., Torres, J. P. M., Olaf, M. A. L. M., & dos Santos Alves, M. A. (2019). Antarctic Skuas as bioindicators of local and global mercury contamination. Revista Eletrônica Científica da UERGS, 5(3), 311-317.

Croxall, J.P., Prince, P.A. Rothery, P. & Wood, A.G. 1998. Population changes in albatrosses at South Georgia. In: Robertson, G. & Gales, R. (Eds). Albatross biology and conservation. Chipping Norton: Surrey Beatty. pp. 69–83.

Favero M., Coria N.R. & Beron M.P. 2000. The status of breeding birds at Cierva Point and surroundings, Danco Coast, Antarctic Peninsula. *Polish Polar Research* 21, 181_187.

Guerrero A.I., Negrete J., Márquez M.E.I., Mennucci J., Zaman K. y Rogers T. (2014). Fatty acid composition suggests leopard seals are no longer apex predators in the Western Antarctic Peninsula ecosystem. *XXXIII SCAR Biennial Meetings and Open Science Conference*. Auckland.

Guerrero A.I., Negrete J., Márquez M.E.I, Mennucci J., Rogers T.L. (2016) Fatty acid composition and stratification of blubber in leopard seals *Hydrurga leptonyx*: implications for diet analysis. *Journal of Experimental Marine Biology and Ecology* Vol.478: 54-61.

González-Zevallos, D., Santos, M., Rombola, E. F. Juáres, M., Coria, N. 2013. Abundance and breeding distribution of seabirds in the northern part of the Danco Coast, Antarctic Peninsula. Polar Research, 32, 11133, http://dx.doi.org/10.3402/polar.v32i0.11133

Guidelines for the Operation of Aircrafts. Resolution 2. 2004 – ATCM XXVII - CEP VII, Cape Town (available at http://www.ats.aq/documents/recatt/Att224_e.pdf)

Harris, C., Lorenz, K., & van Franeker, J. A. (2015). Important bird areas in Antarctica 2015. BirdLife Int. and Env. Research & Assessment.

Krüger, L., Ramos, J. A., Xavier, J. C., Grémillet, D., González-Solís, J., Petry, M. V., Phillips, R. A., Wanless, R. M. & Paiva, V. H. (2018). Projected distributions of

Southern Ocean albatrosses, petrels and fisheries as a consequence of climatic change. Ecography, 41(1), 195-208.

Lynch H.J., Naveen R. & Fagan W.F. 2008. Censuses of penguin, blue-eyed shag *Phalacrocorax atriceps* and southern giant petrel *Macronectes giganteus* populations on the Antarctic Peninsula, 2001_2007. *Marine Ornithology* 36: 83-97.

Mataloni, G., & Pose, M. (2001). Non-marine algae from islands near Cierva Point, Antarctic Peninsula. Cryptogamie Algologie, 22(1), 41-64.

Meade J., Ciaglia M.B., Slip D.J., Negrete J., Márquez M.E.I., Rogers T. (2015) Spatial patterns in activity of leopard seals Hydrurga leptonyx in relation to sea ice. Marine Ecology Progress Series 521: 265–275.

Morgan, F., Barker, G., Briggs, C., Price, R. and Keys H. 2007. Environmental Domains of Antarctica version 2.0 Final Report, Manaaki Whenua Landcare Research New Zealand Ltd, pp. 89.

Morley, S. A., Abele, D., Barnes, D. K., Cárdenas, C. A., Cotté, C., Gutt, J., Henley, S. F., Höfer, J., Hughes, K. A., Martin, S. M., Moffat, C., Raphael, M., Stammerjohn, S. E., Suckling, C. C., Tulloch, V. J. D., Waller, C. L. and Constable, A. J.(2020). Global drivers on Southern Ocean ecosystems: changing physical environments and anthropogenic pressures in an Earth system. Frontiers in Marine Science, 7, 1097.

Muller-Schwarze C. & Muller-Schwarze D. 1975. A survey of twenty-four rookeries of pygoscelid penguins in the Antarctic Peninsula region. In B. Stonehouse (ed.): The biology of penguins. Pp. 309_320. London: Macmillan.

Negrete J., Depino E.A., Carlini P., Galliari J.G., Leonardi S., Bobinac M., Loza C.M., Márquez M.E.I., Mennucci J.A. y Rogers T.(2014). Fidelidad al sitio de muda de la foca leopardo (*Hydrurga leptonyx*) en Costa Danco, Península Antártica. XXVII Jornadas Argentinas de Mastozoología.

Novatti R. 1978. Notas ecológicas y etológicas sobre las aves de Cabo Primavera, Costa de Danco, Península Antártica. (Ecological and ethological notes on birds in Spring Point, Danco Coast, Antarctic Peninsula.) Contribución Instituto Antártico Argentino 237. Buenos Aires: Argentine Antarctic Institute. Olalla, A., Moreno, L., & Valcárcel, Y. (2020). Prioritisation of emerging contaminants in the northern Antarctic Peninsula based on their environmental risk. *Science of The Total Environment*, 742, 140417.

Patterson D.L., Woehler E.J., Croxall J.P., Cooper J., Poncet S., Peter H.-U., Hunter S. & Fraser W.R. 2008. Breeding distribution and population status of the northern giant petrel *Macronectes halli* and the southern giant petrel *M. Giganteus*. *Marine Ornithology* **36:** 115-124.

Pertierra, L. R., Hughes, K. A., Tejedo, P., Enríquez, N., Luciañez, M. J., & Benayas, J. (2017). Eradication of the non-native Poa pratensis colony at Cierva Point, Antarctica: A case study of international cooperation and practical management in an area under multi-party governance. Environmental Science & Policy, 69, 50-56.

Poncet S. & Poncet J. 1987. Censuses of penguin populations of the Antarctic Peninsula, 1983_87. *British Antarctic Survey Bulletin* 77, 109_129.

Quintana R.D., Cirelli V. & Orgeira J.L. 1998. Abundance and spatial distribution of bird populations at Cierva Point, Antarctic Peninsula. Marine Ornithology 28, 21_27.

Ramos Marín, S. (2018). Spatial modelling of the temperature at the top of Permafrost in Cierva Point (Antarctic Peninsula) (Doctoral dissertation).

Rogers, T., Ciaglia, M., O'Connell, T., Slip, D., Meade, J., Carlini, A., Márquez, M.2012. WAP Antarctic top predator behaves differently: whiskers reveals WAP leopard seals are krill-feeding specialist. XXXII SCAR Open Science Conference and XXIV COMNAP AGM, Portland, Oregon.

Ross M.R., Hofmann E.E., Quetin L. B. 1996. Foundations for Ecological Research West of the Antarctic Peninsula. *American geophysical union*. 448 pp.

Santos, M. M. (2014). Ecología trófica y áreas de forrajeo del escúa polar del sur, Stercorarius maccormicki, en dos localidades antárticas (Doctoral dissertation, Universidad Nacional de La Plata).

SCAR's Code of Conduct for the Use of Animals for Scientific Purposes (available at *http://www.scar.org/treaty/atcmxxxiv/ATCM34_ip053_e.pdf*).

Smith, R. I. L. 1996. Introduced plants in Antarctica: potential impacts and conservations issues. *Biological Conservation*, 76, 135–146.

Stammerjohn, S.E., Martinson, D.G., Smith, R.C., Yuan, X., Rind, D., 2008. Trends in Antarctic annual sea ice retreat and advance and their relation to El Niño–Southern Oscillation and Southern Annular Mode variability. *J. Geophys. Res.*, 113:C03S90.

Terauds, A., Chown, S., Morgan, F., Peat, H., Watts, D., Keys, H., Convey, P. and Bergstrom, D. 2012. Conservation biogeography of the Antarctic. *Diversity and Distributions*, 22 May 2012, DOI: 10.1111/j.1472-4642.2012.00925.x

Trivelpiece, W.Z., Hinke, J.T. Miller, A.K. Reiss, C.S. Trivelpiece, S.G., Watters, G.M., 2010. Variability in krill biomass links harvesting and climate warming to penguin population changes in Antarctica. *Proc. Natl. Acad. Sci.*, doi/10.1073/pnas.1016560108.

Turner, J., Bindschadler, R., Convey, P., Di Prisco, G., Fahrbach, E., Gutt, J., Hodgson, D., Mayewski, P. & Summerhayes, C. (2009). Antarctic climate change and the environment. SCAR

Thompson, D. W. J. y Solomon, S. 2002. Interpretation of recent Southern Hemisphere climate change. *Science* 296:895–899.

Warwick-Evans, V., A Santora, J., Waggitt, J. J., & Trathan, P. N. (2021). Multi-scale assessment of distribution and density of procellariiform seabirds within the Northern Antarctic Peninsula marine ecosystem. ICES Journal of Marine Science.

Wilhelm, K. R., Bockheim, J. G., & Haus, N. W. (2016). Properties and processes of recently established soils from deglaciation of Cierva Point, Western Antarctic Peninsula. Geoderma, 277, 10-22.

Woehler E.J. 1993. The distribution and abundance of Antarctic and Subantarctic penguins. Cambridge: Scientific Committee on Antarctic Research.

Woehler E.J., Cooper J., Croxall J.P., Fraser W.R., Kooyman G.L., Millar G.D., Nel D.C., Patterson D.L., Peter H.-U., Ribic C.A., Salwicka K., Trivelpiece W.Z. & Weimerskirch H. 2001. A statistical assessment of the status and trends of Antarctic and Subantarctic seabirds. Cambridge: Scientific Committee on Antarctic Research.

Plan de Gestión de la Zona Antártica Especialmente Protegida n.° 148

MONTE FLORA, BAHÍA ESPERANZA, PENÍNSULA ANTÁRTICA

Introducción

El motivo principal para designar al monte Flora, bahía Esperanza, península antártica (63° 25' de latitud S, 57°01' de longitud O, 0,3 km^2) como Zona Antártica Especialmente Protegida (ZAEP) es proteger los valores científicos asociados con la rica flora fósil presente dentro de la Zona.

El monte Flora fue designado originalmente como Sitio de Especial Interés Científico mediante la Recomendación XV-6 (1989, SEIC 31) a propuesta del Reino Unido. Había sido designado debido a que «por su flora rica en fósiles, el sitio reviste una importancia científica excepcional». Fue una de las primeras floras fósiles descubiertas en la Antártida y desempeñó un papel significativo en la deducción de la historia geológica de la península antártica. Su larga historia como un sitio de fácil acceso y la gran cantidad de detritos fosilíferos que ocurren en la zona de desprendimiento la hacen vulnerable a los recolectores de recuerdos, y la cantidad de material disponible para investigaciones serias ha mermado considerablemente. El Plan de Gestión se sometió a una revisión importante en 2002 (Medida 1) que incluyó cambios en los límites. La última revisión del Plan se llevó a cabo en 2015 (Medida 8), en la que se realizaron cambios o modificaciones menores.

El geólogo Johann Gunnar Andersson descubrió el monte Flora durante la expedición antártica sueca (1901-1904)[1], cuya cabaña de piedra original (Sitio y Monumento Histórico n.º 39) permanece cerca en punta Foca, en la bahía Esperanza. El jefe de expedición, Otto Nordenskjöld, acuñó el nombre de monte Flora (como «Flora-Berg») tras las observaciones geológicas de Andersson, reconociéndolo como el primer lugar con presencia considerable de fósiles descubierto en Antártida. Más adelante, la zona revistió una enorme importancia científica para interpretar las relaciones geológicas clave en la región.

La Zona se encuentra aproximadamente a tres kilómetros al sureste de las estaciones Esperanza (Argentina) y Teniente de Navío Ruperto Elichiribehety (Uruguay). Entre las investigaciones científicas que están actualmente en curso dentro de la Zona se encuentra el proyecto «Estratigrafía y Paleobotánica del Jurásico del norte de la península antártica», llevado a cabo por el Instituto Antártico Argentino, que tiene como objetivo realizar estudios petrográficos y paleobotánicos detallados en afloramientos sedimentarios y/o volcánicos del Jurásico en el norte de la península antártica.

La Zona encaja dentro del contexto más amplio del sistema de Zonas Antárticas Protegidas como una de las pocas ZAEP que protegen principalmente los valores geológicos. La Resolución 3 (2008) recomendaba usar el Análisis de Dominios Ambientales para el continente antártico□ como modelo dinámico para identificar las Zonas Antárticas Especialmente Protegidas aplicando los criterios ambientales y geográficos sistemáticos señalados en el artículo 3(2) del anexo V del Protocolo (ver también Morgan *et al.*, 2007). Usando este modelo, la ZAEP n.º 148 está contenida en el dominio ambiental A: geológico del norte de la península antártica (Morgan *et al.*, 2007). La ZAEP 148 se encuentra dentro de la Región Biogeográfica de Conservación de la Antártida (RBCA) 1, nordeste de la península antártica. Mediante la Resolución 5 (2015), las Partes reconocieron la utilidad de mantener

---

[1] Dirigido por Otto Nordenskjöld y bajo el mando de Carl Anton Larsen, el grupo de expedición incluyó al geólogo Johan Gunnar Andersson, al botánico Carl Skottsberg, al zoólogo Axel Ohlin, al científico naval José María Sobral y al artista Frank Wilbert Stokes.

la lista de Zonas Importantes para la Conservación de las Aves en la Antártida (ZIA) en la planificación y realización de actividades en la Antártida. La Zona Importante para la Conservación de las Aves ANT074, bahía Esperanza, comprende un terreno libre de hielo en el lado este de la bahía Esperanza, al norte de la ZAEP 148. La ZIA se constituye como tal por la presencia de una gran colonia de pingüino de Adelia (*Pygoscelis adeliae*).

1. Descripción de los valores que requieren protección

Tras una visita a la ZAEP por parte de responsables medioambientales de la Argentina en enero de 2011 y enero de 2013, se revisaron y volvieron a confirmar los valores especificados en la designación anterior. De manera similar, el personal científico que realizó visitas al monte Flora en 2017 y 2019 volvió a confirmar los valores específicos de la ZAEP y también mencionó la necesidad futura de evaluar nuevas zonas cercanas a la Zona con afloramientos visibles expuestos después del retroceso de los glaciares. Los valores de la Zona se exponen de la siguiente manera:

- El monte Flora posee valores importantes científicos e históricos asociados con este significativo patrimonio del descubrimiento geológico en la Antártida.
- El monte Flora se caracteriza por tres formaciones geológicas diferentes: la formación bahía Esperanza (grupo de la península Trinity (Tierra de Luis Felipe)), que está separada por una discordancia de los lechos vegetales suprayacentes, levemente inclinados, de la formación Mount Flora (grupo de la bahía Botany), sobre los cuales, a su vez, se superponen las ignimbritas y tobas compuestas de la formación Kenney Glacier (grupo volcánico de la península antártica). Las relaciones entre estas formaciones han sido fundamentales para determinar la edad de los lechos vegetales, lo que ha resultado vital para la interpretación de la geología de la península antártica.
- Históricamente, el sitio ha desempeñado un papel importante para las comparaciones con otras floras del hemisferio sur.
- Esta flora fósil ha sido importante para proporcionar datos paleoclimáticos del Mesozoico en una región para la cual generalmente se posee escasa información.
- El monte Flora contiene una de las pocas floras conocidas del período Jurásico en la Antártida y es el único sitio que ha sido relativamente bien estudiado y documentado. Las asociaciones de plantas mesozoicas del monte Flora incluyen miembros de las especies esfenofitas, helechos, cicadofitas (cícadas y benetitas), pteridospermales y coníferas. Las muestras de estos fósiles han servido como fuente principal de referencia para varios estudios sobre paleobotánica de los períodos Jurásico y Cretáceo.
- Además de la importante flora fósil, trabajos recientes han hecho resurgir descubrimientos que confirman la presencia de fósiles de bivalvos de agua dulce del Jurásico en el monte Flora.

2. Finalidades y objetivos

La gestión del monte Flora tiene por finalidad:

- evitar la degradación de, o el riesgo importante para, los valores de la Zona, impidiendo en ella toda perturbación por actividades humanas innecesaria y el muestreo en la Zona mediante acceso no controlado y la recolección inadecuada del material geológico;
- permitir la investigación científica geológica y paleontológica, al mismo tiempo que se protege la zona del muestreo excesivo;
- permitir otras investigaciones científicas en la Zona siempre y cuando no comprometan los valores por los cuales se protege la Zona, y
- permitir las investigaciones científicas en la Zona siempre que sean indispensables y que no puedan realizarse en otro lugar;
- permitir visitas con fines de gestión para cumplir los objetivos del Plan de Gestión.

3. Actividades de gestión

Se deben emprender las siguientes actividades de gestión en aras de proteger los valores de la Zona:

- Se colocará en un lugar bien visible, en las estaciones Esperanza (Argentina) y Teniente de Navío Ruperto Elichiribehety (Uruguay), un mapa que señale la ubicación de la zona (mencionando las restricciones especiales que rigen), y se facilitarán copias del presente Plan de Gestión;
- Las personas que deseen escalar el monte Flora deben recibir instrucciones de no entrar a la Zona sin un permiso expedido por la autoridad competente.
- Los señalizadores, carteles u otras estructuras erigidas en la Zona con fines científicos o de gestión deben fijarse debidamente y mantenerse en buen estado.
- Debe retirarse todo equipo abandonado en la mayor medida posible, siempre y cuando ello no produzca un impacto negativo en los valores de la Zona.
- Los expertos realizarán las visitas necesarias a la Zona para determinar si continúa sirviendo a los fines para los cuales fue designada y para cerciorarse de que las actividades de gestión y mantenimiento sean apropiadas. Fuera del terreno, también se realizará un trabajo de evaluación para considerar los informes posteriores a las visitas a la ZAEP y la información disponible sobre la recolección de fósiles dentro de la Zona.
- El retroceso del hielo de los glaciares en los últimos años ha dejado al descubierto nuevos afloramientos de rocas fosilíferas en las proximidades del monte Flora. Se necesita una actualización periódica de los límites para garantizar que estas rocas fosilíferas expuestas queden incluidas dentro de la ZAEP si la investigación científica demuestra su valor paleontológico. Esto puede requerir una revisión del Plan de Gestión en los próximos años.
- Se mantendrá un registro de la recolección de fósiles del monte Flora basado en los informes sobre visitas para evaluar de la mejor manera posible la concesión de permisos y para reducir al mínimo el muestreo excesivo (véanse las secciones *7(iii), (x)* y *(xi)*).

4. Período de designación

Designación con período de vigencia indefinido.

5. Mapas

Mapa 1: El monte Flora, ZAEP 148 con relación a la bahía Esperanza, península Trinity (Tierra de Luis Felipe) y las islas Shetland del Sur, que muestra la ubicación de las zonas protegidas más cercanas. También se muestra la ubicación de las estaciones Esperanza (Argentina) y Teniente de Navío Ruperto Elichiribehety (Uruguay). Recuadro: ubicación del monte Flora en la península antártica.

Mapa 2: Monte Flora, ZAEP 148, bahía Esperanza, mapa topográfico. Especificaciones del mapa: Proyección: cónica conforme de Lambert; Paralelos de referencia: primero, 76° 40' S; segundo 63° 20' S; meridiano central: 57° 02' O; latitud de origen: 70° 00' S; esferoide: WGS84. Datum vertical: nivel medio del mar. Equidistancia vertical de las curvas de nivel 25 m. Exactitud vertical y horizontal desconocida. Nota: la topografía y las posiciones se basan en los datos de reconocimiento originales de los años 1950 y se sabe que las posiciones reales tienen errores de hasta 500 m. Los bordes del hielo se proporcionan basados en fotografías aéreas de 1999.

Mapa 3: Monte Flora, ZAEP 148, mapa geológico, adaptado del *Mapa geológico de bahía Esperanza-Antártida* publicado por el Instituto Geológico y Minero de España y el Instituto Antártico Argentino (escala 1:10 000).

6. Descripción de la Zona

6(i) Coordenadas geográficas, indicadores de límites y características naturales

DESCRIPCIÓN GENERAL

El monte Flora (63° 25' S; 57° 01' O de 0,3 km^2) está situado en el flanco sudeste de la bahía Esperanza, en el extremo septentrional de la península Trinity (Tierra de Luis Felipe), península antártica (mapa 1). La cumbre del monte Flora (520 m) se encuentra aproximadamente a un kilómetro de la costa sur de la bahía Esperanza. Hay cuatro glaciares que rodean al monte Flora. El glaciar Flora se extiende desde el circo glacial debajo de la cumbre del monte Flora en dirección nordeste a lo largo de un kilómetro antes de penetrar en un glaciar más grande que flanquea las pendientes este y sur del monte Flora y que se extiende hacia el nordeste desde la Pirámide (565 m) (mapa 2). Las laderas occidentales del monte Flora están delimitadas por el glaciar Kenney, que se une al glaciar Depot antes de penetrar en la cabecera de la bahía Esperanza. La Pirámide es un pico característico a 1,5 km al SSE del monte Flora. Al norte de la zona se encuentra el valle Five Lakes libre de hielo y las colinas Scar, y al nordeste está el lago Boeckella.

LÍMITES

Los límites establecidos en el plan de gestión original fueron revisados en la revisión del Plan de Gestión de 2002 a fin de incluir la mayoría de los afloramientos conocidos de estratos fosilíferos que se encuentran en las laderas septentrionales del monte Flora. El límite de la ZAEP se modificó nuevamente en 2021 para incluir todos los estratos de la formación del monte Flora al norte de la Zona. La cresta de la cumbre y el pico más alto del monte Flora (520 m), que anteriormente estaban dentro de los límites, están compuestos de rocas volcánicas no fosilíferas y ahora han sido excluidos de la Zona. El límite se extiende desde la cima norte del monte Flora (516 m), el punto más alto del límite, hacia el oeste por la cresta hasta el glaciar Kenney. Después, el límite sigue el borde oriental del glaciar Kenney hacia el norte hasta la cota de 100 m, luego hacia el este a través de pendientes de pedregal a lo largo de la cota de 100 m durante 1200 m. En este punto, el límite se extiende 100 m al sur-suroeste hacia el borde noroeste del glaciar Flora. Desde aquí, el límite sur de la Zona sigue el borde noroeste del glaciar Flora hacia el suroeste hasta la cresta que conduce hacia el oeste hasta la cima norte del monte Flora (véase mapa 3). Cuando están presentes, los márgenes de los glaciares, los afloramientos más bajos, la cresta occidental y la cumbre norte del monte Flora forman características visualmente obvias que indican los límites. De otro modo, la Zona permanece sin marca alguna.

Las coordenadas de los límites de la Zona, desde la cima norte del monte Flora y moviéndose hacia la derecha, se muestran en el cuadro 1.

Cuadro 1. Coordenadas de los límites de la ZAEP 148 monte Flora, bahía Esperanza, península antártica

Número	Latitud	Longitud
1	63° 24' 53'' S	057° 01' 26'' O
2	63° 24' 56'' S	057° 02' 02'' O
3	63° 24' 49'' S	057° 02' 10'' O
4	63° 24' 38'' S	057° 00' 50'' O
5	63° 24' 41'' S	057° 00' 47'' O
6	63° 24' 45'' S	057° 01' 05'' O
7	63° 24' 51'' S	057° 01' 10'' O

CLIMA

No existen datos climáticos para el monte Flora, pero las condiciones locales están indicadas por las de la estación Esperanza. En verano (diciembre, enero y febrero), la temperatura máxima media varía entre 2,6 °C y 3,2 °C, mientras la temperatura mínima media varía entre -2,9 °C y -1,8 °C. Durante esta estación, la temperatura puede llegar hasta los 18,4 °C, como en 2020, o hasta los -12 °C, como en 1985. En invierno, las temperaturas máximas medias son de alrededor de -6 °C, mientras las mínimas medias son de alrededor de -15 °C. Excepcionalmente, la temperatura puede subir hasta 13 °C, o caer a -32,3 °C, como en 1975. Es muy probable que las temperaturas en el monte Flora sean más bajas debido a su mayor elevación. Los meses con menos viento son diciembre y enero (es decir, velocidad del viento de

20-22 km h^{-1}), en comparación con mayo, julio, agosto y septiembre, cuando los vientos son más intensos (es decir, velocidad del viento de >30 km h^{-1}). Se han registrado ráfagas de más de 380 km h^{-1} durante abril y mayo, producto de los vientos catabáticos del glaciar local. Se han observado vientos fuertes (de 43 km h^{-1} o más) a lo largo del año, con una frecuencia media de aproximadamente 15 días al mes. La frecuencia anual media de días con nevadas es de 181 días al año. A lo largo del año, se producen nevadas, en promedio, durante 13 a 16 días por mes, con un promedio mínimo de 13 días en junio. La frecuencia media de días con cielo nublado es alta en el verano (23 días en enero), pero disminuye durante los meses de invierno (unos 13 días al mes). La frecuencia de días con cielo despejado es baja a lo largo del año, entre 1 y 5 días al mes. (Servicio Meteorológico Nacional, Argentina).

GEOLOGÍA, SUELOS Y PALEONTOLOGÍA

La geología de la zona consiste en tres formaciones principales: la formación bahía Esperanza, la formación del monte Flora y la formación Kenney Glacier. En su base, la formación bahía Esperanza (grupo de la península Trinity (Tierra de Luis Felipe)) mide más de 1200 m de espesor y está caracterizada por turbidita silicoclástica marina y arenisca. Su presunta edad permocarbonífera se ha deducido sobre la base de supuestas esporas carboníferas (Grikurov y Dibner, 1968) y del método de datación isotópica Rb-Sr de las «gravillas» y esquistos de barro (281±16 Ma; Pankhurst, 1983), pero la evidencia en cuanto a la edad es escasa y se presta a interpretaciones ambiguas (Smellie y Millar 1995). La formación bahía Esperanza está separada de la formación del monte Flora suprayacente por una discordancia angular y un largo hiato estratigráfico. La formación del monte Flora (grupo de la bahía Botany) está compuesta principalmente de arenisca, conglomerados y esquistos y contiene los estratos fósiles más significativos. La formación Kenney Glacier suprayacente (grupo volcánico de la península antártica), que también está separada de la formación del monte Flora por una discordancia angular, está compuesta de ignimbritas y de tobas compuestas. La edad de la formación del monte Flora ha sido objeto de debate (Andersson, 1906; Halle, 1913; Bibby. 1966: Thomson, 1977: Farquharson, 1984; Francis, 1986; Gee, 1989; Rees, 1990). Los datos paleobotánicos y radiométricos más recientes apuntan hacia principios o mediados del período Jurásico (Rees, 1993a; Rees y Cleal, 1993; Riley y Leat, 1999). Se han observado fallas en la cara norte del monte Flora (Birkenmajer, 1993a) y se confeccionó un mapa que separa el grupo de la península Trinity (Tierra de Luis Felipe) de la formación del monte Flora (Smellie, nota pers., 2000).

La formación del monte Flora mide 230-270 m de espesor y puede ser subdividida entre un miembro antiguo, Five Lakes y un miembro superior, el glaciar Flora, el cual contiene los más importantes depósitos fósiles. El miembro Five Lakes mide 170 m de espesor y está compuesto de brechas sedimentarias de grano grueso con plantas, conglomerados y areniscas. La litología predominante, particularmente en la parte inferior de la sucesión, es un conglomerado medio a grueso sustentado en clastos (Farquharson 1984). Se encuentra ampliamente expuesta en las laderas norte y nordeste del monte Flora entre el glaciar Flora y el valle Five Lakes. El límite inferior de este miembro es una discordancia angular opuesta a la formación bahía Esperanza. El contacto entre la formación del monte Flora y la formación bahía Esperanza está cubierto por derrubio. Se supone que unos 50 m de lechos basales del miembro Five Lakes no afloran. Una sección más elevada del miembro Five Lakes aflora ampliamente en un contrafuerte que separa el glaciar Flora del valle Five Lakes (Martín Serrano et al. 2005, Montes et al. 2004).

El miembro Flora Glacier consiste en un conglomerado complejo de areniscas de 60 a 100 m de espesor, superpuesto localmente por un complejo de esquisto de hasta 10 m de espesor, que es la zona fosilífera principal. Está más ampliamente expuesto en un contrafuerte que divide el circo del glaciar Flora del valle Five Lakes a unos 350 m. Se encuentra un umbral de un metro de espesor en la sección superior del esquisto, cerca del contacto con la formación Kenney Glacier. La asociación de arenisca está dominada por ciclos que se afinan en forma ascendente (caracterizados por una granulometría descendiente) que varían de 2,5 a 11,5 m de espesor (Farquharson 1984). Aunque en su mayoría son inaccesibles, los amplios afloramientos del miembro del glaciar Flora continúan en las laderas escarpadas del monte Flora por encima del valle Five Lakes, y se extienden hacia el oeste hacia el margen del glaciar Kenney. El espesor de la unidad aumenta, de 50-60 m en el contrafuerte hasta cerca de 100 m en el margen del glaciar. Los depósitos volcanogénicos forman una parte pequeña pero significativa de la formación del monte Flora. Una sola ignimbrita de 26 m de espesor forma una banda pálida a través de la cara norte del monte Flora, más o menos a mitad de camino subiendo la secuencia sedimentaria (Farquharson 1984). Las rocas volcánicas de la formación Kenney Glacier son suprayacentes a la formación del monte Flora, que aflora en la parte más alta del monte Flora. También, de manera discordante, se superpone a la formación bahía Esperanza en el espolón este de la Pirámide (Smellie, nota pers. 2000). Esta formación incompleta es un complejo de evoluciones de lavas riolíticas-dacíticas, ignimbritas, aglomerados y tobas (Birkenmajer 1993a&b). Farquharson (1984) identificó la presencia de tobas, aglomerados de grano fino y tobas compuestas. Los afloramientos de fósiles más significativos se encuentran en las caras norte y noroeste del monte Flora.

Casi todas las investigaciones se han llevado a cabo a partir de muestras recolectadas en la cara norte, que es relativamente accesible. La flora fósil fue descrita por primera vez de forma amplia por Halle (1913), trabajo que, desde entonces, se ha considerado como la norma para los estudios florísticos y bioestratigráficos del Mesozoico de Gondwana (Rees y Cleal 1993). Halle (1913) originalmente describió 61 especies a partir de los fósiles; esto se modificó a 43 especies (Gee, 1989), después a 38 especies (Rees, 1990) y, más tarde, a 32 especies (Baldoni, 1986, Morel *et al*., 1994; Rees y Cleal, 2004). Más recientemente, se han descrito 41 grupos taxonómicos (Ociepa, 2007; Birkenmajer y Ociepa, 2008; Ociepa y Barbacka, 2011). También se ha estudiado madera fósil de la ZAEP (Torres et al., 2000).

La flora está representada típicamente por las pequeñas hojas parecidas a escamas de las Hepatophytas, tallos y fragmentos de piñas de esfenofitas (*Equisetaceae, Equisetum*), además del follaje de varias familias de helechos (*Dipteridaceae, Matoniaceae, Dicksoniaceae, Osmundaceae*) y hojas y madera de gimnospermas (*Caytoniales, Cycadales, Bennettitales,* pteridospermas y coníferas). También se conservan escamas y semillas de piñas de coníferas y de cicadofitas, así como otros tallos, hojas y ramas foliadas no identificables (Taylor, sin fecha; Rees, nota pers., 1999). Otros fragmentos florales se han interpretado como frondas de helechos fértiles u órganos de polen de las coníferas, pero la manera en que estas especies se emparentan con otros grupos taxonómicos aún es incierta, ya que, hasta la fecha, no se han obtenido esporas o polen del material (Ociepa y Barbacka, 2011). Más generalmente, no se pudieron recuperar palinomorfos identificables de los lechos de plantas de la formación del monte Flora (Rees y Cleal, 2004; Ociepa y Barbacka, 2011). Se han identificado cuatro élitros (exoesqueletos) de escarabajos (Orden: coleópteros) a partir de una pequeña muestra de pizarra, que también contiene fósiles de plantas, del monte Flora (Zeuner, 1959). Estos se identificaron como *Grahamelytron crofti* y *Ademosynoides antarctica. G. crofti* es posiblemente un carábido, aunque se parece a un crisomélido, mientras que a la *A. antarctica* se la ha denominado carábido, tenebriónido, elatérido, o de la familia fósil Permosinidae (Zeuner, 1959). Investigaciones recientes han confirmado la presencia del fósil de moluscos de agua dulce más antiguo de la Antártida, *Antediplodon esperanzaensis*, en afloramientos jurásicos expuestos por los glaciares en retroceso al este de la Zona (Martínez *et al*, 2019). No se ha registrado ningún otro ejemplo de fauna fósil. No existen en la zona depósitos conocidos de fósiles de fauna y flora marina.

El calentamiento climático ha provocado un retroceso generalizado de los glaciares en la región norte de la península antártica. Por ejemplo, en el norte de la península Trinity (Tierra de Luis Felipe), la zona de suelo libre de hielo ha aumentado en unos 40 km^2. Más específicamente, en la zona de bahía Esperanza, que incluye la ZAEP 148, la zona libre de hielo ha aumentado en unos 4,5 km^2 (Sotille, 2015). Como resultado, la formación de suelo y la colonización de la vegetación se ha incrementado en toda la zona, revelando los procesos dinámicos que ocurren en la región, los cuales son de importante valor científico (Poeiras, 2011).

BIOLOGÍA TERRESTRE Y DE AGUA DULCE

La flora viviente dentro de la zona es escasa y está muy dispersa. Si bien no se ha realizado un reconocimiento florístico completo, se ha podido identificar la presencia de varias especies de musgos y de líquenes. Las especies de musgo identificadas son: *Andreaea gainii, Bryum argenteum, Ceratodon purpureus, Hennediella heimii, Pohlia nutans, Sanionia uncinata, Schistidium antarctici* y *Syntrichia princeps*. Las especies de líquenes identificadas son: *Acarospora macrocyclos, Buellia anisomera, Buellia* spp., *Caloplaca* spp., *Candelariella vitellina, Cladonia pocillum, Haematomma erythromma, Physcia caesia, Pleopsidium chlorophanum, Pseudephebe minuscula, Rhizocarpon geographicum, Rhizoplaca aspidophora, Stereocaulon antarcticum, Tremolecia atrata, Umbilicaria antarctica, Umbilicaria decussata, Umbilicaria kappeni, Usnea antarctica, Xanthoria candelaria* y *Xanthoria elegans*. No hay arroyos o lagos permanentes dentro de la zona. No existe información sobre las comunidades microbianas o de fauna invertebrada presentes en el monte Flora.

AVES REPRODUCTORAS

Se posee poca información sobre la avifauna presente en el monte Flora, aunque un informe sobre los sitios de anidamiento exactos de algunas especies sugería que es poco probable que se reproduzcan aves dentro de la Zona (Marshall, 1945). No obstante, las aves reproductoras de la bahía Esperanza han sido generalmente bien estudiadas; por ejemplo, la Argentina ha estado observando las colonias de pingüinos dentro de la ZIA ANT074 desde principios de los años 1990. Parte de una de las colonias más grandes de pingüinos de Adelia (*Pygoscelis adeliae*) en la península antártica, que cuenta unas 104 139 parejas, está situada a unos 500 m al nordeste de la Zona (Santos *et al.*, 2018) (mapa 2). Otras aves que se reproducen en la bahía Esperanza incluyen a unas 500 parejas de pingüinos papúa (*Pygoscelis papua*) (Programa de Observación de la Argentina), skúas pardas (*Catharacta loennbergi*), skúas antárticas (*Catharacta maccormicki*), gaviotines antárticos (*Sterna vittata*), petreles de Wilson (*Oceanites oceanicus*), gaviota cocinera (*Larus dominicanus*) y palomas antárticas (*Chionis alba*). Se puede obtener mayor información sobre las aves reproductoras que anidan en las cercanías del monte Flora en Argentina (1997), Santos et al., (2013) y Coria y Montalti (1993).

ACTIVIDADES HUMANAS Y SU IMPACTO

El monte Flora fue descubierto en 1903 por Johann Gunnar Andersson, miembro de la expedición sueca al Polo Sur de 1901-1904, que exploró y trazó cartográficamente casi toda la parte norte de la península antártica. Andersson recolectó especímenes fósiles y mineralógicos en el monte Flora, mientras se encontraba perdido y esperando su rescate en la bahía Esperanza durante el invierno de 1903. Andersson y sus compañeros pasaron el invierno en una cabaña de piedra (Sitio y Monumento Histórico n.º 39). El jefe de expedición era Otto Nordenskjöld, quien acuñó el nombre del monte Flora a raíz de los hallazgos geológicos de Andersson. En 1945, el Reino Unido estableció la base «D» en la bahía Esperanza como parte de su «Operación Tabarin». La estación funcionó hasta febrero de 1964 con una dotación de 7-19 personas durante el invierno. En 1997, la base D fue transferida del Reino Unido al Uruguay y se le dio el nombre de estación Teniente de Navío Ruperto Elichiribehety. La Argentina estableció la estación Esperanza el 31 de diciembre de 1951 y ha operado la estación continuamente desde entonces, con un personal de aproximadamente 50 personas en el invierno y 70 durante el verano, dedicadas al estudio de disciplinas científicas tan diversas como la sismología, la geología, la geomorfología y la observación de diferentes parámetros del ecosistema y la contaminación.

La zona de la bahía Esperanza está sujeta a visitas turísticas, con entre 1500 y 3000 turistas por año que visitan sitios locales, incluida la estación Esperanza y la colonia de pingüinos cercana en la caleta Eagle (ZIA Ant074). El monte Flora fue designado en 1989 como Sitio de Especial Interés Científico debido a que se temía que los mejores ejemplos de fósiles de la zona estaban siendo recolectados por visitantes esporádicos y que, por ende, se perderían para la ciencia. No se permiten ni el turismo ni ninguna otra actividad recreativa dentro de la Zona, aunque se considera que el acceso a los sitios es difícil, lo que hace que tales visitas resulten poco probables.

6(ii) Acceso a la Zona

Todo acceso a las zonas se debe realizar a pie. Se puede acceder fácilmente a pie a las laderas inferiores del monte Flora desde las estaciones de investigación locales y desde la bahía Esperanza. Sin embargo, llegar al límite de la ZAEP y llegar más allá de esta implica una caminata exigente debido a la naturaleza empinada del terreno local. Para tener acceso a la Zona se debe seguir el terreno relativamente plano al sur de la estación Esperanza hasta el lago Boeckella. Desde allí se sigue un sendero que va en dirección sur hacia el extremo este de la ZAEP, que permite el acceso a través de un terreno menos empinado (véase el mapa 2). Está prohibido el aterrizaje de helicópteros en la Zona, excepto en condiciones de emergencia, cuando se puede considerar el uso de helicópteros bajo las condiciones establecidas en la sección *7 (ii) Acceso a la zona y desplazamientos en su interior o sobre ella.*

6(iii) Ubicación de estructuras dentro de la Zona o en zonas adyacentes
No hay estructuras dentro de la zona. Las estaciones de investigación científica más cercanas son la estación Esperanza (Argentina) (a 63° 24' de latitud S; 56° 59' de longitud O) y la estación Teniente de Navío Ruperto Elichiribehety (Uruguay) (a 63° 24' de latitud S; 56° 59' de longitud O), ambas ubicadas a unos 1,5 km al nordeste de la zona. A unos 300 m al nordeste de la base uruguaya se encuentran los restos de una base británica, incendiada en 1948. Las tumbas de dos británicos que fallecieron durante el incendio están ubicadas en un pequeño promontorio a unos 300 metros al norte de la base uruguaya. Dos refugios, administrados por la Argentina, se encuentran ubicados al este del monte Flora (a 63º 25' 10" de latitud S, 56º 59' 50" de longitud O y 63º 27' 36" de latitud S, 57º 11' 14" de longitud O).

6(iv) Ubicación de las zonas protegidas en las cercanías
Las zonas protegidas más cercanas al monte Flora son la península Potter (ZAEP 132), la costa occidental de la bahía del Almirantazgo (ZAEP 128), Lions Rump (ZAEP 151) y punta Narebski, península de Barton (ZAEP 171), todos ellos ubicados en la isla Rey Jorge (isla 25 de Mayo), islas Shetland del Sur, a unos 150 km al oeste (mapa 1). En las cercanías de la estación Esperanza (mapa 2) se encuentran una cabaña de piedra (Sitio y Monumento Histórico n.º 39) construida por miembros de la expedición antártica sueca y un busto del general San Martín, una gruta con una estatua de la Virgen de Luján y un mástil de bandera erigido por la Argentina en 1955, junto a un cementerio con estela en memoria de los miembros de las expediciones argentinas que murieron en la Zona (Sitio y Monumento Histórico n.º 40).

6(v) Áreas especiales en el interior de la Zona
Ninguna.

7. Términos y condiciones para los permisos de entrada

7(i) Condiciones generales de los permisos
Se prohíbe el ingreso en la Zona excepto con un permiso expedido por una autoridad nacional pertinente designada de acuerdo con el artículo 7 del anexo V del Protocolo al Tratado Antártico sobre Protección del Medio Ambiente.

Las condiciones para la expedición de un permiso para ingresar a la Zona son las siguientes:
- el permiso debe expedirse por razones científicas indispensables, que no puedan llevarse a cabo en otro lugar, o por razones que sean esenciales para la gestión de la Zona;
- toda actividad de gestión debe facilitar el cumplimiento de los objetivos del Plan de Gestión;
- las acciones permitidas deben ser compatibles con este Plan de Gestión;
- las actividades permitidas considerarán mediante el proceso de Evaluación del Impacto Ambiental la manera de garantizar la protección continua de los valores científicos e históricos de la Zona;
- en caso de que el solicitante del permiso proponga recolectar especímenes de rocas, antes de que se le expida el permiso este debe demostrar a la autoridad nacional competente que la investigación que se propone llevar a cabo no puede realizarse adecuadamente con las muestras ya recolectadas y conservadas en las distintas colecciones que existen en el mundo,
- se debe llevar consigo el permiso, o una copia autorizada de este, dentro de la Zona;
- se debe presentar un informe de la visita a la autoridad que figure en el permiso;
- los permisos serán expedidos por un período determinado;
- se debe notificar a la autoridad competente sobre toda actividad o medida implementada que no esté comprendida en el permiso.

7(ii) Acceso a la Zona y desplazamientos en su interior o sobre ella

- El acceso y circulación dentro de la Zona deben efectuarse a pie.
- Debido a la inclinación del terreno, que complica el aterrizaje de un helicóptero dentro de la Zona, no se permite el acceso a esta en helicóptero, excepto en caso de emergencia. En una emergencia, y si las condiciones de viento lo permiten, un helicóptero puede ingresar a la ZAEP para realizar un rescate, preferiblemente sin aterrizar. Si se considera necesario o útil para el tipo de emergencia en cuestión, el helicóptero puede aterrizar en el glaciar Flora. Si llegara a producirse una emergencia que requiriese el uso de un helicóptero, se recomiendan las rutas de vuelo para helicópteros que se muestran en el mapa 2. Asimismo, no se recomiendan los aterrizajes de helicóptero en los alrededores debido a la alta concentración de aves que anidan en las cercanías del monte Flora. El lugar de aterrizaje recomendado es el helipuerto de la estación Esperanza (véase el mapa 2). También se deben consultar las «*Directrices para la operación de aeronaves cerca de las concentraciones de aves*» contenidas en la Resolución 2 (2004).
- Se prohíbe la circulación de vehículos terrestres en la Zona.
- El tráfico peatonal debe ser mínimo, conforme a los objetivos de las actividades permitidas, y se debe realizar el máximo esfuerzo para reducir al mínimo los efectos de las pisadas tales como la rotura de rocas, especialmente las rocas del lugar.
- No se permite sobrevolar la Zona con Sistemas de Aeronaves Dirigidas por Control Remoto (RPAS) a menos que esto se haga con fines científicos u operativos y de conformidad con un permiso expedido por una autoridad nacional competente.

7 (iii) Actividades que pueden llevarse a cabo dentro de la Zona

Entre las actividades que pueden llevarse a cabo dentro de la Zona se incluyen las siguientes:

- investigaciones científicas indispensable que no puedan realizarse en otro lugar;
- investigaciones científicas que no perjudiquen los valores científicos de la zona;
- actividades esenciales de gestión, incluyendo el monitoreo.

Cuando se realice muestreo geológico, este debe, como norma mínima, hacerse de acuerdo con los siguientes principios:

1. El muestreo debe realizarse con la mínima alteración práctica.
2. La toma de muestras debe ser la mínima necesaria para lograr los objetivos de la investigación.
3. Deben dejarse suficientes materiales/especímenes para permitir que futuros trabajadores entiendan el contexto del material.
4. Los lugares de muestreo deben quedar libres de marcas (pintura, etiquetas, etc.).
5. Los especímenes deben ser conservados en un repositorio reconocido una vez que acabe el proyecto.
6. En los informes sobre visitas presentados a la autoridad nacional correspondiente debe suministrarse en forma pormenorizada información acerca de la ubicación GPS de los sitios de recolección, el volumen/peso, la orientación de la muestra y el tipo de materiales recolectados, y el lugar donde se almacenará el material retirado.
7. Además, debe entregarse una copia de esa información a las Partes proponentes para facilitar la revisión del plan de gestión y para facilitar que se proporcione asesoría a las demás Partes en relación con la existencia de materiales en los repositorios geológicos con el fin de reducir al mínimo los nuevos o adicionales muestreos innecesarios.

7(iv) Instalación, modificación o desmantelamiento de estructuras

No se podrán erigir estructuras ni instalar equipo científico en la Zona, salvo para actividades científicas o de gestión indispensables y durante el plazo de validez preestablecido que se especifique en el permiso. Se prohíben las estructuras o instalaciones permanentes. Todos los señalizadores, estructuras o equipos científicos instalados en la Zona deben mostrar claramente el país, el nombre del organismo o investigador principal, el año de instalación y la fecha de desmantelamiento prevista. Todos estos elementos deben estar libres de organismos, propágulos (p. ej., semillas y huevos) y tierra no estéril; además, deben estar confeccionados con materiales que soporten las condiciones ambientales y que representen el mínimo riesgo posible de contaminación de la Zona. Retirar todo el equipo específico cuyo permiso haya vencido será una condición para la concesión del permiso.

7(v) Ubicación de los campamentos
Se prohíben los campamentos dentro de la Zona.

7(vi) Restricciones relativas a los materiales y organismos que pueden introducirse en la Zona
Además de los requisitos del Protocolo al Tratado Antártico sobre Protección del Medio Ambiente, las restricciones en cuanto a los materiales y organismos que puedan introducirse en la Zona son las siguientes:

- No se permitirá la introducción deliberada de animales, material vegetal, microorganismos y tierras no estériles en la Zona. Deben tomarse precauciones a fin de evitar la introducción accidental de animales, material vegetal, microorganismos y suelos no estériles provenientes de otras regiones con características biológicas distintas (dentro de la Antártida o fuera del área comprendida en el Tratado Antártico). Asimismo, todas las herramientas (taladros, picos, palas, martillos geológicos, etc.) se deben limpiar minuciosamente antes de su transporte a la Antártida, especialmente las herramientas que se han usado anteriormente en zonas de gran altitud y en latitudes altas fuera del área del Tratado Antártico.
- No se deben introducir a la Zona herbicidas ni otros pesticidas.
- Cualquier otro producto químico, incluidos los radionucleidos o isótopos estables, que pueda introducirse con fines científicos o de gestión especificados en el permiso, deberá retirarse de la Zona a más tardar al finalizar la actividad para la que se otorgó dicho permiso.
- No deben almacenarse combustibles ni otros productos químicos en la Zona, salvo que esto se haya autorizado específicamente en las condiciones del permiso. Estos deben almacenarse y manipularse de manera que se reduzca al mínimo el riesgo de su introducción accidental en el medioambiente.
- Los materiales que se introduzcan en la Zona deben permanecer en ella solo por un período determinado y deben desmantelarse al concluir el periodo establecido. Si se produce alguna fuga o vertido que pueda suponer un riesgo para los valores de la Zona, se recomienda extraer el material únicamente si es improbable que el efecto de dicha retirada sea mayor que el de dejar el material *in situ.*
- Se debe informar a la autoridad pertinente sobre la liberación de cualquier material que no se haya retirado y que no esté incluido en el permiso.

7(vii) Recolección de flora y fauna autóctonas o intromisión prejudicial entre ellas
Están prohibidas la recolección de flora y fauna autóctonas o la intromisión perjudicial entre ellas, salvo que así lo autorice un permiso otorgado de conformidad con el anexo II del Protocolo al Tratado Antártico sobre Protección del Medio Ambiente. En caso de recolección de animales o intromisión perjudicial entre estos, se tendrá de referencia, como norma mínima, el *Código de conducta para el uso de animales con fines científicos en la Antártida* del SCAR.

7(viii) Recolección o retirada de materiales que el titular del permiso no haya llevado a la Zona
Se puede recolectar o retirar material de la Zona solo en conformidad con un permiso, y esto debe limitarse al mínimo necesario para cumplir con las necesidades administrativas o científicas (véanse las secciones *7(iii) Actividades que pueden llevarse a cabo dentro de la Zona* y *7(x) Medidas que pueden ser necesarias para garantizar el continuo cumplimiento de los objetivos del Plan de Gestión*). No se otorgarán permisos si hay razones para pensar que el muestreo propuesto podría tomar, retirar o dañar cantidades tales de rocas fosilíferas que su abundancia en el monte Flora se viera significativamente afectada. Otros materiales de origen humano que puedan comprometer los valores de la Zona y que no se hayan introducido en esta por el titular del permiso ni se hayan autorizado de alguna otra manera pueden ser retirados de la Zona, a menos que el impacto ambiental provocado por su retiro sea mayor que los efectos que pueda ocasionar dicho material en el lugar. Si es el caso, se debe notificar a la autoridad nacional correspondiente y se debe obtener aprobación.

7(ix) Eliminación de residuos

Todos los desechos, incluso los desechos humanos, deben ser retirados de la Zona de conformidad con el anexo III (Eliminación y tratamiento de residuos) del Protocolo al Tratado Antártico sobre Protección del Medio Ambiente (1998).

7(x) Medidas que pueden ser necesarias para continuar cumpliendo los objetivos del Plan de Gestión
En vista del hecho de que el muestreo geológico es permanente y tiene como resultado un impacto acumulativo,
se deben tomar las siguientes medidas para salvaguardar los valores científicos de la Zona:

- Los visitantes que se lleven muestras geológicas de la zona deben completar un registro que describa el tipo geológico y la cantidad y ubicación de las muestras recolectadas. Dicho registro, como mínimo, debe depositarse en el Centro Nacional de Datos Antárticos y/o en el Directorio Maestro Antártico.
- Para evitar repeticiones en la toma de muestras, los visitantes que tengan la intención de recolectar muestras deben demostrar que están familiarizados con las recolecciones anteriores. Existen recolecciones de muestras en repositorios en todo el mundo, a saber:

Repositorios	***Información/sitio web del repositorio***
Museo Argentino de Ciencias Naturales, B. Rivadavia, Buenos Aires, Argentina	http://wander-argentina.com/natural-sciences-museum-buenos-aires/
Museo de Ciencias Naturales de La Plata, Argentina	http://www.welcomeargentina.com/laplata/museum-natural-sciences.html
Museo de Historia Natural, Londres, Reino Unido	https://www.nhm.ac.uk/our-science/collections/palaeontology-collections.html
British Antarctic Survey, Cambridge, Reino Unido	https://www.bas.ac.uk/data/our-data/collections/geological-collections/
Museo Sueco de Historia Natural, Estocolmo	http://www.nrm.se/english.16_en.html
Byrd Polar Research Center Polar Rock Repository, Ohio, EE. UU.	http://bprc.osu.edu/rr/
Instituto de Ciencias Geológicas, Academia Polaca de Ciencias, Cracovia, Polonia	https://www.ing.pan.pl/en/
Departamento de Geología, Instituto de Geociencias, Universidad Federal de Río de Janeiro, Brasil	http://www.ufrgs.br/english/the-university/institutes-faculties-and-schools/institute-of-geoscience
Depósito Antártico de Colecciones Paleontológicas y Geológicas del Instituto Antártico Argentino, Buenos Aires, Argentina	https://www.cancilleria.gob.ar/es/iniciativas/dna/instituto-antartico-argentino/repositorio-de-fosiles

7(xi) Requisitos relativos a los informes

El titular principal del permiso presentará a la autoridad nacional correspondiente un informe sobre cada visita a la Zona, en cuanto sea posible, y antes de seis meses tras la finalización de la visita. Dichos informes deben incluir, según corresponda, la información identificada en el *Formulario de informe sobre visitas a una Zona Antártica Especialmente Protegida* contenido en la *Guía revisada para la Preparación de Planes de Gestión para las Zonas Antárticas Especialmente Protegidas* (apéndice 2). Entre otros detalles, el informe de visita debe incluir la información solicitada en el punto 6 de la sección *7(iii) Actividades que pueden llevarse a cabo dentro de la Zona* de este Plan de Gestión. Cuando sea posible, la autoridad nacional también debe remitir una copia del informe de visitas a las Partes proponentes, a fin de ayudar en la administración de la Zona y en la revisión del Plan de Gestión. Siempre que sea posible, las Partes deben depositar el informe de visitas original o sus copias en un archivo de acceso público, a fin de llevar un registro del uso que pueda emplearse en las revisiones del Plan de Gestión y en la organización del uso científico de la Zona.

8. Documentación de apoyo

Andersson, J.G. 1906. On the geology of Graham Land. *Bulletin of the Geological Institution of the University of Upsala* **7**:19-71.

Argentina. 1997. Environmental review of Argentine activities at Esperanza (Hope) Bay, Antarctic Peninsula. *ATCM XXI, Information Paper 36.*

Baldoni, A.M. 1986. Características generales de la megaflora, especialmente de la especie *Ptilophyllum antarcticum*, en el Jurásico Superior-Cretácico Inferior de Antártida y Patagonia, Argentina. *Boletim IG-USP, Instituto de Geociencias, Universidade de Sao Paulo* **17**: 77-87.

Bibby, J.S. 1966. The stratigraphy of part of north-east Graham Land and the James Ross Island group. *British Antarctic Survey Scientific Report* **53**.

Birkenmajer, K. 1992. Trinity Peninsula Group (Permo-Triassic?) at Hope Bay, Antarctic Peninsula. *Polish Polar Research* **13**(3-4): 215-240.

Birkenmajer, K. 1993a. Jurassic terrestrial clastics (Mount Flora Formation) at Hope Bay, Trinity Peninsula (West Antarctica). *Bulletin of the Polish Academy of Sciences: Earth Sciences* **41**(1): 23-38.

Birkenmajer, K. 1993b. Geology of late Mesozoic magmatic rocks at Hope Bay, Trinity Peninsula (West Antarctica). *Bulletin of the Polish Academy of Sciences: Earth Sciences* **41**(1): 49-62.

Birkenmajer, K. and Ociepa, A.M. 2008. Plant-bearing Jurassic strata at Hope Bay, Antarctic Peninsula (West Antarctica); geology and fossil plant description. In: K. Birkenmajer (ed.) Geological Results of the Polish Antarctic Expeditions, Part 15. *Studia Geologica Polonica* **128**: 5–96.

Coria, N. R., and Montalti, D. 1993. Flying birds at Esperanza Bay, Antarctica. *Polish Polar Research* **14**(4): 433-439.

Croft, W.N. 1946. Notes on the geology of the Hope Bay area. Unpublished report, British Antarctic Survey Archives Ref AD6/2D/1946/G1.

Farquharson, G.W. 1984. Late Mesozoic, non-marine conglomeratic sequences of Northern Antarctic Peninsula (Botany Bay Group). *British Antarctic Survey Bulletin* **65**: 1-32.

Francis, J.E. 1986. Growth rings in Cretaceous and Tertiary wood from Antarctica and their palaeoclimatic implications. *Palaeontology* **29**(4): 665-684.

Gee, C.T. 1989. Revision of the late Jurassic/early Cretaceous flora from Hope Bay, Antarctica. *Palaeontographica* **213**(4-6): 149-214.

Grikurov, G.E. and Dibner, A.F. 1968. Novye dannye o Serii Triniti (C1-2) v zapadnoy Antarktide. [New data on the Trinity Series (C1-2) in West Antarctica.] *Doklady Akademi Nauk SSSR*: **179**, 410-412. (English translation: *Proceedings of the Academy of Science SSSR (Geological Sciences)* **179**: 39-41).

Halle, T.G. 1913. The Mesozoic flora of Graham Land. *Wissenschaftliche ergebnisse der Schwedischen Südpolar-expedition 1901-1903* **3**(14).

Harris, C.M., Lorenz, K., Fishpool, L.D.C., Lascelles, B., Cooper, J., Coria, N.R., Croxall, J.P., Emmerson, L.M., Fijn, R.C., Fraser, W.L., Jouventin, P., LaRue, M.A., Le Maho, Y., Lynch, H.J., Naveen, R., Patterson-Fraser, D.L., Peter, H.-U., Poncet, S., Phillips, R.A., Southwell, C.J., van Franeker, J.A., Weimerskirch, H., Wienecke, B., and Woehler, E.J. 2015. *Important Bird Areas in Antarctica 2015*. BirdLife International and Environmental Research & Assessment Ltd., Cambridge.

Hathway, B. 2000. Continental rift to back-arc basin: stratigraphical and structural evolution of the Larsen Basin, Antarctic Peninsula. *Journal of the Geological Society of London* **157**: 417-432.

Marshall, N.B. 1945. Annual report. Base D. Biology and Hydrography. Unpublished report, British Antarctic Survey Archives Ref AD6/1D/1945/N2. Nathorst, A.G. 1906. On the upper Jurassic flora of Hope Bay, Graham Land. *Compte Rendus, 10th International Geological Congress, Mexico* **10**(2):1269-1270.

Martínez, S., Scasso, R. A., Elgorriaga, A., Capelli, I., del Valle, R., Puerta, P., Lirio, J.M, and Amenábar, C. R. 2020. The (truly) first fossil freshwater molluscs from Antarctica. *Paläontologische Zeitschrift* **94**(3): 513-518.

Martín-Serrano, A., Montes, M., Martín, F. N., and Del Valle, R. 2005. Geomorfología de la costa austral de Bahía Esperanza (Península Antártica). *Geogaceta* **38**: 95-98.

Montes, M. Martin-Serrano, A., Nozal, F. 2005. Geología de la Costa austral de Bahia Esperanza (Península Antárctica). *Geogaceta* **38**: 91-94.

Montes, M. J., Martín-Serrano, A., and del Valle, R. A. 2004. Mapa Geológico de la costa austral de Bahía Esperanza y el Monte Flora, Peninsula Antartica. In S. Marenssi (Ed.), 5º1º Simposio Argentino Latinoamericano sobre Investigaciones Antárticas. Buenos Aires: Instituto Antártico Argentino.

Montes, M., Martin-Serrano, A., Nozal, F., Rodríguez Fernández, L. R., and Del Valle, R. 2013. Mapa geológico de Bahía Esperanza. Antártica; scale 1:10,000. 1st edition. Serie Cartográfica Geocientifica Antártica. Madrid: Instituto Geológico y Minero de España, Buenos Aires: Instituto Antártico Argentino.

Morel, E. M., Artabe, A. E., Ganuza, D. G., and Brea, M. 1994. Las plantas fósiles de la Formación Monte Flora, en Bahía Botánica, Península Antártica, Argentina. 1. Dipteridaceae. *Ameghiniana* **31**: 23-31.

Morgan, F., Barker, G., Briggs, C., Price, R. and Keys, H. 2007. Environmental Domains of Antarctica Version 2.0 Final Report, Manaaki Whenua Landcare Research New Zealand Ltd. 89 pp.

Nozal, F., Martin-Serrano, A., Montes, M., and Del Valle, R. 2013. Mapa geomorfológico de Bahía Esperanza. Antártica; scale 1:10,000. 1st edition. Serie Cartográfica Geocientifica Antártica. Madrid: Instituto Geológicao y Minero de España, Buenos Aires: Instituto Antártico Argentino.

Ociepa, A. M. 2007. Jurassic liverworts from Mount Flora, Hope Bay, Antarctic Peninsula. *Polish Polar Research* **28**(1): 31–36.

Ociepa, A. M. and Barbacka, M. 2011. *Spesia antarctica* gen. et sp. nov. – a new fertile fern spike from the Jurassic of Antarctica. *Polish Polar Research* **32**(1): 59-66.

Pankhurst, R.J. 1983. Rb-Sr constraints on the ages of basement rocks of the Antarctic Peninsula. In Oliver, R.L., James, P.R. and Jago, J.B. eds. *Antarctic Earth Science*. Canberra, Australian Academy of Science: 367-371.

Pankhurst, R.J., Leat, P.T., Sruoga, P., Rapela, C.W., Marquez, M., Storey, B.C., and Riley, T.R., 1998. The Chon Aike province of Patagonia and related rocks in West Antarctica: a silicic large igneous province. *Journal of Volcanology and Geothermal Research* **81**: 113-136.

Poeiras, L. M. 2011. Vegetation and environments in Lions Rump e Hope Bay, Maritime Antarctic. (Thesis). Universidade Federal de Viçosa, Viçosa.

Rees, P. M. 1990. Palaeobotanical contributions to the Mesozoic geology of the northern Antarctic Peninsula region. Unpublished PhD thesis, Royal Holloway and Bedford New College, University of London.

Rees, P. M. 1993a. Dipterid ferns from the Mesozoic of Antarctica and New Zealand and their stratigraphical significance. *Palaeontology* **36**(3): 637-656.

Rees, P. M. 1993b. Caytoniales in early Jurassic floras from Antarctica. *Geobios* **26**(1): 33-42.

Rees, P.M., 1993c. Revised interpretations of Mesozoic palaeogeography and volcanic arc evolution in the northern Antarctic Peninsula region. *Antarctic Science* **5**: 77-85

Rees, P.M. and Cleal, C.J. 1993. Marked Polymorphism in *Archangelskya furcata*, a pteridospermous frond from the Jurassic of Antarctica. *Special papers in Palaeontology* **49**: 85-100.

Rees, P.M. and Cleal, C.J. 2004. Lower Jurassic floras from Hope Bay and Botany Bay, Antarctica. *Special Papers in Palaeontology* **72**: 5-89.

Riley, T.R and Leat, P.T. 1999. Large volume silicic volcanism along the proto-Pacific margin of Gondwana: lithological and stratigraphical investigations from the Antarctic Peninsula. *Geological Magazine* **136** (1): 1-16.

Santos, M. M., Hinke, J. T., Coria, N. R., Fusaro, B., Silvestro, A., & Juáres, M. A. 2018. Abundance estimation of Adélie penguins at the Esperanza/Hope Bay mega colony. *Polar Biology*, **41**(11), 2337-2342.Smellie, J.L., and Millar, I.L. 1995. New K-Ar isotopic ages of schists from Nordenskjold Coast, Antarctic Peninsula: oldest part of the Trinity Peninsula Group? *Antarctic Science* **7**: 191-96.

Sotille, M. E. 2015. Avanço e retração de área glacial no extremo norte da península Trinity, Antártica, entre 1988 e 2015. (Thesis). Universidade Federal do Río Grande do Sul, Porto Alegre.

Terauds, A., and Lee, J. R. 2016. Antarctic biogeography revisited: updating the Antarctic Conservation Biogeographic Regions. *Diversity and Distribution* **22**: 836-840.

Taylor, B.J. [no date]. Middle Jurassic plant material from Mount Flora, Hope Bay. Unpublished report, British Antarctic Survey Archives Ref ES3/GY30/6/1.

Thomson, M.R.A. 1977. An annotated bibliography of the paleontology of Lesser Antarctica and the Scotia Ridge. *New Zealand Journal of Geology and Geophysics* **20**(5): 865-904.

Torres, T., Galleguillos, H., and Philippe, M. 2000. Maderas fósiles en el Monte Flora, Bahía Esperanza, Península Antártica. In: Congreso Geológico Chileno, No. 9, Actas, Vol. 2, p. 386-390. Puerto Varas.

Truswell, E.M., 1991. Antarctica: a history of terrestrial vegetation. In: Tingey, R.J., ed. *The geology of Antarctica.* Oxford: Clarendon Press, 499-537.

Woehler, E.J. (ed) 1993. The distribution and abundance of Antarctic and sub-Antarctic penguins. SCAR, Cambridge.

Zeuner, F.E. 1959. Jurassic beetles from Graham Land, Antarctica. *Palaeontology* **1**(4): 407-409.

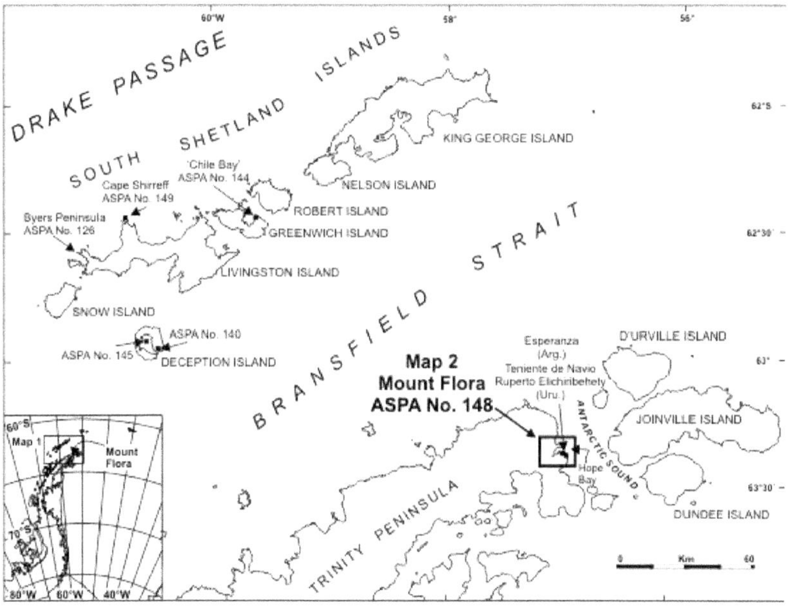

Map 1. Mount Flora (ASPA No. 148), Hope Bay, Antarctic Peninsula, location map.
Inset: location of Mount Flora on the Antarctic Peninsula

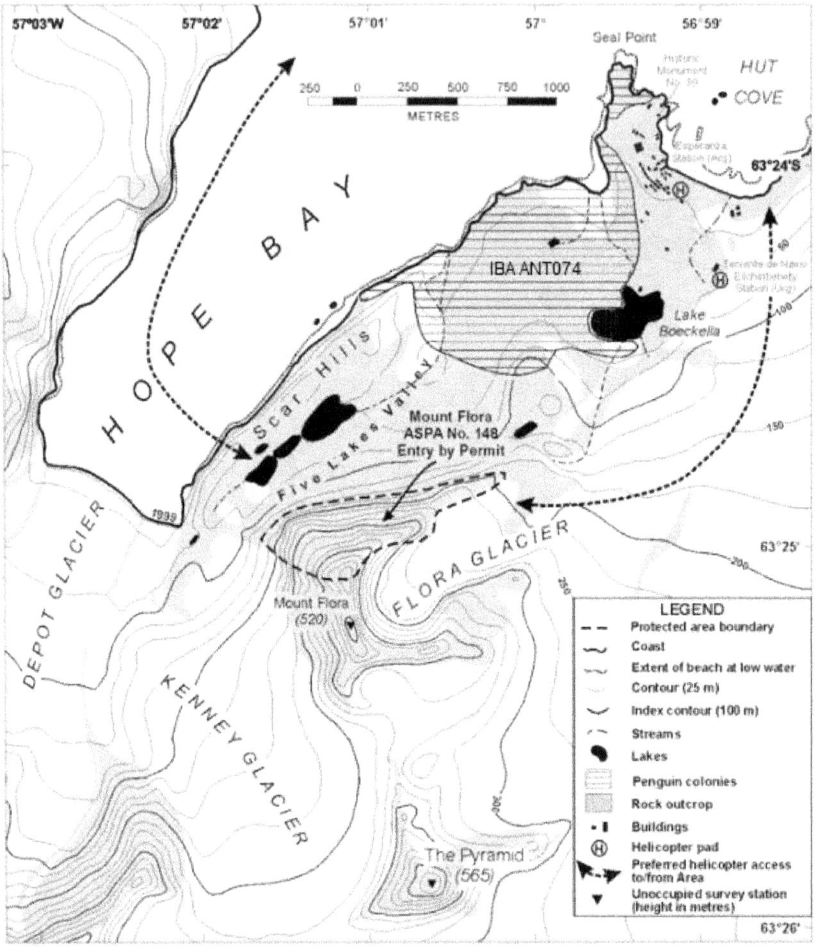

Map 2. Mount Flora (ASPA No. 148), Hope Bay, topographic map.

Mapa 3: Monte Flora, ZAEP 148, mapa geológico, adaptado del *Mapa geológico de bahía Esperanza-Antártida* publicado por el Instituto Geológico y Minero de España y el Instituto Antártico Argentino (escala 1:10 000). El bosquejo cartográfico se encuentra orientado con el norte en la parte superior del mapa. La zona que se muestra es de aproximadamente 1,5 km en total. Leyenda: 4. Grandes conglomerados de diferentes espesores. 5. Areniscas, conglomerados y esquistos negros con restos vegetales. 5a. Rocas volcánicas fragmentadas. 6. Tobas compuestas con areniscas, brechas volcánicas y yacimientos de ignimbritas soldadas intercaladas. 6a. Contacto térmico rojizo. 7. Brechas, areniscas y limolitas con ignimbritas volcánicas intercaladas. 8. Tobas compuestas, intercaladas con ignimbritas soldadas y yacimientos de brechas y areniscas. 8a. limolitas volcánicas laminadas, areniscas y capas de lava basáltica volcánica. 8b. Contacto térmico rojizo. 9. Brechas y areniscas con ignimbritas volcánicas intercaladas. 10. Rocas grandes angulares con una matriz arenosa/limosa. Aluvión glaciar de fondo y morrenas. 11. Rocas grandes angulares. Pendientes y conos de escombros. γ: dique ♣: restos paleobotánicos.

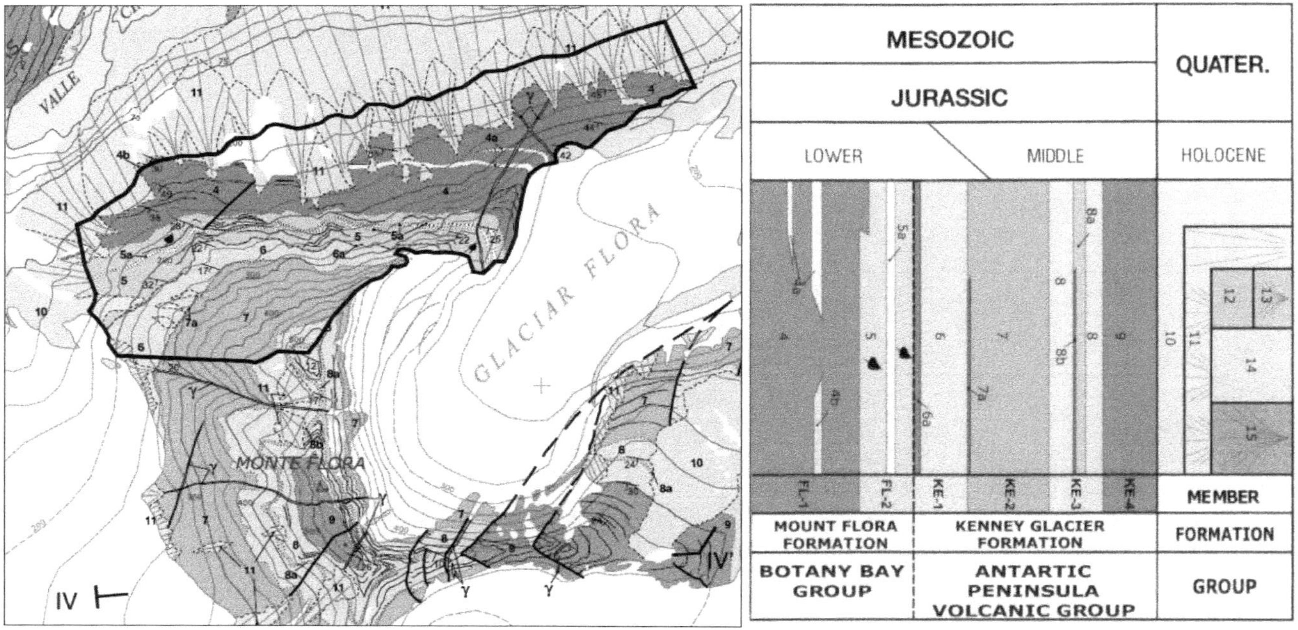

Plan de Gestión para la

Zona Antártica Especialmente Protegida n.º 155

CABO EVANS, ISLA DE ROSS

(incluidos los Sitios y Monumentos Históricos n.ºs 16 y 17, la cabaña histórica Terra Nova del capitán Robert Falcon Scott, junto con sus recintos, y la cruz del cerro Wind Vane)

Introducción

La Zona está ubicada en la costa noroeste del cabo Evans, isla de Ross, a 77° 38 '12 "S, 166° 25' 15" E, y abarca una superficie aproximada de 5,5 ha entre el cerro Wind Vane, el lago Skua y la playa Home. La Zona fue designada originalmente por los importantes valores históricos de la cabaña construida por la expedición británica a la Antártida (*Terra Nova)* de 1910-1913, encabezada por el capitán Robert Falcon Scott, catalogada como Sitio y Monumento Histórico n.º 16, y de la cruz erigida en el cerro Wind Vane, catalogada como Sitio y Monumento Histórico n.º 17, ambos designados mediante la Recomendación VII-9 (1972). La Zona fue designada como Zona Especialmente Protegida n.º 25 a través de la Medida 2 (1997) y cambió de nombre y número a Zona Antártica Especialmente Protegida (ZAEP) n.º 155 por medio de la Decisión 1 (2002). Las revisiones del plan de gestión se aprobaron de conformidad con la Medida 2 (2005), la Medida 12 (2008), la Medida 8 (2010) y la Medida 11 (2015).

1. Descripción de los valores que requieren protección

La cabaña *Terra Nova* (Sitio y Monumento Histórico n.º 16) del cabo Evans (mapa 1) es la mayor de las cabañas históricas presentes en la región del mar de Ross. Fue construida en enero de 1911 por la expedición británica a la Antártida (*Terra Nova*) de 1910-1913, dirigida por el capitán Robert Falcon Scott, de la Marina Real Británica. Con posterioridad fue utilizada como base por el Grupo del Mar de Ross durante la Expedición Transantártica Imperial de Sir Ernest Shackleton de 1914-1917.

La cruz del cerro Wind Vane (Sitio y Monumento Histórico n.º 17) se erigió en memoria de tres miembros del Grupo del mar de Ross de Shackleton que murieron en 1916: Aeneas Mackintosh, Victor Hayward y Arnold Spencer-Smith. Además, en el sitio hay dos anclas del buque Aurora de la Expedición Transantártica Imperial, dos cobertizos para instrumentos (uno en el cerro Wind Vane y otro cerca de la cabaña *Terra Nova*), varios depósitos de suministros y numerosos artefactos dispersos (mapa 2).

El cabo Evans es uno de los principales lugares de las primeras actividades humanas en la Antártida. Es un importante símbolo de la «Edad Heroica» de la exploración antártica y, como tal, tiene una notable trascendencia histórica. Algunos de los primeros avances en el estudio de las ciencias de la Tierra, meteorológicos y de flora y la fauna de la Antártida están asociados a la Expedición *Terra Nova*, cuya base se encontraba en este sitio. Los datos entonces recolectados pueden servir de referencia para comparar las mediciones actuales. La historia de estas actividades y la contribución que han hecho a la comprensión y el conocimiento de la Antártida otorgan a esta Zona un importante valor histórico, científico y estético.

El cabo Evans se encuentra en el Dominio S (McMurdo - Geológico de Tierra de Victoria Meridional), de acuerdo con el Análisis de Dominios Ambientales para la Antártida (Resolución 3 [2008]), y en la Región 9 (Tierra de Victoria Meridional), conforme a las Regiones Biogeográficas de Conservación Antártica (Resolución 6 [2012]).

2. Finalidades y objetivos

La finalidad del presente Plan de Gestión es proteger la Zona y sus características a fin de preservar sus valores. Los objetivos del Plan de Gestión son los siguientes:

- evitar la degradación de los valores de la Zona y su exposición a riesgos considerables;
- mantener los valores históricos de la Zona mediante un trabajo planificado de conservación que podría incluir:
    a) un programa anual de mantenimiento *in situ*;
    b) un programa de vigilancia del estado de los artefactos y las estructuras, así como de los factores que los afectan;
    c) un programa de conservación de sitios, edificios y artefactos, que puede tener lugar dentro o fuera del sitio;
    d) la preparación de mapas y otra documentación que registre la disposición de objetos históricos en los alrededores de la cabaña, y
    e) la documentación de otros datos históricos pertinentes;
- reducir al mínimo la perturbación por actividades humanas en la Zona, sus características y artefactos, permitiendo al mismo tiempo el acceso administrado a la cabaña *Terra Nova* de Scott y a otras partes de la Zona;
- permitir visitas con fines de gestión para cumplir los objetivos del Plan de Gestión.

3. Actividades de gestión

Se deberán emprender las siguientes actividades de gestión en aras de proteger los valores de la Zona:

- En todas las estaciones científicas permanentes ubicadas en la isla de Ross, se colocarán, en un lugar destacado, avisos que muestren la ubicación de la Zona (que indiquen las restricciones especiales que se aplican) y se mantendrá disponible una copia del presente plan de gestión.
- Se proporcionarán copias de este plan de gestión al titular principal del permiso de todos los grupos que visiten la Zona y/o al líder de cualquier grupo que opere en las inmediaciones del cabo Evans.
- Los Programas Antárticos Nacionales adoptarán las medidas necesarias para garantizar que los límites de la Zona y las restricciones que se aplican dentro de ella estén marcados en los mapas y cartas náuticas o aeronáuticas pertinentes.
- El personal (personal de programas nacionales, expediciones sobre el terreno, jefes de expediciones turísticas y pilotos) que opere en las inmediaciones de la Zona, que acceda a ella o la sobrevuele recibirá instrucciones específicas de su programa nacional, el operador turístico o la autoridad nacional correspondiente para que observe las disposiciones y el contenido el plan de gestión, incluida la ubicación, los límites y las restricciones que se aplican al acceso y los desembarcos dentro de la Zona.
- Los señalizadores o letreros erigidos dentro de la Zona, en las proximidades de sus límites o en instalaciones cercanas deberán estar asegurados y mantenidos en buenas condiciones, y retirarse cuando ya no sean necesarios.
- Se llevará a cabo un programa periódico de conservación de la cabaña *Terra Nova* de Scott y los artefactos conexos dentro de la Zona.
- Se llevará a cabo un seguimiento sistemático para evaluar los efectos de los visitantes y los resultados, y en las revisiones del presente plan de gestión se incluirá cualquier recomendación referente a las limitaciones del número de visitantes permitidos en un momento o período dado.
- Los Programas Antárticos Nacionales interesados y los grupos y organizaciones pertinentes deben consultarse y coordinarse entre sí para garantizar:

a) que se desarrollen y desplieguen las capacidades y los recursos, particularmente los relacionados con técnicas de conservación, para ayudar a proteger los valores históricos de la Zona;
b) no se superen los límites definidos en el número de visitantes, y
c) se implementen las actividades de gestión antedichas.

4. Período de designación

Designado por tiempo indefinido.

5. Mapas

Mapa 1: ZAEP n.º 155, cabo Evans, mapa topográfico.

Proyección: Cónica conforme de Lambert; paralelos de referencia: Primero 77 ° 38' S, segundo 77 ° 39' S: meridiano central: 166 ° 25' 30" E; Latitud de origen: 78 ° 00' 00" S: Esferoide: WGS84. Intervalo de curvas de nivel: 5 m.

Fuentes de datos: Costa, topografía e infraestructura suministradas por Antarctica New Zealand (2019). Características históricas estudiadas por Land Information New Zealand (LINZ).

Recuadro 1: Región del mar de Ross, que muestra la ubicación del recuadro 2.

Recuadro 2: Región de la isla de Ross, que muestra la ubicación del mapa 1, el cabo Evans y la estación McMurdo (EE. UU.) y la base Scott (Nueva Zelandia).

Mapa 2: ZAEP n.º 155, cabo Evans, características históricas. Especificaciones cartográficas según el mapa 1.

6. Descripción de la Zona

6(i) Coordenadas geográficas, indicadores de límites y características naturales

Descripción general

El cabo Evans es una zona de tamaño reducido, de forma triangular y sin hielo de aproximadamente 125 ha en la costa suroeste de la isla de Ross, situado a unos 10 km al sur del cabo Royds y 24 km al norte de punta Hut, en la isla de Ross (mapa 1).

El área libre de hielo consiste en un lecho de roca de basalto cubierto de morrenas de fondo. La Zona designada se encuentra en la costa noroeste del cabo Evans adyacente a la playa Home y se centra en la cabaña *Terra Nova* de Scott (mapa 2).

En el cabo Evans anidan págalos antárticos (*Stercorarius maccormicki*), y hay pingüinos Adelia (*Pygoscelis adeliae*) que transitan ocasionalmente por la Zona. De cuando en cuando salen a tierra focas de Weddell (*Leptonychotes weddellii*) en la playa Home.

Límites

Los límites de la Zona, descritos en el sentido de las agujas del reloj desde el extremo suroeste del cerro Wind Vane, son:

Suroeste: una línea que se extiende aproximadamente 182 m al noroeste desde el extremo suroeste de la Zona a 77º 38' 15,47" S, 166º 25' 9,48" E, que se encuentra unos 20 m al sur de la cruz del cerro Wind Vane, siguiendo la cresta del pequeño cerro que desciende hasta el extremo occidental cerca de la costa a 77º 38' 11,50" S, 166º 24' 49,47" E.

Noroeste: una línea que se extiende aproximadamente 188 m al noreste desde el extremo occidental de la Zona siguiendo la línea costera de la playa Home hasta el extremo noroeste en 77º 38' 7,5" S, 166º 25' 9,1" E.

Noreste: una línea que se extiende aproximadamente 186 m al sureste desde el extremo noroeste de la Zona hasta el arroyo de desagüe del lago Skua en el extremo noreste a 77º 38' 9,37" S, 166º 25' 35,74" E.

Este: una línea que se extiende unos 193 m hacia el sur desde el extremo noreste de la Zona hasta el extremo sureste en 77º 38' 15,6" S, 166º 25' 35,68" E.

Sur: una línea que se extiende unos 174 m hacia el oeste desde el extremo sureste de la Zona hasta el extremo suroeste del cerro Wind Vane.

Actividad humana

Se ha llevado a cabo un programa de conservación periódico y plurianual en la cabaña *Terra Nova* de Scott a cargo de Nueva Zelandia desde la década de 1950. La organización no gubernamental con sede en Nueva Zelandia Antarctic Heritage Trust se ha encargado de la conservación de la cabaña *Terra Nova* de Scott y de los artefactos conexos a lo largo de más de 30 años en coordinación con los Programas Antárticos Nacionales que operan en la región.

El personal del programa nacional de la cercana estación McMurdo (EE. UU.) y la base Scott (Nueva Zelandia), además de grupos de turistas, visitan regularmente la cabaña *Terra Nova* de Scott y sus alrededores. El número de visitantes puede fluctuar dependiendo de diversos factores, entre ellos el hielo marino y las condiciones climáticas, la logística disponible y el número de operadores turísticos en funcionamiento ese año.

6(ii) Acceso a la Zona

Se puede acceder a la Zona viajando primero a lugares adyacentes (pero fuera de los límites de la Zona) en helicóptero, vehículo, embarcación pequeña o a pie. El acceso a la Zona y dentro de ella se efectúa generalmente a pie, aunque se pueden utilizar vehículos para los fines autorizados por el permiso. No se han designado rutas particulares de acceso a la Zona. Las condiciones específicas para el acceso de peatones, pequeñas embarcaciones, vehículos, sobrevuelos y aterrizajes de aeronaves se establecen en la Sección 7(ii).

6(iii) Ubicación de estructuras dentro de la Zona o en zonas adyacentes

Todas las estructuras ubicadas dentro de la Zona son de origen histórico, excepto una placa de bronce instalada unos 15 m al oeste de la cabaña para conmemorar el Sitio y Monumento Histórico n.º 16, una placa en el cerro Wind Vane que detalla la inscripción prevista para la cruz conmemorativa y una placa protectora moderna y temporal que se ha colocado alrededor de la cabaña magnética como medida de seguridad porque la cabaña contiene amianto desmenuzable. Uno de los elementos importantes de la Zona es la cabaña *Terra Nova* de Scott (Sitio y Monumento Histórico n.º 16), ubicada en la costa noroeste del cabo Evans en la playa Home (mapa 2). La cabaña está rodeada de numerosas reliquias históricas, incluidas las dos anclas del Aurora, esqueletos de perros y focas, un refugio de instrumentos, dos líneas de perros, una línea de ponis, una pantalla meteorológica, un depósito de combustible, una cabaña magnética, depósitos de carbón y un asta de bandera. La cabaña/vertedero experimental es una estructura de roca histórica asociada al «peor viaje del mundo» al cabo Crozier durante el invierno de 1911 (Cherry-Garrard, 1922), que contiene una pequeña colección de artefactos. En el cerro Wind Vane hay una cruz que se erigió en memoria de los tres integrantes del Grupo del mar de Ross de la expedición de Shackleton de 1914-1917 (Sitio y Monumento Histórico n.º 17). Todos estos objetos están dentro de los límites de la Zona.

A unos 250 m al suroeste de la zona hay una cabaña de refugio de Nueva Zelandia, un campamento y un helipuerto.

La antigua Base del Parque Mundial de Greenpeace, que funcionaba todo el año, estaba al nordeste de la cabaña *Terra Nova* de Scott de 1987 a 1992. No queda ninguna evidencia visible de la base.

Las estaciones científicas permanentes más cercanas a la Zona son McMurdo (EE. UU.) y la base Scott (NZ), ubicadas aproximadamente 24 km al sur de la Zona (mapa 1, recuadro 2).

6(iv) Ubicación de las zonas protegidas en las cercanías

Las zonas protegidas cercanas, todas ellas ubicadas en la isla de Ross (mapa 1, recuadro 2), son:

- ZAEP n.º 121, cabo Royds, y ZAEP n.º 157, bahía Backdoor, cabo Royds, unos 11 km al norte del cabo Evans;
- ZAEP n.º 158, punta Hut, y ZAEP n.º 122, Alturas de Arrival, en la península Hut Point, aproximadamente 24 km al sur del cabo Evans.

6(v) Áreas especiales en el interior de la Zona

No hay áreas especiales en el interior de la Zona.

7. Términos y condiciones para los permisos de entrada

7(i) Condiciones generales de los permisos

Se prohíbe el ingreso a la Zona excepto con un permiso expedido por una autoridad nacional pertinente. Una autoridad nacional podrá expedir un permiso que abarque varias visitas en una temporada. Las condiciones para expedir un permiso de ingreso a la Zona son las siguientes:

- las actividades deben estar relacionadas con fines de conservación, investigación y/o vigilancia, o llevarse a cabo por razones esenciales para la gestión de la Zona, o estar relacionadas con la educación, divulgación o recreación, incluido el turismo, siempre que no entren en conflicto con los objetivos del presente Plan de Gestión;
- Las actividades permitidas están en conformidad con el presente Plan de Gestión;
- Las actividades permitidas darán la debida consideración, a través del proceso de evaluación de impacto ambiental, a la protección continua de los valores históricos de la Zona;
- El permiso se debe expedir por un período determinado, y
- El titular del permiso principal, o su representante designado, deberá llevar consigo el permiso, o una copia de este, cuando visite la Zona.

7(ii) Acceso a la Zona y desplazamientos en su interior o sobre ella

El acceso a la Zona será a pie o en vehículo. Los aterrizajes de aeronaves están prohibidos dentro de la Zona.

Acceso a pie a la Zona y desplazamientos en su interior

1) Por lo general, el acceso a la Zona debe efectuarse a pie.
2) No se han definido caminos o rutas de acceso específicas (mapas 1 y 2).
3) Los movimientos dentro de la Zona deberán efectuarse de acuerdo con el Código de Conducta de la Sección 7(iii).
4) Se debe tener cuidado al caminar alrededor de la cabaña *Terra Nova* de Scott o en sus proximidades, ya que puede haber artefactos delicados en el suelo, quizás ocultos por una fina capa de nieve, y pueden ser difíciles de ver.

Acceso en lancha

1) El acceso en pequeñas embarcaciones (cuando hay mar abierto) debe tener lugar en la costa del cabo Evans; desde allí, el acceso debe efectuarse a pie (mapas 1 y 2).

Acceso de vehículos

1) El acceso de vehículos a la Zona está prohibido a menos que se autorice específicamente mediante un permiso con fines de conservación o gestión.
2) Cuando se haya expedido un permiso para el acceso de vehículos a la Zona (que puede incluir, entre otras, actividades como la retirada de la nieve y el hielo que se consideren una amenaza para la cabaña histórica u otros artefactos), se debe considerar la posibilidad de:
    a) utilizar un vehículo del tamaño mínimo requerido para la operación;
    b) asegurarse de que el operador del vehículo esté completamente capacitado y conozca las disposiciones del presente plan de gestión y las particularidades del lugar;
    c) planificar cuidadosamente y vigilar todos los movimientos del vehículo en el sitio a fin de no dañar la cabaña o los artefactos enterrados en la nieve y el hielo acumulados.
3) Los vehículos sin permiso para ingresar a la Zona pueden acercarse a la costa del cabo Evans en la bahía South o la bahía North, donde pueden estacionarse en el hielo marino, y no deben llevarse a tierra (mapa 1).

Acceso y sobrevuelo de aeronaves

Teniendo en cuenta los valores históricos, las aeronaves dentro y cerca de la Zona operarán en estricto cumplimiento de las condiciones siguientes:

1) Se prohíbe el aterrizaje de helicópteros dentro de la Zona. Los aterrizajes de helicópteros provocan la corriente del rotor, lo que puede dañar los elementos históricos;
2) Se prohíbe el sobrevuelo de la Zona en aeronaves pilotadas por debajo de 610 m (unos 2.000 pies) sobre el nivel del suelo, salvo si se cuenta con un permiso expedido por una autoridad nacional competente.
3) Los helicópteros deben aterrizar fuera de la Zona en el lugar de aterrizaje principal (77° 38,32' S, 166° 24,45' E) (mapa 1), aproximadamente 50 m al sur de las cabañas de refugio de Nueva Zelandia. Existe un lugar de aterrizaje secundario a 77° 38,11' S, 166° 25,22' E, unos 110 m al noreste de la cabaña *Terra Nova* de Scott y aproximadamente 30 m más allá del límite noreste de la Zona (mapas 1 y 2). El lugar secundario de aterrizaje de helicópteros debe utilizarse únicamente con fines de apoyo a la conservación y la gestión.
4) Se prohíben el sobrevuelo de los Sistemas de Aeronaves Dirigidas por Control Remoto (RPAS) por debajo de los 610 m (2000 pies) y su aterrizaje al interior de la Zona, salvo que se haga de conformidad con un permiso emitido por una autoridad nacional competente; El uso de RPAS en el interior de la Zona debe ajustarse a las Directrices Medioambientales para la Operación de Sistemas de Aeronaves Dirigidas por Control Remoto (RPAS) en la Antártida (Resolución 4, 2018).

Límites al número de personas permitidas dentro de la Zona

Es necesario controlar el número y la circulación de personas dentro de la Zona, tanto en un momento dado como de forma acumulativa a lo largo del tiempo, para minimizar los daños y el deterioro provocados por:

a) el tráfico peatonal físico de visitantes a través de las características vulnerables de la Zona y, en particular, dentro de la cabaña *Terra Nova* de Scott;
b) los cambios cuantificables en las condiciones ambientales (es decir, temperatura y humedad) dentro de la cabaña *Terra Nova* de Scott.

- El número máximo de personas que podrán estar en la Zona al mismo tiempo (incluidos los guías y las personas que estén dentro de la cabaña) será de: **40 personas.**
- El número máximo de personas que podrán estar dentro de la cabaña simultáneamente (incluidos los guías) será de: **8 personas.**
- El número máximo anual de visitantes a la Zona se limitará a: **2 000 personas.**
- Los efectos de los niveles de visitantes observados sugieren que superar los umbrales máximos especificados anteriormente podría causar efectos adversos significativos.

- Estos límites se han fijado teniendo en cuenta el número actual de visitantes y el mejor asesoramiento disponible de organismos consultores sobre conservación (que incluyen conservadores, arqueólogos, historiadores, museólogos y otros profesionales especializados en la protección del patrimonio). Los límites establecidos se reconsiderarán en cada revisión del plan de gestión, momento en que se podrán ajustar sobre la base de los efectos observados en el sitio.
- Todas las visitas educativas, de divulgación y recreativas (incluido el turismo) deben estar supervisadas por un guía formado nombrado por el operador (véase la Sección 7(x)). Es necesario efectuar una supervisión adecuada de las visitas en la Zona para evitar los daños ocasionados por la aglomeración de gente y por actos incompatibles con el Código de Conducta de la Sección 7(iii).

7(iii) Actividades que pueden llevarse a cabo dentro de la Zona

- Visitas con fines de conservación o gestión;
- Visitas educativas, de divulgación y/o recreativas, incluido el turismo.
- Actividad científica que no reste ni dañe los valores de la Zona.

Los visitantes deberán cumplir el siguiente Código de Conducta Obligatorio en las visitas al sitio, salvo cuando las actividades de conservación, investigación, seguimiento o gestión especificadas en el permiso requieran otra cosa.

Código de Conducta Obligatorio

- Está terminantemente prohibido fumar o utilizar llamas descubiertas en la cabaña *Terra Nova* de Scott o sus alrededores, ya que el fuego representa un grave riesgo.
- Existen materiales peligrosos en el lugar, tales como amianto, sustancias químicas, moho, etc. Evite manipular cualquier objeto que se encuentre dentro de la zona protegida y las cabañas.
- Limpie a fondo la arena, la suciedad, el guano, el hielo y la nieve de las botas con los cepillos provistos antes de ingresar a la cabaña *Terra Nova* de Scott para reducir la abrasión del piso. Se recomienda que los grupos más grandes coloquen la lona que se proporciona fuera para mantener limpios el calzado y los artículos personales mientras esperan para entrar en el edificio.
- Es necesario quitarse la ropa mojada con agua salada y los cristales de hielo marino de las botas, ya que las partículas de sal aceleran la corrosión de los objetos metálicos.
- Está prohibido tocar, mover o sentarse sobre ningún objeto o mueble de las cabañas, ya que los artefactos se dañan con la manipulación.
- Se debe evitar llevar bolsas o mochilas en el interior, ya que el espacio es reducido y se pueden chocar accidentalmente con los artefactos; asimismo, se debe evitar el uso de brazos extensibles para fotos «selfies», así como el uso de trípodes y monopiés, cuando dentro de la cabaña se haya alcanzado el número máximo de visitantes (8) a la vez.
- Se deben utilizar únicamente trípodes o monopiés con bases de goma de fondo plano en lugar de los de puntas de metal, ya que estos pueden dañar el suelo de la cabaña.
- Al circular por el lugar, se debe poner especial cuidado para no pisar artefactos que puedan ser difíciles de ver.
- Se debe dejar constancia de las visitas en el correspondiente libro de registro de visitantes. Esto permite correlacionar los datos sobre las horas y el número de visitantes con los datos de temperatura y humedad registrados automáticamente dentro de la cabaña.

7(iv) Instalación, modificación o desmantelamiento de estructuras/equipos

- No se alterarán las estructuras existentes, ni se erigirán nuevas estructuras en la Zona, ni se instalará equipo científico, excepto cuando se autorice mediante un permiso con fines de conservación, educativos o científicos que no menoscaben ni dañen los valores de la Zona según lo especificado en la Sección 1.
- Los artículos históricos no se retirarán de la Zona, a menos que se especifique en un permiso expedido de conformidad con las disposiciones de la sección 7(viii).

7(v) Ubicación de los campamentos

- Ni la cabaña *Terra Nova* de Scott ni otras cabañas dentro de la Zona pueden utilizarse con fines de alojamiento.
- Se prohíben los campamentos dentro de la Zona.
- Se permite acampar en la ubicación de los dos refugios de campo de Nueva Zelandia ubicados unos 250 m al suroeste de la Zona, que es el lugar preferido para acampar (mapa 1). Existe un campamento alternativo a unos 30 m al norte de la Zona, cerca del lugar de aterrizaje de helicópteros secundario situado en las proximidades de la playa Home (mapas 1 y 2).

7(vi) Restricciones relativas a los materiales y organismos que pueden introducirse en la Zona

Además de los requisitos del Protocolo al Tratado Antártico sobre Protección del Medio Ambiente, se establecen las restricciones siguientes en cuanto a los materiales y organismos que pueden introducirse en la Zona:

- Se prohíbe la introducción deliberada de animales, material vegetal, microorganismos o suelos en la Zona.
- Los visitantes tomarán precauciones para evitar la introducción accidental de animales, material vegetal, microorganismos y tierras. Para ello, deberán asegurarse de que el equipo que traigan a la Zona esté limpio. En la medida de lo posible, el calzado y otros equipos que se utilicen en la Zona o se transporten a ella (incluidas las mochilas, bolsas de mano y otros equipos) deben limpiarse a fondo antes de entrar en la Zona.
- No se consumirán alimentos dentro de la Zona.
- No se introducirán ni almacenarán combustibles, alimentos, productos químicos y otros materiales dentro de la Zona, a menos que se autorice específicamente mediante un permiso para fines esenciales relacionados con la conservación de las estructuras históricas o las reliquias asociadas, y se almacenarán y manipularán de forma que se reduzca al mínimo el riesgo de su introducción accidental en el medio ambiente.
- Cualquier material que se introduzca podrá permanecer solamente por un período expreso, y deberá ser retirado a más tardar cuando concluya dicho período.
- Está permitida la introducción de materiales con fines de conservación del patrimonio y su incorporación a los valores de la Zona, a cargo de partes que cuenten con conocimientos técnicos adecuados en materia de conservación del patrimonio y que hayan determinado que los materiales introducidos están en consonancia con los objetivos y metas del plan de gestión y con el plan general de conservación existente en el sitio.
- Si se produce alguna fuga o vertido que pueda suponer un riesgo para los valores de la Zona, se recomienda extraer el material únicamente si es improbable que el efecto de dicha retirada sea mayor que el de dejar el material in situ.

7(vii) Recolección de flora y fauna autóctonas o intromisión perjudicial en estas

Se prohíbe la recolección de la flora y la fauna autóctonas y la intromisión perjudicial en estas, salvo si lo autoriza un permiso expedido conforme al Artículo 3 del Anexo II del Protocolo al Tratado Antártico sobre Protección del Medio Ambiente. En caso de recolección de la fauna o intromisión perjudicial en ella, se deberá efectuar, como norma mínima, de conformidad con el Código de Conducta del SCAR para el Uso de Animales con Fines Científicos en la Antártida.

7(viii) Recolección de cualquier elemento que el titular del permiso no haya llevado a la Zona

1) Se podrá recolectar y retirar material de la Zona por motivos científicos o de conservación que sean compatibles con los objetivos del presente plan de gestión, únicamente cuando así se especifique en un permiso expedido por una autoridad nacional competente.

2) Los materiales que representen una amenaza para los valores históricos de la Zona, el medio ambiente o la salud humana podrán retirarse de la Zona para su eliminación de conformidad con un permiso cuando cumplan uno o más de los criterios siguientes:
    i. el artefacto supone una amenaza para los valores históricos, el medio ambiente, la fauna y flora silvestres o la salud y seguridad humanas;
    ii. el artefacto se encuentra en tan mal estado que no es posible conservarlo;
    iii. no contribuye de manera significativa a la comprensión de la cabaña, sus ocupantes, otros artefactos o la historia de la Antártida;
    iv. el artefacto no realza ni resta valor a las cualidades visuales del sitio o la cabaña; y/o
    v. no es un objeto singular o poco común;

y siempre y cuando tal acción:

vi. la lleven a cabo personas con conocimientos técnicos adecuados en materia de conservación del patrimonio; y
vii. forme parte de un plan general de trabajos de conservación en el sitio.

3) Las autoridades nacionales deberán cerciorarse de que la retirada de artefactos y la aplicación de los criterios precedentes sean efectuados por personal con conocimientos técnicos apropiados en materia de conservación del patrimonio.
4) Los artefactos que se considere que poseen un gran valor histórico y que no puedan conservarse in situ con las técnicas actuales podrán retirarse de conformidad con el permiso correspondiente, a fin de almacenarlos en un entorno controlado hasta que puedan devolverse sin peligro a la Zona. La devolución debería constituir el resultado deseado, a menos que exista un alto riesgo de que la devolución pueda dañar o destruir la integridad del artefacto o los artefactos.
5) Se podrán tomar muestras de tierra y otros materiales naturales con fines científicos exclusivamente de conformidad con un permiso expedido por una autoridad nacional competente.

7(ix) Eliminación de residuos

Deberán retirarse de la Zona todos los residuos humanos, las aguas grises y demás desechos generados por cuadrillas de trabajo o visitantes.

7(x) Medidas que pueden ser necesarias para continuar cumpliendo con los objetivos del Plan de Gestión

- Se deberá informar a todos los visitantes sobre los requisitos de este Plan de Gestión.
- Todos los visitantes deberán cumplir el código de conducta de la sección 7(ii) excepto cuando se requiera otra cosa con fines de conservación, investigación, vigilancia o gestión.
- Los operadores que faciliten visitas educativas, de divulgación y recreativas (incluido el turismo) a la Zona deberán, antes del comienzo de la temporada de verano, nombrar a personas con conocimientos prácticos tanto del sitio como de este plan de gestión para que actúen como guías durante las visitas y proporcionen la formación adecuada para asegurarse de que sean capaces de cumplir con sus funciones.
- Todas las visitas educativas, de divulgación y recreativas, incluido el turismo, serán supervisadas por un guía designado, que será responsable de informar a los visitantes sobre el Código de conducta y los requisitos de este plan de gestión y de garantizar su pleno cumplimiento. Los guías deberán supervisar activamente la actividad de los visitantes dentro de la Zona, y en particular dentro de la cabaña *Terra Nova*, y adoptar medidas correctivas ante cualquier incumplimiento potencial o real del plan de gestión y del Código de conducta.

7(xi) Requisitos relativos a los informes

- El titular principal del permiso expedido para cada visita a la Zona debe presentar un informe ante la autoridad nacional competente una vez concluida la visita, de conformidad con los procedimientos nacionales y las condiciones para la expedición de permisos.

- Dichos informes deben incluir, según corresponda, la información identificada en el formulario de informe de visita recomendado, que figura en la Guía para la Preparación de Planes de Gestión para las Zonas Antárticas Especialmente Protegidas (Resolución 2 [2011]). La autoridad nacional también deberá enviar una copia del informe de visitas y una confirmación del número de visitantes del sitio a la Parte que haya propuesto el plan de gestión, a fin de contribuir a la administración de la Zona y a la revisión del Plan de Gestión.
- Se deberá detallar cualquier retirada de materiales de conformidad con la sección 7(vii), indicando el motivo de la retirada y la ubicación actual de los objetos o la fecha de su eliminación. También se informará sobre cualquier devolución de dichos artículos a la Zona.
- Las Partes deberían, en la medida de lo posible, depositar los originales o las copias de los informes de visitas originales en un archivo de acceso público para mantener un registro de su uso, con el fin de llevar a cabo cualquier revisión del Plan de Gestión y organizar el uso científico de la Zona.
- Se deberá notificar a la autoridad pertinente cualquier actividad o medida que se lleve a cabo, así como cualquier material liberado en la Zona y sin retirar que no esté incluido en el permiso autorizado.

8. Documentación de apoyo

Antarctic Heritage Trust 2018. *Antarctic historic huts of the Ross Sea region.* NZ Antarctic Heritage Trust, Christchurch.

Antarctic Treaty Parties. Guidelines for handling of pre-1958 historic remains whose existence or present location is not known. Resolution 5 (2001).

Antarctic Treaty Parties. Guidelines for the designation and protection of Historic Sites and Monuments. Resolution 3 (2009)

Antarctic Treaty Parties. Guidelines for the assessment and management of heritage in Antarctica. Resolution 2 (2018).

Cherry-Garrard, A. 1922. The worst journey in the world: Antarctic 1910-13. Penguin Books, London.

Lista de coordenadas de límites

Esquina suroeste: 77º 38' 15,47" S, 166º 25' 9,48" E.

Esquina occidental: 77º 38' 11,50" S, 166º 24' 49,47" E.

Esquina noroeste: 77º 38' 7,5" S, 166º 25' 9,1" E.

Esquina nordeste: 77º 38' 9,37" S, 166º 25' 35,74" E.

Esquina sureste: 77º 38' 15,6" S, 166º 25' 35,68" E.

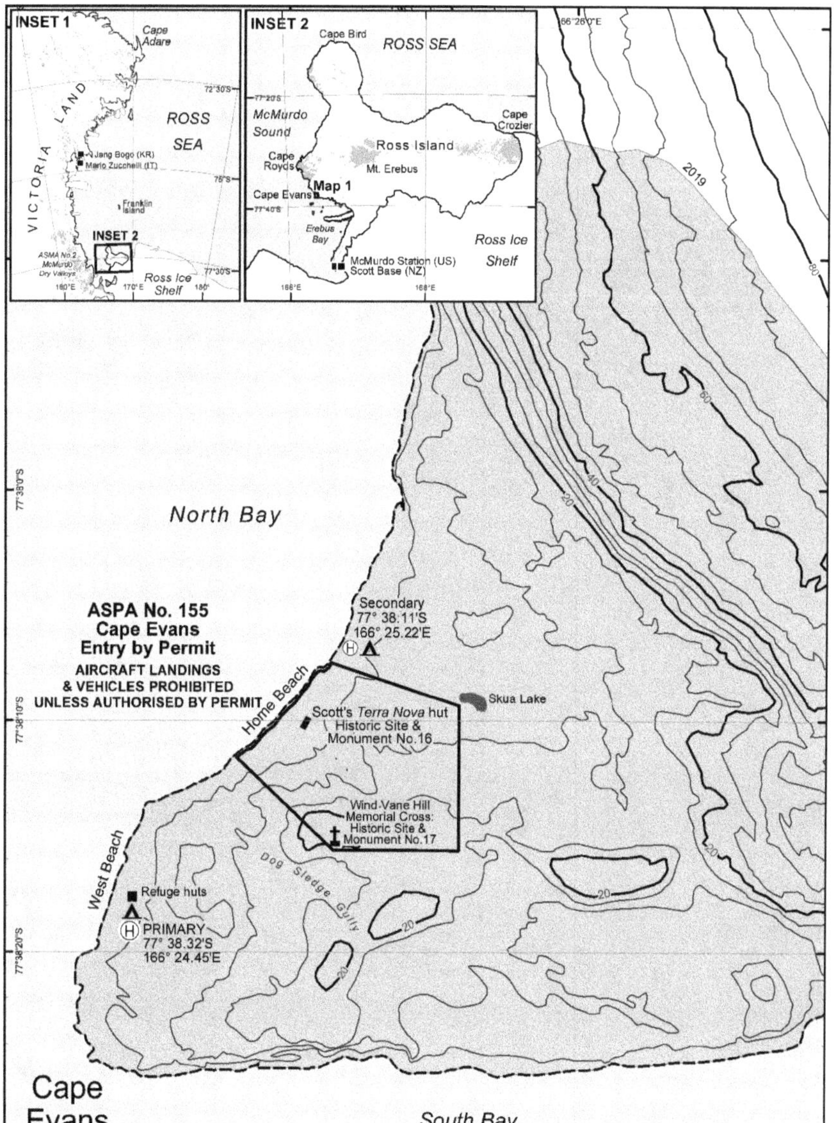

Map 1: ASPA No. 155 Cape Evans - topography

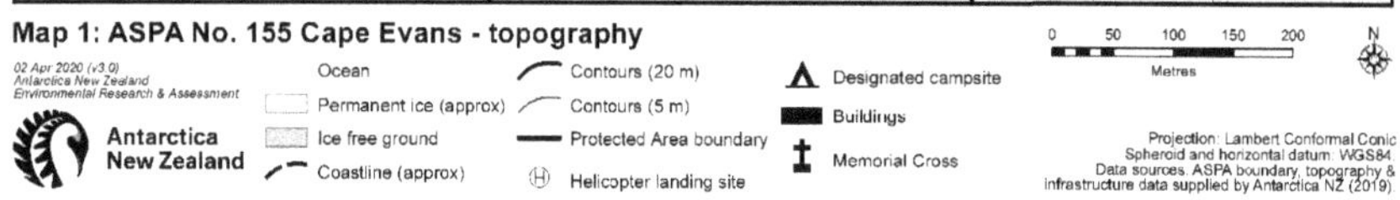

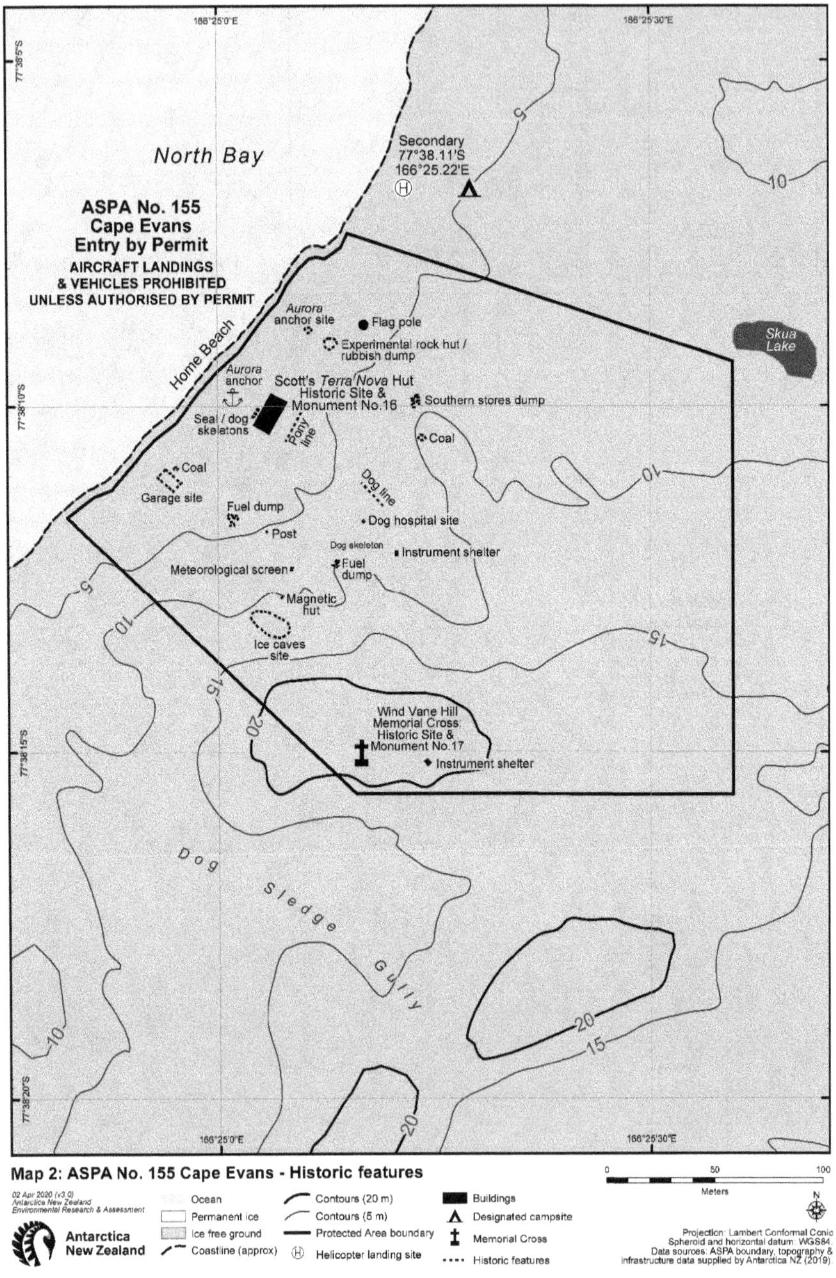

Map 2: ASPA No. 155 Cape Evans - Historic features

Plan de Gestión para la

Zona Antártica Especialmente Protegida n.º 157

BAHÍA BACKDOOR, CABO ROYDS, ISLA DE ROSS

(incluido el Sitio y Monumento Histórico n.º 15, la histórica cabaña Nimrod de sir Ernest Shackleton y sus recintos)

Introducción

La Zona está ubicada en la bahía Backdoor, cabo Royds, isla de Ross. Cubre una superficie de unas 4 ha centrada en 166° 10' 16" E, 77° 33' 11" S. Fue designada originalmente por sus importantes valores históricos asociados a la cabaña construida por la expedición británica a la Antártida (*Nimrod)* de 1907-1909 encabezada por sir Ernest Shackleton, que fue catalogada como Sitio y Monumento Histórico n.º 15 en la Recomendación 9 (1972). La zona fue designada como Zona Especialmente Protegida n.º 27 en la Medida 1 (1998), y después fue renombrada y renumerada como Zona Antártica Especialmente Protegida (ZAEP) n.º 157 en la Decisión 1 (2002). Las revisiones del plan de gestión se aprobaron de conformidad con la Medida 1 (2002), la Medida 2 (2005), la Medida 9 (2010) y la Medida 12 (2015).

1. Descripción de los valores que requieren protección

La cabaña (Sitio y Monumento Histórico (SMH) n.º 15) en la que se centra la Zona fue construida en el cabo Royds (mapas 1 y 2) en febrero de 1908 por la expedición británica a la Antártida (*Nimrod)* de 1907-1909 encabezada por sir Ernest Shackleton. También fue utilizada periódicamente por el Grupo del Mar de Ross durante la expedición transantártica imperial de sir Ernest Shackleton de 1914-17.

Entre las estructuras relacionadas con la cabaña se encuentran establos, caniles, una letrina y un garaje construido para el primer vehículo motorizado que se llevó a la Antártida. Otras importantes reliquias de la Zona son un cobertizo para instrumentos, depósitos de suministros y un vertedero de basura. Hay muchos más artefactos dispersos en la Zona.

El cabo Royds es uno de los lugares principales de las primeras actividades humanas en la Antártida. Es un importante símbolo de la «Edad Heroica» de la exploración antártica y, como tal, tiene una notable trascendencia histórica. Algunos de los primeros avances en el estudio de las ciencias de la Tierra, meteorología, y estudios sobre la flora y la fauna de la Antártida están asociados a la expedición *Nimrod*, que instaló su base en este sitio. La historia de estas actividades y su contribución a la comprensión y el conocimiento de la Antártida otorgan a esta Zona un significativo valor científico, estético e histórico.

El cabo Royds se encuentra en el Dominio S (McMurdo - Geológico de Tierra de Victoria Meridional), según el Análisis de Dominios Ambientales para la Antártida (Resolución 3 [2008]), y en la Región 9 (Tierra de Victoria Meridional), conforme a las Regiones Biogeográficas de Conservación Antártica (Resolución 6 [2012]).

2. Finalidades y objetivos

La finalidad del presente Plan de Gestión es proteger la Zona y sus características a fin de preservar sus valores. Los objetivos del Plan de Gestión son los siguientes:

- evitar la degradación de los valores de la Zona y su exposición a riesgos considerables;
- mantener los valores históricos de la Zona mediante un trabajo planificado de conservación que podría incluir:

a. un programa anual de mantenimiento *in situ*;
b. un programa de vigilancia del estado de los artefactos y las estructuras, así como de los factores que los afectan;
c. un programa de conservación de sitios, edificios y artefactos, que puede tener lugar dentro o fuera del sitio;
d. la preparación de mapas y otra documentación que registre la disposición de objetos históricos en los alrededores de la cabaña, y
e. la documentación de otros datos históricos pertinentes;

- reducir al mínimo la perturbación por actividades humanas en la Zona, sus características y artefactos, permitiendo al mismo tiempo el acceso administrado a la cabaña *Nimrod* de Shackleton y a otras partes de la Zona;
- permitir visitas con fines de gestión para cumplir los objetivos del Plan de Gestión.

3. Actividades de gestión

Se deberán emprender las siguientes actividades de gestión en aras de proteger los valores de la Zona:

- En todas las estaciones científicas permanentes ubicadas en la isla de Ross, se colocarán, en un lugar destacado, avisos que muestren la ubicación de la Zona (que indiquen las restricciones especiales que se aplican) y se mantendrá disponible una copia del presente plan de gestión.
- Se proporcionarán copias de este plan de gestión al titular principal del permiso de todos los grupos que visiten la Zona y/o al líder de cualquier grupo que opere en las inmediaciones del cabo Royds.
- Los Programas Antárticos Nacionales adoptarán las medidas necesarias para garantizar que los límites de la Zona y las restricciones que se aplican dentro de ella estén marcados en los mapas y cartas náuticas o aeronáuticas pertinentes.
- El personal (personal de programas nacionales, expediciones sobre el terreno, jefes de expediciones turísticas y pilotos) que opere en las inmediaciones de la Zona, que acceda a ella o la sobrevuele recibirá instrucciones específicas de su programa nacional, el operador turístico o la autoridad nacional correspondiente para que observe las disposiciones y el contenido el plan de gestión, incluida la ubicación, los límites y las restricciones que se aplican al acceso y los desembarcos dentro de la Zona.
- Los señalizadores o letreros erigidos dentro de la Zona, en las proximidades de sus límites o en instalaciones cercanas deberán estar asegurados y mantenidos en buenas condiciones, y retirarse cuando ya no sean necesarios.
- Se llevará a cabo un programa periódico de conservación de la cabaña *Nimrod* de Shackleton y los artefactos conexos dentro de la Zona.
- Se llevará a cabo un seguimiento sistemático para evaluar los efectos de las visitas y los resultados. Asimismo, en las revisiones del presente Plan de Gestión se incluirá cualquier recomendación referente a las limitaciones del número de visitantes permitidos en un período dado.
- Los Programas Antárticos Nacionales interesados y los grupos y organizaciones pertinentes deben consultarse y coordinarse entre sí para garantizar:
    a) que se desarrollen y desplieguen las capacidades y los recursos, particularmente los relacionados con técnicas de conservación, para ayudar a proteger los valores históricos de la Zona;
    b) no se superen los límites definidos en el número de visitantes, y
    c) se implementen las actividades de gestión antedichas.

4. Período de designación

Designado por tiempo indefinido.

5. Mapas

Mapa 1: ZAEP n.º 157, bahía Backdoor: vista general.

Proyección: Cónica conforme de Lambert; paralelos de referencia: Primero 77° 33' 10" S, segundo 77° 33' 30" S: meridiano central: 166° 10' 00" E; latitud de origen: 78° 00' 00" S: Esferoide: WGS84.

Fuentes de datos: El mapa base y las curvas de nivel están derivados de una ortofotografía mediante imágenes aéreas adquiridas por USGS/DoSLI (SN7847) el 16 de noviembre de 1993, elaborada con una escala de 1:2500, con una exactitud posicional de ±1,25 m (horizontal) y ±2,5 m (vertical) y una resolución espacial de 0,4 m. Poste de límites: UNAVCO (enero de 2014). Límite de la ZAEP: ERA (enero de 2014). Señalizadores de recuento: LINZ (2011). Miradores y EMA (aprox.): ERA (enero de 2014). Zona aproximada de anidación de pingüinos, digitalizada a partir de imágenes aéreas con referencias geográficas, adquiridas el 19 enero de 2005 y proporcionadas por P. Lyver, nota personal de 2014, actualizado por D. Ainley, nota personal de 2019. Las curvas de nivel (intervalo 10 metros) y otras infraestructuras fueron proporcionados por Gateway Antarctica (2009).

Recuadro 1: Región del mar de Ross, que muestra la ubicación del recuadro 2.

Recuadro 2: Región de la isla de Ross, que muestra la ubicación del mapa 1, el cabo Royds y la estación McMurdo (EE. UU.) y la base Scott (Nueva Zelandia).

Mapa 2: ZAEP n.º 157, bahía Backdoor: acceso aéreo.

Mapa 3: ZAEP n.º 157, bahía Backdoor: topografía. Especificaciones cartográficas iguales a las del mapa 1, excepto que el intervalo de las curvas de nivel es de 2 m.

6. Descripción de la Zona

6(i) Coordenadas geográficas, indicadores de límites y características naturales

Descripción general

El cabo Royds es una zona sin hielo ubicada en el extremo occidental de la isla de Ross, a unos 40 km al sur del cabo Bird y 35 km al norte de la península de Punta Hut. El área libre de hielo consiste en un lecho de roca de basalto cubierto de morrenas de fondo. La Zona designada está situada al nordeste del cabo Royds, junto a la bahía Backdoor. Está justo al este de la ZAEP n.º 121, que alberga una colonia de pingüinos Adelia. La cabaña de la expedición *Nimrod* de Shackleton se encuentra a unos 30 m del límite occidental de la Zona.

En las proximidades de la Zona anidan págalos antárticos (*Catharacta maccormicki*) y con frecuencia transitan por la Zona pingüinos Adelia (*Pygoscelis adeliae*) de la colonia contigua del cabo Royds.

Límites

Los límites este y sur se componen del borde de la costa este del cabo Royds, desde un punto sin marcar en la bahía Backdoor (77° 33' 07,5" S, 166° 10' 32,6" E) hasta un punto sin marcar en la bahía Arrival (77° 33' 15,8" S, 166° 10' 06,6" E).

El límite occidental sigue el límite de la ZAEP 121 desde la costa de la bahía Arrival (77° 33' 15,8" S, 166° 10' 06,6" E) 18 m al noroeste, hasta un poste de límites en el extremo sur de la zona de observación de pingüinos (77° 33′ 15,2" S, 166° 10′ 05,7" E), 74 m más hasta un poste de límites (77° 33' 12,9" S, 166° 10' 01,9" E) en el extremo norte de la zona de observación de pingüinos, y otros 42 m hasta un poste de límites (77° 33' 11,8" S, 166° 09' 59,0" E) al este del lago Pony.

El límite se extiende a continuación hacia el noroeste desde el poste de límites situado al este del lago Pony (77° 33' 11,8" S, 166° 09' 59,0" E) a lo largo de una hondonada que conduce a un punto sin marcar (77° 33' 07,5" S, 166° 10' 12,9" E) adyacente a la cabaña de refugio de Nueva Zelandia.

El límite norte se extiende hacia el este desde el refugio de Nueva Zelandia (desde el punto sin marcar en 77° 33' 07,5" S) hasta la costa de la bahía Backdoor (77° 33' 07,5" S, 166° 10' 32,6" E).

Actividad humana

Se ha llevado a cabo un programa de conservación periódico y plurianual en la cabaña *Nimrod* de Shackleton a cargo de Nueva Zelandia desde la década de 1950. La organización no gubernamental con sede en Nueva Zelandia Antarctic Heritage Trust se ha encargado de la conservación de la cabaña *Nimrod* de Shackleton y de los artefactos conexos a lo largo de más de 30 años, en coordinación con los Programas Antárticos Nacionales que operan en la región.

El personal del programa nacional de la cercana estación McMurdo (EE. UU.) y la base Scott (Nueva Zelandia), además de grupos de turistas, visitan regularmente la cabaña *Nimrod* de Shackleton y sus alrededores. El número de visitantes puede fluctuar dependiendo de diversos factores, entre ellos el hielo marino y las condiciones climáticas, la logística disponible y el número de operadores turísticos en funcionamiento ese año.

6(ii) Acceso a la Zona

Se puede acceder a la Zona viajando primero a lugares adyacentes (pero fuera de los límites de la Zona) en helicóptero, vehículo, embarcación pequeña o a pie. Todos los accesos a la Zona y los desplazamientos dentro de ella deben efectuarse a pie. Se han designado rutas particulares para acceder a la Zona. Las condiciones específicas para el acceso de peatones, vehículos, pequeñas embarcaciones y aeronaves se establecen en la Sección 7(ii).

6(iii) Ubicación de estructuras dentro de la Zona o en zonas adyacentes

Una de las principales características de la Zona es la cabaña *Nimrod* de la expedición encabezada por Shackleton. Dicha cabaña se ubica en una cuenca protegida cerca del límite occidental a 77° 33' 10,68" S, 166° 10' 6,37" E. La cabaña está rodeada de muchas otras reliquias históricas, entre ellas un cobertizo para instrumentos, depósitos de suministros y un vertedero. Hay muchos más artefactos dispersos por el sitio. Todas las estructuras dentro de la Zona son de origen histórico, a excepción de una placa erigida para conmemorar el SMH n.º 15, que se encuentra unos 35 m al este de la cabaña *Nimrod* de Shackleton, a 77° 33' 10,87" S, 166° 10' 12,54" E.

Existe una cabaña de refugio y un campamento de Nueva Zelandia fuera de la Zona, cerca del extremo del límite noroeste de esta (mapa 3).

Las estaciones científicas permanentes más cercanas a la Zona son McMurdo (EE. UU.) y la base Scott (NZ), ubicadas aproximadamente 35 km al sur de la Zona (mapa 1, recuadro 2).

6(iv) Ubicación de las zonas protegidas en las cercanías

Las zonas protegidas cercanas, todas ellas ubicadas en la isla de Ross (mapa 1, recuadro 2), son:

- ZAEP n.º 121, cabo Royds, inmediatamente adyacente a la Zona y designada para proteger la colonia de pingüinos.
- ZAEP n.º 155, cabo Evans, 11 km al sur del cabo Royds.
- ZAEP n.º 158, punta Hut, y ZAEP n.º 122, Alturas de Arrival, en la península Hut Point, aproximadamente 35 km al sur del cabo Royds.

6 (v) Áreas especiales en el interior de la Zona

No hay áreas especiales en el interior de la Zona.

7. Términos y condiciones para los permisos de entrada

7(i) Condiciones generales de los permisos

Se prohíbe el ingreso a la Zona excepto con un permiso expedido por una autoridad nacional pertinente. Una autoridad nacional podrá expedir un permiso que abarque varias visitas en una temporada. Las condiciones para expedir un permiso de ingreso a la Zona son las siguientes:

- las actividades deben estar relacionadas con fines de conservación, investigación y/o vigilancia, o llevarse a cabo por razones esenciales para la gestión de la Zona, o estar relacionadas con la educación, divulgación o recreación, incluido el turismo, siempre que no entren en conflicto con los objetivos del presente Plan de Gestión;
- Las actividades permitidas están en conformidad con el presente Plan de Gestión;
- Las actividades permitidas darán la debida consideración, a través del proceso de evaluación de impacto ambiental, a la protección continua de los valores históricos de la Zona;
- El permiso se debe expedir por un período determinado, y
- El titular del permiso principal, o su representante designado, deberá llevar consigo el permiso, o una copia de este, cuando visite la Zona.

7(ii) Acceso a la Zona y desplazamientos en su interior o sobre ella

El acceso a la Zona se efectuará a pie. Los aterrizajes de vehículos y aeronaves están prohibidos dentro de la Zona.

Acceso a pie a la Zona y desplazamientos en su interior

1) El acceso de peatones a la Zona debe proceder desde el norte de la Zona y seguir el camino o ruta establecida desde los lugares designados para el aterrizaje de helicópteros o desde el lugar designado para el desembarque de pequeñas embarcaciones, en la bahía Backdoor (mapas 1 y 3). El camino o ruta parte de esta ubicación elevada pasando la cabaña de refugio (NZ) y el campamento preferido, desciende unos 100 m por un valle poco profundo paralelo al límite occidental de la Zona hasta llegar al punto de acceso al noreste del lago Pony, aproximadamente a 30 m al noroeste de la cabaña *Nimrod* de Shackleton.
2) Los movimientos dentro de la Zona deberán efectuarse de acuerdo con el Código de Conducta de la Sección 7(iii).
3) El acceso a la cabaña Nimrod de Shackleton debe efectuarse desde la parte delantera del edificio. Se debe tener cuidado al caminar alrededor de la cabaña o en sus proximidades, ya que puede haber artefactos delicados en el suelo, quizás ocultos por una fina capa de nieve, que pueden ser difíciles de ver.
4) Los peatones pueden seguir el camino designado que se extiende hacia el sur más allá de la cabaña *Nimrod* de Shackleton hasta la zona de observación de pingüinos designada que se encuentra en el límite con la ZAEP n.º 121 (mapa 3).
5) El acceso peatonal alternativo a la bahía Backdoor o desde esta se puede efectuar siguiendo el camino designado que se extiende sobre las laderas sur de la colina baja hacia el sureste y por encima de la cabaña *Nimrod* de Shackleton (mapa 3), aproximándose a la punta Derrick y llegando a la costa en la bahía Backdoor unos 100 m al sur del lugar designado para el desembarque de pequeñas embarcaciones.
6) Hay un acceso peatonal alternativo hacia o desde el noroeste de la Zona, en caso de que las condiciones exijan que las embarcaciones de pequeño tamaño desembarquen en la costa de la ensenada McMurdo, al norte de la ZAEP n.º 121 (mapa 1). Se debe acceder a la Zona utilizando el camino designado que se extiende desde la zona de observación de pingüinos situada al norte de la ZAEP n.º 121 (mapa 3).

Acceso para vehículos y pequeñas embarcaciones

1) El acceso para pequeñas embarcaciones (cuando haya mar abierto) o vehículos (cuando existan condiciones seguras de hielo marino) se puede efectuar llegando a la costa en la bahía Backdoor a 77° 33,106' S, 166° 10,59' E, que se encuentra fuera del Zona, y desde allí el acceso se hará a pie siguiendo las rutas designadas (mapas 1 y 3).
2) Existe un lugar de desembarque alternativo para pequeñas embarcaciones en 77° 33,14' S, 166° 09, 35' E en la costa occidental del cabo Royds, unos 100 m al norte del límite norte de la ZAEP n.º 121, cabo Royds.

3) Las embarcaciones de pequeño tamaño pueden permanecer varadas o amarradas en la bahía Backdoor o en el lugar de desembarco alternativo de la costa occidental del cabo Royds, y no se deben introducir en la zona marina de la ZAEP n.º 121 a menos que cuenten con un permiso a tal efecto (mapa 1).
4) En ocasiones, cuando las condiciones del hielo marino dicten que no se pueden utilizar los sitios de desembarque recomendados, se puede acceder a un sitio de acceso alternativo en la bahía Backdoor, unos 100 m al sur. Desde esta ubicación se extiende un sendero designado para caminar: véase el punto 5) anterior sobre el acceso peatonal a la Zona. En la orilla occidental de la costa del cabo Royds se pueden buscar lugares de desembarco alternativos situados más al norte del lugar recomendado indicado en el mapa 1.
5) Los vehículos no deben llevarse a tierra; se estacionarán en el hielo marino en la bahía Backdoor, excepto cuando sea necesario para fines esenciales de gestión. No se introducirán vehículos en la zona marina de la ZAEP n.º 121, ni siquiera cuando haya hielo marino, a menos que estén autorizados por un permiso (mapa 1).

Acceso y sobrevuelo de aeronaves

Teniendo en cuenta los valores históricos y las concentraciones locales de aves reproductoras, las aeronaves dentro y cerca de la Zona operarán en estricto cumplimiento de las condiciones siguientes (consúltese el mapa 2):

1) Se prohíbe el aterrizaje de helicópteros dentro de la Zona. Los aterrizajes de helicópteros provocan la corriente del rotor, lo que puede dañar los elementos históricos;
2) Se prohíbe el sobrevuelo de la Zona en aeronaves pilotadas por debajo de 610 m (unos 2.000 pies) sobre el nivel del suelo, salvo si se cuenta con un permiso expedido por una autoridad nacional competente.
3) Se desaconseja enfáticamente el sobrevuelo/aterrizaje de toda aeronave a menos de ½ milla náutica (930 m, aproximadamente) de la ZAEP n.º 121, salvo con objetivos científicos o de gestión (mapa 2).
4) Los helicópteros deben aterrizar en el sitio de aterrizaje principal (77° 33,06' S, 166° 10,38' E) (mapas 1 a 3) 250 m al noreste de la cabaña *Nimrod* de Shackleton y aproximadamente 125 m al norte de la cabaña de refugio de Nueva Zelandia.
5) En 77° 33,11' S, 166° 10,24' E se encuentra un lugar de desembarque secundario, a aproximadamente 100 m al suroeste del sitio de desembarque principal (mapas 2 y 3), el cual debe evitarse cuando esté ocupado por la colonia de pingüinos (desde el 1 de noviembre hasta el 1 de marzo). Junto al campamento de temporada (EE. UU.), a unos 200 m al norte del sitio de desembarque principal, se halla un lugar de desembarque secundario que puede utilizarse durante todo el año.
6) Se prohíben el sobrevuelo de los Sistemas de Aeronaves Dirigidas por Control Remoto (RPAS) por debajo de los 610 m (2000 pies) y su aterrizaje al interior de la Zona, salvo que se haga de conformidad con un permiso emitido por una autoridad nacional competente; El uso de RPAS en el interior de la Zona debe ajustarse a las Directrices Medioambientales para la Operación de Sistemas de Aeronaves Dirigidas por Control Remoto (RPAS) en la Antártida (Resolución 4, 2018).

Límites al número de personas permitidas dentro de la Zona

Es necesario controlar el número y la circulación de personas dentro de la Zona, tanto en un momento dado como de forma acumulativa a lo largo del tiempo, para minimizar los daños y el deterioro provocados por:

a) el tráfico peatonal físico de visitantes a través de las características vulnerables de la Zona y, en particular, dentro de la cabaña *Nimrod* de Shackleton;
b) los cambios cuantificables en las condiciones ambientales (es decir, temperatura y humedad) dentro de la cabaña *Nimrod* de Shackleton.

- El número máximo de personas que podrán estar en la Zona al mismo tiempo (incluidos los guías y las personas que estén dentro de la cabaña) será de: **40 personas.**
- El número máximo de personas que podrán estar dentro de la cabaña simultáneamente (incluidos los guías) será de: **8 personas.**

- El número máximo anual de visitantes será de: **2 000 personas.**
- Los efectos de los niveles de visitantes observados sugieren que superar los umbrales máximos especificados anteriormente podría causar efectos adversos significativos.
- Estos límites se han fijado teniendo en cuenta el número actual de visitantes y el mejor asesoramiento disponible de organismos consultores sobre conservación (que incluyen conservadores, arqueólogos, historiadores, museólogos y otros profesionales especializados en la protección del patrimonio). Los límites establecidos se reconsiderarán en cada revisión del plan de gestión, momento en que se podrán ajustar sobre la base de los efectos observados en el sitio.
- Todas las visitas educativas, de divulgación y recreativas (incluido el turismo) deben estar supervisadas por un guía formado nombrado por el operador (véase la Sección 7(x)). Es necesario efectuar una supervisión adecuada de las visitas en la Zona para evitar los daños ocasionados por la aglomeración de gente y por actos incompatibles con el Código de Conducta de la Sección 7(iii).

7(iii) Actividades que pueden llevarse a cabo dentro de la Zona

- Visitas con fines de conservación o gestión;
- Visitas educativas, de divulgación y/o recreativas, incluido el turismo.
- Actividad científica que no reste ni dañe los valores de la Zona.

Los visitantes deberán cumplir el siguiente Código de Conducta Obligatorio en las visitas al sitio, salvo cuando las actividades de conservación, investigación, seguimiento o gestión especificadas en el permiso requieran otra cosa.

Código de Conducta Obligatorio

- Está terminantemente prohibido fumar o utilizar llamas descubiertas en la cabaña *Nimrod* de Shackleton o sus alrededores, ya que el fuego representa un grave riesgo.
- Existen materiales peligrosos en el lugar, tales como amianto, sustancias químicas, moho, etc. Evite manipular cualquier objeto que se encuentre dentro de la zona protegida y las cabañas.
- Limpie a fondo la arena, la suciedad, el guano, el hielo y la nieve de las botas con los cepillos provistos antes de ingresar a la cabaña *Nimrod* de Shackleton para reducir la abrasión del suelo. Se recomienda que los grupos más grandes coloquen la lona que se proporciona fuera para mantener limpios el calzado y los artículos personales mientras esperan para entrar en el edificio.
- Es necesario quitarse la ropa mojada con agua salada y los cristales de hielo marino de las botas, ya que las partículas de sal aceleran la corrosión de los objetos metálicos.
- Está prohibido tocar, mover o sentarse sobre ningún objeto o mueble de las cabañas, ya que los artefactos se dañan con la manipulación.
- Se debe evitar llevar bolsas o mochilas en el interior, ya que el espacio es reducido y se pueden chocar accidentalmente con los artefactos; asimismo, se debe evitar el uso de brazos extensibles para fotos «selfies», así como el uso de trípodes y monopiés, cuando dentro de la cabaña se haya alcanzado el número máximo de visitantes (8) a la vez.
- Se deben utilizar únicamente trípodes o monopiés con bases de goma de fondo plano en lugar de los de puntas de metal, ya que estos pueden dañar el suelo de la cabaña.
- Cuando se desplace por el sitio, tenga mucho cuidado de no pisar ningún artefacto que pueda estar oculto.
- Utilice las rutas preferidas para desplazarse a pie.
- Se debe dejar constancia de las visitas en el correspondiente libro de registro de visitantes. Esto permite correlacionar los datos sobre las horas y el número de visitantes con los datos de temperatura y humedad registrados automáticamente dentro de la cabaña.

7(iv) Instalación, modificación o desmantelamiento de estructuras/equipos

- No se alterarán las estructuras existentes, ni se erigirán nuevas estructuras en la Zona, ni se instalará equipo científico, excepto cuando se autorice mediante un permiso con fines de conservación, educativos o científicos que no menoscaben ni dañen los valores de la Zona según lo especificado en la Sección 1.
- Los artículos históricos no se retirarán de la Zona, a menos que se especifique en un permiso expedido de conformidad con las disposiciones de la sección 7(viii).

7(v) Ubicación de los campamentos

- La cabaña *Nimrod* de Shackleton no se utilizará con fines de alojamiento.
- Se prohíben los campamentos dentro de la Zona.
- Se permite acampar en la ubicación del refugio de Nueva Zelandia en el límite noroeste de la Zona (mapa 3).
- A unos 300 m al norte de la Zona se encuentra un campamento de temporada (EE. UU.), que se utiliza para fines de apoyo a la ciencia.
- También se permite acampar en otros sitios cercanos de acuerdo con los procedimientos nacionales, siempre que estén fuera de la Zona.

7(vi) Restricciones relativas a los materiales y organismos que pueden introducirse en la Zona

Además de los requisitos del Protocolo al Tratado Antártico sobre Protección del Medio Ambiente, se establecen las restricciones siguientes en cuanto a los materiales y organismos que pueden introducirse en la Zona:

- Se prohíbe la introducción deliberada de animales, material vegetal, microorganismos o suelos en la Zona.
- Los visitantes tomarán precauciones para evitar la introducción accidental de animales, material vegetal, microorganismos y tierras. Para ello, deberán asegurarse de que el equipo que traigan a la Zona esté limpio. En la medida de lo posible, el calzado y otros equipos que se utilicen en la Zona o se transporten a ella (incluidas las mochilas, bolsas de mano y otros equipos) deben limpiarse a fondo antes de entrar en la Zona.
- No se consumirán alimentos dentro de la Zona.
- No se introducirán ni almacenarán combustibles, alimentos, productos químicos ni otros materiales dentro de la Zona, a menos que se autorice específicamente mediante un permiso para fines esenciales relacionados con la conservación de las estructuras históricas o los artefactos asociados, y se almacenarán y manipularán de forma que se reduzca al mínimo el riesgo de su introducción accidental en el medio ambiente.
- Cualquier material que se introduzca podrá permanecer solamente por un período expreso, y deberá ser retirado a más tardar cuando concluya dicho período.
- Está permitida la introducción de materiales con fines de conservación del patrimonio y su incorporación a los valores de la Zona, a cargo de partes que cuenten con conocimientos técnicos adecuados en materia de conservación del patrimonio y que hayan determinado que los materiales introducidos están en consonancia con los objetivos y metas del plan de gestión y con el plan general de conservación existente en el sitio.
- Si se produce alguna fuga o vertido que pueda suponer un riesgo para los valores de la Zona, se recomienda extraer el material únicamente si es improbable que el efecto de dicha retirada sea mayor que el de dejar el material in situ.

7(vii) Recolección de flora y fauna autóctonas o intromisión perjudicial en estas

Se prohíbe la recolección de la flora y la fauna autóctonas y la intromisión perjudicial en estas, salvo si lo autoriza un permiso expedido conforme al Artículo 3 del Anexo II del Protocolo al Tratado Antártico sobre Protección del Medio Ambiente. En caso de recolección de fauna o intromisión perjudicial hacia esta, debería procederse, como norma mínima, de conformidad con el Código de Conducta del SCAR para el Uso de Animales con Fines Científicos en la Antártida.

7(viii) Recolección de cualquier elemento que el titular del permiso no haya llevado a la Zona

1) Se podrá recolectar y retirar material de la Zona por motivos científicos o de conservación que sean compatibles con los objetivos del presente plan de gestión, únicamente cuando así se especifique en un permiso expedido por una autoridad nacional competente.
2) Los materiales que constituyan una amenaza para los valores históricos de la Zona, el medio ambiente o la salud humana podrán retirarse de la Zona para su eliminación, de conformidad con el correspondiente permiso, en los casos en que se ajusten por lo menos a uno de los siguientes criterios:
    i. el artefacto supone una amenaza para los valores históricos, el medio ambiente, la fauna y flora silvestres o la salud y seguridad humanas;
    ii. el artefacto se encuentra en tan mal estado que no es posible conservarlo;
    iii. no contribuye de manera significativa a la comprensión de la cabaña, sus ocupantes, otros artefactos o la historia de la Antártida;
    iv. el artefacto no realza ni resta valor a las cualidades visuales del sitio o la cabaña;
    v. no es un objeto singular o poco común;

y siempre y cuando tal acción:

    vi. la lleven a cabo personas con conocimientos técnicos adecuados en materia de conservación del patrimonio; y
    vii. forme parte de un plan general de trabajos de conservación en el sitio.

3) Las autoridades nacionales deberán cerciorarse de que la retirada de artefactos y la aplicación de los criterios precedentes sean efectuados por personal con conocimientos técnicos apropiados en materia de conservación del patrimonio.
4) Los artefactos que se considere que poseen un gran valor histórico y que no puedan conservarse in situ con las técnicas actuales podrán retirarse de conformidad con el permiso correspondiente, a fin de almacenarlos en un entorno controlado hasta que puedan devolverse sin peligro a la Zona. La devolución debería constituir el resultado deseado, a menos que exista un alto riesgo de que la devolución pueda dañar o destruir la integridad del artefacto o los artefactos.
5) Se podrán tomar muestras de tierra y otros materiales naturales con fines científicos exclusivamente de conformidad con un permiso expedido por una autoridad nacional competente.

7(ix) Eliminación de residuos

Deberán retirarse de la Zona todos los residuos humanos, las aguas grises y demás desechos generados por cuadrillas de trabajo o visitantes.

7(x) Medidas que pueden ser necesarias para continuar cumpliendo con los objetivos del Plan de Gestión

- Se deberá informar a todos los visitantes sobre los requisitos de este Plan de Gestión.
- Todos los visitantes deberán cumplir el código de conducta de la sección 7(ii) excepto cuando se requiera otra cosa con fines de conservación, investigación, vigilancia o gestión.
- Los operadores que faciliten visitas educativas, de divulgación y recreativas (incluido el turismo) a la Zona deberán, antes del comienzo de la temporada de verano, nombrar a personas con conocimientos prácticos tanto del sitio como de este plan de gestión para que actúen como guías durante las visitas y proporcionen la formación adecuada para asegurarse de que sean capaces de cumplir con sus funciones.
- Todas las visitas educativas, de divulgación y recreativas, incluido el turismo, serán supervisadas por un guía designado, que será responsable de informar a los visitantes sobre el Código de conducta y los requisitos de este plan de gestión y de garantizar su pleno cumplimiento. Los guías deberán supervisar

activamente la actividad de los visitantes dentro de la Zona, y en particular dentro de la cabaña *Nimrod* de Shackleton, y adoptar medidas correctivas ante cualquier incumplimiento potencial o real del plan de gestión y del Código de Conducta.

7(xi) Requisitos relativos a los informes

- El titular principal del permiso expedido para cada visita a la Zona debe presentar un informe ante la autoridad nacional competente una vez concluida la visita, de conformidad con los procedimientos nacionales y las condiciones para la expedición de permisos.
- Dichos informes deben incluir, según corresponda, la información identificada en el formulario de informe de visita recomendado, que figura en la Guía para la Preparación de Planes de Gestión para las Zonas Antárticas Especialmente Protegidas (Resolución 2 [2011]). Si procede, la autoridad nacional también debería enviar una copia del informe de visitas a la Parte que haya propuesto el Plan de Gestión, a fin de contribuir a la administración de la Zona y a la revisión del Plan de Gestión.
- Se deberá detallar en el informe cualquier retirada de materiales de conformidad con la Sección 7(viii), indicando el motivo de la retirada y la ubicación actual de los objetos o la fecha de su eliminación. También se informará a la autoridad nacional correspondiente de cualquier devolución de dichos artículos al sitio.
- Las Partes deberían, en la medida de lo posible, depositar los originales o las copias de los informes de visitas originales en un archivo de acceso público para mantener un registro de su uso, con el fin de llevar a cabo cualquier revisión del Plan de Gestión y organizar el uso científico de la Zona.
- Se deberá notificar a la autoridad pertinente cualquier actividad o medida que se lleve a cabo, así como cualquier material liberado en la Zona y sin retirar que no esté incluido en el permiso autorizado.

8. Documentación de apoyo

Antarctic Heritage Trust 2003. *Conservation Report: Shackleton's Hut British Antarctic Expedition 1907-1909*. NZ Antarctic Heritage Trust, Christchurch.

Antarctic Heritage Trust 2018. *Antarctic historic huts of the Ross Sea region*. NZ Antarctic Heritage Trust, Christchurch.

Antarctic Treaty Parties. Guidelines for handling of pre-1958 historic remains whose existence or present location is not known. Resolution 5 (2001).

Antarctic Treaty Parties. Guidelines for the designation and protection of Historic Sites and Monuments. Resolution 3 (2009).

Antarctic Treaty Parties. Guidelines for the assessment and management of heritage in Antarctica. Resolution 2 (2018).

Lista de coordenadas de límites

Extremo suroeste (bahía de Arrival): 77º 33' 15,8" S, 166º 10' 06,6" E;

Extremo occidental (lago Pony): 77º 33' 11,8" S, 166º 09' 59,0" E;

Extremo noroeste (refugio (NZ)): 77° 33' 07,5" S, 166° 10' 12,9" E;

Extremo noreste (bahía Backdoor): 77º 33' 07,5" S, 166º 10' 32,6" E;

Extremo sureste (punta Derrick): 77º 33' 14,1" S, 166º 10' 22" E.

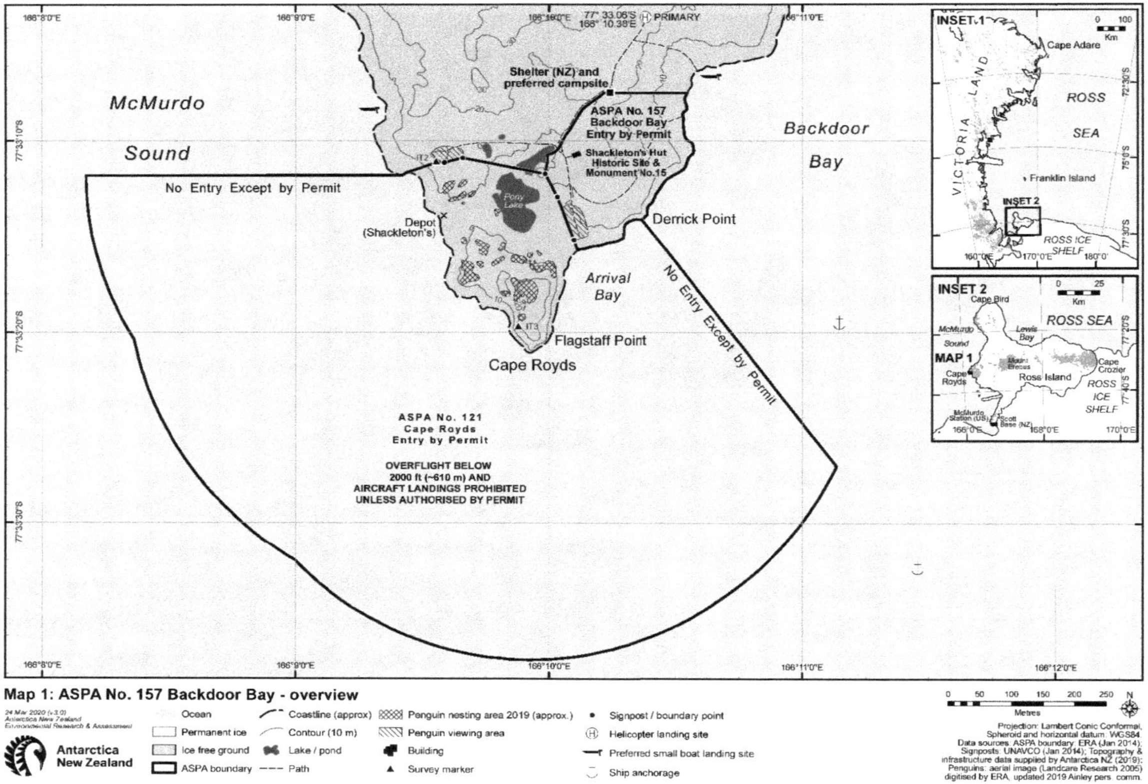

Map 1: ASPA No. 157 Backdoor Bay - overview

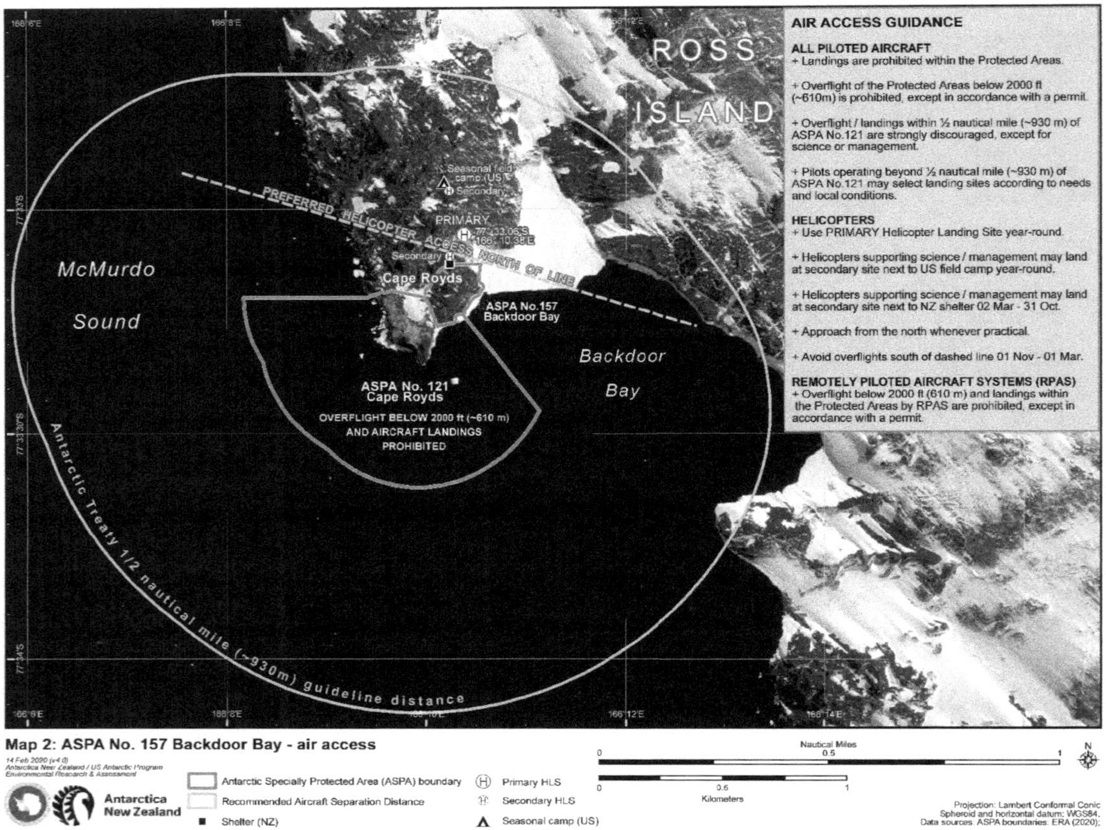

Map 2: ASPA No. 157 Backdoor Bay - air access

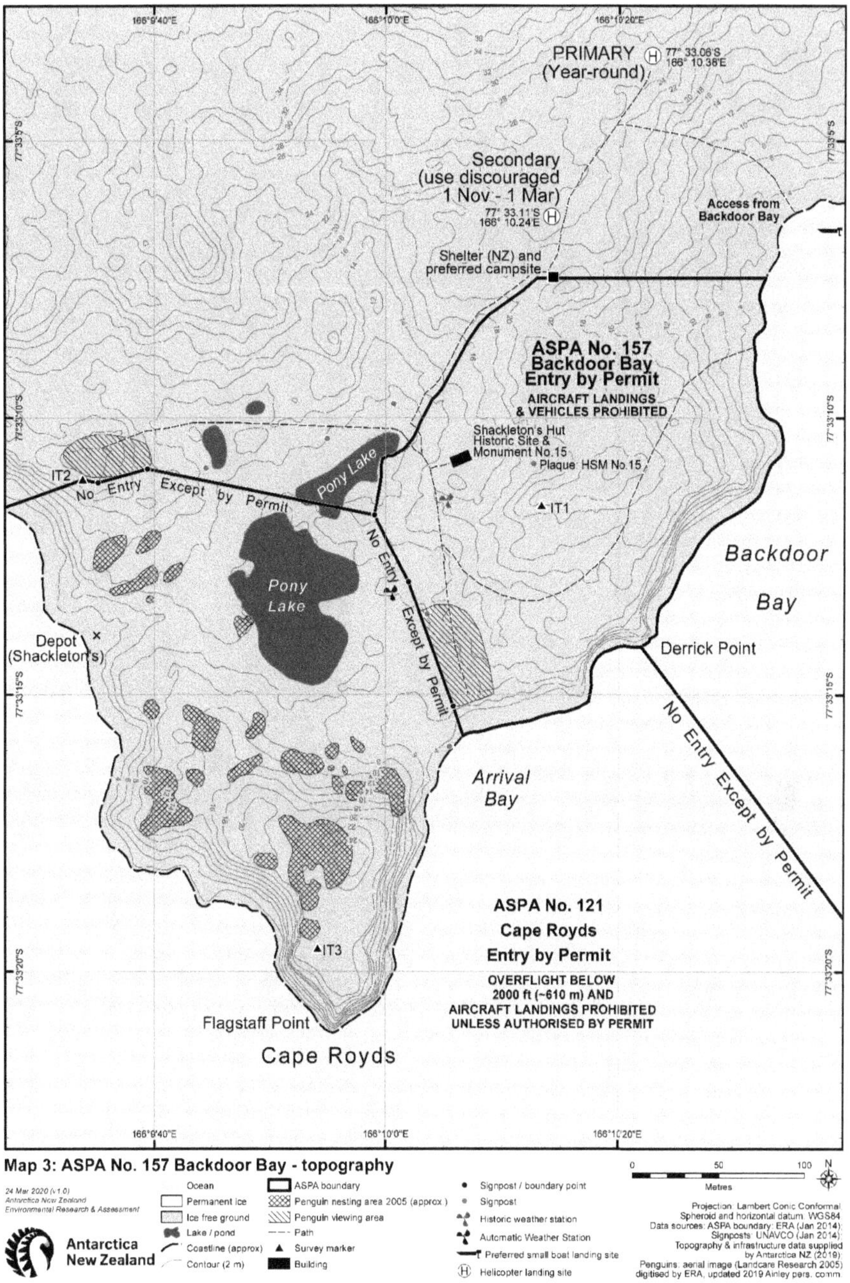

Map 3: ASPA No. 157 Backdoor Bay - topography

Plan de Gestión para la

Zona Antártica Especialmente Protegida n.º 158

PUNTA HUT, ISLA DE ROSS

(incluido el Sitio y Monumento Histórico n.º 18, la histórica cabaña Discovery del capitán Robert Falcon Scott)

Introducción

La zona está situada a unos 500 m al oeste de la estación McMurdo (EE. UU.), en el extremo sur de la punta Hut, península Hut Point, isla de Ross. La Zona fue designada originalmente por los importantes valores históricos de la cabaña construida por la expedición británica a la Antártida (*Discovery)* de 1901-1904, encabezada por el capitán Robert Falcon Scott, catalogada como Sitio y Monumento Histórico n.º 18 mediante la Recomendación VII-9 (1972). La Zona comprende la estructura de la cabaña *Discovery* y los artefactos asociados ubicados a 77° 50' 44,7" S, 166° 38' 30,3" E. Fue designada como Zona Especialmente Protegida n.º 28 en virtud de la Medida 1 (1998) y renombrada y renumerada como Zona Antártica Especialmente Protegida (ZAEP) n.º 158 mediante la Decisión 1 (2002). Las revisiones del Plan de Gestión se adoptaron en la Medida 2 (2005), la Medida 10 (2010) y la Medida 13 (2015).

1. Descripción de los valores que requieren protección

La cabaña fue construida en febrero de 1902 por la expedición nacional británica a la Antártida (*Discovery*)de 1901-1904, comandada por el capitán Robert Falcon Scott, y ha llegado a ser conocida como «cabaña *Discovery*» (Mapa 1). La expedición británica a la Antártida (*Terra Nova)* de 1910-1913, también dirigida por el capitán Scott, la utilizó más tarde como un valioso punto avanzado de parada para los viajes en la «Barrera» (la plataforma de hielo de Ross). La cabaña también fue utilizada por sir Ernest Shackleton durante la expedición británica (*Nimrod*) a la Antártida de 1907-1909 y posteriormente por el Grupo del mar de Ross, que se perdió durante la expedición transantártica imperial de 1914-1917. El edificio fue prefabricado en Australia con un diseño típico del interior de este país, pues contaba con galerías en tres lados. Cualquier artefacto presente en las galerías se incluye dentro de la zona protegida.

El sitio de punta Hut es uno de los lugares principales de las primeras actividades humanas en la Antártida. Es un importante símbolo de la «Edad Heroica» de la exploración antártica y, como tal, tiene una notable trascendencia histórica. Algunos de los primeros avances en el estudio de las ciencias de la tierra, la meteorología, la flora y la fauna de la Antártida están asociados a la expedición *Discovery*, que instaló su base en este sitio. La historia de estas actividades y su contribución a la comprensión y el conocimiento de la Antártida otorgan a esta Zona un significativo valor científico, estético e histórico.

La punta Hut se encuentra en el Dominio S (McMurdo - geológico de Tierra de Victoria Meridional), según el Análisis de Dominios Ambientales para la Antártida (Resolución 3 [2008]), y en la Región 9 (Tierra de Victoria Meridional), conforme a las Regiones Biogeográficas de Conservación Antártica (Resolución 6 [2012]).

2. Finalidades y objetivos

La finalidad del presente Plan de Gestión es proteger la Zona y sus características a fin de preservar sus valores. Los objetivos del Plan de Gestión son los siguientes:

- evitar la degradación de los valores de la Zona y su exposición a riesgos considerables;
- mantener los valores históricos de la Zona mediante un trabajo planificado de conservación que podría incluir:
    a) un programa anual de mantenimiento *in situ*;
    b) un programa de vigilancia del estado de los artefactos y las estructuras, así como de los factores que los afectan;
    c) un programa de conservación de sitios, edificios y artefactos, que puede tener lugar dentro o fuera del sitio;
    d) la preparación de mapas y otra documentación que registre la disposición de objetos históricos en los alrededores de la cabaña, y
    e) la documentación de otros datos históricos pertinentes;
- reducir al mínimo la perturbación por actividades humanas en la Zona, sus características y artefactos, permitiendo al mismo tiempo el acceso administrado a la cabaña *Discovery*;
- permitir visitas con fines de gestión para cumplir los objetivos del Plan de Gestión.

3. Actividades de gestión

Se deberán emprender las siguientes actividades de gestión en aras de proteger los valores de la Zona:

- En todas las estaciones científicas permanentes ubicadas en la isla de Ross, se colocarán, en un lugar destacado, avisos que muestren la ubicación de la Zona (que indiquen las restricciones especiales que se aplican) y se mantendrá disponible una copia del presente plan de gestión.
- Se pondrán a disposición del titular del permiso principal de todos los grupos que visiten la Zona copias de este plan de gestión.
- Los Programas Antárticos Nacionales adoptarán las medidas necesarias para garantizar que los límites de la Zona y las restricciones que se aplican dentro de ella estén marcados en los mapas y cartas náuticas o aeronáuticas pertinentes.
- Los Programas Antárticos Nacionales que operan en las proximidades de la Zona deberán tomar medidas para educar al personal de la estación y del programa sobre los valores del sitio y la necesidad de observar la protección especial que se aplica.
- El personal (personal de programas nacionales, expediciones sobre el terreno, jefes de expediciones turísticas) que acceda a la Zona recibirá instrucciones específicas de su programa nacional, el operador turístico o la autoridad nacional correspondiente para que observe las disposiciones y el contenido el plan de gestión, incluida la ubicación, los límites y las restricciones que se aplican al acceso a la Zona.
- Deben colocarse letreros que marquen la ubicación de la Zona con indicaciones claras sobre las restricciones de entrada, según corresponda, cerca de la Zona y en las instalaciones cercanas para dar a conocer el estado de protección del sitio.
- Los señalizadores o letreros erigidos en las proximidades de la Zona o en las instalaciones cercanas deberán estar asegurados, mantenerse en buenas condiciones y retirarse cuando ya no sean necesarios.
- Se llevará a cabo en la Zona un programa regular de conservación de la cabaña *Discovery* y de los artefactos asociados.
- Se llevará a cabo un seguimiento sistemático para evaluar los efectos de las visitas y los resultados, y en las revisiones del presente plan de gestión se incluirá cualquier recomendación referente a las limitaciones del número de visitantes permitido en un momento o una temporada determinados.
- Los Programas Antárticos Nacionales interesados y los grupos y organizaciones pertinentes deben consultarse y coordinarse entre sí para garantizar:
    a) que se desarrollen y desplieguen las capacidades y los recursos, particularmente los relacionados con técnicas de conservación, para ayudar a proteger los valores históricos de la Zona;

b) no se superen los límites definidos en el número de visitantes, y

c) se implementen las actividades de gestión antedichas.

4. Período de designación

Designado por tiempo indefinido.

5. Mapas

Mapa 1: ZAEP n.º 158, cabaña *Discovery*, punta Hut, isla de Ross.

Mapa principal: ubicación de la Punta Hut en el extremo sur de la península Hut Point, la estación McMurdo (EE. UU.) y la base Scott (NZ), SMH n.º 20, cruz de Scott en la colina Observación y zonas protegidas cercanas.

Proyección: Cónica conforme de Lambert; paralelos de referencia: Primero 77° 45' S, segundo 77° 56' S: meridiano central: 166° 45' E; Latitud de origen: 78° 00' S: Esferoide: WGS84; datum horizontal: Red de control geodésico de la ensenada McMurdo.

Fuentes de datos: El mapa base y las curvas de nivel están derivados de una ortofotografía mediante imágenes aéreas adquiridas por USGS/DoSLI en noviembre de 1993, elaborada con escalas de 1:2.500 y 1:10.000, con una exactitud posicional de ±1 m (horizontal) y ±2 m (vertical) y una resolución espacial de 0,25 m y 1,0 m, respectivamente. Edificios: Mensura de RPSC (febrero de 2009). Otras características derivadas de los estudios de campo de USAP (febrero de 2009) y ERA (noviembre de 2009). Extensión aproximada del hielo permanente digitalizada a partir de una imagen de ortofotografía de Quickbird obtenida el 15 de octubre de 2005 (Imágenes © 2005 Digital Globe). Intervalo de contorno: Mapa principal - 20 m; Recuadro 3 - 2 m.

Recuadro 1: Isla de Ross en el mar de Ross.

Recuadro 2: Estación McMurdo (EE. UU.) y base Scott (NZ) en la isla de Ross.

Recuadro 3: Cabaña *Discovery* (SMH n.º 18) en el extremo sur de la punta Hut y ubicación del SMH n.º 19, cruz de Vince.

6. Descripción de la Zona

6(i) Coordenadas geográficas, indicadores de límites y características naturales

Descripción general

La punta Hut es una pequeña zona sin hielo que sobresale al suroeste de la península de Hut Point y está situada a unos 500 m al oeste de la estación McMurdo (EE. UU.). La Zona designada está formada únicamente por la estructura de la cabaña *Discovery* (y sus artefactos asociados *in situ*) (77° 50' 44,7" S, 166° 38' 30,3" E), ubicada cerca del extremo sudoeste de la punta Hut.

Límites

El límite de la Zona es el cerco (es decir, la huella) del edificio, incluidas las galerías.

Actividad humana

Se ha llevado a cabo un programa de conservación periódico y plurianual en la cabaña *Discovery* a cargo de Nueva Zelandia desde la década de 1950. La organización no gubernamental con sede en Nueva Zelandia Antarctic Heritage Trust se ha encargado de la conservación de la cabaña *Discovery* y de los artefactos conexos a lo largo de más de 30 años en coordinación con los Programas Antárticos Nacionales que operan en la región.

El personal del programa nacional de la cercana estación McMurdo (EE. UU.) y la base Scott (Nueva Zelandia), además de grupos de turistas, visitan regularmente la cabaña *Discovery* y sus alrededores. El número de visitantes puede fluctuar dependiendo de diversos factores, entre ellos el hielo marino y las condiciones climáticas, la logística disponible y el número de operadores turísticos en funcionamiento ese año.

6(ii) Acceso a la Zona

El acceso a la punta Hut se puede efectuar a pie, en vehículo o utilizando una embarcación de pequeño tamaño. El acceso a la Zona se suele efectuar por la carretera desde la estación McMurdo (Mapa 1). La carretera termina aproximadamente 50 m al noreste de la cabaña *Discovery*, donde se han colocado grandes bloques de hormigón para evitar el acceso de vehículos más allá de ese punto. El acceso a la cabaña *Discovery* solo se puede efectuar a pie, o con medidas de acceso adecuadas para personas discapacitadas, según sea necesario. Las condiciones específicas para el acceso de peatones, vehículos, pequeñas embarcaciones y aeronaves se establecen en la sección 7(ii).

6(iii) Ubicación de estructuras dentro de la Zona o en zonas adyacentes

La Zona designada está formada únicamente por la estructura de la cabaña histórica *Discovery* y sus artefactos asociados *in situ* (SMH n.º 18). El Sitio y Monumento Histórico n.º 19, una cruz erigida en febrero de 1904 por la expedición británica nacional a la Antártida de 1901-1904 en memoria de George T. Vince (un miembro de la expedición que falleció cerca de este lugar), está situado unos 75 metros al oeste de la cabaña. El Sitio y Monumento Histórico n.º 20, una cruz erigida en enero de 1913 por la expedición británica a la Antártida de 1910-1913 en memoria del grupo del capitán Robert F. Scott, que pereció en el viaje de regreso desde el Polo Sur en marzo de 1912, se encuentra en la colina Observación, aproximadamente 1,4 km al sureste de la Zona (mapa 1).

Ocasionalmente se colocan instalaciones de apoyo temporal cerca de la cabaña *Discovery* para facilitar los trabajos de conservación.

Las estaciones científicas permanentes más cercanas a la Zona son McMurdo (EE. UU.) y la base Scott (NZ), ubicadas aproximadamente a 500 m y 3 km al este de la Zona, respectivamente (Mapa 1).

6(iv) Ubicación de las zonas protegidas en las cercanías

- La ZAEP n.º 122, Alturas de Arrival, se encuentra a 1,4 km al norte de la punta Hut, en la península de Hut Point (Mapa 1).
- La ZAEP n.º 121, cabo Royds, y la ZAEP n.º 157, bahía Backdoor, cabo Royds, están ubicadas unos 34 km al norte de la punta Hut (Mapa 1, Recuadro 2).
- La ZAEP n.º 155, cabo Evans, se encuentra a unos 24 km al norte de la punta Hut (Mapa 1, Recuadro 2).

6(v) Áreas especiales en el interior de la Zona

No hay áreas especiales en el interior de la Zona.

7. Términos y condiciones para los permisos de entrada

7(i) Condiciones generales de los permisos

Se prohíbe el ingreso a la Zona excepto con un permiso expedido por una autoridad nacional pertinente. Una autoridad nacional podrá expedir un permiso que abarque varias visitas en una temporada. Las condiciones para expedir un permiso de ingreso a la Zona son las siguientes:

- Las actividades tienen fines de conservación, investigación y/o vigilancia, se desempeñan por razones esenciales para la gestión de la Zona, o son actividades educativas, de divulgación o recreativas, incluido el turismo, siempre que no entren en conflicto con los objetivos de este Plan de Gestión;
- Las actividades permitidas están en conformidad con el presente Plan de Gestión;
- Las actividades permitidas darán la debida consideración, a través del proceso de evaluación de impacto ambiental, a la protección continua de los valores históricos de la Zona;
- El permiso se debe expedir por un período determinado, y
- El titular del permiso principal, o su representante designado, deberá llevar consigo el permiso, o una copia de este, cuando visite la Zona.

7(ii) Acceso a la Zona y desplazamientos en su interior o sobre ella

El acceso a la punta Hut se efectuará a pie, en vehículo o utilizando una embarcación de pequeño tamaño. No hay rutas específicas designadas para el acceso a la punta Hut, aunque el acceso generalmente se efectúa a lo largo de la carretera desde la estación McMurdo (EE. UU.) (Mapa 1, Recuadro 3). El acceso a la punta Hut durante las operaciones de reabastecimiento de embarcaciones en la bahía Winter Quarters se coordinará con la dirección de la estación McMurdo.

Acceso a pie a la Zona y desplazamientos en su interior

1) El acceso a la cabaña *Discovery* solo se puede efectuar a pie, o con medidas de acceso adecuadas para personas discapacitadas, según sea necesario (Mapa 1, Recuadro 3).
2) Los movimientos en el interior de la cabaña *Discovery* respetarán el Código de Conducta recogido en la Sección 7(iii).

Acceso de vehículos

1) Los vehículos que se acerquen a la Zona por carretera desde la estación McMurdo (EE. UU.) o la Base Scott (NZ) no deberán avanzar más allá de los grandes bloques de hormigón colocados al final de la carretera, unos 50 m al noreste de la cabaña *Discovery*, a menos que cuenten con un permiso para propósitos esenciales de mantenimiento, conservación o gestión de la Zona o del SMH n.º 19 (Mapa 1, Recuadro 3).

Acceso en lancha

1) Cuando haya mar abierto, se podrá acceder en una embarcación de pequeño tamaño a la estación McMurdo, bahía Winter Quarters, o a la costa de la ensenada McMurdo, unos 100 m al noroeste de la Zona a aproximadamente 77° 50' 42" S, 166° 38' 23" E (Mapa 1, Recuadro 3).

Acceso y sobrevuelo de aeronaves

Podrán operar aeronaves en la Zona observando estrictamente las siguientes condiciones:

1) Se prohíbe el aterrizaje de helicópteros a menos de 100 m de la Zona. Durante el aterrizaje de los helicópteros, la estela del rotor puede causar daños a la cabaña *Discovery*.
2) En la medida de lo posible se debe evitar el sobrevuelo de la Zona en helicóptero.
3) Se prohíben el sobrevuelo de los Sistemas de Aeronaves Dirigidas por Control Remoto (RPAS) por debajo de los 610 m (2000 pies) y su aterrizaje al interior de la Zona, salvo que se haga de conformidad con un permiso emitido por una autoridad nacional competente; El uso de Sistemas de Aeronaves Dirigidas por Control Remoto (RPAS) en las proximidades de la Zona o sobre ella debe ceñirse a las Directrices medioambientales para la operación de sistemas de aeronaves dirigidas por control remoto (RPAS) en la Antártida (Resolución 4 [2018]).

Límites al número de personas permitidas dentro de la Zona

Es necesario controlar el número y la circulación de personas dentro de la Zona, tanto en un momento dado como de forma acumulativa a lo largo del tiempo, para minimizar los daños y el deterioro provocados por:

a) el tráfico peatonal físico de visitantes a través de las características vulnerables de la Zona y, en particular, el hacinamiento de personas en el interior de la cabaña *Discovery*;
b) los cambios cuantificables en las condiciones ambientales (es decir, temperatura y humedad) dentro de la cabaña *Discovery*.

- El número máximo de personas que podrán estar dentro de la cabaña simultáneamente (incluidos los guías) será de: **8 personas**.
- El número máximo anual de visitantes será de: **2 000 personas**.
- Los efectos de los niveles de visitantes observados sugieren que superar los umbrales máximos especificados anteriormente podría causar efectos adversos significativos.
- Estos límites se han fijado teniendo en cuenta el número actual de visitantes y el mejor asesoramiento disponible de organismos consultores sobre conservación (que incluyen conservadores, arqueólogos, historiadores, museólogos y otros profesionales especializados en la protección del patrimonio). Los límites establecidos se reconsiderarán en cada revisión del plan de gestión, momento en que se podrán ajustar sobre la base de los efectos observados en el sitio.
- Todas las visitas educativas, de divulgación y/o recreativas (incluido el turismo) deben ser supervisadas por un guía instruido designado por el operador (consúltese la sección 7(x)). Es necesario efectuar una supervisión adecuada de las visitas en la Zona para evitar los daños ocasionados por la aglomeración de gente y por actos incompatibles con el Código de Conducta de la Sección 7(iii).

7(iii) Actividades que pueden llevarse a cabo dentro de la Zona

- Visitas con fines de conservación o gestión;
- Visitas educativas, de divulgación y/o recreativas, incluido el turismo.
- Actividad científica que no reste ni dañe los valores de la Zona.

Los visitantes deberán cumplir el siguiente Código de Conducta Obligatorio en las visitas al sitio, salvo cuando las actividades de conservación, investigación, seguimiento o gestión especificadas en el permiso requieran otra cosa.

Código de Conducta Obligatorio

- Está terminantemente prohibido fumar o utilizar llamas descubiertas en la cabaña *Discovery* o sus alrededores, ya que el fuego representa un grave riesgo.
- Existen materiales peligrosos en el lugar, tales como amianto, sustancias químicas, moho, etc. Evite manipular cualquier objeto que se encuentre dentro de la zona protegida y las cabañas.
- Limpie a fondo la arena, la suciedad, el guano, el hielo y la nieve de las botas con los cepillos provistos antes de ingresar a la cabaña *Discovery* para reducir la abrasión del suelo. Se recomienda que los grupos más grandes coloquen la lona que se proporciona fuera para mantener limpios el calzado y los artículos personales mientras esperan para entrar en el edificio.
- Es necesario quitarse la ropa mojada con agua salada y los cristales de hielo marino de las botas, ya que las partículas de sal aceleran la corrosión de los objetos metálicos.
- Está prohibido tocar, mover o sentarse sobre ningún objeto o mueble de las cabañas, ya que los artefactos se dañan con la manipulación.
- Se debe evitar llevar bolsas o mochilas en el interior, ya que el espacio es reducido y se pueden chocar accidentalmente con los artefactos; asimismo, se debe evitar el uso de brazos extensibles para fotos «selfies», así como el uso de trípodes y monopiés, cuando dentro de la cabaña se haya alcanzado el número máximo de visitantes (8) a la vez.
- Se deben utilizar únicamente trípodes o monopiés con bases de goma de fondo plano en lugar de los de puntas de metal, ya que estos pueden dañar el suelo de la cabaña.
- Al circular por el lugar, se debe poner especial cuidado para no pisar artefactos que puedan ser difíciles de ver.

- Se debe dejar constancia de las visitas en el correspondiente libro de registro de visitantes. Esto permite correlacionar los datos sobre las horas y el número de visitantes con los datos de temperatura y humedad registrados automáticamente dentro de la cabaña.

7(iv) Instalación, modificación o desmantelamiento de estructuras/equipos

- No se alterará la estructura existente ni se instalará equipo científico, excepto cuando se autorice mediante un permiso con fines de conservación, educativos o científicos que no menoscaben ni dañen los valores de la Zona según lo especificado en la sección 1.
- Los artículos históricos no se retirarán de la Zona, a menos que se especifique en un permiso expedido de conformidad con las disposiciones de la sección 7(viii).

7(v) Ubicación de los campamentos

- La cabaña *Discovery* no se utilizará con fines de alojamiento.

7(vi) Restricciones relativas a los materiales y organismos que pueden introducirse en la Zona

Además de los requisitos del Protocolo al Tratado Antártico sobre Protección del Medio Ambiente, se establecen las restricciones siguientes en cuanto a los materiales y organismos que pueden introducirse en la Zona:

- Se prohíbe la introducción deliberada de animales, material vegetal, microorganismos o suelos en la Zona.
- Los visitantes tomarán precauciones para evitar la introducción accidental de animales, material vegetal, microorganismos y tierras. Para ello, deberán asegurarse de que el equipo que traigan a la Zona esté limpio. En la medida de lo posible, el calzado y otros equipos que se utilicen en la Zona o se transporten a ella (incluidas las bolsas de mano empleadas para el transporte de equipos) deben limpiarse a fondo antes de entrar en la Zona.
- No se consumirán alimentos dentro de la Zona.
- No se introducirán ni almacenarán combustibles, alimentos, productos químicos y otros materiales dentro de la Zona, a menos que se autorice específicamente mediante un permiso para fines esenciales relacionados con la conservación de las estructuras históricas o las reliquias asociadas, y se almacenarán y manipularán de forma que se reduzca al mínimo el riesgo de su introducción accidental en el medio ambiente.
- Cualquier material que se introduzca podrá permanecer solamente por un período expreso, y deberá ser retirado a más tardar cuando concluya dicho período.
- Está permitida la introducción de materiales con fines de conservación del patrimonio y su incorporación a los valores de la Zona, a cargo de partes que cuenten con conocimientos técnicos adecuados en materia de conservación del patrimonio y que hayan determinado que los materiales introducidos están en consonancia con los objetivos y metas del plan de gestión y con el plan general de conservación existente en el sitio.
- Si se produce alguna fuga o vertido que pueda suponer un riesgo para los valores de la Zona, se recomienda extraer el material únicamente si es improbable que el efecto de dicha retirada sea mayor que el de dejar el material in situ.

7(vii) Recolección de flora y fauna autóctonas o intromisión perjudicial en estas

No hay flora o fauna autóctonas en la Zona designada.

7(viii) Recolección de cualquier elemento que el titular del permiso no haya llevado a la Zona

1) Se podrá recolectar y retirar material de la Zona por motivos científicos o de conservación que sean compatibles con los objetivos del presente plan de gestión, únicamente cuando así se especifique en un permiso expedido por una autoridad nacional competente.

2) Los materiales que representen una amenaza para los valores históricos de la Zona, el medio ambiente o la salud humana podrán retirarse de la Zona para su eliminación de conformidad con un permiso cuando cumplan uno o más de los criterios siguientes:
   i. el artefacto supone una amenaza para los valores históricos, el medio ambiente, la fauna y flora silvestres o la salud y seguridad humanas;
   ii. el artefacto se encuentra en tan mal estado que no es posible conservarlo;
   iii. no contribuye de manera significativa a la comprensión de la cabaña, sus ocupantes, otros artefactos o la historia de la Antártida;
   iv. el artefacto no realza ni resta valor a las cualidades visuales del sitio o la cabaña; y/o
   v. no es un objeto singular o poco común;

y siempre y cuando tal acción:
   vi. la lleven a cabo personas con conocimientos técnicos adecuados en materia de conservación del patrimonio; y
   vii. forme parte de un plan general de trabajos de conservación en el sitio.

3) Las autoridades nacionales deberán cerciorarse de que la retirada de artefactos y la aplicación de los criterios precedentes sean efectuados por personal con conocimientos técnicos apropiados en materia de conservación del patrimonio.
4) Los artefactos que se considere que poseen un gran valor histórico y que no puedan conservarse in situ con las técnicas actuales podrán retirarse de conformidad con el permiso correspondiente, a fin de almacenarlos en un entorno controlado hasta que puedan devolverse sin peligro a la Zona. La devolución debería constituir el resultado deseado, a menos que exista un alto riesgo de que la devolución pueda dañar o destruir la integridad del artefacto o los artefactos.

7(ix) Eliminación de residuos

Deberán retirarse de la Zona todos los residuos humanos, las aguas grises y demás desechos generados por cuadrillas de trabajo o visitantes.

7(x) Medidas que pueden ser necesarias para continuar cumpliendo con los objetivos del Plan de Gestión

- Se deberá informar a todos los visitantes sobre los requisitos de este Plan de Gestión.
- Todos los visitantes deberán cumplir el código de conducta de la sección 7(ii) excepto cuando se requiera otra cosa con fines de conservación, investigación, vigilancia o gestión.
- Los operadores que faciliten visitas educativas, de divulgación y recreativas (incluido el turismo) a la Zona deberán, antes del comienzo de la temporada de verano, nombrar a personas con conocimientos prácticos tanto del sitio como de este plan de gestión para que actúen como guías durante las visitas y proporcionen la formación adecuada para asegurarse de que sean capaces de cumplir con sus funciones.
- Todas las visitas educativas, de divulgación y recreativas, incluido el turismo, serán supervisadas por un guía designado, que será responsable de informar a los visitantes sobre el Código de conducta y los requisitos de este plan de gestión y de garantizar su pleno cumplimiento. Los guías deberán supervisar activamente la actividad de los visitantes dentro de la Zona, y en particular dentro de la cabaña *Discovery*, y adoptar medidas correctivas ante cualquier incumplimiento potencial o real del Plan de Gestión y del Código de Conducta.

7(xi) Requisitos relativos a los informes

- El titular principal del permiso expedido para cada visita a la Zona debe presentar un informe ante la autoridad nacional competente una vez concluida la visita, de conformidad con los procedimientos nacionales y las condiciones para la expedición de permisos.
- Dichos informes deben incluir, según corresponda, la información identificada en el formulario de informe de visita recomendado, que figura en la Guía para la Preparación de Planes de Gestión para las

Zonas Antárticas Especialmente Protegidas (Resolución 2 [2011]). La autoridad nacional también deberá enviar una copia del informe de visitas y una confirmación del número de visitantes del sitio a la Parte que haya propuesto el plan de gestión, a fin de contribuir a la administración de la Zona y a la revisión del Plan de Gestión.

- Se deberá detallar en el informe cualquier retirada de materiales de conformidad con la Sección 7(viii), indicando el motivo de la retirada y la ubicación actual de los objetos o la fecha de su eliminación. También se informará a la autoridad nacional correspondiente de cualquier devolución de dichos artículos al sitio.
- Las Partes deberían, en la medida de lo posible, depositar los originales o las copias de los informes de visitas originales en un archivo de acceso público para mantener un registro de su uso, con el fin de llevar a cabo cualquier revisión del Plan de Gestión y organizar el uso científico de la Zona.
- Se deberá notificar a la autoridad pertinente cualquier actividad o medida que se lleve a cabo, así como cualquier material liberado en la Zona y sin retirar que no esté incluido en el permiso autorizado.

8. Documentación de apoyo

Antarctic Heritage Trust 2018. *Antarctic historic huts of the Ross Sea region*. NZ Antarctic Heritage Trust, Christchurch.

Antarctic Treaty Parties. Guidelines for handling of pre-1958 historic remains whose existence or present location is not known. Resolution 5 (2001).

Antarctic Treaty Parties. Guidelines for the designation and protection of Historic Sites and Monuments. Resolution 3 (2009).

Antarctic Treaty Parties. Guidelines for the assessment and management of heritage in Antarctica. Resolution 2 (2018).

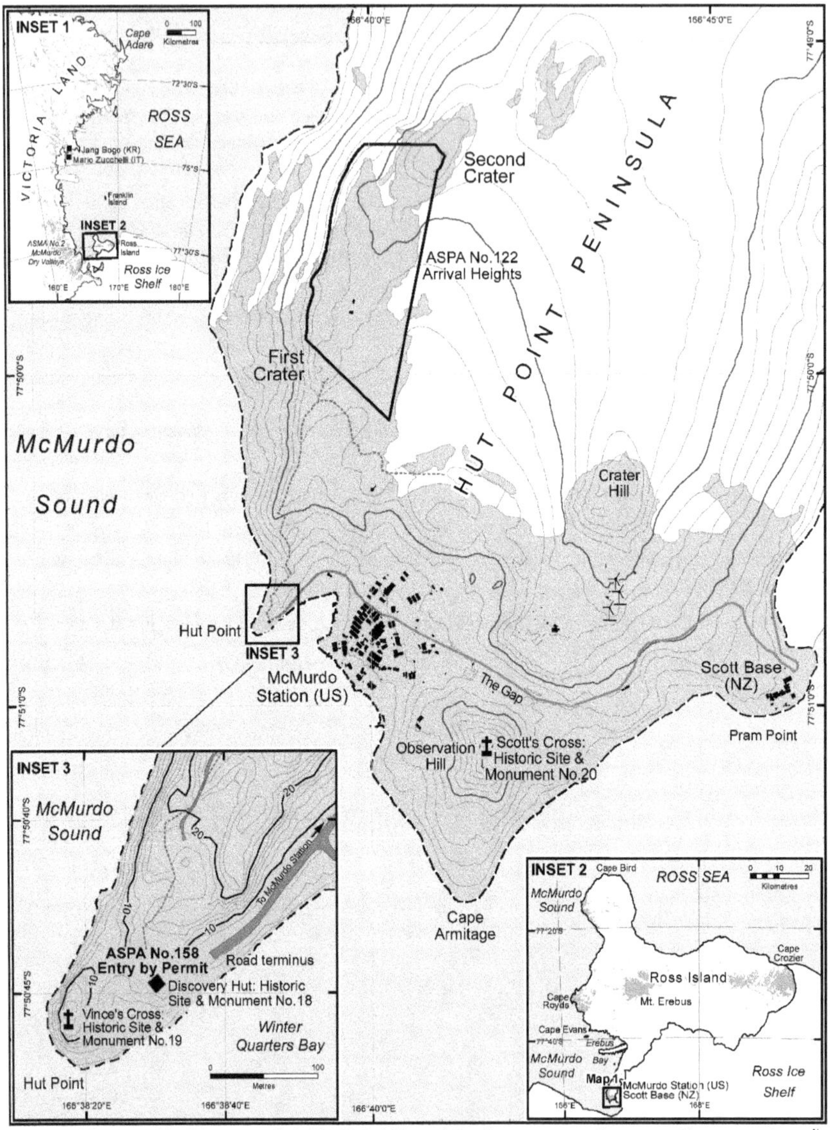

Map 1: ASPA No. 158 - Discovery Hut, Hut Point, Ross Island

14 Feb 2020 (v 4.0)
Antarctica New Zealand
Environmental Research & Assessment

Antarctica New Zealand

Ocean · Permanent ice (2005) · Ice free ground (2005) · Estimated coastline · Index contour · Contour · Main road · Recreational trail · Protected area boundary · Buildings · Memorial cross · Wind turbine

0 0.5 1 Kilometres

Projection: Lambert Conformal Conic
Spheroid and horizontal datum: WGS84
Contour interval: main map - 20 m; Inset 3 - 2 m
Data sources: Buildings: RPSC survey (Feb 09); Features: USAP (Feb 09) & ERA (Nov 09) field surveys; Permanent ice extent: Digitised from Quickbird orthophoto (15 Oct 05) (Imagery © 2005 Digital Globe)

Plan de Gestión para la

Zona Antártica Especialmente Protegida n.º 159

CABO ADARE, COSTA BORCHGREVINK

(incluye el Sitio y Monumento Histórico n.º 22, las cabañas históricas de Carsten Borchgrevink y el Grupo Norte de Scott y sus recintos)

Introducción

La Zona, que comprende una superficie de unas 2,4 ha, está ubicada a 71° 18' 26,2" S, 170° 11' 28,3" E en la costa noroeste del cabo Adare, en el extremo norte de la península de Adare, Tierra de Victoria, en la costa de Borchgrevink, mar de Ross. La Zona fue designada originalmente por los importantes valores históricos de las cabañas construidas por la Expedición Antártica Británica (*Southern Cross*) de 1898-1900 dirigida por Carsten E. Borchgrevink, catalogado como Sitio y Monumento Histórico n.º 22, que fue designado en la Recomendación VII-9 (1972). Los restos de una cabaña construida por el Grupo Norte de Scott en la Expedición Antártica Británica (*Terra Nova*) de 1910-1913 se encuentran cerca. La zona fue designada como Zona Especialmente Protegida n.º 29 en la Medida 1 (1998), y después fue renombrada y renumerada como Zona Antártica Especialmente Protegida (ZAEP) n.º 159 en la Decisión 1 (2002). Las revisiones del Plan de Gestión se adoptaron en la Medida 2 (2005), la Medida 11 (2010) y la Medida 14 (2015).

1. Descripción de los valores que requieren protección

Hay tres estructuras principales en la Zona (mapa 1, recuadro 3). Se construyeron dos cabañas en febrero de 1899 durante la Expedición Antártica Británica (*Southern Cross*), dirigida por Carsten E. Borchgrevink (1898-1900). Una de las cabañas se usó como vivienda y la otra como depósito, y fueron utilizadas por las primeras personas que pasaron el invierno en el continente antártico. Los vestigios de una tercera cabaña construida en febrero de 1911 para el Grupo Norte dirigido por Victor L. A. Campbell, de la Expedición Antártica Británica (*Terra Nova*) de Robert Falcon Scott (1910-1913) se encuentran situados a 20 metros al norte de la cabaña de Borchgrevink utilizada como vivienda. El Grupo Norte invernó en esta cabaña en 1911.

Además de estos objetos, hay muchas otras reliquias históricas en la zona: Entre estas, se incluyen depósitos, una letrina, dos anclas del buque *Southern Cross*, un ancla de hielo del buque *Terra Nova* y suministros de briquetas de carbón. Hay otros objetos históricos en la Zona enterrados en guano. En su conjunto, las tres cabañas y las reliquias históricas asociadas a ellas han sido designadas Sitio y Monumento Histórico (SMH) n.º 22. La tumba de un miembro de la Expedición Antártica Británica (*Southern Cross)* se encuentra a 1,5 km al nordeste de la Zona y está catalogada como SMH n.º 23.

El cabo Adare es uno de los lugares principales de las primeras actividades humanas en la Antártida, ya que allí se encuentra el primer edificio erigido en el continente. Es un importante símbolo de la «Edad Heroica» de la exploración antártica y, como tal, tiene una notable trascendencia histórica. Algunos de los primeros avances en el estudio de las ciencias de la tierra, la meteorología y la flora y la fauna de la Antártida están asociados a las dos primeras expediciones que instalaron su base en este sitio. La historia de estas actividades y la contribución que han hecho a la comprensión y el conocimiento de la Antártida otorgan a esta Zona un importante valor histórico, científico y estético.

Según el Análisis de dominios ambientales para el continente antártico (Resolución 3, 2008), el cabo Adare se encuentra en el Dominio U (geológico de Tierra Victoria del Norte). Por su parte, el documento Regiones biogeográficas de conservación de la Antártida (Resolución 6, 2012) indica que se sitúa en la Región 8 (Tierra Victoria del Norte).

2. Finalidades y objetivos

La finalidad del presente Plan de Gestión es proteger la Zona y sus características a fin de preservar sus valores. Los objetivos del Plan de Gestión son los siguientes:

- evitar la degradación de los valores de la Zona y su exposición a riesgos considerables;
- mantener los valores históricos de la Zona mediante un trabajo planificado de conservación que podría incluir:
    a. mantenimiento *in situ*;
    b. vigilancia del estado de los artefactos y las estructuras, y de los factores que los afectan;
    c. conservación del sitio, los edificios y los artefactos que puedan hallarse dentro o fuera del sitio;
    d. la preparación de mapas y otra documentación que registre la disposición de objetos históricos en los alrededores de la cabaña, y
    e. la documentación de otros datos históricos pertinentes;
- minimizar la perturbación por actividades humanas en la Zona, así como sus elementos y artefactos, y permitir al mismo tiempo el acceso controlado a la cabaña de Borchgrevink y otras partes de la Zona, y
- permitir visitas con fines de gestión para cumplir los objetivos del Plan de Gestión.

3. Actividades de gestión

Se deberán emprender las siguientes actividades de gestión en aras de proteger los valores de la Zona:

- Se facilitarán copias de este Plan de Gestión al titular principal del permiso de todos los grupos que visiten la Zona y/o al líder de cualquier grupo que opere en las inmediaciones adyacentes de cabo Adare;
- Los Programas Antárticos Nacionales adoptarán las medidas necesarias para garantizar que los límites de la Zona y las restricciones que se aplican dentro de ella estén marcados en los mapas y cartas náuticas o aeronáuticas pertinentes.
- El personal (personal de programas nacionales, expediciones sobre el terreno, jefes de expediciones turísticas y pilotos) que opere en las inmediaciones de la Zona, que acceda a ella o la sobrevuele recibirá instrucciones específicas de su programa nacional, el operador turístico o la autoridad nacional correspondiente para que observe las disposiciones y el contenido el plan de gestión, incluida la ubicación, los límites y las restricciones que se aplican al acceso y los desembarcos dentro de la Zona.
- Los señalizadores o letreros erigidos dentro de la Zona, en las proximidades de sus límites o en instalaciones cercanas deberán estar asegurados y mantenidos en buenas condiciones, y retirarse cuando ya no sean necesarios.
- En la Zona se llevará a cabo un programa de conservación de las cabañas históricas y de las estructuras y artefactos conexos;
- Se llevará a cabo el seguimiento sistemático para evaluar el impacto de las visitas, y los resultados y cualquier recomendación relativa a la gestión, incluida la limitación del número de visitantes permitidos en cualquier momento o temporada, se incluirán en las modificaciones del presente Plan de Gestión.
- Los Programas Antárticos Nacionales interesados y los grupos y organizaciones pertinentes deben consultarse y coordinarse entre sí para garantizar:
    a. que se desarrollen y desplieguen las capacidades y los recursos, particularmente los relacionados con técnicas de conservación, para ayudar a proteger los valores históricos de la Zona;
    b. no se superen los límites definidos en el número de visitantes, y
    c. se implementen las actividades de gestión antedichas.

4. Período de designación

Designado por tiempo indefinido.

5. Mapas

Mapa 1: ZAEP n.º 159, cabo Adare: descripción regional. Recuadro: Región del mar de Ross.

Proyección: Cónica conforme de Lambert; paralelos de referencia: 1.º 71º 20' S, 2.º 71º 30' S: meridiano central: 170° 20' E; Latitud de origen: 72° S: Esferoide y datum horizontal: WGS84. Intervalo de curvas de nivel: 200 m. Fuente de datos: base de datos digital de la Antártida de SCAR v7.1 (2019).

Mapa 2: ZAEP n.º 159, cabo Adare: topografía y elementos históricos.

Recuadro: SMH n.º 22, que muestra los principales elementos históricos de la Zona.

Proyección: Cónica conforme de Lambert; paralelos de referencia: 1.º 71º 17' S, 2.º 71º 19' S: meridiano central: 170° 12' E; Latitud de origen: 72° S: Esferoide: WGS84. Intervalo de curvas de nivel del mapa principal: 100 pies (curvas de nivel de 15 pies mostradas en Ridley Beach): curvas de nivel ajustadas espacialmente a la posición aproximada en las imágenes.

Fuentes de datos: Costa, estanques y arroyos digitalizados a partir de imágenes de WorldView-2 (© Digital Globe 5 de diciembre de 2019). Recuadro de ortofotografía preparado por el Instituto Coreano de Investigación Polar (J. H. Kim, nota personal. marzo de 2020). Elementos históricos identificados por L. Meek, Fundación Patrimonio de la Antártida (NZ) (nota pers. marzo de 2020).

6. Descripción de la Zona

6(i) Coordenadas geográficas, indicadores de límites y características naturales

Descripción general

El cabo Adare es un promontorio volcánico prominente, en su mayor parte sin hielo, situado en el extremo septentrional de la península de Adare, Tierra de Victoria, en la costa de Borchgrevink, mar de Ross (mapa 1, recuadros 1 y 2). El promontorio se eleva a una altura de más de 350 m (1150 pies) (mapa 1). La bahía de Robertson está al oeste de la península de Adare. La Zona está ubicada a unos 1,7 km al suroeste del cabo Adare en la costa meridional de la playa Ridley, que es una gran estructura de grava de depósito, plana y de forma aproximadamente triangular que ocupa una superficie de unas 100 ha. Desde el extremo occidental de la playa Ridley, la playa South se extiende a unos 1,5 km al sureste hacia Boulder Rock, mientras que la playa North se extiende aproximadamente a la misma distancia al nordeste hacia el cabo Adare.

La totalidad de la playa Ridley y la parte inferior de las laderas occidentales del promontorio del cabo Adare están ocupadas por la colonia de pingüino de Adelia (*Pygoscelis adeliae*) más grande de la Antártida. La población reproductora fue de 504.332 parejas en 2018 (F. Shanhun, nota pers., 2020). La colonia ha sido identificada como Zona Importante para la Conservación de las Aves n.º 165 (Harris *et al.* 2015). Los pingüinos ocupan la mayor parte de la Zona y el acceso a las cabañas históricas se ve limitado a menudo por la necesidad de evitar molestias a las aves reproductoras.

Aproximadamente 300 parejas de págalos antárticos (*Stercorarius maccormicki*) anidan en la playa Ridley y en la península de Adare (Harris *et al.* 2015). Además, también hay focas de Weddell (*Leptonychotes weddellii*) que permanecen a lo largo de la costa de la playa Ridley. Ocasionalmente, también pueden verse petreles gigantes comunes (*Macronectes giganteus*), petreles de las nieves (*Pagodroma nivea*), paíños de Wilson (*Oceanites oceanicus*) y petreles antárticos (*Thalassoica antártida*); pingüinos emperador (*Aptenodytes forsteri*) y pingüinos rey (*A. patagonicus*); así como focas leopardo (*Hydrurga leptonyx*), elefantes marinos del sur (*Mirounga leonina*) y lobos marinos antárticos (*Arctocephalus gazella*).

Límites

Los límites de la Zona, descritos en el sentido de las agujas del reloj desde la esquina noroeste son:

- Norte: una línea que se extiende unos 110 m a lo largo de la línea de latitud 71° 18' 23" S desde la esquina noroeste de la Zona a 71° 18' 23" S, 170° 11' 23" E hasta la esquina nordeste a 71° 18' 23" S, 170° 11' 34" E. El límite norte se encuentra a unos 115 metros al norte de la cabaña del Grupo Norte de Scott;
- Este: una línea que se extiende unos 250 m a lo largo de la línea de longitud 170° 11' 34" E desde la esquina nordeste de la Zona hasta la esquina sureste en 71° 18' 31" S, 170° 11' 34" E. El límite este se encuentra a unos 50 metros al este de la cabaña de Borchgrevink utilizada como depósito;
- Sur: una línea que se extiende unos 124 m desde la esquina sureste de la Zona hasta la esquina suroeste a 71° 18' 29" S 170° 11' 23" E, siguiendo la línea media de pleamar de la costa a lo largo de la playa South.
- Oeste: línea que se extiende unos 190 m a lo largo de la línea de longitud 170° 11' 23" E desde la esquina suroeste de la Zona hasta la esquina noroeste. El límite occidental se encuentra a unos 55 metros al oeste de la cabaña Borchgrevink utilizada como vivienda.

Actividad humana

Debido a las difíciles condiciones de acceso al sitio, solo Nueva Zelandia ha llevado a cabo una conservación limitada de los elementos históricos del cabo Adare hasta la fecha. La organización no gubernamental Antarctic Heritage Trust de Nueva Zelandia, tiene un programa planificado para llevar a cabo una conservación más sustancial de las cabañas de Borchgrevink y Scott, así como de los artefactos asociados. Este programa se encuentra en marcha parcialmente, aunque su implementación plena está prevista en coordinación con los Programas Antárticos Nacionales que operan en la región.

Tanto el sitio histórico como sus alrededores reciben habitualmente visitas de grupos de turistas. El número de visitantes puede fluctuar dependiendo de diversos factores, entre ellos el hielo marino y las condiciones climáticas, la logística disponible y el número de operadores turísticos en funcionamiento ese año.

6(ii) Acceso a la Zona

Se puede acceder a la Zona en aeronave, en una embarcación pequeña o a pie viajando primero a algunos lugares contiguos situados fuera de los límites. Las aeronaves pueden acceder al hielo marino de la bahía de Robertson, aunque las condiciones varían y puede resultar difícil acercarse a la Zona sin causar molestias a los pingüinos y a los págalos. El acceso a la Zona y los desplazamientos dentro de ella debe efectuarse a pie. No se han designado rutas particulares de acceso a la Zona. Las condiciones específicas para el acceso de peatones, pequeñas embarcaciones, vehículos, sobrevuelos y aterrizajes de aeronaves se establecen en la Sección 7(ii).

6(iii) Ubicación de estructuras dentro de la Zona o en zonas adyacentes

Entre los elementos principales de la Zona se encuentran la cabaña de la Expedición *Southern Cross* de Borchgrevink utilizada como vivienda y la cabaña sin techo utilizada como depósito. La cabaña del Grupo Norte de Scott, que está derrumbada en gran parte, está situada a unos 20 m al noroeste de la cabaña de Borchgrevink utilizada como vivienda. Todas las estructuras situadas en el interior de la Zona son de origen histórico, excepto un taller de conservación temporal erigido en 2018 (véase a continuación) y una placa de bronce instalada a unos 7 m al oeste de la cabaña Borchgrevink utilizada como depósito para conmemorar el SMH n.° 22.

Hay muchos artefactos presentes en la Zona. Entre estas se incluyen depósitos, una letrina, dos anclas del buque *Southern Cross*, un ancla de hielo del buque *Terra Nova* y suministros de carbón. Muchos de estos objetos están cubiertos de forma parcial o completa por guano de pingüinos de Adelia, que se reproducen en la Zona.

La tumba de un miembro de la Expedición Antártica Británica (*Southern Cross)*, el biólogo noruego Nicolai Hanson, está situada a unos 1,5 km al nordeste de la Zona, a una elevación de unos 1000 pies (unos 300 m) en la península de Adare, y figura como SMH n.° 23 (mapa 1). Hanson, que murió a los 28 años, fue la primera persona que fue enterrada en el continente antártico. La tumba está ubicada aproximadamente a 71º 18' 04" S, 170º 13' 51" E y está marcada por una piedra grande con una cruz de hierro, una placa de bronce y una cruz blanca de guijarros de cuarzo. Originalmente, el nombre de Hanson estaba delineado con guijarros de cuarzo, aunque varias fotografías recientes indican que ahora se distingue menos. Sobre la superficie de la tumba hay colocado un antiguo piolet. Louis Bernacchi describió la ubicación de forma elocuente: «Allí, en medio de un profundo silencio y paz, no hay nada que perturbe ese sueño eterno salvo el vuelo de las aves marinas. En la larga y oscura noche de invierno, la brillante y misteriosa aurora polar atraviesa el cielo y forma un glorioso arco de luz sobre el cabo y la tumba. En verano, la deslumbrante luz del sol brilla perpetuamente sobre ella» (Bernacchi, 1901).

Se estableció un depósito de provisiones debajo de un saliente de roca en la base de los acantilados situados detrás de la playa Ridley, después de que se incendiaran las cabañas de Borchgrevink el 24 de julio de 1899. R. Priestly, del Grupo Norte de Scott, avistó el depósito en 1911, y P. Wilson lo avistó de nuevo en 1982 y 1990. En 2015 se emprendió una búsqueda para localizar el depósito, pero no se pudo encontrar. Actualmente, se desconoce su ubicación exacta (L. Meek, Antarctic Heritage Trust, nota pers., marzo de 2020).

Un segundo depósito procedente del Grupo Norte de Scott en 1911 está situado en la península de Adare a unos 100 m al noroeste de la tumba de Hanson, SMH n.º 23, que fue registrado como presente en 1982 por Harrowfield (1982) y de nuevo en 1990 por Harrowfield (L. Meek, nota pers., 2020).

En 2018 se erigieron unas instalaciones temporales de apoyo al trabajo de conservación desempeñado en el cabo Adare (mapa 2 y recuadro). Estas incluyen instalaciones de vivienda y depósito en la playa South, a unos 100 m al este de la Zona, y un taller de reparaciones a unos 10 m al oeste de las cabañas de Borchgrevink. Se espera que el trabajo de conservación se lleve a cabo durante varias temporadas.

Fuera de la zona hay dos estaciones meteorológicas automáticas (AWS): una en la playa South y otra en la cresta de la península de Adare a una altura de unos 350 m (mapa 2).

Las estaciones científicas en funcionamiento permanente más cercanas a la Zona son Mario Zucchelli (Italia) y Jang Bogo (Corea del Sur), que se encuentran a unos 330 km al sur de la Zona (mapa 1, recuadro 1).

6(iv) Ubicación de las zonas protegidas en las cercanías

La zona protegida más cercana es la ZAEP n.º 106 del cabo Hallett, que se encuentra en el extremo norte de la península de Hallett, a unos 115 km al sur de la Zona.

6(v) Áreas especiales en el interior de la Zona

No hay áreas especiales en el interior de la Zona.

7. Términos y condiciones para los permisos de entrada

7(i) Condiciones generales de los permisos

Se prohíbe el ingreso a la Zona excepto con un permiso expedido por una autoridad nacional pertinente. Una autoridad nacional podrá expedir un permiso que abarque varias visitas en una temporada. Las condiciones para expedir un permiso de ingreso a la Zona son las siguientes:

- Las actividades tienen fines de conservación, investigación y/o vigilancia, se desempeñan por razones esenciales para la gestión de la Zona, o son actividades educativas, de divulgación o recreativas, incluido el turismo, siempre que no entren en conflicto con los objetivos de este Plan de Gestión;
- Las actividades permitidas están en conformidad con el presente Plan de Gestión;
- Las actividades permitidas darán la debida consideración, a través del proceso de evaluación de impacto ambiental, a la protección continua de los valores históricos de la Zona;
- El permiso se debe expedir por un período determinado, y

- El titular del permiso principal, o su representante designado, deberá llevar consigo el permiso, o una copia de este, cuando visite la Zona.

7(ii) Acceso y circulación dentro la Zona

El acceso a la Zona se efectuará a pie. Los aterrizajes de vehículos y aeronaves están prohibidos dentro de la Zona. Cualquier acceso o movimiento dentro de la Zona, así como en la playa Ridley en general, deberá evitar perturbar a las aves y los mamíferos.

Acceso a pie a la Zona y desplazamientos en su interior

1) El acceso peatonal a la Zona debe efectuarse, por lo general, desde la playa South (mapa 2), aunque no se han definido caminos o rutas de acceso específicos, ya que los lugares de aterrizaje pueden variar según las condiciones.
2) Los movimientos dentro de la Zona deberán efectuarse de acuerdo con el Código de Conducta de la Sección 7(iii).
3) Se deberá tener especial cuidado al caminar dentro de la Zona, ya que pueden encontrarse artefactos delicados en el suelo, posiblemente cubiertos por una fina capa de nieve, que pueden ser difíciles de ver.

Acceso en lancha

1) El acceso en lancha (cuando hay mar abierto) debe hacerse por la costa de la playa Ridley. Una vez allí el acceso se hará a pie (mapa 2). Los lugares de desembarque dependerán de las condiciones locales del mar y el hielo, y no se han definido sitios específicos de acceso.

Acceso y sobrevuelo de aeronaves

Teniendo en cuenta los valores históricos, así como las concentraciones locales de aves reproductoras, las aeronaves operarán, tanto dentro como cerca de la Zona, en estricto cumplimiento de las siguientes condiciones:

1) Se prohíbe el aterrizaje de helicópteros dentro de la Zona. Los aterrizajes de helicópteros provocan la corriente del rotor, lo que puede dañar los elementos históricos;
2) Se prohíbe el sobrevuelo de la Zona en aeronaves pilotadas por debajo de 610 m (unos 2.000 pies) sobre el nivel del suelo, salvo si se cuenta con un permiso expedido por una autoridad nacional competente.
3) Las aeronaves pueden aterrizar fuera de la Zona sobre el hielo marino de la bahía Robertson, cuando las condiciones lo permitan, y en las proximidades de la tumba de Hanson (SMH n.º 23) (mapa 1). Se desaconseja encarecidamente el sobrevuelo/aterrizaje de todas las aeronaves a una distancia igual o inferior a media milla náutica (unos 930 m) de la playa Ridley, excepto con fines científicos o de gestión. El acceso en helicóptero a la tumba de Hanson debe evitar el acercamiento, el sobrevuelo y los aterrizajes al oeste y al norte de la tumba. En su lugar, los helicópteros deben acercarse desde el sur siempre que sea posible. Los pilotos que operen cerca de la Zona deben seguir las Directrices para la operación de aeronaves cerca de concentraciones de aves (Resolución 2, 2004) como requisito mínimo.
4) Se prohíben el sobrevuelo de los Sistemas de Aeronaves Dirigidas por Control Remoto (RPAS) por debajo de los 610 m (2000 pies) y su aterrizaje al interior de la Zona, salvo que se haga de conformidad con un permiso emitido por una autoridad nacional competente; El uso de RPAS en el interior de la Zona debe ajustarse a las Directrices Medioambientales para la Operación de Sistemas de Aeronaves Dirigidas por Control Remoto (RPAS) en la Antártida (Resolución 4, 2018).

Límites al número de personas permitidas dentro de la Zona

Es necesario controlar el número y la circulación de personas dentro de la Zona, tanto en un momento dado como de forma acumulativa a lo largo del tiempo, para minimizar los daños y el deterioro provocados por:

a) el tráfico peatonal físico de visitantes por los elementos vulnerables de la Zona y, en particular, las aglomeraciones dentro de las cabañas de Borchgrevink; y

b) los cambios mensurables en las condiciones ambientales (es decir, temperatura y humedad) dentro de la cabaña de Borchgrevink.

- El número máximo dentro de la Zona en cualquier momento (incluidos los guías y los que se encuentran dentro de las cabañas) será de: **40 personas.**
- El número máximo dentro de cualquiera de las cabañas de Borchgrevink en cualquier momento (incluidos los guías) será de: **4 personas.**
- El número máximo anual de visitantes a la Zona se limitará a: **2 000 personas.**
- Los efectos de los niveles de visitantes observados en los sitios históricos de la región del mar de Ross sugieren que superar los máximos especificados anteriormente podría causar una serie de efectos adversos significativos.
- Estos límites se han fijado teniendo en cuenta el número actual de visitantes y el mejor asesoramiento disponible de organismos consultores sobre conservación (que incluyen conservadores, arqueólogos, historiadores, museólogos y otros profesionales especializados en la protección del patrimonio). Los límites establecidos se reconsiderarán en cada revisión del plan de gestión, momento en que se podrán ajustar sobre la base de los efectos observados en el sitio.
- Todas las visitas educativas, de divulgación y recreativas (incluido el turismo) deben estar supervisadas por un guía formado nombrado por el operador (véase la Sección 7(x)). Es necesario efectuar una supervisión adecuada de las visitas en la Zona para evitar los daños ocasionados por la aglomeración de gente y por actos incompatibles con el Código de Conducta de la Sección 7(iii).

7(iii) Actividades que pueden llevarse a cabo dentro de la Zona

- Visitas con fines de conservación o gestión;
- Visitas educativas, de divulgación y/o recreativas, incluido el turismo.
- Actividad científica que no reste ni dañe los valores de la Zona.

Los visitantes deberán cumplir el siguiente Código de Conducta Obligatorio en las visitas al sitio, salvo cuando las actividades de conservación, investigación, seguimiento o gestión especificadas en el permiso requieran otra cosa.

Código de Conducta Obligatorio

- Está estrictamente prohibido fumar o encender llamas descubiertas en la Zona, en particular, en la cabaña de Borchgrevink y en sus alrededores, ya que el fuego constituye un riesgo mayor.
- Existen materiales peligrosos en el lugar, tales como amianto, sustancias químicas, moho, etc. Evite manipular cualquier objeto que se encuentre dentro de la zona protegida y las cabañas.
- Se deberá limpiar minuciosamente la arena, la suciedad, el guano, el hielo y la nieve de las botas con los cepillos proporcionados antes de entrar en la cabaña de Borchgrevink para reducir la abrasión del suelo. Se recomienda que los grupos más grandes coloquen la lona que se proporciona fuera para mantener limpios el calzado y los artículos personales mientras esperan para entrar en el edificio.
- Es necesario quitarse la ropa mojada con agua salada y los cristales de hielo marino de las botas, ya que las partículas de sal aceleran la corrosión de los objetos metálicos.
- Está prohibido tocar, mover o sentarse sobre ningún objeto o mueble de las cabañas, ya que los artefactos se dañan con la manipulación.
- Se debe evitar llevar bolsas o mochilas en el interior, ya que el espacio es reducido y se pueden chocar accidentalmente con los artefactos; asimismo, se debe evitar el uso de brazos extensibles para fotos «selfies», así como el uso de trípodes y monopiés, cuando dentro de la cabaña se haya alcanzado el número máximo de visitantes (4) a la vez.
- Se deben utilizar únicamente trípodes o monopiés con bases de goma de fondo plano en lugar de los de puntas de metal, ya que estos pueden dañar el suelo de la cabaña.

- Al circular por el lugar, se debe poner especial cuidado para no pisar artefactos que puedan ser difíciles de ver.
- Se debe dejar constancia de las visitas en el correspondiente libro de registro de visitantes. Esto permite correlacionar los datos sobre las horas y el número de visitantes con los datos de temperatura y humedad registrados automáticamente dentro de la cabaña.

7(iv) Instalación, modificación o desmantelamiento de estructuras/equipos

- No se alterarán las estructuras existentes, ni se erigirán nuevas estructuras en la Zona, ni se instalará equipo científico, excepto cuando se autorice mediante un permiso con fines de conservación, educativos o científicos que no menoscaben ni dañen los valores de la Zona según lo especificado en la Sección 1.
- Los artículos históricos no se retirarán de la Zona, a menos que se especifique en un permiso expedido de conformidad con las disposiciones de la sección 7(viii).

7(v) Ubicación de los campamentos

- Las cabañas de Borchgrevink, así como las demás estructuras de la Zona, no pueden utilizarse como viviendas.
- Se prohíben los campamentos dentro de la Zona.
- Se ha establecido una zona de acampada temporal en la playa South, a unos 100 m al este de la Zona (mapa 2), que debe utilizarse cuando sea necesario con fines de conservación o investigación. Para minimizar la huella de los campamentos establecidos en la playa Ridley, este sitio debe reutilizarse cuando sea necesario y en la medida de lo posible.

7(vi) Restricciones relativas a los materiales y organismos que pueden introducirse en la Zona

Además de los requisitos del Protocolo al Tratado Antártico sobre Protección del Medio Ambiente, se establecen las restricciones siguientes en cuanto a los materiales y organismos que pueden introducirse en la Zona:

- Se prohíbe la introducción deliberada de animales, material vegetal, microorganismos o suelos en la Zona.
- Los visitantes tomarán precauciones para evitar la introducción accidental de animales, material vegetal, microorganismos y tierras. Para ello, deberán asegurarse de que el equipo que traigan a la Zona esté limpio. En la medida de lo posible, el calzado y otros equipos que se utilicen en la Zona o se transporten a ella (incluidas las mochilas, bolsas de mano y otros equipos) deben limpiarse a fondo antes de entrar en la Zona.
- No se consumirán alimentos dentro de la Zona.
- No se introducirán ni almacenarán combustibles, alimentos, productos químicos ni otros materiales dentro de la Zona, a menos que se autorice específicamente mediante un permiso para fines esenciales relacionados con la conservación de las estructuras históricas o los artefactos asociados, y se almacenarán y manipularán de forma que se reduzca al mínimo el riesgo de su introducción accidental en el medio ambiente.
- Cualquier material que se introduzca podrá permanecer solamente por un período expreso, y deberá ser retirado a más tardar cuando concluya dicho período.
- Está permitida la introducción de materiales con fines de conservación del patrimonio y su incorporación a los valores de la Zona, a cargo de partes que cuenten con conocimientos técnicos adecuados en materia de conservación del patrimonio y que hayan determinado que los materiales introducidos están en consonancia con los objetivos y metas del plan de gestión y con el plan general de conservación existente en el sitio.
- Si se produce alguna fuga o vertido que pueda suponer un riesgo para los valores de la Zona, se recomienda extraer el material únicamente si es improbable que el efecto de dicha retirada sea mayor que el de dejar el material in situ.

7(vii) Recolección de flora y fauna autóctonas o intromisión perjudicial en estas

Se prohíbe la recolección de la flora y la fauna autóctonas y la intromisión perjudicial en estas, salvo si lo autoriza un permiso expedido conforme al Artículo 3 del Anexo II del Protocolo al Tratado Antártico sobre Protección del Medio Ambiente. En caso de recolección de la fauna o intromisión perjudicial en ella, se deberá efectuar, como norma mínima, de conformidad con el Código de Conducta del SCAR para el Uso de Animales con Fines Científicos en la Antártida.

7(viii) Recolección de cualquier elemento que el titular del permiso no haya llevado a la Zona

1) Se podrá recolectar y retirar elementos de la Zona por razones científicas o de conservación que sean compatibles con los objetivos del presente Plan de Gestión con arreglo al permiso emitido por la autoridad nacional competente.
2) Los materiales que constituyan una amenaza para los valores históricos de la Zona, el medio ambiente o la salud humana podrán retirarse de la Zona para su eliminación, de conformidad con el correspondiente permiso, en los casos en que se ajusten por lo menos a uno de los siguientes criterios:
    i. el artefacto supone una amenaza para los valores históricos, el medio ambiente, la fauna y flora silvestres o la salud y seguridad humanas;
    ii. el artefacto se encuentra en tan mal estado que no es posible conservarlo;
    iii. el artefacto no representa una contribución importante a la comprensión de las cabañas, sus ocupantes, otros artefactos o la historia de la Antártida;
    iv. el artefacto no realza ni resta valor a las cualidades visuales del sitio o la cabaña; y/o
    v. no es un objeto singular o poco común;

y siempre y cuando tal acción:

    vi. la lleven a cabo personas con conocimientos técnicos adecuados en materia de conservación del patrimonio; y
    vii. forme parte de un plan general de trabajos de conservación en el sitio.
3) Las autoridades nacionales deberán cerciorarse de que la retirada de artefactos y la aplicación de los criterios precedentes sean efectuados por personal con conocimientos técnicos apropiados en materia de conservación del patrimonio.
4) Los artefactos que se considere que poseen un gran valor histórico y que no puedan conservarse in situ con las técnicas actuales podrán retirarse de conformidad con el permiso correspondiente, a fin de almacenarlos en un entorno controlado hasta que puedan devolverse sin peligro a la Zona. La devolución debería constituir el resultado deseado, a menos que exista un alto riesgo de que la devolución pueda dañar o destruir la integridad del artefacto o los artefactos.
5) Se podrán tomar muestras de tierra y otros materiales naturales con fines científicos exclusivamente de conformidad con un permiso expedido por una autoridad nacional competente.

7(ix) Eliminación de residuos

Deberán retirarse de la Zona todos los residuos humanos, las aguas grises y demás desechos generados por cuadrillas de trabajo o visitantes.

7(x) Medidas que pueden ser necesarias para continuar cumpliendo con los objetivos del Plan de Gestión

- Se deberá informar a todos los visitantes sobre los requisitos de este Plan de Gestión.
- Todos los visitantes deberán cumplir el código de conducta de la sección 7(ii) excepto cuando se requiera otra cosa con fines de conservación, investigación, vigilancia o gestión.
- Los operadores que faciliten visitas educativas, de divulgación y recreativas (incluido el turismo) a la Zona deberán, antes del comienzo de la temporada de verano, nombrar a personas con conocimientos

prácticos tanto del sitio como de este plan de gestión para que actúen como guías durante las visitas y proporcionen la formación adecuada para asegurarse de que sean capaces de cumplir con sus funciones.

- Todas las visitas educativas, de divulgación y recreativas, incluido el turismo, deberán estar supervisadas por un guía designado, que se encargará de informar a los visitantes sobre el Código de Conducta y de velar por su cumplimiento. Los guías vigilarán activamente la actividad de los visitantes dentro de la Zona, en particular, dentro de las cabañas históricas, y pondrán en marcha las pertinentes medidas correctivas contra cualquier incumplimiento potencial o real del Plan de Gestión y del Código de Conducta.

7(xi) Requisitos relativos a los informes

- El titular principal del permiso expedido para cada visita a la Zona debe presentar un informe ante la autoridad nacional competente una vez concluida la visita, de conformidad con los procedimientos nacionales y las condiciones para la expedición de permisos.
- Dichos informes deben incluir, según corresponda, la información identificada en el formulario de informe de visita recomendado, que figura en la Guía para la Preparación de Planes de Gestión para las Zonas Antárticas Especialmente Protegidas (Resolución 2 [2011]). La autoridad nacional también deberá enviar una copia del informe de visitas y una confirmación del número de visitantes del sitio a la Parte que haya propuesto el plan de gestión, a fin de contribuir a la administración de la Zona y a la revisión del Plan de Gestión.
- Se deberá detallar en el informe cualquier retirada de materiales de conformidad con la Sección 7(viii), indicando el motivo de la retirada y la ubicación actual de los objetos o la fecha de su eliminación. También se informará a la autoridad nacional correspondiente de cualquier devolución de dichos artículos al sitio.
- Las Partes deberían, en la medida de lo posible, depositar los originales o las copias de los informes de visitas originales en un archivo de acceso público para mantener un registro de su uso, con el fin de llevar a cabo cualquier revisión del Plan de Gestión y organizar el uso científico de la Zona.
- Se deberá notificar a la autoridad pertinente cualquier actividad o medida que se lleve a cabo, así como cualquier material liberado en la Zona y sin retirar que no esté incluido en el permiso autorizado.

8. Documentación de apoyo

Antarctic Heritage Trust 2018. *Antarctic historic huts of the Ross Sea region*. NZ Antarctic Heritage Trust, Christchurch.

Antarctic Treaty Parties. Guidelines for handling of pre-1958 historic remains whose existence or present location is not known. Resolution 5 (2001).

Antarctic Treaty Parties. Guidelines for the designation and protection of Historic Sites and Monuments. Resolution 3 (2009).

Antarctic Treaty Parties. Guidelines for the assessment and management of heritage in Antarctica. Resolution 2 (2018).

Bernacchi, L. 1901. To the South Polar regions: Expedition of 1898-1900. Hurst and Blackett, London.

Harris, C.M., Lorenz, K., Fishpool, L.D.C., Lascelles, B., Cooper, J., Coria, N.R., Croxall, J.P., Emmerson, L.M., Fijn, R.C., Fraser, W.L., Jouventin, P., LaRue, M.A., Le Maho, Y., Lynch, H.J., Naveen, R., Patterson-Fraser, D.L., Peter, H.-U., Poncet, S., Phillips, R.A., Southwell, C.J., van Franeker, J.A., Weimerskirch, H., Wienecke, B. & Woehler, E.J. 2015. Important Bird Areas in Antarctica 2015. BirdLife International and Environmental Research & Assessment Ltd., Cambridge.

Harrowfield, D.L.1982.Report on Canterbury Museum Antarctic Expedition Event K22 Cape Adare. March 1982 report to the Antarctic Division, DSIR, Christchurch.

Lista de coordenadas de límites

Esquina noroeste: 71º 18' 30" S, 170º 11' 33" E.

Esquina nordeste: 71º 18' 30" S, 170º 11' 44" E.

Esquina suroeste: 71º 18' 35,5" S, 170º 11' 33" E.

Esquina sureste: 71º 18' 38" S, 170º 11' 44" E.

Extensión norte máxima: 71º 18' 30" S.

Extensión máxima al sur: 71º 18' 38" S

Extensión occidental máxima: 170º 11' 33" E

Extensión este máxima: 170º 11' 44" E.

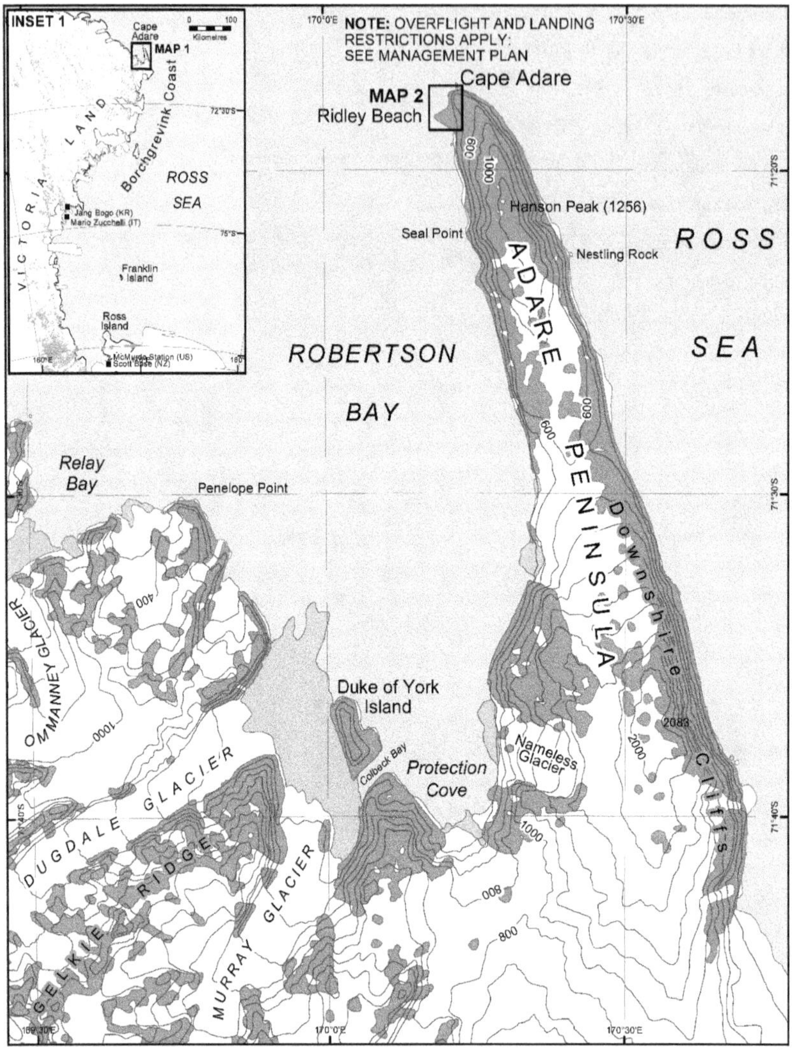

Map 1: ASPA No. 159 Cape Adare - Regional overview

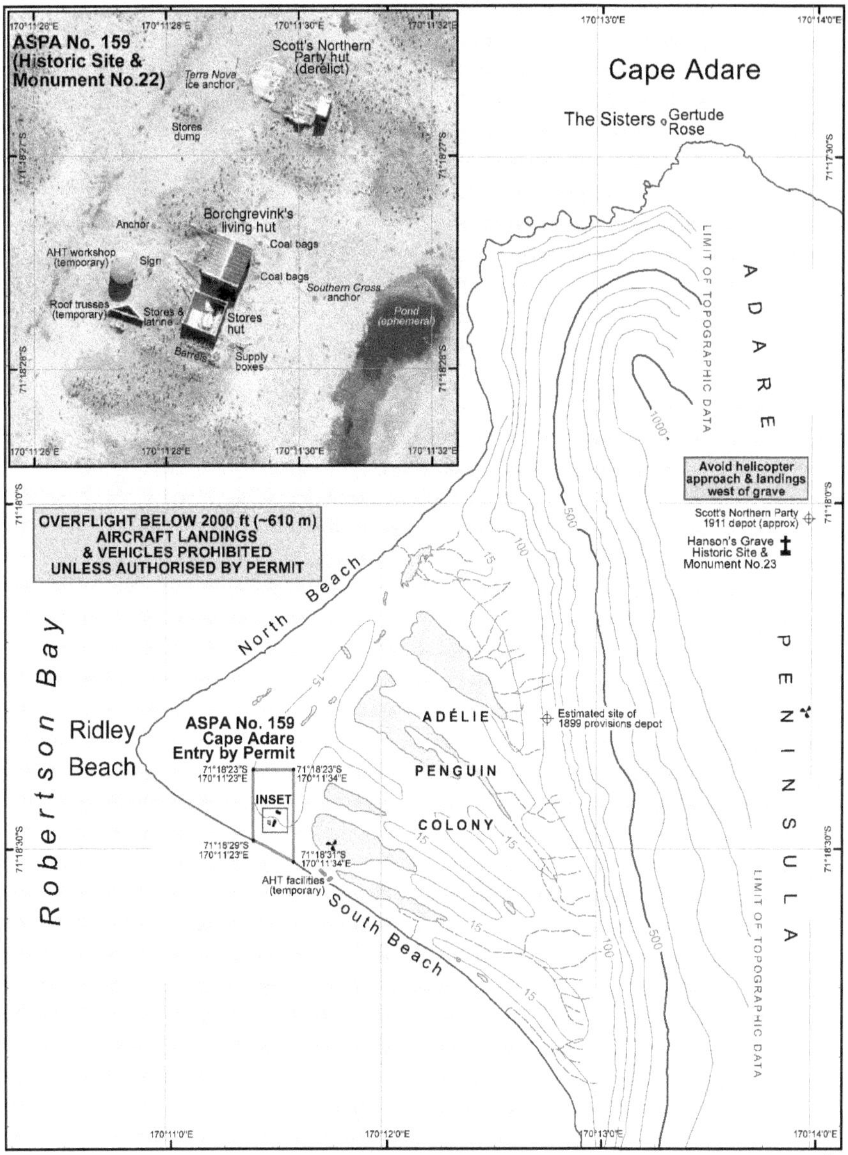

Map 2: ASPA No. 157 Cape Adare - topography & historic features

03 Apr 2020 (v3.0)
United States Antarctic Program
Antarctica New Zealand
Korea Polar Research Institute
Environmental Research & Assessment

Ocean — Permanent ice — Ice free ground — Pond (ephemeral) — Coastline — Stream (ephemeral) — Contour (500 ft) — Contour (100 ft) — Protected area boundary — Historic building / artefact — Antarctic Heritage Trust (NZ) facilities — Automatic Weather Station — Memorial cross — Historic feature

0 100 200 300 400 Metres

Projection: Lambert Conformal Conic
Spheroid and horizontal datum: WGS84
Contours indicative: 100 feet (15' on Ridley Beach)
Data sources: topography Antarctica NZ (2019)
Historic features: identified by NZ AHT (2020)
Coast, ponds, streams: digitised from WV2 (Dec 2019)
Orthoimage: Korea Polar Research Institute (Jan 2020)
Geopositioning approximate (~5-10 m)

KOPRI

Plan de Gestión de la Zona Antártica Especialmente Protegida (ZAEP) n.º 163: Glaciar Dakshin Gangotri, Tierra de la Reina Maud

Introducción

En la XXV RCTA, la India presentó un documento de trabajo en la XXV RCTA (Documento de Trabajo WP 47) sobre un borrador de plan de gestión para un sitio de especial interés científico que se proponía establecer en el pie del glaciar Dakshin Gangotri, colinas Schirmacher, en la Tierra de la Reina Maud. El Comité señaló que el sitio debería denominarse ZAEP en lugar de SEIC. Consiguientemente, durante la XXVI RCTA, la India presentó un borrador de plan de gestión para la Zona Antártica Especialmente Protegida (Documento de Trabajo WP-38 de la XXVI RCTA) y posteriormente presentó el plan de gestión revisado durante la XXVII RCTA (Documento de Trabajo WP 33). El Plan de Gestión recibió la aprobación en virtud de la Medida 2 (2005) y la designación como ZAEP 163 durante la XXVIII RCTA (Documento de Trabajo WP 25). El Plan de Gestión se volvió a examinar transcurridos cinco años, aplicándosele modificaciones menores, y fue presentado a la XXXIII RCTA (Documento de Trabajo WP 055 rev. 1.) y aprobado en virtud de la Medida 12 (2010). Posteriormente, el Plan de Gestión se revisó después de cinco años y, con cambios menores, se presentó en la XXXVIII RCTA (WP 42) y luego adoptado bajo la Medida 15 (2015).

El glaciar Dakshin Gangotri tiene gran valor para el seguimiento del retroceso de los glaciares. El morro se ha estado observando desde 1983 a fin de comprender el efecto del cambio climático en el glaciar. Esta zona también es importante para el estudio de algas, musgos, cianobacterias y líquenes, que están muy difundidos en las colinas Schirmacher y especialmente al interior de la ZAEP. Las cianobacterias contribuyen en forma importante a la fijación del nitrógeno, y hasta ahora se han identificado muchas especies que provienen de esta zona. Según un estudio realizado desde 2003, también se han identificado muchas especies de líquenes.

1. Descripción de los valores que requieren protección

Valor histórico

El glaciar Dakshin Gangotri es una pequeña lengua de la capa de hielo polar continental que recubre las colinas Schirmacher en la región central de la Tierra de la Reina Maud. Fue identificado por la segunda expedición antártica de la India en 1982-1983 y, desde entonces, se vigila su morro regularmente en lo que respecta a retroceso/avance.

Valor científico

Con la gran cantidad de datos disponibles durante las dos últimas décadas, se ha convertido en un sitio valioso para observar los cambios en el movimiento de la capa de hielo antártico como consecuencia del calentamiento de la Tierra. La zona es sumamente importante desde el punto de vista científico para los glaciólogos y los expertos en medio ambiente. Debido a sus valores científicos y a la naturaleza de la investigación, la Zona está protegida como Zona Antártica Especialmente Protegida de conformidad con los artículos 2, 3, 5 y 6 del anexo V del Protocolo al Tratado Antártico sobre Protección del Medio Ambiente, con el propósito de evitar la interferencia en investigaciones científicas previstas y en curso.

Durante el verano austral de 2003-2004 se realizaron campañas con base en el sistema de posicionamiento global (GPS) con el propósito de obtener información sobre la velocidad y la distribución de la velocidad de deformación en el borde de la capa de hielo continental que recubre la parte sur de las colinas Schirmacher en la región central de la Tierra de la Reina Maud. Durante dos años se recopilaron datos de GPS en 21 sitios y se los analizó para calcular los puntos de referencia de las coordenadas del sitio y las velocidades. Las velocidades horizontales de los glaciares se sitúan entre 1,89±0,01 y 10,88±0,01 m a-1 hacia el nornordeste, con una velocidad media de 6,21±0,01 m a-1. Las principales tasas de deformación proporcionan una medición cuantitativa de las tasas de extensión, que van desde (0,11 ± 0,01) × 10-3 a (1,48 ± 0,85) × 10-3 a-1, y de las tasas de acortamiento, que van desde (0,04 ± 0,02) × 10-3 a (0,96 ± 0,16) × 10-3 a-1 (Sunil *et al.*, 2007).

Valor medioambiental

En la zona designada, la exploración demostró una abundante diversidad en la fauna de invertebrados terrestres que viven en los musgos. Las colinas Schirmacher constituyen asimismo una zona importante en cuanto a la diversidad de algas y cianobacterias. Los musgos terrestres están bastante difundidos en las colinas Schirmacher y colonizan una amplia gama de hábitats. Debido a su naturaleza poiquilohídrica y la estrategia alternativa de adaptación, los musgos constituyen uno de los pocos grupos de plantas que crecen en la Antártida. Los musgos desempeñan una función en la modificación del hábitat, el ciclo de nutrientes y el suministro de refugio y seguridad a animales invertebrados asociados. Los estudios de los musgos en las colinas Schirmacher revelaron que su distribución es importante en la parte central y en la zona designada, en comparación con las partes oriental y occidental.

Se ha estudiado la distribución de las algas, las cianobacterias y la flora en arroyos de agua dulce del oasis en la zona de estudio designada. Las especies de las que se informó son *g. magma, chaemosiphon subglobosus, oscillatoria limosa, o. limnetica, p. frigidum, p. autumnale, nostoc commune, n. punctiforme, calothrix gracilis, c.brevissima, uronema sp. y cosmarium leave*. Entre las cianobacterias encontradas en el arroyo de las colinas Schirmacher, el aporte de especies fijadoras de nitrógeno podría repercutir considerablemente en la economía del nitrógeno del ecosistema a través de su fijación. En las colinas Schirmacher se estudiaron también las skúas polares y se informó que anidan y se reproducen en los alrededores del lugar designado.

Un estudio adicional sobre los líquenes llevado a cabo desde 2003-04 dentro del sitio del área protegida reveló la presencia de especies tales como *acarospora geynnii*, C.W.Dodge & E.D.Rudolph, *acarospora williamsii*, Filson, *amandinea punctata*,(Hoffm.) Coppins & Scheid, *buellia frigida*, Darb., *buellia grimmiae*, Filson, *candelaria murrayi*, Poelt, *candelariella flava* , (C.W.Dodge & G.E. Baker), Castello & Nimis, *carbonea vorticsa*, (Florke) Hertel, *lecanora expectans* , Darb., *lecanora fuscobrunnea* , C.W. Dodge y G.E. Baker, *lecanora geophila* (Th. Fr.) Poelt, *lecidea andersonii*, Filson, *lecidea cancriformis* , C.W.Dodge & G.E. Baker, *lecidella siplei* , (C.W. Dodge & G.E. baker) May., *lepraria cacuminum* , (A. Massal.) Lohtander, *physcia caesia*, (Hoffm.) Furnr., *pseudephebe minuscule* , (Nyl. Ex Arnold) Brodo & D. Hawksw., and *rhizoplaca melanophtalma*, (Ram.) Luckert & Poelt (Olech *et al.* 2010).

2. Finalidades y objetivos

La gestión del glaciar Dakshin Gangotri tiene por objeto las siguientes finalidades:

- evitar la degradación de los valores de la Zona impidiendo las perturbaciones innecesarias causadas por seres humanos
- permitir la investigación científica sobre los glaciares y el medio ambiente, protegiendo al mismo tiempo la exactitud de las observaciones frente a todo tipo de alteraciones producidas por el ser humano
- cerciorarse de que los puntos periféricos a lo largo del morro no sean afectados adversamente por la actividad humana en la Zona
- mantener la zona como indicador de referencia para el estudio de los patrones de movimiento de esta parte de la capa de hielo antártico afectada por el calentamiento de la Tierra
- permitir las visitas con fines de gestión para cumplir los objetivos del Plan de Gestión de la

Zona

- reducir al mínimo la posibilidad de introducción de plantas, animales y microbios no autóctonos en la Zona

3. Actividades de gestión

Las siguientes actividades de gestión serán llevadas a cabo para proteger los valores del área:

- En las estaciones de investigación Maitri (India) y Novolazarevskaya (Rusia) se colocará, en un lugar bien visible, un mapa detallado que muestre la ubicación y los límites de la Zona, así como las restricciones especiales que apliquen. En ambas estaciones se dispondrá también de copias de este Plan de Gestión.
- En rocas prominentes cerca de ambos puntos de ingreso al valle (el extremo este y el extremo sudeste) se colocarán dos letreros que señalen la ubicación y los límites de la Zona y una explicación clara de las restricciones al ingreso a fin de evitar el ingreso accidental.
- Se suministrarán copias de este Plan de Gestión, junto con mapas de la ubicación y los límites de la Zona, a las embarcaciones y las aeronaves que visiten el lugar.
- Los señalizadores, letreros, montículos y otras estructuras instalados en la Zona con fines científicos o de gestión deberán estar bien sujetos y en buen estado, y deberán ser retirados cuando ya no se necesiten.
- Se realizarán las visitas necesarias a la Zona (por lo menos una vez cada dos años) para determinar si la Zona continúa sirviendo a los fines para los cuales fue designada y para cerciorarse de que las medidas de gestión y mantenimiento sean apropiadas.
- El Plan de Gestión será revisado al menos una vez cada cinco años y se actualizará según sea necesario.

4. Período de designación

La designación de la ZAEP abarca un período indeterminado.

5. Mapas y fotografías

Se adjuntan los mapas y las fotografías siguientes para ilustrar la Zona y el plan propuesto: Mapa 1: Ubicación de las colinas Schirmacher en la región central de la Tierra de la Reina Maud, Antártida oriental.

Mapa 2: Mapa de las colinas Schirmacher, que muestra la ubicación de la estación de investigación Maitri (India) y la estación de investigación Novolazarevskaya (Rusia) y límites de ZAEP 163

Mapa 3: Clasificación y numeración de los lagos de las colinas Schirmacher. (según Ravindra et al, 2001). Mapa 4: Mapa topográfico de la Zona. (intervalo de contorno vertical: 10 m).

Mapa 5: Trayectorias de los glaciares fósiles en las colinas Schirmacher. (según Beg et al, 2000). Figura 1: Imagen que muestra los marcadores que muestran la ubicación de los límites de la ZAEP. Figura 2: Vista aérea del hocico del glaciar Dakshin Gangotri.

6. Descripción de la Zona

i. Coordenadas geográficas, indicadores de límites y características naturales

Las colinas Schirmacher son una cadena de cerros rocosos, de unos 17 km de largo en el sentido E-O (con límites a 11° 22' 40" y 11° 54' 20" de longitud este) y unos 0,7 a 3,3 km de ancho, aproximadamente (con límites a 70° 43' 50" y 70° 46' 40" de latitud sur). Su elevación oscila entre 0 m y 228 m sobre el nivel medio del mar. Forma parte de la región central de la Tierra de la Reina Maud en la Antártida oriental. La Zona propuesta es un fragmento de la sección occidental de las colinas Schirmacher.

Los límites de la Zona propuesta se encuentran a 11° 33' 30" y 11° 36' 30" de longitud este y 70° 44' 10" y 70° 45' 30" de latitud sur. La Zona tiene 4,53 kilómetros cuadrados de extensión aérea. Las esquinas nordeste y noroeste de la Zona se encuentran sobre hielo de barrera, mientras que el extremo sudoeste se encuentra en la capa de hielo polar. El extremo sudeste está en un afloramiento rocoso.

Desde el punto de vista topográfico, la Zona puede dividirse en cuatro unidades diferenciadas: la capa de hielo continental del sur, las laderas de los cerros rocosos, un vasto lago proglaciar central (lago B7, lago Sbrosovoye) y la capa septentrional de hielo ondulatorio.

La capa de hielo en el extremo sur está formada por «hielo azul» desnudo, que desciende de la curva de nivel de 180 m a la curva de nivel de 10 m en el pie del glaciar. Está fisurada y la cruzan fracturas de NE-SO a NNE-SSO.
Dos arroyos supraglaciares pequeños y efímeros fluyen sobre el morro en dirección NNE.

El terreno rocoso es disparejo, con una anchura mínima de las colinas Schirmacher, en el morro, de menos de 50 m. Las laderas orientales y occidentales de los cerros descienden hacia el morro, formando un ancho valle. Las curvas de nivel descienden de 150 m hasta el nivel medio del mar en el borde septentrional de los afloramientos rocosos.

La parte central de la Zona está ocupada por el lago B7. Es un lago de origen glacial. Las dimensiones del lago son de 500 m x 300 m.

La parte norte de la Zona comprende hielo de barrera con lomos de presión, fracturas y fisuras. El contacto entre el hielo de barrera y las laderas rocosas orientales está marcado por un lineamiento prominente de 3 km de longitud en dirección NNE-SSO. Las fracturas en el hielo son paralelas también a este lineamiento.

Las colinas Schirmacher presentan un terreno metamórfico con facies que van de granulitas a anfibolitas. Los tipos de rocas están representados por charnoquitas, enderbitos, gneis de granate-silimanita, gneis de granate-biotita, gneis lenticular cuarzofeldespático con algunos lamprófidos foliados, anfibolitas, metagabro y metabasalto. Los ciclos rocosos son predominantemente grenvilleanos (1000 Ma) y panafricanos (550 Ma). Se distinguen tres fases de deformación.

La Zona comprende principalmente rocas de tipo charnoquita-khondalita (gneis de cuarzo-granate-silimanita-pertita±grafito) con algunas capas intermedias de cuarcitas de silimanita granate, gneis calcosilicatado y granulitas máficas. Dos grupos de fallas (N30E y N50E) son bastante prominentes. Una de estas fallas principales se extiende desde el extremo nordeste de la Zona y atraviesa las tres unidades geomorfológicas: el hielo de barrera, las rocas y la capa de hielo continental.

Los datos meteorológicos de la cercana Estación de Investigación Maitri, de la India, revelan que el clima de la Zona es polar seco. Las temperaturas extremas de los meses más cálidos y más fríos oscilan entre 7,4 y -34,8°C. La temperatura media anual es de -10,2°C. Diciembre fue el mes más cálido y agosto fue el mes más frío. Las ventiscas de nieve alcanzan una velocidad de 90 a 95 nudos; la velocidad media anual del viento es de 18 nudos. Predominan los vientos en dirección E-SE. Las nevadas son bastante frecuentes durante los meses de invierno, pero los vendavales limpian las superficies rocosas y se deposita mucha nieve en la cara de sotavento de las lomas.

De 1983 a 1996 se realizaron observaciones glaciológicas desde dos puntos fijos (puntos «G» y «H») por medio de mediciones electromagnéticas de distancia o teodolito. Los resultados revelaron que el glaciar está retrocediendo constantemente, año tras año, a una tasa de recesión media de 70 cm por año.

En 1996, con el propósito de aumentar la exactitud de las observaciones, se marcaron 19 puntos periféricos en torno al pie del glaciar. La recesión anual media de 1997 a 2002 fue de 48,7 cm, 74,9 cm, 69,5 cm, 65,8 cm y 62,7 cm, respectivamente. Esto se traduce en una recesión promedio general de
65,3 cm por año para el período 1996-2002, lo cual coincide con las observaciones del período anterior (1983-1996) de una tasa de recesión de siete metros por década.

Los datos obtenidos a partir del seguimiento subsiguiente revelaron que el retroceso anual medio para 2003, 2004, 2005 y 2006 aumentó gradualmente a 68,0; 69,4; 71,3 y 72,8 centímetros al año. Sin embargo, en 2006-2007, el retroceso medio del frente de hielo polar de Dakshin Gangotri fue de solo 0,6 m, si bien los datos recopilados en el borde occidental de las colinas Schirmacher mostraron un retroceso anual medio de alrededor de 1,4 m en 2006-2007. El retroceso anual medio del pie del glaciar Dakshin Gangotri fue de alrededor de 1 m en 2008, mientras que el retroceso anual medio de la extensión occidental del frente de hielo fue de 2 m, aproximadamente. El retroceso máximo se observó en el punto de observación 14, donde se registró un retroceso acumulativo de 17,21 metros en diez años (1996 a 2006).

Desde 2008-2009 hasta la fecha se realizan observaciones anuales. Los resultados permiten calcular que el retroceso anual del morro corresponde a 1,1 m, 0,26 m, 0,59 m, 0,33 m, 0,92 m, 0,29 m y 1,31 m, respectivamente. Los valores de retroceso calculados entre 1996 y 1997 indican que el menor retroceso tuvo lugar entre 2009 y 2010, con 0,26 metros, mientras que el mayor retroceso tuvo lugar entre 2014 y 2015, con 1,31 metros. Áreas restringidas y administradas al interior de la Zona

Se establecieron 19 puntos de observación a lo largo de la periferia del Glaciar Dakshin Gangotri en febrero de 1996. Utilizando estos puntos como referencia, fue posible registrar el movimiento del glaciar con una precisión de 1 cm. También se dispone de seguimiento con una precisión de centímetros para el período entre los años 1996 y 2002. Se debería restringir el acceso a esta área. A fin de proteger la exactitud de las observaciones científicas se propone limitar el acceso en un radio de 100 m alrededor de la periferia del glaciar.

ii. Estructuras situadas dentro de la Zona y en sus proximidades

No hay estructuras en la Zona, con excepción de dos montículos («G» y «H») que señalan los sitios utilizados para estudios glaciológicos y topográficos.

En el futuro se instalarán algunos letreros y montículos para avisar sobre la condición de Zona protegida.

iii. Ubicación de otras zonas protegidas en las cercanías

En las colinas Schirmacher no hay otras zonas protegidas.

7. Condiciones para la expedición de permisos

i. Acceso a la zona y desplazamientos en su interior o por ella

El ingreso a la Zona está prohibido, excepto con un permiso expedido por una autoridad nacional pertinente designada de conformidad con el artículo 7 del anexo V del Protocolo al Tratado Antártico sobre Protección Ambiental.

El permiso de ingreso a la Zona sólo puede expedirse con fines de investigación científica o con fines de gestión esenciales congruentes con los objetivos y las disposiciones del Plan de Gestión, a condición de que las actividades permitidas no pongan en peligro los valores científicos y ambientales de la Zona y no interfieran en los estudios científicos en curso. Se permite entrar en la Zona solamente a pie, y se prohíbe el ingreso de vehículos terrestres y el aterrizaje de helicópteros en la Zona.

No se permite el sobrevuelo de sistemas de aeronaves dirigidas por control remoto (RPAS), a menos que esto se haga con fines científicos o de operación y de conformidad con un permiso expedido por una autoridad nacional pertinente.

ii. Actividades que se llevan a cabo o que se pueden llevar a cabo dentro de la Zona y restricciones con respecto al momento y el lugar

Se podrán llevar a cabo las siguientes actividades dentro de la Zona:

- Investigaciones científicas concordantes con el Plan de Gestión, incluidos los valores para los cuales se ha designado la Zona, que no puedan realizarse en otro lugar y que no pongan en peligro el ecosistema de la Zona; y
- Actividades esenciales de gestión, incluyendo monitoreo.

iii. Instalación, modificación o remoción de estructuras

No se erigirán estructuras en la Zona excepto de conformidad con lo especificado en un permiso. No se instalarán equipos, con excepción de aquellos que sean esenciales para la investigación científica o para las actividades de gestión, los cuales deberán estar autorizados en un permiso. El equipo científico que se instale en la Zona deberá llevar claramente el nombre del país, el nombre del investigador principal, el año de instalación y la fecha prevista de terminación del estudio. En el informe sobre la visita se debe proporcionar esta información. Todos estos artículos deberían estar confeccionados con materiales que presenten un riesgo mínimo de contaminación de la Zona y deberán retirarse en cuanto concluya el estudio. El retiro de todo el equipo específico cuyo permiso haya vencido será una condición para el otorgamiento del permiso.

iv. Ubicación de los campamentos

Se prohíbe acampar en la Zona. Las expediciones pueden acampar al este del lago Kalika en VK-Ground o más allá del límite occidental de la Zona.

v. e) Restricciones relativas a los materiales y organismos que puedan introducirse en la Zona

- Se prohíbe la introducción deliberada de animales vivos, material de plantas o microorganismos en la Zona y se deben tomar precauciones para evitar su introducción accidental.
- No se introducirán plaguicidas, herbicidas, sustancias químicas ni radioisótopos en la Zona, con excepción de aquellos permitidos para fines científicos o de gestión. Estos agentes autorizados se retirarán de la Zona cuando concluya la actividad.
- Los visitantes también deben consultar y seguir adecuadamente las recomendaciones incluidas en el manual sobre especies no autóctonas del Comité para la Protección del Medio Ambiente (CPA, 2011), y el Código de Conducta Ambiental para el desarrollo de actividades científicas de campo en la Antártida (SCAR, 2009).
- No se podrá almacenar combustible en la Zona, salvo que se utilice para una actividad autorizada. No se construirán depósitos permanentes en la Zona.
- Todo el material que se introduzca en la Zona podrá permanecer durante un período determinado únicamente y deberá ser retirado a más tardar cuando concluya dicho período.

vi. Toma de, o intromisión perjudicial sobre flora y fauna autóctonas

Toda intromisión en la flora y fauna autóctonas de la Zona se realizará de conformidad con las disposiciones del Protocolo al Tratado Antártico sobre Protección Ambiental, 1991, anexo II, artículo 3. En caso de toma de animales o intromisión perjudicial en los mismos, se deberá usar como norma mínima el Código de conducta del SCAR para el uso de animales con fines científicos en la Antártida.

vii. Recolección o retiro de materiales que el titular del permiso no haya llevado a la Zona

Se podrá recolectar o retirar material de la Zona únicamente de conformidad con un permiso, y dicho material deberá limitarse al mínimo necesario para fines de índole científica o de gestión.

Podrá retirarse todo el material de origen humano que no haya sido llevado a la Zona por el titular del permiso, pero que pueda comprometer los valores de la Zona, salvo que el impacto de su extracción pueda ser mayor que el efecto de dejar el material *in situ*. En tal caso, deberá informarse a las autoridades nacionales pertinentes.

viii. Eliminación de desechos

Todos los residuos, incluso los residuos de origen humano, deberán ser retirados de la Zona.

ix. Medidas que podrían requerirse para garantizar el continuo cumplimiento de los objetivos y las finalidades del Plan de Gestión

- Se podrán conceder permisos para ingresar en la Zona a fin de realizar actividades de monitoreo biológico e inspección de la Zona.
- Todos los sitios donde se lleven a cabo actividades de monitoreo a largo plazo deberán estar debidamente marcados y se deberá determinar su ubicación con el sistema de posicionamiento global (GPS) a fin de asentarlos en el Sistema del Directorio de Datos Antárticos por medio de la autoridad nacional pertinente.

x. Requisitos relativos a los informes

El titular principal del permiso debería presentar a la autoridad nacional pertinente un informe de la visita en el cual se describan las actividades realizadas por las personas a quienes se haya expedido el permiso. Dichos informes deberán presentarse cuanto antes después del vencimiento del permiso, y deberá incluir los tipos de información señalados en el formulario para informes sobre visitas del SCAR o según lo dispongan las leyes nacionales. La autoridad llevará un registro de dichas actividades y este se pondrá a disposición de las partes interesadas.

8. Bibliografía

ASTHANA R., GAUR M.P., CHATURVEDI, A. (1996): Notes on Pattern of Snow Accumulation/ablation on ice shelf and Secular Movement of Dakshin Gangotri Glacier Snout in Central Dronning Maud Land, East Antarctica. *In: scientific Report of the Twelfth Indian Scientific Expedition to Antarctica,* Tech. Pub. No. 10 D.O.D., Govt. of India, New Delhi, pp.111-122.

BEG M.J., PRASAD A.V.K., CHATURVEDI, A. (2000): Interim Report on Glaciological Studies in the Austral Summer of 19th Indian Antarctic Expedition. In: *Scientific Report of Nineteenth Indian Expedition to Antarctica,* Tech. Pub. No. 17, D.O.D., Govt. of India, New Delhi, pp. 121-126.

BEJARNIYA B.R., RAVIKANT V., KUNDU A. (2000): Glaciological Studies in Schirmacher Hill and on Ice Shelf during XIV Antarctica Expedition. In: *Scientific Report of Sixteenth Indian Expedition to Antarctica,* Tech. Pub. No. 14, D.O.D., Govt. of India, New Delhi, pp. 121-126.

CHATURVEDI A., SINGH A., GAUR M.P., KRISHNAMURTHY, K.V., BEG M.J. (1999): A confirmation of Polar Glacial Recession by Monitoring the Snout of Dakshin Gangotri Glacier in Schirmacher Range. In: *Scientific Report of Fifteenth Indian Expedition to Antarctica,* Tech. Pub. No. 13, D.O.D., Govt. of India, New Delhi, pp. 321-336.

D'SOUZA M.J., KUNDU A. (2000): Glaciological studies during the Seventeenth Antarctic Expedition. In: *Scientific Report of Seventeenth Indian Expedition to Antarctica*, Tech. Pub. No. 15, D.O.D., Govt. of India, New Delhi, pp.67-72.

KASHYAP A.K. (1988.): Studies on Algal flora of Schirmacher Oasis, Dronning Maud land, Antarctica . In: *Proceedings of Workshop on Antarctic Studies,* D.O.D.,CSIR, Govt. of India, New Delhi, pp.435-439

KAUL M.K., CHAKRABORTY S.K., RAINA V.K. (1985): A Note on the snout of the Dakshin Gangotri Glacier, Antarctica. In: *Scientific Report of Second Indian Expedition to Antarctica*, Tech. Pub. No. 2, D.O.D., Govt. of India, New Delhi, pp. 91-93.

KAUL M.K., SINGH R.K., SRIVASTAVA D., MUKERJI S., JAYARAM S. (1998): Observations on the Changes in the Snout of Dakshin Gangotri Glacier, Antarctica. In: *Scientific Report of the Fifth Indian Expedition to Antarctica,* Tech. Pub. No. 5, D.O.D., Govt. of India, New Delhi, pp. 205-209.

MUKERJI S., RAVIKANT V., BEJARNIYA B.R., OBEROI L.K., NAUTIYAL S.C. (1995): A Note on the Glaciological Studies Carried Out During Eleventh Indian Expedition to Antarctica. In: *Scientific Report of Eleventh Indian Expedition to Antarctica,* Tech. Pub. No. 9, D.O.D., Govt. of India, New Delhi, pp. 153-162.

OLECH M., SINGH S.M. (2010) : Lichens and Lichenicolous Fungi of Schirmacher Oasis, Antarctica. *Monograph*, National Centre for Antarctic and Ocean Research, India. NISCAIR, New Delhi (In press).

PANDEY K.D., KASHYAP A.K. (1995): Diversity of Algal Flora in Six Fresh Water Streams of Scirmacher Oasis, Antarctica. In: *Scientific Report of Tenth Indian Expedition to Antarctica,* Tech. Pub. No. 8, D.O.D., Govt. of India, New Delhi, pp. 218-229.

RAVINDRA R., CHATURVEDI A. AND BEG M.J. (2001): Melt Water Lakes of Schirmacher Oasis - Their Genetic Aspects and Classification. In: *Advances in Marine and Antarctic Science,* Ed. Sahu, DB and Pandey, PC, Dariyaganj, New Delhi, pp. 301-313.

RAVINDRA R., SRIVASTAVA V.K., SHARMA B.L., DEY A., BEDI, A.K. (1994): Monitoring of Icebergs in Antarctic Waters and a Note on the Secular Movement of Dakshin Gangotri Glacier. In: *Scientific Report of Ninth Indian Expedition to Antarctica,* Tech. Pub. No. 6, D.O.D., Govt. of India, New Delhi, pp. 239-250.

RAVINDRA, R. (2001): Geomorphology of Schirmacher Oasis, East Antarctica. *Proc. Symp. on Snow, Ice and Glaciers*, Geol. Sur. India, Spl. Pub. No. 53, pp. 379-390.

SINGH D.K., SEMWAL R.C. (2000): Bryoflora of Schirmacher Oasis,East Antarctica: A Preliminary Study. In: *Scientific Report of Sixteenth Indian Expedition to Antarctica,* Tech. Pub. No. 14, D.O.D., Govt. of India, New Delhi, pp.173-186

SUNIL P.S., REDDY C.S., PONRAJ M., DHAR A., JAYAPAUL D. (2007) : GPS Determination of the Velocity and Strain-Rate Fields on Schirmacher Glacier, Central Dronning Maud Land, Antarctica. *Journal of Glaciology*, vol. 53, pp. 558-564.

VENKATARAMAN K. (1998): Studies on Phylum Tardigrada and Other Associated Fauna, South Polar Skua and Bird and Mamal Ligging during 1994-1995 Expedition. In: *Scientific Report of Fourteenth Indian Expedition to Antarctica,* Tech. Pub. No. 12, D.O.D., Govt. of India, New Delhi, pp.220-243

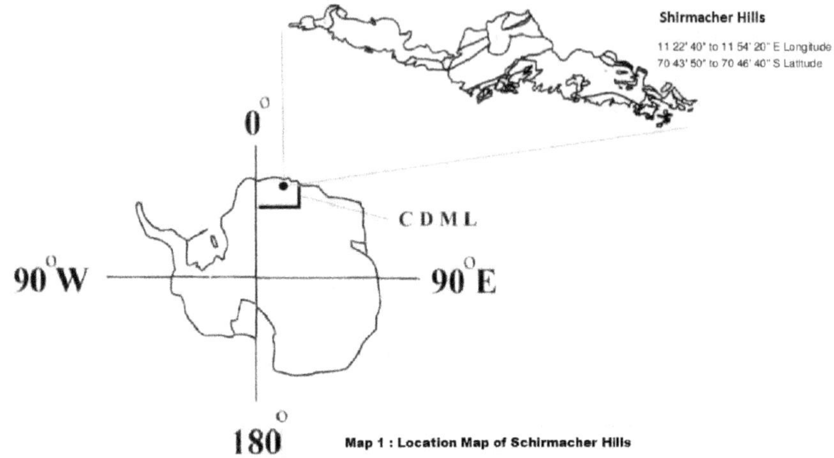

Map 1 : Location Map of Schirmacher Hills

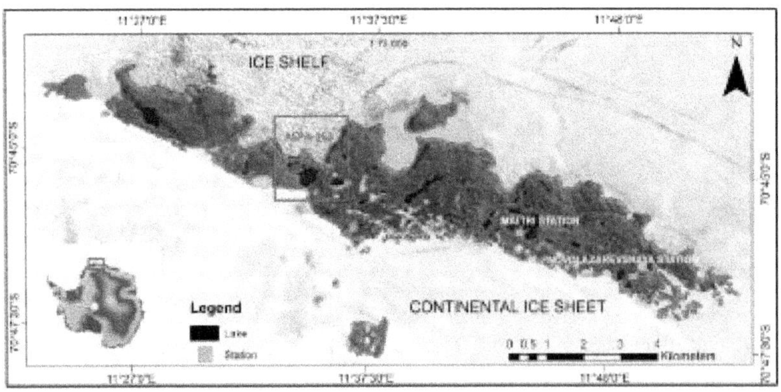

MAP 2: MAP SHOWING LOCATION OF MAITRI STATION, NOVOLAZAREVSKAYA STATION AND ASPA-163 BOUNDARY

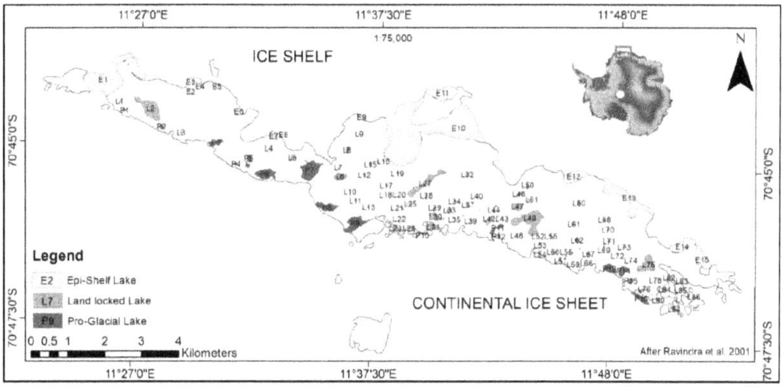

MAP 3: CLASSIFICATION AND NUMBERING OF LAKES, SHIRMACHER HILLS

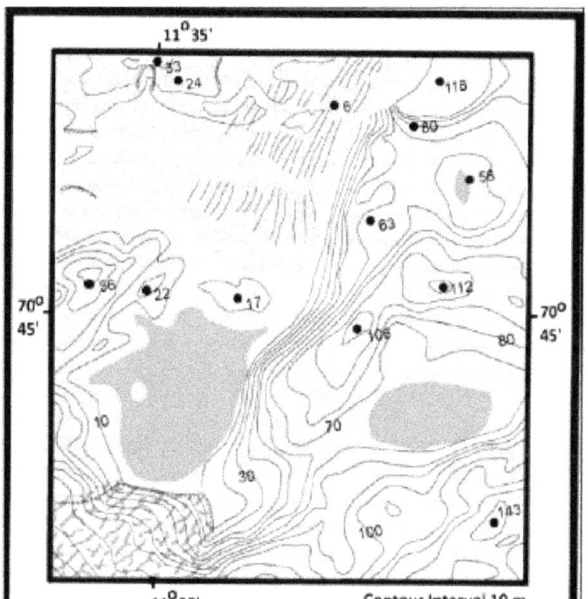

MAP 4: TOPOGRAPHIC MAP OF THE AREA

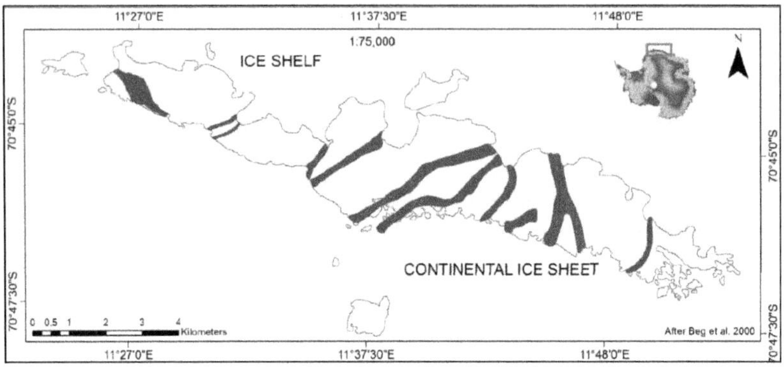

MAP 5: PATHS OF FOSSIL GLACIERS IN SCHIRMACHER HILLS

Figure 1: Images of Secured Markers at two Locations at the Boundary of ASPA-163

MAP-6: DAKSHIN GANGOTRI SNOUT (MARCH 2013)

Plan de gestión para la

Zona Antártica Especialmente Protegida n.º 167

Isla Hawker, Tierra de la Princesa Isabel

Introducción

La Isla Hawker (68° 38' S, 77° 51' E, Mapa A) se ubica 7 km al sudoeste de la estación Davis, en los Cerros Vestfold, costa Ingrid Christensen, Tierra de la Princesa Isabel, Antártida oriental. La isla se designó como Zona Antártica Especialmente Protegida (ZAEP) n.° 167 en virtud de la Medida 1 (2006), a raíz de una propuesta formulada por Australia, principalmente para proteger la colonia reproductora más austral de petreles gigantes antárticos (*Macronectes giganteus*) (Mapa B). La Zona es uno de los únicos cuatro puntos de reproducción de petreles gigantes antárticos que se conocen en la Antártida oriental, todos los cuales han sido designados como ZAEP: ZAEP n.° 102, Islas Rookery, bahía Holme, Tierra de Mac. Robertson (67º 36' S, 62º 53' E), cerca de la estación Mawson; ZAEP n.° 160, islas Frazier, Tierra de Wilkes (66° 13' S, 110° 11' E), cerca de la estación Casey; y ZAEP n.° 120, Pointe Géologie, Tierra de Adelia (66º 40' S, 140º 01' E), cerca de Dumont d'Urville. La isla Hawker también alberga colonias reproductoras de pingüinos Adelia (*Pygocelis adeliae*), skúas antárticas (*Catharacta maccormicki*) y petreles dameros (*Daption capense*). Ocasionalmente, los elefantes marinos del sur (*Mirounga leonina*) pescan en las playas meridionales y las focas de Weddell (*Leptonychotes weddellii*) tienen sus crías en el hielo marino cercano.

1. Descripción de los valores que requieren protección

Actualmente se desconoce la población total de petreles gigantes antárticos en la Antártida oriental, pero es probable que represente menos del 1 % de la población reproductora mundial. Hay cuatro colonias conocidas en la Antártida oriental. En enero de 2020 había en la isla Hawker 31 ejemplares adultos, 27 polluelos y 3 crías jóvenes (de 1 año de edad, no reproductoras). No se ocuparon más de 4 nidos (uno con un polluelo) en la isla Giganteus (ZAEP 102 de las islas Rookery) en enero de 2010. La última estimación de aproximadamente 250 parejas en las islas Frazier (ZAEP 160) se remonta a 2001 y solamente incluía datos correspondientes a una de las tres islas. En Pointe Géologie (ZAEP 120) se registraron 19 parejas reproductoras en 2016. Los petreles gigantes antárticos también se reproducen en otras islas meridionales de los océanos Índico y Atlántico, además de en la península Antártica.

La colonia de petreles gigantes antárticos de la isla Hawker fue descubierta en diciembre de 1963; se calculó que había entre 40 y 50 nidos, algunos con huevos, pero no está claro si todos los nidos estaban ocupados. De 1963 a 2007 se contaron ejemplares adultos, huevos o polluelos de manera intermitente en varias etapas del ciclo de reproducción. Debido a la variabilidad en la calendarización de los recuentos y a la incoherencia de las unidades de recuento empleadas, no es posible establecer una tendencia a largo plazo para esta población. Anteriormente se informó de cifras bajas para esta colonia debido a que los recuentos incluían únicamente la cantidad de polluelos anillados en un año determinado, en lugar de la cantidad total.

Los petreles gigantes antárticos reproductores son sensibles a las alteraciones en el nido. A mediados de la década de 1980 se introdujeron restricciones a las actividades permitidas en los criaderos cerca de las estaciones australianas, incluida la prohibición de anillar a los animales.

La isla Hawker alberga además colonias reproductoras de pingüinos Adelia (*Pygocelis adeliae*), skúas antárticas (*Catharacta maccormicki*), y petreles dameros (*Daption capense*); ocasionalmente también se acercan al lugar focas de Weddell (*Leptonychotes weddellii*).

2. Finalidades y objetivos

La gestión de la ZAEP de la isla Hawker tiene como objetivo:

- proteger la colonia reproductora de petreles gigantes antárticos y el resto de la fauna y la flora silvestres;
- evitar la perturbación por actividades humanas u otros efectos adversos sobre los valores de la Zona, permitiendo al mismo tiempo la investigación u otras actividades coherentes con este plan;
- proteger los valores de la isla Hawker como zona de referencia para futuros estudios comparativos con otras poblaciones reproductoras de petreles gigantes antárticos;
- reducir al mínimo la posibilidad de introducción de plantas, animales y microbios no autóctonos en la isla Hawker;
- permitir visitas para fines de gestión como apoyo de los objetivos del plan de gestión.

3. Actividades de gestión

Se llevarán a cabo las actividades siguientes para proteger los valores de la Zona:

- Se permitirán visitas de investigación para evaluar los niveles y las tendencias de población de la colonia de petreles gigantes antárticos y del resto de la fauna y la flora silvestres. Cuando sea posible, se dará preferencia a las actividades y metodologías que reduzcan al mínimo la perturbación de la colonia de reproducción (por ejemplo, uso de cámaras automáticas).
- Cuando sea posible, la Zona se visitará fuera de la temporada de reproducción de los petreles gigantes antárticos (es decir, desde mediados de abril a mediados de septiembre), según sea necesario, para evaluar si sigue cumpliendo el propósito para el cual se designó y garantizar que las actividades de gestión son adecuadas.
- Se debe producir información sobre la ubicación de la ZAEP de la isla Hawker en la que se establezcan las restricciones que se aplican y se mantendrán copias disponibles del presente plan de gestión en las estaciones cercanas. Se debe proporcionar material informativo y el plan de gestión a cualquier persona que visite las inmediaciones.
- El plan de gestión se debe revisar al menos con frecuencia quinquenal, y actualizarse cuando sea necesario.

4. Período de designación

La designación abarca un período indeterminado.

5. Mapas

- Mapa A: Zona Antártica Especialmente Protegida de la isla Hawker, cerros Vestfold, costa Ingrid Christensen, Tierra de la Princesa Isabel, Antártida oriental.
- Mapa B: Zona Antártica Especialmente Protegida de la isla Hawker, cerros Vestfold, costa Ingrid Christensen, Tierra de la Princesa Isabel, Antártida oriental: biota, topografía y características físicas.

Especificaciones cartográficas:

- Proyección: Zona UTM 49
- Datum horizontal: WGS84

6. Descripción de la Zona

6(i) Coordenadas geográficas, indicadores de límites y características naturales

La isla Hawker se ubica a 68° 38’ S, 77° 51’ E, unos 300 metros frente a la costa de los cerros Vestfold. Los cerros Vestfold son una zona libre de hielo con una forma aproximadamente triangular compuesta de unos 512 km^2 de lecho rocoso, escombros glaciales, lagos y lagunas. Los cerros Vestfold limitan al este con la meseta de hielo, al sur con el glaciar Sørsdal y al oeste con la bahía de Prydz, y contienen colinas bajas (con una altura máxima de 158 m en el cerro Boulder) y valles, a la vez que fiordos y lagos que penetran profundamente en ellos. Varias islas bordean la costa de los cerros Vestfold y la isla Hawker está situada al sudoeste, entre la isla Mule y la península Mule.

La isla Hawker es de forma irregular y tiene poca elevación (alcanzando casi 40 m en su punto más alto); tiene dos cordilleras paralelas que discurren de norte a sur y terminan en dos pequeñas penínsulas en la parte sur. Una tercera península se ubica directamente al oeste, y termina en un cerro de 40 m con acantilados que caen hasta el mar con orientación oeste y sur. Existen varios lagos pequeños de agua dulce situados entre las cordilleras del sector norte de la isla, con algunos lagos pequeños ubicados en los terrenos más planos del sector oriental. En su máxima extensión, la isla mide 2 km de norte a sur y 1,7 km de este a oeste.

La Zona comprende la totalidad de la superficie terrestre de la isla Hawker, con el límite costero en la marca de bajamar (Mapa B). La isla Hawker tiene una superficie aproximada de 1,9 km^2. No existen indicadores de límites.

Dominios Ambientales, Regiones Biogeográficas de Conservación y Áreas Importantes para la Conservación de las Aves de la Antártida

Según el Análisis de Dominios Ambientales de la Antártida (Resolución 3 [2008]), la isla Hawker se encuentra en el ambiente D, Geológico del litoral de la Antártida oriental. Según su clasificación en las Regiones Biogeográficas de Conservación Antártica [Resolución 3 (2017)], la Zona se encuentra en la Región Biogeográfica 7, Antártida oriental. La isla Hawker no está identificada como un Área Antártica Importante para la Conservación de las Aves en virtud de la Resolución 5 (2015).

Historia humana

El 9 de febrero de 1931, Douglas Mawson, en el marco de la expedición BANZARE del buque *Discovery*, realizó el primer avistamiento documentado de los cerros Vestfold. Cuatro años más tarde, el 20 de febrero de 1935, el capitán Klarius Mikkelsen del buque cisterna *Thorshavn* (Lars Christensen Company), avistó los cerros y desembarcó en la zona. Bautizó muchas de las características de la zona y de los cerros Vestfold con nombres de su provincia natal, en Noruega. Mikkelsen visitó nuevamente los cerros Vestfold a principios de 1937, mientras llevaba a cabo una exploración aérea de la costa.

En enero de 1939, el explorador estadounidense Lincoln Ellsworth y su asesor australiano, Sir Hubert Wilkins, fueron los siguientes visitantes documentados de la zona, en la motonave *Wyatt Earp*. Ellsworth voló alrededor de 400 km tierra adentro. A principios de 1947, el *USS Currituck* visitó la costa de Ingrid Christensen como parte de la Operación Highjump. Se realizaron vuelos fotográficos para inspeccionar la costa.

La primera visita de las Expediciones Nacionales de Investigación Antártica de Australia (ANARE) a la zona fue dirigida por el Dr. Phillip Law en Kista Dan y llegó a los cerros Vestfold el 1 de marzo de 1954. En enero de 1956, miembros de la primera expedición soviética a la Antártida desembarcaron en la costa Ingrid Christensen en el marco de los preparativos del Año Geofísico Internacional y establecieron la estación Mirny 595 km al este. Australia estableció la estación Davis en los cerros Vestfold en 1957. La isla Hawker se bautizó así en honor a A. C. Hawker, un supervisor de radiocomunicaciones de la estación Davis en 1957.

Clima

Los datos meteorológicos de la Zona se limitan casi por completo a las observaciones realizadas en la estación Davis, 7 km al noroeste de la isla Hawker. La zona de los cerros Vestfold cuenta con un clima marítimo polar frío, seco y ventoso. Los días de verano suelen ser soleados, con temperaturas al mediodía de -1 °C a +2,9 °C y una temperatura máxima en verano de +5 °C, aunque las temperaturas están por debajo de 0 °C durante la mayor parte del año y descienden hasta -40,7 °C en invierno. La temperatura máxima registrada en la estación Davis de 1957 a 2001 fue de +13 °C. Durante todo el año se producen largos períodos de condiciones agradables y relativamente tranquilas. Los vientos son generalmente suaves; la velocidad media anual ronda los 20 km/h. Se pueden levantar vientos y ventiscas violentas prácticamente sin previo aviso, y se registraron rachas de más de 200 km/h. Las precipitaciones en forma de nieve alcanzan un promedio de 78 mm/año; la mayor proporción de acumulación anual se produce como resultado de nieve arrastrada por el viento. Además de varios bancos de hielo permanentes, los cerros Vestfold se encuentran prácticamente libres de hielo durante el verano y levemente cubiertos en invierno. El registro meteorológico ilustra el clima estacional esperado para latitudes altas, pero en promedio, la estación Davis es más cálida que otras estaciones antárticas en latitudes similares. Esto se ha atribuido al "oasis rocoso", resultado del menor albedo de las superficies rocosas con respecto al del hielo, por lo que se absorbe y se vuelve a irradiar una mayor cantidad de energía solar.

Geología

Los cerros Vestfold están compuestos por gneis arqueanos, sobre cuyas depresiones se encuentran sedimentos pliocenos y cuaternarios, delgados y a menudo fosilíferos. El estrato cenozoico más antiguo de los cerros Vestfold es la Formación Sørsdal del Plioceno medio, que contiene una flora y fauna marina fósil diversa. Otros estratos cenozoicos más recientes dan cuenta de la glaciación reiterativa y varias transgresiones y regresiones marinas. Las tres principales litologías que conforman los cerros Vestfold son, en orden de edad, el paragneis de Chelnock, el gneis de Mossel y el gneis del lago Crooked. Esto se repite en unidades desde el este por el nordeste hasta el oeste por el sudoeste. Estas cuentan con incrustaciones de grupos de contravetas máficas con una orientación aproximada norte-sur. Las contravetas son una de las principales características de los cerros Vestfold. La isla Hawker comprende una extensión del gneis del lago Crooked en la parte norte de la península Mule, sobre la ensenada Laternula. Al igual que los gneis arqueanos de los cerros Vestfold, el gneis del lago Crooked en la isla Hawker presenta contravetas altamente distintivas de dolerita del proterozoico inferior al medio.

Petreles gigantes antárticos

En la isla Hawker, la colonia de petreles gigantes antárticos está situada en el extremo norte de la isla en un terreno ligeramente inclinado y desigual. El lado este de la zona de reproducción forma una pequeña cresta a unos 20 m sobre el nivel del mar (Mapa B). Los petreles han utilizado la misma zona como lugar de reproducción desde que fue avistada por primera vez en 1963-1964. La pequeña cresta proporciona una buena zona para despegar hacia los vientos predominantes del noreste.

La temporada de reproducción de los petreles gigantes antárticos de la isla Hawker comienza a finales de septiembre y se prolonga hasta principios de octubre; la puesta de huevos tiene lugar durante la segunda quincena de octubre. Después de un período de incubación de aproximadamente 60 días, los polluelos nacen en la segunda quincena de diciembre. La eclosión continúa durante un período de tres a cuatro semanas, hasta mediados de enero. Aproximadamente 14 a 16 semanas después de la eclosión, los polluelos abandonan la colonia entre finales de marzo y principios de mayo. A partir del análisis de las cámaras automáticas, que funcionan durante todo el año, y de las visitas realizadas durante los últimos inviernos, se sabe que un pequeño número de aves está presente fuera de la temporada de reproducción; de ahí el requisito de realizar visitas a la Zona de un modo que garantice la mínima perturbación en cualquier época del año.

A mediados de la década de 1980 se puso en práctica una estrategia de gestión para las tres ubicaciones de reproducción de los petreles gigantes antárticos cerca de las estaciones australianas de la Antártida oriental a fin de reducir al mínimo la perturbación por actividades humanas. Anteriormente, el Programa Antártico Australiano había restringido las visitas censales a una cada tres a cinco años y había introducido férreos controles administrativos sobre todas las demás visitas. En aquella época, este nivel de visitas se consideraba un equilibrio adecuado entre el riesgo de perturbar a las aves y la necesidad de obtener datos relevantes sobre la población. Con el desarrollo de nuevas tecnologías (cámaras automáticas, por ejemplo) se puede obtener en la actualidad información detallada a lo largo de todo el año con una presencia humana escasa o nula.

En marzo de 2011 se observaron 23 polluelos y 64 ejemplares adultos en la Zona. De las aves adultas observadas, cuatro eran aves anilladas, dos de las cuales estaban anilladas en la región de Casey (con fecha de 1985) y dos en la isla Hawker (con fecha de 1986). Las dos aves anilladas en la región de Casey no atendían a polluelos, pero su presencia dentro de la colonia sugiere que es posible que se produzca inmigración desde una colonia de pichones. En enero de 2020 había 31 ejemplares adultos, 3 crías jóvenes (de 1 año de edad, no reproductoras) y 27 polluelos.

Otras aves

Los pingüinos Adelia se reproducen a lo largo de la línea costera de los cerros Vestfold y en 25 islas frente a la costa, incluida la isla Hawker. La cantidad total de pingüinos Adelia en la costa de los cerros Vestfold era de aproximadamente 324.000 parejas en 2009/2010. La colonia de la isla Hawker se ubica en las inmediaciones de un pequeño cerro, en el centro del sector occidental de la isla, y se estimó que albergaba 5.000 parejas en 2009/2010. Los primeros pingüinos Adelia suelen aparecer en la zona a mediados de octubre y ponen los huevos unas cuatro semanas después. El intervalo entre la puesta del primer y el segundo huevo es de 2 a 4 días y el período de incubación dura de 32 a 35 días. Los últimos adultos mudados abandonan la isla Hawker a finales de marzo.

Existe una pequeña colonia de petreles dameros (12 parejas en 2017/2018) en el extremo sur de la península suroeste. Los petreles dameros no están presentes en la Zona durante el invierno. En octubre regresan a sus lugares de nidada, ponen huevos desde finales de noviembre hasta principios de diciembre y los polluelos mudan sus plumajes desde finales de febrero hasta principios de marzo.

A menudo se ven skúas antárticas cerca de la colonia de pingüinos Adelia, y pueden reproducirse en sus proximidades.

Focas

A lo largo de todo el año se ven pequeñas cantidades de focas de Weddell en los cerros Vestfold. Se reproducen principalmente en el fiordo Long, el fiordo Tryne y la zona de las islas Wyatt Earp, y ocasionalmente en la parte sureste de la isla Hawker. El número de focas de Weddell comienza a aumentar a finales de septiembre y principios de octubre, y los cachorros nacen desde mediados de octubre hasta finales de noviembre. Durante todo el verano, las focas de Weddell en muda continúan frecuentando el hielo fijo remanente y muy ocasionalmente se arrastran hacia tierra. El número de focas que se ven en los cerros Vestfold varía entre el invierno y el verano.

Durante los meses de verano (de diciembre a abril) se arrastran hacia tierra grupos no reproductores de elefantes marinos del sur (*Mirounga leonina*), cerca de la península suroeste de la isla Hawker y en varios otros sitios a lo largo de la costa sur de los cerros Vestfold (por ejemplo, en la estación Old Wallow). Al igual que en Old Wallow, las zonas de muda de la isla Hawker contienen depósitos en capas de pelo y excrementos que se han acumulado a lo largo de miles de años; estas zonas podrían considerarse lugares únicos y delicados.

Vegetación

La flora de los cerros Vestfold se compone de al menos 82 especies de algas terrestres, seis especies de musgo y al menos 23 especies de líquenes. Con el análisis genético moderno se prevé encontrar una mayor diversidad en las comunidades sublíticas.

Los líquenes y los musgos se distribuyen principalmente por el sector oriental o tierra adentro, y sus patrones de distribución reflejan la disponibilidad de nieve acarreada por el viento, el tiempo transcurrido desde la exposición del sustrato de la meseta de hielo, el tiempo transcurrido desde la última glaciación, la elevación y la proximidad a las aguas salinas. Se ha notado una presencia muy escasa de líquenes o musgos a lo largo del límite costero afectado por la sal, incluida la isla Hawker, cuyas tierras bajas se encuentran densamente cubiertas de depósitos de arena y morrenas.

Las algas terrestres se encuentran muy extendidas y son los principales productores primarios de los cerros Vestfold. Se ha informado de la presencia de algas sublíticas (o hipolíticas) en la isla Hawker, en desarrollo en las superficies inferiores de las rocas de cuarzo transparente que se encuentran parcialmente enterradas en el suelo. Las algas dominantes, las cianobacterias, en especial de la especie *Oscillatoriacean*, *Chroococidiopsis sp.*, y *Aphanothece sp.* aparecen más frecuentemente junto a las especies clorofitas, *cf. Desmococcus sp. A* y *Prasiococcus calcarius*. El alga edáfica *Prasiola crispa* se presenta como filamentos parecidos a una lámina arrugada en las descargas de derretimiento, y por lo general se asocia con la diatomea *Navicula muticopsis* y con algas oscilatoriáceas. El liquen ornitocófilo *Candelariella flava* crece en la isla Hawker y se asocia con lugares de nidada de aves marinas.

Invertebrados

Un amplio estudio de tardígrados terrestres realizado en los cerros Vestfold en 1981 encontró cuatro géneros y cuatro especies de tardígrados. Aunque no se recuperaron tardígrados del sitio de muestreo de la isla Hawker, es posible que se encuentren en otras zonas costeras de ecología similar, asociadas con *Prasiola crispa*, dado que de Walkabout Rocks se recuperaron dos especies de tardígrados, *Hypsibius allisonii* y *Macrobiotus fuciger*. El ácaro *Tydeus erebus* se asocia con la colonia de reproducción de pingüinos Adelia de la isla.

6(ii) Acceso a la Zona

Dependiendo de las condiciones del hielo marino, los vehículos, pequeñas embarcaciones o aeronaves pueden acercarse a la Zona, pero todos deben permanecer fuera de ella. Los vehículos y aeronaves que se acerquen a la Zona a través del hielo marino deben respetar las distancias mínimas de separación de cualquier forma de vida silvestre.

6(iii) Ubicación de estructuras dentro de la Zona o en áreas adyacentes

No hay estructuras permanentes dentro de la Zona ni en sus proximidades. En el momento de redactar este informe, hay tres cámaras automáticas ubicadas temporalmente cerca de la colonia de petreles gigantes antárticos, con el propósito de llevar a cabo un seguimiento constante de su población.

6(iv) Ubicación de las zonas protegidas en las cercanías

La siguiente zona protegida se encuentra cerca de la isla Hawker:

Llanura Marine, Zona Antártica Especialmente Protegida n.º 143 (68° 36' S, 78° 07' E).

6(v) Áreas especiales en el interior de la Zona

No hay áreas especiales al interior de la Zona.

7. Términos y condiciones para los permisos de entrada

7(i) Condiciones generales

Las visitas a la Zona están prohibidas, excepto con un permiso expedido por una autoridad nacional competente. Los permisos para ingresar a la Zona solo se pueden expedir para investigaciones científicas de carácter urgente que no puedan realizarse en otro lugar, o con el propósito de la gestión esencial de la Zona de conformidad con los objetivos y disposiciones de este plan de gestión. Los permisos solo se otorgarán para investigaciones que no pongan en peligro los valores ecológicos o científicos de la Zona ni interfieran con los estudios científicos existentes.

Los permisos deben incluir la condición de que el permiso (o una copia de este) se lleve consigo en todo momento dentro de la Zona. La autoridad emisora podrá incluir condiciones adicionales, coherentes con los objetivos y disposiciones del plan de gestión. El titular principal de cada permiso expedido debe presentar a la autoridad emisora de permisos un informe de la visita detallando todas las actividades realizadas dentro de la Zona y todos los datos del censo obtenidos durante la visita.

Se alienta a colaborar con otros programas nacionales para reducir la duplicación de investigaciones y minimizar la perturbación de los petreles gigantes antárticos. Se anima a los Programas Antárticos Nacionales que estén planeando realizar labores de investigación en esta Zona a que se pongan en contacto con la División Antártica Australiana, que mantiene un programa regular de seguimiento de la población en la isla, para determinar otros proyectos que puedan emprenderse durante la misma temporada.

7(ii) Acceso a la Zona y desplazamientos en su interior o sobre ella

- Se prohíbe la circulación de vehículos en la Zona.
- Dependiendo de las condiciones del hielo marino, pueden acercarse a la Zona los vehículos (incluidos los cuatriciclos), pequeñas embarcaciones o aeronaves, pero todos deben permanecer fuera de dicha Zona. Los vehículos y aeronaves que se acerquen a la Zona a través del hielo marino deben respetar las distancias mínimas de separación de cualquier forma de vida silvestre. Las embarcaciones que se usen para llegar a la isla deben permanecer en la costa.
    - Los vehículos deben permanecer en el hielo marino a una distancia mínima de 150 m (cuatriciclo) o 250 m (otros vehículos con ruedas) del borde de la colonia de petreles gigantes antárticos (véase la Tabla 1).
- Dentro de la Zona se podrá circular -únicamente a pie. Solo podrá abandonar el lugar de desembarque o estacionamiento el personal necesario para realizar trabajos científicos o de gestión en la Zona.

- En la Tabla 1 se establecen las distancias mínimas (más cercanas) de aproximación a la fauna y la flora silvestres. Si se observan perturbaciones de la fauna y la flora silvestres, se deberá aumentar la distancia de separación o modificar la actividad hasta que no se observen perturbaciones, a menos que se cuente con un permiso que autorice a mantener una distancia de aproximación menor.
- Las personas autorizadas en virtud de un permiso a acercarse a los petreles gigantes antárticos para obtener datos censales o biológicos deben mantener la mayor distancia de separación posible.
- A fin de reducir la perturbación de la vida silvestre, se mantendrán en un mínimo los niveles de ruido, incluida la comunicación verbal. Se prohíbe el uso de herramientas de motor y toda otra actividad que pueda generar ruido importante y perturbe, por lo tanto, a las aves nidificantes en la Zona durante el período de reproducción de los petreles gigantes antárticos (desde mediados de septiembre hasta mediados de abril).
- Los sobrevuelos de la isla están prohibidos durante la temporada de reproducción del petrel gigante antártico, excepto cuando sean esenciales para fines científicos o de gestión de la Zona y estén autorizados en un permiso. Dichos sobrevuelos deben realizarse a una altitud no inferior a:
    - 930 m (3.050 pies) en el caso de los helicópteros monomotor;
    - 930 m (3.050 pies) en el caso de las aeronaves bimotor de ala fija;
    - 1.500 m (5.000 pies) en el caso de los helicópteros bimotor.
- Se prohíben los sobrevuelos de colonias de aves en la Zona mediante Sistemas de Aeronaves Dirigidas por Control Remoto (RPAS), excepto cuando sea esencial para fines científicos o de gestión urgentes. Dichos sobrevuelos se realizarán de acuerdo con las *Directrices medioambientales para la operación de sistemas de aeronaves dirigidas por control remoto (RPAS) en la Antártida.*
- Los vehículos o aeronaves pueden ingresar a la Zona si es necesario para atender una emergencia.

Tabla 1: Distancias mínimas que se deben mantener al acercarse a la vida silvestre en la isla Hawker

Especie	**Distancia (m)**			
	Personas a pie o esquiando (a menos que se autorice una distancia de aproximación menor mediante un permiso)	Cuatriciclo o motonieve	Hagglunds (y vehículos similares)	Embarcación pequeña
Petreles gigantes antárticos	100 m	No se permiten dentro de la Zona. El estacionamiento debe efectuarse en el hielo marino y a no menos de 150 m de las colonias de vida silvestre.	No se permiten dentro de la Zona. El estacionamiento debe efectuarse en el hielo marino y a una distancia no inferior a 250 m de las colonias de vida silvestre.	Las embarcaciones no deben desembarcar a menos de 50 m de la vida silvestre, en particular, de la colonia de pingüinos Adelia de la costa oriental. Se debe proceder con cautela cuando se esté cerca de la isla.
Pingüinos Adelia en colonias Pingüinos en fase de muda Focas con cachorros Cachorros de foca solos Skúas antárticas en nidos	30 m			
Pingüinos en hielo marino Focas adultas no reproductoras	5 m			

7(iii) Actividades que se realizan o pueden realizarse dentro de la Zona, incluidas las restricciones de tiempo y lugar

Las siguientes actividades pueden llevarse a cabo dentro de la Zona del 15 de abril al 15 de septiembre (período no reproductivo del petrel gigante antártico) según lo autorizado en un permiso:

- investigaciones científicas compatibles con las disposiciones de este plan de gestión que no puedan realizarse en otro lugar o en la Zona fuera de ese período y que no pongan en peligro los valores para los que se ha designado la Zona o sus ecosistemas;
- actividades de gestión esenciales, incluida la observación;
- muestreo, que debe limitarse al mínimo necesario para los programas de investigación aprobados.

Las actividades que se realicen dentro del período de reproducción del petrel gigante antártico solo se permitirán si la actividad no es invasiva y no se puede realizar de manera razonable durante los períodos no reproductivos.

7(iv) Instalación, modificación o desmantelamiento de estructuras

- Se prohíben las estructuras o instalaciones permanentes.

- Las estructuras o equipos temporales, incluidas las cámaras, solo se podrán erigir dentro de la Zona si lo autoriza un permiso.
- Se podrán construir refugios temporales pequeños, paranzas, casamatas o pantallas para facilitar el estudio científico.
- La instalación (incluida la selección del sitio), el mantenimiento, la modificación y la retirada de estructuras o los equipos deben efectuarse de una forma que reduzca al mínimo la perturbación de las aves reproductoras y el medio ambiente circundante. Si es posible, estas actividades deben realizarse del 15 de abril al 15 de septiembre (período no reproductivo de los petreles gigantes antárticos).
- Todos los equipos científicos o señalizadores instalados dentro de la Zona deben estar claramente identificados por país, nombre del investigador principal y año de instalación.
- Los señalizadores, los carteles u otras estructuras instaladas en la Zona con fines científicos o de gestión deben estar bien sujetos y en buen estado, y serán retirados con la autorización de un permiso cuando ya no sean necesarios. Todos estos artículos deben elaborarse con materiales que presenten un riesgo mínimo de contaminación o de daños a la vida silvestre de la Zona.

7(v) Ubicación de los campamentos

- Se prohíbe acampar en la Zona salvo en una situación de emergencia. De ser posible, los campamentos de emergencia deben evitar las zonas de concentración de fauna y flora silvestres.

7(vi) Restricciones relativas a los materiales y organismos que pueden introducirse en la Zona

- No se debe almacenar combustible en la Zona. Se permite el reabastecimiento de combustible en los sitios de desembarco en lancha. Se puede llevar una pequeña cantidad de combustible a la Zona para una estufa de emergencia.
- No se deben llevar a la Zona productos avícolas, incluidos alimentos deshidratados que contengan huevo en polvo.
- No se podrán llevar herbicidas ni plaguicidas a la Zona.
- Cualquier otro producto químico que se introduzca para propósitos científicos apremiantes, especificados en un permiso, deberá retirarse de la Zona a más tardar al concluir la actividad para la cual se haya expedido el permiso. Se prohíbe el uso de radionucleidos o isótopos estables.
- Se prohíbe la introducción deliberada de animales, material vegetal o microorganismos en la Zona, y se deben tomar precauciones para evitar su introducción accidental. Todo el equipo y la ropa, en especial el calzado, debe limpiarse minuciosamente antes de ingresar a la Zona.
- Todos los materiales introducidos en la Zona podrán permanecer allí únicamente durante un período determinado; deben ser retirados a más tardar cuando concluya dicho período, y ser almacenados y manipulados con métodos que reduzcan al mínimo el riesgo de impacto ambiental.

7(vii) Recolección de flora y fauna autóctonas o daños que puedan sufrir estas

- Se prohíbe la recolección de flora y fauna nativas, así como la intromisión perjudicial con ellas, a menos que se autorice específicamente mediante un permiso expedido de conformidad con el Artículo 3 del Anexo II del Protocolo al Tratado Antártico sobre Protección del Medio Ambiente. El permiso debe estipular claramente los límites y condiciones de dichas actividades, las cuales, excepto en un caso de emergencia, solo deben ocurrir si se cuenta con la aprobación de un comité de ética animal pertinente.
- Se podrán permitir visitas de investigación para evaluar los niveles y las tendencias de población de la colonia de petreles gigantes antárticos y del resto de la fauna y la flora silvestres. Siempre que sea posible, se dará preferencia a las actividades y metodologías que minimicen las molestias a la colonia reproductora (por ejemplo, el uso de cámaras automáticas).
- Las investigaciones deben limitarse a actividades que no sean invasivas y no perturben la cría de petreles gigantes antárticos dentro de la Zona.
- Se debe evitar o reducir al mínimo la perturbación de los petreles gigantes antárticos u otros animales silvestres.

7(viii) Recolección o retirada de materiales que el titular del permiso no haya llevado a la Zona

- Se podrá recolectar o retirar material de la Zona únicamente de conformidad con un permiso, y dicho material debe limitarse al mínimo necesario para fines de índole científica o de gestión.
- Todo material de origen humano que pueda comprometer los valores de la Zona, que no haya sido llevado allí por el titular del permiso o que no esté comprendido en otro tipo de autorización, podrá ser retirado salvo que el impacto de su extracción pueda ser mayor que el efecto de dejar el material *in situ*. Si se encuentra este tipo de materiales, debe notificarse a la autoridad nacional correspondiente.

7(ix) Eliminación de residuos

- Todos los residuos deben ser retirados de la Zona, incluso los de origen humano.

7(x) Medidas que pueden ser necesarias para continuar cumpliendo los objetivos del plan de gestión

- Se obtendrán los datos GPS de los sitios específicos de seguimiento a largo plazo para su presentación en el Directorio Maestro Antártico a través de la autoridad nacional correspondiente.
- Es posible que se concedan permisos para ingresar a la Zona con el fin de llevar a cabo observaciones biológicas y actividades de gestión, que pueden incluir la recogida de basura o la recolección de muestras para su análisis o revisión, así como la construcción o el mantenimiento de equipos y estructuras científicas temporales y postes señalizadores u otras medidas de protección.
- A fin de mantener los valores ecológicos y científicos de la Zona, los visitantes deben tomar precauciones especiales para evitar la introducción de especies no autóctonas. Causa especial preocupación la introducción de agentes patógenos, microbios o vegetación provenientes de suelos, flora y fauna de otros lugares de la Antártida, incluidas las estaciones de investigación, o de regiones fuera de la Antártida. A fin de reducir al mínimo el riesgo de introducción de especies no autóctonas, antes de ingresar en la Zona los visitantes deben limpiar meticulosamente el calzado y todo el equipo que vaya a usarse en la Zona, en especial el equipo de muestreo y los señalizadores.

7(xi) Requisitos relativos a los informes

Las Partes se asegurarán de que el titular principal de cada permiso presente un informe sobre las actividades realizadas a la autoridad nacional correspondiente. Dichos informes deben incluir, según corresponda, la información señalada en el formulario de informe de la visita contenido en la Guía para la Preparación de Planes de Gestión para las Zonas Antárticas Especialmente Protegidas.

Las Partes mantendrán un registro de tales actividades y, en el marco del intercambio anual de información, proporcionarán descripciones resumidas de las actividades realizadas por personas sujetas a su jurisdicción, que serán lo suficientemente detalladas como para permitir la evaluación de la eficacia de este plan de gestión.

Siempre que sea posible, las Partes depositarán el informe original o sus copias en un archivo de acceso público a fin de llevar un registro de uso, que podrá emplearse tanto para las revisiones del plan de gestión como para la organización del uso científico de la Zona.

Se enviará una copia del informe a la autoridad nacional responsable de la elaboración del plan de gestión a fin de contribuir a la gestión de la Zona y al seguimiento de las poblaciones de aves y otras poblaciones de fauna y flora silvestres. Los informes de las visitas suministrarán información detallada, como datos censales, la ubicación de las colonias o nuevos nidos no documentados anteriormente, así como un breve resumen de las conclusiones de la investigación y copias de las fotografías tomadas de la Zona.

7(xii) Disposiciones de emergencia

Excepciones a las restricciones descritas en el plan de gestión serán aplicables en caso de emergencia según se especifica en el Artículo 11 del Anexo V del Protocolo al Tratado Antártico sobre Protección del Medio Ambiente. Se proporcionará un informe de tales acciones a la autoridad nacional competente.

8. Documentación de apoyo

Algunos de los datos utilizados en este documento, o todos ellos, se obtuvieron del Centro Australiano de Datos Antárticos (IDN Node AMD/AU), que forma parte de la División Antártica Australiana (Commonwealth de Australia).

Adamson, DA & Pickard, J 1986, 'Cainozoic history of the Vestfold Hills', in J Pickard (ed), *Antarctic Oasis, Terrestrial environments and history of the Vestfold Hills*, Academic Press, Sydney, pp. 63–97.

Adamson, DA & Pickard, J 1986, 'Physiology and geomorphology of the Vestfold Hills', in J. Pickard (ed), *Antarctic oasis: terrestrial environments and history of the Vestfold Hills*, Academic Press, Sydney, pp. 99–139.

Agreement on the Conservation of Albatrosses and Petrels (ACAP) 2012, ACAP Species assessment southern giant petrel *Macronectes giganteus*. (https://www.acap.aq/resources/acap-species/288-southern-giant-petrel/file) Downloaded on 13 April 2021.

Department of the Environment and Energy, 2019, Environmental Code for Participants in the Australian Antarctic Program, Australian Antarctic Division, Hobart.

BirdLife International (2018), Species fact sheet: southern giant petrel *Macronectes giganteus*, http://datazone.birdlife.org/species/factsheet/southern-giant-petrel-macronectes-giganteus/details Downloaded on 20 March 2021.

Cooper, J, Woehler, E & Belbin, L 2000, Guest editorial, Selecting Antarctic Specially Protected Areas: Important Bird Areas can help, *Antarctic Science* vol. 12, p. 129.

Department of Sustainability, Environment, Water, Population and Communities 2011a, *Background paper: population status and threats to albatrosses and giant petrels listed as threatened under the Environment Protection and Biodiversity Conservation Act 1999*, Commonwealth of Australia, Hobart, accessed 27 January 2021.

Department of Sustainability, Environment, Water, Population and Communities 2011b, *National Recovery Plan for threatened albatrosses and giant petrels: 2011–2016*, Commonwealth of Australia, Hobart, accessed 27 January 2021.

Fabel, D, Stone, J, Fifield, LK & Cresswell, RG 1997, 'Deglaciation of the Vestfold Hills, East Antarctica; preliminary evidence from exposure dating of three subglacial erratics', in CA Ricci (ed), *The Antarctic region: geological evolution and processes, Museo Nazionale dell'Antartide, Siena*, pp. 829–834.

Garnett, ST, Szabo, JK & Dutson, G 2010, *The Action Plan for Australian Birds 2010*, CSIRO Publishing, Collingwood VIC.

Gore, DB 1997, Last glaciation of Vestfold Hills; extension of the East Antarctic ice sheet or lateral expansion of Sørsdal Glacier. *Polar Record*, vol. 33, pp. 5–12.

Hirvas, H, Nenonen, K & Quilty, P 1993, Till stratigraphy and glacial history of the Vestfold Hills area, East Antarctica, *Quaternary International*, vol. 18, pp. 81–95.

IUCN (2018), IUCN *Red List Categories: Version 3.1*, IUCN Species Survival Commission, IUCN, Gland, Switzerland and Cambridge, UK, (https://www.iucnredlist.org/species/22697852/132608499) accessed 13 April 2021.

Jouventin, P, & Weimerskirch, H 1991, *'Changes in the population size and demography of southern seabirds: management implications'*, in CM Perrins, JD Lebreton, & GJM Hirons (eds), Bird population studies: Relevance to conservation and management, Oxford University Press, pp. 297–314.

Johnstone, GW, Lugg, DJ & Brown, DA 1973, The biology of the Vestfold Hills, Antarctica. Melbourne, Department of Science, Antarctic Division, ANARE Scientific Reports, Series B(1) *Zoology*, Publication No. 123.

Law P 1958, Australian Coastal Exploration in Antarctica, *The Geographical Journal* CXXIV, pp. 151–162.

Leishman, MR & Wild, C 2001, Vegetation abundance and diversity in relation to soil nutrients and soil water content in Vestfold Hills, East Antarctica, *Antarctic Science*, vol. 13, Issue 2, pp. 126–134

Micol, T & Jouventin, P 2001, Long-term population trends in seven Antarctic seabirds at Point Géologie (Terre Adélie), Human impact compared with environmental change, *Polar Biology*, vol. 24, pp. 175–185.

Miller, JD., Heatwole, H., Miller, W.R., Bridges, L. and Horne, P. 1984, A survey of the terrestrial Tardigrada of the Vestfold Hills, Antarctica, in J Pickard (ed), *Antarctic Oasis, Terrestrial environments and history of the Vestfold Hills*, Academic Press, Sydney, pp. 197–208.

Orton, MN 1963, Movements of young Giant Petrels bred in Antarctica, *Emu*, vol. 63, p. 260.

Otovic, S., Riley, M., Hay, I., McKinlay, J., van den Hoff, J., Wienecke, B. (2018), The annual cycle of Southern Giant Petrels *Macronectes giganteus* in East Antarctica. *Marine Ornithology*, 46: 129-138.

Patterson, DL, Woehler, EJ, Croxall, JP, Cooper, J, Poncet, S & Fraser, WR 2008, Breeding distribution and population status of the Northern Giant Petrel *Macronectes halli* and the Southern Giant Petrel *M. giganteus*, *Marine Ornithology*, vol. 36, pp. 115–124.

Pickard, J (ed) 1986, *Antarctic oasis: terrestrial environments and history of the Vestfold Hills*, Academic Press, Sydney.

Puddicombe, RA & Johnstone, GW 1988, 'Breeding season diet of Adélie penguins at Vestfold Hills, East Antarctica', in JM Ferris, HR Burton, GW Johnstone, & IAE. Bayly (eds) *Biology of the Vestfold Hills, Antarctica*, New York: Springer, 239–253.

Rounsevell, DE & Horne, PA 1986, 'Terrestrial, parasitic and introduced invertebrates of the Vestfold Hills', in J Pickard (ed), *Antarctic Oasis, Terrestrial environments and history of the Vestfold Hills*, Academic Press, Sydney, pp.309–331.

Stattersfield, AJ & Capper, DR 2000, *Threatened Birds of the World*, Barcelona and Cambridge U. K, Lynx Edicions and Birdlife International.

van den Hoff, J. (2017), Sightings of ringed southern giant petrels *Macronectes giganteus* in East Antarctica: a tale of missed opportunity. *Marine Ornithology*, 45: 191–194.

van den Hoff, J. (2020), Environmental constraints on the breeding phenology of Giant Petrels *Macronectes spp*., with emphasis on Southern Giant Petrels *M. giganteus*. *Marine Ornithology*, 48: 33–40.

Wienecke, B, Leaper, R, Hay, I & van den Hoff, J 2009, Retrofitting historical data in population studies: southern giant petrels in the Australian Antarctic Territory, *Endangered Species Research*, 8, pp. 157–164.

Woehler, EJ, Cooper, J, Croxall, JP, Fraser, WR, Kooyman, GL, Miller, GD, Nel, DC, Patterson, DL Peter, H-U, Ribic, CA, Salwicka, K, Trivelpiece, WZ & Weiemerskirch, H 2001, *A Statistical Assessment of the Status and Trends of Antarctic and Subantarctic Seabirds*, SCAR/CCAMLR/NSF, 43 pp.

Woehler, E 2001, Breeding populations of Southern Giant Petrels at Heard Island, the McDonald Islands and within the AAT, Australian Antarctic Data Centre, SnoWhite Metadata <https://data.aad.gov.au/metadata/records/SOE_seabird_candidate_sp_SGP>, Downloaded on 17 January 2011.

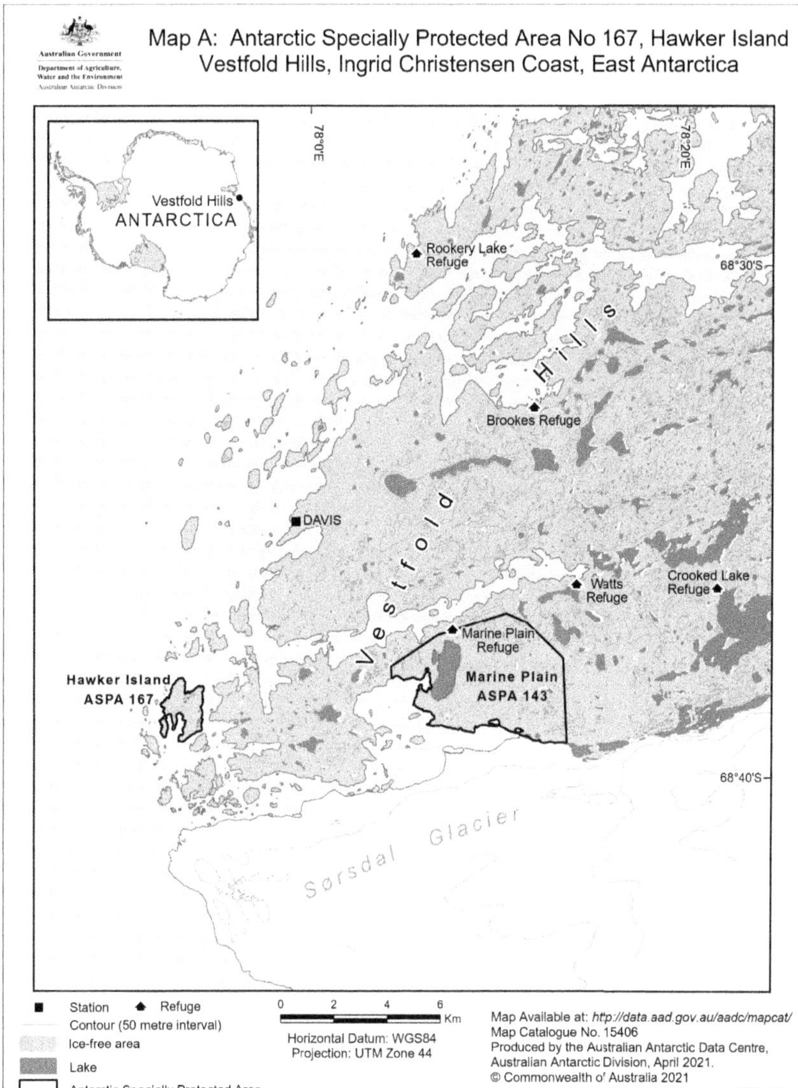
Australian Government
Department of Agriculture, Water and the Environment
Australian Antarctic Division
Map A: Antarctic Specially Protected Area No 167, Hawker Island
Vestfold Hills, Ingrid Christensen Coast, East Antarctica
78°0'E
78°20'E
Vestfold Hills
ANTARCTICA
Rookery Lake Refuge
68°30'S
Hills
Brookes Refuge
DAVIS
Vestfold
Watts Refuge
Crooked Lake Refuge
Marine Plain Refuge
Marine Plain ASPA 143
Hawker Island ASPA 167
68°40'S
Sørsdal Glacier
Station
Refuge
Contour (50 metre interval)
Ice-free area
Lake
Antarctic Specially Protected Area
0 2 4 6 Km
Horizontal Datum: WGS84
Projection: UTM Zone 44
Map Available at: http://data.aad.gov.au/aadc/mapcat/
Map Catalogue No. 15406
Produced by the Australian Antarctic Data Centre, Australian Antarctic Division, April 2021.
© Commonwealth of Australia 2021

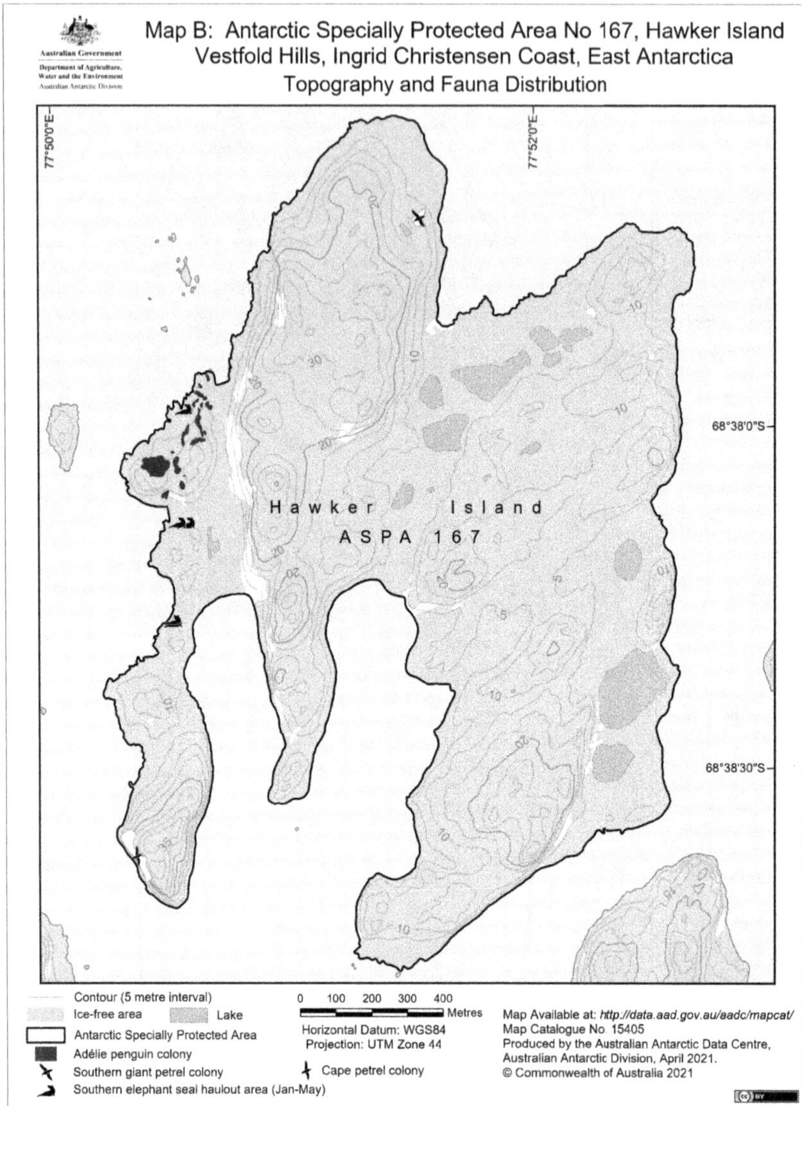
Australian Government
Department of Agriculture, Water and the Environment
Australian Antarctic Division
Map B: Antarctic Specially Protected Area No 167, Hawker Island
Vestfold Hills, Ingrid Christensen Coast, East Antarctica
Topography and Fauna Distribution
77°50'0"E
77°52'0"E
68°38'0"S
68°38'30"S
Hawker Island
ASPA 167
Contour (5 metre interval)
Ice-free area
Lake
Antarctic Specially Protected Area
Adélie penguin colony
Southern giant petrel colony
Southern elephant seal haulout area (Jan-May)
0 100 200 300 400 Metres
Horizontal Datum: WGS84
Projection: UTM Zone 44
Cape petrel colony
Map Available at: http://data.aad.gov.au/aadc/mapcat/
Map Catalogue No. 15405
Produced by the Australian Antarctic Data Centre, Australian Antarctic Division, April 2021.
© Commonwealth of Australia 2021

Plan de Gestión para la Zona Antártica Especialmente Protegida (ZAEP) n.º 176 ISLAS ROSENTHAL, ISLA ANVERS, ARCHIPIÉLAGO PALMER

Introducción

Las islas Rosenthal están ubicadas en la costa occidental de la isla Anvers, en el archipiélago Palmer, Península Antártica, a 64° 36' S, 64° 15' O. La Zona Antártica Especialmente Protegida (ZAEP) incluye islas y penínsulas adyacentes y tiene una superficie aproximada de 111 km^2. Las principales razones para la designación de la Zona son sus grandes y diversas colonias de aves reproductoras de excepcional interés ecológico y científico, sus comunidades vegetales aparentemente extensas, su condición casi prístina y poco visitada y su función potencial como zona de referencia para las comparaciones con localidades que han sido afectadas por actividades humanas. En reconocimiento de estos valores, la Zona fue designada por primera vez como Zona Restringida dentro de la Zona Antártica Especialmente Administrada (ZAEA) n.º 7 del suroeste de la isla Anvers y la cuenca Palmer en 2008. La designación como ZAEP reemplaza a la Zona Restringida y, aunque los límites de la Zona se extienden más allá de la Zona Restringida original, la Zona permanece completamente dentro de la ZAEA n.º 7.

La Zona contiene al menos ocho especies de aves reproductoras. Hay al menos siete colonias de tres especies de pingüinos pigoscélidos —Adelia (*Pygoscelis adeliae*), barbijo (*P. antarctica*) y papúa (*P. papua*)—, con una población total de aproximadamente 9000 parejas. Además, existen colonias reproductoras de petreles gigantes australes (*Macronectes giganteus*), charranes antárticos (*Sterna vittata*), cormoranes imperiales (*Leucocarbo atriceps bransfieldensis*), págalos antárticos (*Stercorarius maccormicki*) y gaviotas cocineras (*Larus dominicanus*). El petrel de Wilson (*Oceanites oceanicus*) es común y probablemente también se reproduce en la Zona, junto con las palomas antárticas (*Chionis alba*) que están presentes en asociación con las colonias de pingüinos y cormoranes. La colonia de cormorán imperial es inusual porque parece haber mantenido una población reproductora residente en un nivel similar desde el primer estudio de 1975, en contraste con una tendencia regional a la disminución de la población de esta especie.

Se sabe poco de la ecología terrestre de las islas Rosenthal, aunque la teledetección satelital de alta resolución indica una extensa cubierta vegetal en algunas de las islas que no están ocupadas por pingüinos reproductores. La vegetación incluye numerosas especies de musgos y líquenes, muchos de los cuales permanecen sin describir, y es probable que incluya la planta de floración del pasto antártico (*Deschampsia antarctica*) y con menor probabilidad el clavel antártico (*Colobanthus quitensis*), que se encuentran en la región de la isla Anvers.

La zona fue propuesta por Estados Unidos por su destacada diversidad y número de aves reproductoras representativas de la región, su importancia excepcional para la investigación ornitológica y ecológica, su valor como sitio de referencia para estudios comparativos y seguimiento a largo plazo (porque ha sido poco visitado y se encuentra en un estado casi prístino) y por sus excepcionales valores estéticos y silvestres.

La Zona Antártica Importante para la Conservación de las Aves n.º 088 está identificada dentro de la Zona. Según el Análisis de Dominios Ambientales para el Continente Antártico (Resolución 3, 2008), la Zona se sitúa en el Dominio ambiental B (geológico de latitudes del norte medio de la península antártica) y el Dominio ambiental E (isla Alexander y otras islas de la península antártica). Dentro de la Zona se encuentran las zonas libres de hielo clasificadas como Región 3, noroeste de la península antártica, según su clasificación como Región Biogeográfica de Conservación de la Antártida (Resolución 3, 2017).

1. Descripción de los valores que requieren protección

Las islas Rosenthal (64° 36' S 64° 15' O, 111 km^2), isla Anvers, archipiélago Palmer, Península Antártica, fueron designadas sobre la base de que la Zona contiene colonias de aves marinas reproductoras grandes y diversas, así como comunidades vegetales aparentemente extensas, y de que rara vez se ha visitado, por lo que se encuentra en un estado casi prístino. La zona tiene valores ecológicos y científicos excepcionales y es valiosa como sitio de referencia para estudios comparativos y seguimiento a largo plazo, en particular en comparación con otros sitios más estudiados cerca de la estación Palmer y en relación con el sitio de investigación ecológica a largo plazo de esta estación (PAL-LTER).

Las islas Rosenthal son particularmente valiosas para la investigación ornitológica, con al menos ocho especies de aves que se reproducen dentro de la Zona, lo que la convierte también en uno de los sitios más diversos y representativos para las aves reproductoras la región. Se están llevando a cabo una serie de investigaciones sobre la ecología de las aves marinas y de estudios de seguimiento a largo plazo en colonias de pingüinos Adelia (*Pygoscelis adeliae*), barbijo (*P. antarctica*) y papúa (*P. papua*), así como en petreles gigantes australes (*Macronectes giganteus*) (Fraser, nota pers. 2018). Las colonias de las islas Rosenthal son de particular interés para las comparaciones con las poblaciones de aves en la zona del puerto Arthur, donde se llevan a cabo estudios detallados y a largo plazo sobre los cambios en la estructura, el funcionamiento y la dinámica de los ecosistemas, muchos de los cuales han tenido y siguen teniendo lugar dentro del programa PAL-LTER. La zona de las islas Rosenthal ha sido aislada de las visitas humanas significativas y, por lo tanto, es de particular valor para las comparaciones con otros sitios sujetos a niveles más altos de influencia humana (Fraser, nota pers. 2018). La Zona Importante para las Aves (ZIA) de la Antártida n.º 088, identificada por su gran colonia de pingüinos papúa, se encuentra dentro de la Zona (mapa 3).

La colonia de cormorán imperial es inusual porque en 2016 parece que mantuvo una población reproductora residente a un nivel similar al del primer estudio en 1975, lo que contrasta con la tendencia regional a la disminución de esta especie desde los años setenta.

Las observaciones de la prolífica vida silvestre y del comportamiento de alimentación, incluidos los mamíferos marinos, en la ensenada relativamente profunda situada inmediatamente al sur de las islas Rosenthal sugieren que esta podría ser una zona de productividad comparativamente alta que sustenta el rico y diverso ecosistema marino. Si bien se necesitan más investigaciones sobre este aspecto, esta bahía se ha incluido dentro de la Zona como medida de precaución, dado su papel potencialmente importante en el apoyo al ecosistema local.

La Zona abarca el grupo de islas Rosenthal, incluida la costa adyacente de la isla Anvers, varias islas costeras cercanas y algunas penínsulas libres de hielo, que se extienden desde el límite norte a 64° 33' S hacia el sur durante aproximadamente 16 km (mapa 3). El límite incluye los campos de hielo inferiores en la isla Anvers que se extienden por 1 km de costa, la zona marina que abarca hasta 1 km en dirección hacia el mar desde las costas exteriores de las islas Rosenthal y la ensenada inmediatamente al sur de las islas Rosenthal. La Zona abarca todas las islas dentro del grupo Rosenthal en las que se concentra la prolífica vida silvestre. La Zona tiene unos 9 km de ancho en su punto más ancho, unos 14,6 km de norte a sur, y abarca una superficie total de 111 km^2.

La Zona también parece tener valores importantes relacionados con una rica ecología terrestre y marina, aunque aún no se han estudiado y descrito en detalle. Dichos valores se anotan en este Plan de Gestión con el fin de que se adopte un enfoque preventivo para su protección.

En resumen, la Zona de las islas Rosenthal tiene un gran valor por sus excepcionales:

- comunidades ornitológicas diversas y representativas de la región, con varias colonias grandes de especies de aves marinas reproductoras, que son objeto de estudios comparativos y de seguimiento a largo plazo;
- utilidades como zona de referencia donde la actividad humana ha sido desde siempre excepcionalmente baja y el medio ambiente local permanece prácticamente inalterado por la actividad humana directa y en un estado casi prístino, en la que se pueden estudiar los efectos de los procesos naturales de la ecología y la demografía con el potencial de la interferencia humana local al mínimo absoluto;
- valores estéticos y silvestres, dado que las islas son remotas y escarpadas y se encuentran en unas condiciones casi prístinas.

Para proteger los valores de la Zona, es importante que se siga manteniendo el número de visitas en niveles bajos y que estas se gestionen por medio de permisos y del presente Plan de Gestión.

2. Finalidades y objetivos

La gestión de las islas Rosenthal y sus alrededores tiene como objetivo:

- evitar la degradación de los valores de la Zona y los riesgos importantes para ellos evitando las perturbaciones innecesarias causadas por la presencia de seres humanos y las tomas de muestras realizadas en la Zona;
- permitir la investigación científica del ecosistema y el medioambiente físico en la Zona, siempre y cuando sea por razones apremiantes que no se puedan realizar en otro lugar y que no pongan en riesgo los valores por los que la Zona está protegida;
- reducir al mínimo la posibilidad de introducción de plantas, animales y microbios no autóctonos en la Zona;
- reducir al mínimo la posibilidad de introducción de patógenos que puedan causar enfermedades en las poblaciones de fauna dentro de la Zona, y
- permitir visitas con fines de gestión para cumplir los objetivos del Plan de Gestión.

3. Actividades de gestión

Se deberán emprender las siguientes actividades de gestión en aras de proteger los valores de la Zona:

- Los avisos que muestren la ubicación de la Zona (que indiquen las restricciones especiales que se aplican) se exhibirán de manera destacada en la estación Palmer (Estados Unidos), isla Anvers, en la estación Yelcho (Chile), isla Doumer, y en la base A situada en el puerto Lockroy, isla Goudier, donde también se facilitarán copias de este Plan de Gestión y mapas de la Zona;
- Se pondrán copias de este Plan de Gestión a disposición de todas las embarcaciones y aeronaves que visiten la Zona, y la autoridad nacional competente comunicará a todo el personal que opere en las proximidades de la Zona, acceda a ella o vuele sobre ella, la ubicación, los límites y las restricciones que se aplican a la entrada y sobrevuelo en la Zona;
- Los programas nacionales tomarán medidas para asegurar que los límites de la Zona y las restricciones que se apliquen dentro de esta estén marcados en los pertinentes mapas y cartas náuticas/aeronáuticas;
- No se deben instalar señalizadores, carteles u otras estructuras dentro de la Zona, excepto con fines científicos o de gestión esenciales. Si se instalan, deberán registrarse, fijarse y mantenerse en buen estado y retirarse cuando ya no lo requiera el programa antártico nacional responsable;
- La Zona será visitada, según sea necesario, para determinar si continúa sirviendo a los fines para los cuales fue designada y para cerciorarse de que las medidas de gestión y mantenimiento sean apropiadas. Estas evaluaciones se realizarán al menos una vez cada cinco años aunque, en vista de las visitas poco frecuentes y las dificultades de acceso, las visitas podrán realizarse a intervalos más prolongados, según proceda.

4. Período de designación

Designación con período de vigencia indefinida.

5. Mapas y fotografías

Mapa 1: Mapa de ubicación ZAEP n.º. 176, islas Rosenthal, isla Anvers.
Proyección: cónica conforme de Lambert; meridiano central: 64° 00' O; paralelos estándar: 64° 40' S, 65° 00' S; latitud de origen: 66° 00' S; esferoide y datum horizontal: WGS84; intervalos del contorno: terrestre – 250 m, marino – 200 m.
Fuentes de datos: costa y topografía, base de datos digital de la Antártida del SCAR v4.1 (2005); datos batimétricos: IBCSO v.1 (2013); zonas protegidas: ERA (agosto de 2018); estaciones: COMNAP (agosto de 2018).
Recuadro: la ubicación de la isla Anvers y el archipiélago Palmer en la Península Antártica.

Mapa 2: Mapa regional ZAEP n.º. 176, islas Rosenthal, isla Anvers.
Proyección: cónica conforme de Lambert; meridiano central: 64° 25' O; paralelos estándar: 64° 38' S, 64° 44' S; latitud de origen: 63° 45' S; esferoide y datum horizontal: WGS84; intervalos del contorno: 100 m. La línea costera se ha derivado de ERA (2014) cerca de la estación Palmer y se ha digitalizado a partir de imágenes de satélite georreferenciadas (GeoEye, 13 de marzo de 2013; WV3, 25 de febrero de 2016; imágenes © Digital Globe). Colonias de aves y otras características: a partir

de imágenes, planimetría GPS (ERA, 13 de diciembre de 2016) y Fraser/Patterson-Fraser, nota pers. 2018.

Mapa 3: Mapa topográfico ZAEP n.º. 176, islas Rosenthal, isla Anvers.
Las especificaciones del mapa son las mismas que las del mapa 2, excepto el meridiano central: 64° 15' O; paralelos estándares: 64° 34' S, 64° 40' S; latitud de origen: 64° 00' S.

6. Descripción de la Zona

6(i) Coordenadas geográficas, indicadores de límites y características naturales

Descripción general

Las islas Rosenthal (64° 36' S, 64° 15' O) se encuentran en la parte sur de la costa occidental de la isla Anvers, en el archipiélago Palmer, al oeste de la Península Antártica (mapa 1). Se encuentran a unos 15 km al norte del cabo Mónaco y a unos 22 km de la estación Palmer (Estados Unidos) (mapa 2). El grupo Rosenthal consta de unas 80 islas pequeñas, la mayor de las cuales es la isla Gerlache, que tiene una altura de unos 100 m y una extensión de 2,5 km por 1,2 km (mapa 3). Las islas más pequeñas tienen todas menos de 100 m de altura y generalmente menos de 500 m de ancho. La isla de Gerlache está casi completamente cubierta por una capa de hielo permanente, mientras que las islas más pequeñas generalmente están libres de hielo. Varios promontorios se extienden desde la costa adyacente de la isla Anvers, y muchos de ellos también están parcialmente libres de hielo. La propia isla Anvers está cubierta por la gruesa capa de hielo permanente conocida como glaciar de pie de monte Marr, que se extiende, en las proximidades de las islas Rosenthal, hasta una altura de unos 500 m por unos 7 km de costa (mapa 2). Hay muchas otras islas pequeñas y penínsulas bordean la costa de la isla Anvers, tanto al norte como al sur hasta el cabo Mónaco (mapa 2).

Una ensenada de aguas relativamente profundas separa las islas Rosenthal de un grupo más pequeño de unas 35 islas y penínsulas que se encuentran aproximadamente a 6 km al sur de la costa de la isla Anvers, todas incluidas en la Zona (mapa 3). Estas islas y penínsulas situadas más al sur proporcionan un hábitat para una diversidad de aves reproductoras. Aún no se han descrito las características físicas precisas de la ensenada, aunque es probable que el canal más profundo se formara por un glaciar que drenaba la cuenca adyacente en la isla Anvers en un momento en que el hielo era más extenso. Las observaciones de la relativamente prolífica fauna silvestre que se reproduce en las islas adyacentes y del comportamiento de búsqueda de alimento en esta ensenada en particular, incluidos los mamíferos marinos, sugieren que esta podría ser una zona de afloramiento de aguas profundas que permita unos niveles relativamente altos de productividad cerca de la superficie, que a su vez está apoyando el ecosistema cercano rico y diverso de aves y mamíferos marinos (Fraser, nota pers. 2018).

Las islas y penínsulas dentro de la Zona son generalmente rocosas, escarpadas y expuestas, mientras que las islas más orientadas al mar tienden a ser más empinadas y sus costas solo son accesibles para las aves voladoras. Las costas son irregulares, con numerosos islotes y rocas costeras, y la mayoría de ellas están inexploradas. Varias islas y penínsulas cercanas a la isla Anvers tienen una topografía más suave y costas más accesibles, lo que las hace adecuadas para que los pingüinos establezcan colonias. Algunas de ellas tienen playas sobre las que se observan mamíferos, tales como el elefante marino (*Mirounga leonina*), las focas de Weddell (*Leptonychotes weddellii*) y los lobos finos antárticos (*Arctocephalus gazella*).

Las islas Rosenthal fueron cartografiadas por primera vez por la Expedición Antártica Alemana de 1873-1874 dirigida por Dallmann y lleva el nombre del entonces director de la Sociedad Alemana de Navegación Polar. Posteriormente, fueron trazadas con más detalle por la Expedición Antártica Francesa de Charcot de 1903-1905, que cartografió y dio nombre a la punta de Gerlache como parte de la isla Anvers, como se determinó en aquel entonces. Hoy, esta es la isla Gerlache. Las primeras personas registradas que pisaron las islas Rosenthal fueron miembros de un grupo geológico británico que inspeccionó la costa occidental de la isla Anvers en mayo de 1956.

Se utiliza un sistema de numeración no oficial para ayudar a la identificación práctica de las principales islas y penínsulas dentro de la Zona (Fraser y Patterson-Fraser, nota pers. 2018) (mapa 3). El sistema de numeración ha sido diseñado para satisfacer las necesidades de prospecciones para la investigación ornitológica y ecológica en curso, y se ha utilizado para ayudar a la identificación de sitios particulares según sea necesario en este Plan de Gestión. Este sistema de numeración no se ha adoptado oficialmente y puede estar sujeto a cambios a medida que evolucionen las necesidades de investigación.

Límites y coordenadas

La Zona se extiende unos 14 km de norte a sur y unos 9 km de este a oeste, y abarca una superficie total de 111 km^2. El límite de la Zona se diseñó para incluir todas las islas del grupo Rosenthal, la ensenada inmediatamente al sur, el grupo de islas que bordea el lado sur de esta ensenada y también el entorno marino asociado (mapa 3). Como medida de precaución para proteger las características dentro de la Zona, el límite se define como una zona de amortiguación que se extiende hacia el exterior alrededor de un kilómetro desde las costas.

El límite norte comparte el paralelo 64° 33' S, que también define la extensión norte de la ZAEA n.º 7 SO de la isla Anvers y la cuenca Palmer. El límite oriental también comparte el límite de la ZAEA, que se extiende hacia el sur desde 64° 06' O, 64° 33' S tres kilómetros, antes de extenderse al sur paralelamente a la costa de la isla Anvers unos13 km, amortiguado un kilómetro tierra adentro desde la costa. El límite sur se extiende aproximadamente 3 km a través de una pequeña bahía, antes de extenderse al NO 7 km a través de la ensenada principal al sur de las islas Rosenthal. El límite occidental sigue la línea de amortiguación de 1 km paralela a las costas de las islas exteriores en el grupo de Rosenthal.

Clima

No hay datos meteorológicos disponibles para las islas Rosenthal, aunque hay datos a largo plazo disponibles para la cercana estación Palmer, donde se espera que las condiciones sean similares aunque quizás menos extremas.

Las temperaturas regionales cerca de la estación Palmer son relativamente moderadas, debido a las condiciones oceanográficas locales y la nubosidad frecuente y persistente la región del puerto Arthur (Lowry 1975). El promedio anual de temperatura del aire registrado en la estación Palmer durante el período 1974 a 2012 presenta una marcada tendencia al calentamiento, aunque también demuestra una variabilidad importante entre los años. Entre 2010 y 2017, la temperatura media anual en la estación Palmer fue de -1,8 °C, con una media mensual de temperatura del aire de -5,94 °C (agosto) y de 1,72 °C (enero). La temperatura máxima entre abril de 1989 y octubre de 2018 fue de +11,6 °C y se registró el 8 de marzo de 2010, mientras que la mínima fue de -26,0 °C y se registró el 24 de agosto de 1995. En la estación Palmer suele haber tormentas y precipitaciones, con vientos persistentes, pero generalmente leves o moderados, principalmente del nordeste, aunque las condiciones locales del viento pueden diferir de las de la estación Palmer. La nubosidad es frecuente y extensa, a menudo con un techo de menos de 300 m. Entre 1989 y 2018, la precipitación media anual fue de 636 mm de equivalente de agua, con una profundidad media anual de nevadas de 344 cm.

Las islas Rosenthal tendrán diferencias climáticas menores como resultado de la geografía local, en particular, debido a su posición más expuesta a los vientos del oeste y al oleaje del océano. Existe alguna evidencia anecdótica de que la capa de nieve puede ser más persistente en las islas Rosenthal que en el puerto Arthur (Gantz *et al.* 2018).

Características geológicas, geomorfológicas y edafológicas

Se han descrito tres grupos de rocas principales en la zona de las islas Rosenthal (Hooper, 1962). Los afloramientos rocosos en la isla Anvers frente a la isla Gerlache están compuestos por el granito del cabo Mónaco, mientras que las islas del grupo Rosenthal comprenden los volcánicos del Jurásico superior. El granito del cabo Mónaco ocupa un cinturón estrecho, posiblemente intermitente, de unos 8 km de ancho y unos 60 km de largo, que se extiende a lo largo del margen occidental de la isla Anvers, desde las islas Joubin, que Hooper (1962: 50) sugirió que pudo haberse desarrollado a lo largo de una falla paralela a la costa noroeste de la isla Anvers. En la Zona al sur de la ensenada de las islas Rosenthal, los afloramientos en las penínsulas y las islas cercanas están compuestos de tonalita inalterada del Ciclo Orogénico Andino. Aún no se han descrito la geomorfología y las características del suelo de las islas Rosenthal.

Ecología terrestre

Aún no se ha descrito el entorno de agua dulce dentro de la Zona. Dada la extensión limitada de terreno libre de hielo disponible, es probable que los arroyos y estanques sean relativamente pocos, pequeños y estacionales. Por ejemplo, en las imágenes de satélite (10 de marzo de 2013) de las islas 201 y 202 son evidentes varios estanques pequeños, que probablemente se enriquezcan con nutrientes de los pingüinos reproductores locales. La inspección de imágenes de satélite de alta resolución (25 de febrero de 2016) reveló solo una pequeña cantidad de cuerpos de agua dulce o arroyos en terrenos sin hielo en otras partes de la Zona.

La vegetación de las islas Rosenthal aún no se ha descrito en detalle, aunque se han identificado varias especies de las islas 202 y 205 (apéndice Uno, tabla 1). Estas observaciones provienen de islas que están intensamente colonizadas por pingüinos reproductores, donde el hábitat adecuado para la vegetación es relativamente escaso. Además, las observaciones llevadas a cabo fueron oportunistas en varios sitios, en lugar de ser parte de un estudio sistemático y, por lo tanto, estos registros representan el mínimo absoluto de especies que probablemente estén presentes.

Las observaciones preliminares que utilizan sensores remotos de satélite de alta resolución indican una cubierta vegetal más extendida en algunas de las otras islas y penínsulas, particularmente aquellas no colonizadas por pingüinos reproductores. La isla 206 parece albergar una cubierta vegetal más extensa que algunas otras islas, particularmente en sus laderas nordeste. Las plantas con flores *Deschampsia antarctica* y *Colobanthus quitensis* son relativamente comunes en terrenos libres de hielo a lo largo de la costa sur de la isla de Anvers (Greene & Holtom, 1971) y la primera se observa aproximadamente a cinco km al sur de la zona en el cabo Mónaco y la isla Dream (Komárková *et al.* 1985). Si bien aún no ha sido posible visitar y verificar las especies o la abundancia dentro de la Zona, se prevé que muchas de las especies presentes probablemente sean similares a las de los lugares donde hay vegetación en los sitios cercanos en el sur de la isla Anvers y en las islas costeras.

El 13 de diciembre de 2016 se llevó a cabo un estudio preliminar de los artrópodos terrestres en la Zona (Gantz *et al.*, 2018). La prospección se limitó a las islas 201, 202 y 205, todas ellas intensamente ocupadas por pingüinos reproductores. El muestreo se efectuó a lo largo del borde de las colonias de aves marinas (donde se prestó especial atención al suelo ornitogénico debajo de las rocas) y en sitios con musgo y *P. crispa* que no fueron utilizados o eran inaccesibles para las aves marinas nidificantes. Aún no se han estudiado otras islas o penínsulas libres de hielo dentro de la Zona, muchas de las cuales albergan una cubierta vegetal y probablemente proporcionen un hábitat adecuado para las poblaciones de invertebrados.

Este estudio identificó dos especies de colémbolos (*Cryptopygus antarcticus* y *Friesea grisea*), cuatro especies de ácaros (*Alaskozetes antarcticus*, *Hydrogamasellus racovitzai*, *Tectopenthalodes villosus* y *Rhagidia sp.*) y la especie de mosquito quironómido *Belgica antarctica.* El ácaro *A. antarcticus* y el colémbolo antártico *C. antarcticus* fueron comunes en grandes agregaciones en los sitios de recolección y ocasionalmente se observaron en la superficie del guano de pingüino sin cubierta vegetal. Aunque el colémbolo *C. antarcticus* y el ácaro *A. antarcticus* eran abundantes, su distribución era irregular. El mosquito *Belgica antarctica* era menos común y se encontró solo en zonas con vegetación en un lugar en cada una de las islas 201 y 202. Los resultados preliminares de Gantz *et al.* (2018) muestran que la diversidad de artrópodos de las islas Rosenthal es similar a la de la estación Palmer. No se dispone de más información sobre los conjuntos de invertebrados en la Zona. No se dispone de información sobre comunidades locales de bacterias y hongos.

Aves reproductoras y mamíferos

Al menos ocho especies de aves se reproducen en las islas Rosenthal: El pingüino Adelia (*Pygoscelis adeliae*), el pingüino barbijo (*Pygoscelis antarctica*), el pingüino papúa (*Pygoscelis papua*), el petrel gigante austral (*Macronectes giganteus*), el charrán antártico (*Sterna vittata*), el cormorán imperial (*Leucocarbo atriceps bransfieldensis*), la gaviota cocinera (*Larus dominicanus*) y el págalo antártico (*Stercorarius maccormicki*) (apéndice uno, tabla 2). El petrel de Wilson (*Oceanites oceanicus*) es un reproductor común y probable. La paloma antártica (*Chionis alba*) está presente en pequeñas cantidades en las colonias de pingüinos y cormoranes, y aunque no se ha observado anidación, también pueden reproducirse en la Zona. El petrel de las nieves (*Pagodroma nivea*) puede observarse comúnmente, aunque no se sabe que se reproduzca en la zona. Se han observado algunas aves reproductoras dentro de la Zona que originalmente estaban anilladas cerca de la estación Palmer (Fraser, nota pers. 2018). Los datos disponibles sobre el número de poblaciones de aves marinas se resumen en el apéndice uno, tabla 2.

Las aves marinas reproductoras están presentes en casi todas las islas y penínsulas libres de hielo más grandes de la Zona, aunque tienden a concentrarse en las localidades más protegidas cerca de la isla Anvers, y las islas más orientadas al mar tienden a estar ocupadas en bajas densidades solo por págalos antárticos, gaviotas cocineras y charranes antárticos (Fraser *et al.* 2016). Las islas y penínsulas con el mayor número de aves marinas son 201, 202, 203, 204, 205, 303, 306 y 307. Existe algunas pruebas captadas por imágenes de satélite de alta resolución de que pueden existir colonias en otras islas dentro de la Zona, por ejemplo, en varias islas en el extremo nordeste, aunque la presencia de aves marinas reproductoras aquí aún no se ha verificado y no hay registro de que estas islas hayan sido visitadas por humanos.

La colonia de cormorán imperial es muy inusual, ya que la población reproductora residente de 65 parejas en la isla 205 en 2016 parece haber cambiado poco con respecto a las 70 observadas cuando se llevó a cabo el primer estudio en 1975 (apéndice uno, tabla 2). Esto contrasta sin duda con fuerza con una tendencia general de disminución de la población de esta especie en otras partes de la Península Antártica occidental desde la década de 1970 (Fraser *et al.* 2016). Existen indicios de que al menos algunas de las aves invernan en la Zona (Vicknair *et al.* 2015) (apéndice uno, tabla 2). De manera similar, la cantidad de pingüinos Adelia que se reproducen en la isla 202 ha disminuido relativamente menos que en otras partes de la región, con una caída del 40 % de las 153 parejas en 1975 a las 92 parejas en 2016, lo que representa aproximadamente la mitad de la disminución porcentual observada en esta especie cerca de la estación Palmer (Fraser *et al.* 2016). Aún no se comprenden las razones que subyacen a la continuidad de la reproducción comparativa en las islas Rosenthal, aunque pueden estar relacionadas con factores como las condiciones locales del hielo marino y la disponibilidad de presas, y este es un tema de investigación en curso.

Los pingüinos barbijo y papúa, por otro lado, parecen haber experimentado una expansión significativa en el número de reproductores en las islas Rosenthal desde 1975, lo que puede atribuirse en parte a la aparición de un hábitat adecuado como resultado del retroceso de los glaciares (Fraser *et al.* 2016). Los pingüinos barbijo ascienden ahora a unas 4000 a 5000 parejas reproductoras en toda la Zona, lo que es similar al número registrado en 1979, 1985 y 1987, aunque el número es considerablemente superior a las 1140 parejas registradas en 1975 (Fraser *et al.* 2016 y nota. pers. 2018). Los pingüinos papúa parecen haber aumentado más sustancialmente, con unas 7324 parejas registradas en 2012-2013, en comparación con tan solo 811 parejas en 1975 (Fraser *et al.* 2016 y nota. pers. 2018) (apéndice uno, tabla 2). La tendencia a la disminución en el número de pingüinos de Adelia que se reproducen en las islas Rosenthal y el aumento de la población reproductora de pingüinos papúa es consistente con las observaciones de las colonias en la cercana estación Palmer (Ducklow *et al.* 2013) y en otros lugares de la región de la Península Antártica (Hinke *et al.* 2007). Se ha llevado a cabo una investigación a largo plazo sobre la ecología de las aves marinas cerca de la estación Palmer como parte de la cuadrícula PAL-LTER, y las observaciones en las islas Rosenthal forman una zona importante de comparación y referencia para esos estudios.

El número de petreles gigantes australes también ha aumentado sustancialmente, según lo que revela el recuento de febrero de 2016, que lo estima en unos 320-350 ejemplares repartidos por toda la Zona, con la isla 303 ahora como un lugar de reproducción importante para esta especie; solo unos 35 ejemplares estaban presentes en toda la Zona en 1975 (Fraser *et al.* 2016).

Los charranes antárticos también se reproducen dentro de la Zona, y las observaciones oportunistas del 13 de diciembre de 2016 identificaron a unos 24 ejemplares encaramados en una cresta rocosa empinada de una pequeña isla a unos 50 m al este de la isla 205, algunos de los cuales parecían estar anidando. Además, se observaron aproximadamente otros 25 ejemplares encaramados en rocas cercanas situadas cerca de la cota de agua.

El 11 de febrero de 2016 se observó un solitario pingüino emperador transitorio (*Aptenodytes forsteri*) (Fraser nota pers. 2018; identificado erróneamente como pingüino rey en Pickett 2016). No se dispone de más información sobre transitorios.

Se identificó la Zona Importante para las Aves (ZIA) de la Antártida n.º 088 para una gran colonia de pingüinos papúa que se encuentra en el sur de la Zona *et al.* 2015) (mapa 3). Los datos cartográficos actualizados y mejorados muestran que este sitio no se encuentra en la isla 303 sino en la península 306. Dentro de la unidad de manejo definida por el límite de la zona protegida, el número de parejas reproductoras de pingüinos papúa presentes en 2012-2013 (7324; apéndice uno, tabla 2) califica la zona como ZIA (criterio A4 de ZIA: Se sabe o se cree que el sitio alberga congregaciones de ≥1 % de la población mundial de una o más especies de forma regular o predecible). Los datos recopilados en febrero de 2016 para islas individuales (apéndice uno, tabla 2) muestran que una cantidad sustancial de pingüinos papúa continúa reproduciéndose, aunque no se puede dar el total para la Zona porque el recuento de ese año fue incompleto. Por esta razón, el estatus de ZIA de la Zona se confirma sobre la base de los datos de 2012-2013. Se han hecho modificaciones al límite de la ZIA original para que sea coherente con el límite de la Zona, y se han enviado a Birdlife International para su incorporación a la base de datos mundial de ZIA.

Se han observado algunos pocos elefantes marinos del sur (*Mirounga leonina*), focas de Weddell (*Leptonychotes weddellii*) y lobos finos antárticos no reproductores (*Arctocephalus gazella*) en las playas de la Zona en verano, y el número tiende a ser mayor cerca de la isla Anvers (Fraser *et al.* 2016). No se dispone de información adicional sobre el número y la situación reproductiva, o sobre otras especies de focas. Se han observado ballenas de dos especies: Minke (*Balaenoptera bonaerensis*) y jorobada (*Megaptera novaeangliae*) en las proximidades de la Zona. Tampoco se dispone de información sobre el medioambiente marino local.

Actividades e impacto de los seres humanos

La actividad humana dentro de la Zona ha sido mínima. Los miembros de un grupo geológico británico que inspeccionaba la costa occidental de la isla Anvers fueron los primeros en poner un pie en las islas Rosenthal en mayo de 1956 (Hooper, 1956, 1962). Este grupo viajó por tierra en trineo tirado por perros desde la Base N del puerto Arthur para visitar la «punta Gerlache» (ahora isla Gerlache) y una península situada «a cuatro millas del cabo Mónaco» (es decir, la Península 306), donde llevó a cabo una serie de observaciones geológicas, hizo un reconocimiento de la costa y observó a un «número considerable de pingüinos papúa y petreles gigantes» (Hooper, 1956).

Las siguientes visitas registradas en las islas Rosenthal tuvieron lugar en el verano de 1974-1975 (Fraser, nota pers., 2018), y, posteriormente, el 3 de febrero de 1979, el 8 de diciembre de 1984 (en helicóptero, sin aterrizajes) y el 2 de enero de 1985 (Parmelee *et al.*, 1987), apoyada por el R/V *Hero*, así como por un helicóptero y el buque de inspección de la Guardia Costera de EE. UU. *Glacier*. Asimismo, tuvo lugar una visita en yate el 8 de febrero de 1987 (Poncet & Poncet, 1987). En el período de 32 años de 1956 a 1988, se estima que menos de 20 personas visitaron las islas Rosenthal.

Durante el período de treinta años posterior a 1988, hay un registro de un barco turístico (el yate *Golden Fleece* que visitó las islas Rosenthal en la temporada 2010-2011, en el que viajaban 6 personas (Estadísticas de turismo de la IAATO, 2010-2011), y se han efectuado varias visitas más en yates desde la década de 1980 para la grabación de filmaciones, alrededor de febrero (J. Poncet, nota pers., 2018). En el verano de 2012-2013, el 11 de febrero de 2016 y el 13 de diciembre de 2016, los equipos de investigación de la estación Palmer llevaron a cabo algunos recuentos ornitológicos breves. En esta última visita, se encontró un gran flotador de pesca (de aproximadamente 1 m de diámetro) incrustado en el hielo en la costa oriental de la isla 201, que fue retirado de la Zona. Se estima que menos de 40 personas más han visitado la Zona en este período más reciente.

Dado el número extremadamente bajo y la breve duración de las visitas humanas (la estimación indica que han visitado la Zona menos de 60 personas), se supone que los impactos humanos en la Zona derivados de fuentes locales son muy bajos. Por lo tanto, la Zona se considera casi prístina, y este bajo nivel de impacto humano es un valor importante de la Zona que debe mantenerse.

6(ii) Acceso a la Zona

Se puede llegar a la Zona en lancha, en aeronave pilotada o teledirigida, o a pie. Los aterrizajes de aeronaves pilotadas están prohibidos, y se aplican restricciones de sobrevuelo a las aeronaves que operan dentro de la Zona. Las condiciones específicas de acceso se establecen en la sección 7(ii), a continuación.

El acceso a las islas Rosenthal antes de 2016 solía tener lugar mediante el despliegue de pequeñas embarcaciones hinchables de goma (de hasta 6 m (unos 20 pies) de eslora) desde un barco cercano, mientras que son raras las visitas efectuadas por embarcaciones hinchables desde la estación Palmer. Los botes hinchables de casco rígido (RHIB), que tienen unos 10 m (33,5 pies) de eslora, han operado desde la estación Palmer desde 2016. Además, gracias a un alcance de hasta 32 km (~20 millas), estas pequeñas embarcaciones han logrado que las islas Rosenthal sean más accesibles desde la estación Palmer que antes.

El hielo marino estacional en el suroeste de la isla de Anvers es variable: la formación suele comenzar entre marzo y mayo y, para el período de 1979 a 2004, persistía entre cinco y 12 meses (Stammerjohn *et al.*, 2008). Con frecuencia, se encuentra cerca de la costa un denso hielo impetuoso, lo que puede impedir el acceso de botes pequeños.

6(iii) Ubicación de estructuras dentro de la Zona o en zonas adyacentes

No se conoce la presencia de ninguna estructura, instrumento, escondite o señalizador dentro de la Zona o en las proximidades.

6(iv) Ubicación de las zonas protegidas en las cercanías

Las zonas protegidas más cercanas a las islas Rosenthal son: La isla Litchfield (ZAEP n.º 113), que se encuentra a unos 12 km al sureste en el puerto Arthur; la punta Biscoe (ZAEP n.º 139), que se encuentra a unos 26 km al sureste en el sur de la isla Anvers; y la bahía South (ZAEP n.º 146), que se encuentra aproximadamente a 37 km al sureste en la isla Doumer (mapa 1).

6(v) Zonas especiales en el interior de la Zona

No hay Zonas especiales dentro de la Zona. Las zonas restringidas más cercanas dentro de la ZAEA n.º 7 suroeste de la isla Anvers y la cuenca Palmer son las islas Joubin (a unos 10 km al sur) y la isla Dream (a unos 5 km al sur) (mapa 2).

7. Términos y condiciones para los permisos de entrada

7(i) Condiciones generales de los permisos

Se prohíbe el ingreso a la Zona excepto con un permiso expedido por una autoridad nacional pertinente. Las condiciones para la expedición de permisos son las siguientes:

- El permiso se expedirá únicamente para investigaciones científicas urgentes que no puedan llevarse a cabo en otro lugar, en particular, para las investigaciones sobre el ecosistema terrestre o marino y la fauna de la Zona, o por motivos que resultan esenciales para la gestión de esta.
- Las acciones permitidas deberán ser compatibles con este Plan de Gestión.
- Se dará a las actividades permitidas la correspondiente consideración a través del proceso de evaluación de impacto ambiental para la protección continua de los valores ambientales y científicos de la Zona.
- El permiso se expedirá por motivos indispensables de índole educativa o de difusión que no puedan llevarse a cabo en otro sitio y que no entren en conflicto con los objetivos del presente Plan de Gestión.
- El permiso se expedirá por un período determinado.
- Se deberá llevar el permiso, o una copia de este, dentro de la Zona.

7(ii) Acceso a la Zona y desplazamientos en su interior o sobre ella

El acceso a la Zona se efectuará en lancha, en avión o a pie. Está prohibido el acceso de vehículos.

Acceso a pie a la Zona y desplazamientos en su interior

Dentro de la Zona, cualquier desplazamiento terrestre se hará a pie. Se prohíbe que las personas que lleguen en embarcaciones circulen fuera de las inmediaciones del lugar de desembarco, salvo que estén específicamente autorizadas para ello en el permiso.

Los peatones deben mantener las siguientes distancias mínimas de acercamiento a la vida silvestre, a menos que sea necesario acercarse más para los fines autorizados en el permiso:

- Petreles gigantes australes (*Macronectes giganteus*) - 50 m
- Lobos marinos antárticos - 15 m
- Otras aves y focas: 5 m.

Los visitantes deben desplazarse con cuidado, para reducir al mínimo la perturbación de la flora, la fauna, los suelos y las masas de agua. Los peatones deben caminar sobre la nieve o el terreno rocoso si resulta factible, aunque deberán tener cuidado de no dañar los líquenes. Los peatones deben caminar alrededor de las colonias de pingüinos y no entrar en los subgrupos de pingüinos nidificantes, excepto con fines de investigación o gestión. El tránsito de peatones se reducirá al mínimo de manera congruente con los objetivos de todas las actividades permitidas, y se hará todo lo posible por reducir el impacto al mínimo.

Acceso en lancha

No se han designado rutas específicas de acceso a la Zona para las lanchas pequeñas y, en vista de los niveles muy bajos de visitas y las condiciones variables, no existen restricciones sobre las rutas de acceso de lanchas o los sitios de desembarque. Sin embargo, el mejor recorrido para una embarcación pequeña generalmente va de 800 m a 1 km paralelo a la costa de la isla Anvers, según las condiciones del hielo y el viento (mapa 3). Cerca de las islas 201-203 y 303-309, así como fuera de la zona, en las islas Gossler y cerca del cabo de Mónaco, se pueden encontrar varias pequeñas ensenadas relativamente protegidas que ofrecen cierta protección para las embarcaciones pequeñas (mapa 2).

Dentro de la Zona existe un gran número de islas inexploradas y rocas y bajíos sumergidos o parcialmente sumergidos que pueden suponer un peligro para las operaciones de navegación. La información batimétrica disponible para la Zona y la región circundante es deficiente y poco fiable. Las condiciones del hielo, el oleaje frecuente y a menudo considerable del océano y la exposición a los vientos del oeste y/o catabáticos que descienden de la isla Anvers también pueden afectar las operaciones de los barcos dentro de la Zona.

Acceso y sobrevuelo de aeronaves

Las restricciones a las operaciones de aeronaves se aplican durante todo el año, cuando los pilotos operen aeronaves sobre la Zona en estricto cumplimiento de las siguientes condiciones:

1) Los aterrizajes de aeronaves pilotadas, incluidos los helicópteros, están prohibidos dentro de la Zona.
2) Está prohibido el sobrevuelo de la Zona por aeronaves pilotadas por debajo de 2000 pies (unos 610 m), salvo de conformidad con un permiso expedido por una autoridad nacional competente. Los pilotos que operen cerca de la Zona deben seguir las Directrices para la operación de aeronaves cerca de concentraciones de aves (Resolución 2 [2004]).
3) Se prohíben el sobrevuelo de los Sistemas de Aeronaves Dirigidas por Control Remoto (RPAS) por debajo de los 610 m (2000 pies) y su aterrizaje al interior de la Zona, salvo que se haga de conformidad con un permiso emitido por una autoridad nacional competente; El uso de RPAS en el interior de la Zona debe ajustarse a las Directrices Medioambientales para la Operación de Sistemas de Aeronaves Dirigidas por Control Remoto (RPAS) en la Antártida (Resolución 4, 2018).

7(iii) Actividades que pueden llevarse a cabo dentro de la Zona

- investigaciones científicas que no pongan en peligro el ecosistema ni los valores de la Zona;
- actividades con fines educativos o de difusión (tales como informes documentales, por ejemplo, visuales, en audio o escritos, o la producción de recursos o servicios educativos) que respondan a motivos indispensables y que no puedan llevarse a cabo en otro sitio (las actividades con fines educativos o de difusión no incluyen el turismo);
- actividades de gestión esenciales, incluidas las de observación e inspección.

7(iv) Instalación, modificación o desmantelamiento de estructuras

- No se podrá montar ninguna estructura en la Zona, salvo las que estén especificadas en el permiso correspondiente. A excepción de los indicadores de límites, se prohíben las estructuras o instalaciones permanentes.
- Cualquier estructura, equipo científico o señalizador instalado en la Zona debe estar autorizado mediante un permiso expreso y mostrar claramente el país, el nombre del investigador principal, el año de instalación y la fecha de retirada prevista. Todos estos artículos deberán estar libres de organismos, propágulos (por ejemplo, semillas, huevos) y tierra no estéril, y estarán fabricados de materiales que puedan soportar las condiciones ambientales y planteen un riesgo mínimo de contaminación o daño a los valores de la Zona.
- La instalación (incluida la selección del lugar), el mantenimiento, la modificación o el desmantelamiento de las estructuras o equipos deberá efectuarse de una forma que reduzca al mínimo la perturbación de la flora y la fauna, preferentemente evitando la temporada de cría principal (del 1 de octubre al 31 de marzo).

- El desmantelamiento de estructuras o equipos específicos cuyo permiso haya expirado será responsabilidad de la autoridad que haya expedido el permiso original, y deberá ser una condición para el otorgamiento del permiso.

7(v) Ubicación de los campamentos

Se permite acampar temporalmente dentro de la Zona. Aún no se han identificado o designado campamentos específicos, aunque los campamentos deben estar ubicados preferentemente en la grava de la playa, en superficies nevadas o en terreno rocoso. Se prohíbe acampar en superficies con una cubierta vegetal importante.

7(vi) Restricciones relativas a los materiales y organismos que pueden introducirse en la Zona

Además de los requisitos del Protocolo al Tratado Antártico sobre Protección del Medio Ambiente, las restricciones relativas a los materiales y organismos que pueden introducirse en la Zona son las siguientes:

- Se prohíbe la introducción deliberada de animales, material vegetal, microorganismos vivos y tierra no estéril en la Zona. Deben tomarse precauciones para prevenir la introducción accidental de animales, material vegetal, microorganismos y tierra no estéril desde otras regiones con características biológicas distintas (dentro o fuera de la zona del Tratado Antártico).
- Los visitantes deben cerciorarse de que los equipos de muestreo y/o los señalizadores estén limpios. En el mayor grado posible, la vestimenta, el calzado y el equipo (incluidos, por ejemplo, mochilas, bolsos, tiendas, bastones, trípodes, etc.) deberán limpiarse minuciosamente antes de la entrada. Los visitantes también deben consultar y ceñirse adecuadamente a las recomendaciones incluidas en el Manual sobre especies no autóctonas del Comité para la Protección del Medio Ambiente (Resolución, 4, 2016; CPA, 2019) y el Código de conducta ambiental sobre el trabajo de investigación sobre el terreno en la Antártida (Resolución 5, 2018).
- Está prohibido introducir a la Zona aves de corral y cualquier producto derivado de estas.
- Los herbicidas o pesticidas están prohibidos en la Zona.
- Cualquier otro producto químico, incluidos los radionúclidos y los isótopos estables, que se introduzca con fines científicos o de gestión especificados en el permiso deberá ser retirado de la Zona antes o inmediatamente después de que concluya la actividad para la cual se haya expedido el permiso.
- No se podrá almacenar combustible, alimentos u otros materiales en la Zona, salvo que sea indispensable para la actividad para la cual se haya expedido el permiso. En general, cualquier material que se introduzca podrá permanecer solamente por un período expreso, y deberá ser retirado a más tardar cuando concluya dicho período.
- Todos los materiales deberán almacenarse y manipularse de manera tal que se reduzca a un mínimo el riesgo de introducción en el medio ambiente.
- Si se produce alguna fuga o derrame que pueda poner en riesgo los valores de la Zona, se recomienda extraer el material únicamente cuando el impacto de la retirada no sea mayor que el de dejar el material *in situ*.

7(vii) Recolección de flora y fauna autóctonas o intromisión perjudicial en ellas

Se prohíbe la recolección de la flora y la fauna autóctonas y la intromisión perjudicial en estas, salvo si lo autoriza un permiso expedido conforme al Artículo 3 del Anexo II del Protocolo al Tratado Antártico sobre Protección del Medio Ambiente. En caso de recolección de la fauna o intromisión perjudicial en ella, se deberá efectuar, como norma mínima, de conformidad con el Código de Conducta del SCAR para el Uso de Animales con Fines Científicos en la Antártida.

7(viii) Recolección o traslado de materiales que el titular del permiso no haya llevado a la Zona

- Se podrá recolectar o retirar material de la Zona únicamente de conformidad con un permiso, y dicho material deberá limitarse al mínimo necesario para cubrir las necesidades científicas o de gestión. Esto incluye muestras biológicas y ejemplares de rocas o suelo.
- Todo material de origen humano que pueda comprometer los valores de la Zona y que no haya sido llevado a la Zona por el titular del permiso o que no esté comprendido en otro tipo de autorización podrá

ser retirado de cualquier parte de la Zona, salvo que el impacto de su extracción pueda ser mayor que el efecto de dejar el material *in situ*. Si ese es el caso, se debe informar a la autoridad correspondiente para obtener la correspondiente aprobación.

- Se debe informar a las autoridades nacionales correspondientes sobre cualquier elemento retirado de la Zona que no haya sido introducido por el titular del permiso.

7(ix) Eliminación de residuos

Todos los residuos, incluidos los residuos de origen humano, deberán retirarse de la Zona.

7(x) Medidas que pueden ser necesarias para continuar cumpliendo con los objetivos del Plan de Gestión

Se pueden otorgar permisos de acceso a la Zona con el fin de:

1) llevar a cabo actividades científicas de supervisión e inspecciones, que podrán incluir la recolección limitada de muestras o datos para análisis o revisión;
2) instalar o llevar a cabo tareas de mantenimiento de postes indicadores, señalizadores, estructuras o equipo científico;
3) implementar medidas de protección;
4) llevar a cabo investigaciones o actividades de gestión de manera tal que se evite interferir con las actividades de observación e investigación a largo plazo, o que se evite una posible repetición de tareas. Las personas que planifiquen nuevos proyectos dentro de la Zona deben consultar con los programas establecidos que trabajan dentro de esta, como los de los Estados Unidos, antes de iniciar el trabajo.

7(xi) Requisitos relativos a los informes

- El titular principal del permiso expedido para cada visita a la Zona debe presentar un informe ante la autoridad nacional competente a la mayor brevedad posible una vez concluida la visita, de conformidad con los procedimientos nacionales.
- Dichos informes deberán incluir, según corresponda, la información señalada en el formulario de informe de visita contenido en la Guía para la Preparación de Planes de Gestión para las Zonas Antárticas Especialmente Protegidas (Resolución 2, 2011). Si corresponde, la autoridad nacional también debe remitir un ejemplar del informe de la visita a la Parte que haya propuesto el Plan de Gestión, a fin de ayudar a la gestión de la Zona y la revisión del plan de gestión.
- Las Partes deberían, en la medida de lo posible, depositar los originales o las copias de los informes de visitas originales en un archivo de acceso público para mantener un registro de su uso, con el fin de llevar a cabo cualquier revisión del Plan de Gestión y organizar el uso científico de la Zona.
- Se deberá notificar a las autoridades pertinentes cualquier actividad desempeñada o medida adoptada de forma excepcional, así como cualquier material vertido que no se haya retirado, en los casos en los que no estuviera incluido en el permiso.

8. Documentación de apoyo

CEP (Committee for Environmental Protection). 2019. Non-Native Species Manual: Revision 2019. Secretariat of the Antarctic Treaty, Buenos Aires.

Ducklow, H.W., Fraser, W.R., Meredith, M.P., Stammerjohn, S.E., Doney, S.C., Martinson, D.G., Sailley, S.F., Schofield, O.M., Steinberg, D.K., Venables, H.J. & Amsler, C.D. 2013. West Antarctic Peninsula: An ice-dependent coastal marine ecosystem in transition. *Oceanography* **26**(3):190–203.

Fraser, W.R., Farry, S., McAtee, C., Cook, B., Roberts, D. and Greto, C. 2016. A survey of the Rosenthal Islands during LMG Cruise 16-01. Unpublished report submitted to the Division of Polar Programs, National Science Foundation, Arlington, VA.

Gantz, J.D., Spacht, D.E. & Lee, R.E. 2018. A preliminary survey of the terrestrial arthropods of the Rosenthal Islands, Antarctica. *Polar Research* **37**(1). DOI: 10.1080/17518369.2018.1500266.

Greene, D.M. & Holtom, A. 1971. Studies in *Colobanthus quitensis* (Kunth) Bartl. and *Deschampsia antarctica* Desv.: III. Distribution, habitats and performance in the Antarctic botanical zone. *British Antarctic Survey Bulletin* **26**: 1-29.

Harris, C.M., Lorenz, K., Fishpool, L.D.C., Lascelles, B., Cooper, J., Coria, N.R., Croxall, J.P., Emmerson, L.M., Fijn, R.C., Fraser, W.L., Jouventin, P., LaRue, M.A., Le Maho, Y., Lynch, H.J., Naveen, R., Patterson-Fraser, D.L., Peter, H.-U., Poncet, S., Phillips, R.A., Southwell, C.J., van Franeker, J.A., Weimerskirch, H., Wienecke, B., & Woehler, E.J. 2015. *Important Bird Areas in Antarctica 2015*. BirdLife International and Environmental Research & Assessment Ltd., Cambridge.

Hinke, J.T., Salwicka, K., Trivelpiece, S.G., Watters, G.M. & Trivelpiece, W.Z. 2007. Divergent responses of Pygoscelis penguins reveal a common environmental driver. *Oecologia* **153** (4) (October): 845–55.

Hooper, P.R. (ed) 1956. Sledge reports 1956 Base 'N' Anvers Island. Unpublished Report, Ref AD6/2N/1956/K. Archives of the British Antarctic Survey, Cambridge.

Hooper, P.R. 1962. The petrology of Anvers Island and adjacent islands. *FIDS Scientific Reports* **34**.

Komárková, V., Poncet, S. & Poncet, J. 1985. Two native Antarctic vascular plants, *Deschampsia antarctica* and *Colobanthus quitensis*: a new southernmost locality and other localities in the Antarctic Peninsula area. *Arctic and Alpine Research* **17**(4): 401-416.

Müller-Schwarze, C. & Müller-Schwarze, D. 1975. A survey of twenty-four rookeries of pygoscelid penguins in the Antarctic Peninsula region. In Stonehouse, B. (ed) *The biology of penguins*. Macmillan Press, London.

Parmelee, D.F., Fraser, W.R. & Neilson, D.R. 1987. Birds of the Palmer Station area. *Antarctic Journal of the United States* **12**(1-2): 15-21.

Parmelee, D.F. & Parmelee, J.M. 1987. Revised penguin numbers and distribution for Anvers Island, Antarctica. *British Antarctic Survey Bulletin* **76**: 65-73.

Pickett, E. 2016. The finale: the Rosenthal Islands. Accessed online 20 Aug 2018 at: http://blogs.oregonstate.edu/ltercetaceans/2016/02/15/the-finale-the-rosenthal-islands/

Poncet, S. & Poncet, J. 1987. Censuses of penguin populations of the Antarctic Peninsula, 1983-87. *British Antarctic Survey Bulletin* **77**: 109-29.

Stammerjohn, S.E., Martinson, D.G., Smith, R.C. & Iannuzzi, R.A. 2008.Sea ice in the western Antarctic Peninsula region: Spatio-temporal variability from ecological and climate change perspectives. *Deep-Sea Research II* **55:** 2041-58.

Vicknair, K., Lewis, M., Chin, A., Holloway, C., Mowatt, J., Moret, S. & Dalberth, M. 2015. Rosenthal Island Report from LMG 15-05. Unpublished ASC Report, Centennial, CO.

Lista de coordenadas de límites

Esquina noroeste: 64° 33' S, 64° 15' O.

Esquina nordeste: 64° 33' S, 64° 06' O.

Extensión norte máxima: 64° 33' S.

Extensión máxima al sur: 64° 40' 54" S.

Extensión este máxima: 64° 06' O.

Extensión occidental máxima: 64° 21' 24" O.

Límite norte: coincidente con el límite de la ZAEA n.º 7 al suroeste de la isla Anvers y la cuenca Palmer.

Límite oriental: 1 km de amortiguación tierra adentro desde la costa occidental de la isla Anvers, coincidente con el límite de la ZAEA n.º 7 al suroeste de la isla Anvers y la cuenca Palmer.

Límites oeste y sur: 1 km de amortiguación desde las costas occidentales de las islas dentro y al sur del grupo de islas Rosenthal.

Apéndice uno

Registros de especies

Tabla 1. Especies de vegetación identificadas en las islas Rosenthal [1].

Ubicación	Especie	Descripción
Isla 202	*Sanionia uncinata*	Musgos. En saliente rocoso en pendiente empinada, al sur de la isla adyacente a pingüinos reproductores.
	Prasiola crispa	Algas. Ídem.
	Staurothele gelida (?)	Liquen. Ídem, en roca adyacente a musgo/algas. Identificación incierta.
	Caloplaca cirrochrooides	Liquen. Ídem, menos extenso.
	Turgidosculum complictulum	Liquen. Ídem, en parches.
	Xanthoria elegans	Liquen. Amplia cobertura de color naranja brillante en los acantilados al sur de la isla.
Isla 205	*Turgidosculum complictulum*	Liquen. Sobre roca en la parte norte de la colonia de pingüinos.
	Xanthoria candelaria	Liquen. Ídem, en la grieta de la roca asociada con *T. complictulum*
	Acarospora macrocyclos	Liquen. Ídem.
	Staurothele gelida (?)	Liquen. Ídem. Identificación incierta.

1. Identificaciones RI Lewis Smith, com. Pers. com. 2018, a partir de fotografías de C. Harris (13 de diciembre de 2016).

Tabla 2. Número de pingüinos reproductores, cormoranes imperiales y petreles gigantes australes en las islas Rosenthal y alrededores, 1975-2017.

Ubicación		*pingüino de Adelia Pygoscelis adeliae*			*pingüino barbijo Pygoscelis antarctica*			*pingüino papúa Pygoscelis papua*			*cormorán imperial Leucocarbo atriceps bransfieldensis*			*petrel gigante común Macronectes giganteus*		
Fecha	**Sitio**	**Parejas**	**Tipo[1]**	**Fuente[2]**	**Parejas**	**Tipo[1]**	**Fuente[2]**	**Parejas**	**Tipo[1]**	**Fuente[2]**	**Parejas**	**Tipo[1]**	**Fuente[2]**	**Parejas**	**Tipo[1]**	**Fuente[2]**
1974-1975	202	153	N1	4												
	205										70	N1	4			
	Total[3]				1140	N1	4	811	N1	4				35	A	4
03-feb-79	201/202				4000	A5	1	2000	A5	1						
	306							950	C1	1						
02-ene-85	201	1	N1	1	1500	N5	1	873	N1	1						
	202	170	N1	1	1000	N5	1	150	N1	1						
…	203				500	N5	1									
08-feb-87	205				4000		3									
	306				2		3	3000	C3	3						
2012-13	Total	124	C1	4	5163	C1	4	7324	C1	4						
05-jun-15											10 [4]	A1	5			
11-feb-16	201				1005	C1	4	1123	C1	4						
	202	92	C1	4	2005	C1	4	471	C1	4						
	203				62	C1	4									
	205				1410	C1	4				65		4			
	306							2442	C1	4						
	307							483	C1	4						
	Total													350	A	4
13-dic-16	201			6	437	N1		1329	N1							
	202	76	N1		1848	N1		677	N1							
	203				17	N1										
	205				1388	N1										
	306															

1. N = Nido, C = Polluelo, A = Adultos; 1 = <± 5 %, 2 = ± 5-10 %, 3 = ± 10-15 %, 4 = ± 25-50 % (clasificación de Woehler, 1993)
2. Fuente: 1. Parmelee y Parmelee 1987; 2. Parmelee, Fraser y Neilson, 1987; 3. Poncet y Poncet, 1987; 4. Fraser *et al*., 2016; 5. Vicknair *et al*., 2015. 6. Fraser, nota personal, 2018.
3. El «total» se proporciona cuando la ubicación de las aves contadas dentro de la Zona no se determina a partir de la fuente de datos.
4. 10 cormoranes imperiales (adultos reproductores) volando en bandada en el borde suroeste de las islas Rosenthal.

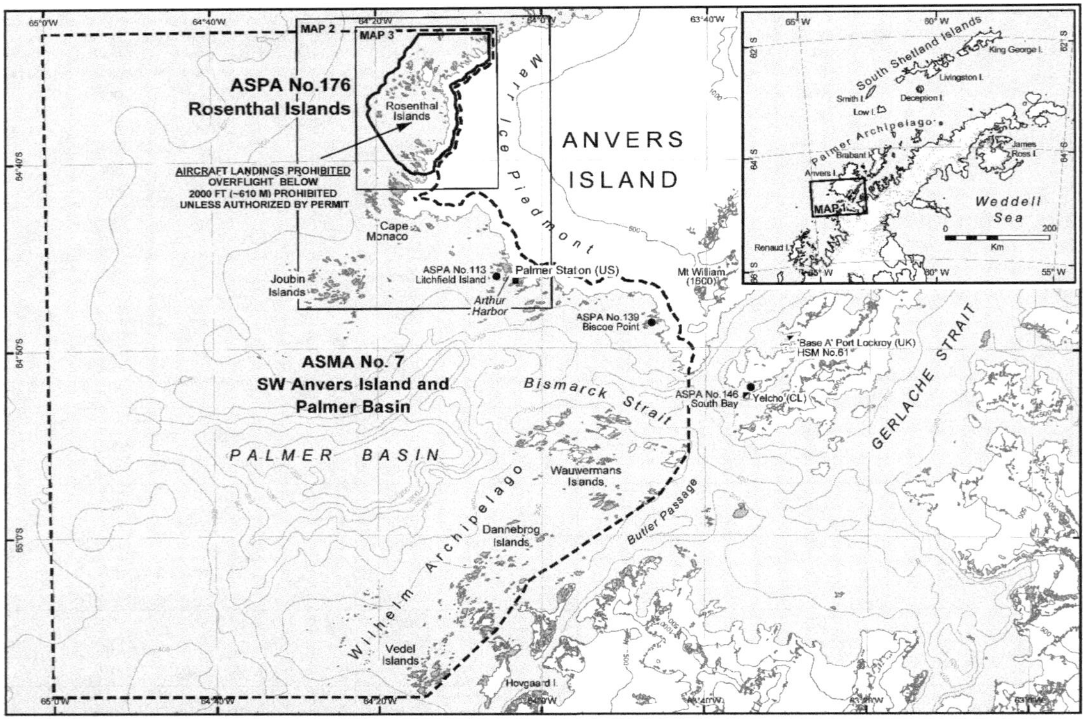

Map 1. ASPA No.176 Rosenthal Islands, Anvers Island: location.

09 Sep 2021
United States Antarctic Program
Environmental Research & Assessment

Permanent ice
Ice-free ground
Ocean
Contours (500 m)
Isobath (200 m)
Antarctic Specially Managed Area (ASMA) boundary
Antarctic Specially Protected Area (ASPA) boundary
Antarctic Specially Protected Area (ASPA)
Station, Year-Round
Station, Seasonal
Historic Site & Monument (HSM)

0 5 10 Kilometers

Projection: Lambert Conic Conformal
Spheroid and horizontal datum: WGS 84
Data sources: Bathymetry: IBCSO v.1 (2013)
Topography: SCAR ADD v7.2 (2021)
Protected areas: ERA (2021); Stations: COMNAP (2021)

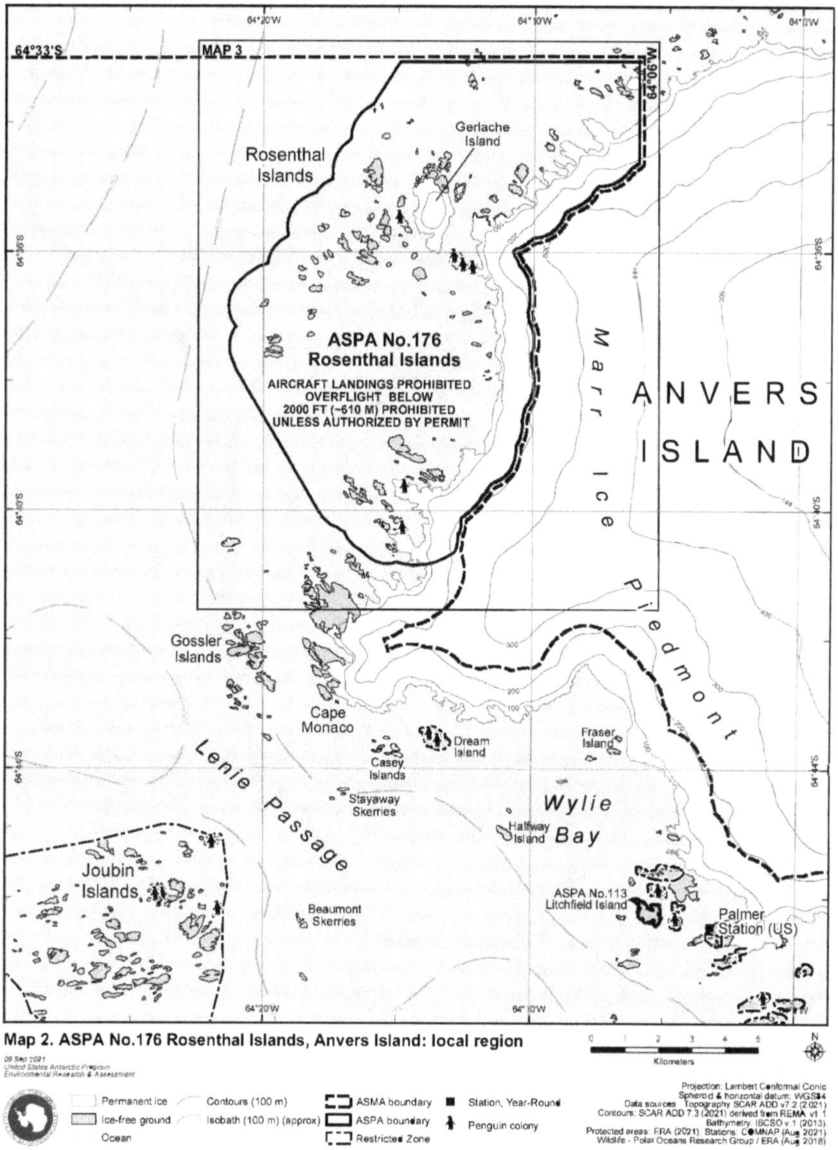
MAP 3
Rosenthal Islands
Gerlache Island
ASPA No.176
Rosenthal Islands
AIRCRAFT LANDINGS PROHIBITED
OVERFLIGHT BELOW
2000 FT (~610 M) PROHIBITED
UNLESS AUTHORIZED BY PERMIT
Marr Ice Piedmont
ANVERS
ISLAND
Gossler Islands
Cape Monaco
Lenie Passage
Dream Island
Casey Islands
Stayaway Skerries
Fraser Island
Wylie Bay
Halfway Island
Joubin Islands
Beaumont Skerries
ASPA No.113
Litchfield Island
Palmer Station (US)
Map 2. ASPA No.176 Rosenthal Islands, Anvers Island: local region
Kilometers
Permanent ice
Ice-free ground
Ocean
Contours (100 m)
Isobath (100 m) (approx)
ASMA boundary
ASPA boundary
Restricted Zone
Station, Year-Round
Penguin colony

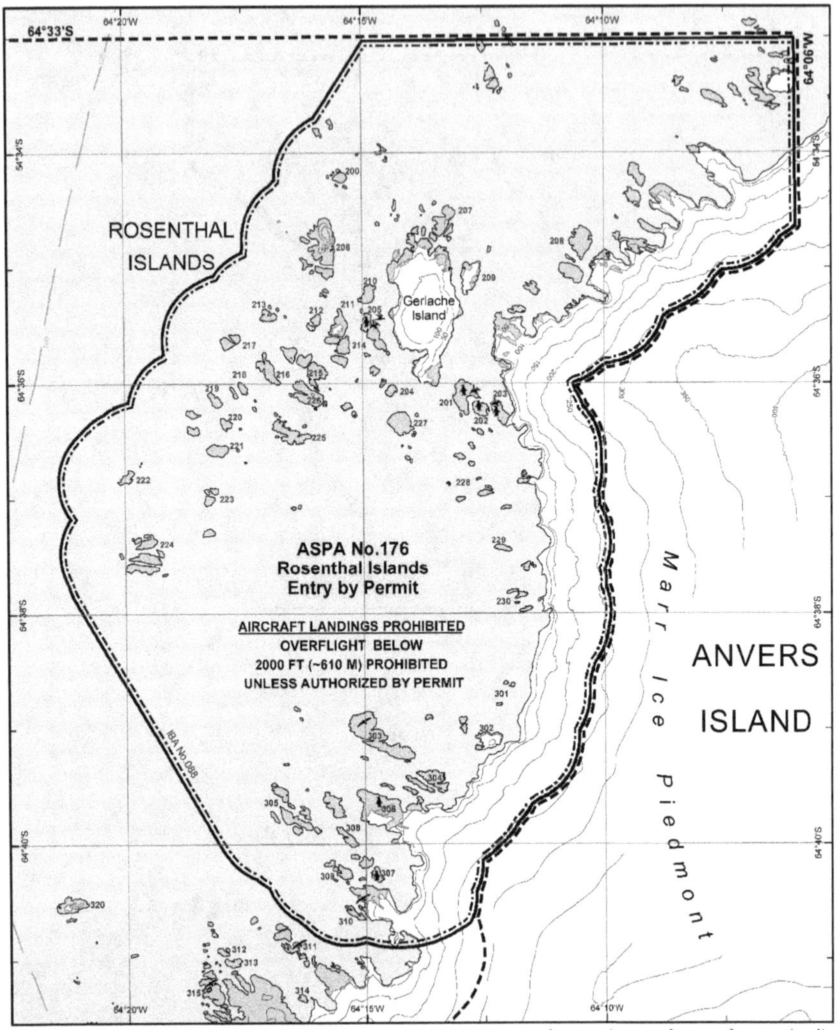

Map 3. ASPA No.176 Rosenthal Islands: topography.

09 Sep 2021
United States Antarctic Program
Environmental Research & Assessment

Coastline
Contour (50 m)
Isobath (100 m)
Ocean
Permanent ice
Ice free ground
Palmer ASMA boundary
Protected area boundary
Important Bird Area (IBA)
Penguin colony
Imperial shag colony
Southern Giant petrel colony
Antarctic tern colony

0 1 2 3 4 Kilometers N

Projection: Lambert Conformal Conic
Spheroid & horizontal datum: WGS84
Data sources: Coastline & ice free ground: digitised from orthorectified aerial imagery acquired 02 Feb 2009 and satellite imagery by ERA & PGC;
Contours: derived from DEM created by PGC (2017);
Bathymetry: IBCSO v.1 (2013);
Wildlife - Polar Oceans Research Group/ ERA (2018).

Plan de Gestión de la Zona Antártica Especialmente Protegida n.º 177

ISLAS LEONIE SUDESTE DE LA ISLA ADELAIDA, PENÍNSULA ANTÁRTICA

Introducción

La razón principal para la designación de los seis sitios ubicados en las islas Leonie, bahía Ryder y el sudeste de la isla Adelaida, Península Antártica (lat. -67,60°; long. -68,23°), como Zona Antártica Especialmente Protegida (ZAEP) tiene por objeto proteger una combinación de valores científicos, ambientales, silvestres y estéticos excepcionales y, en particular, los relacionados con la avifauna y las comunidades biológicas terrestres dentro de la Zona.

La Zona está formada por una serie de sitios ubicados en las islas Leonie, dentro de la bahía Ryder, y en el sudeste de la isla Adelaida, en la Península Antártica (ver cuadro 1). Los seis sitios identificados como componentes de la ZAEP son: Isla Anchorage (lat. -67,593°; long. -68,189°), isla Donnelly (lat. -67,606°; long. -68,189°), este de la isla Lagoon (lat. -67,590°; long. -68,239°), Walton Terraces, isla Leonie (lat. -67,596°; long. -68,350°), isla Mucklescarf (lat. -67,594°; long. -68,261°) y los glaciares Horton, Hurley y Turner (lat. -67,58°; long -68,49°). La superficie total de los seis sitios es de 102,1 km^2, con una superficie libre de hielo que ocupa 2,7 km^2. La Zona se considera de tamaño suficiente, ya que abarca muchos de los sitios de anidación de aves e importantes concentraciones de vegetación terrestre en la localidad, así como zonas de destacado valor científico, silvestre y estético.

Cuadro 1. Lista de los seis sitios que componen la ZAEP n.º 177 islas Leonie y sudeste de la isla de Adelaida, Península Antártica.

Nombre del sitio	Coordenadas generales	Valor principal	Superficie (ha)
Isla Anchorage	lat. -67,593°; long. -68,189°	Científico y ambiental	60
Isla Donnelly	lat. -67,606°; long. -68,189°	Científico	12
Este de la isla Lagoon	lat. -67,590°; long. -68,239°	Ambiental	20
Walton Terraces, isla Leonie	lat. -67,596°; long. -68,350°	Ambiental, salvaje y estético	15
Isla Mucklescarf	lat. -67,594°; long. -68,261°	Ambiental	0,2
Glaciares Horton, Hurley y Turner	lat. -67,584°; Largo -68,490°	Salvaje y estético	10100

El este de la isla Lagoon, Walton Terraces (isla Leonie) y la isla Mucklescarf se incluyen en la ZAEP n.º 177 para asegurar la conservación de los valores ambientales que contienen y, por lo tanto, deben estar sujetos a la menor cantidad de visitas e impactos humanos posibles (aunque se deben permitir actividades científicas esenciales). La isla Anchorage fue designada para proteger los valores científicos. En la medida de lo posible, si la actividad científica no puede llevarse a cabo fuera de la ZAEP, entonces debería realizarse aquí en lugar de en los otros sitios de la ZAEP n.º 177. La isla Donnelly ha sido designada como sitio de control para vigilar el impacto de la Estación de Investigaciones Rothera en el ecosistema de páramo circundante; es importante, por lo tanto, que únicamente tengan lugar visitas con fines de vigilancia ambiental. Los glaciares Horton, Hurley y Turner, así como Walton Terraces (isla Leonie), se han designado para proteger la naturaleza y los valores estéticos extraordinarios que la caracterizan.

Los sitios que comprenden la Zona están ubicados a distancias de entre 3,5 y 11 km de la Estación de Investigaciones Rothera. Históricamente, los sitios de la isla recibían visitas de turistas (en particular, de cruceros y yates más pequeños) y del personal del programa antártico nacional y, por lo tanto, eran susceptibles de sufrir perturbaciones debido a las actividades de investigación de campo, logísticas y recreativas. La designación de la ZAEP ayuda a garantizar que estas ubicaciones estén protegidas a la luz de las actividades científicas, logísticas y recreativas del entorno circundante, y que las actividades permitidas se efectúen adecuadamente para reducir al mínimo los impactos sobre los valores situados dentro de la Zona.

Con la clasificación de los dominios ambientales, las islas Leonie y el sudeste de la isla Adelaida se clasifican predominantemente como Dominio ambiental B (geológico de latitudes del norte medio de la península Antártica). Otras zonas protegidas que contienen un Dominio ambiental B incluyen las ZAEP n.º 108, 115, 134, 140 y 153 y la ZAEA 4. La Zona se encuentra dentro de la Región Biogeográfica de Conservación de la Antártida (RBCA) 3, noroeste de la península Antártica. Las islas de la ZAEP se encuentran dentro de la Zona Importante para las Aves (ZIA) de la Antártida n.º 47236 (AQ205), que fue designada en 2018.

Hay otras cuatro ZAEP dentro de la zona de bahía Margarita (ZAEP n.º 107, isla Emperor, islas Dion, ZAEP n.º 115, isla Lagotellerie, ZAEP n.º 117, isla Avian, y ZAEP n.º 129, punta Rothera). La ZAEP n.º 107, isla Emperor, y la ZAEP n.º 117, isla Avian, se designaron para proteger principalmente la fauna aviar de la zona; la ZAEP n.º 115, isla Lagotellerie, se designó para proteger las comunidades terrestres y la fauna aviar, y la ZAEP n.º 129, punta Rothera, se designó para hacer un seguimiento del efecto de la estación cercana en el ecosistema de páramo antártico. Por lo tanto, la ZAEP n.º 177, las islas Leonie y el sudeste de la isla Adelaida, complementan la red local de ZAEP que protegen mayormente las comunidades biológicas terrestres extraordinariamente ricas y con densidades elevadas de fauna aviar reproductora. En particular, si bien punta Rothera y la isla Leonie tienen una gran biodiversidad de plantas, el número de especies compartidas no es elevado, lo que indica la necesidad de proteger los distintos sitios con vegetación en el área de la bahía Ryder (Cannone et al., 2018). La ZAEP n.º 177, las islas Leonie y el sudeste de la isla Adelaida abarcan más del 8,1 % de la población mundial conocida de págalos antárticos y, por lo tanto, constituiría una de las poblaciones protegidas más grandes del mundo de esta especie. Asimismo, la ZAEP n.º 177 protege al 2,2 % de la población mundial conocida de cormoranes antárticos, ya que cuenta con una colonia protegida en su interior de un tamaño prácticamente igual al de las colonias de la ZAEP n.º 117, isla Avian, y la ZAEP n.º 115, isla Lagotellerie. En la ZAEP n.º 107, isla Emperor, se encuentra una población de tamaño superior. La ZAEP también protege una zona que destaca por incluir una vida silvestre sobresaliente desde el punto de vista estético que en su mayor parte no ha sido visitada, en yuxtaposición con otras zonas en las que tienen lugar, de forma continuada y a menudo intensa, actividades humanas asociadas a las estaciones de investigación cercanas.

1. Descripción de los valores que requieren protección

La razón principal para la designación de la Zona como ZAEP es proteger una combinación de valores destacados en términos científicos, naturales y ambientales, en particular, la fauna aviar y las comunidades biológicas terrestres que se encuentran dentro de la Zona (ver cuadro 2). Los valores específicos de la Zona comprenden, en conjunto:

- Valores científicos relacionados con ecosistemas terrestres encontrados en una zona utilizada para la investigación científica internacional en curso.
- Valores científicos relacionados con una zona de control con la que se puede comparar los efectos de la actividad humana en la estación de investigaciones Rothera. Desde la designación en 1985 de la ZAEP n.º 129, punta Rothera, isla Adelaida, como zona de control con la cual comparar los efectos de

la estación de investigaciones Rothera, la huella de la estación de investigaciones Rothera se ha expandido, entre otras cosas, por la construcción de una pista de aterrizaje de roca a menos de 300 m de la ZAEP. Es decir, la ZAEP n.º 129 podría quedar sujeta a unos niveles de impacto local más altos que lo previsto en el momento de la designación inicial de la zona. Por lo tanto, parte de la Zona (la isla Donnelly, ubicada a unos 5 km de la estación y muy poco frecuentada) fue designada como zona de control complementaria para fines de vigilancia ambiental.

- Valores ambientales asociados a la fauna aviar:
  - Págalo antártico (*Stercorarius maccormicki)*: más del 8,1 % de la población mundial, sobre la base de la estimación demográfica mundial revisada (Phillips et al. 2019).
  - Cormorán antártico (*Phalacrocorax [atriceps] bransfieldensis*): 2,2 % sobre la base de la estimación demográfica mundial revisada (Schrimpf et al. 2018, Phillips et al. 2019).

  Los sitios isleños de la ZAEP se encuentran en la Zona Importante para las Aves (ZIA) de la Antártida n.º 47236 (AQ205) que fue designada en 2018; esta es la primera ZIA establecida en la Antártida desde que tuvo lugar la revisión más amplia de sitios candidatos efectuada por Harris et al. (2015) (ver Resolución 5, 2015). La ZIA fue designada como tal por las grandes poblaciones reproductoras de págalos antárticos australes y cormoranes antárticos. La ZIA comprende punta Rothera y las islas de bahía Ryder, que en enero de 2018 contaban con 978 territorios ocupados de págalos antárticos, 259 págalos antárticos en «clubes» y 405 parejas de cormoranes antárticos (Phillips et al. 2019). A partir de estos recuentos, se estima que las islas de la zona general de bahía Ryder contienen cerca de un 3,5 % de todos los cormoranes antárticos reproductores y casi un 10,3 % de todos los págalos antárticos reproductores (ver Phillips *et al.*, 2019, para consultar los cálculos globales de población de ambas especies). La ZAEP n.º 177 comprende casi el 80 % de los págalos y el 62 % de los cormoranes que se reproducen en la ZIA.

- Valores ambientales asociados con diversas superficies de vegetación terrestre extraordinariamente rica. Las comunidades ricas dominadas por líquenes se encuentran en la isla Anchorage y el este de la isla Lagoon. Las Walton Terraces, isla Leonie, albergan grandes y diversos rodales de vegetación (incluidas las plantas florales *Deschampsia antarctica* y *Colobanthus pratensis*), así como zonas de guijarros que albergan una comunidad típica de páramo de liquen.
- Valores naturales sobresalientes para la región geográfica por la escasa cantidad de visitantes que reciben algunos sitios de la ZAEP, en comparación con otras zonas donde se ubican infraestructuras científicas locales y la estación de investigaciones Rothera. Según el concepto convencional de vida silvestre (Dudley 2008; Bastmeijer 2016), las partes relevantes de la ZAEP se caracterizan por tener un grado muy elevado de naturalidad (ecosistemas autóctonos que no han sido modificados) y subdesarrollo (ausencia de cualquier tipo de infraestructura permanente o semipermanente, artefactos, rutas de transporte o cualquier otra evidencia de presencia humana presente o pasada visible, o distancia de estos elementos).
- Valores estéticos del espectacular paisaje al mirar los sitios desde la zona de la bahía Ryder. Los valores estéticos destacan por la combinación excepcional de montañas, glaciares en cascada, arroyos, vegetación y vida silvestre de la Zona.

Los valores específicos de cada uno de los sitios que componen la Zona se detallan en el Cuadro 2, y se describen a continuación:

Isla Anchorage: La isla presenta una combinación de valores científicos y ambientales sobresalientes. Se trata de un sitio donde actualmente se desarrollan varias investigaciones científicas internacionales sobre ecología terrestre, con la participación actual de investigadores de varios países, entre ellos, el Reino Unido, los Países Bajos, Alemania, Italia y Malasia (ver sección *8. Documentación de apoyo*). La investigación llevada a cabo en esta isla se ha centrado en las consecuencias que puede tener el calentamiento climático en el funcionamiento de los ecosistemas terrestres de la Antártida, en particular, cómo la vegetación, las comunidades terrestres y los procesos de los ecosistemas responden a unas temperaturas más elevadas. El estudio sobre calentamiento que utiliza cámaras de techo abierto sigue en curso después de 17 años de actividad. También se llevan a cabo otros estudios sobre la función que cumplen los vertebrados marinos y las especies invasivas en el funcionamiento del ecosistema. Es probable que ambos factores respondan al cambio climático y es posible que tengan un mayor impacto en los ecosistemas terrestres antárticos que el calentamiento en sí mismo. Además, esta isla se destaca por su importancia ecológica, dado que es el sitio de reproducción de alrededor de 460 parejas de págalos antárticos, así como por la presencia de superficies localizadas de vegetación en la que predomina el musgo y una vegetación más extendida en la predominan los líquenes.

Isla Donnelly: Este sitio resguarda una serie valores científicos, principalmente por el hecho de que la Zona podría servir de área de control para supervisar los efectos del impacto antropogénico asociado a la estación de investigaciones Rothera contigua (Reino Unido, a 5 km). Además, la isla es el sitio de reproducción de alrededor de 25 parejas de págalos antárticos.

Este de la isla Lagoon: Esta isla contiene una serie de valores ambientales, entre los que se incluyen alrededor de 150 parejas reproductoras de págalos antárticos y una zona con una riqueza inusual de hábitats de páramos en los que predominan los líquenes.

Walton Terraces, isla Leonie: Walton Terraces, situadas en el lado occidental de la isla Leonie, contienen valores medioambientales que incluyen a unas 160 parejas de págalos antárticos y una gran zona de dimensiones inusuales de vegetación terrestre caracterizada por su riqueza y biodiversidad. Las Walton Terraces están ubicadas a unos 10 km de la Estación de Investigaciones Rothera, han sido muy poco frecuentadas en relación con otras ubicaciones de la bahía Ryder y no cuentan con una línea de visión directa a dicha estación de punta Rothera. Este sitio es uno de los más verdes de la zona, ya que cuenta con una vegetación rica, arroyos y un gran número de aves. También tiene una vida silvestre y unos valores estéticos considerables gracias a que no se ha constatado la presencia de seres humanos o de actividades humanas.

Isla Mucklescarf: Esta isla pequeña, de apenas 55 m de ancho, contiene valores ambientales extraordinarios, dada la presencia de una colonia de 251 parejas de cormoranes antárticos.

Glaciares Horton, Hurley y Turner: Esta zona del sudeste de la isla Adelaida ofrece valores sobresalientes en cuanto a vida silvestre, ya que prácticamente no ha recibido visitas, en comparación con las otras ubicaciones situadas en las cercanías, que han sido sometidas a niveles de actividad humana que han llegado a ser intensos durante los últimos 112 años. En cuanto a los valores estéticos, este sitio también presenta un paisaje imponente cuando se mira desde la bahía Ryder, y ha servido de inspiración a cuadros de diversos pintores, entre ellos Philip Hughes (n. 1936, entre cuyas obras se destacan «Hurley and Horton Glaciers from Lagoon Island» y «Notebook Antarctic Volume 4. Leonie Island»), Keith Grant (n. 1930) y Sandra Chapman (NESTA Dreamtime Fellowship). Sir Peter Maxwell Davies, compositor de la Sinfonía Antártica (Sinfonía n.º 8), describió las montañas cubiertas de nieve como «de una belleza estremecedora», y escribió que «la vista de las montañas distantes desde el mar es estupenda».

2. Finalidades y objetivos

Las finalidades y objetivos de este Plan de Gestión son los siguientes:

- evitar la degradación de los valores de la Zona o el riesgo importante para ellos, para lo que se debe evitar cualquier perturbación por actividades humanas innecesaria o accidental producida por el acceso no controlado o la recolección inapropiada del material biológico;
- evitar cambios importantes en la estructura y composición de los ecosistemas terrestres, particularmente el ecosistema de páramo y las aves reproductoras, para lo cual se debe i) evitar la urbanización dentro del sitio, ii) limitar el acceso humano a la Zona, y (iii) prohibir la recolección inapropiada de material biológico;
- evitar la instalación o el desarrollo de cualquier infraestructura permanente o semipermanente, artefacto, ruta de transporte o cualquier otra evidencia de presencia humana presente o pasada visible dentro o cerca de los sitios designados para proteger los valores naturales (ver cuadro 2).
- prevenir la introducción de especies no autóctonas en la Zona;

- reducir al mínimo la posibilidad de introducir patógenos que pudieran causar enfermedades en las poblaciones de fauna de la Zona;
- permitir la investigación científica en la Zona siempre y cuando esto sea por razones convincentes, que no puedan llevarse a cabo en otro lugar y que no pongan en riesgo el sistema ecológico natural de dicha Zona;
- preservar el ecosistema natural de la Zona como área de referencia para estudios futuros, en particular, estudios comparativos con los ecosistemas cercanos a la Estación de Investigaciones Rothera.
- permitir visitas con fines de gestión para cumplir los objetivos del Plan de Gestión.

3.Actividades de gestión

Se llevarán a cabo las siguientes actividades de gestión para proteger los valores de la Zona:

- Los programas antárticos nacionales que operan en la zona deberán informar detalladamente a los grupos de campo visitantes sobre los valores que deben protegerse dentro de la zona y las precauciones y medidas de mitigación detalladas en este Plan de Gestión.
- El personal que se encuentre en las proximidades de la Zona, que acceda a ella o que vuele sobre la misma debe estar específicamente instruido por su programa o autoridad nacional correspondiente en cuanto a las disposiciones y el contenido del Plan de Gestión.
- Deberán limitarse al mínimo absoluto las visitas a los glaciares Horton, Hurley y Turner y a las Walton Terraces, isla Leonie.
- Se exhibirá en un lugar destacado un mapa que muestre la ubicación de la Zona (en el que deberán indicarse las restricciones especiales que se aplican) en la estación de investigaciones Rothera (Reino Unido; lat. -67,56944°; long. -68,12222°), estación Teniente Luis Carvajal (Chile; lat. -67,76056; long. -68,91472°) y estación General San Martín (Argentina; lat. -68,12972°; long. -67,10278°), donde deberán facilitarse copias de este Plan de Gestión.
- Se facilitarán copias del presente Plan de Gestión a las embarcaciones y aeronaves que tengan previsto visitar las proximidades de la Zona.
- El Plan de Gestión se debe revisar al menos una vez cada cinco años y se debe actualizar según sea necesario.
- Los señalizadores, carteles u otras estructuras erigidas en la Zona con fines científicos o de gestión deben fijarse debidamente y mantenerse en buen estado.
- En el mayor grado posible deberá retirarse cualquier equipo abandonado, siempre y cuando ello no produzca un impacto negativo en los valores de la Zona.
- La Zona se visitará según sea necesario para determinar si continúa sirviendo a los fines para los cuales fue designada y para cerciorarse de que las actividades de gestión y mantenimiento sean apropiadas.
- Se permitirá el ingreso de visitantes según convenga con el fin de facilitar el estudio y la observación de los cambios antropogénicos que pudieran afectar los valores protegidos en la Zona. En el mayor grado posible, los estudios de impacto y las actividades de vigilancia deberán llevarse a cabo con métodos no invasivos y cuando corresponda, con técnicas de teledetección.
- Los programas antárticos nacionales que operen en la región deberán consultarse entre sí a fin de cerciorarse de que se están llevando a cabo las actividades de gestión antedichas.

4.Período de designación

Designado por tiempo indefinido.

5. Mapas

Mapa 1. Ubicación de la ZAEP n.º 177 islas Leonie y el sudeste de la isla Adelaida, dentro de la zona más amplia de la bahía Margarita. Especificaciones del mapa: WGS84 UTM Zona 19S. Meridiano central 68° O. (Mapa-recuadro: estereográfica polar de la Antártida WGS84. Meridiano central 55° W, paralelo de referencia: 71° S)

Mapa 2. Mapa general de la ZAEP n.º 177 de varios sitios, islas Leonie y sudeste de la isla Adelaida, Península Antártica. A continuación se detalla el sitio de los glaciares Horton, Hurley y Turner en el mapa. El sitio de las Walton Terraces, isla Leonie, se detalla en el mapa 3. Los sitios de la isla Anchorage, este de la isla Lagoon, isla Donnelly e isla Mucklescarf se detallan en el mapa 4. Especificaciones del mapa: WGS84 UTM Zona 19S. Meridiano central 68° O. Los detalles de las coordenadas de los límites se pueden encontrar en el cuadro 3.

Mapa 3. Mapa del sitio de Walton Terraces, que forma parte de la ZAEP n.º 177 de varios sitios, islas Leonie y sudeste de la isla Adelaida, Península Antártica. Especificaciones del mapa: WGS84 UTM Zona 19S. Meridiano central 68° O. Los detalles de las coordenadas de los límites se pueden encontrar en el cuadro 3.

Mapa 4. Mapa de los sitios de la isla Anchorage, este de la isla Lagoon, isla Donnelly e isla Mucklescarf, que forman parte de la ZAEP n.º 177 de varios sitios, islas Leonie y sudeste de la isla Adelaida, Península Antártica. Especificaciones del mapa: WGS84 UTM Zona 19S. Meridiano central 68° O. Los detalles de las coordenadas de los límites se pueden encontrar en el cuadro 3.

6. Descripción de la Zona

6(i) Coordenadas geográficas, indicadores de límites y características naturales

Descripción general

La bahía Ryder, ubicada al norte de la bahía Margarita, tiene 11 km de ancho en su desembocadura e ingresa 7 km en el lado sudeste de la isla de Adelaida, en el sudoeste de la Península Antártica (ver Mapa 1). Las cimas al este de la bahía Ryder se elevan hasta 2315 m sobre el nivel del mar, y hay tres glaciares (Horton, Hurley y Turner) que descienden más de 1 km en altitud desde la base de los picos y fluyen hacia la bahía. Todas las islas Leonie se encuentran en la bahía Ryder. La desglaciación de la bahía Margarita se ha estimado como mínimo hace 9000 años. La mayoría de las islas de la bahía tienen masas de nieve persistente, y la isla Leonie, la más grande y la más alta de las islas Leonie, tiene una gran capa de hielo permanente. Las islas son rocosas, con litorales irregulares que abarcan playas, acantilados escarpados, piedras y rocas dispersas, y constituyen amplios terrenos sin hielo y grietas para las aves nidificantes, lo que favorece el desarrollo de las comunidades terrestres. Hay varios estanques de agua dulce efímeros, canales de aguas de deshielo y pequeños arroyos, en particular, en la isla Leonie. Hay pequeños estanques y lagunas de deshielo en el este de la isla Lagoon y la isla Anchorage. La vegetación es escasa y en ella predominan los líquenes y musgos, aunque también se encuentran las dos plantas autóctonas de la Antártida, *Deschampsia antarctica* y *Colobanthus quitensis.*

Límites

Las coordenadas que delimitan la Zona se indican en la cuadro 3. Para más información, consulte los mapas 2, 3 y 4. No hay indicadores de límites que delimiten la Zona dado que, en general, la costa en sí misma constituye un límite bien definido y obvio a nivel visual, o la presencia de señalizadores desvirtuaría los valores naturales de la Zona.

Las descripciones de los límites de cada uno de los seis sitios que componen la Zona son las siguientes:

Isla Anchorage: El sitio abarca todo el terreno sin hielo, los hielos permanentes y los hielos semipermanentes que se encuentran en esta isla. Sin embargo, excluye el medio marino que se extiende más allá de 10 m mar adentro desde la línea de bajamar, todas las islas e islotes adyacentes sin nombre y un área situada en el noroeste de la isla en la que se encuentra una cabaña para uso de las expediciones que trabajan allí.

Isla Donnelly: Este sitio abarca toda la isla Donnelly, pero excluye todas las islas e islotes adyacentes sin nombre. Abarca todo el territorio sin hielo, los hielos permanentes y los hielos semipermanentes que se encuentran dentro de los límites de esta isla, sin incluir el medio marino que se extiende más allá de 10 m mar adentro desde la línea de bajamar.

Este de la isla Lagoon: Este sitio abarca casi todo el este de la isla Lagoon, pero excluye todas las islas e islotes adyacentes sin nombre, sin incluir el medio marino que se extiende más allá de 10 m mar adentro desde la línea de bajamar y la zona occidental de la isla, cuya longitud es -68,23888° (coordenadas límite 1 a 2 en el mapa 4). Se instalará un cartel que detallará la extensión del sitio en la isla en un terreno libre de hielo fuera de la Zona.

Walton Terraces, isla Leonie: Abarca principalmente el territorio sin hielo al oeste de la isla Leonie, hasta una altura máxima de 100 m, sin incluir el medio marino que se extiende más allá de 10 m mar adentro desde la línea de bajamar. Desde el punto situado más al norte del sitio, ubicado en la costa noroeste de la isla Leonie (coordenada de límite (BC) 1), el límite sigue la costa sudoeste (BC 2) y luego hacia el sur, hasta el cruce de una gran pendiente de nieve, de casi 225 m de ancho (BC3). El límite sigue la pendiente de nieve tierra adentro durante unos 250 m a una altitud de 100 m sobre el nivel del mar. (BC 4). El límite sigue la línea de contorno de 100 m en dirección norte-noroeste hasta que cruza una gran pendiente expuesta (BC 6). Después, el límite atraviesa la pendiente hacia abajo en dirección norte para unirse a la costa en el punto situado más al norte del sitio (BC 1). Se colocará un cartel con los detalles de los límites del sitio en un terreno costero sin hielo, en el extremo norte de la isla, fuera del límite de la Zona.

Isla Mucklescarf: El sitio abarca todo el territorio libre de hielo y los hielos semipermanentes que se encuentran dentro de sus límites, sin incluir el medio marino que se extiende más allá de 10 m mar adentro desde la línea de bajamar.

Glaciares Horton, Hurley y Turner:El sitio abarca todo el territorio libre de hielo y los hielos permanentes y semipermanentes que se encuentran dentro de las cuencas de los glaciares Horton, Hurley y Turner. Gran parte del límite sigue las crestas rocosas que limitan la zona de captación y se describen en sentido antihorario comenzando con el punto situado más al norte, que se encuentra en la cima del monte Barré (coordenada de límite (BC) 1; mapa 2). El límite se extiende a lo largo de la cresta suroeste del monte Barré hasta el collado entre el monte Barré y el monte Gaudry (BC 2). Después, continúa a lo largo de la cresta nordeste del monte Gaudry hasta la cima (BC 4). Desde aquí, el límite pasa al sur y luego al sudeste a lo largo de la cresta sur del monte Gaudry hasta el glaciar Hurley (BC 5 y 6). Después, el límite sigue una línea al oeste (hacia BC 7) y luego al noroeste (BC 9) para a continuación unirse a la cresta noroeste del monte Liotard. El límite sigue esta cresta hacia el sur, luego hacia el este-sudeste hasta la cima del monte Liotard (BC 11) y después hacia abajo por la cresta situada al sudeste del monte Liotard hasta la costa de Ryder Bay (BC 13). Siguiendo la línea costera hacia el norte, el límite cruza el océano en los morros del glaciar Turner (BC 14 a 15) y luego los glaciares Hurley y Horton (BC 15 a 16), para volver a unirse a la costa (BC 16). El límite sigue la línea costera al nordeste durante 1 km y después pasa tierra adentro (BC 17) a lo largo del fondo de la cara nordeste de la cresta sudeste del monte Barré. En un punto situado ligeramente debajo de la mitad de la cresta sudeste del monte Barré (BC 19), el límite sube para unirse a la línea de la cresta y continúa de este a nordeste hasta la cima del monte Barré (BC 1). En los frentes de los glaciares (que han ido fluctuando en su posición hasta 100 m en los últimos 60 años), el límite se marca con afloramientos rocosos permanentes libres de hielo (marcados por los BC 14, 15 y 16); sin embargo, esto conlleva la inclusión de un área marina pequeña (casi 3,3 km^2) dentro de la Zona (ver mapa 2). Donde el límite sigue la línea costera, queda excluido el medio marino que se extiende más allá de 10 m mar adentro desde la línea de bajamar.

El acceso a los límites de los sitios de la Zona deberá efectuarse por tierra con un vehículo, en lancha, o en motonieve sobre la capa de hielo marino. Los puntos de acceso a la isla Leonie en lancha se indican en la sección *6(ii) Acceso a la Zona.* No se permite el uso de vehículos terrestres dentro de la Zona. No se permite el aterrizaje de aeronaves ni helicópteros dentro de la Zona. En la Zona se podrá circular únicamente a pie. El tráfico de peatones deberá mantenerse al mínimo indispensable para alcanzar los objetivos de cualquier actividad permitida.

Condiciones climáticas

Las temperaturas de verano en el área de la bahía Ryder oscilan entre los 0 y +5° C y en invierno oscilan entre los -5 y -20° C; sin embargo, debido a la ubicación costera de la Zona y los sistemas meteorológicos de baja presión del océano Austral, las temperaturas presentan una amplitud importante en cualquier época del año. En la bahía Ryder, se puede formar hielo marino desde finales de mayo hasta finales de noviembre, aunque se necesitan períodos prolongados de calma para que el hielo se forme y se convierta en hielo permanente. Los vientos predominantes proceden del norte y alcanzan una fuerza de vendaval casi 70 días al año. Si bien puede nevar en cualquier época del año, en los últimos años la nevada principal ocurrió a finales del invierno. La lluvia es ocasional durante los meses de verano y, en general, la precipitación anual ronda los 700 mm. Debido a que la Zona está al sur del Círculo Antártico, hay luz solar durante las 24 horas del día en verano. En invierno, el sol no se levanta sobre el horizonte durante algunas semanas.

Geología

No hay áreas de valor geológico sobresaliente dentro de la Zona; sin embargo, a continuación se proporciona una descripción de la geología general de cada sitio de la ZAEP:

Islas Anchorage y Donnelly: La geología de las islas de Anchorage y Donnelly forma parte del grupo de rocas plutónicas de la isla Adelaida, en la que predominan las granodioritas, tonalitas y rocas de composición gabróica. En la isla Anchorage predomina la granodiorita y hay cantidades menores de diorita de cuarzo y diorita. La geología de las islas Anchorage y Donnelly se interpreta como coherente con el resto del grupo de rocas plutónicas de la isla Adelaida y, por lo tanto, su antigüedad se calcula en unos 48 millones de años (Eoceno). Son comunes los xenolitos dioríticos y andesíticos, así como de feldespato porfídico, que pueden representar entre el 30 y el 40 % de las rocas. La mineralogía de la granodiorita de la isla Anchorage se compone de plagioclasa, cuarzo, anfíbol, biotita y cantidades variables de clorita y epidota, que se han formado a lo largo de las grietas y juntas en la roca, a raíz de la alteración hidrotérmica. La mineralización de malaquita (cobre) también es una característica de las granodioritas presentes en las islas Anchorage y Donnelly. En el extremo norte de la isla Anchorage, se encuentra un bloque granítico de megacristales de 20 m^2 dentro de la granodiorita.

Este de la isla Lagoon e isla Mucklescarf: En el este y el oeste de la isla Lagoon, surgen lavas y brechas andesíticas y basálticas, que suelen ser de color gris o verde, aunque algunas exposiciones muestran un desgaste intenso mineralizado de hematita roja y amarilla. Las rocas de basalto identificadas en la isla Lagoon se asocian con las sucesiones de lava observadas en otros puntos más al norte de la isla Adelaida, como por ejemplo, Bond Nunatak y el Monte Velain. Las rocas basálticas de la isla Lagoon suelen ser grandes lavas de textura fina, por lo general, porfirítica de feldespato. Las brechas y las brechas autoclásticas se asocian con las lavas, junto con unidades volcanoclásticas más delgadas. No se ha investigado la geología de la isla Mucklescarf, pero se supone que es similar a la geología de las islas Lagoon.

Walton Terraces, isla Leonie: El oeste de la isla Leonie se distingue del macizo principal de la isla, que es de composición gabróica. La zona costera occidental forma parte de la formación Buchia Buttress, también observada en la región del glaciar Turner en la isla Adelaida. Esta sección se caracteriza por tener lechos de arenisca volcanoclástica con conglomerados de guijarros y rocas grandes asociadas, lo cual es típico de los depósitos en un entorno de aguas poco profundas. Las rocas son del Jurásico superior.

Glaciares Horton, Hurley y Turner: En esta región predominan tres tipos de rocas distintas. La Formación Mount Liotard queda expuesta en el monte Liotard y al norte y al oeste de la región. En toda la región se exponen por lo menos 1800 m de flujos de lava de andesita basáltica y andesita. Las unidades de lava completas e individuales son difíciles de distinguir, aunque, cuando fue factible, se identificaron lavas individuales de 30 a 40 m de espesor dentro de la sucesión. Las unidades suelen ser de porfidio de feldespato y están recortadas por umbrales basálticos poco frecuentes, y se interpreta que tienen una antigüedad en torno a los 70 millones de años. En el monte Gaudry y la región al este del monte Liotard predominan la granodiorita del Eoceno y los plutones híbridos de gabrogranodiorita. Muchos de los plutones son heterogéneos y se caracterizan por una concentración de xenolitos bien redondeados, que en general tienen más cualidades máficas que la roca en la cual se alojan. El margen costero de esta zona se caracteriza por tener brechas volcánicas, tobas de cristal, rocas volcánicas y unidades de arenisca volcanoclástica de textura gruesa con conglomerados de guijarros y rocas grandes del Jurásico superior en la formación de Buchia Buttress.

Suelos

En las terrazas rocosas, particularmente en la isla Leonie, los rodales de musgo y hierba han desarrollado un suelo arcilloso relativamente rico de hasta 25 cm de profundidad, que también se encuentra en la isla Anchorage, aunque solo en tepes aislados. Dentro de la Zona, los suelos poco densos contienen en ocasiones fragmentos de cáscara de huevo y hueso que indican la existencia anterior de colonias de pingüinos, algo que también se constata en punta Rothera, una zona cercana.

Hábitats terrestres y vegetación.

En el cuadro 4 se enumeran las especies de plantas y líquenes encontradas en los sitios que componen esta Zona y dentro de las otras ZAEP del área de la bahía Margarita. Hay grupos de especies de plantas y líquenes característicos en diferentes lugares. En particular, si bien la isla Leonie y la ZAEP n.º 129, punta Rothera, tienen una gran biodiversidad de plantas, el número de especies compartidas no es elevado, lo que indica la necesidad de proteger los sitios con vegetación distinta en el área de la bahía Ryder. En todas las islas de la bahía Ryder se producen importantes aportes de nutrientes generados por fuentes de vertebrados que pueden desempeñar un papel importante en la determinación de la riqueza biológica relativa de la Zona.

Isla Anchorage: Esta isla de forma irregular tiene una longitud de casi 3 km, con varias crestas rocosas y alcanza una altura máxima de 57 m sobre el nivel del mar. En las laderas de estas crestas, hay tepes del musgo *Sanionia uncinata* y de la hierba *Deschampsia antarctica.* Sin embargo, en cuanto a la vegetación, predominan los líquenes. Las áreas en las que predominan los líquenes se caracterizan en general por la extensa cobertura de las especies *Buellia latemarginata, Usnea antarctica, Rhizoplaca aspidophora, Acarospora macrocyclos* y *Buellia* spp., y las briofitas son escasas o están totalmente ausentes. En contraste, en los hábitats en los que predomina el musgo, que son mucho más escasos, suele haber una extensa cobertura de los musgos *Sanionia uncinata, Brachythecium austro-salebrosum, Pohlia nutans* y las algas *Prasiola crispa*, y hay cantidades más pequeñas de la agrimonia *Cephaloziella varians* y de los líquenes *Buellia spp.*, *Usnea antarctica* y *Acarospora macrocyclos*.

Isla Donnelly: No se han llevado a cabo estudios exhaustivos sobre la vegetación de la isla Donnelly, pero en la mayor parte de las áreas rocosas predomina la *Usnea antarctica.*En la isla se observan *Deschampsia antarctica* y *Colobanthus quitensis,* y en algunos barrancos se encuentran áreas reducidas de musgo exuberante. Las plantas y los líquenes de la isla Donnelly probablemente sean un subconjunto de los presentes en la isla Anchorage, que se encuentra inmediatamente contigua a esta isla.

Este de la isla Lagoon: Gran parte de la isla, hasta las rocas que emergen apenas del agua, está cubierta por un denso páramo de líquenes bien desarrollado, con una composición de especies similar a la que se encuentra en la isla Anchorage. Sin embargo, en las terrazas costeras que se encuentran en las laderas orientales de la isla predomina a nivel local la hierba *Deschampsia antarctica* y el musgo *Polytrichastrum alpinum,* mientras que los barrancos húmedos y las laderas que dan al oeste están cubiertas por una alfombra de musgo en la que predominan las especies *Sanionia uncinatus, Brachythecium austro-salebrosum* y *Andreaea spp.* Las caras de roca húmeda están adornadas por enormes talos de macrolíquenes (entre los que se destacan el *Umbilicaria spp.* y el *Usnea spp.*).

Walton Terraces, isla Leonie: Las Walton Terraces, situadas en la parte occidental de la isla Leonie, están protegidas y reciben una gran cantidad de radiación reflejada en los glaciares cercanos Hurley y Turner, que se encuentran en la isla Adelaida. Además, hay agua disponible constantemente durante el verano, proveniente de los lechos de nieve tardíos y permanentes, además de una serie de arroyos pequeños bien definidos. Las terrazas, los peñascos y los barrancos estables que van desde el nivel del mar hasta los casi 100 m alojan rodales de vegetación grandes y diversos, mientras que los pedregales más consolidados a la misma altitud albergan una comunidad típica de páramos de líquenes. Varias terrazas costeras alojan rodales de vegetación de 400-500 m^2, con numerosos rodales cerrados de plantas mayores *(Deschampsia antarctica, Colobanthus quitensis)* de hasta 10 m^2. Las briofitas predominantes son, entre otras, *Andreaea spp.*, *Barbilophozia hatcheri, Cephaloziella spp.*, *Brachythecium austro-salebrosum, Bryum spp* ., *Sanionia uncinatus, Pohlia nutans* y *Polytrichastrum alpinum*, y también hay una flora muy diversa de líquenes (ver cuadro 4).

Isla Mucklescarf: La biología terrestre de la isla es, en gran parte, desconocida; sin embargo, debido a que tiene una superficie reducida, con una gran densidad de aves y enormes cantidades de guano superficial, la vegetación terrestre es mínima.

Glaciares Horton, Hurley y Turner: No se conoce demasiado la biología del suelo sin hielo dentro del sitio. Sin embargo, se puede deducir que, dado el predominio del hielo permanente y los glaciares, sumado a la altitud elevada y el ángulo del suelo libre de hielo, que suele ser inclinado, las comunidades biológicas terrestres probablemente no sean extensas y se limiten en gran medida a pequeñas manchas de comunidades en las que predominan los líquenes en las superficies de las rocas de menor altitud.

Invertebrados

Las islas de la bahía Ryder tienen comunidades invertebradas de una diversidad poco común. Sin embargo, se han registrado diferencias en la riqueza de las especies de invertebrados de los distintos sitios, que son más marcadas en la isla Leonie, intermedias en la isla Anchorage y reducidas en las islas Lagoon (cuadro 5). En la isla Leonie, las especies más extendidas son *Globoppia loxolineata, Gamasellus racovitzai, Eupodes minutus, Nanorchestes berryi, Stereotydeus villosus, Cryptopygus antarcticus, Cryptopygus badasa* y *Friesia grisea*. En la isla Anchorage y en el este de la isla Lagoon, hay una amplia presencia de *Gamasellus. racovitzai, Cryptopygus antarcticus* y *Friesia grisea*, mientras que en el este de la isla Lagoon predomina la especie *Halozetes belgicae* y en la isla Anchorage, la *Alaskozetes antarcticus*. La presencia de estas dos últimas especies señala la influencia marina costera en estas islas bajas. En la mayoría de los sustratos analizados, se observaron dos ácaros depredadores, *Gamasellus racovitzai* y *Rhagidia gerlachei*, y el herbívoro/detritívoro *Stereotydeus villosus* (Prostigmata) suele encontrarse en grandes cantidades en la superficie de los sustratos de piedra. La distribución de los colémbolos *C. antarcticus* y *C. badasa* muestra poca superposición en los sitios de la bahía Ryder. El último es más abundante en las muestras de material tomadas de crecimientos menores de musgos encontrados en salientes y grietas a mayor altitud (en particular en la isla Leonie) y el primero predomina en hábitats costeros más extensos (y, probablemente, en los que suelen ser más húmedos). La especie *F. grisea* no suele encontrarse en sustratos costeros, con la excepción de los bancos de *Polytrichastrum alpinum* más secos, en los cuales predomina. Si bien no se dispone de registros de invertebrados de las islas Mucklescarf y Donnelly, ni de los glaciares Horton, Hurley y Turner, es probable que sean un subconjunto de los que se enumeran en el cuadro 5.

En la isla Leonie, se observó el colémbolo no autóctono, *Hypogastrura viatica*, el cual se introdujo probablemente antes de 1993. En 2015 se intentó evaluar la presencia y distribución continuas de esta especie en la zona local, en particular, en las islas de la bahía Ryder y en punta Rothera. No se observó la especie *Hypogastrura viatica* entre los especímenes de colémbolos extraídos de las muestras tomadas de las islas y de punta Rothera. No se ha hallado ningún indicio que revele la presencia continua de este colémbolo no autóctono en el área local; por ende, se considera que la especie *H. viatica* se ha extinguido o tiene una distribución espacial tan restringida que el programa de vigilancia no ha podido detectarla. Dados estos resultados, las medidas de bioseguridad se describen como una medida de precaución para reducir el riesgo de una mayor dispersión antropogénica de esta especie que puede llegar a ser invasora (ver *7(i) Condiciones generales para la expedición de permisos*).

Fauna de vertebrados

Los territorios de págalos revelados en enero de 2018 dentro de los sitios de la ZAEP en cada una de las islas fueron los siguientes: Isla Leonie (oeste) (159 y 58 págalos en un «club»), este de la isla Lagoon (144), isla

Anchorage (439 y 136 págalos en dos «clubes») e isla Donnelly (25). Los territorios de págalos se encuentran ampliamente distribuidos en terrenos sin nieve, excepto en el pedregal de más de 100 m de la isla Leonie.

En la isla Mucklescarf (251 parejas) se reproducen los cormoranes antárticos en una colonia que destaca por ser de proporciones inusuales para esta especie; solo hay otras 11 colonias (<10 % de las registradas) que tienen ≥200 parejas (Schrimpf et al. 2018). No se encontraron territorios de págalos en esta isla.

Otras especies reproductoras son las gaviotas cocineras (*Larus dominicanus*), que se encuentran en el este de la isla Lagoon (15-25 parejas), la isla Anchor (10-20 parejas), la isla Leonie (20-30 parejas) y la isla Donnelly (10-20 parejas). Todos los recuentos tuvieron lugar en 2018; datos no publicados de British Antarctic Survey). Los gaviotines antárticos (*Sterna vittata*) no se reproducen dentro de la Zona, pero hay cerca de 10 parejas que se reproducen en otros lugares de la isla Leonie. Sin embargo, en la década de 1990 se registraron gaviotines antárticos reproduciéndose en números reducidos en las islas Lagoon y Anchorage (Milius 2000). Los petreles de Wilson (*Oceanites oceanicus*) se reproducen en la isla de Anchorage, dato que fue confirmado en 2018 por los registros de adultos observados en las grietas a la luz del día o por los avistamientos de aves incubando, y es muy probable que se reproduzcan en el este de la isla Lagoon dada la extensión considerable de un hábitat adecuado para ello. En la isla Anchorage hay pingüinos Adelia (*Pygoscelis adeliae*) en fase de muda en cantidades considerables (10 a 100 aves), y en otras partes de la Zona se observaron en cantidades más pequeñas a finales del verano. Sin embargo, no hay colonias de pingüinos o petreles gigantes dentro de la Zona.

Las focas de Weddell (*Leptonychotes weddellii*) se encuentran en la orilla de las terrazas costeras en todos los sitios. Un gran número (> 100) de elefantes marinos australes (*Mirounga leonina)* en fase de muda permanecen en la isla Anchorage y en el este de la isla Lagoon en verano, y puede haber cientos de lobos finos antárticos no reproductores (*Arctocephalus gazella*) en las islas a finales de verano. En la actualidad, el número de lobos finos es reducido y puede estar aumentando, algo que eventualmente puede llegar a presentar una amenaza para el ambiente terrestre similar a la que se registra en los sitios de las islas Orcadas del Sur.

Actividades e impacto de los seres humanos

Las islas Leonie han sido objeto de actividad humana durante más de 112 años. Las islas fueron exploradas originalmente en enero de 1909 por Jean-Baptiste-Etienne-Auguste Charcot durante la expedición antártica francesa (1908-1910). Más tarde, fueron exploradas por la expedición británica a la Tierra de Graham de febrero de 1936, año en el que se le dio el nombre de la isla más grande a todo el grupo. Posteriormente, las islas fueron objeto de recuentos por parte de varias expediciones británicas desde «Stonington Island» (1948-1950), y fueron exploradas por una unidad de recuento hidrográfico de la Marina Británica del HMS Endurance (1976-1977). Las islas fueron visitadas en algunas ocasiones una vez instalada la base Adelaida (1961-1977), y con más frecuencia después de la instalación de la Estación de Investigaciones Rothera (lat. -67,56944°; long -68,12222°) en 1975, que se encuentra a apenas 3,5 km de la isla más cercana dentro de la Zona. Las islas Leonie se convirtieron en el foco de una importante investigación sobre biología terrestre tras la construcción del Laboratorio Bonner en la Estación de Investigaciones Rothera en 1997. En general, las actividades se han limitado a visitas de investigación científica y visitas recreativas por parte del personal de la estación, así como visitas intermitentes de turistas a bordo de yates y, con menor frecuencia, de cruceros.

<u>Isla Anchorage</u>: La isla Anchorage ha sido objeto de una intensa actividad de investigación desde mediados de los años noventa. La cabaña de campaña de Anchorage (ubicada fuera de la Zona) ha sido utilizada por los investigadores de campo durante varios años. Se erigió un mástil de madera con fines topográficos en la década de 1960 en el punto más alto de la isla (lat.67,59778°; long. -68,20417°), pero posteriormente se derrumbó y el mástil, los cables de anclaje y las estacas se retiraron en enero de 2018.

<u>Isla Donnelly</u>: El 31 de enero de 2018, dos personas visitaron la isla Donnelly durante una hora con fines de gestión ambiental. Se considera que no había sido visitada anteriormente durante al menos 20 años. Sin embargo, a mediados de la década de 1990, tuvo lugar una breve visita a la isla para instalar una pequeña placa conmemorativa en homenaje a John P. Donnelly, ingeniero jefe de máquinas del British Antarctic Survey, cuyo nombre fue dado a la isla.

Este de la isla Lagoon: El este de la isla Lagoon ha sido objeto de varias investigaciones, particularmente en cuanto a sus comunidades de líquenes, desde la década de 1990. Dada la proximidad del este de la isla Lagoon a la cabaña de campaña del oeste de la isla Lagoon, el sitio ha sido objeto de algunas visitas recreativas. Estas dos islas están separadas por un canal poco profundo, de 50 m de ancho, que se puede cruzar con botas altas impermeables durante la marea baja.

Walton Terraces, isla Leonie: Esta zona se encuentra en el extremo de la isla más alejado de la estación de investigaciones Rothera y ha recibido visitas ocasionales de investigadores y visitas recreativas poco frecuentes por parte del personal de la estación.

Isla Mucklescarf: Debido a sus dimensiones reducidas y a su gran densidad de aves reproductoras, la isla ha interesado a los biólogos de aves, aunque solo ha sido visitada con poca frecuencia (cada cierto número de años) para hacer el recuento de la población de aves.

Glaciares Horton, Hurley y Turner: En contraste con el elevado volumen de visitas que han recibido otros sitios situados dentro de la Zona durante el último siglo o más, los glaciares Horton, Hurley y Turner prácticamente no han sido visitados. Diversos grupos geológicos han ascendido a las cimas ubicadas en los límites norte y oeste del sitio de la Zona, pero sin ingresar en ella. Un pequeño grupo geológico desembarcó durante casi 1 hora en 2006/2007 en el límite este del sitio, en el farallón rocoso que se encuentra al sur del frente del glaciar Turner (lat. -67,57778°; long. -68,38750°). Se desconoce si se produjeron otros accesos al sitio. No se ha establecido la presencia de infraestructuras permanentes o semipermanentes, artefactos o rutas de transporte, ni de ninguna otra evidencia de presencia humana visible.

Otras estaciones de investigación cercanas

En las cercanías, hay dos estaciones de investigación que operan durante todo el año: La estación General San Martín (Argentina; lat. -68,12972°; long. -67,10278°) que se encuentra a 75 km al sudeste, y la Estación de Investigaciones Rothera (Reino Unido; lat. -67,56944°; long -68,12222°) que está a unos 3,5 km al nordeste. Chile gestiona la estación de verano Teniente Luis Carvajal (Chile; lat. -67,76056°; long. -68,91472°), ubicada a 35 km al sudoeste en el extremo sur de la isla de Adelaida, desde 1985. La estación turca de investigación antártica temporal (TARS; lat. -67,829676°; long. -67,237757°) se encuentra en la isla Horseshoe, a unos 45 km al este-sudeste de la Zona.

6(ii) Acceso a la Zona

Dada la presencia de rocas sumergidas, conviene acceder a cada uno de los sitios que componen la Zona en lanchas de fondo plano. En caso de haberse formado hielo marino estable, también se puede acceder a la Zona en motonieve. Los puntos de acceso para embarcaciones pequeñas se muestran en los mapas 3 y 4 y se describen a continuación.

Isla Anchorage: El acceso a la isla se realiza mejor por las rocas ubicadas cerca de la cabaña de investigación de la costa noroeste de la isla, en las coordenadas lat. -67,60278°; long. -68,21319°. Hay un punto de acceso alternativo al este de la isla en lat. -67,60167°; long. -68,20056°, aunque es posible desembarcar en otros lugares de la isla.

Isla Donnelly: El lugar de desembarque recomendado se encuentra en lat. -67,61000°; long. -68,20222°, aunque es posible desembarcar en otros lugares de la isla.

Este de la isla Lagoon: Se puede desembarcar en distintos lugares en la playa que se encuentra al este de la «laguna» que separa el oeste de la isla Lagoon del este de esta misma laguna, por ejemplo, en lat. -67,59344°; long. -68,24003°.

Walton Terraces, isla Leonie: Dado que el sitio se incorporó a la Zona para proteger sus valores de vida silvestre, solo se permite acceder a ella por motivos científicos ineludibles que no se puedan efectuar en ninguna otra parte de la ZAEP, o por razones indispensables para la gestión de la Zona. Se puede acceder mejor a la isla Leonie por el extremo norte de la isla fuera de la Zona (lat. -67,59250°; long. -68,34139°).

También se puede desembarcar en otros puntos, pero las rocas sumergidas presentan un riesgo sustancial para las embarcaciones.

Isla Mucklescarf: El acceso a la isla se efectúa mejor en una pequeña ensenada al sur de la isla en las coordenadas lat. -67,59411°; long. -68,26119°. El desembarque en otros lugares puede ser difícil debido a las rocas y a la gran densidad de aves de la isla.

Glaciares Horton, Hurley y Turner: Dado que el sitio se incorporó a la Zona para proteger sus valores relacionados con la vida silvestre, solo se permite acceder a ella por motivos científicos ineludibles que no se puedan efectuar en ninguna otra parte de la ZAEP, o por razones indispensables para la gestión de la Zona. Si dichos motivos justificaran el ingreso a la Zona, se puede acceder en lancha desde la bahía Ryder o por tierra a través de varios puertos de montaña cubiertos de nieve en el norte y el oeste del sitio.

6(iii) Ubicación de estructuras dentro de la Zona y en sus proximidades

No hay estructuras permanentes dentro de la Zona. La estación de investigaciones científica más cercana es la Estación de Investigaciones Rothera, ubicada a 3,5 km al nordeste de la isla Anchorage (ver mapa 2). Hay un refugio, actualmente sometido a un proceso de reemplazo, ubicado en la isla Anchorage, a las afueras de la Zona, a unos 200 m del lugar de desembarque preferido en el oeste. Se han instalado equipos científicos en varios lugares de la isla Anchorage, incluidas las campanas (lat. -67,60611°; long. -68,21806°), una estación meteorológica automática (lat. -67,60253°; long. -68,20292°) y algunos experimentos con plantas artificiales (lat. -67,60556°; long. -68,20556° y lat. -67,64583°; long. -68,20417°). En la isla Donnelly se ha instalado una placa conmemorativa con la leyenda «Esta isla fue bautizada en homenaje a John P. Donnelly (1948-1993), ingeniero jefe de máquinas del RRS James Clarke Ross» (lat. -67,60806°; long. -68,19667°). No hay estructuras ubicadas dentro del este de la isla Lagoon, las Walton Terraces de la isla Leonie, la isla Mucklescarf o los glaciares Horton, Hurley y Turner.

6(iv) Ubicación de las zonas protegidas en las cercanías

La ZAEP n.º 129, punta Rothera, bahía Margarita, se encuentra a 4 km al nordeste de la isla Anchorage. La ZAEP n.º 107, isla Emperor, islas Dion, bahía Margarita, se encuentra a unos 15 km al sur de la isla Adelaida. La ZAEP n.º 115, isla Lagotellerie, bahía Margarita, se encuentra a unos 11 km al sur de la isla Pourquoi-Pas. La ZAEP n.º 117, isla Avian, bahía Margarita, se encuentra a unos 0,25 km al sur de la punta sudoeste de la isla Adelaida. La SMH n.º 63 «Base Y» se encuentra en la isla Horseshoe, a unos 45 km al este-sudeste de la Zona. Las ubicaciones de estas zonas protegidas se muestran en el mapa 1.

6(v) Zonas especiales en el interior del área

Ninguna

7. Términos y condiciones para los permisos de entrada

7(i) Condiciones generales de los permisos

Se prohíbe el ingreso a la Zona, excepto en virtud de un permiso expedido por una autoridad nacional pertinente, de conformidad con el artículo 3, párrafo 4, y el artículo 7 del Anexo V del Protocolo al Tratado Antártico sobre Protección del Medio Ambiente.

Las condiciones para la expedición del permiso para ingresar a la Zona son las siguientes:

- El permiso debe expedirse por razones científicas indispensables que no puedan llevarse a cabo en otro lugar, o por razones que sean esenciales para la gestión de la Zona.
- Con respecto a los sitios incorporados a la Zona para proteger los valores de la vida silvestre, es decir, los glaciares Horton, Hurley y Turner y las Walton Terraces de la isla Leonie (ver cuadro 2), las

actividades deberán desempeñarse exclusivamente por motivos científicos ineludibles que no puedan llevarse a cabo en otro punto de la ZAEP, o para la consecución de tareas imprescindibles para la gestión de la Zona.

- Las actividades permitidas darán la correspondiente consideración al proceso de evaluación de impacto medioambiental para la protección continua de los valores ambientales, científicos, naturales y estéticos de la Zona.
- Las actividades permitidas deben cumplir el presente Plan de Gestión.
- Se deberá llevar el permiso, o una copia autorizada de este, dentro de la Zona.
- El permiso debe expedirse por un período determinado.
- Se deberá presentar un informe ante la autoridad o las autoridades indicadas en el permiso.
- Se deberá notificar a las autoridades pertinentes cualquier actividad desempeñada o medida adoptada de forma excepcional, así como cualquier vertido de materiales que no se haya retirado, en los casos en los que ello no estuviera incluido en el permiso.

7(ii) Acceso a la Zona y desplazamientos en su interior o sobre ella

Se aplicarán las siguientes restricciones de acceso a la Zona con el fin de proteger sus valores:

- Con el fin de proteger los valores naturales de la Zona, en consonancia con los objetivos y el propósito de este Plan de Gestión, las visitas a los glaciares Horton, Hurley y Turner y las Walton Terraces de la isla Leonie deberán mantenerse al mínimo indispensable.
- El acceso a los límites del sitio de la Zona se efectuará en embarcaciones pequeñas (por ejemplo, en bote hinchable de casco rígido), o en motonieve u otro vehículo terrestre. Los puntos de acceso a la isla Leonie en embarcación pequeña se indican en la sección *6(ii) Acceso a la Zona* y a continuación:

  - Isla Anchorage: lat. -67,60278°; long. -68,21306° o lat. -67,60167°; long. -68,20056°

  - Isla Donnelly: lat. -67,61000°; long. -68,20222°

  - Este de la isla Lagoon: lat. -67,59344°; long. -68,24003°

  - Walton Terraces, isla Leonie: lat. -67,59250°; long. -68,34139°

  - Isla Mucklescarf: lat. -67,59411°; long. -68,26119°

  - Glaciares Horton, Hurley y Turner: No se recomienda el acceso en barco.

- No se permite el uso de vehículos terrestres dentro de la Zona.
- Los visitantes podrán desplazarse por tierra y hielo dentro de la Zona solamente a pie. La circulación de peatones debe limitarse al mínimo necesario para alcanzar los objetivos de las actividades autorizadas, y se deben hacer todos los esfuerzos posibles para reducir al mínimo los efectos del pisoteo. No hay senderos dentro de la Zona. Los visitantes deben tratar de evitar caminar sobre la vegetación visible. Se deberá tener especial cuidado al caminar sobre áreas de suelo húmedo, particularmente en los lechos de los arroyos, dado que las pisadas pueden dañar fácilmente los suelos delicados, así como las comunidades de plantas y de algas, y pueden degradar la calidad del agua.
- No se permite el aterrizaje de aeronaves ni helicópteros dentro de la Zona.
- La pista de aterrizaje de la Estación de Investigaciones Rothera comenzó a funcionar en 1991 y se encuentra en un radio de 3,5 km de algunos sitios dentro de la Zona. Dada la proximidad de la pista de aterrizaje, es posible que se necesite sobrevolar la Zona con fines operativos o científicos. En la mayor medida posible, la operación de aeronaves sobre la Zona debería efectuarse de conformidad con las «*Directrices para la operación de aeronaves cerca de concentraciones de aves*» establecidas en la Resolución 2 (2004), que se puede consultar en: http://www.ats.aq/documents/recatt/Att224_s.pdf).

- No se permite sobrevolar colonias de aves del interior de la Zona con sistemas de aeronaves dirigidas por control remoto (RPAS), a menos que esto se haga con fines científicos u operativos ineludibles y de conformidad con el correspondiente permiso expedido por una autoridad nacional competente. Asimismo, el uso de aeronaves dirigidas por control remoto dentro de la Zona deberá cumplir con las «Directrices medioambientales para la operación de sistemas de aeronaves dirigidas por control remoto (RPAS) en la Antártida», (Resolución 4, 2018), que se puede consultar en https://www.ats.aq/devAS/ats_meetings_meeting_measure.aspx?lang=s).
- Se deberán tomar precauciones personales de cuarentena estrictas para evitar introducir especies no autóctonas. También se deberán tomar precauciones al desplazarse entre los distintos sitios que componen la Zona. En particular, se deberá cepillar el calzado para eliminar todo tipo de tierra o lodo que pudiera haberse adherido, y la vestimenta exterior, los bolsos y el equipo experimental deben limpiarse para eliminar cualquier resto de tierra, lodo, guano y propágulos.

7 (iii) Actividades que pueden llevarse a cabo en la Zona

Las actividades que pueden llevarse a cabo dentro de la Zona incluyen las siguientes:

- investigaciones científicas indispensables que no puedan desempeñarse en otro lugar;
- investigaciones científicas que no perjudiquen los valores ambientales, científicos o naturales de la Zona;
- actividades esenciales de gestión, incluidas las actividades de vigilancia.

En lo que respecta a los sitios incorporados a la Zona para proteger los valores de la vida silvestre, es decir, los glaciares Horton, Hurley y Turner y las Walton Terraces de la isla Leonie (ver cuadro 2), las actividades deberán desempeñarse exclusivamente por motivos científicos ineludibles que no se puedan satisfacer en otro punto de la ZAEP, o para la consecución de tareas imprescindibles para la gestión de la Zona.

7 (iv) Instalación, modificación o desmantelamiento de estructuras

- No se podrán erigir estructuras ni instalar equipo científico en la Zona salvo para actividades científicas o de gestión indispensables y durante el plazo de validez preestablecido que se especifique en el permiso.
- En lo que respecta a los sitios incorporados a la Zona para proteger los valores de la vida silvestre, es decir, los glaciares Horton, Hurley y Turner y las Walton Terraces de la isla Leonie (ver cuadro 2), la instalación de estructuras deberá llevarse a cabo exclusivamente por motivos científicos ineludibles que no se puedan satisfacer en otro punto de la ZAEP, o para la consecución de tareas imprescindibles para la gestión de la Zona.
- Se prohíben las estructuras o instalaciones permanentes.
- Todos los señalizadores, estructuras o equipos científicos instalados en la Zona deben mostrar claramente el país, el nombre del organismo o investigador principal, el año de instalación y la fecha de desmantelamiento prevista.
- Todos estos elementos deberían estar libres de organismos, propágulos (tales como semillas, huevos y esporas) y de tierra no estéril, y deberían estar confeccionados con materiales que soporten las condiciones ambientales y que representen el riesgo mínimo posible de contaminación para la Zona.
- El desmantelamiento de estructuras o equipos específicos cuyos permisos hayan expirado será responsabilidad de la autoridad que haya expedido el permiso original, y deberá ser una condición para su otorgamiento.
- Las estructuras existentes dentro de la Zona no deben eliminarse, excepto que así lo indique el correspondiente permiso (ver sección *6 (iii) Ubicación de estructuras dentro de la Zona y en sus proximidades).*

7(v) Ubicación de los campamentos

- Se prohíbe acampar en la Zona.
- Puede haber alojamientos disponibles en la Estación de Investigaciones Rothera.
- Como alternativa, las cabañas/instalaciones de campo operadas por British Antarctic Survey están ubicadas en el oeste de la isla Lagoon (lat. -67,59393°; long. -68,24311°) y en la isla Anchorage, a las afueras de la Zona (lat. -67,60222°; long. -68,20893°) (ver mapa 4).
- Es posible que se pueda acampar fuera de la Zona en la isla Leonie, en la playa, en la ubicación lat. 67,59361°; long. -68,34389° (ver mapa 3).

7(vi) Restricciones relativas a los materiales y organismos que pueden introducirse en la Zona

Además de los requisitos del Protocolo al Tratado Antártico sobre Protección del Medio Ambiente, las restricciones relativas a los materiales y organismos que pueden introducirse en la Zona son las siguientes:

- No se permitirá la introducción deliberada de animales, material vegetal, microorganismos y tierras no estériles en la Zona.
- Deben tomarse las precauciones pertinentes a fin de evitar la introducción no intencional de animales, material vegetal, microorganismos y tierras no estériles provenientes de otras regiones con características biológicas distintas (situadas dentro o fuera del Área del Tratado Antártico). Además, se han registrado diferencias sustanciales de biodiversidad entre los diferentes sitios que componen la ZAEP, por lo que se deben tomar precauciones para evitar la transferencia de especies entre sitios dentro de la ZAEP. Los visitantes también deben consultar y seguir adecuadamente las recomendaciones incluidas en el *Manual sobre especies no autóctonas del Comité para la Protección del Medio Ambiente*, y el *Código de conducta ambiental para el trabajo de investigación científica sobre el terreno en la Antártida*. Las medidas de bioseguridad adicionales específicas se enumeran en la Sección *7(x)*.
- No está permitido introducir en la Zona productos avícolas, incluidos los alimentos que contengan huevo desecado sin cocinar.
- No se deben introducir en la Zona herbicidas ni pesticidas. Cualquier otro producto químico, incluidos los radionúclidos e isótopos estables, que pueda introducirse en la Zona con los fines científicos apremiantes especificados en el permiso, deberá retirarse de la Zona antes o inmediatamente después de que concluya la actividad para la cual se haya expedido el permiso. Debe evitarse la descarga directa al ambiente de radionúclidos o isótopos estables de una manera que los vuelva irrecuperables.
- No se podrá almacenar combustible, alimentos u otros materiales en la Zona, salvo que sea indispensable para la consecución de los objetivos esenciales relativos a la actividad para la cual se haya expedido el permiso. Estos elementos deberán almacenarse y manipularse de tal manera que se reduzca al mínimo el riesgo de introducción accidental en el medioambiente. No se permiten los depósitos permanentes.
- Los materiales que se introduzcan en la Zona deberán permanecer en ella solo por un período determinado, y deberán desmantelarse al concluir el periodo establecido.

7(vii) Recolección de la flora y la fauna autóctonas o intromisión perjudicial en estas

- Están prohibidas la recolección de flora y fauna autóctonas o la intromisión perjudicial en estas, salvo que así lo autorice un permiso otorgado de conformidad con el Anexo II del Protocolo al Tratado Antártico sobre Protección del Medio Ambiente.

- En caso de recolección de fauna o intromisión perjudicial en esta, se deberá efectuar, como norma mínima, de conformidad con el *Código de Conducta del SCAR para el Uso de Animales con Fines Científicos en la Antártida.*
- Se podrán tomar únicamente las muestras de agua, sedimento, suelo o vegetación mínimas indispensables para fines científicos o de gestión, y siempre recurriendo a técnicas que reduzcan al mínimo la alteración de los suelos, las estructuras de hielo y la biota circundantes.

7(viii) Recolección o traslado de materiales que el titular del permiso no haya llevado a la Zona

Se puede recolectar o retirar material de la Zona solo si así lo autoriza el correspondiente permiso. En cualquier caso, deberá limitarse al mínimo necesario para cumplir con las necesidades administrativas o científicas (véanse las secciones *7(iii) Actividades que pueden llevarse a cabo dentro de la zona, 7(x) Medidas que pueden requerirse para garantizar el continuo cumplimiento de los objetivos y las finalidades del Plan de Gestión)* y *7(vii) Recolección de la flora y la fauna autóctonas o intromisión perjudicial en estas*). Respecto de la recolección de muestras geológicas, no se otorgarán permisos si hay razones para pensar que el muestreo propuesto podría extraer, retirar o dañar cantidades tales de rocas (en particular, fosilíferas) que podrían alterar su abundancia en la Zona. Cualquier otro material de origen humano susceptible de alterar los valores de la Zona que no haya introducido el titular del permiso o que no cuente con la pertinente autorización deberá retirarse de la Zona, a menos que el impacto ambiental provocado por su retirada sea mayor que los efectos que pueda ocasionar dicho material en el lugar. Si este es el caso, se deberá notificar a la autoridad nacional correspondiente y obtener la aprobación oportuna.

7(ix) Eliminación de residuos

Deberán retirarse de la Zona todos los residuos, incluidos los de origen humano.

7(x) Medidas que pueden ser necesarias para continuar cumpliendo con los objetivos del Plan de Gestión

Se pueden otorgar permisos de ingreso a la Zona con el fin de:

- llevar a cabo actividades de vigilancia e inspecciones, que podrán incluir la recolección limitada de muestras o datos para su análisis o revisión;
- desempeñar tareas de mantenimiento de equipos específicos;
- implementar medidas de protección; y
- llevar a cabo investigaciones o tareas de gestión, de manera tal que se evite la interferencia con las actividades de observación e investigación a largo plazo o cualquier repetición de esfuerzos posible. Las personas que planifiquen nuevos proyectos dentro de la Zona deben consultar con los programas establecidos que trabajan dentro de esta, como los del Reino Unido o los Países Bajos, antes de iniciar el trabajo.

Toda observación a largo plazo de sitios específicos debe marcarse adecuadamente tanto en el lugar como en los mapas de la Zona. Debe solicitarse a las autoridades nacionales correspondientes la posición GPS a fin de asentarla en el Sistema del Directorio de Datos Antárticos.

A fin de mantener los valores ecológicos y científicos de la Zona, los visitantes deben tomar una serie de precauciones especiales relativas a la introducción de material biológico, tanto en cada uno de los seis sitios que componen la ZAEP como entre ellos. Causa especial preocupación la introducción de microbios, animales o vegetación provenientes de suelos de otros lugares de la Antártida, incluidas las estaciones, o de regiones situadas fuera de la Antártida. En la mayor medida posible, los visitantes deben limpiar meticulosamente el calzado y el equipo, en particular, el equipo de muestreo, antes de que entren en la Zona o de que se desplacen entre los seis sitios que componen la Zona.

La Zona no ha sido designada específicamente para proteger los valores geológicos; sin embargo, dado que la recolección de muestras geológicas tiene consecuencias tanto permanentes como acumulativas, deberán adoptarse las medidas siguientes para salvaguardar los valores de la zona:

- Los visitantes que planeen llevarse muestras geológicas de la zona deben rellenar un registro que describa el tipo geológico, la cantidad y la ubicación de las muestras, y presentarlo al menos en el Centro Nacional de Datos Antárticos o en el Directorio Maestro.
- Para evitar la repetición en la toma de muestras, los visitantes que tengan la intención de recolectar muestras deben demostrar que están familiarizados con las recolecciones anteriores.

7(xi) Requisitos relativos a los informes

- El titular principal de un permiso para cada visita a la Zona debe presentar un informe ante la autoridad nacional correspondiente tan pronto como sea posible, y no más tarde de los seis meses posteriores a la visita.
- Dichos informes deberán incluir, según corresponda, la información señalada en el formulario de informe de visita incluido en el Apéndice 2 de la Guía para la Preparación de Planes de Gestión para las Zonas Antárticas Especialmente Protegidas anexo a la Resolución 2 (2011).
- En dicho informe, debe prestarse particular atención a los lugares libres de hielo que se visiten en el interior de la Zona (e incluir, si es posible, las coordenadas GPS), la cantidad de tiempo que se esté en cada lugar y las actividades desempeñadas durante la estancia.
- Siempre que sea factible, la autoridad nacional debe remitir una copia del informe de la visita a la Parte que haya propuesto el Plan de Gestión, a fin de ayudar en la gestión de la Zona y en la revisión del Plan de Gestión.
- Las Partes deberían, en la medida de lo posible, depositar los originales o las copias de los informes de visitas originales en un archivo de acceso público para mantener un registro de su uso, con el fin de llevar a cabo cualquier revisión del Plan de Gestión y organizar el uso científico de la Zona.

8. Documentación de apoyo

Bastmeijer, K. (2016). (Ed.) Wilderness Protection in Europe. The Role of International, European and National Law. Cambridge University Press.

Bentley, M.J., Hodgson, D.A., Smith, J.A., and Cox, N. J. (2005). Relative sea level curves for the South Shetland Islands and Marguerite Bay, Antarctic Peninsula. Quaternary Science Reviews 24: 1203-1216.

Black, M., Riley, T. R., Ferrier, G., Fleming, A.H., and Fretwell, P.T. (2016). Automated lithological mapping using airborne hyperspectral thermal infrared data: A case study from Anchorage Island, Antarctica. Remote Sensing of Environment 176: 225-241.

Bokhorst, S., Ronfort, C., Huiskes, A., Convey, P. and Aerts, R. (2007). Food choice of Antarctic soil arthropods clarified by stable isotope signatures. Polar Biology 30: 983-990.

Bokhorst, S., Huiskes, A.H.L., Convey, P., Sinclair, B.J., Lebouvier, M., Van de Vijver, B., Wall, D.H. (2011). Microclimate impacts of passive warming methods in Antarctica: implications for climate change studies. Polar Biology 34: 1421-1435.

Bokhorst, S., Huiskes, A., Aerts, R., Convey, P., Cooper, E.J., Dalenk, L., Erschbamer, B., Gudmundsson, J. N., Hofgaard, A., Hollister, R. D., Johnstone, J., Jonsdottir, I. S., Lebouvier, M., Van De Vijver, B., Wahren, C.-H., and Dorrepaal, E. (2013) Variable temperature effects of Open Top Chambers at polar and alpine sites explained by irradiance and snow depth. Global Change Biology 19: 64-74.

Bokhorst, S., Convey, P., Aerts, R. Nitrogen inputs by marine vertebrates drive abundance and richness in Antarctic terrestrial ecosystems. Current Biology 29: 1721-1727.

Cannone, N., Convey, P., Malfasi, F. (2018) Antarctic Specially Protected Areas (ASPA): a case study at Rothera Point providing tools and perspectives for the implementation of the ASPA network in the Antarctic Peninsula. Biodiversity and Conservation 27: 2641-2660.

Chong, C.W., Pearce, D.A., Convey, P., Yew, W.C. and Tan, I.K.P. 2012. Patterns in the distribution of soil bacterial 16S rRNA gene sequences from different regions of Antarctica. Geoderma 181: 45-55.

Committee for Environmental Protection (CEP). (2019). Non-native species manual – 2nd Edition. Manual prepared by Intersessional Contact Group of the CEP and adopted by the Antarctic Treaty Consultative Meeting through Resolution 4 (2016). Buenos Aires, Secretariat of the Antarctic Treaty.

Convey, P., and Smith, R.I.L. (1997). The terrestrial arthropod fauna and its habitats in northern Marguerite Bay and Alexander Island, maritime Antarctic. Antarctic Science 9: 12-26.

Convey, P, Barnes, D.K.A., and Morton, A. (2002). Debris accumulation on oceanic island shores of the Scotia Arc, Antarctica. Polar Biology 25: 612-617.

Davies, P. M. (2001). Notes from a cold climate: Antarctic Symphony (Symphony No. 8) Browns, London. 152 pp.

Dudley, N. (2008) (Ed.) Guidelines for Applying Protected Area Management Categories Gland: World Conservation Union/IUCN.

Fretwell, P.T., Convey, P., Fleming, A.H., Peat, H.J., and Hughes, K.A. (2011). Detecting and mapping vegetation distribution on the Antarctic Peninsula from remote sensing data. Polar Biology 34: 273-281.

Hawes, T.C., Worland, M.R., Convey, P., and Bale, J.S. (2007). Aerial dispersal of springtails on the Antarctic Peninsula: implications for local distribution and demography. Antarctic Science 19: 3-10.

Holderegger, R., Stehlik, I., Smith, R.I.L., and Abbott, R.J. (2003). Populations of Antarctic hairgrass *(Deschampsia antarctica)* show low genetic diversity. Arctic, Antarctic, and Alpine Research 35: 214-217.

Hughes, K.A., Greenslade, P., and Convey, P. (2017). The fate of the non-native Collembolon, *Hypogastrura viatica*, at the southern extent of its introduction range in Antarctica. Polar Biology 40: 2127–2131. DOI: 10.1007/s00300-017-2121-4

Huiskes, A.H.L., Boschker, H.T.S., Lud, D., and Moerdijk-Poortvliet, T.C.W. (2006). Stable isotope ratios as a tool for assessing changes in carbon and nutrient sources in Antarctic terrestrial ecosystems. In: Rozema, J., Aerts, R., Cornelissen, H. (eds) Plants and Climate Change. Tasks for Vegetation Science, vol. 41. Springer, Dordrecht.

Maslen, N.R., and Convey, P. (2006). Nematode diversity and distribution in the southern maritime Antarctic – clues to history? Soil Biology and Biochemistry 38: 3141-3151.

Milius, N. (2000). The birds of Rothera, Adelaide Island, Antarctic Peninsula. *Marine Ornithology* 28: 63–67.

Morgan, F., Barker, G., Briggs, C., Price, R., and Keys, H. (2007). Environmental Domains of Antarctica Version 2.0 Final Report. Landcare Research Contract Report LC0708/055.

Peat, H. J., Clarke, A., and Convey, P. (2007). Diversity and biogeography of the Antarctic flora. Journal of Biogeography 34: 132-146.

Phillips, R.A., Silk, J.R.D., Massey, A. and Hughes, K.A. (2019). Surveys reveal increasing and globally important populations of south polar skuas and Antarctic shags in Ryder Bay. Polar Biology 42: 423–432.

Rinnan, R., Rousk, J., Yergeau, E., Kowalchuk, G. A., and Baath, E. (2009) Temperature adaptation of soil bacterial communities along an Antarctic climate gradient: predicting responses to climate warming. Global Change Biology 15: 2615-2625.

SCAR (2018). SCAR's environmental code of conduct for terrestrial scientific field research in Antarctica. ATCM XLI WP001. Adopted by the Antarctic Treaty Consultative Meeting through Resolution 5 (2018).

SCAR (2011). SCAR code of conduct for the use of animals for scientific purposes in Antarctica. ATCM XXXIV IP53.

Schrimpf, M., Naveen, R., Lynch, H.J. (2018). Population status of the Antarctic shag *Phalacrocorax (atriceps) bransfieldensis*. Antarctic Science 30:151–159.

Terauds, A., Chown, S. L., Morgan, F., Peat, H. J., Watt, D., Keys, H., Convey, P., and Bergstrom, D. M. (2012). Conservation biogeography of the Antarctic. Diversity and Distributions 18: 726–41.

Upson, R., Newsham, K.K., and Read, D.J. (2008). Root-fungal associations of *Colobanthus quitensis* and *Deschampsia antarctica* in the maritime and sub-Antarctic. Arctic, Antarctic, and Alpine Research 40: 592-599.

Upson, R., Newsham, K.K., Bridge, P.D., Pearce, D.A., and Read, D.J. (2009). Taxonomic affinities of dark septate root endophytes of *Colobanthus quitensis* and *Deschampsia antarctica*, the two native Antarctic vascular plant species. Fungal Ecology 2: 184-196.

Yergeau, E., Bokhorst, S. Huiskes, A.H.L., Boschker, H. T. S., Aerts, R., and Kowalchuk, G. A. (2007). Size and structure of bacterial, fungal and nematode communities along an Antarctic environmental gradient. FEMS Microbiology Ecology 59: 436–451.

Yergeau, E, Newsham, K.K., Pearce, D.A., and Kowalchuk, G.A. (2007). Patterns of bacterial diversity across a range of Antarctic terrestrial habitats. *Environmental Microbiology* 9: 2670-2682.

Yergeau, E., Kang, S., He, Z., Zhou, J., and Kowalchuk, G. A. (2007). Functional microarray analysis of nitrogen and carbon cycling genes across an Antarctic latitudinal transect. The ISME Journal 1: 163–179.

Yergeau, E., and Kowalchuk, G. A. (2008) Responses of Antarctic soil microbial communities and associated functions to temperature and freeze-thaw cycle frequency. Environmental Microbiology 10: 2223-2235.

Yergeau, E., Schoondermark-Stolk, S. A., Brodie, E. L., Dejean, S., DeSantis, T. Z., Goncalves, O., Piceno, Y. M., Andersen, G. L. and Kowalchuk, G. A. (2009) Environmental microarray analyses of Antarctic soil microbial communities. ISME Journal 3: 340-351.

Yergeau E., Bokhorst S., Kang S., Zhou J. Z., Greer C. W., Aerts R. and Kowalchuk G. A. (2012) Shifts in soil microorganisms in response to warming are consistent across a range of Antarctic environments. ISME Journal 6: 692-702.

Mapa 1. Ubicación de la ZAEP n.º 177 islas Leonie y el sudeste de la isla Adelaida, dentro de la zona más amplia de la bahía Margarita. Especificaciones del mapa: WGS84 UTM Zona 19S. Meridiano central 68° O. (Mapa-recuadro: estereográfica polar de la Antártida WGS84. Meridiano central 55° W, paralelo de referencia: 71° S)

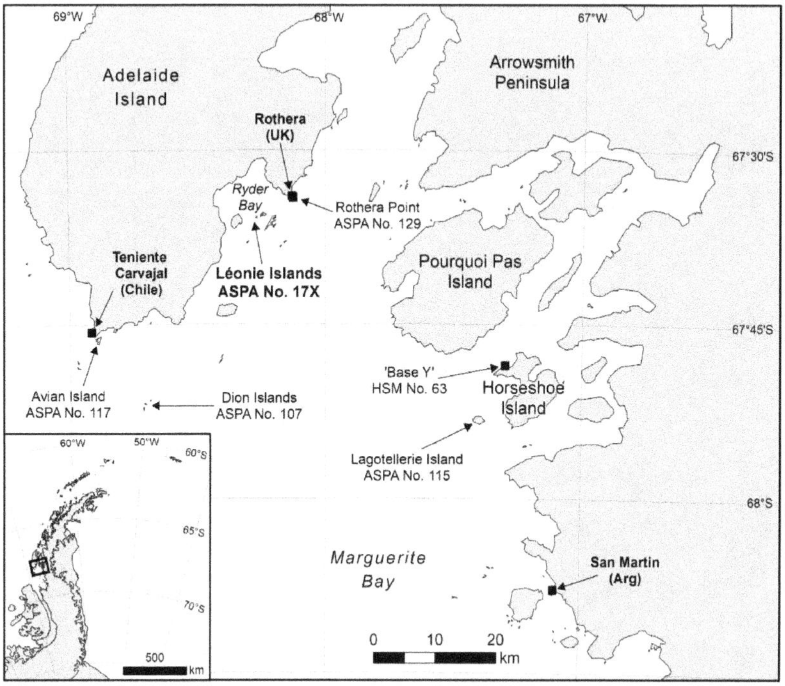

Mapa 2. Mapa general de la ZAEP n.º 177 de varios sitios islas Leonie y sudeste de la isla Adelaida, Península Antártica. A continuación se detalla el sitio de los glaciares Horton, Hurley y Turner en el mapa. El sitio de las Walton Terraces, isla Leonie, se detalla en el mapa 3. Los sitios de la isla Anchorage, este de la isla Lagoon, isla Donnelly e isla Mucklescarf se detallan en el mapa 4. Especificaciones del mapa: WGS84 UTM Zona 19S. Meridiano central 68° O. Los detalles de las coordenadas de los límites se pueden encontrar en el cuadro 3.

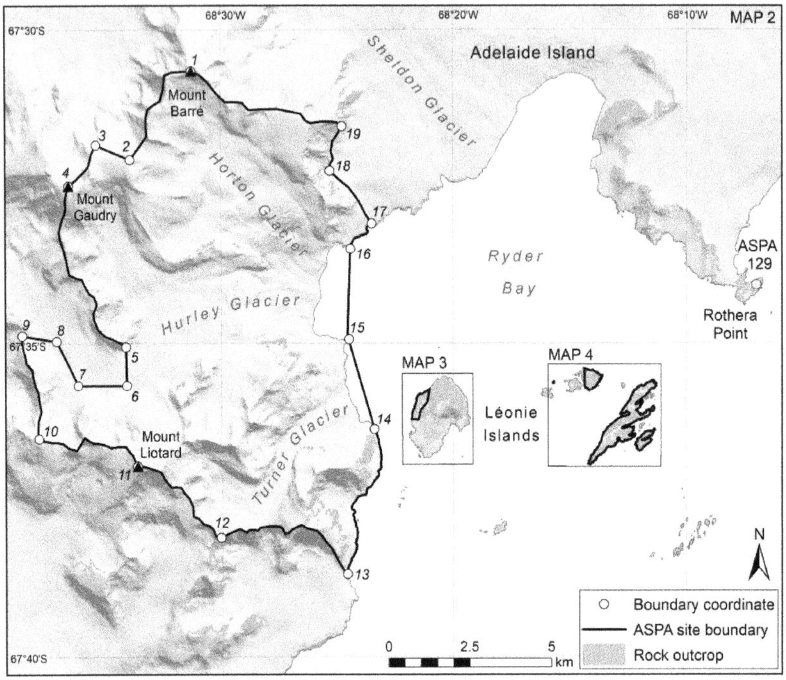

Mapa 3. Mapa del sitio de Walton Terraces que forma parte de la ZAEP n.º 177 de múltiples sitios, islas Leonie y sudeste de la isla Adelaida, Península Antártica. Especificaciones del mapa: WGS84 UTM Zona 19S. Meridiano central 68° O. Los detalles de las coordenadas de los límites se pueden encontrar en el cuadro 3.

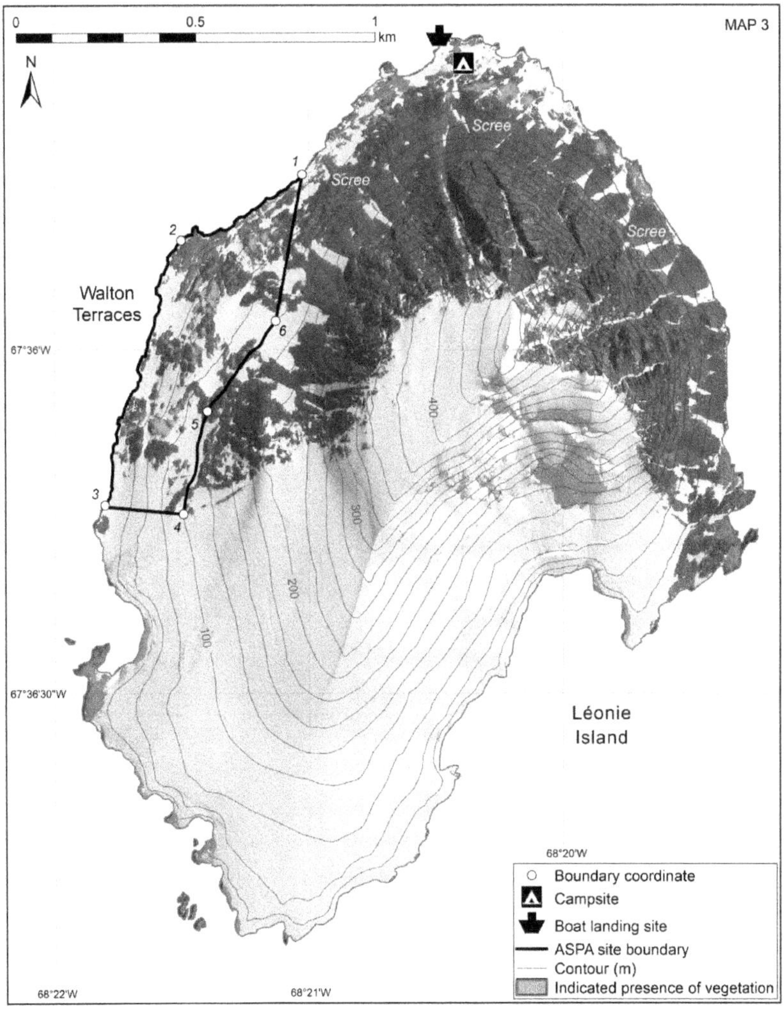

Mapa 4. Mapa de los sitios de la isla Anchorage, este de la isla Lagoon, isla Donnelly e isla Mucklescarf, que forman parte de la ZAEP n.º 177 de varios sitios islas Leonie y sudeste de la isla Adelaida, Península Antártica. Especificaciones del mapa: WGS84 UTM Zona 19S. Meridiano central 68° O. Los detalles de las coordenadas de los límites se pueden encontrar en el cuadro 3.

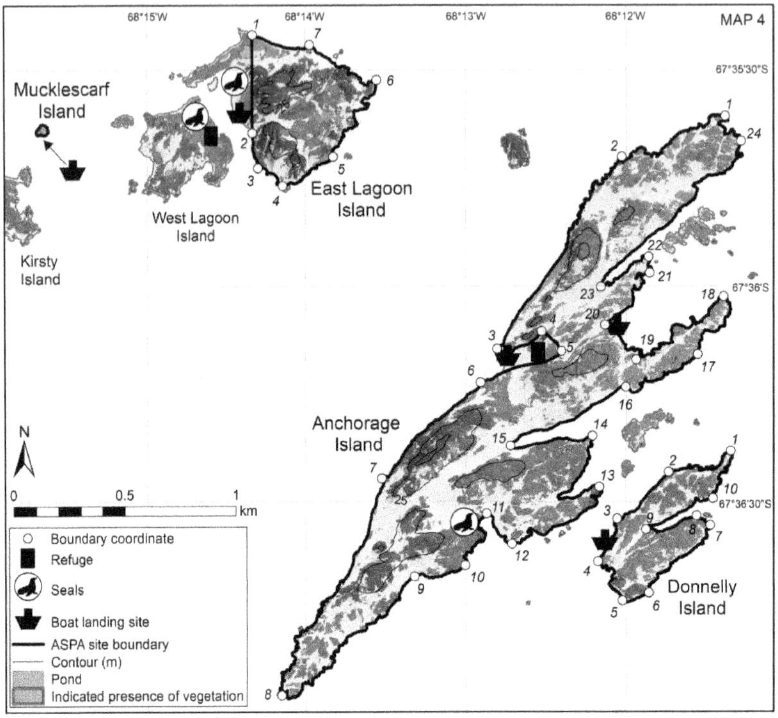

Cuadro 2. Valores extraordinarios de cada una de las islas que componen la ZAEP n.º177, islas Leonie y sudeste de la isla Adelaida, Península Antártica.

	Valores					
	Científico		Ambiental		Vida silvestre	Estético
	Investigación	Zona de control para vigilancia ambiental	Fauna aviar	Comunidades terrestres		
Isla Anchorage	✓		✓	✓		
Isla Donnelly		✓	✓			
Este de la isla Lagoon			✓	✓		
Walton Terraces, isla Leonie			✓	✓	✓	✓
Isla Mucklescarf			✓			
Glaciares Horton, Hurley y Turner					✓	✓

Cuadro 3. Coordenadas límites de los cinco sitios que componen la ZAEP n.º 177, islas Leonie y sudeste de la isla Adelaida, Península Antártica.

Sitio de la Zona	Superficie (ha)	Número de coordenadas límite	Latitud	Longitud
Isla Anchorage	60	1	-67,59343	-68,18966
		2	-67,59500	-68,20047
		3	-67,60244	-68,21346
		4	-67,60175	-68,20882
		5	-67,60252	-68,20673
		6	-67,60373	-68,21517
		7	-67,60744	-68,22540
		8	-67,61580	-68,23586
		9	-67,61121	-68,22198
		10	-67,61078	-68,21674
		11	-67,60879	-68,21456
		12	-67,60996	-68,21190
		13	-67,60777	-68,20280
		14	-67,60578	-68,20351
		15	-67,60617	-68,21206
		16	-67,60390	-68,20002
		17	-67,60264	-68,19252
		18	-67,60040	-68,18981
		19	-67,60285	-68,19893
		20	-67,60151	-68,20222
		21	-67,59949	-68,19752
		22	-67,59887	-68,19763
		23	-67,60003	-68,20262
		24	-67,59441	-68,18798
Isla Donnelly	12	1	-67,60637	-68,18904
		2	-67,60719	-68,19556
		3	-67,60899	-68,20094
		4	-67,61063	-68,20291
		5	-67,61216	-68,20040
		6	-67,61185	-68,19761
		7	-67,60923	-68,19119
		8	-67,60886	-68,19263
		9	-67,60940	-68,19792

		10	-67,60820	-68,19092
Este de la isla Lagoon	20	1	-67,59032	-68,23888
		2	-67,59409	-68,23888
		3	-67,59547	-68,23829
		4	-67,59615	-68,23571
		5	-67,59502	-68,23040
		6	-67,59205	-68,22590
		7	-67,59070	-68,23286
Walton Terraces, isla Leonie	15	1	-67,59574	-68,35042
		2	-67,59734	-68,35836
		3	-67,60377	-68,36337
		4	-67,60399	-68,35826
		5	-67,60149	-68,35666
		6	-67,59930	-68,35218
Isla Mucklescarf	0,2	1	-67,59410	-68,26058
		2	-67,59376	-68,26123
		3	-67,59413	-68,26170
Glaciares Horton, Hurley y Turner	10100	1	-67,51119	-68,52134
		2	-67,53467	-68,56568
		3	-67,53070	-68,59038
		4	-67,54162	-68,61102
		5	-67,58448	-68,56908
		6	-67,59470	-68,56860
		7	-67,59465	-68,60456
		8	-67,58291	-68,62003
		9	-67,58135	-68,64524
		10	-67,60882	-68,63338
		11	-67,61618	-68,56115
		12	-67,63532	-68,50071
		13	-67,64501	-68,40963
		14	-67,60650	-68,39021
		15	-67,58256	-68,40812
		16	-67,55850	-68,40703
		17	-67,55176	-68,39190
		18	-67,53782	-68,42167
		19	-67,52601	-68,41303

Cuadro 4. Especies de plantas vasculares, musgos, líquenes, algas que crecen dentro de los sitios que componen la ZAEP n.º 177, islas Leonie y sudeste de la isla Adelaida y otras ZAEP en la zona de la bahía Margarita. Datos tomados de Cannone et al. (2018) y la base de datos de British Antarctic Survey. No se dispone de datos sobre las islas Donnelly y Mucklescarf; sin embargo, es probable que la flora de la isla Donnelly constituya un subconjunto de la flora de la isla Anchorage, dada su proximidad (115 m de separación en su punto más cercano). Es probable que la diversidad de plantas de la isla Mucklescarf sea muy baja debido a la gran densidad de aves reproductoras que habitan en casi todo el terreno y al tamaño reducido de la isla (55 m de ancho máximo). No se dispone de datos sobre el sitio de los glaciares Horton, Hurley y Turner, aunque es probable que la vegetación no sea muy diversa dada la altitud y la inclinación del terreno sin hielo disponible.

Nombre del sitio	**Isla Leonie***	**Isla Anchorage**	**Islas Lagoon***	**ZAEP n.º 129, punta Rothera**	**ZAEP n.º 117, isla Avian**	**ZAEP n.º 115, isla Lagotellerie**
Fuentes de datos	BAS	BAS	BAS	Cannone et al. (2018)	BAS	BAS
Plantas vasculares						
Deschampsia antarctica	1	1	1	1		1
Colobanthus quitensis	1	1	1	1		1
Hepáticas						
Barbilophozia hatchery	1					
Cephaloziella varians	1	1	1		1	1
Lophozia excisa	1		1			
Marchantia berte roana	1					
Musgos						
Andreaea depressinervis	1	1	1	1	1	
Andreaea parallela var. gainii	1					
Andreaea regularis	1	1	1			
Bartramia patens	1	1	1			1
Brachythecium austro-salebrosum	1	1	1		1	1

Bryoerythrophyllum recurvirostrum	1					
Bryum archangelicum	1	1	1			1
Bryum argenteum	1		1		1	1
Bryum pallescens	1					1
Bryum pseudotriquetrum	1				1	1
Bryum urbanskyi	1					
Ceratodon purpureus	1	1	1		1	1
Coscinodon reflexidens	1		1			
Didymodon brachyphyllus	1					
Distichium capillaceum	1					
Encalypta rhaptocarpa	1					
Grimmia plagiopodia	1					
Hennediella heimii		1				1
Hypnum revolutum	1		1			1
Orthogrimmia sessitana						
Platydictya jungermannioides	1					1
Pohlia cruda	1		1		1	
Pohlia nutans	1	1	1		1	1
Polytrichastrum alpinum	1		1			
Sanionia uncinata	1	1	1	1	1	1
Schistidium andinum	1					
Schistidium antarctici	1	1	1			
Syntrichia magellanica	1	1	1		1	1
Syntrichia sarconeurum	1					1
Tortella alpicola	1					
Warnstorfia fontinaliopsis					1	

Willia austroleucophaea					1
Líquenes					
Acarospora convoluta	1				
Acarospora macrocyclos		1		1	1
Amandinea coniops	1				
Amandinea isabellina				1	
Amandinea petermannii	1	1		1	
Bacidia tubercolata	1				
Bryonora peltata	1				
Buellia anisomera	1		1	1	
Buellia babingtonii				1	
Buellia cladocarpiza	1				
Buellia darbishirei				1	
Buellia falklandica	1				
Buellia illaetabilis				1	
Buellia latemarginata	1	1		1	
Buellia perlata				1	
Buellia pycnogonoides	1				
Buellia russa				1	
Buellia sp.				1	
Caloplaca athallina			1		
Caloplaca cirrochrooides				1	
Caloplaca isidioclada	1			1	1
Caloplaca lucens	1				
Caloplaca psoromatis	1				
Caloplaca sublobulata	1			1	
Caloplaca tiroliensis	1				

Candelariella flava	1			1		
Candelariella vitellina	1					1
Cladonia fimbriata					1	
Cladonia galindezii	1					1
Cladonia pleurota	1		1			
Cladonia pocillum						1
Cladonia pyxidata	1					
Dermatocarpon polyphyllizum	1					
Flavoparmelia gerlachei	1		1			1
Frutidella caesioatra	1					
Huea cerussata						1
Huea corallifera	1			1		
Lecania brialmontii			1			1
Lecanora dispersa agg.	1			1		
Lecanora physciella				1		
Lecanora polytropa	1			1		
Lecidea atrobrunnea	1					1
Lecidea placodiiformis	1					1
Lepraria caesioalba	1	1				
Lepraria sp.				1		
Leproloma cacuminum				1		
Leproloma vouauxii						1
Leptogium puberulum	1		1			1
Massalongia carnosa			1	1		
Mastodia tessellata	1			1		1
Megaspora verrucosa	1					
Ochrolechia frigida	1	1	1	1		

Parmelia saxatilis	1		1			
Phaeophyscia endococcina	1					
Physcia caesia	1		1	1	1	1
Physconia muscigena	1		1			1
Pleopsidium chlorophanum				1		1
Pseudephebe minuscula	1		1	1		
Pseudephebe pubescens			1	1		1
Psoroma cinnamomeum			1			
Psoroma hypnorum	1		1			
Rhizocarpon disporum	1					
Rhizocarpon distinctum				1		
Rhizocarpon geographicum	1					
Rhizocarpon grande				1		
Rhizocarpon griseolum	1					
Rhizoplaca aspidophora	1	1	1			1
Rhizoplaca melanophthalma	1		1	1		1
Rinodina olivaceobrunnea	1		1	1		
Stereocaulon alpinum	1		1			
Stereocaulon antarcticum	1			1		
Umbilicaria antartica	1	1	1			
Umbilicaria decussata	1		1	1		1
Umbilicaria kappeni			1	1		
Umbilicaria nylanderiana	1					
Umbilicaria umbilicarioides	1					
Usnea antartica	1	1	1	1	1	1
Usnea aurantiaco-atra	1	1	1			
Usnea sphacelata	1			1		1

Usnea subantarctica	1	1	1	1		
Xanthoria candelaria	1		1	1		1
Xanthoria elegans	1	1	1	1		1
Otros						
Prasiola crispa		1		1		

*Los datos pueden incluir algunas especies en las islas Leonie y Lagoon que se encuentran fuera de los límites de la ZAEP.

Cuadro 5. Microartrópodos registrados en las islas Anchorage, Lagoon y Leonie.

	Isla Anchorage	**Islas Lagoon**	**Isla Leonie**
Oribátidos			
Austroppia crozetensis			?
Alaskozetes antarcticus	1	1	1
Halozetes belgicae	1	1	1
Globoppia loxolineata	1		1
Globoppia intermedia			?
Magellozetes antarcticus	1	1	1
Mesostigmados			
Gamasellus racovitzai	1	1	1
Prostigmados			
Eupodes exiguus		1	
Eupodes minutus			1
Eupodes parvus			1
Apotriophtydeus sp.	1		
Pretriophtydeus tilbrooki	1	1	
Nanorchestes berryi	1	1	1
Nanorchestes gressitti	1		1
Nanorchestes sp.	1	1	
Stereotydeus villosus	1	1	1
Rhagidia gerlachei	1	1	1
Colémbolos			
Cryptopygus antarcticus	1	1	1
Cryptopygus badasa	1	1	1
Friesia grisea	1	1	1
Folsomotoma octo-oculatata			1

Plan de Gestión de la Zona Antártica Especialmente Protegida n.º 178

Isla Inexpressible y bahía Seaview, mar de Ross

Introducción

La isla Inexpressible y la bahía Seaview se encuentra en la bahía de Terra Nova, Tierra de Victoria, región occidental del mar de Ross a 74° 54,2' S, 163° 43,5' E (mapa 1). La ZAEP (en adelante también denominada Zona) tiene una superficie aproximada de 3,31 km^2, de los cuales 0,99 km^2 son superficie marina (35%) y 2,32 km^2, terrestre (65%) (mapa 2), y fue propuesta por China, Italia y la República de Corea. La Zona es distintiva y la razón principal de su designación como ZAEP es la necesidad de proteger sus valores ambientales y científicos excepcionales. En particular, esta Zona alberga una de las colonias de pingüino de Adelia más antigua (*Pygoscelis adeliae*) y es un importante sitio de reproducción de págalo polar (*Stercorarius maccormicki*). La Zona fue identificada como una Zona Importante para las Aves (ZIA 178) por BirdLife International sobre la base de la colonia de págalo polar y la concentración de aves marinas, en particular de pingüino de Adelia (Resolución 5, 2015). Su peculiar ecosistema está relacionado con la polinia adyacente de la bahía de Terra Nova y permite la comparación con otros sitios cercanos con diferentes dinámicas de hielo marino a lo largo del año. Además, en la ZAEP, varios lagos están influenciados por los aportes de nutrientes de guano, mientras que otros no se ven afectados.

El primer registro documentado de un grupo de cría de pingüinos de Adelia en la Zona fue en 1963, y se ha efectuado un seguimiento continuo desde la década de 1980 hasta la actualidad. Hasta ahora, se trata de uno de los primeros registros estadísticos del pingüino de Adelia en la región del mar de Ross. La colonia activa de pingüinos de la Zona ha tenido una ocupación continua durante los últimos 7.000 años, es decir, es la colonia de pingüinos de Adelia más antigua existente en la región del mar de Ross. Hay más de 20.000 parejas reproductoras de pingüinos de Adelia. La ZAEP incluye una zona crucial para el acceso a la alimentación de los pingüinos en la polinia de la bahía de Terra Nova. Con respecto a los págalos antárticos, mientras que en los años ochenta se constataron hasta 60 parejas reproductoras, una investigación reciente no encontró más de 30 parejas reproductoras, lo que representa un éxito reproductivo bastante bajo de estas especies en la zona.

La ZAEP está ubicada dentro del Dominio S (McMurdo, geológico de Tierra Victoria Meridional), según el análisis de dominios ambientales para el continente antártico (Resolución 3, 2008). Además, la ZAEP se encuentra dentro de la Región Biogeográfica de Conservación de la Antártida (RBCA) 8 Tierra de Victoria Septentrional (Resolución 3, 2017).

La zona marina de la ZAEP está ubicada dentro de la Zona de Protección General de la Zona Marina Protegida de la región del mar de Ross. Los datos de investigación y seguimiento generados por la ZAEP podrían beneficiar el trabajo científico de la AMPRMR.

1. Descripción de los valores que requieren protección

Los excepcionales valores científicos y ecológicos de la Zona se fundamentan en lo siguiente:

La colonia de pingüino de Adelia de la isla Inexpressible es una de las poblaciones de pingüinos de Adelia que más tiempo lleva vigilada (más de 30 años) en la región del mar de Ross (Woehler y Croxall, 1997). Ubicada en la bahía Seaview (74° 54' 04" S, 163° 43' 20" E) y la bahía South (74° 54' 40" S, 163° 43' 31" E), la colonia de pingüinos está compuesta actualmente por más de 20.000 parejas reproductoras en la bahía Seaview y unas 100 parejas reproductoras en la bahía South (mapa 3). El último recuento arroja un número total de 29.899 parejas reproductoras en 2019 (MOE, 2020). La vigilancia dinámica de la población observada a largo plazo brindará apoyo para estudiar la dinámica de las poblaciones de pingüinos reproductores y la relación entre las poblaciones y el cambio climático.

La colonia reproductora de pingüino de Adelia tiene la historia de ocupación continua más larga (más de 7.000 años) en la Zona (Baroni y Orombelli, 1991, 1994; Lambert *et al.*, 2002; Baroni y Hall, 2004; Shepherd *et al.*, 2005; Emslie *et al.*, 2007; Mazgec *et al.*, 2017). La extracción de ADN antiguo de los restos es importante para estimar y corregir las tasas de evolución molecular y explorar la dinámica histórica de la población, los cambios estructurales genéticos y el cambio climático (Lambert *et al.*, 2002; 2010; Ritchie *et al.*, 2004; Sheperd *et al.*, 2005; Millar *et al.*, 2008; 2012; Submaranian *et al.*, 2009; Parks *et al.*, 2015). Se han criopreservado en la zona muestras de huesos subfósiles del pingüino de Adelia que han retenido el ADN durante 7.000 años. De hecho, en las zonas de reproducción actuales, existe una alta densidad (1-5/m^2) de momias de pingüinos bien conservadas de diferentes edades, lo que proporcionaría una biblioteca de muestras rica y única para estudiar la dinámica histórica, el cambio climático y la evolución molecular a escala geológica. Además, la entrada de guano de pingüino en el sedimento lacustre también es ideal para la investigación paleoecológica. También se recuperaron de la zona algunos restos subfósiles de elefantes marinos australes (*Mirounga leonina*) (Hall *et al.*, 2006; Koch *et al.*, 2019).

En la bahía de Terra Nova y las zonas circundantes (bahía Wood) hay tres colonias de pingüinos de Adelia: punta Edmonson (bahía Wood, ZAEP 165), caleta Adelia e isla Inexpressible (unas 2.000, 11.000 y 25.000 parejas, respectivamente Lyver *et al.* 2014; Pezzo *et al.*, 2007), situadas en un tramo de costa de unos 75 km en línea recta (mapa 1). La población más grande de pingüinos de la isla Inexpressible, ubicada en un hábitat de alta calidad cerca de la polinia, puede actuar como fuente de subpoblaciones vecinas más pequeñas de colonias de pingüinos de Adelia (Olmastroni, nota personal).

Los nidos de págalos antárticos se distribuyen alrededor de la colonia de pingüinos de Adelia de la ZAEP (mapa 3). Los nidos son depresiones poco profundas ubicadas en terreno plano entre guijarros glaciares en las terrazas de diferentes alturas formadas a partir de la cresta de la morrena. En el pasado se han registrado hasta 60 parejas reproductoras (Ainley *et al.*, 1986). Más recientemente, los censos llevados a cabo por científicos italianos (2010) y chinos (2018), constataron de 25 a 29 parejas reproductoras y de 17 a 34 parejas no reproductoras en la zona de la colonia de pingüinos. El seguimiento e investigación a largo plazo sobre la dinámica de la población reproductiva, la ecología y las relaciones interespecíficas del págalo austral omnívoro de nivel trófico superior no solo respaldan la conservación de la especie, que se sabe que tiene un bajo éxito reproductivo en la zona de la bahía de Terra Nova (Pezzo *et al.*, 2001), sino que también ayudan a revelar la respuesta de sus diversas presas al cambio climático (Rehinardt *et al.*, 2000; Hahn *et al.*, 2008).

La vecindad entre los sitios de reproducción del pingüino de Adelia y el págalo antártico en la polinia de la isla Inexpressible y la bahía de Terra Nova podría mejorar la eficiencia alimentaria y determinar la composición de la dieta del pingüino de Adelia, ya que se ha demostrado que la presencia de polinia influye positivamente en la ecología de alimentación del pingüino de Adelia en otras partes del continente (por ejemplo, Widmann *et al.*, 2015). Esta proximidad al punto álgido de la polinia, podría explicar las posibles diferencias en el éxito reproductivo (Davis *et al.*, 2017), la posición trófica y la exposición a contaminantes, cuando se compara la población de la isla Inexpressible con otras zonas del mar de Ross (Ainley, 2002, Ainley *et al.*, 1998, Olmastroni *et al.*, 2004, Signa *et al.*, 2018, Olmastroni *et al.*, en prensa). En particular, las ZAEP de punta Edmonson y cabo Hallett (n.º 165 y n.º 106 respectivamente), ubicadas hacia el norte en el mar de Ross, ambas fuera de la zona de la polinia, incluyen colonias de pingüino de Adelia y págalo polar que ya han sido estudiadas por científicos italianos y coreanos, lo que indica que se trata de sitios útiles para hacer comparaciones con niveles similares de protección.

Esta zona es un sitio de referencia de estudios sobre la estructura de la red trófica marina y el efecto de la dinámica del hielo marino en el ecosistema marino bentónico y pelágico. En efecto, la presencia de la polinia permite estudiar la estructura y el funcionamiento de la red alimentaria marina inalterada en condiciones libres de hielo, lo que permite realizar comparaciones en el tiempo y el espacio con lo que se observa en otras zonas cercanas donde la cobertura de hielo marino es más persistente (Norkko *et al.*, 2007; Mezgec *et al.*, 2017; Cummings *et al.*, 2018; Calizza *et al.*, 2018). La comunidad bentónica de la bahía de Terra Nova (ZAEP n.º 161) se ha estudiado durante mucho tiempo, y podría ofrecer una oportunidad de comparación. Esto proporciona un valor científico importante al sitio de la isla Inexpressible.

Esta Zona también alberga varios lagos de agua dulce dentro de las colonias de pingüinos, lo que permite llevar a cabo estudios de comparación entre los lagos que reciben aportes de nutrientes del guano y los lagos sin aportes. Los niveles más altos de nutrientes junto con una salinidad más alta, como resultado del rocío del mar, y un Chl-a más alto producen estados fisioquímicos y tróficos particulares con respecto a otros cuerpos oligotróficos de agua dulce en la Antártida continental (Barbaro *et al.*, 2014, Borghini *et al.*, 2007; Michaud *et al.*, 2012; Wei *et al.*, 2016). Las condiciones ricas en nutrientes y los depósitos históricos de guano pueden generar comunidades acuáticas distintas con baja abundancia de pico-cianobacterias y una abundancia congruentemente pronunciada de gammaproteobacterias.

Las playas de la isla Inexpressible se elevaron 30 m en el Holoceno (Baroni y Orombelli, 1991), y contienen los accidentes geográficos oceánicos mejor conservados en la bahía de Terra Nova (Baroni y Hall, 2004). La isla Inexpressible y la bahía Seaview tienen terrazas costeras de 14 niveles a 0-33 m sobre el nivel del mar, con nidos de pingüinos abandonados y/o restos de pingüinos antiguos distribuidos a todos los niveles en suelos ornitogénicos (Orombelli *et al.*, 1990; Baroni y Orombelli, 1991, 1994; Lambert *et al.*, 2002; Baroni y Hall, 2004; Emslie *et al.*, 2007). Esta característica geomorfológica única es de gran valor científico para estudiar los cambios geológicos y glaciares, la evolución de los patrones de distribución de los pingüinos y el cambio climático del Holoceno.

Se puede acceder a la isla Inexpressible y a la bahía Seaview por tierra, mar y aire desde la nueva estación china planificada en las cercanías de la Zona y desde las estaciones de investigación cercanas en la bahía de Terra Nova. Es frecuente la actividad de vuelo en la región durante la temporada de verano con movimientos principalmente de helicópteros.

La ZAEP requiere protección especial a largo plazo debido a los valores ambientales, científicos y ecológicos sobresalientes y a su vulnerabilidad potencial a las perturbaciones de las actividades científicas, logísticas y turísticas.

2. Finalidades y objetivos

La gestión de la ZAEP 178, isla Inexpressible y bahía Seaview, tiene como objetivo:

- prevenir cambios importantes en las funciones y ecosistemas de la Zona, así como cualquier degradación o riesgo sustancial de los valores de la ZAEP, evitando perturbaciones por actividades humanas innecesarias en la zona;
- preservar los valores ambientales de la ZAEP como zona de referencia para futuros estudios comparativos con otras poblaciones reproductoras de pingüinos de Adelia y págalos antárticos en la bahía de Terra Nova y las zonas vecinas, y para la investigación y seguimiento a largo plazo de ecosistemas terrestres, marinos y lacustres;
- permitir estudios continuos sobre pistas históricas de la evolución del pingüino de Adelia y otras especies, restos subfósiles y suelos ornitogénicos;
- permitir la investigación científica respetando el sistema ecológico natural de la Zona, promoviendo la coordinación internacional y asegurando así la protección contra el sobremuestreo, especialmente del suelo, la fauna y la flora, para reducir el impacto acumulativo dentro de la Zona;
- permitir visitas con fines educativos en la Zona siempre que sea por razones imperiosas que no puedan efectuarse en otro lugar y que no pongan en peligro el sistema ecológico natural de la Zona;
- evitar, en la mayor medida posible, la introducción de especies no autóctonas y patógenos que puedan comprometer o alterar los ecosistemas prístinos locales;
- permitir visitas con fines de gestión para cumplir los objetivos del Plan de Gestión.

3. Actividades de gestión

Se deberán emprender las siguientes actividades de gestión en aras de proteger los valores de la ZAEP:

- Las señales que muestren la ubicación y los límites de la Zona (que indiquen las restricciones especiales que se aplican) deben fijarse, mantenerse en buenas condiciones y retirarse cuando ya no sean necesarias. Además, se colocarán de forma que se respete en la medida de lo posible el valor estético de la ZAEP.
- Se pondrán copias de este Plan de Gestión a disposición de todas las estaciones ubicadas a un radio de 50 km de la Zona y de todas las embarcaciones y aeronaves que visiten la Zona y/o que operen en las proximidades de las estaciones adyacentes, y se informará a todo el personal que opere en la región sobre la ubicación, los límites y las restricciones que se aplican a la entrada y el sobrevuelo en la Zona.
- Los programas nacionales tomarán medidas para garantizar que los límites de la Zona y las restricciones que se apliquen estén marcados en los mapas y las cartas náuticas/aeronáuticas pertinentes.

- Todos los equipos o materiales abandonados deberán eliminarse en el mayor grado posible, siempre y cuando su eliminación no produzca un impacto adverso en el medioambiente o en los valores de la Zona.
- Se efectuarán las visitas necesarias a la Zona (por lo menos una cada cinco años) para determinar si continúa sirviendo a los fines para los que fue designada y para garantizar que las medidas de gestión y mantenimiento sean las adecuadas.
- Los Programas Antárticos Nacionales que operan en la región deberán consultarse entre sí e intercambiar información sobre las actividades previstas, con el fin de minimizar el impacto general en la Zona.

4. Período de designación

Designado por tiempo indefinido

5. Mapas

- **Mapa 1:** ZAEP n.º 178: Isla Inexpressible y bahía Seaview - Mapa regional.
- **Mapa 2:** ZAEP n.º 178: Isla Inexpressible y bahía Seaview: mapa topográfico con guía de acceso y batimetría.
- **Mapa 3:** ZAEP n.º 178: Isla Inexpressible y bahía Seaview - Colonia de pingüino de Adelia.

6. Descripción de la Zona

6(i) Coordenadas geográficas, indicadores de límites y características naturales

Descripción general

La ZAEP está situada en el centro de la bahía de Terra Nova (mapa 1). La zona se encuentra en la parte sur de la isla, que está bordeada por dos plataformas de hielo, la capa de hielo Nansen al oeste y la plataforma de hielo Hells Gate, esta última alimentada por hielo marino (Baroni, 1988, Sochez *et al.*, 1991). La Zona incluye una zona sin hielo con algunos lagos, frente a la bahía Seaview y la parte norte de la bahía Sur en la isla Inexpressible, y una zona costera marina, que define el límite oriental de la Zona (mapas 2 y 3). Los fuertes vientos catabáticos de la plataforma de hielo Nansen y la plataforma de hielo Hells Gate abrieron una gran polinia en las aguas orientales frente a la zona de anidación del pingüino de Adelia, lo que podría promover la eficiencia de la búsqueda de alimento y, por lo tanto, la crianza de los polluelos. Esta Zona tiene una forma de relieve especial con terrazas costeras bien definidas, sedimentos marinos, terrazas cortadas por las olas y un lecho rocoso moldeado por las olas que caracterizan a la tierra libre de hielo (Baroni *et al.*, 2004), e incluye principalmente terrazas costeras curvas de 14 niveles formadas por crestas de playa a 0-33 m sobre el nivel del mar. Estos son uno de los accidentes geográficos oceánicos mejor conservados de la bahía de Terra Nova (Salvatore *et al.*, 1997; Baroni *et al.*, 2005). Los depósitos marinos, que varían en tamaño desde guijarros hasta grava, se distribuyen en las terrazas. Los parches de depósitos marinos más finos retienen conchas subfósiles marinas (*Adamussium colbecki* y *Laternula elliptica*) adecuadas para la datación por radiocarbono de los depósitos de playa.

Límites y coordenadas

La Zona está ubicada en la parte central oriental de isla Inexpressible, que incluye la bahía Seaview y la parte norte de la bahía South. La superficie total de la ZAEP es de 3,31 km^2, de los cuales 2,32 km^2 son terrestres y 0,99 km^2 son zona marina. La extensión total de los límites es de 7,86 km. Hacia el este, el límite de la ZAEP es principalmente marino e incluye las rutas de acceso a la alimentación que los pingüinos utilizan intensamente para acceder al mar. Hacia el oeste, el límite rodea la actual zona de anidación de los págalos antárticos y la zona de distribución histórica del pingüino Adelia, en la que se incluyen los lagos de agua dulce alejados de los nidos de las aves.

El límite este de la Zona en la esquina nordeste se extiende desde las coordenadas B1 en la costa este de la bahía Seaview hacia el sur, hasta B8 en la bahía South (cuadro 1, mapa 2). El límite norte de B1 sigue a lo largo de la costa hasta B2, luego a B3 y B4, a lo largo del pie de la colina hasta B5. El límite occidental es de B5 a B6 (la misma longitud con B5), y luego a B7 (la misma latitud con B8).

Cuadro 1. Coordenadas de los límites de la ZAEP 178 (ver mapa 2 y 3 del sitio)

Nombre	Latitud	Longitud
B1	74° 53' 46,13" S	163° 45' 00,00" E
B2	74° 53' 40,41" S	163° 44' 31,07" E
B3	74° 53' 29,99" S	163° 43' 44,97" E
B4	74° 53' 14,17" S	163° 43' 30,65 "E
B5	74° 53' 14,17" S	163° 42' 11,02" E
B6	74° 54' 28,93" S	163° 42' 11,02" E
B7	74° 54' 46,54" S	163° 43' 11,11 "E
B8	74° 54' 46,54" S	163° 45' 00,00" E

Clima

Se han instalado ocho estaciones meteorológicas en las partes sur y central de isla Inexpressible, dos de ellas directamente dentro de los límites de la ZAEP propuesta. Según los datos de la Estación Meteorológica Automática Manuela (74° 56' 45,6" S, 163° 41' 13.2" E, 78 m sobre el nivel del mar), la temperatura media anual en la Zona es de -18,5° C. El número de días por debajo de -40° C no supera el 0,1 %, el número de días entre -30 y -15° C es aproximadamente el 63 % y el número de días entre -15 y 0° C es el 33 %. La temperatura media anual mínima es de -19,2° C (1998) y la máxima, de -17,4° C (2012). La temperatura media diaria en invierno es inferior a -35° C, la mínima es de -40,6° C (2 de septiembre de 1992); la temperatura media diaria máxima en verano supera los 0° C, el valor más alto es de 6,9° C. La temperatura promedio en diciembre fue la más alta, con -3,6 ± 1,26° C; la más baja, en agosto, con -26,66 ± 2,87° C.

La velocidad media anual del viento es de 14,2 m/s, la velocidad máxima media diaria del viento es de 34,2 m/s (julio de 1989) y la velocidad máxima instantánea del viento es de 45 m/s (febrero de 1985) (Bromwich, 1988). En noviembre, diciembre y enero, las velocidades del viento por debajo de los 15 m/s representaron el 90 %. La velocidad del viento ha variado según los cambios estacionales. La velocidad media mensual más alta del viento se da en agosto (16,54 m/s) y la más baja en diciembre (5,20 m/s). Ocurrieron un total de 298 eventos de fuertes vientos catabáticos en 10 años, de los cuales el 49,8 % ocurrieron en invierno (21 % en julio), y la duración media fue de aproximadamente 10 horas. No se registraron fuertes vientos catabáticos ni en diciembre ni en enero. La velocidad media mensual del viento catabático fuerte está entre 25 y 30 m/s, y la velocidad máxima del viento se encuentra por encima de los 40 m/s.

Según los datos de observación de las estaciones meteorológicas (74° 54′ 04,02″ S, 163° 43′ 45,85″ E) ubicadas en la ZAEP, la temperatura media en enero es de -4,8° C, la velocidad media instantánea del viento es de 5,7 m/s y la velocidad máxima instantánea del viento es de 18,1 m/s.

Marina área y polinia

La bahía de Terra Nova es una de las cuencas de agua más profundas del mar de Ross, con una profundidad máxima de unos 1.100 m (Buffoni *et al.*, 2002). La circulación oceánica en la bahía se mueve paralela al norte a través de la capa superior en verano, en paralelo a la costa, y gira en sentido horario con la profundidad (Vacchi *et al.*, 2012). El fuerte viento catabático y el bloqueo del témpano de la lengua de hielo Drygalski forman una enorme polinia en la bahía de Terra Nova (Bromwich y Kurtz, 1984; Van Woert, 1999), con una zona media de unos 1300 km^2 (0-5.000 km^2, Kurtz y Bromwich, 1983), y hasta 2.500 km^2 en diciembre de 2017. La sal descargada de la formación de hielo aumentó la salinidad del agua del mar (hasta 34,87 ‰) y el punto de congelación de la superficie del mar fue de -1,9° C.

La parte marina de la ZAEP incluye la zona costera situada frente a la colonia de pingüino de Adelia, que se extiende 0,99 km^2 y tiene menos de 50 metros de profundidad (mapa 2). Las comunidades bentónicas de esta zona son poco conocidas. Los estudios preliminares a través de cámaras submarinas indican una rica cobertura de macroalgas que consiste principalmente en *Iridaea cordata* a 5-10 metros de profundidad (MC Chiantore, nota personal) y una rica cobertura asociada de agregados filamentosos de composición desconocida. Se observaron algunos organismos animales durante el reconocimiento. Estos incluyen las dos especies de peces de tamaño pequeño *Trematomus bernacchii* y *T. pennellii*, la estrella de mar *Odontaster validus* y algunos anfípodos posiblemente pertenecientes a la familia de los lisianásidos (M. Vacchi y E. Calizza, nota pers.).

Lagos de agua dulce y laguna salobre

La Zona presenta una distribución de 6 lagos de agua dulce y 1 laguna salobre (mapa 3) a una distancia de la costa de 0,130 km a 1,16 km, y una superficie total estimada de 17.780 m^2 (rango de 97 m^2 hasta 8162 m^2). Algunos de estos, en las cercanías de la colonia del pingüino de Adelia y del págalo polar, están influenciados por el aporte de nutrientes del guano, mientras que otras ubicadas a mayor distancia pueden servir como referencia de las condiciones actuales y para comparaciones a largo plazo (Blais *et al.*, 2005; Borghini *et al.*, 2007).

Se investigaron seis lagos de agua dulce en esta zona en las temporadas de verano 2017-2018 y 2018-2019 y se registró una concentración increíblemente alta de nutrientes. La concentración de NH_4-N osciló entre 0,40 mg/L y 61,22 mg/L, la concentración de NO_2^- osciló entre 0,8 y 0,49 mg/L y la concentración PO de agua dulce$_4^{3-}$ osciló entre 0,08 y 17,72 mg/L. La concentración de TOC osciló entre 5,12 mg/L y 33,38 mg/L. Estas concentraciones son altas en comparación con las de otros lagos polares ultraoligotróficos típicos, incluidas las de tres lagos de agua dulce muestreados a una distancia mayor fuera de la zona también en la temporada de verano 2018-2019. Se detectaron 42 fitoplánctones: *Bacillariophyta, Cyanophyta y Chlorophyta* fueron los grupos taxonómicos de fitoplancton dominantes. La densidad osciló entre 1,65 × 10^4~1,02 × 10^7células/L. *Prorodon viridis, Urotricha farcta, Lacrymaria minima, Trachelophyllum sigmoides, Colpoda cucullus, Vorticella sp. y Strobilidium gyrans* fueron las especies de zooplancton dominantes (Zhang, nota pers.).

Aves

El último recuento de 2017 constató 25.089 parejas reproductoras de pingüino de Adelia (*Pygoscelis adeliae*) (MOE, 2019). Los pingüinos se distribuyen principalmente en la parte central de la bahía Seaview, y hay alrededor de 100 parejas reproductoras (131 parejas reproductoras en 2017) en la bahía South (mapa 3). No existe una divergencia genética significativa de los pingüinos entre la bahía South y la bahía Seaview sobre la base del análisis de polimorfismo de nucleótido único (Zhang, nota pers.). El primer registro documentado de pingüino de Adelia con 11.000 parejas reproductoras en la zona se publicó en 1963, y fue uno de los primeros registros estadísticos del pingüino de Adelia en el mar de Ross (Stonehouse, 1969; Woehler y Croxall, 1997). Desde los años ochenta, científicos de Nueva Zelandia, Italia, Corea y China han vigilado la población. El rastreo por GPS en 2019 mostró que los pingüinos se dispersan a la isla de Ross en de una temporada de reproducción determinada (Xia y Zhang, nota pers.).

Cuadro 2. Tamaño de la población de pingüino de Adelia en la ZAEP 178 (parejas reproductoras).

Año	Tamaño de la población	Referencia
1963	11.000	Stonehouse, 1969
1982	9.217	Woehler y Croxall, 1997
1983	17.120	He *et al.*, 2017
1984	24.864	Wilson *et al.*, 2017
1987	28.715	Woehler y Croxall, 1997
1989	23.528	Woehler y Croxall, 1997
1991	20.029	Woehler y Croxall, 1997
2001	24.142	Olmastroni *et al.*, En prensa
2012	24.450	Lyver *et al.*, 2014

2017	25.089	MOE, 2019
2019	29.899	MOE, 2020

En la bahía Seaview, los criaderos de pingüinos se distribuyen en pendientes de 10 a 700 m de ancho a lo largo de la costa. El nido se encuentra entre 0,5 y 33 metros sobre el nivel del mar, y más del 80 % de los ejemplares reproductores se distribuyen entre 0,5 y 10 metros sobre el nivel del mar. Durante el período de reproducción, los pingüinos de Adelia que transportan alimentos llegan a la zona central de la colonia y luego viajan 14,4 ± 19,3 minutos para llegar a la zona de reproducción más alta. Los nidos de pingüinos de Adelia se construyeron a lo largo de las terrazas bajas a altas, compuestas por muchos nidos montañosos de diferentes alturas. Más adelante en la temporada, en las colinas se forman «guarderías» que van desde una docena a miles de polluelos. Los estudios llevados a cabo en la cría de polluelos de pingüino de Adelia mostraron que la composición de la dieta en la zona de la bahía de Terra Nova consistía principalmente en diablillo antártico (*Pleuragramma antarctica*), así como krill de hielo (*Euphausia crystallorophias*) y krill antártico (*E. superba*) en menor medida (Olmastroni *et al*, en prensa).

En la bahía South, el sitio de anidación está ubicado en la ladera sur a 5-10 metros de la costa, a 3-10 metros sobre el nivel del mar, y la zona de anidación no supera los 1000 m^2. Los polluelos forman allí una única «guardería».

Los restos de los pingüinos han atraído el interés científico de Italia, Estados Unidos y otros países en los últimos 30 años (Stuiver, 1981; Whitehouse *et al.*, 1989; Orombelli *et al.* 1990; Baroni y Orombelli, 1987, 1991, 1994; Baroni y Hall, 2004; Lambert *et al*, 2002; 2010; Ritchie *et al.*, 2004; Sheperd *et al.*, 2005; Emslie *et al.*, 2007; Millar *et al.*, 2008; Submaranian *et al.*, 2009; Lorenzini *et al.*, 2009; 2010, 2011, 2012, 2014; Parks *et al.*, 2015; Megzec *et al.*, 2017).

Varios científicos de Italia y Nueva Zelandia han extraído en el pasado 15 subfósiles individuales de pingüino de Adelia, que datan de hace unos 6.100 años y han llevado a cabo análisis genéticos y de filogenia (Lambert *et al.*, 2002; 2010; Ritchie *et al.*, 2004; Shepherd *et al.*, 2005; Millar *et al.*, 2008; Submaranian *et al.*, 2009). Varias muestras de guano y otros restos de pingüino de Adelia, excavados en la terraza 14 de la bahía Seaview, la bahía South y en las afueras de la zona colonizada, han sido recolectados por investigadores italianos (Orombelli *et al.*, 1990; Baroni y Orombelli, 1991; 1994; Baroni y Hall, 2004). Los suelos orrnitogénicos permitieron recuperar información relevante sobre las condiciones ambientales pasadas y sobre la dieta del pingüino de Adelia en el Holoceno, a través de cáscaras de huevo, huesos y restos de presas (espinas y otolitos de pescado, picos de calamar, etc.; Lorenzini *et al.*, 2009; 2010, 2014). En los últimos 5 años los científicos chinos recolectaron más de 130 muestras (ver material complementario). Estos materiales preciosos pueden brindar la posibilidad de estudiar el cambio climático y la evolución molecular.

En la Zona se han registrado hasta 60 parejas reproductoras de págalo polar (Ainley *et al.*, 1986). El número de págalos polares maduros en el mundo es de 6.000 a 15.000 (Birdlife International, 2017), o de 5.000 a 8.000 parejas reproductoras (de Hoyo *et al.*, 1996). El págalo polar se reproduce principalmente en el cinturón rocoso situado alrededor de la colonia reproductora de pingüino de Adelia y, en algunas áreas, los nidos de ambas especies de aves presentan una distribución en mosaico (mapa 3 para los puntos de reproducción de 2018). A veces se observan grupos de 20-30 págalos polares. Las investigaciones de finales de diciembre de 2016 y 2017 encontraron que había 2 huevos y/o 2 polluelos en cada nido de págalo polar. Una investigación llevada a cabo en enero de 2018 reveló que no se encontró más de un polluelo en cada nido. (Zhang y Xia, nota pers.), lo que sugiere una depredación conespecífica (de Hoyo *et al.*, 1992). De manera similar, los págalos polares de punta Edmonson producen 1,9 ± 0,2 huevos, aunque el éxito reproductivo se limita a 0,2 ± 0,4 polluelos. El comportamiento agresivo conespecífico, el siblicidio (los pollitos grandes matan a los pequeños), el clima extremo y la puesta tardía de los huevos son las principales causas del bajo éxito reproductivo (Pezzo *et al.*, 2001). El éxito de la reproducción y los factores que afectan a la reproducción de págalos en la isla Inexpressible requieren una mayor investigación.

También se pueden observar ocasionalmente en la Zona el pingüino emperador (*Aptenodytes forsteri*), el petrel de Wilson (*Oceanites oceanicus*), el petrel de las nieves (*Pagodroma nivea*) y el petrel antártico (*Thalassoica antártida*). No existe ningún registro de reproducción de las especies de aves mencionadas en la zona.

Mamíferos

En las aguas del mar cercanas a la Zona se pueden observar focas de Weddell (*Leptonychotes weddellii*), focas leopardo (*Hydrurga leptonyx*) y, con menos frecuencia, focas cangrejeras (*Carcinófago de Lobodon*). Las focas de Weddell se encuentran a menudo descansando en la colonia de pingüinos. Se han observado focas leopardo que se alimentan regularmente de pingüinos (adultos y juveniles) en el agua del mar frente a la colonia (2001 en adelante, Olmastroni nota pers.). En 2017, se observaron dos ataques inusuales de focas de Weddell contra pingüinos de Adelia (Miao, nota pers.). Los restos de subfósiles de elefantes marinos indican una gran presencia de esta especie en el pasado (Hall *et al*., 2006). En la actualidad, la aparición de elefantes marinos (*Mirounga leonina*) es muy rara en la bahía de Terra Nova (solo hay un registro en las últimas dos décadas).

En las playas se encontraron restos de focas (huesos, piel, órganos internos y grasa) (Baroni y Hall, 2004; Hall *et al*., 2006; de Bruyn *et al*., 2009, 2014). En playas elevadas del Holoceno descansan elefantes marinos momificados (Mirounga leonina) en distintos estados de conservación, que son testimonio de la colonización reproductora del Holoceno en la zona que se estrelló hace unos 1000 años (Koch *et al*., 2019).

Invertebrados terrestres

Únicamente *Gressittacantha terranova* (Collembola, Entognatha) fueron registrados por Fanciulli *et al*. (2001) en el primer estudio sobre genética de poblaciones de microartrópodos del suelo antártico, y *Acutuncus antarcticus* (Eutardigrada, Hypsibiidae), por Cesari *et al*. (2016).

Musgos y líquenes

Los científicos han determinado que la biodiversidad de musgos y líquenes era alta en los hábitats terrestres especializados en esta región (Castello, 2003; Cannone y Seppelt, 2008). Se registraron un total de nueve líquenes diferentes en 2016-2017, incluidas las especies de amplia distribución *Buellia frígida* (como la especie constructiva), y otras especies como *Acarospora gwynnii, Candelariella flava, Lecanora expectans, Lecanora fuscobrunnea, Umbilicaria decussata, Xanthoria elegans y Xanthomendoza borealis*. Está escasamente distribuida en la cresta rocosa sur de la colonia de pingüinos en la bahía Seaview, *Bryum argenteum*. Los líquenes se desarrollan en rocas marinas y adoquines con talos individuales que aumentan de tamaño en función de la elevación. El tamaño máximo *Buellia* sp. thalli es de > 290 mm a 24 m/snm y atestigua el aumento de la edad de las playas elevadas en función de la emersión progresiva de las zonas costeras (Baroni y Orombelli, 1987; Baroni, 1994).

Algas terrestres y microorganismos

Se encontraron hongos tolerantes al frío tales como *Chrysosporium verrucosum* Tubaki, microesporas *Thelebolus* y levaduras Kimbrough y blanca en el guano de pingüino y en el suelo de la Zona (Del Frate y Caretta, 1990). Se seleccionó en placa una cepa de hongos, aislada de la isla Inexpressible, para determinar su capacidad para producir enzimas extracelulares (Fenice *et al*., 1997). Se registraron bacterias en cinco lagos diferentes de esta zona en la temporada de verano 2017-2018 mediante la secuenciación de Illumina Miseq; el género *Flavobacterium* dentro de los bacteroidetes fue el que más apareció en todos los lagos, y otros géneros, como *Polaribacter* (bacteroidetes), y cianobacterias eran muy abundantes en dos de esos lagos. Michaud *et al.* (2012) han documentado en un lago de la isla Inexpressible la abundancia marcada de manera constante de gammaproteobacterias (que son típicamente marinas), la falta de actinobacterias (que es de gran importancia en ambientes de agua dulce), y la baja abundancia de pico-cianobacterias (cuya presencia no se ve favorecida por una relación relativamente alta de N: P).

La diversidad de especies de algas en los lagos de la Zona es similar a la del lago Gondwana y a la de los lagos de los Valles Secos. Los géneros típicos procariota (*Synechococcus*) y eucariota (*Clorella*) se determinaron mediante citometría de flujo y microscopía electrónica (Andreoli *et al*., 1992).

En sedimentos lacustres, los pigmentos confirmaron que Cyanophyta era el grupo de algas más importante, seguido de Chlorophyta y Bacillariophyta (Borghini *et al*., 2011). Se registraron eucariotas microbianos en cinco lagos diferentes de esta zona en la temporada de verano 2017-2018 mediante microscopía y secuenciación Illumina Miseq. El género *Geminigera* (Cryptophyceae) fue significativamente predominante en tres lagos, y en los otros dos lagos dominaban *Chlamydomonas* (Chlorophyta) y *Spumella* (Chrysophyta).

Geología

El suelo de la tierra son guijarros glaciares, el principal tipo de roca intrusiva es la monzonita de cuarzo y hay una pequeña cantidad de monzodiorita de cuarzo. Los principales afloramientos en esta zona son los depósitos y la acumulación costera moderna de granizo cuaternario, así como y los monzonitos y granitos intrusivos del Ordovícico del Paleozoico de Caledonia (Wang *et al.*, 2014). La superficie de las rocas onduladas en la bahía Seaview y la bahía South es la superficie moldeada por el viento del Holoceno (Baroni y Hall, 2004). Tiene una terraza costera a una altitud de 0-33 metros y una línea de costa de 0-700 metros.

SMH14

El Sitio y Monumento Histórico SMH n.º 14 se encuentra justo fuera de los límites de la Zona y está relacionado con la Expedición Terra Nova de Robert Falcon Scott (1910-1913), en la que el Grupo Norte, dirigido por Victor Campbell, pasó el invierno por fuerza en 1912. La cueva de nieve de 3,7 m × 2,7 m y una altura de 1,7 m fue excavada en marzo de 1912, y protegió a la tripulación durante el invierno en condiciones extremas. El sitio de la cueva de nieve fue designado como sitio o monumento histórico antártico n.º 14 (SMH n.º 14) en 1995. En el mapa 2 se sugiere un punto de anclaje para embarcaciones y se recomienda el acceso al SMH n.º 14 en lancha. Se sugiere el desembarque a lo largo de la costa fuera de los límites de la ZAEP. Se puede llegar a la ubicación del SMH n.º 14 a pie desde el punto de desembarque escogido. La orografía del sitio y las condiciones del hielo no permiten disponer de un camino claramente indicado.

Actividad humana

Desde los años ochenta ha habido actividad humana regular en la zona de la bahía de Terra Nova. La estación de Gondwana (Alemania, 74° 38' 07″ S, 164° 13' 15″ E), establecida en 1983, opera en veranos ocasionales con una capacidad aproximadamente para 25 personas, y está a 35 km de la Zona. La estación Mario Zucchelli (Italia, 74° 41' 43″ S, 164° 06' 55″ E), establecida en 1985, opera en verano únicamente con un total de hasta 100 personas, y está a 27 km de la Zona. La estación Jang Bogo (República de Corea, 74° 37' 26″ S, 164° 13' 40″ E), a 36 km de la Zona, funciona como una estación durante todo el año, con un total de 17 personas en invierno y hasta 60 en verano desde 2014. China tiene la intención de establecer una estación de investigación científica durante todo el año (74° 56' 04″ S, 163° 42' 52″ E) con un total de 30 personas en invierno y hasta 80 personas en verano en la isla Inexpressible, que estará aproximadamente a 3 km de la Zona.

Las actividades de investigación actuales en la Zona de las estaciones científicas cercanas se centran en los restos de pingüinos y la excavación de suelos ornitogénicos, el flujo genético, la ecología y el seguimiento cuantitativo de los pingüinos de Adelia y los págalos antárticos, la ecología molecular, la paleogeología, el plancton, el estudio de la biodiversidad en medio terrestre y marino y la ecología de la red alimentaria. En los últimos 10 años, los turistas han visitado la isla Inexpressible, con una media de 100 personas al año, entre 2003 y 2017 y hasta 480 visitantes en la temporada 2005-2006 (ver material complementario) (IAATO, https://iaato.org/tourism-statistics)

6(ii) Acceso a la Zona

Se puede acceder a la Zona por tierra, mar o aire. No existe una ruta específica para entrar a la Zona por tierra. Se recomienda el acceso en helicóptero a los sitios de aterrizaje sugeridos (mapa 2) fuera de la Zona. El acceso desde el mar puede ser en pequeñas embarcaciones. El tránsito por la Zona en una pequeña embarcación debe limitarse para reducir las molestias a la vida silvestre. Las pequeñas embarcaciones que entren en las aguas deben anclar preferiblemente entre B1-B2, mientras que los barcos grandes no deben entrar en la Zona. Consulte la sección 7 (ii) para obtener más detalles. El acceso siempre debe elegirse de manera que exceda la distancia mínima de separación de la vida silvestre y, en la medida de lo posible, para minimizar las molestias en la aproximación.

6(iii) Ubicación de estructuras dentro de la Zona o en zonas adyacentes

No hay estructuras permanentes dentro de la Zona ni en sus proximidades. Alrededor de la Zona están instaladas un total de cuatro estaciones meteorológicas que proporcionan datos meteorológicos detallados. Hay dos estaciones meteorológicas de Corea (74° 54' 01,00" S, 163° 43' 33,00" E) y China (74° 54' 04,02" S, 163° 43' 45,85" E) presentes en la Zona (véase el mapa 2). Las otras dos están ubicados fuera de la región de la ZAEP propuesta (EE. UU.-Manuela, ITA-Virginia) y no se han podido mostrar en los mapas. En la zona de la bahía de Terra Nova, también hay otras estaciones meteorológicas en estaciones de investigación cercanas.

6(iv) Ubicación de las zonas protegidas en las cercanías

- Otras zonas protegidas en las cercanías incluyen (ver Mapa 1):
- SMH n.º 14, sitio de la cueva de hielo en la isla Inexpressible, 74° 54' S, 163° 43' E, en el límite norte de la Zona.
- ZAEP n.º 161, bahía de Terra Nova, 74° 45' S, 164° 01' E, 16 km al norte.
- ZAEP n.º 173, cabo Washington y bahía Silverfish, 74° 37' 06" S, 164° 57' 36" E, 48 km al noroeste.
- ZAEP n.º 175, sitios geotérmicos de gran altitud de la región del mar de Ross, monte Melbourne, 74° 21' S, 164° 42' E, 68 km al norte.
- ZAEP n.º 165, punta Edmonson, 74° 20' S, 165° 08' E, 76 km al norte.
-

Además de las zonas protegidas mencionadas anteriormente, la CCRVMA ha establecido la Zona Marina Protegida de la región del mar de Ross. La zona marina de la ZAEP se encuentra dentro de la Zona de Protección General de la AMPRMR.

6(v) Zonas especiales en el interior de la ZAEP

No hay zonas especiales en el interior de la Zona.

7. Términos y condiciones para los permisos de entrada

7(i) Condiciones generales de los permisos

Se prohíbe el ingreso a la Zona excepto con un permiso expedido por una autoridad nacional pertinente. Las condiciones para la expedición del permiso para ingresar a la Zona son las siguientes:

- El permiso debe expedirse por motivos indispensables de índole científica, educativa o de conservación o divulgación que no puedan llevarse a cabo en otro lugar, o por razones que sean fundamentales para la administración de la Zona.
- Las actividades permitidas darán la correspondiente consideración mediante los procedimientos de evaluación del impacto ambiental para garantizar la protección continua de los valores científicos y ecológicos de la Zona.
- Las acciones permitidas deberán ser compatibles con este Plan de Gestión.
- El permiso debe expedirse por un período determinado.
- Deberá llevarse el permiso, o una copia de este, cuando se esté dentro de la Zona;

7(ii) Acceso a la Zona y desplazamientos en su interior o sobre ella

El acceso a la Zona está permitido a pie, en embarcación pequeña o en helicóptero solo por motivos indispensables, según lo autorice el permiso emitido. La ropa, en especial todo el calzado y la ropa exterior, y el equipo de campo deberán limpiarse minuciosamente antes de ingresar a la Zona.

Acceso a pie

No se han designado rutas de acceso especiales para acceder a la Zona a pie, pero se requiere evitar caminar por las terrazas costeras a menos que esto esté autorizado para fines científicos apremiantes. Se debería hacer todo lo posible para reducir al mínimo cualquier perturbación. Es obligatorio mantener una distancia mínima de 5 m de la vida silvestre. Si se observan perturbaciones de la vida silvestre, se deberá aumentar la distancia de separación, o modificar la actividad hasta que deje de haber perturbaciones visibles. Solo se permitirán excepciones cuando se haya autorizado una distancia de aproximación más cercana mediante un permiso.

Acceso por vehículo

Se prohíbe la circulación de vehículos en la Zona.

Acceso por avión

Deberán seguirse en todo momento las Directrices para la operación de aeronaves cerca de concentraciones de aves en la Resolución Antártica 2 (2004). De acuerdo con los hábitats de reproducción en esta zona, se aplican restricciones a helicópteros durante el período del 15 de octubre al 15 de febrero inclusive, de acuerdo con el estricto cumplimiento de las siguientes condiciones:

- La ruta preferida de aproximación de helicópteros y los lugares de aterrizaje fuera de la Zona se designan en el mapa 2. Los pilotos deben evitar el sobrevuelo de la colonia de pingüinos y los territorios de reproducción de los págalos. Los pilotos deben seguir la ruta de aproximación marcada en la mayor medida posible y abortar el viaje si es probable que las condiciones obliguen a tomar una ruta que pueda conducir al sobrevuelo de la colonia de pingüinos.
- Están prohibido los aterrizajes en helicóptero dentro de la Zona, a menos que lo autorice un permiso para los fines permitidos por el presente Plan de Gestión.
- Se prohíbe sobrevolar la zona por debajo de los 2000 pies (~ 610 m), salvo con un permiso para fines autorizados en el Plan de Gestión. Los helicópteros con dos motores deben respetar una altura mínima de sobrevuelo y una distancia horizontal de 3281 pies (1000 m) para limitar las perturbaciones.
- Si debido a las condiciones climáticas u otras consideraciones de seguridad, los pilotos no pueden seguir la ruta de aproximación y los lugares de aterrizaje designados, los pilotos deben regresar al punto de despegue si es posible o aterrizar fuera de la Zona. Se permite aterrizar dentro de la Zona solo en caso de emergencia.
- No se permite el sobrevuelo de colonias de aves en el interior de la Zona con Sistemas de Aeronaves Dirigidas por Control Remoto (RPAS), a menos que ello tenga fines científicos u operativos, de conformidad con un permiso expedido por una autoridad nacional competente. En cualquier caso, se deberán consultar y seguir, las recomendaciones contenidas en las Directrices ambientales para la Operación de RPAS en la Antártida (Resolución 4, 2018).

Acceso por barco/pequeña embarcación

No existe una zona de desembarque designada para embarcaciones pequeñas que se refiera a embarcaciones con capacidad de 15 personas o menos, tales como los botes hinchables Zodiac o de tamaño similar. Se sugiere que los barcos fondeen fuera de la Zona como se muestra en el mapa 2 (74° 54' 02,03" S, 163° 45' 52,31" E). Durante el período de reproducción de los pingüinos, del 15 de octubre al 15 de febrero, las embarcaciones pequeñas solo deben desembarcar en la costa al nordeste de la bahía Seaview entre los puntos límites B1 y B2. Durante ese período, están prohibidos los desembarques de pequeñas embarcaciones en otros lugares, a menos que estén autorizadas por un permiso por razones científicas imperiosas. Para acercarse al lugar de desembarque entre los puntos limítrofes B1 y B2 es necesario ir a baja velocidad para minimizar las molestias y evitar el contacto con los pingüinos.

El punto de desembarque sugerido 74° 53′ 50,96″ S, 163° 45′ 20,85″ E) para visitar el SMH n.º 14 se muestra en el mapa 2.

7(iii) Actividades que pueden llevarse a cabo dentro de la Zona

Las actividades que pueden llevarse a cabo dentro de la Zona no deben poner en peligro los valores ecológicos y científicos de la Zona. Las actividades que pueden llevarse a cabo dentro de la Zona incluyen las siguientes:

- investigaciones científicas indispensables que no puedan desempeñarse en otro lugar;
- muestreo, que debería limitarse al mínimo necesario para los programas de investigación aprobados;
- actividades de gestión esenciales, que incluyen observación e inspección;
- actividades con fines educativos, tales como informes documentales (visuales, auditivos o escritos), o la producción de recursos o servicios educativos y de divulgación.

7(iv) Instalación, modificación o desmantelamiento de estructuras/equipos

- No se podrán erigir estructuras en la Zona salvo para actividades científicas o de gestión indispensables y durante el plazo de validez preestablecido que se especifique en el permiso.
- Todas las estructuras científicas o señalizadoras instaladas en la Zona deberán mostrar claramente el país, el nombre del investigador principal, el año de instalación y la fecha de retirada prevista. Todos estos elementos deberán estar libres de organismos, propágulos (p. ej., semillas y huevos) y suelo no estéril, y además deben estar confeccionados con materiales que soporten las condiciones ambientales y que representen el mínimo riesgo posible de contaminación para la Zona.
- La instalación (incluida la elección del sitio), el mantenimiento, la modificación o el desmantelamiento de estructuras o equipos deben llevarse a cabo de manera tal que reduzca a un mínimo la perturbación de los valores de la Zona.
- Deben desmantelarse las estructuras e instalaciones cuando ya no sean necesarias o en la fecha de expiración del permiso, lo que ocurra primero.
- El desmantelamiento de estructuras o equipos específicos para los cuales el permiso haya expirado será responsabilidad de la autoridad que haya expedido el permiso original y deberá ser una condición para el otorgamiento del permiso.

7(v) Ubicación de los campamentos

Se prohíben los campamentos permanentes en la Zona. Hay un campamento (74° 54' 34,76" S, 163° 42' 03,22" E) ubicado fuera de la Zona.

7(vi) Restricciones relativas a los materiales y organismos que pueden introducirse en la Zona

Además de los requisitos del Protocolo al Tratado Antártico sobre Protección del Medio Ambiente, las restricciones relativas a los materiales y organismos que puedan introducirse en la Zona son las siguientes:

- Se prohíbe la introducción deliberada de animales, material vegetal, microorganismos y suelo no estéril en la Zona. Deben tomarse precauciones a fin de evitar la introducción accidental de animales, material vegetal, microorganismos y suelos no estériles provenientes de otras regiones con características biológicas distintas (dentro de la Antártida o fuera del área comprendida en el Tratado Antártico).
- Los visitantes deberán tomar precauciones para garantizar que los equipos de muestreo y los señalizadores introducidos en la Zona estén limpios. En la medida de lo posible, antes de entrar en la Zona, se deberá limpiar minuciosamente el calzado y demás equipo que se use en la Zona o que se lleve a esta (incluidas las mochilas, los bolsos y las tiendas de campaña). Los visitantes también deben consultar y ceñirse adecuadamente a las recomendaciones incluidas en el *Manual sobre especies no autóctonas del Comité para la Protección del Medio Ambiente* (Resolución 4, 2016) y en el *Código de conducta ambiental del SCAR para las investigaciones científicas de campo sobre el terreno en la Antártida* (Resolución 5, 2018).
- No se introducirán huevos frescos ni productos avícolas frescos en la Zona. Deberán eliminarse de la Zona los desechos de aves de corral cocinadas.
- No se deben introducir en la Zona herbicidas ni pesticidas.
- No se debe almacenar combustible, alimentos, productos químicos u otros materiales en la Zona, a no ser que ello esté específicamente autorizado por un permiso, en cuyo caso deberán ser almacenados y manipulados de forma que se reduzca al mínimo el riesgo de su introducción accidental en el medio ambiente.
- Todos los materiales introducidos deberán permanecer en la Zona solo durante un período de tiempo definido y retirarse al final de dicho período.

7(vii) Recolección de flora y fauna autóctonas o intromisión perjudicial en ellas

Están prohibidas la recolección de flora y fauna autóctonas o la intromisión perjudicial en estas, salvo que así lo autorice un permiso otorgado de conformidad con el Anexo II del Protocolo al Tratado Antártico sobre Protección del Medio Ambiente.

En caso de recolección de la fauna o intromisión perjudicial en ella, se deberá efectuar, como norma mínima, de conformidad con el *Código de Conducta del SCAR para el Uso de Animales con Fines Científicos en la Antártida* (Resolución 4, 2019).

7(viii) Recolección o retirada de materiales que el titular del permiso no haya introducido en la Zona

A menos que se haya autorizado específicamente por medio de un permiso, está prohibido que los visitantes de la Zona manipulen, recolecten, dañen o interfieran con el material antropogénico. De manera similar, solo mediante autorización, se permite la reubicación o el traslado de artefactos con fines de conservación y protección. Cualquier material antropogénico nuevo o de reciente identificación encontrado deberá notificarse a la autoridad nacional correspondiente.

La recolección o desmantelamiento de cualquier objeto deberá llevarse a cabo en las siguientes condiciones:

- Se podrá recolectar o retirar material de la Zona únicamente de conformidad con un permiso, y dicho material deberá limitarse al mínimo necesario para cubrir las necesidades científicas o de gestión.
- Los materiales de origen humano susceptibles de comprometer los valores de la Zona que no hayan sido introducidos en esta por el titular del permiso, o autorizados de otro modo, deberán retirarse de la Zona a menos que el impacto provocado por su traslado sea mayor que los efectos que pueda ocasionar dejar dicho material *in situ*. En tal caso, se debe notificar a la autoridad nacional correspondiente y esperar su aprobación.

7(ix) Eliminación de residuos

Todos los residuos, incluidos los residuos de origen humano, deberán retirarse de la Zona.

7(x) Medidas que pueden ser necesarias para continuar cumpliendo con los objetivos del Plan de Gestión

Se pueden otorgar permisos de ingreso a la Zona con el fin de:

- llevar a cabo actividades científicas de vigilancia e inspecciones, que podrán incluir la recolección limitada de muestras o datos para su análisis o revisión;
- instalar o desempeñar tareas de mantenimiento de postes indicadores, señalizadores, estructuras o equipo científico;
- implementar medidas de protección.

7(xi) Requisitos relativos a los informes

- El titular principal del permiso para cada visita a la Zona debe presentar un informe ante la autoridad nacional competente tan pronto como sea posible y de conformidad con los procedimientos nacionales.
- Dichos informes deberán incluir, según corresponda, la información señalada en el formulario para elaborar informes de visitas incluido en la *Guía Revisada para la Preparación de Planes de Gestión de las Zonas Antárticas Especialmente Protegidas* (Resolución 2, 2011).
- Siempre que sea factible, la autoridad nacional debe remitir una copia del informe de la visita a la Parte que haya propuesto el Plan de Gestión, a fin de ayudar en la gestión de la Zona y en la revisión del Plan de Gestión.
- Se alienta a las Partes que trabajan en la Zona a intercambiar información sobre los informes de visitas anualmente. Las Partes deberán, siempre que sea posible, depositar los informes de visita originales o las copias de dichos informes originales, en un archivo de acceso público a fin de mantener un registro del uso para fines de revisión del Plan de Gestión, y también para fines de organizar el uso científico de la Zona.

8. Documentación de apoyo

Abollino, O., Aceto, M., Buoso, S., Gasparon, M., Green, W. J., Malandrino, M., Mentasti, E. (2004). Distribution of major, minor and trace elements in lake environments of Antarctica. Antarctic Science, 16(3), 277-291.

Ainley, D.G. (2002). The Adélie penguin: Bellwether of climate change. Columbia University Press, pp 416.

Ainley, D. G., Morrell, S. H., & Wood, R. C. (1986). South polar skua breeding colonies in the Ross Sea region, Antarctica. Notornis, 33(3), 155-63.

Ainley, D. G., Wilson, P. R., Barton, K. J., Ballard, G., Nur, N., Karl, B. (1998). Diet and foraging effort of Adélie penguins in relation to pack-ice conditions in the southern Ross Sea. Polar Biology, 20(5), 311-319.

Andreoli, C., Scarabel, L., Spini, S., Grassi, C. (1992). The picoplankton in Antarctic lakes of northern Victoria Land during summer 1989–1990. Polar Biology, 11(8), 575-582.

ATCM XLII and CEP XXII (2019). Resolution 4, SCAR's Code of Conduct for the Use of Animals for Scientific Purposes in Antarctica.

Barbaro, E., Zangrando, R., Vecchiato, M., Turetta, C., Barbante, C., & Gambaro, A. (2014). D-and L-amino acids in Antarctic lakes: assessment of a very sensitive HPLC-MS method. Analytical and bioanalytical chemistry, 406(22), 5259-5270.

Baroni, C., Orombelli, G (1987). Glacial Geology and Geomorphology of Terra Nova Bay (Antarctica). In: RICCI C.A. (Ed.), Proc. meeting Geosciences in Victoria Land, Antarctica. Siena, 2-3 Sept. 1987. Mem. Soc. Geol. It., 33, 171-193.

Baroni, C. (1988). The Hells Gate and Backstairs Passage Ice Shelves, Victoria Land - Antarctica. In: RICCI C.A. (Ed.), Proceedings of the meeting Earth Science in Antarctica, Siena 27-28 September 1988. Mem. Soc. Geol. It., 43, 123-144.

Baroni, C., Orombelli, G. (1991). Holocene Raised Beaches at Terra Nova Bay, Victoria Land, Antarctic. Quaternary Research, 36: 157-177.

Baroni, C.. (1994). Notes on Late-glacial retreat of the Antarctic Ice sheet and Holocene environmental changes along the Victoria land coast.. Mem. National Institute Polar Research, Tokyo, Spec. Issue, 50, 85-87.

Baroni, C., Orombelli, G. (1994). Abandoned Penguin rookeries as Holocene paleoclimatic indicators in Antarctica. Geology, 22: 23-26.

Baroni, C., Hall, B.L. (2004). A new Holocene relative sea-level curve for Terra Nova Bay, Victoria Land, Antarctica. Journal of Quaternary Science, 19(4): 377–396.

Baroni C. (ed.), Biasini A., Bondesan A., Denton G.H., Frezzotti M., Grigioni P., Meneghel, M., Orombelli G., Salvatore M.C., Della Vedova A.M. & Vittuari L. (2005) - Mount Melbourne Quadrangle, Victoria Land, Antarctica 1:250,000 (Antarctic Geomorphological and Glaciological Map Series). In: Haeberli W., Zemp M., Hoelzle M., Frauenfelder R. & Kääb A. (eds.), 2005, Fluctuations of Glaciers 1995-2000 (Vol. VIII). IUGG (CCS) / UNEP / UNESCO, World Glacier Monitoring Service, Zurich, Switzerland: 288 pp.

BirdLife International. 2017. *Catharacta maccormicki* (amended version of 2016 assessment). The IUCN Red List of Threatened Species 2017: e.T22694218A119402983.

Blais, J. M., Kimpe, L. E., McMahon, D., Keatley, B. E., Mallory, M. L., Douglas, M. S., Smol, J. P. (2005). Arctic seabirds transport marine-derived contaminants. Science, 309(5733), 445-445.

Borghini, F., Colacevich, A., Bargagli, R. (2007). Water geochemistry and sedimentary pigments in northern Victoria Land lakes, Antarctica. Polar Biology, 30(9), 1173-1182.

Borghini, F., Colacevich, A., Caruso, T., Bargagli, R. (2011). An update on sedimentary pigments in Victoria Land lakes (East Antarctica). Arctic, Antarctic, and Alpine Research, 43(1), 22-34.

Bromwich, D.H., Kurtz, D.D. (1984). Katabatic wind forcing of the Terra Nova Bay polynya. Journal of Geophysical Research, 89 (C3): 3561–72.

Bromwich, D.H. (1988). An Extraordinary Katabatic Wind Regime at Terra Nova Bay, Antarctica. Monthly weather review (American meteorology Society), 17: 688-695.

Budillon, G., Spezie, G. (2000) Thermohaline structure and variability in Terra Nova Bay polynya, Ross Sea. Antarctic Science, 12: 493–508.

Buffoni, G., Cappelletti, A., Picco, P. (2002). An investigation of thermohaline circulation in Terra Nova Bay polynya. Antarctic Science, 14 (1): 83-92.

Cesari M., McInnes S.J., Bertolani R., Rebecchi L., Guidetti R. (2016) Genetic diversity and biogeography of the south polar water bear *Acutuncus antarcticus* (Eutardigrada : Hypsibiidae) – evidence that it is a truly pan-Antarctic species. Invertebrate Systematics, 30: 635–649.

Calizza, E., Careddu, G., Caputi, S. S., Rossi, L., Costantini, M. L. (2018). Time-and depth-wise trophic niche shifts in Antarctic benthos. PloS one, 13(3): e0194796.

Cannone, N., Seppelt, R. (2008). A preliminary floristic classification of southern and northern Victoria Land vegetation, continental Antarctica. Antarctic Science, 20(6): 553-562.

Castello, M. (2003). Lichens of Terra Nova Bay area, Northern Victoria land (continental Antarctica). Studia Geobotanica, 22: 3-54.

CEP (2016) Committee for Environmental Protection (CEP). Non-native Species Manual. Edition 2016. Buenos Aires: Secretariat of the Antarctic Treaty, 2016, 41 pp.

Cummings, V. J., Hewitt, J. E., Thrush, S. F., Marriott, P. M., Halliday, N. J., Norkko, A. M. (2018). Linking Ross Sea coastal benthic communities to environmental conditions: documenting baselines in a spatially variable and changing world. Frontiers in Marine Science, 5: art. 232.

Davis, L.B., HOFMANN, E.E., KLINCK, J.M., PIÑONES, A., DINNIMAN, M.S. 2017. Distributions of krill and Antarctic silverfish and correlations with environmental variables in the western Ross Sea, Antarctica. Marine Ecology Progress Series, 584, 10.3354/meps12347

De Bruyn M., Pinsky M.L., Hall B., Koch P., Baroni C., Hoelzel A. R. (2014) - Rapid increase in southern elephant seal genetic diversity after a founder event. Proceedings - Royal Society. Biological Sciences, 281, 20133078-20133085. doi: 10.1098/ rspb.2013.3078

De Bruyn M., Hall B.L., Chauke L.F., Baroni C., Koch P.L. & Hoelzel A.R. (2009) - Rapid Response of a Marine Mammal Species to Holocene Climate and Habitat Change. PLoS Genetics, 5(7): e1000554. doi:10.1371/journal.pgen.1000554

Del Frate, G., Caretta, G. (1990). Fungi isolated from Antarctic material. Polar Biology 11: 1- 7.

De Hoyo, J., Elliot, A., Sargatal, J. (1992). Handbook of the Birds of the World. Barcelona: Lynx Editions.". Jutglar, Francesc.

Emslie, S.D., Coats, L., Licht, K. (2007). A 45,000 yr record of Adélie penguins and climate change in the Ross Sea, Antarctica. Geology, 35(1): 61-64.

Fanciulli, P.P., Summa, D., Dallai, R., Frati, F. (2001). High levels of genetic variability and population differentiation in *Gressittacantha terranova* (Collembola, Hexapoda) from Victoria Land, Antarctica. Antarctic Science, 13 (3): 246-254.

Fenice, M., Selbmann, L., Zucconi, L., Onofri, S. (1997). Production of extracellular enzymes by Antarctic fungal strains. Polar Biology, 17(3): 275-280.

Frezzotti, M., Salvatore, M.C., Vittuari, L., Grigioni, P., De Silvestri L. (2001). Satellite Image Map: Northern Foothills and Inexpressible Island Area (Victoria Land, Antarctica). Terra Antarctica Reports n° 6, 8 p. + map - ISBN 88-900221-9-1

Guglielmo, L., Granata, A., Greco, S. (1997). Distribution and abundance of postlarval and juvenile *Pleuragramma antarcticum* (Pisces, Nototheniidae) off Terra Nova bay (Ross sea, antarctica). Polar Biology, 19(1): 37-51.

Hahn, S., Ritz, M. S., & Reinhardt, K. (2008). Marine foraging and annual fish consumption of a south polar skua population in the maritime Antarctic. Polar Biology, 31(8), 959-969.

Hall, B.L., Hoelzel A.R., Baroni C., Denton G.H., Le Boeuf B.J., Overturf B., Töpf A.L. (2006). Holocene elephant seal distribution implies warmer-than-present climate in the Ross Sea. PNAS, 103: 10213-10217

He, H., Cheng. X., Li, X.L., Zhu, R.B., Hui, F.M., Wu,W.H, Zhao, T.C., Kang, J., Tang, J.W. (2017). Aerial photography based census of Adélie Penguin and its application in CH_4 and N_2O budget estimation in Victoria Land, Antarctic. Scientific Reports 7(1): 12942.

Koch P.L., Hall B.L., de Bruyn M., Hoelzel A.R., Baroni C. & Salvatore M.C. (2019) - Mummified and skeletal southern elephant seals (mirounga leonina) from the victoria land coast, ross sea, antarctica. Marine Mammal Science, 35 (3), 934-956. doi:10.1111/mms.12581

Kurtz, D.D., Bromwich, D.H. (1983). Satellite observed behaviour of the Terra Nova Bay polynya. Journal of Geophysical Research, 88: 9717-22.

Kurtz, D.D., Bromwich, D.H. (1985) A recurring, atmospherically forced polynya in Terra Nova Bay. In: Jacobs SS (ed.) Oceanology of the Antarctic continental shelf. Antarct Res Ser 43, American Geophysical Union, Washington DC, pp 177–201.

Lambert, D., Ritchie, P., Millar, C., Holland, B., Drummond, A., Baroni. C. (2002). Rates of evolution in ancient DNA from Adélie penguins. Science, 295: 2270-2273.

Lee, W. Y., Jung, J.-W, Chung, H., Kim, J.-H. (2019) Weddell seal feeds on Adélie Penguins in the Ross Sea, Antarctica. Polar Biology, 42: 1621-1624.

Lorenzini, S., Baneschi, I., Fallick, A.E., Salvatore, M.C., Zanchetta, G., Dallai, L., Baroni, C. (2012). Insights into the Holocene environmental setting of Terra Nova Bay region (Ross Sea, Antarctica) from oxygen isotope geochemistry of Adelie penguin eggshells. Holocene, 22: 63-69.

Lorenzini, S., Baroni, C., Fallick, A.E., Baneschi, I., Salvatore, M.C., Zanchetta, G., Dallai, L., (2010). Stable isotopes reveal Holocene changes in the diet of Adélie penguins in Northern Victoria Land (Ross Sea, Antarctica). Oecologia, 164: 911-919.

Lorenzini S., Baroni C., Baneschi I., Salvatore M.C., Fallick A.E., Hall B.L. (2014) - Adélie Penguin dietary remains reveal Holocene environmental changes in the western Ross Sea (Antarctica). Palaeogeography Palaeoclimatology Palaeoecology, 395, 21 - 28. doi: 10.1016/j.palaeo.2013.12.014

Lorenzini S., Olmastroni S., Pezzo F., Salvatore M.C. & Baroni C. (2009) - Holocene Adélie Penguin diet in Victoria Land, Antarctica. Polar Biology, 32 (7), 1077-1086. doi:10.1007/s00300-009-0607-4

Lyver, P.O., Barron, M., Barton, K.J., Ainley, D.G., Pollard, A., et al. (2014). Trends in the Breeding Population of Adélie Penguins in the Ross Sea, 1981–2012: A Coincidence of Climate and Resource Extraction Effects. PLoS ONE, 9(3): e91188.

Mezgec K., Stenni B., Crosta X., Masson Delmotte V., Baroni C., Braida M., Ciardini V., Colizza E., Melis,R., Salvatore M.C., Severi M., Scarchilli C., Traversi R., Udisti R., Frezzotti M. (2017) - Holocene sea ice variability driven by wind and polynya efficiency in the Ross Sea. NATURE COMMUNICATIONS, 8, 1-12. doi: 10.1038/s41467-017-01455-x

Michaud, L., Caruso, C., Mangano, S., Interdonato, F., Bruni, V., Lo Giudice, A. (2012). Predominance of *Flavobacterium*, *Pseudomonas*, and *Polaromonas* within the prokaryotic community of freshwater shallow lakes in the northern Victoria Land, East Antarctica. FEMS microbiology ecology, 82(2): 391-404.

Millar C.D., Dodd A., Anderson J., Gibb G.C., Ritchie P.A., Baroni C., Woodhams M.D., Hendy M.D., Lambert D.M. (2008) - Mutation and Evolutionary Rates in Adélie Penguins from the Antarctic. PLoS Genetics 4(10): e1000209. doi: 10.1371/journal.pgen.1000209

Millar C.D., Subramanian S., Heupink T.H., Swaminathan S., Baroni C., Lambert D.M. (2012) - Adélie penguins and temperature changes in Antarctica: a long-term view. Integrative Zoology, 7(2), 113–120. doi: 10.1111/j.1749-4877.2012.00288.x

Ministry of Environment (MOE) 2019. Environmental monitoring and management of the Antarctic Specially Protected Areas and the Antarctic Stations (5). Korean Ministry of Environment. 292pp.

Ministry of Environment (MOE) 2020. Environmental monitoring and management of the Antarctic Specially Protected Areas and the Antarctic Stations (6). Korean Ministry of Environment. in press.

Norkko, A., Thrush, S. F., Cummings, V. J., Gibbs, M. M., Andrew, N. L., Norkko, J., Schwarz, A. M. (2007). Trophic structure of coastal Antarctic food webs associated with changes in sea ice and food supply. Ecology, 88(11): 2810-2820.

Parks M., Subramanian S., Baroni C., Salvatore M.C., Zhang G., Millar C.D., Lambert D.M. (2015). Ancient population genomics and the study of evolution. Philosophical Transactions Of The Royal Society Of London Series B: Biological Sciences (ISSN:0962-8436) p. 1 - 10 Vol. 370. doi: 10.1098/rstb.2013.0381

Olmastroni S., Pezzo F., Volpi V., Focardi S. (2004). Effects of weather and sea ice on Adélie penguin reproductive performance. CCAMLR Science 11:99-109

Olmastroni S., Fattorini N., Pezzo F., Focardi S. Gone fishing: Adélie penguin site-specific foraging tactics and breeding performance. Antarctic Science, in press.

Orombelli G., Baroni C. & Denton G.H. (1990) - Late Cenozoic glacial history of the Terra Nova Bay Region, northern Victoria Land, Antarctica. Geografia Fisica e Dinamica Quaternaria, 13 (2), 139-163.

Petz, W., Valbonesi, A., Schiftner, U., Quesada, A., Cynan Ellis-Evans, J. (2007). Ciliate biogeography in Antarctic and Arctic freshwater ecosystems: endemism or global distribution of species? FEMS Microbiology Ecology, 59(2): 396-408.

Pezzo, F., Olmastroni, S., Corsolini, S., Focardi, S.(2001). Factors affecting the breeding success of the south polar skua *Catharacta maccormicki* at Edmonson Point, Victoria Land, Antarctica. Polar Biology, 24: 389. https://doi.org/10.1007/s003000000213.

Pezzo, F., Olmastroni, S., Volpi, V., Focardi, S. (2007). Annual variation in reproductive parameters of Adélie penguins at Edmonson Point, Victoria Land, Antarctica. Polar Biology, 31: 39-45.

Reinhardt, K., Hahn, S., Peter, H. U., & Wemhoff, H. (2000). A review of the diets of Southern Hemisphere skuas. Marine ornithology, 28, 7-19.

Ritchie P.A., Millar C.D., Gibb G.C., Baroni C., & Lambert D.M. (2004) - Ancient DNA Enables Timing of the Pleistocene Origin and Holocene Expansion of Two Adélie Penguin Lineages in Antarctica. Molecular Biology and Evolution, 21 (2), 240-248. doi: 10.1093/molbev/msh012

Salvatore M.C., Bondesan A., Meneghel M., Baroni C. & Orombelli G. (1997) – Geomorphological sketch map of the Evans Cove Area (Victoria Land, Antarctica). Geografia Fisica e Dinamica Quaternaria, 20 (2), pp. 283-290

Shepherd, L. D., Millar, C. D., Ballard, G., Ainley, D. G., Wilson, P. R., Haynes, G. D., Lambert, D. M. (2005). Microevolution and mega-icebergs in the Antarctic. Proceedings of the National Academy of Sciences, 102(46): 16717-16722.

Signa, G., Calizza, E., Costantini, M. L., Tramati, C., Caputi, S. S., Mazzola, A., Rossi, L. Vizzini, S. (2018). Horizontal and vertical food web structure drives trace element trophic transfer in Terra Nova Bay, Antarctica. Environmental Pollution, 246: 772-781.

Souchez R., Meneghel M., Tison J.L., Lorrain R., Ronveaux D., Baroni C., Lozej A., Tabacco I. & Jouzel J. (1991) - Ice composition evidence of marine ice transfer along the bottom of a small Antarctic ice shelf. Geophysical Research Letters, 18 (5), 849-852. doi:10.1029/91GL01077

Stonehouse, B. (1969). Air Census of two colonies of Adélie penguins in Ross Dependency, Antarctic. Polar Record, 14: 471-475.

Stuiver, M. (1981). History of the marine ice sheet in West Antarctica during the last glaciation: a working hypothesis. The last great ice sheets, 319-436.

Subramanian S., Denver D.R., Millar C.D., Heupink T., Aschrafi A., Emslie D.S., Baroni C., Lambert D.M. (2009) - High mitogenomic evolutionary rates and time dependency. Trends in Genetics, 25 (11), 482-486. doi:10.1016/j.tig.2009.09.005

Terauds, A., Chown, S. L., Morgan, F., J. Peat, H., Watts, D. J., Keys, H., ... & Bergstrom, D. M. (2012). Conservation biogeography of the Antarctic. Diversity and Distributions, 18(7): 726-741.

Vacchi, M., DeVries, A. L., Evans, C. W., Bottaro, M., Ghigliotti, L., Cutroneo, L., Pisano, E. (2012). A nursery area for the Antarctic silverfish *Pleuragramma antarcticum* at Terra Nova Bay (Ross Sea): first estimate of distribution and abundance of eggs and larvae under the seasonal sea-ice. Polar biology, 35(10): 1573-1585.

Van Woert, M.L. (1999). Wintertime dynamics of the Terra Nova Bay polynya. Journal of Geophysical Research, 104: 1153-69.

Wang, W., Hu, J.M., Chen, H., Yu, G.W., Zhao, Y., Liu, X.C. (2014). LA-ICP-MS zircon U-Pb ages and geological constraint of intrusive rocks from the Inexpressible Island, Northern Victoria Land, Antarctica. Geological Bulletin of China, 33(12): 2023-2031.

Wei, Y., Jin Jing, Nie Y, Chen X, Wu L, Fu P, Emslie SD (2016). Sources of organic matter and paleo-environmental implications inferred from carbon isotope compositions of lacustrine sediments at Inexpressible Island, Ross Sea, Antarctica. Advances in Polar Science, 233-244.

Whitehouse, I., Chinn, T., Hoefle, H. (1989). Radiocarbon dates from raised beaches. Terra Nova Bay, Antarctica. Geologisches Jahrbuch E, 38: 321-334.

Widmann, M., Kato, A., Raymond, B., Angelier, F., Arthur, B., Chastel, O., Pellé, M., Raclot, T. Ropert-Coudert, Y. (2015). Habitat use and sex-specific foraging behavior of Adélie penguins throughout the breeding season in Adélie Land, East Antarctica. Widmann et al. Movement Ecology, 3: 30.'

Wilson, D.J., Lyver, P.O., Greene, T.C. Whitehead, A.L., Dugger, K.M., Karl, B.J., Barringer, J.R.F., McGarry, R., Pollard, A.M., Ainley, D.G. (2017). South Polar Skua breeding populations in the Ross Sea assessed from demonstrated relationship with Adélie Penguin numbers. Polar Biology. 40: 577.

Woehler, E.J., Croxall, J.P. (1997). The status and trends of Antarctic and sub-Antarctic seabirds. Marine Ornithology, 25: 43-66.

MATERIAL COMPLEMENTARIO

Se puede encontrar el material complementario de la *Propuesta de una nueva Zona Antártica Especialmente Protegida en isla Inexpressible y bahía Seaview, mar de Ross* en el enlace, incluido el «Resumen del guano y los restos de pingüino fechados en la isla Inexpressible» y la «Figura: Número de visitantes en isla Inexpressible desde 2003». http://www.chinare.org.cn/en/difDetailPublic/?id=9800

Mapa 1. ZAEP n.º 178: Isla Inexpressible y bahía Seaview: mapa regional

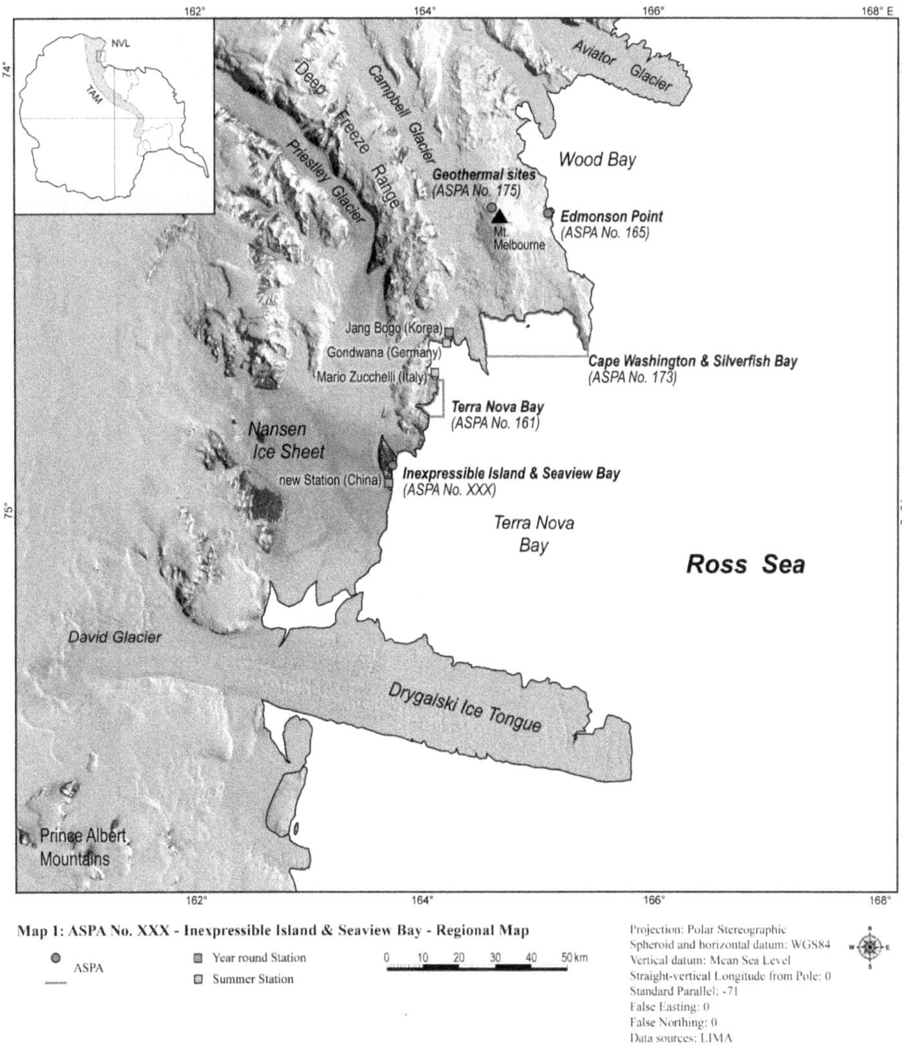

Mapa 2. ZAEP n.º 178: Isla Inexpressible y bahía Seaview: mapa topográfico con guía de acceso y batimetría

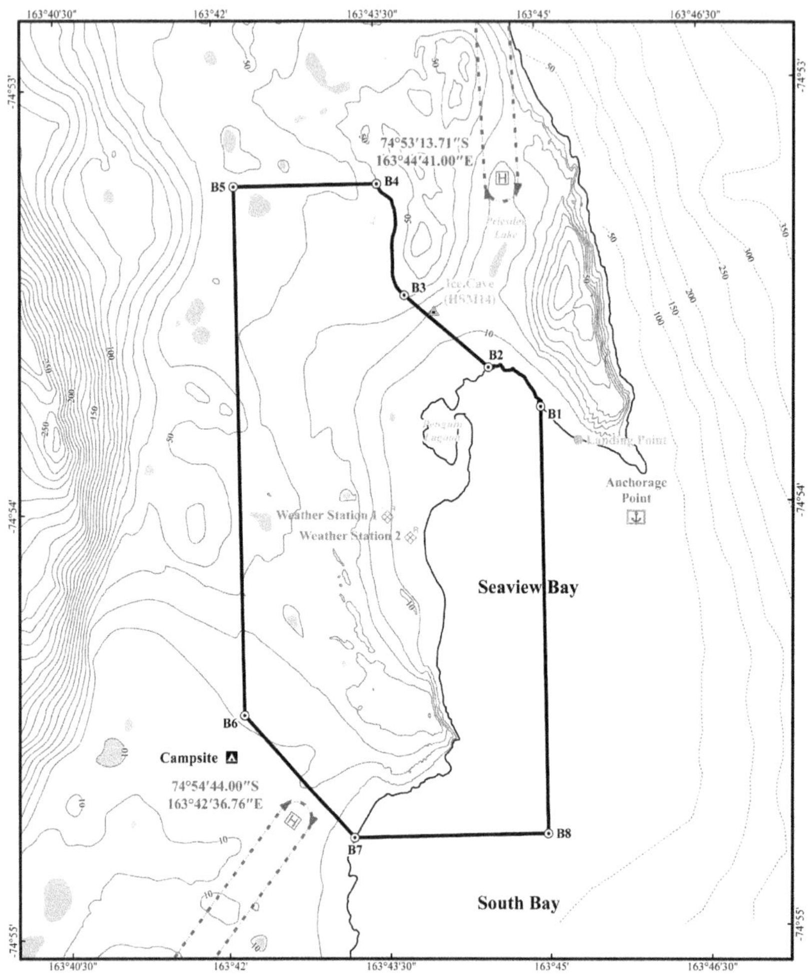

Map2:ASPA XXX–Seaview Bay and South Bay – topographic map with access guidance and bathymetry

Camp
Helicopter Landing Site
Weather Station
Landing Point
Helicopter Flight Route
Lake
Ice Cave
ASPA Boundary Point
Anchorage Point
Contour(10m)
Bathymetric Contour(50m)
ASPA Boundary

Kilometers
0 .25 .5 1

Projection: Transverse Mercator
Spheroid and horizontal datum: WGS84
Vertical datum:Mean Sea Level
Central Meridian:165°00'E
Latitude of Origin:0°00'
Data sources:Topography:Aircraft Approach:Jan 2013

Mapa 3. ZAEP n.º 178: Isla Inexpressible y bahía Seaview: colonia de pingüinos de Adelia

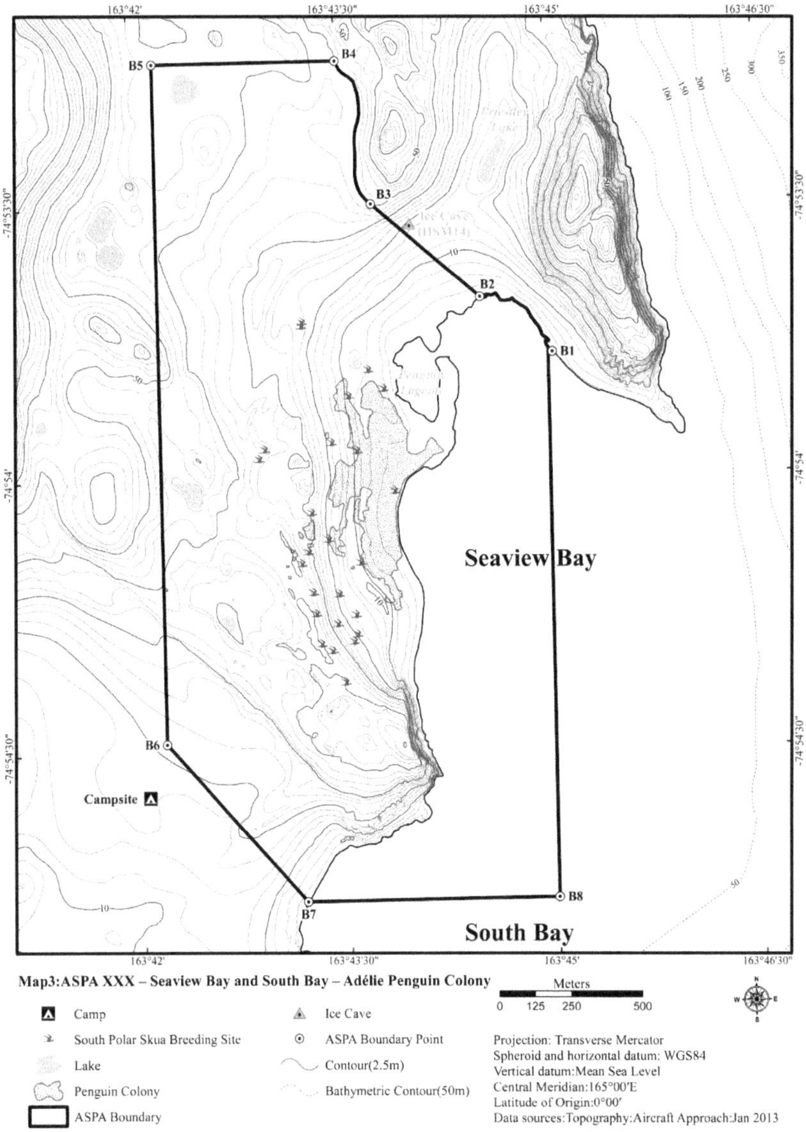

PARTE III

Informes y discursos de apertura y clausura

1. Discursos de apertura y clausura

Discurso de apertura del primer ministro de Francia, el Sr. Jean Castex

Maison de la Mutualité (París) - 15 de junio de 2021

Señoras, señores,

Tenemos todos los motivos para estar felices y orgullosos de acoger en Francia la 43.ª Reunión Consultiva del Tratado Antártico, por tercera vez en la historia de dicho tratado y por primera vez en el siglo XXI. Nos alegramos mucho de ver que hay ya 54 Estados reunidos en el marco de este tratado, el cual celebrará el 60.º aniversario de su entrada en vigor el próximo 23 de junio, coincidiendo con nuestra reunión en París.

Este encuentro es también la ocasión de evaluar los logros alcanzados desde entonces y, en particular, desde la RCTA anterior, organizada en Francia en 1989, dado que en aquella reunión fue donde se decidió reforzar la protección del medioambiente de la Antártida. Dicha decisión se materializó con la adopción del Protocolo de Madrid —y aprovecho aquí la ocasión para rendir homenaje a Michel Rocard, primer ministro de entonces y principal artífice de las negociaciones junto a su homólogo australiano Bob Hawke— de cuya firma se cumplirán 30 años el próximo 4 de octubre. Mi predecesor fue, no lo olvidemos, nuestro primer embajador en los polos hasta su muerte en 2016.

Poder reunir hoy aquí a las Partes en el tratado, teniendo en cuenta que la Reunión Consultiva prevista en 2020 tuvo que anularse, es también una gran satisfacción, a pesar de que la pandemia nos sigue manteniendo alejados unos de otros y nos obliga a trabajar por videoconferencia. Lo sé, es una limitación considerable e inédita que afecta a nuestros intercambios, pero no me cabe duda de que lograremos superarla gracias a la firme implicación de todas las delegaciones cuya presencia virtual celebro sinceramente, pese a estar repartidas en 18 husos horarios distintos. De hecho, nada de esto habría sido posible sin el inestimable apoyo de la Secretaría del Tratado Antártico y, en este sentido, quiero agradecer la presencia hoy aquí entre nosotros del Secretario. Esta reunión internacional es una proeza y quiero por ello felicitar a los equipos que la han hecho posible.

Llevamos mucho tiempo preparándonos para albergar y celebrar este evento y dar a conocer a nuestros conciudadanos los desafíos de la Antártida. Este trabajo de sensibilización y pedagogía se ha realizado a través de entes públicos como el Instituto Polar Francés Paul-Émile Victor (IPEV) y mediante exposiciones pedagógicas organizadas en París por el Ministerio para Europa y de Asuntos Exteriores, el Ministerio de Transición Ecológica y el Ministerio de Ultramar. La sociedad civil no se ha quedado al margen y también se ha movilizado. En los cuatro próximos meses tendrá lugar en más de 25 ciudades de Francia una gran manifestación cultural y científica llamada «*2021, l'Été polaire*» (2021, el verano polar) dirigida a varios millones de participantes. Nuestros ayuntamientos y edificios oficiales se vestirán con los colores de la Antártida.

Francia ha forjado una historia real con la Antártida, pese a la gran distancia que las separa. De nuestras costas partieron Kerguelen y Dumont d'Urville en busca del continente austral. Los relatos de las expediciones de Charcot y Paul-Émile Victor fueron los que hicieron descubrir este espacio tan remoto al pueblo francés, que lo ha convertido en un sueño nacional. Actualmente, el trabajo, reconocido internacionalmente, de los investigadores, ingenieros y técnicos de nuestras bases científicas en la Antártida es el que nos permite velar por su integridad y a la vez mejorar nuestros conocimientos científicos. Mi país es consciente de la importancia que tiene mejorar los conocimientos sobre esas tierras y mares lejanos, porque parte de nuestro futuro depende de ellos: el nivel del mar en el futuro depende en gran medida de los procesos que están teniendo lugar en el continente blanco y la capacidad de la biodiversidad para regenerarse encuentra parte de sus respuestas en las costas antárticas.

Esta investigación compleja y exigente no puede llevarse a cabo sin una sólida base científica. El IPEV desempeña esta función en el Ártico y la Antártida en nombre del Estado francés. Como jefe del Gobierno, también yo pienso atribuir la mayor importancia a la rehabilitación de nuestras bases antárticas, a las que, desde luego, debemos respaldar con un alto nivel de requisitos medioambientales, de acuerdo con el espíritu del Protocolo de Madrid. Quisiera rendir homenaje al IPEV, así como al CNRS, al Museo Nacional de Historia Natural y a las universidades francesas por su decisiva contribución a esta investigación científica tan importante para nuestras sociedades.

Respaldado por esta larga experiencia y ante los desafíos actuales, nuestro país debe dotarse de una ambiciosa estrategia polar, la primera de su historia, que abarque tanto nuestro compromiso en la Antártida como nuestra acción en el Ártico. Desde el primer momento, dicha estrategia se enmarcará en una sinergia con nuestros socios de la Unión Europea y con otros países que comparten nuestro deseo de hacer de los polos un lugar de concordia y progreso. Por todo ello, he pedido a nuestro nuevo embajador para los polos y los asuntos marítimos, Olivier Poivre d'Arvor, que dirija y coordine, junto a todos los expertos y responsables políticos, la elaboración de una hoja de ruta que me será entregada a finales de este año.

La Antártida sigue siendo un continente único, que la inmensa mayoría de nosotros no visitará nunca y quizá debamos alegrarnos de ello si pensamos en su conservación, pero, en cualquier caso, es un espacio que ha dejado una huella indeleble en los hombres y mujeres que sí lo han conocido.

La primera singularidad de este continente es haber sido durante mucho tiempo solo una hipótesis: de Aristóteles a Mercator, al principio, el continente austral no fue más que un postulado, incluso un sueño. Luego, gracias a los navegantes de la era moderna, esta *terra incognita* se convirtió en un vasto territorio de exploraciones y descubrimientos. He aquí una región del mundo en la que los humanos no están sino de paso.

Por último, desde el siglo XX, la Antártida es ante todo un espacio reservado a la naturaleza, la ciencia y la paz. Este es el mérito y la misión que recaen sobre el tratado que nos reúne hoy aquí.

El Tratado Antártico y el sistema que se ha constituido en torno a él representan, así pues, un legado inestimable que debemos a la vez preservar y hacer fructificar.

Su firma, reflejo de que los Estados podían salvar sus diferencias y conflictos buscando el interés colectivo, fue tanto más extraordinaria cuanto que tuvo lugar en el apogeo de lo que la Historia ha dado en llamar «Guerra Fría». Fue un gran logro de los negociadores de la época hacer prevalecer el espíritu de cooperación, inspirado por el Año Geofísico Internacional, por encima de las inclinaciones belicosas de aquel tiempo. Y es, sobre todo, un valioso precedente que demuestra que las controversias pueden resolverse a través de la negociación en lugar de por la fuerza. En este sentido, el Tratado Antártico es un magnífico ejemplo de multilateralismo eficaz.

El gran valor de este tratado viene dado, además, por el importante y perdurable alcance de sus disposiciones. El texto cumple, ante todo, un papel fundamental, pues impide en la Antártida cualquier actividad que no sea pacífica. La prohibición de realizar maniobras, ensayos o construcciones de carácter militar en la Antártida es a la vez un logro y una baza que hoy día nos benefician a todos y que debemos preservar colectivamente.

La cooperación se refiere sobre todo a la investigación científica: los intercambios de información, personal, observaciones y resultados son constitutivos de la presencia científica en la Antártida y deben seguir siéndolo para minimizar los medios desplegados y optimizar los resultados obtenidos. Tanto si se trata de la observación de la Antártida y su ecosistema como de la realización de investigaciones que requieren condiciones especiales ligadas a la ubicación o el entorno, la actividad científica en estas condiciones extremas debe beneficiar a todos.

Debemos ser conscientes de que la era digital y globalizada ha propiciado que nuestros contemporáneos estén especialmente atentos al estado del planeta y que, en este contexto, tengan los ojos puestos también en la Antártida. Todos somos conscientes de que el impacto de la actividad humana se percibe incluso en las antípodas y de que las medidas para corregirlo deben ser también globales, inclusive en la Antártida.

Al comprometerse a garantizar la protección global del medioambiente de la Antártida y de los ecosistemas dependientes y asociados, los Estados Parte en el Tratado Antártico expresaron su determinación de poner este objetivo por encima de otras consideraciones. Al declarar la Antártida «reserva natural dedicada a la paz y a la ciencia», delimitaron claramente el marco al que debe ceñirse la presencia humana en el continente.

El Tratado de Washington sentó las bases del Sistema del Tratado Antártico, cuyo pilar principal es la RCTA y el segundo, la Comisión para la Conservación de los Recursos Vivos Marinos Antárticos o CCRVMA que, como su propio nombre indica, se ocupa de la protección de los mares australes. Permítanme mencionar aquí —aunque este tema no figura en el orden del día de sus debates, porque es competencia de la CCRVMA— la importancia que tiene para Francia la adopción de proyectos de Zonas Marinas Protegidas en la Antártida Oriental y el Mar de Weddell, es decir, más de dos millones de kilómetros cuadrados de biodiversidad cuya resiliencia debe garantizarse.

Somos conscientes de que la tarea que tienen ante sí las delegaciones en los próximos días no es fácil, sobre todo en el contexto restringido de una reunión virtual, pero dicha tarea lleva aparejada una ambición y una esperanza para todos los países, sean o no partes en el tratado, y para sus ciudadanos, los actuales y los futuros. Es la ambición y la esperanza de poder repetir la hazaña de nuestros predecesores, superando los reflejos de apropiación y explotación que pudieran surgir.

En condiciones difíciles y en un entorno internacional complejo, existe un gran riesgo de experimentar, ante tales desafíos, un fenómeno óptico muy conocido en los entornos polares: el «resplandor blanco» o *whiteout*, que surge cuando la luz blanca, la nieve y las nubes bajas hacen desaparecer cualquier contraste e impiden distinguir el horizonte y percibir las formas. Este fenómeno es a la Antártida lo que el espejismo al desierto.

En tales circunstancias, cualquier explorador se lo dirá: solo hay una solución, mantener la calma y permanecer unidos para superar juntos los escollos.

Muchas gracias.

Discurso de apertura del ministro para Europa y de Asuntos Exteriores, el Sr. Jean-Yves Le Drian

Señor primer ministro,

Señora ministra,

Señoras y señores, jefes y jefas de delegación,

Excelencias,

Señoras y señores:

Es un grandísimo honor para Francia acoger una vez más los trabajos de la Reunión Consultiva de los Estados Parte en el Tratado Antártico de Washington.

Sesenta años después de su entrada en vigor, creo que hoy mejor que nunca podemos evaluar la trascendencia histórica de esta decisión colectiva, ampliada treinta años más tarde por el Protocolo de Madrid sobre la protección del medio ambiente antártico.

- En un mundo dividido y particularmente tenso, quienes nos precedieron reconocieron, juntos, la necesidad de excluir a la Antártida de la competición entre potencias en nombre de la paz y la estabilidad internacional, el avance del conocimiento científico y la conservación de la biodiversidad de nuestro planeta. Antes de lo esperado, decidieron hacer de ella un bien común.
- Desde entonces, el mundo ha cambiado bastante, pero estas cuestiones no han perdido ni un ápice de su importancia. De hecho, han cobrado —como todos sabemos— una urgencia nueva.

En mi opinión, esto es lo que hace que la reunión que abrimos hoy aquí sea absolutamente esencial:

1) Esencial, primero, porque nuestra lucha por el clima y la biodiversidad es la lucha de nuestro siglo, y porque este año será crucial y albergará importantes citas: el Congreso Mundial de la Unión Internacional para la Conservación de la Naturaleza (UICN) del 4 al 7 de septiembre próximo, la COP15 de biodiversidad en octubre y la COP26 sobre el cambio climático en noviembre. Es imprescindible que todos los países redoblen sus compromisos climáticos de aquí a la COP26 de Glasgow, como nos exige el Acuerdo de París. Este aumento de la ambición climática debe reflejarse en la adopción de nuevos objetivos de aquí a 2030. Algunas batallas decisivas de esta lucha deberemos librarlas en el continente austral y, de manera igualmente crucial, en los océanos que lo rodean. Hay que hacer todo lo posible para preservar esos ecosistemas tan valiosos y, sin embargo, tan amenazados por la actividad humana. Tenemos que reaccionar, y hacerlo rápido, en particular definiendo zonas administradas o protegidas.

2) Esencial, además, porque la investigación científica que se lleva a cabo en la Antártida es, en sí misma, esencial.

Quiero aprovechar la ocasión para felicitar a todos los científicos sobre el terreno y, en particular, a los investigadores que están actualmente en servicio en nuestras dos bases: la base Dumont d'Urville y la base Concordia, que estamos muy contentos de compartir con nuestros amigos italianos.

Esta investigación debe continuar dentro del respeto, evidentemente, al carácter único de este continente.

➢ Algunas de las observaciones y experiencias llevadas a cabo en la Antártida no son factibles en ningún otro lugar del planeta.

➢ Sin embargo, son decisivas, en particular en el marco de la lucha contra el cambio climático y la conservación de la biodiversidad que he mencionado antes.

Y me refiero, por supuesto, a los estudios realizados bajo los auspicios del Comité para la Protección del Medio Ambiente [CPA], en particular en el marco del Programa de trabajo de respuesta al cambio climático en colaboración con el SCAR [Comité Científico de Investigaciones Antárticas].

Con motivo del trigésimo aniversario del Protocolo de Madrid, me complace anunciarles que hemos decidido otorgar una medalla especial al Profesor Steven Chown de la Universidad Monash de Melbourne, al que el Instituto Polar Paul-Émile Victor [IPEV] y el Comité Nacional Francés para la Investigación en el Ártico y el Antártico [CNFRA] han querido condecorar por la calidad de sus trabajos, expresando con ello nuestra estima y reconocimiento.

3) Por último, es también el desarrollo del turismo en la Antártida lo que hace que esta reunión sea esencial.

Aunque es perfectamente comprensible, este nuevo interés es, para todos, un motivo de preocupación importante. Una sola cifra basta para explicarlo: en solo dos décadas, el número de visitantes ha aumentado en un 450 %. Repito: ¡un 450 %! Podemos adivinar lo que eso significa.

Nuestra responsabilidad colectiva es la de velar por que esta tendencia no quebrante los principios de los que somos garantes: los del Tratado Antártico y su Protocolo sobre la protección del medio ambiente.

Este tema merece, así pues, toda la atención de las Partes y, en este sentido, acojo con satisfacción los esfuerzos ya realizados para dirigir estos debates, así como la conducta sensata de algunos cruceristas polares y marítimos.

Si bien, señoras y señores, la crisis de la pandemia no permitía, lamentablemente, que nos reuniéramos todos en París, quisiera aun así asegurarles de que la capital y varias ciudades importantes de Francia han abrazado esta oportunidad para ensalzar al continente blanco a través de una serie de hermosas exposiciones y encuentros, que prometen ser apasionantes, de las orillas del Sena a las del Atlántico. De hecho, estamos muy orgullosos de esta campaña cultural y educativa bautizada «2021, un été polaire» (2021: un verano polar) con la que millones de personas podrán descubrir, no solo las mil facetas de este universo fascinante, sino también el valor del trabajo científico que nuestros investigadores realizan allí cada día. Creemos, en efecto, que la defensa de nuestro patrimonio común requiere una toma de conciencia lo más amplia posible de lo que hace único a este continente y de lo que es necesario hacer para garantizar su futuro.

El compromiso de Francia en favor de nuestro patrimonio común está también en el centro de nuestra diplomacia. Esto se aplica, por supuesto, a la Antártida, gracias a la labor desempeñada por nuestro nuevo embajador para los polos y los asuntos marítimos, Olivier Poivre d'Arvor, quien presidirá estos trabajos.

- A petición mía, ya ha viajado en misión junto a nuestros socios extranjeros para recordar nuestras prioridades, en particular la más importante de todas: la creación de nuevas zonas marinas protegidas alrededor de la Antártida, sobre cuya necesidad he hablado antes. Actualmente, esta ambición es objeto de un amplio consenso en el seno de la comunidad internacional. Espero que los dos grandes países a los que tenemos que convencer todavía sepan ver pronto, también ellos, la conveniencia de estas medidas.
- Y, precisamente, sobre la base de estos viajes e intercambios, estamos preparando [como ha dicho el primer ministro] la primera estrategia polar francesa, que me será presentada en septiembre y que abarcará nuestra política en el Ártico y la Antártida y nos servirá de hoja de ruta para los años venideros.

La Antártida, queridos amigos, ya no tiene nada de horizonte inaccesible o de región remota. Porque sabemos que allí nos jugamos una parte importante del futuro de nuestro planeta y, por tanto, de nuestro propio futuro. Pese a estar deshabitado, este continente es, a todas luces, un tesoro para la humanidad entera.

Así pues, espero que, colectivamente, estemos a la altura de la inmensa responsabilidad que hemos asumido juntos.

Muchas gracias.

2. Informes de Depositarios y Observadores

Informe del Gobierno Depositario del Tratado Antártico y su Protocolo de conformidad con la Recomendación XIII-2

Este informe abarca los acontecimientos con respecto al Tratado Antártico y su Protocolo sobre Protección del Medio Ambiente.

Desde el último informe, no se han producido adhesiones al Tratado y se ha producido una aprobación del Protocolo. Colombia depositó un instrumento de aprobación del Protocolo el 13 de febrero de 2020, y el Protocolo entró en vigor en Colombia el 14 de marzo de 2020. En total, hay cincuenta y cuatro (54) Partes del Tratado Antártico y cuarenta y una (41) Partes del Protocolo.

Se adjuntan los listados de las Partes del Tratado, del Protocolo, Anexo V y Anexo VI y de las Recomendaciones/Medidas y sus aprobaciones.

Fecha de la medida más reciente: 22 de abril, 2019

El Tratado Antártico

Realizado: Washington, 1 de diciembre de 1959

Entrada de vigor: 23 de junio, 1961
De conformidad con el Artículo XIII, el Tratado estaba sujeto a la ratificación por parte de los Estados signatarios y abierto a la adhesión de cualquier Estado que sea Miembro de las Naciones Unidas o de cualquier otro Estado que pueda ser invitado a adherirse al Tratado con el consentimiento de todas las Partes Contratantes cuyos representantes estén facultados a participar en las reuniones previstas en el Artículo IX del Tratado; los instrumentos de ratificación y los de adhesión serán depositados ante el Gobierno de los Estados Unidos de América. Cuando todos los Estados signatarios depositen los instrumentos de ratificación, el presente Tratado entrará en vigor tanto para dichos Estados como para los que hayan depositado sus instrumentos de adhesión. En lo sucesivo, el Tratado entra en vigor para cualquier Estado adherente una vez que haya depositado su instrumento de adhesión.

Leyenda: (sin marcas) = ratificación; a = adhesión; d = sucesión; w = renuncia o acción equivalente

Participante	Firma	Consentimiento vinculante		Otra acción	Notas
Argentina	1 de diciembre, 1959	23 de junio, 1961			
Australia	1 de diciembre, 1959	23 de junio, 1961			
Austria		25 de agosto, 1987	a		
Belarús		27 de diciembre, 2006	a		
Bélgica	1 de diciembre, 1959	26 de julio, 1960			
Brasil		16 de mayo, 1975	a		
Bulgaria		11 de septiembre, 1978	a		
Canadá		4 de mayo, 1988	a		
Chile	1 de diciembre, 1959	23 de junio, 1961			
China		8 de junio, 1983	a		
Colombia		31 de enero, 1989	a		
Cuba		16 de agosto, 1984	a		

Participante	Firma	Consentimiento vinculante		Otra acción	Notas
República Checa		1 de enero, 1993	d		1
Dinamarca		20 de mayo, 1965	a		
Ecuador		15 de septiembre, 1987	a		
Estonia		17 de mayo, 2001	a		
Finlandia		15 de mayo, 1984	a		
Francia	1 de diciembre, 1959	16 de septiembre, 1960			
Alemania		5 de febrero, 1979	a		2
Grecia		8 de enero, 1987	a		
Guatemala		31 de julio, 1991	a		
Hungría		27 de enero, 1984	a		
Islandia		13 de octubre, 2015	a		
India		19 de agosto, 1983	a		
Italia		18 de marzo, 1981	a		
Japón	1 de diciembre, 1959	4 de agosto, 1960			
Kazajstán		27 de enero, 2015	a		
República Popular Democrática de Corea (RPDC)		21 de enero, 1987	a		
República de Corea (RdC)		28 de noviembre, 1986	a		
Malasia		31 de octubre, 2011	a		
Mónaco		31 de mayo, 2008	a		
Mongolia		23 de marzo, 2015	a		
Países Bajos		30 de marzo, 1967	a		3
Nueva Zelandia	1 de diciembre, 1959	1 de noviembre, 1960			
Noruega	1 de diciembre, 1959	24 de agosto, 1960			
Pakistán		1 de marzo, 2012	a		
Papúa Nueva Guinea		16 de marzo, 1981	d		4
Perú		10 de abril, 1981	a		
Polonia		8 de junio, 1961	a		
Portugal		29 de enero, 2010	a		
Rumania		15 de septiembre, 1971	a		5
Federación de Rusia	1 de diciembre, 1959	2 de noviembre, 1960			6
República Eslovaca		1 de enero, 1993	d		7
Eslovenia		22 de abril, 2019	a		
Sudáfrica	1 de diciembre, 1959	21 de junio, 1960			
España		31 de marzo, 1982	a		

Participante	Firma	Consentimiento vinculante		Otra acción	Notas
Suecia		24 de abril, 1984	a		
Suiza		15 de noviembre, 1990	a		
Turquía		24 de enero, 1996	a		
Ucrania		28 de octubre, 1992	a		
Reino Unido	1 de diciembre, 1959	31 de mayo, 1960			
Estados Unidos	1 de diciembre, 1959	18 de agosto, 1960			
Uruguay		11 de enero, 1980	a		8
Venezuela		24 de marzo, 1999	a		

1 Fecha efectiva de sucesión de la República Checa. Checoslovaquia depositó un instrumento de adhesión al Tratado el 14 de junio de 1962. El 31 de diciembre de 1992, a la medianoche, Checoslovaquia dejó de existir y fue sucedida por dos Estados separados e independientes, la República Checa y la República Eslovaca.

2 La Embajada de la República Federal de Alemania en Washington hizo llegar al Departamento de Estado norteamericano una nota diplomática, fechada el 2 de octubre de 1990, que reza lo siguiente:

> «La Embajada de la República Federal de Alemania saluda al Departamento de Estado norteamericano y tiene el honor de informar al Gobierno de Estados Unidos de Norteamérica, en su calidad de Gobierno depositario del Tratado Antártico, que, a través de la adhesión de la República Democrática Alemana a la República Federal Alemana, que entrara en vigor el 3 de octubre de 1990, ambos Estados alemanes habrán de unirse para formar un solo Estado soberano que, en su calidad de Parte Contratante del Tratado Antártico, seguirá vinculado por las cláusulas del Tratado y sujeto a aquellas recomendaciones aprobadas en las quince reuniones consultivas que refrendó la República Federal de Alemania. A partir de la fecha de la unidad alemana, la República Federal de Alemania fungirá bajo la denominación "Alemania" en el marco del Sistema Antártico.

La Embajada agradecerá al Gobierno de los Estados Unidos de Norteamérica que tenga a bien informar a todas las Partes Contratantes del Tratado Antártico acerca del contenido de la presente nota.

La Embajada de la República Federal de Alemania aprovecha esta oportunidad para renovar su máxima consideración hacia el Departamento de Estado norteamericano».

Antes de la unificación, el 19 de noviembre de 1974, la República Democrática Alemana depositó un instrumento de adhesión al Tratado, acompañado por una declaración —y su traducción al inglés— del Departamento de Estado norteamericano que reza lo siguiente:

«La República Democrática Alemana considera que el Artículo XIII, párrafo 1, del Tratado no es congruente con el principio de que todos los Estados que se rigen en sus políticas por los propósitos y principios de la Carta de las Naciones Unidas tienen el derecho de ser Parte de los tratados que afectan los intereses de todos los Estados».

Por consiguiente, el 5 de febrero de 1979, la República Federal de Alemania depositó un instrumento de adhesión acompañado de una declaración y su traducción al inglés proporcionadas por la Embajada de la República Federal de Alemania, que dice lo siguiente:

«Estimado señor secretario:

En conexión con el depósito con fecha de hoy, del instrumento de adhesión al Tratado Antártico suscrito en Washington el 1 de diciembre de 1959, tengo el honor de declarar en representación de la República Federal de Alemania que con efecto a partir del día en que el Tratado entre en vigor para la República Federal de Alemania aplicará también para Berlín (Occidental) sujeto a los derechos y responsabilidades de la República de Francia, el Reino Unido de Gran Bretaña e

Irlanda del Norte y los Estados Unidos de Norteamérica incluyendo aquellos relacionados con el desarme y desmilitarización.

Acepte, Excelencia, la expresión de mi más alta consideración».

[3]El instrumento de adhesión al Tratado de los Países Bajos establece que el acceso es para el Reino en Europa, Suriname y las Antillas Neerlandesas.

Suriname se convirtió en un Estado independiente el 25 de noviembre de 1975.

La Real Embajada de los Países Bajos en Washington transmitió al Departamento de Estado norteamericano una nota diplomática, con fecha del 9 de enero de 1986, que reza lo siguiente:

«La Embajada del Reino de los Países Bajos saluda al Departamento de Estado y tiene el honor de solicitar su atención sobre lo siguiente, en relación con la capacidad del Departamento como depositario [del Tratado Antártico].

A partir del 1 de enero de 1986, la isla de Aruba —anteriormente parte de las Antillas Neerlandesas— obtuvo autonomía interna como país dentro del Reino de los Países Bajos. Por consiguiente, el Reino de los Países Bajos, a partir del 1 de enero de 1986, consiste en tres países, a saber: los Países Bajos propiamente dichos, las Antillas Neerlandesas y Aruba.

Puesto que el evento mencionado más arriba afecta solo a un cambio en las relaciones constitucionales al interior del Reino de los Países Bajos, y que el Reino como tal, de acuerdo con la legislación internacional, seguirá siendo el sujeto con el que se pacten los tratados, el cambio antes mencionado no tendrá consecuencias en la legislación internacional relativa a tratados pactados por el Reino, cuya aplicación se extienda a las Antillas Neerlandesas, incluida Aruba.

Estos tratados, por lo tanto, seguirán siendo aplicables para Aruba en su nuevo estado como país autónomo dentro del Reino de los Países Bajos, efectivo desde el 1 de enero de 1986.

En consecuencia, el [Tratado Antártico] del que forma parte el Reino de los Países Bajos, y que [ha] sido ampliado a las Antillas Neerlandesas, se aplicará, a partir del 1 de enero de 1986, a los tres países del Reino de los Países Bajos.

La Embajada apreciaría que las otras partes interesadas fueran notificadas de lo anterior.

La Embajada del Reino de los Países Bajos aprovecha esta oportunidad para renovar las garantías de su máxima consideración hacia el Departamento de Estado».

La Embajada del Reino de los Países Bajos en Washington transmitió al Departamento de Estado una nota diplomática, con fecha del 6 de octubre de 2010, que, en la parte correspondiente, dice lo siguiente:

«El Reino de los Países Bajos consiste actualmente de tres partes: los Países Bajos, las Antillas Neerlandesas y Aruba. Las Antillas Neerlandesas son las islas de Curazao, San Martín, Bonaire, San Eustaquio y Saba.

A partir del 10 de octubre de 2010, las Antillas Neerlandesas dejarán de existir como parte del Reino de los Países Bajos. Desde esa fecha en adelante, el Reino consistirá en cuatro partes: los Países Bajos, Aruba, Curazao y San Martín. Curazao y San Martín gozarán de un Gobierno interno autónomo dentro del Reino, al igual que Aruba y, hasta el 10 de octubre de 2010, las Antillas Neerlandesas.

Estos cambios son una modificación de las relaciones constitucionales internas en el Reino de los Países Bajos. El Reino de los Países Bajos permanecerá, en consecuencia, como sujeto de legislación internacional con el que se concluirán los acuerdos. Por lo tanto, la modificación de la estructura del Reino no afectará la validez de los acuerdos internacionales ratificados por el Reino para las Antillas Neerlandesas; y estos acuerdos seguirán aplicándose a Curazao y San Martín.

Las otras islas que hasta ahora han formado parte de las Antillas Neerlandesas —Bonaire, San Eustaquio y Saba— serán parte de los Países Bajos y, de ese modo, conformarán "la parte caribeña de los Países Bajos". Los acuerdos que se aplican actualmente a las Antillas Neerlandesas seguirán aplicándose a estas islas; no obstante, el Gobierno de los Países Bajos será entonces responsable de implementar estos acuerdos».

[4] Fecha de depósito de notificación de sucesión por Papúa Nueva Guinea; vigente a partir de 16 de septiembre de 1975, fecha de su independencia.

[5] El instrumento de adhesión de Rumania al Tratado fue acompañado por una nota del Embajador de la República Socialista de Rumania ante los Estados Unidos de América, fechada el 15 de septiembre de 1971, que reza lo siguiente:

«Estimado señor Secretario:

Al presentarle el instrumento de adhesión de la República Socialista de Rumania al Tratado Antártico, firmado en Washington el 1 de diciembre de 1959, tengo el honor de informar a usted lo siguiente:

El Consejo de Estado de la República Socialista de Rumania señala que las cláusulas contenidas en el primer párrafo del Artículo XIII del Tratado Antártico no están en consonancia con el principio según el cual los tratados multilaterales cuyos objetivos y metas atañen a la comunidad internacional en su conjunto deberían quedar abiertos a la participación universal.

Solicito a usted tenga la gentileza, señor Secretario, de trasmitir a las partes concernidas el texto del instrumento de adhesión rumano al Tratado Antártico así como el texto de la presente carta que contiene la declaración del Gobierno rumano mencionada anteriormente.

Aprovecho esta oportunidad para renovar a usted, señor Secretario, mi más alta consideración».

El Secretario de Estado de Estados Unidos hizo circular copias de la carta del Embajador y del instrumento de adhesión al Tratado de Rumania a las Partes al Tratado Antártico con una nota circular fechada el 1 de octubre de 1971.

[6] El tratado fue suscrito y ratificado por la ex Unión de Repúblicas Socialistas Soviéticas. Mediante una nota fechada el 13 de enero de 1992, la Federación de Rusia informó al Gobierno de los Estados Unidos que «sigue gozando de los derechos y cumpliendo con las obligaciones derivados de los acuerdos internacionales firmados por la Unión de Repúblicas Socialistas Soviéticas».

[7] Fecha efectiva de sucesión de la República Eslovaca. Checoslovaquia depositó un instrumento de adhesión al Tratado el 14 de junio de 1962. El 31 de diciembre de 1992, a la medianoche, Checoslovaquia dejó de existir y fue sucedida por dos Estados separados e independientes, la República Checa y la República Eslovaca.

[8] El instrumento de adhesión al Tratado de Uruguay vino acompañado por una declaración y su traducción al inglés del Departamento de Estado norteamericano que dice lo siguiente:

«El Gobierno de la República Oriental del Uruguay considera que, a través de su adhesión al Tratado Antártico firmado en Washington (Estados Unidos de Norteamérica) el 1 de diciembre de 1959, colabora en afirmar los principios por los cuales se usa a la Antártida exclusivamente con fines pacíficos, de prohibir toda explosión nuclear o eliminación de desechos radioactivos en la zona, el respeto por la libertad de la investigación científica en la Antártida al servicio de la humanidad y el principio de la cooperación internacional para lograr estos objetivos, los cuales han quedado fijados en dicho Tratado. En el contexto de estos principios, Uruguay propone, a través de un procedimiento basado en el principio de igualdad jurídica, el establecimiento de un estatuto general y definitivo sobre la Antártida en el cual, respetando los derechos de los Estados tal como han quedado conformados en el derecho internacional, los intereses de todos los Estados participantes y de la comunidad internacional en su conjunto se consideren equitativamente.

La decisión del Gobierno uruguayo de adherir al Tratado Antártico está basada no solamente en los intereses que —al igual que todos los miembros de la comunidad internacional— tiene Uruguay en la Antártida, sino también en un interés especial directo y sustantivo que surge de su ubicación geográfica, del hecho de que su línea costera atlántica se encuentra frente al continente Antártico, de la influencia resultante en su clima, ecología y biología marina, de los vínculos históricos que se remontan a las primeras expediciones que fueran a explorar ese continente y sus aguas, y de sus obligaciones asumidas de conformidad con el Tratado Interamericano de Asistencia Recíproca, el cual incluye una parte del territorio Antártico en la zona descrita en el Artículo 4, en virtud del cual Uruguay comparte la responsabilidad de defender la región.

Al comunicar su decisión de adherir al Tratado Antártico, el Gobierno de la República Oriental del Uruguay declara que hace una reserva de sus derechos en la Antártida de conformidad con el derecho internacional».

Fecha de la medida más reciente: 13 de febrero, 2020

Protocolo al Tratado Antártico sobre Protección del Medio Ambiente, con Anexos I-IV

Realizado: Madrid, 4 de octubre de 1991

Abierto a la firma: en Madrid, el 4 de octubre de 1991 y, en lo sucesivo, en Washington, hasta el 3 de octubre de 1992

Entrada de vigor: 14 de enero, 1998
El Protocolo entró en vigor el trigésimo día siguiente a la fecha de depósito de los instrumentos de ratificación, aceptación, aprobación o adhesión de todos los Estados que sean Partes Consultivas del Tratado Antártico en la fecha de aprobación de este Protocolo (Artículo 23)

Leyenda: (sin marcas) = ratificación; a = adhesión; c = aceptación; d = sucesión; p = aprobación; w = renuncia o acción equivalente

Participante	Firma	Consentimiento vinculante		Fecha de entrada en vigor	Notas
Argentina	4 de octubre, 1991	28 de octubre, 1993		14 de enero, 1998	1
Australia	4 de octubre, 1991	6 de abril, 1994		14 de enero, 1998	
Austria	4 de octubre, 1991				
Belarús		16 de julio, 2008	a	15 de agosto, 2008	
Bélgica	4 de octubre, 1991	26 de abril, 1996		14 de enero, 1998	
Brasil	4 de octubre, 1991	15 de agosto, 1995		14 de enero, 1998	
Bulgaria		21 de abril, 1998	a	21 de mayo, 1998	
Canadá	4 de octubre, 1991	13 de noviembre, 2003		13 de diciembre, 2003	
Chile	4 de octubre, 1991	11 de enero, 1995		14 de enero, 1998	
China	4 de octubre, 1991	2 de agosto, 1994		14 de enero, 1998	
Colombia	4 de octubre, 1991	13 de febrero, 2020	p	14 de marzo, 2020	

Participante	Firma	Consentimiento vinculante		Fecha de entrada en vigor	Notas
República Checa	1 de enero, 1993	25 de agosto, 2004		24 de septiembre, 2004	2
Dinamarca	2 de julio, 1992				
Ecuador	4 de octubre, 1991	4 de enero, 1993		14 de enero, 1998	
Finlandia	4 de octubre, 1991	1 de noviembre, 1996	c	14 de enero, 1998	
Francia	4 de octubre, 1991	5 de febrero, 1993	p	14 de enero, 1998	
Alemania	4 de octubre, 1991	25 de noviembre, 1994		14 de enero, 1998	
Grecia	4 de octubre, 1991	23 de mayo, 1995		14 de enero, 1998	
Hungría	4 de octubre, 1991				
India	2 de julio, 1992	26 de abril, 1996		14 de enero, 1998	
Italia	4 de octubre, 1991	31 de marzo, 1995		14 de enero, 1998	
Japón	29 de septiembre, 1992	15 de diciembre, 1997	c	14 de enero, 1998	
República Popular Democrática de Corea (RPDC)	4 de octubre, 1991				
República de Corea (RdC)	2 de julio, 1992	2 de enero, 1996		14 de enero, 1998	
Malasia		15 de agosto, 2016	a	14 de septiembre, 2016	
Mónaco		1 de julio, 2009	a	31 de julio, 2009	
Países Bajos	4 de octubre, 1991	14 de abril, 1994	c	14 de enero, 1998	3
Nueva Zelandia	4 de octubre, 1991	22 de diciembre, 1994		14 de enero, 1998	
Noruega	4 de octubre, 1991	16 de junio, 1993		14 de enero, 1998	
Pakistán		1 de marzo, 2012	a	31 de marzo, 2012	
Perú	4 de octubre, 1991	8 de marzo, 1993		14 de enero, 1998	
Polonia	4 de octubre, 1991	1 de noviembre, 1995		14 de enero, 1998	
Portugal		10 de septiembre, 2014	a	10 de octubre, 2014	

Participante	**Firma**	**Consentimiento vinculante**		**Fecha de entrada en vigor**	**Notas**
Rumania	4 de octubre, 1991	3 de febrero, 2003		5 de marzo, 2003	
Federación de Rusia	4 de octubre, 1991	6 de agosto, 1997		14 de enero, 1998	
República Eslovaca	1 de enero, 1993				4
Sudáfrica	4 de octubre, 1991	3 de agosto, 1995		14 de enero, 1998	
España	4 de octubre, 1991	1 de julio, 1992		14 de enero, 1998	
Suecia	4 de octubre, 1991	30 de marzo, 1994		14 de enero, 1998	
Suiza	4 de octubre, 1991	2 de mayo, 2017		1 de junio, 2017	5
Turquía		27 de septiembre, 2017	a	27 de octubre, 2017	
Ucrania		25 de mayo, 2001	a	24 de junio, 2001	
Reino Unido	4 de octubre, 1991	25 de abril, 1995		14 de enero, 1998	6
Estados Unidos	4 de octubre, 1991	17 de abril, 1997		14 de enero, 1998	
Uruguay	4 de octubre, 1991	11 de enero, 1995		14 de enero, 1998	
Venezuela		1 de agosto, 2014	a	31 de agosto, 2014	

[1] Acompañada de una declaración con traducción informal proporcionada por la Embajada de Argentina, que reza así: «La República de Argentina declara que dado que el Protocolo al Tratado Antártico sobre Protección del Medio Ambiente es un Acuerdo Complementario del Tratado Antártico, y que su Artículo 4 respeta totalmente lo dispuesto por el Artículo IV, inciso 1, párrafo A) de dicho Tratado, ninguna de sus estipulaciones deberá interpretarse o aplicarse como afectando sus derechos, fundados en títulos jurídicos, actos de posesión, contigüidad y continuidad geológica en la región comprendida al sur del paralelo 60, en la que ha proclamado y mantiene su soberanía».

[2] La República Federal Checa y Eslovaca firmó el Protocolo el 2 de octubre de 1992 y aceptó la jurisdicción de la Corte Internacional de Justicia y el Tribunal de Arbitraje para la resolución de disputas en conformidad con lo establecido en el Artículo 19, párrafo 1 del Protocolo. El 31 de diciembre de 1992, a la medianoche, la República Federal Checa y Eslovaca dejó de existir y fue sucedida por dos Estados separados e independientes, la República Checa y la República Eslovaca. El 1 de enero de 1993 es la fecha efectiva de sucesión de la República Checa al respecto de la firma del Protocolo por parte de la República Federal Checa y Eslovaca.

El instrumento de ratificación del Protocolo depositado por la República Checa se acompañó de una declaración, con una traducción informal proporcionada por la Embajada de la República Checa, que reza así: «La República Checa acepta la jurisdicción de la Corte Internacional de Justicia y el Tribunal de Arbitraje para el establecimiento de disputas de acuerdo con el Artículo 19, párrafo 1 del Protocolo al Tratado Antártico sobre Protección del Medio Ambiente, hecho en Madrid el 4 de octubre de 1991».

[3] La aceptación es para el Reino en Europa. Al momento de la aceptación, el Reino de los Países Bajos declaró que escoge ambos medios para la resolución de las disputas mencionados en el Artículo 19, párrafo 1 del Protocolo, esto es, La Corte internacional de Justicia y el Tribunal de Arbitraje.

El 27 de octubre de 2004, el Reino de los Países Bajos depositó un instrumento, fechado el 15 de octubre de ese año, en el que declara que el Reino de los Países Bajos acepta el Protocolo para las Antillas Neerlandesas con una declaración que confirma que escoge ambos medios mencionados en el Artículo 19, párrafo 1, del Protocolo para la resolución de disputas.

La Embajada del Reino de los Países Bajos en Washington transmitió al Departamento de Estado una nota diplomática, con fecha del 6 de octubre de 2010, que, en la parte correspondiente, dice lo siguiente:

«El Reino de los Países Bajos consiste actualmente de tres partes: los Países Bajos, las Antillas Neerlandesas y Aruba. Las Antillas Neerlandesas son las islas de Curazao, San Martín, Bonaire, San Eustaquio y Saba.

A partir del 10 de octubre de 2010, las Antillas Neerlandesas dejarán de existir como parte del Reino de los Países Bajos. Desde esa fecha en adelante, el Reino consistirá en cuatro partes: los Países Bajos, Aruba, Curazao y San Martín. Curazao y San Martín gozarán de un Gobierno interno autónomo dentro del Reino, al igual que Aruba y, hasta el 10 de octubre de 2010, las Antillas Neerlandesas.

Estos cambios son una modificación de las relaciones constitucionales internas en el Reino de los Países Bajos. El Reino de los Países Bajos permanecerá, en consecuencia, como sujeto de legislación internacional con el que se concluirán los acuerdos. Por lo tanto, la modificación de la estructura del Reino no afectará la validez de los acuerdos internacionales ratificados por el Reino para las Antillas Neerlandesas; y estos acuerdos seguirán aplicándose a Curazao y San Martín.

Las otras islas que hasta ahora han formado parte de las Antillas Neerlandesas —Bonaire, San Eustaquio y Saba— serán parte de los Países Bajos y, de ese modo, conformarán "la parte caribeña de los Países Bajos". Los acuerdos que se aplican actualmente a las Antillas Neerlandesas seguirán aplicándose a estas islas; no obstante, el Gobierno de los Países Bajos será entonces responsable de implementar estos acuerdos».

[4] La República Federal Checa y Eslovaca firmó el Protocolo el 2 de octubre de 1992 y aceptó la jurisdicción de la Corte Internacional de Justicia y el Tribunal de Arbitraje para la resolución de disputas en conformidad con lo establecido en el Artículo 19, párrafo 1 del Protocolo. El 31 de diciembre de 1992, a la medianoche, la República Federal Checa y Eslovaca dejó de existir y fue sucedida por dos Estados separados e independientes, la República Checa y la República Eslovaca. El 1 de enero de 1993 es la fecha efectiva de sucesión de la República Eslovaca al respecto de la firma del Protocolo por parte de la República Federal Checa y Eslovaca.

[5] En el instrumento de ratificación del Protocolo presentado por Suiza, se incluye una declaración, de conformidad con el Artículo 19, párrafo 1, del Protocolo, por la cual Suiza elige la Corte Internacional de Justicia para la resolución de disputas.

[6] Ratificación en nombre del Reino Unido de Gran Bretaña e Irlanda del Norte, el Bailiazgo de Jersey, el Bailiazgo de Guernsey, la isla de Man, Anguilla, Bermuda, el Territorio Antártico Británico, las islas Caimán, las islas Malvinas (Falkland Islands), Montserrat, Santa Helena y sus dependencias, las islas Georgias y Sandwich del Sur, las islas Turcas y Caicos, y las islas Vírgenes Británicas.

Fecha de la medida más reciente: 13 de febrero, 2020

Anexo V sobre protección y gestión de zonas del Protocolo al Tratado Antártico sobre Protección del Medio Ambiente

Realizado: Bonn, 17 de octubre de 1991

Abierto a la firma: no sujeto a firma. Hecho en Bonn el 17 de octubre de 1991, según Recomendación 10 adoptada por la XVI Reunión Consultiva del Tratado Antártico.

Entrada de vigor: 24 de mayo, 2002

El Anexo entró en vigor en la fecha en la que lo hizo el Protocolo Protección del Medio Ambiente y en la que la Recomendación 10 adoptada por la XVI Reunión Consultiva del Tratado Antártico recibió la aprobación de todas las Partes Consultivas con derecho a asistir a la XVI Reunión Consultiva del Tratado Antártico.

Leyenda: (sin marcas) = ratificación; a = adhesión; d = sucesión; c = aceptación; p = aprobación; h =cumplimiento

Participante	Consentimiento vinculante		Fecha de entrada en vigor	Notas
Argentina	4 de agosto, 1995	c	24 de mayo, 2002	
Australia	7 de junio, 1995	p	24 de mayo, 2002	
Belarús	4 de noviembre, 2019	p	4 de noviembre, 2019	
Bélgica	23 de octubre, 2000	p	24 de mayo, 2002	
Brasil	20 de mayo, 1998	p	24 de mayo, 2002	
Bulgaria	5 de mayo, 1999	p	24 de mayo, 2002	
Chile	25 de marzo, 1998	p	24 de mayo, 2002	
República Popular de China	26 de enero, 1995	p	24 de mayo, 2002	
Colombia	13 de febrero, 2020	p	14 de marzo, 2020	
República Checa	23 de abril, 2014	p	23 de abril, 2014	
Ecuador	15 de noviembre, 2001	p	24 de mayo, 2002	
Finlandia	2 de abril, 1997	p	24 de mayo, 2002	
Francia	26 de abril, 1995	p	24 de mayo, 2002	
Alemania	1 de septiembre, 1998	p	24 de mayo, 2002	
India	24 de mayo, 2002	p	24 de mayo, 2002	
Italia	11 de febrero, 1998	p	24 de mayo, 2002	

Participante	Consentimiento vinculante		Fecha de entrada en vigor	Notas
Japón	15 de diciembre, 1997	p	24 de mayo, 2002	
República de Corea (RdC)	5 de junio, 1996	p	24 de mayo, 2002	
Países Bajos	18 de marzo, 1998	p	24 de mayo, 2002	
Nueva Zelandia	21 de octubre, 1992	p	24 de mayo, 2002	
Noruega	13 de octubre, 1993	p	24 de mayo, 2002	
Perú	17 de marzo, 1999	p	24 de mayo, 2002	
Polonia	20 de septiembre, 1995	p	24 de mayo, 2002	
Rumania	3 de febrero, 2003	c	5 de marzo, 2003	
Federación de Rusia	19 de junio, 2001	p	24 de mayo, 2002	
Sudáfrica	14 de junio, 1995	p	24 de mayo, 2002	
España	18 de febrero, 2000	p	24 de mayo, 2002	
Suecia	7 de abril, 1994	p	24 de mayo, 2002	
Suiza	2 de mayo, 2017	c	1 de junio, 2017	
Ucrania	25 de mayo, 2001	c	24 de mayo, 2002	
Reino Unido	21 de mayo, 1996	p	24 de mayo, 2002	
Estados Unidos	6 de mayo, 1998	p	24 de mayo, 2002	
Uruguay	15 de mayo, 1995	p	24 de mayo, 2002	

Fecha de la medida más reciente: 13 de febrero, 2020

Anexo VI sobre responsabilidad emanada de emergencias ambientales del Protocolo al Tratado Antártico sobre Protección del Medio Ambiente

Realizado: Estocolmo, 17 de junio de 2005

Abierto a la firma: no sujeto a firma. Hecho en Estocolmo el 17 de junio de 2005, según Medida 1 adoptada por la XXVIII Reunión Consultiva del Tratado Antártico.

Entrada de vigor: pendiente de entrada de vigor

El Anexo entra en vigor en la fecha en la que la Medida 1 adoptada en la XXVIII Reunión Consultiva del Tratado Antártico reciba la aprobación de todas las Partes Consultivas con derecho a asistir a la XVI Reunión Consultiva del Tratado Antártico.

Leyenda: (sin marcas) = ratificación; a = adhesión; d = sucesión; c = aceptación; p = aprobación; h = cumplimiento

Participante	Consentimiento vinculante		Fecha de entrada en vigor	Notas
Australia	15 de mayo, 2014	p		
Colombia	13 de febrero, 2020	p		
Ecuador	11 de mayo, 2016	p		
Finlandia	14 de diciembre, 2010	p		
Alemania	15 de septiembre, 2017	p		
Italia	12 de octubre, 2011	p		
Países Bajos	28 de abril, 2014	p		1
Nueva Zelandia	31 de mayo, 2013	p		
Noruega	24 de mayo, 2013	p		
Perú	10 de julio, 2007	p		
Polonia	15 de enero, 2009	p		
Federación de Rusia	24 de abril, 2013	p		
Sudáfrica	12 de noviembre, 2013	p		
España	17 de diciembre, 2008	p		
Suecia	8 de junio, 2006	p		
Ucrania	14 de junio, 2018	p		
Reino Unido	18 de abril, 2013	p		
Uruguay	23 de agosto, 2017	p		

[1] La aprobación de 28 de abril de 2014 es para la parte europea de los Países Bajos. El 3 de septiembre de 2014, los Países Bajos aprobaron la Medida 1 (2005) para su parte caribeña (las islas Bonaire, San Eustaquio y Saba).

Aprobación, notificada al Gobierno de los Estados Unidos de América, de las medidas relativas a la promoción de los principios y objetivos del Tratado Antártico

	16 Recomendaciones aprobadas en la Primera Reunión (Canberra, 1961)	**10 Recomendaciones aprobadas en la Segunda Reunión (Buenos Aires, 1962)**	**11 Recomendaciones aprobadas en la Tercera Reunión (Bruselas, 1964)**	**28 Recomendaciones aprobadas en la Cuarta Reunión (Santiago, 1966)**	**9 Recomendaciones aprobadas en la Quinta Reunión (París, 1968)**	**15 Recomendaciones aprobadas en la Sexta Reunión (Tokio, 1970)**
	Aprobadas	**Aprobadas**	**Aprobadas**	**Aprobadas**	**Aprobadas**	**Aprobadas**
Argentina	TODAS	TODAS	TODAS	TODAS	TODAS	TODAS
Australia	TODAS	TODAS	TODAS	TODAS	TODAS	TODAS
Bélgica	TODAS	TODAS	TODAS	TODAS	TODAS	TODAS
Brasil (1983)+	TODAS	TODAS	TODAS	TODAS	TODAS	TODAS excepto 10
Bulgaria (1998)+						
Chile	TODAS	TODAS	TODAS	TODAS	TODAS	TODAS
China (1985)+	TODAS	TODAS	TODAS	TODAS	TODAS	TODAS excepto 10
Rep. Checa (2014)+	1-7, 10 y 12-14	1, 4, 6-7 y 9	1-2, 7 y 11	14-15, 18, 21-24 y 27	2-3 y 6-7	1, 3, 5-7 y 10-13
Ecuador (1990)+						
Finlandia (1989)+						
Francia	TODAS	TODAS	TODAS	TODAS	TODAS	TODAS
Alemania (1981)+	TODAS	TODAS	TODAS excepto 8	TODAS excepto 16-19	TODAS excepto 6	TODAS excepto 9
India (1983)+	TODAS	TODAS	TODAS excepto 8***	TODAS excepto 18	TODAS	TODAS excepto 9 y 10
Italia (1987)+	TODAS	TODAS	TODAS	TODAS	TODAS	TODAS
Japón	TODAS	TODAS	TODAS	TODAS	TODAS	TODAS
Rep. de Corea (1989	TODAS	TODAS	TODAS	TODAS	TODAS	TODAS
Países Bajos (1990)·	TODAS excepto 11 y 15	TODAS excepto 3, 5, 8 y 10	TODAS excepto 3, 4, 6 y 9	TODAS excepto 20, 25, 26 y 28	TODAS excepto 1, 8 y 9	TODAS excepto 15
Nueva Zelandia	TODAS	TODAS	TODAS	TODAS	TODAS	TODAS
Noruega	TODAS	TODAS	TODAS	TODAS	TODAS	TODAS
Perú (1989)+	TODAS	TODAS	TODAS	TODAS	TODAS	TODAS
Polonia (1977)+	TODAS	TODAS	TODAS	TODAS	TODAS	TODAS
Rusia	TODAS	TODAS	TODAS	TODAS	TODAS	TODAS
Sudáfrica	TODAS	TODAS	TODAS	TODAS	TODAS	TODAS
España (1988)+	TODAS	TODAS	TODAS	TODAS	TODAS	TODAS
Suecia (1988)+						
Reino Unido	TODAS	TODAS	TODAS	TODAS	TODAS	TODAS
Uruguay (1985)+	TODAS	TODAS	TODAS	TODAS	TODAS	TODAS
EE. UU.	TODAS	TODAS	TODAS	TODAS	TODAS	TODAS

* IV-6, IV-10, IV-12 y V-5 rescindidas por VIII-2
*** Aceptada como directriz provisional
+ Año en que obtuvo carácter consultivo. Dicho Estado necesita aceptar las Recomendaciones o Medidas para que entren en vigor a partir de ese año.

Aprobación, notificada al Gobierno de los Estados Unidos de América, de las medidas relativas a la promoción de los principios y objetivos del Tratado Antártico

	9 Recomendaciones aprobadas en la Séptima Reunión (Wellington, 1972)	14 Recomendaciones aprobadas en la Octava Reunión (Oslo, 1975)	6 Recomendaciones aprobadas en la Novena Reunión (Londres, 1977)	9 Recomendaciones aprobadas en la Décima Reunión (Washington, 1979)	3 Recomendaciones aprobadas en la Décima Primera Reunión (Buenos Aires, 1981)	8 Recomendaciones aprobadas en la Décima Segunda Reunión (Canberra, 1983)
	Aprobadas	Aprobadas	Aprobadas	Aprobadas	Aprobadas	Aprobadas
Argentina	TODAS	TODAS	TODAS	TODAS	TODAS	TODAS
Australia	TODAS	TODAS	TODAS	TODAS	TODAS	TODAS
Bélgica	TODAS	TODAS	TODAS	TODAS	TODAS	TODAS
Brasil (1983)+	TODAS excepto 5	TODAS	TODAS	TODAS	TODAS	TODAS
Bulgaria (1998)+						
Chile	TODAS	TODAS	TODAS	TODAS	TODAS	TODAS
China (1985)+	TODAS excepto 5	TODAS	TODAS	TODAS	TODAS	TODAS
Rep. Checa (2014)+	4 y 6-8	1, 4, 6-10, 12 y 14	1 y 2	1-3 y 8	TODAS excepto 2	TODAS excepto 3-5
Ecuador (1990)+						
Finlandia (1989)+						
Francia	TODAS	TODAS	TODAS	TODAS	TODAS	TODAS
Alemania (1981)+	TODAS excepto 5	TODAS excepto 2 y 5	TODAS	TODAS	TODAS	TODAS
India (1983)+	TODAS	TODAS	TODAS	TODAS excepto 1 y 9	TODAS	TODAS
Italia (1987)+	TODAS excepto 5	TODAS	TODAS	TODAS excepto 1 y 9		
Japón	TODAS	TODAS	TODAS	TODAS	TODAS	TODAS
Rep. de Corea (198ﾇ	TODAS	TODAS	TODAS	TODAS	TODAS	TODAS
Países Bajos (1990)	TODAS	TODAS	TODAS excepto 3	TODAS excepto 9	TODAS excepto 2	TODAS
Nueva Zelandia	TODAS	TODAS	TODAS	TODAS	TODAS	TODAS
Noruega	TODAS	TODAS	TODAS	TODAS	TODAS	TODAS
Perú (1989)+	TODAS	TODAS	TODAS	TODAS	TODAS	
Polonia (1977)+	TODAS	TODAS	TODAS	TODAS	TODAS	TODAS
Rusia	TODAS	TODAS	TODAS	TODAS	TODAS	TODAS
Sudáfrica	TODAS	TODAS	TODAS	TODAS	TODAS	TODAS
España (1988)+	TODAS	TODAS	TODAS	TODAS excepto 1 y 9	TODAS excepto 1	TODAS
Suecia (1988)+						
Reino Unido	TODAS	TODAS	TODAS	TODAS	TODAS	TODAS
Uruguay (1985)+	TODAS	TODAS	TODAS	TODAS	TODAS	TODAS
EE. UU.	TODAS	TODAS	TODAS	TODAS	TODAS	TODAS

* IV-6, IV-10, IV-12 y V-5 rescindidas por VIII-2
*** Aceptada como directriz provisional
\+ Año en que obtuvo carácter consultivo. Dicho Estado necesita aceptar las Recomendaciones o Medidas para que entren en vigor a partir de ese año.

Aprobación, notificada al Gobierno de los Estados Unidos de América, de las medidas relativas a la promoción de los principios y objetivos del Tratado Antártico

	16 Recomendaciones aprobadas en la Décima Tercera Reunión (Bruselas, 1985)	10 Recomendaciones aprobadas en la Décima Cuarta Reunión (Río de Janeiro, 1987)	22 Recomendaciones aprobadas en la Décima Quinta Reunión (París, 1989)	13 Recomendaciones aprobadas en la Décima Sexta Reunión (Bonn, 1991)	4 Recomendaciones aprobadas en la Décima Séptima Reunión (Venecia, 1992)	1 Recomendación aprobada en la Décima Octava Reunión (Kioto, 1994)
	Aprobadas	**Aprobadas**	**Aprobadas**	**Aprobadas**	**Aprobadas**	**Aprobadas**
Argentina	TODAS	TODAS	TODAS	TODAS	TODAS	TODAS
Australia	TODAS	TODAS	TODAS	TODAS	TODAS	TODAS
Bélgica	TODAS	TODAS	TODAS	TODAS	TODAS	TODAS
Brasil (1983)+	TODAS	TODAS	TODAS	TODAS	TODAS	TODAS
Bulgaria (1998)+				XVI-10		
Chile	TODAS	TODAS	TODAS	TODAS	TODAS	TODAS
China (1985)+	TODAS	TODAS	TODAS	TODAS	TODAS	TODAS
Rep. Checa (2014)+	1-3, 5-6, 8, 11 y 15-16	1, 3, 5, 7-8 y 10	2, 5, 12-19 y 21	1, 2, 5-6 y 10-12	TODAS excepto 2	TODAS
Ecuador (1990)+				1, 2, 5, 6, 10 y 12	TODAS excepto 2 y 3	TODAS
Finlandia (1989)+			TODAS	TODAS	TODAS	TODAS
Francia	TODAS	TODAS	TODAS	TODAS	TODAS	TODAS
Alemania (1981)+	TODAS	TODAS	TODAS excepto 3, 8, 10, 11 y 22	TODAS	TODAS	TODAS
India (1983)+	TODAS	TODAS	TODAS	TODAS	TODAS	TODAS
Italia (1987)+		TODAS	TODAS	TODAS	TODAS	TODAS
Japón	TODAS	TODAS	TODAS	TODAS excepto 3-9 y 13	TODAS excepto 1-2 y 4	TODAS
Rep. de Corea (1989)+	TODAS	TODAS	TODAS excepto 1-4, 6-11, 16, 18 y 19	TODAS	TODAS excepto 1	TODAS
Países Bajos (1990)+	TODAS	TODAS excepto 9	TODAS excepto 22	TODAS	TODAS	TODAS
Nueva Zelandia	TODAS	TODAS	TODAS	TODAS	TODAS	TODAS
Noruega	TODAS	TODAS	TODAS	TODAS	TODAS	TODAS
Perú (1989)+			TODAS excepto 22	TODAS excepto 13	TODAS	TODAS
Polonia (1977)+	TODAS	TODAS	TODAS	TODAS	TODAS	TODAS
Rusia	TODAS	TODAS	TODAS	TODAS	TODAS	TODAS
Sudáfrica	TODAS	TODAS	TODAS	TODAS	TODAS	TODAS
España (1988)+	TODAS	TODAS	TODAS	TODAS	TODAS	TODAS
Suecia (1988)+			TODAS	TODAS	TODAS	TODAS
Reino Unido	TODAS	TODAS excepto 2	TODAS excepto 3, 4,8,10 y 11	TODAS excepto 4, 6, 8 y 9	TODAS	TODAS
Uruguay (1985)+	TODAS	TODAS	TODAS	TODAS	TODAS	TODAS
EE. UU.	TODAS	TODAS	TODAS excepto 1-4, 10 y 11	TODAS	TODAS	TODAS

* IV-6, IV-10, IV-12 y V-5 rescindidas por VIII-2
*** Aceptada como directriz provisional
+ Año en que obtuvo carácter consultivo. Dicho Estado necesita aceptar las Recomendaciones o Medidas para que entren en vigor a partir de ese año.

Aprobación, notificada al Gobierno de los Estados Unidos de América, de las medidas relativas a la promoción de los principios y objetivos del Tratado Antártico

	5 medidas aprobadas en la Decimonovena Reunión (Seúl, 1995)	**2 medidas aprobadas en la Vigésima Reunión (Utrecht, 1996)**	**5 medidas aprobadas en la Vigésima Primera Reunión (Christchurch, 1997)**	**2 medidas aprobadas en la Vigésima Segunda Reunión (Tromso, 1998)**	**1 Medida aprobada en la Vigésima Tercera Reunión (Lima, 1999)**
	Aprobadas	**Aprobadas**	**Aprobadas**	**Aprobadas**	**Aprobadas**
Argentina	TODAS	TODAS	TODAS	TODAS	TODAS
Australia	TODAS	TODAS	TODAS	TODAS	TODAS
Bélgica	TODAS	TODAS	TODAS	TODAS	TODAS
Brasil (1983)+	TODAS	TODAS	TODAS	TODAS	TODAS
Bulgaria (1998)+					
Chile	TODAS	TODAS	TODAS	TODAS	TODAS
China (1985)+	TODAS	TODAS	TODAS	TODAS	TODAS
Rep. Checa (2014)+	TODAS excepto 1 y 2	TODAS excepto 1	TODAS excepto 1 y 2	TODAS excepto 1	
Ecuador (1990)+	XIX-3		XXI-3		
Finlandia (1989)+	TODAS	TODAS	TODAS	TODAS	TODAS
Francia	TODAS	TODAS	TODAS	TODAS	TODAS
Alemania (1981)+	TODAS	TODAS	TODAS	TODAS	TODAS
India (1983)+	TODAS	TODAS	TODAS	TODAS	TODAS
Italia (1987)+	TODAS	TODAS			
Japón	TODAS excepto 2 y 5	TODAS excepto 1	TODAS excepto 1-2 y 5		
Rep. de Corea (1989)	TODAS	TODAS	TODAS	TODAS	TODAS
Países Bajos (1990)+	TODAS	TODAS	TODAS	TODAS	TODAS
Nueva Zelandia	TODAS	TODAS	TODAS	TODAS	TODAS
Noruega	TODAS	TODAS	TODAS		
Perú (1989)+	TODAS	TODAS	TODAS	TODAS	TODAS
Polonia (1977)+	TODAS	TODAS	TODAS	TODAS	TODAS
Rusia	TODAS	TODAS	TODAS	TODAS	TODAS
Sudáfrica	TODAS	TODAS	TODAS	TODAS	TODAS
España (1988)+	TODAS	TODAS	TODAS	TODAS	TODAS
Suecia (1988)+	TODAS	TODAS	TODAS	TODAS	TODAS
Reino Unido	TODAS	TODAS	TODAS	TODAS	TODAS
Uruguay (1985)+	TODAS	TODAS	TODAS	TODAS	TODAS
EE. UU.	TODAS	TODAS	TODAS	TODAS	TODAS

«+Año en que obtuvo carácter consultivo. Dicho Estado necesita aceptar las Recomendaciones o Medidas para que entren en vigor a partir de ese año».

Aprobación, notificada al Gobierno de los Estados Unidos de América, de las medidas relativas a la promoción de los principios y objetivos del Tratado Antártico

	2 medidas aprobadas en la Duodécima Reunión Especial (La Haya, 2000)	3 medidas aprobadas en la Vigésima Cuarta Reunión (San Petersburgo, 2001)	1 Medida aprobada en la Vigésima Quinta Reunión (Varsovia, 2002)	3 medidas aprobadas en la Vigésima Sexta Reunión (Madrid, 2003)	4 medidas aprobadas en la Vigésima Séptima Reunión (Ciudad del Cabo, 2004)
	Aprobadas	Aprobadas	Aprobadas	Aprobadas	Aprobadas
Argentina			*	XXVI-1, XXVI-2 *, XXVI-3 **	XXVII-1 *, XXVII-2 *, XXVII-3 **, XXVII-4
Australia	TODAS	TODAS	TODAS	XXVI-1, XXVI-2 *, XXVI-3 **	XXVII-1 *, XXVII-2 *, XXVII-3 **, XXVII-4
Bélgica	TODAS	TODAS	TODAS	TODAS	TODAS
Brasil (1983)+	TODAS	TODAS	TODAS	TODAS	XXVII-1, XXVII-2, XXVII-3
Bulgaria (1998)+			*	XXVI-1, XXVI-2 *, XXVI-3 **	XXVII-1 *, XXVII-2 *, XXVII-3 **
Chile	TODAS	TODAS	TODAS	TODAS	TODAS
China (1985)+	TODAS	TODAS	TODAS	TODAS	XXVII-1 *, XXVII-2 *, XXVII-3 **
Rep. Checa (2014)+	TODAS	TODAS	TODAS	TODAS	TODAS
Ecuador (1990)+	RCETA XII-1	XXIV-3	*	XXVI-1, XXVI-2 *, XXVI-3 **	XXVII-1 *, XXVII-2 *, XXVII-3 **, XXVII-4
Finlandia (1989)+	TODAS	TODAS	*	XXVI-1, XXVI-2 *, XXVI-3 **	XXVII-1 *, XXVII-2 *, XXVII-3 **, XXVII-4
Francia	TODAS excepto RCETA XII-2	TODAS	*	XXVI-1, XXVI-2 *, XXVI-3 **	XXVII-1, XXVII-2 *, XXVII-3, XXVII-4
Alemania (1981)+	TODAS	TODAS	TODAS	TODAS	XXVII-1 *, XXVII-2 *, XXVII-3 **
India (1983)+	TODAS	TODAS	TODAS	TODAS	XXVII-1 *, XXVII-2 *, XXVII-3 **
Italia (1987)+			*	XXVI-1, XXVI-2 *, XXVI-3 **	XXVII-1 *, XXVII-2 *, XXVII-3 **
Japón		TODAS	*	TODAS	XXVII-1 *, XXVII-2 *, XXVII-3 **, XXVII-4
Rep. de Corea (1989)+	TODAS	TODAS	*	XXVI-1, XXVI-2 *, XXVI-3 **	XXVII-1 *, XXVII-2 *, XXVII-3 **
Países Bajos (1990)+	TODAS	TODAS	TODAS	TODAS	TODAS
Nueva Zelandia	TODAS	TODAS	TODAS	TODAS	XXVII-1 *, XXVII-2 *, XXVII-3 **, XXVII-4
Noruega		TODAS	*	XXVI-1, XXVI-2 *, XXVI-3 **	XXVII-1 *, XXVII-2 *, XXVII-3 **, XXVII-4
Perú (1989)+	TODAS	TODAS	TODAS	XXVI-1, XXVI-2 *, XXVI-3 **	XXVII-1 *, XXVII-2 *, XXVII-3 **
Polonia (1977)+		TODAS	TODAS	TODAS	TODAS
Rusia	TODAS	TODAS	TODAS	XXVI-1, XXVI-2, XXVI-3 **	XXVII-1 *, XXVII-2 *, XXVII-3 **, XXVII-4
Sudáfrica	TODAS	TODAS	TODAS	TODAS	TODAS
España (1988)+			*	XXVI-1, XXVI-2 *, XXVI-3 **	XXVII-1 *, XXVII-2 *, XXVII-3 **
Suecia (1988)+	TODAS	TODAS	TODAS	TODAS	XXVII-1 *, XXVII-2 *, XXVII-3 **
Ucrania (2004)+					XXVII-1 *, XXVII-2 *, XXVII-3 **, XXVII-4
Reino Unido	TODAS excepto RCETA XII-2	TODAS excepto XXIV-3	TODAS	TODAS	XXVII-1 *, XXVII-2 *, XXVII-3 **, XXVII-4
Uruguay (1985)+	TODAS	TODAS	*	XXVI-1, XXVI-2 *, XXVI-3	XXVII-1 *, XXVII-2 *, XXVII-3 **, XXVII-4
EE. UU.	TODAS	TODAS	*	XXVI-1, XXVI-2 *, XXVI-3 **	XXVII-1 *, XXVII-2 *, XXVII-3 **

«+Año en que obtuvo carácter consultivo. Dicho Estado necesita aceptar las Recomendaciones o Medidas para que entren en vigor a partir de ese año».

* Se consideró que los planes de gestión anexos a la presente Medida habían sido aprobados de conformidad con el Artículo 6(1) del Anexo V del Protocolo al Tratado Antártico sobre Protección del Medio Ambiente y que la Medida no especificaba otro método de aprobación.

** El listado revisado y actualizado de Sitios y Monumentos Históricos anexo a la Medida se consideró aprobado de conformidad con el Artículo 8(2) del Anexo V del Protocolo al Tratado Antártico sobre Protección del Medio Ambiente y se consideró que la Medida no especificaba otro método de aprobación.

Aprobación, notificada al Gobierno de los Estados Unidos de América, de las medidas relativas a la promoción de los principios y objetivos del Tratado Antártico

	5 medidas aprobadas en la Vigésima Octava Reunión (Estocolmo, 2005)	4 medidas aprobadas en la Vigésima Novena Reunión (Edimburgo, 2006)	3 medidas aprobadas en la Trigésima Reunión (Nueva Delhi, 2007)	14 medidas aprobadas en la Trigésima Primera Reunión (Kiev, 2008)
	Aprobadas	Aprobadas	Aprobadas	Aprobadas
Argentina	XXVIII-2 *, XXVIII-3 *, XXVIII-4 *, XXVIII-5 **	XXIX-1 *, XXIX-2 *, XXIX-3 **, XXIX-4 ***	XXX-1 *, XXX-2 *, XXX-3 **	XXXI-1 - XXXI-14 *
Australia	XXVIII-1, XXVIII-2 *, XXVIII-3 *, XXVIII-4 *, XXVIII-5 **	XXIX-1 *, XXIX-2 *, XXIX-3 **, XXIX-4 ***	XXX-1 *, XXX-2 *, XXX-3 **	XXXI-1 - XXXI-14 *
Bélgica	TODAS excepto la Medida 1	TODAS	TODAS	TODAS
Brasil (1983)+	TODAS excepto la Medida 1	XXIX-1 *, XXIX-2 *, XXIX-3 **, XXIX-4 ***	XXX-1 *, XXX-2 *, XXX-3 **	XXXI-1 - XXXI-14 *
Bulgaria (1998)+	XXVIII-2 *, XXVIII-3 *, XXVIII-4 *, XXVIII-5 **	XXIX-1 *, XXIX-2 *, XXIX-3 **, XXIX-4 ***	XXX-1 *, XXX-2 *, XXX-3 **	XXXI-1 - XXXI-14 *
Chile	TODAS excepto la Medida 1	XXIX-1 *, XXIX-2 *, XXIX-3 **, XXIX-4 ***	XXX-1 *, XXX-2 *, XXX-3 **	XXXI-1 - XXXI-14 *
China (1985)+	XXVIII-2 *, XXVIII-3 *, XXVIII-4 *, XXVIII-5 **	XXIX-1 *, XXIX-2 *, XXIX-3 **, XXIX-4 ***	XXX-1 *, XXX-2 *, XXX-3 **	XXXI-1 - XXXI-14 *
Rep. Checa (2014)+	TODAS excepto la Medida 1	TODAS	TODAS	TODAS excepto la Medida 8
Ecuador (1990)+	XXVIII-1, XXVIII-2 *, XXVIII-3 *, XXVIII-4 *, XXVIII-5 **	XXIX-1 *, XXIX-2 *, XXIX-3 **, XXIX-4 ***	XXX-1 *, XXX-2 *, XXX-3 **	XXXI-1 - XXXI-14 *
Finlandia (1989)+	XXVIII-1, XXVIII-2 *, XXVIII-3 *, XXVIII-4 *, XXVIII-5 **	XXIX-1 *, XXIX-2 *, XXIX-3 **, XXIX-4 ***	XXX-1 *, XXX-2 *, XXX-3 **	XXXI-1 - XXXI-14 *
Francia	XXVIII-2 *, XXVIII-3 *, XXVIII-4 *, XXVIII-5 **	XXIX-1 *, XXIX-2 *, XXIX-3 **, XXIX-4 ***	XXX-1 *, XXX-2 *, XXX-3 **	XXXI-1 - XXXI-14 *
Alemania (1981)+	XXVIII-1, XXVIII-2 *, XXVIII-3 *, XXVIII-4 *, XXVIII-5 **	XXIX-1 *, XXIX-2 *, XXIX-3 **, XXIX-4 ***	XXX-1 *, XXX-2 *, XXX-3 **	XXXI-1 - XXXI-14 *
India (1983)+	XXVIII-2 *, XXVIII-3 *, XXVIII-4 *, XXVIII-5 **	XXIX-1 *, XXIX-2 *, XXIX-3 **, XXIX-4 ***	XXX-1 *, XXX-2 *, XXX-3 **	XXXI-1 - XXXI-14 *
Italia (1987)+	XXVIII-1, XXVIII-2 *, XXVIII-3 *, XXVIII-4 *, XXVIII-5 **	XXIX-1 *, XXIX-2 *, XXIX-3 **, XXIX-4 ***	XXX-1 *, XXX-2 *, XXX-3 **	XXXI-1 - XXXI-14 *
Japón	XXVIII-2 *, XXVIII-3 *, XXVIII-4 *, XXVIII-5 **	XXIX-1 *, XXIX-2 *, XXIX-3 **, XXIX-4 ***	XXX-1 *, XXX-2 *, XXX-3 **	XXXI-1 - XXXI-14 *
Rep. de Corea (1989)+	XXVIII-2 *, XXVIII-3 *, XXVIII-4 *, XXVIII-5 **	XXIX-1 *, XXIX-2 *, XXIX-3 **, XXIX-4 ***	XXX-1 *, XXX-2 *, XXX-3 **	XXXI-1 - XXXI-14 *
Países Bajos (1990)+	TODAS	TODAS	TODAS	TODAS
Nueva Zelandia	XXVIII-1, XXVIII-2 *, XXVIII-3 *, XXVIII-4 *, XXVIII-5 **	XXIX-1 *, XXIX-2 *, XXIX-3 **, XXIX-4 ***	XXX-1 *, XXX-2 *, XXX-3 **	XXXI-1 - XXXI-14 *
Noruega	XXVIII-1, XXVIII-2 *, XXVIII-3 *, XXVIII-4 *, XXVIII-5 **	XXIX-1 *, XXIX-2 *, XXIX-3 **, XXIX-4 ***	XXX-1 *, XXX-2 *, XXX-3 **	XXXI-1 - XXXI-14 *
Perú (1989)+	XXVIII-1, XXVIII-2 *, XXVIII-3 *, XXVIII-4 *, XXVIII-5 **	XXIX-1 *, XXIX-2 *, XXIX-3 **, XXIX-4 ***	XXX-1 *, XXX-2 *, XXX-3 **	XXXI-1 - XXXI-14 *
Polonia (1977)+	TODAS	TODAS	TODAS	XXXI-1 - XXXI-14 *
Rusia	XXVIII-1, XXVIII-2 *, XXVIII-3 *, XXVIII-4 *, XXVIII-5 **	XXIX-1 *, XXIX-2 *, XXIX-3 **, XXIX-4 ***	XXX-1 *, XXX-2 *, XXX-3 **	XXXI-1 - XXXI-14 *
Sudáfrica	XXVIII-1, XXVIII-2 *, XXVIII-3 *, XXVIII-4 *, XXVIII-5 **	TODAS	XXX-1 *, XXX-2 *, XXX-3 **	XXXI-1 - XXXI-14 *
España (1988)+	XXVIII-1, XXVIII-2 *, XXVIII-3 *, XXVIII-4 *, XXVIII-5 **	XXIX-1 *, XXIX-2 *, XXIX-3 **, XXIX-4 ***	XXX-1 *, XXX-2 *, XXX-3 **	XXXI-1 - XXXI-14 *
Suecia (1988)+	XXVIII-1, XXVIII-2 *, XXVIII-3 *, XXVIII-4 *, XXVIII-5 **	XXIX-1 *, XXIX-2 *, XXIX-3 **, XXIX-4 ***	XXX-1 *, XXX-2 *, XXX-3 **	XXXI-1 - XXXI-14 *
Ucrania (2004)+	XXVIII-1, XXVIII-2 *, XXVIII-3 *, XXVIII-4 *, XXVIII-5 **	XXIX-1 *, XXIX-2 *, XXIX-3 **, XXIX-4 ***	XXX-1 *, XXX-2 *, XXX-3 **	XXXI-1 - XXXI-14 *
Reino Unido	XXVIII-1, XXVIII-2 *, XXVIII-3 *, XXVIII-4 *, XXVIII-5 **	XXIX-1 *, XXIX-2 *, XXIX-3 **, XXIX-4 ***	XXX-1 *, XXX-2 *, XXX-3 **	XXXI-1 - XXXI-14 *
Uruguay (1985)+	XXVIII-1, XXVIII-2 *, XXVIII-3 *, XXVIII-4 *, XXVIII-5 **	XXIX-1 *, XXIX-2 *, XXIX-3 **, XXIX-4 ***	XXX-1 *, XXX-2 *, XXX-3 **	XXXI-1 - XXXI-14 *
EE. UU.	XXVIII-2 *, XXVIII-3 *, XXVIII-4 *, XXVIII-5 **	XXIX-1 *, XXIX-2 *, XXIX-3 **, XXIX-4 ***	XXX-1 *, XXX-2 *, XXX-3 **	XXXI-1 - XXXI-14 *

«+Año en que obtuvo carácter consultivo. Dicho Estado necesita aceptar las Recomendaciones o Medidas para que entren en vigor a partir de ese año».

* Se consideró que los planes de gestión anexos a la Medida se habían aprobado de conformidad con el Artículo 6(1) del Anexo V del Protocolo al Tratado Antártico sobre Protección del Medio Ambiente y que la Medida no especificaba otro método de aprobación.

** El listado revisado y actualizado de Sitios y Monumentos Históricos anexo a la Medida se consideró aprobado de conformidad con el Artículo 8(2) del Anexo V del Protocolo al Tratado Antártico sobre Protección del Medio Ambiente y se consideró que la Medida no especificaba otro método de aprobación.

*** La modificación del Apéndice A del Anexo II del Protocolo al Tratado Antártico sobre Protección del Medio Ambiente se consideró aprobada de conformidad con el Artículo 9(1) del Anexo II del Protocolo al Tratado Antártico sobre Protección del Medio Ambiente y la Medida no especificaba otro método de aprobación.

Aprobación, notificada al Gobierno de los Estados Unidos de América, de las medidas relativas a la promoción de los principios y objetivos del Tratado Antártico

	16 medidas aprobadas en la Trigésima Segunda Reunión (Baltimore, 2009)	15 medidas aprobadas en la Trigésima Tercera Reunión (Punta del Este, 2010)	12 medidas aprobadas en la Trigésima Cuarta Reunión (Buenos Aires, 2011)	11 medidas aprobadas en la Trigésima Quinta Reunión (Hobart, 2012)	21 medidas aprobadas en la Trigésima Sexta Reunión (Bruselas, 2013)
	Aprobadas	**Aprobadas**	**Aprobadas**	**Aprobadas**	**Aprobadas**
Argentina	XXXII-1 - XXXII-13* y XXXII-14**; XXXII-15	XXXIII-1 - XXXIII-14 * y XXXIII-15 **	XXXIV-1 - XXXIV-10 * y XXXIV-11 - XXXIV-12 **	XXXV-1 - XXXV-10 * y XXXV-11 **	XXXVI-1 - XXXVI-17 * y XXXVI-18 - XXXVI-21 **
Australia	XXXII-1 - XXXII-13* y XXXII-14**; XXXII-15	XXXIII-1 - XXXIII-14 * y XXXIII-15 **	XXXIV-1 - XXXIV-10 * y XXXIV-11 - XXXIV-12 **	XXXV-1 - XXXV-10 * y XXXV-11 **	XXXVI-1 - XXXVI-17 * y XXXVI-18 - XXXVI-21 **
Bélgica	TODAS	TODAS	TODAS	TODAS	TODAS
Brasil (1983)+	XXXII-1 - XXXII-13* y XXXII-14**	XXXIII-1 - XXXIII-14 * y XXXIII-15 **	XXXIV-1 - XXXIV-10 * y XXXIV-11 - XXXIV-12 **	XXXV-1 - XXXV-10 * y XXXV-11 **	XXXVI-1 - XXXVI-17 * y XXXVI-18 - XXXVI-21 **
Bulgaria (1998)+	XXXII-1 - XXXII-13* y XXXII-14**	XXXIII-1 - XXXIII-14 * y XXXIII-15 **	XXXIV-1 - XXXIV-10 * y XXXIV-11 - XXXIV-12 **	XXXV-1 - XXXV-10 * y XXXV-11 **	XXXVI-1 - XXXVI-17 * y XXXVI-18 - XXXVI-21 **
Chile	XXXII-1 - XXXII-13* y XXXII-14**	XXXIII-1 - XXXIII-14 * y XXXIII-15 **	XXXIV-1 - XXXIV-10 * y XXXIV-11 - XXXIV-12 **	XXXV-1 - XXXV-10 * y XXXV-11 **	XXXVI-1 - XXXVI-17 * y XXXVI-18 - XXXVI-21 **
China (1985)+	XXXII-1 - XXXII-13* y XXXII-14**	XXXIII-1 - XXXIII-14 * y XXXIII-15 **	XXXIV-1 - XXXIV-10 * y XXXIV-11 - XXXIV-12 **	XXXV-1 - XXXV-10 * y XXXV-11 **	XXXVI-1 - XXXVI-17 * y XXXVI-18 - XXXVI-21 **
Rep. Checa (2014)+	TODAS excepto 2 y 16	TODAS	TODAS	TODAS	TODAS
Ecuador (1990)+	XXXII-1 - XXXII-13* y XXXII-14**; XXXII-15	XXXIII-1 - XXXIII-14 * y XXXIII-15 **	XXXIV-1 - XXXIV-10 * y XXXIV-11 - XXXIV-12 **	XXXV-1 - XXXV-10 * y XXXV-11 **	XXXVI-1 - XXXVI-17 * y XXXVI-18 - XXXVI-21 **
Finlandia (1989)+	XXXII-1 - XXXII-13* y XXXII-14**; XXXII-15 - XXXII-16	XXXIII-1 - XXXIII-14 * y XXXIII-15 **	XXXIV-1 - XXXIV-10 * y XXXIV-11 - XXXIV-12 **	XXXV-1 - XXXV-10 * y XXXV-11 **	XXXVI-1 - XXXVI-17 * y XXXVI-18 - XXXVI-21 **
Francia	XXXII-1 - XXXII-13* y XXXII-14**; XXXII-15	XXXIII-1 - XXXIII-14 * y XXXIII-15 **	XXXIV-1 - XXXIV-10 * y XXXIV-11 - XXXIV-12 **	XXXV-1 - XXXV-10 * y XXXV-11 **	XXXVI-1 - XXXVI-17 * y XXXVI-18 - XXXVI-21 **
Alemania (1981)+	XXXII-1 - XXXII-13* y XXXII-14**	XXXIII-1 - XXXIII-14 * y XXXIII-15 **	XXXIV-1 - XXXIV-10 * y XXXIV-11 - XXXIV-12 **	XXXV-1 - XXXV-10 * y XXXV-11 **	XXXVI-1 - XXXVI-17 * y XXXVI-18 - XXXVI-21 **
India (1983)+	XXXII-1 - XXXII-13* y XXXII-14**	XXXIII-1 - XXXIII-14 * y XXXIII-15 **	XXXIV-1 - XXXIV-10 * y XXXIV-11 - XXXIV-12 **	XXXV-1 - XXXV-10 * y XXXV-11 **	XXXVI-1 - XXXVI-17 * y XXXVI-18 - XXXVI-21 **
Italia (1987)+	XXXII-1 - XXXII-13* y XXXII-14**	XXXIII-1 - XXXIII-14 * y XXXIII-15 **	XXXIV-1 - XXXIV-10 * y XXXIV-11 - XXXIV-12 **	XXXV-1 - XXXV-10 * y XXXV-11 **	XXXVI-1 - XXXVI-17 * y XXXVI-18 - XXXVI-21 **
Japón	XXXII-1 - XXXII-13* y XXXII-14**; XXXII-15	XXXIII-1 - XXXIII-14 * y XXXIII-15 **	XXXIV-1 - XXXIV-10 * y XXXIV-11 - XXXIV-12 **	XXXV-1 - XXXV-10 * y XXXV-11 **	XXXVI-1 - XXXVI-17 * y XXXVI-18 - XXXVI-21 **
Rep. de Corea (1989)+	XXXII-1 - XXXII-13* y XXXII-14**	XXXIII-1 - XXXIII-14 * y XXXIII-15 **	XXXIV-1 - XXXIV-10 * y XXXIV-11 - XXXIV-12 **	XXXV-1 - XXXV-10 * y XXXV-11 **	XXXVI-1 - XXXVI-17 * y XXXVI-18 - XXXVI-21 **
Países Bajos (1990)+	XXXII-1 - XXXII-13 y XXXII-14; XXXII-15 - XXXII-16	TODAS	XXXIV-1 - XXXIV-10 * y XXXIV-11 - XXXIV-12 **	TODAS	XXXVI-1 - XXXVI-17 * y XXXVI-18 - XXXVI-21 **
Nueva Zelandia	XXXII-1 - XXXII-13* y XXXII-14**; XXXII-15	XXXIII-1 - XXXIII-14 * y XXXIII-15 **	XXXIV-1 - XXXIV-10 * y XXXIV-11 - XXXIV-12 **	XXXV-1 - XXXV-10 * y XXXV-11 **	XXXVI-1 - XXXVI-17 * y XXXVI-18 - XXXVI-21 **
Noruega	XXXII-1 - XXXII-13* y XXXII-14**	XXXIII-1 - XXXIII-14 * y XXXIII-15 **	XXXIV-1 - XXXIV-10 * y XXXIV-11 - XXXIV-12 **	XXXV-1 - XXXV-10 * y XXXV-11 **	XXXVI-1 - XXXVI-17 * y XXXVI-18 - XXXVI-21 **
Perú (1989)+	XXXII-1 - XXXII-13* y XXXII-14**	XXXIII-1 - XXXIII-14 * y XXXIII-15 **	XXXIV-1 - XXXIV-10 * y XXXIV-11 - XXXIV-12 **	XXXV-1 - XXXV-10 * y XXXV-11 **	XXXVI-1 - XXXVI-17 * y XXXVI-18 - XXXVI-21 **
Polonia (1977)+	XXXII-1 - XXXII-13* y XXXII-14**	XXXIII-1 - XXXIII-14 * y XXXIII-15 **	XXXIV-1 - XXXIV-10 * y XXXIV-11 - XXXIV-12 **	XXXV-1 - XXXV-10 * y XXXV-11 **	XXXVI-1 - XXXVI-17 * y XXXVI-18 - XXXVI-21 **
Rusia	XXXII-1 - XXXII-13* y XXXII-14**; XXXII-15	XXXIII-1 - XXXIII-14 * y XXXIII-15 **	XXXIV-1 - XXXIV-10 * y XXXIV-11 - XXXIV-12 **	XXXV-1 - XXXV-10 * y XXXV-11 **	XXXVI-1 - XXXVI-17 * y XXXVI-18 - XXXVI-21 **
Sudáfrica	XXXII-1 - XXXII-13* y XXXII-14**	XXXIII-1 - XXXIII-14 * y XXXIII-15 **	XXXIV-1 - XXXIV-10 * y XXXIV-11 - XXXIV-12 **	XXXV-1 - XXXV-10 * y XXXV-11 **	XXXVI-1 - XXXVI-17 * y XXXVI-18 - XXXVI-21 **
España (1988)+	XXXII-1 - XXXII-13* y XXXII-14**	XXXIII-1 - XXXIII-14 * y XXXIII-15 **	XXXIV-1 - XXXIV-10 * y XXXIV-11 - XXXIV-12 **	XXXV-1 - XXXV-10 * y XXXV-11 **	XXXVI-1 - XXXVI-17 * y XXXVI-18 - XXXVI-21 **
Suecia (1988)+	XXXII-1 - XXXII-13* y XXXII-14**	XXXIII-1 - XXXIII-14 * y XXXIII-15 **	XXXIV-1 - XXXIV-10 * y XXXIV-11 - XXXIV-12 **	XXXV-1 - XXXV-10 * y XXXV-11 **	XXXVI-1 - XXXVI-17 * y XXXVI-18 - XXXVI-21 **
Ucrania (2004)+	XXXII-1 - XXXII-13* y XXXII-14**; XXXII-15	XXXIII-1 - XXXIII-14 * y XXXIII-15 **	XXXIV-1 - XXXIV-10 * y XXXIV-11 - XXXIV-12 **	XXXV-1 - XXXV-10 * y XXXV-11 **	XXXVI-1 - XXXVI-17 * y XXXVI-18 - XXXVI-21 **
Reino Unido	XXXII-1 - XXXII-13* y XXXII-14**; XXXII-15 - XXXII-16	XXXIII-1 - XXXIII-14 * y XXXIII-15 **	XXXIV-1 - XXXIV-10 * y XXXIV-11 - XXXIV-12 **	XXXV-1 - XXXV-10 * y XXXV-11 **	XXXVI-1 - XXXVI-17 * y XXXVI-18 - XXXVI-21 **
Uruguay (1985)+	XXXII-1 - XXXII-13* y XXXII-14**; XXXII-15	XXXIII-1 - XXXIII-14 * y XXXIII-15 **	XXXIV-1 - XXXIV-10 * y XXXIV-11 - XXXIV-12 **	XXXV-1 - XXXV-10 * y XXXV-11 **	XXXVI-1 - XXXVI-17 * y XXXVI-18 - XXXVI-21 **
EE. UU.	XXXII-1 - XXXII-13* y XXXII-14**; XXXII-16	XXXIII-1 - XXXIII-14 * y XXXIII-15 **	XXXIV-1 - XXXIV-10 * y XXXIV-11 - XXXIV-12 **	XXXV-1 - XXXV-10 * y XXXV-11 **	XXXVI-1 - XXXVI-17 * y XXXVI-18 - XXXVI-21 **

«+Año en que obtuvo carácter consultivo. Dicho Estado necesita aceptar las Recomendaciones o Medidas para que entren en vigor a partir de ese año».

* Se consideró que los planes de gestión anexos a las presentes Medidas habían sido aprobados de conformidad con el Artículo 6(1) del Anexo V del Protocolo al Tratado Antártico sobre Protección del Medio Ambiente y que la Medida no especificaba otro método de aprobación.

** Las modificaciones y/o adiciones a la lista de Sitios y Monumentos Históricos se consideraron aprobadas de conformidad con el Artículo 8(2) del Anexo V del Protocolo al Tratado Antártico sobre Protección del Medio Ambiente y se consideró que la Medida no especificaba otro método de aprobación.

Aprobación, notificada al Gobierno de los Estados Unidos de América, de las medidas relativas a la promoción de los principios y objetivos del Tratado Antártico

	16 medidas aprobadas en la Trigésima Séptima Reunión (Brasilia, 2014)	19 medidas aprobadas en la Trigésima Octava Reunión (Sofía, 2015)	9 medidas aprobadas en la Trigésima Novena Reunión (Santiago, 2016)	8 medidas aprobadas en la Cuadragésima Reunión (Pekín, 2017)	6 medidas aprobadas en la Cuadragésima Primera Reunión (Buenos Aires, 2018)
	Aprobadas	**Aprobadas**	**Aprobadas**	**Aprobadas**	**Aprobadas**
Argentina	XXXVII-1 - XXXVII-16*	XXXVIII-1 - XXXVIII-18 * y XXXVIII-19 **	XXXIX-1 - XXXIX-8 * y XXXIX-9 **	XL-1 - XL-8 *	XLI-1 - XLI-6*
Australia	XXXVII-1 - XXXVII-16*	XXXVIII-1 - XXXVIII-18 * y XXXVIII-19 **	XXXIX-1 - XXXIX-8 * y XXXIX-9 **	XL-1 - XL-8 *	XLI-1 - XLI-6*
Bélgica	TODAS	TODAS	TODAS	TODAS	XLI-1 - XLI-6*
Brasil (1983)+	XXXVII-1 - XXXVII-16*	XXXVIII-1 - XXXVIII-18 * y XXXVIII-19 **	XXXIX-1 - XXXIX-8 * y XXXIX-9 **	XL-1 - XL-8 *	XLI-1 - XLI-6*
Bulgaria (1998)+	XXXVII-1 - XXXVII-16*	XXXVIII-1 - XXXVIII-18 * y XXXVIII-19 **	XXXIX-1 - XXXIX-8 * y XXXIX-9 **	XL-1 - XL-8 *	XLI-1 - XLI-6*
Chile	XXXVII-1 - XXXVII-16*	XXXVIII-1 - XXXVIII-18 * y XXXVIII-19 **	XXXIX-1 - XXXIX-8 * y XXXIX-9 **	XL-1 - XL-8 *	XLI-1 - XLI-6*
China (1985)+	XXXVII-1 - XXXVII-16*	XXXVIII-1 - XXXVIII-18 * y XXXVIII-19 **	XXXIX-1 - XXXIX-8 * y XXXIX-9 **	XL-1 - XL-8 *	XLI-1 - XLI-6*
Rep. Checa (2014)+	XXXVII-1 - XXXVII-16*	XXXVIII-1 - XXXVIII-18 * y XXXVIII-19 **	XXXIX-1 - XXXIX-8 * y XXXIX-9 **	XL-1 - XL-8 *	XLI-1 - XLI-6*
Ecuador (1990)+	XXXVII-1 - XXXVII-16*	XXXVIII-1 - XXXVIII-18 * y XXXVIII-19 **	XXXIX-1 - XXXIX-8 * y XXXIX-9 **	XL-1 - XL-8 *	XLI-1 - XLI-6*
Finlandia (1989)+	XXXVII-1 - XXXVII-16*	XXXVIII-1 - XXXVIII-18 * y XXXVIII-19 **	XXXIX-1 - XXXIX-8 * y XXXIX-9 **	XL-1 - XL-8 *	XLI-1 - XLI-6*
Francia	XXXVII-1 - XXXVII-16*	XXXVIII-1 - XXXVIII-18 * y XXXVIII-19 **	XXXIX-1 - XXXIX-8 * y XXXIX-9 **	XL-1 - XL-8 *	XLI-1 - XLI-6*
Alemania (1981)+	XXXVII-1 - XXXVII-16*	XXXVIII-1 - XXXVIII-18 * y XXXVIII-19 **	XXXIX-1 - XXXIX-8 * y XXXIX-9 **	XL-1 - XL-8 *	XLI-1 - XLI-6*
India (1983)+	XXXVII-1 - XXXVII-16*	XXXVIII-1 - XXXVIII-18 * y XXXVIII-19 **	XXXIX-1 - XXXIX-8 * y XXXIX-9 **	XL-1 - XL-8 *	XLI-1 - XLI-6*
Italia (1987)+	XXXVII-1 - XXXVII-16*	XXXVIII-1 - XXXVIII-18 * y XXXVIII-19 **	XXXIX-1 - XXXIX-8 * y XXXIX-9 **	XL-1 - XL-8 *	XLI-1 - XLI-6*
Japón	XXXVII-1 - XXXVII-16*	XXXVIII-1 - XXXVIII-18 * y XXXVIII-19 **	XXXIX-1 - XXXIX-8 * y XXXIX-9 **	XL-1 - XL-8 *	XLI-1 - XLI-6*
Rep. de Corea (1989)+	XXXVII-1 - XXXVII-16*	XXXVIII-1 - XXXVIII-18 * y XXXVIII-19 **	XXXIX-1 - XXXIX-8 * y XXXIX-9 **	XL-1 - XL-8 *	XLI-1 - XLI-6*
Países Bajos (1990)+	XXXVII-1 - XXXVII-16*	XXXVIII-1 - XXXVIII-18 * y XXXVIII-19 **	XXXIX-1 - XXXIX-8 * y XXXIX-9 **	XL-1 - XL-8 *	XLI-1 - XLI-6*
Nueva Zelandia	XXXVII-1 - XXXVII-16*	XXXVIII-1 - XXXVIII-18 * y XXXVIII-19 **	XXXIX-1 - XXXIX-8 * y XXXIX-9 **	XL-1 - XL-8 *	XLI-1 - XLI-6*
Noruega	XXXVII-1 - XXXVII-16*	XXXVIII-1 - XXXVIII-18 * y XXXVIII-19 **	XXXIX-1 - XXXIX-8 * y XXXIX-9 **	XL-1 - XL-8 *	XLI-1 - XLI-6*
Perú (1989)+	XXXVII-1 - XXXVII-16*	XXXVIII-1 - XXXVIII-18 * y XXXVIII-19 **	XXXIX-1 - XXXIX-8 * y XXXIX-9 **	XL-1 - XL-8 *	XLI-1 - XLI-6*
Polonia (1977)+	XXXVII-1 - XXXVII-16*	XXXVIII-1 - XXXVIII-18 * y XXXVIII-19 **	XXXIX-1 - XXXIX-8 * y XXXIX-9 **	XL-1 - XL-8 *	XLI-1 - XLI-6*
Rusia	XXXVII-1 - XXXVII-16*	XXXVIII-1 - XXXVIII-18 * y XXXVIII-19 **	XXXIX-1 - XXXIX-8 * y XXXIX-9 **	XL-1 - XL-8 *	XLI-1 - XLI-6*
Sudáfrica	XXXVII-1 - XXXVII-16*	XXXVIII-1 - XXXVIII-18 * y XXXVIII-19 **	XXXIX-1 - XXXIX-8 * y XXXIX-9 **	XL-1 - XL-8 *	XLI-1 - XLI-6*
España (1988)+	XXXVII-1 - XXXVII-16*	XXXVIII-1 - XXXVIII-18 * y XXXVIII-19 **	XXXIX-1 - XXXIX-8 * y XXXIX-9 **	XL-1 - XL-8 *	XLI-1 - XLI-6*
Suecia (1988)+	XXXVII-1 - XXXVII-16*	XXXVIII-1 - XXXVIII-18 * y XXXVIII-19 **	XXXIX-1 - XXXIX-8 * y XXXIX-9 **	XL-1 - XL-8 *	XLI-1 - XLI-6*
Ucrania (2004)+	XXXVII-1 - XXXVII-16*	XXXVIII-1 - XXXVIII-18 * y XXXVIII-19 **	XXXIX-1 - XXXIX-8 * y XXXIX-9 **	XL-1 - XL-8 *	XLI-1 - XLI-6*
Reino Unido	XXXVII-1 - XXXVII-16*	XXXVIII-1 - XXXVIII-18 * y XXXVIII-19 **	XXXIX-1 - XXXIX-8 * y XXXIX-9 **	XL-1 - XL-8 *	XLI-1 - XLI-6*
Uruguay (1985)+	XXXVII-1 - XXXVII-16*	XXXVIII-1 - XXXVIII-18 * y XXXVIII-19 **	XXXIX-1 - XXXIX-8 * y XXXIX-9 **	XL-1 - XL-8 *	XLI-1 - XLI-6*
EE. UU.	XXXVII-1 - XXXVII-16*	XXXVIII-1 - XXXVIII-18 * y XXXVIII-19 **	XXXIX-1 - XXXIX-8 * y XXXIX-9 **	XL-1 - XL-8 *	XLI-1 - XLI-6*

«+Año en que obtuvo carácter consultivo. Dicho Estado necesita aceptar las Recomendaciones o Medidas para que entren en vigor a partir de ese año».

* Se consideró que los planes de gestión anexos a las presentes Medidas habían sido aprobados de conformidad con el Artículo 6(1) del Anexo V del Protocolo al Tratado Antártico sobre Protección del Medio Ambiente y que la Medida no especificaba otro método de aprobación.

** Las modificaciones y/o adiciones a la lista de Sitios y Monumentos Históricos se consideraron aprobadas de conformidad con el Artículo 8(2) del Anexo V del Protocolo al Tratado Antártico sobre Protección del Medio Ambiente y se consideró que la Medida no especificaba otro método de aprobación.

Aprobación, notificada al Gobierno de los Estados Unidos de América, de las medidas relativas a la promoción de los principios y objetivos del Tratado Antártico

12 medidas
aprobadas en la Cuadragésima Segunda Reunión
(Praga, 2019)

	Aprobadas
Argentina	XLII-1 - XLII-11* y XLII-12**
Australia	XLII-1 - XLII-11* y XLII-12**
Bélgica	XLII-1 - XLII-11* y XLII-12**
Brasil (1983)+	XLII-1 - XLII-11* y XLII-12**
Bulgaria (1998)+	XLII-1 - XLII-11* y XLII-12**
Chile	XLII-1 - XLII-11* y XLII-12**
China (1985)+	XLII-1 - XLII-11* y XLII-12**
Rep. Checa (2014)+	XLII-1 - XLII-11* y XLII-12**
Ecuador (1990)+	XLII-1 - XLII-11* y XLII-12**
Finlandia (1989)+	XLII-1 - XLII-11* y XLII-12**
Francia	XLII-1 - XLII-11* y XLII-12**
Alemania (1981)+	XLII-1 - XLII-11* y XLII-12**
India (1983)+	XLII-1 - XLII-11* y XLII-12**
Italia (1987)+	XLII-1 - XLII-11* y XLII-12**
Japón	XLII-1 - XLII-11* y XLII-12**
Rep. de Corea (1989)+	XLII-1 - XLII-11* y XLII-12**
Países Bajos (1990)+	XLII-1 - XLII-11* y XLII-12**
Nueva Zelandia	XLII-1 - XLII-11* y XLII-12**
Noruega	XLII-1 - XLII-11* y XLII-12**
Perú (1989)+	XLII-1 - XLII-11* y XLII-12**
Polonia (1977)+	XLII-1 - XLII-11* y XLII-12**
Rusia	XLII-1 - XLII-11* y XLII-12**
Sudáfrica	XLII-1 - XLII-11* y XLII-12**
España (1988)+	XLII-1 - XLII-11* y XLII-12**
Suecia (1988)+	XLII-1 - XLII-11* y XLII-12**
Ucrania (2004)+	XLII-1 - XLII-11* y XLII-12**
Reino Unido	XLII-1 - XLII-11* y XLII-12**
Uruguay (1985)+	XLII-1 - XLII-11* y XLII-12**
EE. UU.	XLII-1 - XLII-11* y XLII-12**

«+Año en que obtuvo carácter consultivo. Dicho Estado necesita aceptar las Recomendaciones o Medidas para que entren en vigor a partir de ese año».

* Se consideró que los planes de gestión anexos a las presentes Medidas habían sido aprobados de conformidad con el Artículo 6(1) del Anexo V del Protocolo al Tratado Antártico sobre Protección del Medio Ambiente y que la Medida no especificaba otro método de aprobación.

** Las modificaciones y/o adiciones a la lista de Sitios y Monumentos Históricos se consideraron aprobadas de conformidad con el Artículo 8(2) del Anexo V del Protocolo al Tratado Antártico sobre Protección del Medio Ambiente y se consideró que la Medida no especificaba otro método de aprobación

Despacho del Asistente del Asesor Jurídico en asuntos relativos al Tratado
Departamento de Estado
Washington, 5 de febrero de 2021.

Informe del Gobierno Depositario de la Convención sobre la Conservación de los Recursos Vivos Marinos Antárticos (CCRVMA)

Resumen

Australia, como país depositario de la Convención sobre la Conservación de los Recursos Vivos Marinos Antárticos de 1980, proporciona un informe sobre el estado de la Convención.

Informe del país depositario

Australia, como país depositario de la Convención sobre la Conservación de los Recursos Vivos Marinos Antárticos de 1980 (la Convención), se complace en informar a la cuadragésimo tercera Reunión Consultiva del Tratado Antártico sobre la situación de la Convención.

Australia informa a las Partes del Tratado Antártico que ningún nuevo Estado se ha adherido a la Convención desde Panamá en 2013. El número de Partes Contratantes de la Convención es de treinta y seis (36).

El 7 de mayo de 2020, la República Popular China (RPC) comunicó al depositario la siguiente declaración:

> *De conformidad con la Ley Fundamental de la Región Administrativa Especial de Hong Kong de la República Popular China, el Gobierno de la República Popular China decide que la Convención se aplicará a la Región Administrativa Especial de Hong Kong de la República Popular China a partir del 1 de julio de 2020.*

Una copia de la lista de situaciones respecto de la Convención está disponible en la base de datos de tratados australiana en el siguiente enlace:
http://www.austlii.edu.au/au/other/dfat/treaty_list/depository/CCAMLR.html

Informe del Gobierno Depositario del Acuerdo sobre la Conservación de Albatros y Petreles (ACAP)

Resumen

Australia, como país depositario del Acuerdo sobre la Conservación de Albatros y Petreles de 2001, presenta un informe sobre la situación del Acuerdo.

Informe del país depositario

Australia, como país depositario del Acuerdo sobre la Conservación de Albatros y Petreles de 2001 («el Acuerdo») se complace en informar a la cuadragésima tercera Reunión Consultiva del Tratado Antártico sobre la situación del Acuerdo.

Australia advierte a las Partes del Tratado Antártico que ninguna Parte se ha adherido al Acuerdo desde que lo hizo Uruguay en 2008. Actualmente existen trece (13) Partes del Acuerdo.

Una copia de la lista de situaciones respecto del Acuerdo está disponible en la base de datos de tratados australiana en el siguiente enlace:

http://www.austlii.edu.au/au/other/dfat/treaty_list/depository/consalbnpet.html

Informe presentado por el Reino Unido en calidad de Gobierno Depositario de la Convención para la Conservación de las Focas Antárticas (CCFA) en virtud de la Recomendación XIII-2, párrafo 2(d) 2018/19 y 2019/20

Partes de la Convención y nuevas adhesiones

El Reino Unido, en su carácter de Gobierno Depositario de la Convención para la Conservación de las Focas Antárticas (CCFA), no ha recibido solicitudes de adhesión a la Convención, como tampoco ha recibido ningún instrumento de adhesión, desde el informe anterior (XLII RCTA, (2019) Documento de Información IP001).

En el documento de trabajo WP069 de la XLII RCTA, Ucrania declaró su intención de adherirse a la Convención. Sin embargo, desde entonces Ucrania ha confirmado formalmente al Reino Unido, en calidad de Gobierno Depositario, que no se llevará a cabo la adhesión.

Se adjunta al presente informe la lista completa de los países signatarios originales de la Convención y de aquellos que se adhirieron posteriormente (Anexo A).

Informe anual de la CCFA para 2018/2019 y 2019/2020

En el Anexo B se incluye una lista de todas las capturas y matanzas de focas antárticas llevadas a cabo por Partes Contratantes de la CCFA durante el año comprendido por el informe, que va desde el 1 de marzo de 2018 hasta el 28 de febrero de 2019. Todas las capturas informadas se realizaron con fines de investigación científica.

En el Anexo C se incluye una lista de todas las capturas y matanzas de focas antárticas llevadas a cabo por Partes Contratantes de la CCFA durante el año comprendido por el informe, que va desde el 1 de marzo de 2019 hasta el 29 de febrero de 2020. Todas las capturas informadas se realizaron con fines de investigación científica.

Próximo informe anual de la CCFA

El Reino Unido desea recordar a las Partes Contratantes de la CCFA que el intercambio de información, al que se hace referencia en el párrafo 6(a) del Anexo de la Convención para el período abarcado por el informe, que va desde el domingo, 1 de marzo de 2020 hasta el domingo, 28 de febrero de 2021, deberá realizarse, a más tardar, para el miércoles, 30 de junio de 2021. Las Partes de la CCFA deberán enviar sus informes —incluso si no hay nada que declarar— tanto al Reino Unido como al SCAR. El Reino Unido también alienta a todas las Partes Contratantes de la CCFA a presentar sus informes puntualmente.

El informe de la CCFA para el periodo 2020/2021 será entregado a la XLIV RCTA una vez transcurrido el plazo para el intercambio de información, en junio de 2021.

ANEXO A

Partes de la Convención para la Conservación de Focas Antárticas (CCFA)

Londres, desde el 1 de junio hasta el 31 de diciembre de 1972; la Convención entró en vigor el 11 de marzo de 1978.

Estado	Fecha de firma	Fecha de depósito (de la ratificación o aceptación)
Argentina*	viernes, 9 de junio de 1972	martes, 7 de marzo de 1978
Australia	jueves, 5 de octubre de 1972	miércoles, 1 de julio de 1987
Bélgica	viernes, 9 de junio de 1972	jueves, 9 de febrero de 1978
Chile*	jueves, 28 de diciembre de 1972	jueves, 7 de febrero de 1980
Francia**	martes, 19 de diciembre de 1972	miércoles, 19 de febrero de 1975
Japón	jueves, 28 de diciembre de 1972	jueves, 28 de agosto de 1980
Noruega	viernes, 9 de junio de 1972	lunes, 10 de diciembre de 1973
Rusia****	viernes, 9 de junio de 1972	miércoles, 8 de febrero de 1978
Sudáfrica	viernes, 9 de junio de 1972	martes, 15 de agosto de 1972
Reino Unido**	viernes, 9 de junio de 1972	10 de septiembre de 1974***
Estados Unidos	miércoles, 28 de junio de 1972	miércoles, 19 de enero de 1977

Adhesiones

Estado	Fecha de depósito del instrumento de adhesión
Brasil	lunes, 11 de febrero de 1991
Canadá	jueves, 4 de octubre de 1990
Alemania	miércoles, 30 de septiembre de 1987
Italia	jueves, 2 de abril de 1992
Polonia	viernes, 15 de agosto de 1980
Pakistán	lunes, 25 de marzo de 2013

*   Declaración o reserva
**   Objeción
*** El instrumento de ratificación incluía las islas del Canal de la Mancha y la isla de Man
**** Ex-URSS

ANEXO B

Informe anual de la CCFA 2018/2019

Sinopsis del informe de conformidad con el Artículo 5 y el Anexo de la Convención: Captura y matanza de focas durante el período del jueves, 1 de marzo de 2018 al jueves, 28 de febrero de 2019.

Parte Contratante	Focas antárticas capturadas	Focas antárticas muertas
Argentina	159 (a)	0
Australia	0	0
Bélgica	0	0
Brasil	No se recibió información	No se recibió información
Canadá	0	0
Chile	56 (b)	0
Francia	116 (c)	1 (d)
Alemania	0	0
Italia	0	0
Japón	17 (e)	0
Noruega	No se recibió información	No se recibió información
Pakistán	No se recibió información	No se recibió información
Polonia	No se recibió información	No se recibió información
Rusia	0	0
Sudáfrica	No se recibió información	No se recibió información
Reino Unido	19 (f)	0
Estados Unidos	1 351 (g)	0

Todas las capturas informadas se realizaron con fines de investigación científica.

(a) **Elefantes marinos del sur:** 100 cachorros destetados y 13 crías (sexo desconocido). **Focas leopardo:** 13 adultos (sexo desconocido). **Focas de Weddell:** 15 adultos y 3 cachorros (sexo desconocido). **Focas cangrejeras:** 10 adultos (sexo desconocido). **Lobos finos antárticos:** 5 adultos (sexo desconocido).

(b) **Elefantes marinos del sur:** 42 hembras adultas, 10 machos adultos y 4 crías.

(c) **Focas de Weddell:** 19 machos adultos, 41 hembras adultas; 2 adultos (sexo desconocido), 19 cachorros machos, 16 cachorros hembras, 19 cachorros (sexo desconocido)

(d) **Foca de Weddell:** 1 cachorro (sexo desconocido) muerto accidentalmente durante el procedimiento de pesaje y muestreo de sangre.

(e) **Focas de Weddell:** 10 hembras adultas, 4 machos adultos y 3 crías machos

(f) **Elefantes marinos del sur:** 2 hembras. **Focas de Weddell:** 17 adultos/crías (sexo desconocido)

(g) **Lobos finos antárticos:** 26 adultos/crías y 460 cachorros (sexo desconocido). **Focas leopardo:** 29 adultos/crías. **Focas de Weddell:** 372 adultos y 464 cachorros (sexo desconocido).

ANEXO C

Informe anual de la CCFA 2019/2020

Sinopsis del informe de conformidad con el Artículo 5 y el Anexo de la Convención: Captura y matanza de focas durante el período del viernes, 1 de marzo de 2019 al sábado, 29 de febrero de 2020.

Parte Contratante	**Focas antárticas capturadas**	**Focas antárticas muertas**
Argentina	No se recibió información	No se recibió información
Australia	No se recibió información	No se recibió información
Bélgica	No se recibió información	No se recibió información
Brasil	No se recibió información	No se recibió información
Canadá	0	0
Chile	50 (a)	0
Francia	No se recibió información	No se recibió información
Alemania	No se recibió información	No se recibió información
Italia	No se recibió información	No se recibió información
Japón	0	0
Noruega	No se recibió información	No se recibió información
Pakistán	No se recibió información	No se recibió información
Polonia	No se recibió información	No se recibió información
Rusia	No se recibió información	No se recibió información
Sudáfrica	0	0
Reino Unido	12 (b)	0
Estados Unidos	1.286 (c)	1 (d)

Todas las capturas informadas se realizaron con fines de investigación científica.

(a) **Focas de Weddell:** 40 (edad y sexo desconocidos). **Focas leopardo: 10** (edad y sexo desconocidos).
(b) **Elefantes marinos:** 4 (3 machos y 1 hembra). **Focas de Weddell:** 8 (7 machos y 1 hembra)
(c) **Lobos finos antárticos:** 22 adultos/crías y 395 cachorros (sexo desconocido). **Focas leopardo:** 23 adultos/crías (sexo desconocido). **Elefantes marinos del sur:** 4 crías (sexo desconocido). **Focas de Weddell:** 236 adultos y 606 cachorros (sexo desconocido).

(d) **Focas de Weddell:** 1 cachorro (sexo desconocido) durante la actividad permitida en la que se investiga la adaptación térmica de cachorros.

Informe del Observador de la CCRVMA a presentar en la cuadragésima tercera

Reunión Consultiva del Tratado Antártico

CCAMLR-38 (octubre 2019)

1. La trigésima octava reunión anual de la CCRVMA (CCAMLR-38) se celebró en Hobart, Australia, del 21 de octubre al 1 de noviembre de 2019, y estuvo presidida por el Sr. Fernando Curcio Ruigómez (España).

2. El informe de la reunión está disponible para consulta del público general (https://www.ccamlr.org/es/ccamlr-38).

3. Australia, en su calidad de Estado depositario de la Convención, informó que Países Bajos se convirtió en Miembro de la Comisión el 8 de octubre de 2019. La Comisión dio la bienvenida a Países Bajos a su primera reunión como Miembro.

Ejecución y cumplimiento

4. La Comisión aprobó una nueva Estrategia y Plan de Acción para la Participación de Partes No Contratantes (PNC) para 2020–2022 y convino en ampliar, a título de prueba, el procedimiento de evaluación del cumplimiento para incluir a los Estados adherentes en 2020.

5. La Comisión tomó nota de que el número de avistamientos de barcos de pesca ilegal, no declarada y no reglamentada (INDNR) en el Área de la Convención se había reducido en forma constante con el paso del tiempo, habiéndose notificado el último avistamiento en 2016. No se añadieron nuevos barcos a las listas INDNR de la CCRVMA.

Administración y finanzas

6. La Comisión acordó cambios en la fórmula utilizada para calcular los pagos por notificaciones de pesca de kril, austromerluza y otras especies en el Área de la Convención, incluidas las notificaciones de pesca de investigación.

Ordenación de los recursos marinos

7. La Comisión tomó nota de que a fecha de 13 de septiembre de 2019 la captura total de kril notificada para la temporada 2018/19 fue de 381 922 toneladas, extraída por 11 barcos de cinco Miembros diferentes.

8. La Comisión tomó nota de la realización de una prospección sinóptica de kril por múltiples Miembros durante el verano austral de 2018/19, que concluyó que la biomasa de kril en el Área 48 es de 62,6 millones de toneladas. (Nota para la RCTA: esta cifra es similar a la biomasa estimada por la anterior prospección sinóptica realizada en el año 2000).

9. La Comisión tomó nota de los avances del Comité Científico en el desarrollo de una nueva estrategia de ordenación para el kril, y destacó la importancia de aportar asesoramiento sobre la nueva estrategia en 2021. La estrategia se basará en los siguientes elementos prioritarios clave:

i) una evaluación del stock para calcular las tasas precautorias de explotación
ii) actualizaciones regulares de las estimaciones de la biomasa, inicialmente a escala de subárea, pero posiblemente también a otras escalas
iii) un marco de evaluación del riesgo para fundamentar la asignación espacial de la captura.

10. En la temporada 2018/19, trece Miembros pescaron austromerluza negra (*Dissostichus eleginoides*) y/o antártica (*D. mawsoni*). Los Miembros también realizaron pesca de investigación dirigida a la austromerluza en áreas cerradas. La captura total notificada de *D. eleginoides* hasta el 13 de septiembre de 2019 fue de 8 340 toneladas, y la de *D. mawsoni* de 4 097 toneladas.

11. La Comisión acordó límites de captura para austromerluza y draco rayado. Sin embargo, no pudo alcanzar un consenso sobre las propuestas de investigación en la División 58.4.1 que, en consecuencia, permanecerá cerrada.

12. El grupo de trabajo señaló que el total calculado de 103 muertes de aves marinas en la temporada 2018/19 es la tercera cifra más baja de mortalidad registrada.

Ordenación de espacios

13. La Comisión convino en dar su aprobación preliminar a las propuestas de Planes de Gestión de las Zonas Antárticas Especialmente Protegidas (ZAEP/ASPA) de islas Rosenthal y de isla Inexpresable. Se señala esta aprobación a la atención de la RCTA, aprobación que también se puso en conocimiento del CPA.

14. La Comisión tomó nota de que, en mayo de 2019, el Reino Unido notificó a todos los Miembros que el área del glaciar de la isla Pine se había reducido un 15,1 % desde 2017 y, por lo tanto, cumplía con los criterios de designación de un Área Especial para la Investigación Científica (AEIC). El área del glaciar de isla Pine fue designada AEIC-etapa 1 el 1 de junio de 2019. De conformidad con la Medida de Conservación (MC) 24-04, párrafo 24, se señala a la atención de la RCTA la información sobre la AEIC-etapa 1 designada, y se alienta a la RCTA a que considere si se deben tomar medidas adecuadas para complementar y facilitar las actividades de investigación científica en el área.

15. En 2009, la CCRVMA adoptó el Área Marina Protegida de la Plataforma Meridional de las Islas Orcadas del Sur (AMP-SOISS) (MC 91-03). De conformidad con el requisito estipulado por la MC 91-03, la Unión Europea y sus Estados miembro presentaron la segunda revisión quinquenal del AMP. La Comisión no alcanzó un consenso para aprobar esta revisión. La MC 91-03 permanecerá en vigor en su forma actual hasta la próxima revisión, prevista para 2024.

16. La Comisión también discutió el Plan de Investigación y Seguimiento del AMP de la Región del Mar de Ross, y las propuestas de AMP de Antártida Oriental, del mar de Weddell y de la región de la península Antártica. No se alcanzó un consenso sobre estos puntos.

Cambio climático

17. La Comisión destacó la importancia de dar consideración al cambio climático en sus procedimientos y discutió diversas sugerencias para que los enfoques de ordenación incorporen las implicancias de este fenómeno en mayor medida.

Implementación de los objetivos de la Convención

18. La Comisión declaró su apoyo a la Declaración de Praga firmada por las Partes Consultivas del Tratado Antártico el 8 de julio de 2019.

19. La Comisión, con el objetivo de reforzar las capacidades de los Miembros para la consecución del objetivo de la Convención de la CRVMA, convino en crear el Fondo de Desarrollo de la Capacidad General (FDCG), fondo que tiene por misión sufragar gastos de viaje y dar apoyo financiero a actividades y proyectos específicos, y a necesidades especiales de los Miembros cuando la Comisión así lo decida. Todos los Miembros, así como los Estados adherentes y las PNC que cooperen con el SDC que cuenten con el apoyo de un Miembro, pueden presentar solicitudes de financiación con cargo al fondo.

CCAMLR-39 (octubre 2020)

1. La trigésima novena reunión anual de la CCRVMA (CCAMLR-39) se celebró en línea del 27 al 30 de octubre de 2020 y estuvo presidida por el Sr. Fernando Curcio Ruigómez (España).

2. El informe de la reunión es de dominio público (www.ccamlr.org/node/107598).

3. El Comité Permanente de Ejecución y Cumplimiento (SCIC) y el Comité Permanente de Administración y Finanzas (SCAF) celebraron reuniones virtuales informales y no adoptaron informes. Sin embargo, la Presidenta de SCIC y la Presidenta en funciones de SCAF presentaron resúmenes de las discusiones de los respectivos grupos web para que la Comisión los considerara.

4. Australia, como Estado depositario de la Convención, informó que el 7 de mayo de 2020 la República Popular China (RPC), de conformidad con la Ley Básica de la Región de Administración Especial de Hong Kong de la RPC, hizo una declaración en virtud de la cual el gobierno de la RPC decidía que la Convención se aplique a la Región de Administración Especial de Hong Kong de la RPC a partir del 1 de julio de 2020.

5. La Comisión dedicó unos momentos para recordar al Prof. Denzil Miller, quien falleció el 30 de noviembre de 2019 habiendo desempeñado un papel central en la CCRVMA y en los asuntos antárticos durante más de cuarenta años.

Ejecución y cumplimiento

6. La Comisión añadió el *Nika* a la Lista de barcos de pesca INDNR de las Partes contratantes. Panamá informó posteriormente a la Comisión que había eliminado el *Nika* de su registro de barcos mercantes.

7. La Comisión consideró la recomendación de Nueva Zelandia de incluir el *Palmer*, barco de pabellón ruso, en la Lista de barcos de pesca INDNR de las Partes contratantes, pero no pudo alcanzar un consenso para incluirlo en la lista de 2020.

8. Dado que en 2020 SCIC sólo celebró reuniones en línea que no tuvieron carácter oficial, la Comisión concluyó que no podía adoptar el informe de cumplimiento de 2020.

Administración y finanzas

9. La Comisión aprobó las recomendaciones del Comité del Fondo de Desarrollo de la Capacidad General y acordó financiar dos proyectos de desarrollo de capacidades, uno de Ucrania y el otro de Uruguay. La Comisión tomó nota de que los términos de referencia del Fondo de Desarrollo de la Capacidad Científica General (FDCC) se completarán y estarán listos para su presentación en 2021.

10. La Comisión designó al actual Secretario Ejecutivo, el Dr. Agnew, para que continúe ejerciendo esas funciones durante el período 2022–2026.

Ordenación de los recursos marinos

11. La Comisión tomó nota de que, al 1 de octubre de 2020, la captura total de kril notificada para la temporada de pesca 2019/20 era de 446 783 toneladas, y de que esta era la mayor captura jamás notificada en el Área 48. La captura total de *Dissostichus eleginoides* era de 11 924 toneladas y la de *Dissostichus mawsoni* de 4 399 toneladas.

12. La Comisión recibió con agrado el importante volumen de trabajo realizado por el Comité Científico y sus grupos de trabajo en 2020 para desarrollar la estrategia modificada de ordenación del kril.

13. Noruega presentó los resultados preliminares de una prueba de medidas de mitigación de las interacciones de las aves marinas con los cables de control de la red en barcos de pesca de kril. En el período entre sesiones de 2020/21, se creó un grupo de trabajo por correspondencia para tratar específicamente temas relacionados con los choques de aves marinas con los cables de control y de arrastre de la red.

14. La Comisión renovó todas las medidas de conservación que vencían en 2020. La lista con todas las medidas modificadas se encuentra en: www.ccamlr.org/node/112002.

Otros asuntos

15. Debido a las limitaciones que conllevó efectuar la reunión en línea, varios puntos que normalmente se consideran por separado en la agenda de la Comisión esta vez se discutieron bajo el punto “Otros asuntos”.

16. La Comisión acordó establecer un grupo web para facilitar la discusión sobre cómo reforzar el objetivo de la Convención para allanar el camino hacia la celebración de su cuadragésima reunión.

17. La Comisión señaló que la designación del área marina recientemente expuesta adyacente al glaciar de isla Pine como Área Especial para la Investigación Científica (etapa 1) (véase más arriba el párrafo 14 del informe sobre CCAMLR-38) vencerá el 31 de mayo de 2021. La Comisión no pudo alcanzar un acuerdo sobre una propuesta de prórroga de un año de este plazo ni sobre la designación del área como Área Especial para la Investigación Científica en etapa 2.

18. La Comisión tomó nota de las nuevas versiones de las propuestas de establecimiento de AMP en el Dominio 1 (península Antártica), Antártida oriental y la región del mar de Weddell.

19. La Comisión tomó nota del desarrollo de unos términos de referencia nuevos para el grupo web dedicado a los efectos del cambio climático con el fin de continuar desarrollando los mecanismos que aseguren que las investigaciones más recientes sobre el cambio climático se incorporen a la labor del Comité Científico y que se tomen en cuenta en el desarrollo del asesoramiento de ordenación a la Comisión.

Próxima reunión

20. Suecia (Dr. J. Granit) asumirá la Presidencia de la Comisión durante las reuniones de 2021 y 2022. Argentina (Sr. M. Gowland) seguirá ejerciendo la Vicepresidencia. La Sra. M. Engelke-Ros (EE. UU.) fue elegida Presidenta de SCIC y la Sra. S. Langerock (Bélgica) Presidenta de SCAF para el período 2021–2022.

21. La cuadragésima reunión de la Comisión se llevará a cabo en Hobart, Australia, entre el 18 y el 29 de octubre de 2021, a menos que la Comisión decida otra cosa. La Comisión solicitó que la planificación de las reuniones se inicie temprano y que incluya la planificación de reuniones oficiales de SCIC y de SCAF.

Informe anual correspondiente al período de 2021 del Comité Científico de Investigación Antártica para la XLIII Reunión Consultiva del Tratado Antártico

Resumen

En este documento, se presenta el informe anual del Comité Científico de Investigación Antártica (SCAR) para la Reunión Consultiva del Tratado Antártico. Para facilitar su examen, las principales características del informe se presentan en forma de infografía (archivo adjunto 1).

Antecedentes

La misión del SCAR es favorecer el avance de las investigaciones, incluidas las observaciones efectuadas desde la Antártida, así como promover la comprensión, la educación y el conocimiento científicos en lo que respecta a la región antártica. A este fin, el SCAR se encarga de iniciar y coordinar a nivel internacional la investigación de la Antártida y el océano austral para el beneficio de la sociedad global. El SCAR ofrece asesoramiento e información desde un plano científico de forma independiente y objetiva al Sistema del Tratado Antártico y a otros organismos, y se constituye como el principal vehículo de intercambio internacional de información sobre la Antártida dentro de la comunidad científica. Las descripciones de las actividades y los resultados científicos del SCAR están disponibles en: https://www.scar.org/.

Prioridades científicas

En 2020 se aprobaron tres nuevos programas emblemáticos de investigación científica (SRP) y finalizaron seis SRP existentes. Los nuevos SRP son:

- Ciencia integrada para informar la conservación del océano antártico y austral (Ant-ICON): responderá preguntas científicas fundamentales (identificadas por el Proyecto de búsqueda sistemática de los horizontes científicos del SCAR), relacionadas con la conservación y gestión de la Antártida y el océano austral, y se centrará en la investigación para impulsar e informar la toma de decisiones y el cambio de políticas a escala internacional.
- Inestabilidades y umbrales en la Antártida (INSTANT): abordará una pregunta de primer orden sobre la contribución de la Antártida al nivel del mar. El objetivo del programa, que abarca la geociencia y las ciencias físicas y biológicas, es cuantificar la contribución de la capa de hielo de la Antártida al cambio global pasado y futuro del nivel del mar.
- Variabilidad y predicción a corto plazo del sistema climático antártico (AntClim^{now}): investigará la predicción de condiciones a corto plazo en el sistema climático antártico en escalas de tiempo que abarcarán desde unos años a varias décadas. Con un enfoque integrado, estudiará el medio ambiente antártico en su conjunto.

Los detalles de estos programas se pueden encontrar en https://www.scar.org/science/srp/.

Últimos acontecimientos

Los resultados y actividades clave del SCAR se presentan en el documento adjunto 1. Los tres grupos científicos, los programas de investigación científica y los grupos subsidiarios especializados del SCAR han llevado a cabo una amplia variedad de actividades y han producido numerosos resultados, varios de los cuales se presentan formalmente en esta reunión.

En enero de 2020, el SCAR asumió el alojamiento del Portal de medioambientes antárticos de la Universidad de Canterbury, Nueva Zelandia. Se pueden encontrar más detalles en el documento WP 19 *Portal de medioambientes antárticos*.

Tras la cancelación de la Conferencia de Ciencia Abierta bienal del SCAR en Hobart en agosto de 2020 como resultado de la pandemia, ese mismo mes el SCAR organizó la iniciativa "SCAR 2020 Online", que atrajo a 2.712 participantes de 60 países y en la que se trataron muchos de los aspectos más destacados de la reunión de Hobart. Puede consultarse más información al respecto en https://www.scar2020.org/.

El SCAR, a través de su Portal de Biodiversidad Antártica, coordina un esfuerzo comunitario para contribuir al Decenio de las Naciones Unidas de las Ciencias Oceánicas para el Desarrollo Sostenible (2021-2030) a través del desarrollo de un Plan de Acción para el Océano Austral. Esta iniciativa representa una colaboración con el Sistema de Observación del Océano Austral (SOOS) y con muchos otros grupos y organizaciones denominados colectivamente Grupo de Trabajo del Océano Austral. Recientemente se ha puesto en marcha un sitio web (https://www.sodecade.org) para compartir información sobre el proceso y se ofrecen más detalles al respecto en el documento IP 136 *The Southern Ocean contribution to the United Nations Decade of Ocean Science for Sustainable Development.*

Con el fin de comprender mejor las consecuencias complejas y de gran alcance de la pandemia de COVID-19 para la comunidad antártica, el Comité Permanente de Humanidades y Ciencias Sociales (SC-HASS) del SCAR ha iniciado un programa de investigación para evaluar los efectos de la pandemia en la investigación y los investigadores de la Antártida, así como las implicaciones a largo plazo de la COVID-19 para las operaciones, el turismo y la gobernanza antárticos, con el objetivo general de respaldar la toma de decisiones sobre cómo mitigar los efectos adversos. Puede encontrarse más información al respecto en https://www.scar.org/science/hass/covid-project/info/.

En marzo de 2021 tuvo lugar la primera reunión virtual de delegados del SCAR. En la reunión, la República Checa y Turquía pasaron de ser miembros asociados a miembros de pleno derecho del SCAR, y México fue admitido como miembro asociado. Además, los delegados eligieron dos nuevos miembros del Comité Ejecutivo: el Dr. Yeadong Kim (República de Corea) fue elegido presidente del SCAR y el profesor Deneb Karentz (EE. UU.) fue elegido vicepresidente y asumió la responsabilidad científica. El profesor Jefferson Simoes (Brasil) fue reelegido para un segundo mandato como vicepresidente y sigue siendo el responsable de Finanzas. Dos vicepresidentes permanecen en el cargo: el Dr. M. Ravichandran (India) como Vicepresidente de Desarrollo de Capacidades, Educación y Capacitación, y el Dr. Gary Wilson (Nueva Zelandia) como Vicepresidente de Administración. El profesor Steven Chown permanece en el Comité Ejecutivo durante dos años como expresidente inmediato.

La Dra. Chandrika Nath es la Directora Ejecutiva del SCAR. La Dra. Susie Grant es la representante del SCAR en el Comité para la Protección del medio ambiente. La Dra. Grant asumió este cargo en sustitución del Dr. Aleks Terauds en septiembre de 2020.

Próximas reuniones (selección)

La India será el país encargado de acoger la Conferencia de Ciencia Abierta y las Reuniones del SCAR de 2022, que se celebrarán en la ciudad de Hyderabad entre el 19 y el 28 de agosto. La previsión es que las reuniones se celebren de forma presencial, y se están incluyendo disposiciones por si fuera necesario celebrarlas en línea o utilizando opciones mixtas, debido a las incertidumbres derivadas de la pandemia.

Chile acogerá la Conferencia de Ciencia Abierta y las Reuniones del SCAR de 2024, que se celebrarán en la ciudad de Pucón. La Conferencia de Ciencia Abierta de 2026 y las Reuniones del SCAR serán organizadas por Noruega en la ciudad de Oslo. Las fechas de ambas reuniones se confirmarán más adelante.

Scientific Committee on Antarctic Research Annual Report 2020-2021
SCAR
SCAR 2020 Online
3-7 August 2020, www.scar2020.org
21
584
2712
New Scientifc Research Programmes
INTEGRATED SCIENCE TO INFORM ANTARCTIC AND SOUTHERN OCEAN CONSERVATION (ANT-ICON)
Answering fundamental questions relating to the conservation and management of Antarctica and the Southern Ocean.
INSTABILITIES AND THRESHOLDS IN ANTARCTICA (INSTANT)
Aiming to quantify the ice sheet's contribution to past and future global sea-level change.
NEAR-TERM VARIABILITY AND PREDICTION OF THE ANTARCTIC CLIMATE SYSTEM (ANTCLIMNOW)
Investigating the prediction of near-term conditions in the Antarctic climate system.
Membership
Turkey and Czech Republic became Full Members
Mexico became Associate Member
XXXVI SCAR Delegates' Meeting
In March 2021, the first virtual SCAR Delegates' Meeting was held online. Delegates agreed that participation at all future meetings could be virtual.
Dr Yeadong Kim was elected as as SCAR President, Prof Deneb Karentz as Vice-President for Science and Prof Jefferson Simões was re-elected as Vice-President for Finance. Ongoing office bearers are Dr M Ravichandran, Vice-President for Capacity Building, and Prof Gary Wilson, Vice-President for Administration. Prof Steven Chown will stay on the Executive Committee as the immediate Past-President for a term of two years.
SCAR Medals
EXCELLENCE IN ANTARCTIC RESEARCH
Dr W Berry Lyons
EDUCATION AND COMMUNICATION
Dr Huw Griffiths
INTERNATIONAL SCIENTIFIC COORDINATION
Dr Carlota Escutia
SCAR PRESIDENT'S MEDAL FOR OUTSTANDING ACHIEVEMENT IN ANTARCTIC SCIENCE
Dr Valérie Masson-Delmotte
Year in Numbers
45 MEMBER COUNTRIES
6 NEW GROUPS CREATED
4 EARLY CAREER FELLOWSHIPS AWARDED
2 VISITING SCHOLARS APPOINTED

Informe anual 2020/21 del COMNAP

15 de marzo de 2020 - 30 de junio de 2021

Antecedentes

Nuestros miembros

Establecido formalmente el 15 de septiembre de 1988, el COMNAP reúne a las autoridades nacionales responsables de planificar, dirigir y gestionar el apoyo a la investigación antártica en nombre de sus respectivos Gobiernos. El COMNAP es una asociación internacional que se compone de los 30 programas antárticos nacionales de los países de Argentina, Australia, Bélgica, Brasil, Bulgaria, Chile, China, República Checa, Ecuador, Finlandia, Francia, Alemania, India, Italia, Japón, Países Bajos, Nueva Zelandia, Noruega, Perú, Polonia, República de Belarús, República de Corea, Federación de Rusia, Sudáfrica, España, Suecia, Ucrania, Reino Unido, Estados Unidos y Uruguay. Los programas antárticos nacionales del Canadá (desde agosto de 2016), Colombia (desde abril de 2021), Malasia (desde agosto de 2017), Portugal (desde agosto de 2015), Suiza (desde abril de 2018), Turquía (desde abril de 2018) y Venezuela (desde agosto de 2015) ejercen de observadores del COMNAP.

Nuestro propósito

El propósito del COMNAP es elaborar y promover las mejores prácticas en la gestión del apoyo a la investigación científica en la Antártida. Como organización, el COMNAP se encarga de agregar valor a los esfuerzos de los programas antárticos nacionales funcionando como un foro para desarrollar prácticas que mejoren la efectividad de las actividades de manera responsable con el medio ambiente, facilitando alianzas internacionales y mediante el intercambio de información.
El COMNAP se esfuerza por aportarle al Sistema del Tratado Antártico tanto el asesoramiento objetivo, práctico, técnico y apolítico como el conocimiento de primera mano de la Antártida que aporta el grupo de expertos de los programas antárticos nacionales, con una colaboración de 38 documentos de trabajo y 121 documentos de información hasta la fecha.

Nuestros dirigentes

El COMNAP es una organización impulsada por miembros con un Comité Ejecutivo (EXCOM) electo dirigido por el Dr. Kelly K. Falkner (Programa Antártico de EE. UU.) como presidente y por los vicepresidentes Manuel Burgos (Instituto Antártico Uruguayo), John Guldahl (Instituto Polar Noruego), Agnieszka Kruszewska (Instituto de Bioquímica y Biofísica de la Academia Polaca de Ciencias), Uwe Nixdorf (Centro Helmholtz de Investigación Polar y Marina del Instituto Alfred Wegener (AWI), Alemania) y Gen Hashida (Instituto Nacional de Investigación Polar, Japón). Michelle Rogan-Finnemore es la secretaria ejecutiva. La Universidad de Canterbury, Christchurch, Nueva Zelandia, alberga la Secretaría del COMNAP en virtud de un memorando de entendimiento renovado hasta septiembre de 2027.

Operaciones COMNAP 2020/2021: Abordamos los desafíos de manera proactiva

Preparación COVID-19

Reconociendo la gravedad de la situación global emergente, el EXCOM del COMNAP celebró una reunión telemática urgente el 9 de marzo de 2020. La reunión tenía un solo punto y objetivo en el orden del día: «Centrarse en diseñar una estrategia que fortalezca colectivamente los esfuerzos nacionales para evitar la introducción de la enfermedad del coronavirus (COVID-19) en la Antártida. Resumir los principales puntos de consideración para nuestra estrategia colectiva y los elementos de acción hacia un plan de implementación. Asegurarnos de que estamos participando, como EXCOM, con los miembros del COMNAP en lo que respecta al intercambio de información sobre la COVID-19, y también con otros participantes en la comunidad antártica (en particular con la IAATO) sobre prácticas de prevención, capacidad de respuesta en estaciones antárticas y planes de medios/comunicaciones».

El 9 de marzo de 2020, tres días antes de que la OMS declarara la pandemia de la COVID-19, el EXCOM estableció el Subcomité *ad hoc* para la COVID-19, dirigido por el Dr. Tim Heitland (AWI) con el Dr. Pradip Malhotra (NCPOR, India) y con el Dr. Fabio Catalano (ENEA, Italia), y en colaboración con la Dra. Anne Hicks (BASMU, Reino Unido), que lidera el Grupo Conjunto de Expertos sobre Biología Humana y Medicina (JEGHBM). Con el secretario ejecutivo, el Subcomité elaboró el documento de trabajo *Recomendaciones (no obligatorias) sobre SARS-CoV-2/COVID-19 del COMNAP en el contexto de las operaciones antárticas* (publicado el 16 de marzo de 2020). El mensaje clave fue el de «actuar pronto y actuar enérgicamente, ya que la contención y la prevención deben ser la prioridad para evitar la introducción del SARS-CoV-19 en la Antártida».

El Subcomité sigue convocado y las directrices, ahora conocidas como las *Directrices para el manejo y prevención de brotes de COVID-19 del COMNAP* (versión de 14 de enero de 2021), continúan revisándose y desarrollándose a partir de las investigaciones actuales, las directrices de la OMS y la situación global. Continúan las comunicaciones regulares y abiertas con nuestros miembros, observadores y otras partes interesadas.

La planificación para emergencias y respuestas médicas es un riesgo que se aborda en la planificación de los programas nacionales antárticos en circunstancias habituales; sin embargo, la temporada antártica 2020/2021 no tuvo precedentes. Pronto se identificó la incapacidad para responder a un nuevo virus altamente infeccioso con una mortalidad y morbilidad significativas en el ambiente extremo y severo de la Antártida con una sofisticación limitada de la atención médica y las respuestas de salud pública y, por tanto, los programas antárticos nacionales reconocieron proactivamente la importancia de desarrollar y poner en práctica rápidamente los protocolos frente a la COVID-19.

Los programas del COMNAP dan prioridad a la seguridad de la vida humana en toda planificación, operaciones y actividades. Todos los programas antárticos nacionales actuaron para mitigar el riesgo que representa la pandemia mundial. Varios programas cancelaron sus temporadas antárticas 2020/21. La mayoría redujo significativamente su actividad planificada sin dejar de mantener las infraestructuras antárticas críticas, de intercambiar personal y de proporcionar apoyo operativo, logístico y científico, lo que permitió que continuaran las investigaciones antárticas de relevancia mundial. Todos implementaron protocolos para mantener la seguridad de los miembros de su equipo. En muchas ocasiones se modificó el método de transporte habitual o la ruta para el personal en tránsito hacia/desde la Antártida y se ampliaron los criterios médicos previos al despliegue (ver también IP082).

Operaciones COMNAP 2020/2021: Puntos destacados y logros

XXXII Reunión General Anual (RGA) (2020)

La RGA estaba programada para los días 3-6 de agosto de 2020 en Hobart, Australia, organizado por la División Antártica Australiana (AAD). Debido a la pandemia global de la COVID-19, las reuniones presenciales se cancelaron y la RGA se trasladó a una plataforma en línea en las mismas fechas. Esta fue la primera vez en nuestros 32 años de historia que la RGA no se llevó a cabo presencialmente. La plataforma en línea resultó muy exitosa: participaron 151 personas de los 30 programas miembro.

Las sesiones plenarias de negocios y las sesiones regionales en pequeños grupos constituyeron los componentes principales. Los miembros, observadores y otros operadores intercambiaron información previa a la temporada 2020/21 y debatieron la gestión de riesgos, particularmente en el contexto de las operaciones durante la pandemia global de la COVID-19. Las sesiones regionales fueron las siguientes: península, mar de Ross, Antártida oriental, Grupo de Gestión de colinas de Larsemann, Tierra de la Reina Maud y la inaugural sobre la elevada meseta antártica. Fase II del proyecto COMNAP «Grupo de trabajo de eficiencia: península» quedó en suspenso debido a la naturaleza reducida de la temporada de verano antártica.

Simposio

El 19.º Simposio del COMNAP «Modernización de la estación antártica: infraestructura preparada para el futuro para apoyar la investigación y reducir el impacto ambiental» se llevó a cabo a través del canal de YouTube del COMNAP desde el 7 de agosto de 2020. Las actas se publican (ver BP010).

Proyecto de Aviación Antártica

Este proyecto sigue adelante (https://www.comnap.aq/projects/Antarctic-aviation) en un plazo sometido a revisión. El Taller de Aviación Antártica se cancela en su calidad de reunión presencial (15-16 de julio de 2021, Toyama, Japón). La intención es ahora centrarse en cuestiones clave relacionadas con el análisis de la RCTA de la Resolución 1 (2013) (ver Documento de Trabajo 8), el equipo mínimo de supervivencia en las aeronaves y la revisión de tecnología previa a un taller en persona (ver IP059) que se llevará a cabo a fines de abril/principios de mayo de 2022 (probablemente combinado con el V Taller sobre SAR del COMNAP).

Premio COMNAP 2020/21

Otorgado por la presidencia del COMNAP por su destacada contribución a los objetivos y principios del COMNAP, lo reciben conjuntamente Valery Lukin, exrepresentante en el COMNAP de AARI/RAE, y Heinz Miller, exrepresentante en el COMNAP de AWI.

10.ª Beca de Investigación Antártica del COMNAP

La beneficiaria de la Beca de Investigación Antártica 2020 del COMNAP es Cinthya Elizabeth Bello Chirinos, (Universidad Nacional Agraria La Molina, Perú, y Dirección de Asuntos Antárticos del Ministerio de Relaciones Exteriores del Perú), autora del proyecto «Surface velocity and facies classification of Znosko glacier, King George Island, Antarctica, using SAR satellite data time series (Velocidad de superficie y clasificación de facies del glaciar Znosko, isla Rey Jorge, Antártida, utilizando series de tiempo de datos satelitales SAR)». La beca se utilizará para realizar investigaciones en colaboración con el Instituto de Oceanografía de la Universidad Federal de Río Grande, Brasil. Este año, una segunda beca de investigación antártica fue posible gracias a un acuerdo entre la IAATO y el COMNAP. El beneficiario es Miguel González Pleiter (Universidad de Alcalá, España), con el proyecto «Understanding the consequences of microplastics introduction in the Antarctic environment: the Plastisphere Resistome (Comprensión de las consecuencias de la introducción de microplásticos en el medio ambiente antártico: el resistoma de la plastisfera)». Con el apoyo proporcionado por el Instituto Antártico Uruguayo, Miguel trabajará como miembro del equipo en el programa AntarPLAST de la Universidad de la República del Uruguay.

Productos y herramientas del COMNAP

Base de datos de COMNAP

La base de datos Quickbase incluye información de todos los miembros sobre instalaciones, embarcaciones, contactos del programa y detalles que se utilizan como base informativa para los productos COMNAP, incluidos e-AFIM, ATOM y el «catálogo de estaciones». Los datos se comparten con la Secretaría del Tratado Antártico.

Disponibles públicamente en https://www.comnap.aq/antarctic-information/ y también en https://github.com/PolarGeospatialCenter/comnap-antarctic-facilities/releases y en https://github.com/PolarGeospatialCenter/comnap-antarctic-vessels.

Manual de información sobre vuelos antárticos (e-AFIM)
Información general de COMNAP AFIM

e-AFIM es un manual de información aeronáutica publicado en formato PDF como herramienta para la seguridad en operaciones aéreas en la Antártida, de conformidad con la Resolución 1 (2013) de la de la RCTA. Las publicaciones tuvieron lugar el 15 de septiembre, el 1 de diciembre de 2020 y el 15 de marzo de 2021.

Sistema de Rastreo de Recursos del COMNAP (CATS)
Información general del Sistema de Rastreo de Recursos del COMNAP
CATS es un sistema voluntario para el intercambio de datos de posición de barcos y aeronaves desarrollado por la AAD. Para la temporada 2020/2021 en su pico de uso, contenía posiciones para 36 recursos (20 aeronaves y 16 embarcaciones). El sistema CATS no se utiliza en su totalidad. Invitamos a todos los barcos y aeronaves que trabajan en la zona del Tratado Antártico a que presenten más información.

Manual para los operadores de telecomunicaciones antárticas (ATOM)
ATOM es el manual de datos de contacto al que se refiere la Recomendación X-3 de la RCTA. Los miembros del COMNAP, los observadores y las autoridades SAR tienen acceso a través del sitio web del COMNAP y a través de CATS.

Búsqueda y salvamento (SAR)
Según la Resolución 4 de la RCTA (2013), el COMNAP proporciona una página web sobre SAR de todos los contactos de los centros de coordinación y salvamento (RCC). Se está planificando el próximo taller trienal sobre SAR antártico del COMNAP (V/2022). La atención se centrará en la aviación.

---

www.comnap.aq
@comnap1
Canal de YouTube: https://www.youtube.com/channel/UCjzR1uM_ZP62eEy6QLCbHxw

Documento adjunto 1 Funcionarios, proyectos, grupos de expertos y reuniones del COMNAP

Cuadro 1: Comité Ejecutivo del COMNAP (EXCOM)
El presidente y los vicepresidentes del COMNAP son autoridades sometidas a elección del COMNAP. Las autoridades elegidas junto con el secretario ejecutivo componen el Comité Ejecutivo del COMNAP:

Cargo	Autoridad	El plazo expira al cierre de
Presidente	Kelly K. Falkner (USAP) kfalkner@nsf.gov	RGA 2021
Vicepresidentes	Manuel Burgos (IAU) mburgos@iau.gub.uy	RGA 2023
	John Guldahl (NPI) john.guldahl@npolar.no	RGA 2021
	Agnieszka Kruszewska (PAS IBB) agnieszkak@ibb.waw.pl	RGA 2021
	Uwe Nixdorf (AWI) uwe.nixdorf@awi.de	RGA 2021
	Gen Hashida (NIPR) gen@nipr.ac.jp	RGA 2023
Secretario Ejecutivo	Michelle Rogan-Finnemore michelle.finnemore@comnap.aq	

Cuadro 2: Proyectos del COMNAP

Proyecto	Director del proyecto	Autoridad del Comité Ejecutivo (supervisión)
19.º Simposio «Modernización de la estación antártica: infraestructura preparada para el futuro para apoyar la investigación y reducir el impacto ambiental»	Charlton Clark (coordinador) y Andrea Colombo	Agnieszka Kruszewska
Aviación antártica	Paul Sheppard	John Guldahl
Sistema de Rastreo de Recursos del COMNAP (CATS)	Robb Clifton	John Guldahl
Base de datos	Andrea Colombo	Michelle Rogan-Finnemore
Fuerza de trabajo sobre eficacia: Península (fase 2)	Antonio Quesada	Agnieszka Kruszewska
Extinción de incendios/seguridad contra incendios	Simon Trotter y Mike Gencarelli	Agnieszka Kruszewska
Nuevas construcciones de buques	Michelle Rogan-Finnemore	Manuel Burgos

Cuadro 3: Grupos de expertos del COMNAP

Grupo de expertos (tema)	Líder del grupo de expertos	Autoridad del Comité Ejecutivo (supervisión)
Aeronavegación (incluye el GT-UAS)	Paul Sheppard	John Guldahl
Avance en tecnologías críticas	Pavel Kapler	Uwe Nixdorf
Protección del medio ambiente	Ceisha Poirot	Gen Hashida
Educación, divulgación y formación	Dragomir Mateev	Agnieszka Kruszewska
Grupo Conjunto de Expertos sobre Biología Humana y Medicina (JEGHBM)	Anne Hicks	Kelly Falkner
Plataformas marinas	Miguel Ojeda	Manuel Burgos
Seguridad	Simon Trotter	Agnieszka Kruszewska
Facilitación científica	Robb Clifton	Kelly Falkner

Reuniones: todas telemáticas

Del 15 de marzo de 2020 al 1 de abril de 2021

- Reuniones extraordinarias del EXCOM del COMNAP: Abordar los desafíos planteados por la COVID-19,
  1: 9 de marzo de 2020
  2: 3 de abril de 2020
  3: 3 de junio de 2020
  4: 9 de julio de 2020
  5: 18 de noviembre de 2020
  6: 22 de diciembre de 2020
  7: 28 de enero de 2021
  8: miércoles, 17 de marzo de 2021.

- Reunión anual del EXCOM del COMNAP, 7 y 21 de octubre de 2020.
- Debates de intercambio de información entre la Secretaría del COMNAP y la Secretaría de la IAATO el 12 de marzo de 2020, el 28 de abril de 2020, el 19 de junio de 2020, el 1 de septiembre de 2020 y el 23 de octubre de 2020.
- Reuniones del COMNAP, ronda 1: «Asambleas», 7, 8 y 15 de abril de 2020 (varias horas).
- Asesoramiento/actualizaciones médicas sobre COVID-19 del COMNAP, 8 de junio de 2020, 8 de julio de 2020, 22 de septiembre de 2020 y 21 de febrero de 2021.
- Reuniones del COMNAP, ronda 2: «Foros de planificación avanzada», 9-12 de junio de 2020 (varias horas).
- El COMNAP y «otros operadores», 30 de junio de 2020.
- Debates entre la Secretaría y el presidente del COMNAP/Secretaría y el presidente del SCAR, 1 de julio de 2020.
- XXXII Reunión General Anual (RGA) (2020) del COMNAP, incluidos los grupos regionales separados, del 3 al 6 de agosto de 2020.
- Mesa redonda conjunta SCAR/COMNAP: «Impacto de la COVID-19 en la investigación antártica», 5 de agosto de 2020.
- 19.º Simposio del COMNAP «Modernización de la estación antártica: infraestructura preparada para el futuro para apoyar la investigación y reducir el impacto ambiental», 7 de agosto de 2020.

Próximamente (desde el 1 de abril de 2021 hasta el 30 de junio de 2022)

- Reuniones del COMNAP, ronda 1: «Asambleas», 7, 8, 13 y 14 de abril de 2021 (telemáticas/varias horas).
- Reunión extraordinaria 9 del EXCOM del COMNAP (telemática): Abordar los desafíos planteados por la COVID-19, 12 de mayo de 2021.
- XXXIII Reunión General Anual (RGA) del COMNAP (2021) (telemática), incluidos grupos de expertos/foros de debate temáticos (2, 3, 9 y 10 de junio de 2021), grupos regionales de trabajo separados (12, 13 y 14 de julio de 2021) y la sesión plenaria empresarial de 14 de julio de 2021.
- Reunión anual del EXCOM del COMNAP (telemática, fechas por confirmar).
- Taller de aviación antártica del COMNAP (Taller SAR V), finales de abril/principios de mayo de 2022 (posiblemente en instalaciones para celebración presencial; fechas por confirmar).

3. Informes de Expertos

Informe de la ASOC para la RCTA

Introducción

La ASOC se complace en asistir a la XLIII Reunión Consultiva del Tratado Antártico. Este informe describe brevemente el trabajo de la ASOC durante los últimos dos años.

La secretaría de la ASOC se encuentra en Washington, DC, EE. UU., y su sitio web es https://www.asoc.org. ASOC se compone de 23 grupos miembros que representan una amplia gama de países de la STA. Nos complace informar de que se han unido tres nuevos grupos desde la RCTA de 2019: Blue Marine Foundation, Global Choices y World Parks Inc.

Actividades entre sesiones

Desde la XLII RCTA de Praga en 2019, mucho ha cambiado en el mundo antártico. Si bien la reunión de la CCRVMA de 2019 se celebró presencialmente, la reunión de la RCTA de 2020 se canceló y la CCRVMA se celebró de forma virtual por primera vez en su historia, lo cual requirió cambios significativos en el trabajo de ASOC. Aunque nuestro equipo internacional está acostumbrado a conectarse virtualmente, no tener ocasiones periódicas para reunirnos en persona ha cambiado drásticamente nuestro trabajo.

Compromiso *online*

Por ejemplo, el año pasado, durante el período de tiempo en que se habría celebrado la RCTA, preparamos diversos contenidos de redes sociales bajo la temática «Semana RCTA» para compartir con el público, entre los que se incluyeron entrevistas con expertos de la RCTA, infografías y animaciones sobre el cambio climático en la Antártida. Las animaciones, que estaban en español e inglés, las elaboró el Instituto Antártico Chileno (INACH), quien tuvo la amabilidad de asociarse con ASOC para que pudiéramos compartirlas en las redes sociales simultáneamente y llegar a un público más amplio.

La ASOC también organizó dos seminarios web muy concurridos sobre cuestiones antárticas, *What's holding back protection of the Antarctic Ocean?* (¿Qué está frenando la protección del Océano Antártico?) y *The future of Antarctic Peninsula protection* (El futuro de la protección de la Península Antártica). Los seminarios web incluyeron participantes con gran variedad de antecedentes en políticas, ciencia, industria y fotografía de naturaleza que ofrecieron una amplia gama de perspectivas sobre cómo proteger el medio ambiente antártico. Posteriormente, muchos miembros del público aportaron comentarios expresando su agradecimiento por los interesantes (y estimulantes) debates.

La ASOC se presentó en la reunión virtual del SCAR y en la edición virtual del Simposio de Derecho Polar. La ASOC también participó en la reunión virtual de la CCRVMA en octubre de 2020. Durante el encuentro, en sustitución de la recepción habitual que patrocinamos, invitamos a los delegados a un festival de cine virtual con varios cortometrajes sobre la Antártida.

En abril de 2021, The Pew Charitable Trusts y el Polar Institute del Wilson Center coordinaron un grupo de trabajo virtual de expertos compuesto por científicos antárticos de varias disciplinas para analizar cómo los cambios en el océano Austral impactan en la regulación climática global, los ecosistemas marinos y las comunidades humanas, y para explorar la gestión a corto plazo y las acciones gubernamentales necesarias para abordar los riesgos climáticos.

La ASOC planea organizar un evento virtual público más avanzado el año para celebrar el 30.º aniversario del Protocolo.

Apoyo a la ciencia adecuada a las políticas

WWF apoyó el proyecto Análisis Retrospectivo de Datos de Seguimiento Antárticos (RAATD) dirigido por el SCAR con el apoyo del Centre de Synthèse et d'Analyse sur la Biodiversité de Francia. El RAATD constituye una impresionante demostración del espíritu de cooperación internacional de la ciencia antártica, que reúne 4060 huellas de animales individuales de 17 especies de depredadores, incluidas ballenas jorobadas, pingüinos emperador, elefantes marinos del sur y albatros errantes recolectados por más de 70 científicos de 12 programas antárticos nacionales. Si bien se espera que este trabajo sea útil en el diseño de áreas marinas protegidas (AMP), también puede ser útil para comprender qué hábitats de áreas costeras y terrestres resultan fundamentales para las especies antárticas, sirviendo de base también, por lo tanto, para la acción de la RCTA.

Greenpeace emprendió una expedición con dos de sus barcos, lo que facilitó la investigación sobre la disminución de las poblaciones de pingüino barbijo en colonias relativamente remotas, registrándose una disminución de hasta un 70 % en algunas áreas. También expuso los problemas subyacentes a la regulación de las actividades de transbordo, observando varios transbordos alrededor de las islas Orcadas del Sur y publicando un informe, *Fishy Business*, que detalla la gran cantidad de problemas que se encontraron en esta zona.

Compromiso con otras organizaciones

La ASOC continúa participando en las reuniones virtuales de la Organización Marítima Internacional (OMI) a través de miembros de ASOC con estatus consultivo en la OMI, centrándose en el desarrollo de medidas de seguridad para embarcaciones no adheridas al Convenio SOLAS, en particular embarcaciones pesqueras y yates privados que operan en aguas polares. Recientemente se han adoptado directrices para los buques pesqueros de más de 24 m de eslora (es decir, todos los buques pesqueros del océano Austral) y para los yates privados de tonelaje bruto igual o superior a 300 y que no se dedican al tráfico mercantil. Estas directrices son importantes para las operaciones de buques al sur de los 60 ° S, ya que más del 50 % de las embarcaciones se categorizan como embarcaciones no incluidas en el Convenio SOLAS y será importante que los PTA y PCTA fomenten la aplicación de las directrices de la OMI a los barcos pesqueros y yates privados que navegan al sur de 60 ° S. La ASOC continúa participando en el trabajo de la OMI para introducir disposiciones obligatorias de navegación y planificación de viajes para estos mismos buques, y también en otros aspectos del trabajo de la OMI que tendrán relevancia para las operaciones de los buques en el océano Austral, incluido el tratamiento de la basura plástica marina, el ruido submarino y las emisiones contaminantes (CO_2 y carbono negro) de los barcos.

Greenpeace, Pew y WWF han trabajado con la Asociación de Compañías de Pesca Responsable de Kril (ARK) y varios científicos independientes para estudiar las zonas restringidas voluntarias acordadas por la industria del kril en 2018, incluido el acuerdo alcanzado para una expansión a un área cerrada durante todo el año alrededor de bahía Esperanza.

Comentarios finales

Sin duda, la pandemia ha dificultado la labor de la RCTA; sin embargo, junto con el 30.º aniversario del Protocolo, la pandemia nos da una razón para reflexionar sobre nuestra relación actual con la naturaleza. La firma del Protocolo supuso un hito para la protección del medio ambiente. El mundo ahora se enfrenta a nuevas y urgentes amenazas para todo el planeta. La ASOC considera que la RCTA y el Protocolo desempeñan un papel vital en la respuesta a estas amenazas. La Antártida sigue inspirando a personas de todo el mundo: este es un mensaje que nos enorgullece recibir durante nuestro compromiso virtual creciente con el público. Incluso quienes no la han visitado en persona se sienten fascinados por la región y sus increíbles especies, y desean que se mantenga intacta. Asimismo, ha sido gratificante comprobar la dedicación y el compromiso de los compañeros, incluidos observadores y expertos, que han encontrado formas creativas de sacar adelante el trabajo relacionado con la RCTA y el CPA a pesar de las limitaciones de la pandemia.

La ASOC espera celebrar el aniversario del Protocolo este año e insta a las PCTA y a la STA en su conjunto no solo a reflexionar sobre los éxitos del Protocolo, sino a volver a comprometerse con su implementación. Si queremos abordar las amenazas contra la salud de la Antártida y el océano Austral y sus desafíos relacionados, la RCTA y la CCRVMA deben ser más ambiciosas y adoptar nuevas medidas de protección integral como las AMP y las ZAEP. No tenemos ninguna duda de que es posible asegurar que los próximos treinta años sean incluso más exitosos que los primeros treinta, pero solo se conseguirá con la voluntad política suficiente.

Para terminar, la ASOC también desea expresar el más sentido pésame a la familia de Adrian Dahood-Fritz, quien falleció en un trágico accidente en septiembre de 2019. Adrian, una científica brillante y una comprometida relatora de la RCTA, era muy conocida por muchos de nosotros dentro de la ASOC y echaremos mucho de menos su pasión por la Antártida.

Informe de la Asociación Internacional de Operadores Turísticos de la Antártida 2020-21

En virtud del artículo III (2) del Tratado Antártico

Introducción

La Asociación Internacional de Operadores Turísticos en la Antártida (IAATO) tiene el agrado de informar a la XLIII RCTA sobre sus actividades.

La IAATO continúa orientando sus actividades en vista de su declaración de misión de defender y promover que el sector privado realice viajes a la Antártida que sean seguros y responsables en lo medioambiental. Es posible encontrar más información sobre la IAATO, su declaración de misión, sus principales actividades y sus últimos acontecimientos en: www.iaato.org.

Descripción general

Hace treinta años, la IAATO se creó con un compromiso de seguridad y respeto con el medio ambiente en viajes organizados por el sector privado. La IAATO ha mantenido ese enfoque en tres grandes períodos de crecimiento y sus consiguientes contracciones, aprovechando la fuerza de sus miembros y las partes interesadas para mejorar los procedimientos y la gestión. En la temporada 2019-20 se registró un número récord de visitantes que viajaron con operadores de la IAATO (74 401). La temporada 2020-21 supuso un fuerte contraste con solo dos expediciones individuales, compuestas por tres yates y un total de 15 invitados debido a la pandemia de SARS COV-2 (COVID-19).

Si bien es difícil anticipar cuándo volverán las operaciones a niveles que se aproximen a las fechas previas a la COVID-19, el compromiso de la IAATO de realizar viajes seguros y ecológicamente responsables del sector privado no ha cambiado y se mantiene. Durante los últimos doce meses, se ha hecho especial hincapié en abordar los cambios operativos debidos a la COVID-19, pero la asociación también ha estado mirando hacia delante para abordar el crecimiento futuro que se prevé después de la pandemia. Entre las medidas recientes figuran el fortalecimiento de las necesidades de experiencia del personal sobre el terreno, la creación de nuevos grupos de trabajo y comités, la actualización del Programa de Embajadores Antárticos y el fortalecimiento de las operaciones en las proximidades de las ballenas.

Para más información sobre las actividades de los operadores de la IAATO, se puede consultar *XLIII RCTA, IPxx, IAATO Overview of Antarctic Tourism: A Historical Review of Growth, the 2020-21 Season and Preliminary Estimates for 2021-22 [IAATO: panorama del turismo antártico: análisis histórico del crecimiento, la temporada antártica 2020-21 y cálculos preliminares para la temporada 2021-22]*

Respuesta a la COVID-19 e impacto en los miembros de la IAATO

Cuando la temporada 2019-20 se redujo debido a las preocupaciones globales en torno a la COVID-19, la IAATO y sus miembros comenzaron a prepararse para la temporada 2020-21, haciendo hincapié en los desafíos emergentes relacionados con la pandemia. El Grupo Directivo para la COVID-19 de la IAATO (actualmente Grupo Consultivo para la COVID-19 de la IAATO) se formó para compartir periódicamente información con los miembros, incluidas actualizaciones de los puertos de entrada e información sobre la evolución de los consejos sobre cómo realizar viajes seguros y ambientalmente responsables durante la pandemia. Además, la IAATO organizó dos asambleas virtuales para permitir a los miembros compartir perspectivas y lecciones aprendidas sobre el funcionamiento en este nuevo entorno, que es clave para el desarrollo de las mejores prácticas del sector.

El Grupo Consultivo para la COVID-19 también proporcionó a los operadores un marco para ayudarles a preparar su propia evaluación de riesgos. Dado que cada operador de la IAATO tiene sus propios entornos operativos específicos, todos deben analizar individualmente cada elemento de su actividad para hacer frente a los desafíos que la COVID-19 ha planteado, teniendo en cuenta los requisitos pertinentes de sus respectivas autoridades nacionales competentes, cuando proceda, así como la perspectiva y la información recibida desde los puertos de entrada.

Además, durante este período, la IAATO acogió de buen grado la colaboración periódica con el COMNAP y el SCAR, con el espíritu de compartir las mejores prácticas y los conocimientos y mejorar la comprensión de los efectos de la pandemia en la Antártida.

La mayoría de los operadores de la IAATO habían tomado la decisión de no operar durante la temporada 2020-21 en noviembre de 2020 y, en última instancia, la temporada se limitó a solo dos expediciones.

Tras la Reunión Anual de 2020 de la IAATO, entre los miembros de la IAATO se incluyeron 42 operadores, 14 operadores provisionales y 53 asociados (con un total de 113 miembros). Posteriormente, se ha producido un aumento del número de operadores provisionales, pero una disminución neta del número de miembros debido a la salida de varios miembros asociados como resultado de la pandemia. Actualmente hay 109 miembros. Se prevén cambios adicionales en los miembros de la IAATO si los operadores de la IAATO no pueden funcionar durante la temporada de verano septentrional y si esas dificultades continúan en la temporada antártica 2021-22.

Los miembros de la IAATO se organizan o proceden de 15 Partes Consultivas del Tratado Antártico. Durante la temporada 2019-20, la mayoría de los nacionales (95,5 %) transportados por operadores de la IAATO procedían de 51 Partes del Tratado; el resto procedía de otros 53 países que no eran Partes del Tratado.

En www.iaato.org puede encontrarse el directorio de miembros e información adicional sobre las actividades de los miembros de la IAATO.

Reunión Anual de la IAATO

La Reunión Anual de la IAATO de 2021 se celebró virtualmente los días 11-13 de mayo de 2021. Antes de la Reunión Anual se organizaron dos asambleas centradas en la COVID-19 y otras tres asambleas para abordar temas prioritarios como la mejora de ciertos estatutos y la revisión de términos de referencia de los comités de la IAATO. Los temas del orden del día de estas asambleas y de la Reunión Anual incluyeron:

- Creación de los comités de Operaciones Terrestres Remotas/Aéreas y de Cambio Climático (ambos anteriormente grupos de trabajo)
- Creación del Grupo de Trabajo Sumergible
- Requisitos más estrictos en relación con la experiencia del personal sobre el terreno, así como establecimiento del requisito de que todos los miembros del equipo de expedición acepten y aprueben las pertinentes evaluaciones del personal sobre el terreno de la IAATO.
- Revisión y listas de verificación más estrictas del Programa de Observadores Obligatorio.
- Revisar y actualizar las directrices relacionadas con la bioseguridad y la observación de la vida silvestre, haciéndose hincapié en las pautas de observación de aves y focas.

- Acuerdo para hacer obligatorio el límite de velocidad previamente voluntario de 10 nudos dentro de las áreas de tiempo geocercadas de la IAATO, permitiéndose ciertas excepciones de emergencia y seguridad para mitigar los ataques de ballenas. Acuerdo para desarrollar un proceso de evaluación regular de la eficacia del área de tiempo geocercada.
- Aprobación de la colaboración entre DueSouth, del SOOS, e IAATO.

Apoyo de la IAATO a la investigación y la conservación

La IAATO fomenta las oportunidades de colaboración con organizaciones científicas, especialmente cuando mejoran la comprensión de la comunidad antártica de las actividades humanas en la región y apoyan a la IAATO en la realización de viajes seguros y ambientalmente responsables del sector privado. Los proyectos incluyen o incluyeron:

- Plan Sistemático de Conservación IAATO/SCAR – La expansión de la actividad humana en la península antártica combinada con la necesidad de comprender y proteger mejor las áreas importantes para la biodiversidad terrestre llevó a la IAATO y al SCAR a proponer el desarrollo de un plan de conservación sistemática. El PSC es una herramienta de apoyo para la toma de decisiones y la gestión, capaz de utilizar una gran cantidad de datos para generar diferentes escenarios dependiendo de las preguntas que se planteen o de las incertidumbres que se estén abordando. La IAATO espera la entrega de un informe final de la Universidad de Monash durante el tercer trimestre de 2021. La IAATO discutirá el uso de la herramienta con sus miembros y trabajará con el SCAR en la comunicación de los resultados del PSC con las partes interesadas.
- Proyecto de Investigación SC-HASS: El impacto de la COVID-19 en la Antártida – La IAATO participa en el proyecto de investigación del Comité Permanente de Humanidades y Ciencias Sociales del SCAR, paquete de trabajo 3, para comprender mejor el impacto de la COVID-19 en el turismo antártico, incluidas las operaciones, las políticas y la concesión de permisos.
- Becas IAATO/COMNAP – La IAATO, en asociación con la COMNAP, invertirá en el desarrollo de investigadores que se encuentren al principio de su carrera mediante la concesión de su tercera beca de 15 000 dólares en 2021. La IAATO y el COMNAP concedieron conjuntamente una beca 2020 al investigador de carrera incipiente Miguel González Pleiter, de la Universidad de Alcalá, España, por su trabajo sobre microplásticos.
- Apoyo en la Antártida – Las expediciones de operadores IAATO durante la temporada 2020-21 se limitaron a dos expediciones individuales, compuestas por tres yates. Una de estas expediciones recogió datos para el proyecto de seguimiento a largo plazo Penguin Lifelines, de la Universidad de Oxford. Tres operadores de la IAATO también proporcionaron apoyo aéreo o marítimo específico a los programas nacionales antárticos.

Otros trabajos y actividades

La IAATO también sigue dando prioridad a las actividades que fortalecen su estructura institucional y que ayudan a posicionarla como un socio acreditado y valorado en la comunidad polar en general. Durante el último año, entre estas se han incluido:

- Desarrollo de una campaña de sensibilización sobre el 30.º aniversario de la IAATO en la que se destacan los logros del pasado y se discuten las ambiciones para el futuro
- Finalización de la fase 1 de la base de datos de la IAATO para facilitar herramientas eficientes y capacidades de presentación de informes
- Desarrollo de la página de presentación de Embajadores Antárticos en el sitio web de la IAATO y plan estratégico para fortalecer aún más el compromiso con los visitantes de la Antártida

- Continuación de la colaboración con la Asociación de Operadores de Cruceros Expedicionarios del Ártico (AECO) en relación con las normas del personal sobre el terreno polar y la asamblea conjunta con personal sobre el terreno polar

Además, el personal de la Secretaría de la IAATO y los representantes de los operadores participaron en reuniones internas y externas, actuando en colaboración con los representantes de las Partes del Tratado, el personal de los programas antárticos nacionales y las organizaciones gubernamentales, científicas, ambientales y del sector, entre las que se encuentran:

- Reunión Anual del COMNAP, en línea, agosto de 2020
- SCAR2020 Online, agosto de 2020
- Conferencia y Reunión Anual de la Asociación de Operadores de Cruceros Expedicionarios del Ártico (AECO), en línea, octubre de 2020
- Trigésimo novena Reunión de la Comisión para la Conservación de los Recursos Vivos Marinos Antárticos (CCRVMA), en línea, octubre de 2020

Incidentes turísticos 2020-21

Es política de la IAATO divulgar los incidentes para garantizar que todos los operadores antárticos comprenden los riesgos y aprenden las lecciones adecuadas. No se produjeron incidentes importantes con operadores de la IAATO durante la temporada 2020-21.

Agradecimientos

La IAATO agradece la oportunidad de trabajar en cooperación con las Partes del Tratado Antártico y con el COMNAP, el SCAR, la CCRVMA, OHI/CHA, la OMM y la ASOC, entre otros, a favor de la protección de la Antártida en el largo plazo.

Informe de la Secretaría de la Organización Hidrográfica Internacional en calidad de Presidente de la Comisión Hidrográfica de la OHI sobre la Antártida

Resoluciones N.ºs 5 de la RCTA (2008) y (2014) y 6 (2019) - ¿Ahora qué sigue?

Introducción

La Organización Hidrográfica Internacional (OHI) es una organización intergubernamental de carácter técnico y consultivo. Cuenta con 94 Estados Miembros. Cada Estado está representado normalmente por el Director de su Servicio Hidrográfico nacional.

La OHI coordina a nivel mundial el establecimiento de normas para datos hidrográficos y el suministro de servicios hidrográficos en apoyo de la seguridad de la navegación y la protección y el uso sostenible del medio ambiente marino. El objetivo principal de la OHI es garantizar que todos los mares, océanos y aguas navegables mundiales estén levantados y cartografiados.

Importancia de la Hidrografía en la Antártida

La información hidrográfica es un requisito previo fundamental para el desarrollo de actividades humanas exitosas y ambientalmente sostenibles en los mares y océanos. Desgraciadamente, en varios lugares del mundo, especialmente en la Antártida, hay poca información hidrográfica o ninguna.

Comisión Hidrográfica de la OHI sobre la Antártida (CHA) y aún más

La CHA es el principal órgano en manos de la OHI para tratar los asuntos de la Antártida.

La CHA cuenta con 24 Estados Miembros de la OHI (Alemania, Argentina, Australia, Brasil, Chile, China, Colombia, Ecuador, España, Estados Unidos, Federación de Rusia, Francia, Grecia, India, Italia, Japón, Noruega, Nueva Zelanda, Perú, Reino Unido, República de Corea, Sudáfrica, Uruguay y Venezuela). Todos ellos han adherido al Tratado Antártico y, por lo tanto, también están representados directamente en la RCTA.

La Comisión Hidrográfica de la OHI sobre la Antártida (CHA) fue formada en 1998, con el objetivo de coordinar las actividades entre sus Estados Miembros para mejorar la calidad, la cobertura y la disponibilidad de cartografía náutica y otra información y servicios geoespaciales e hidrográficos marinos que cubren la región antártica.

La OHI está implicada en actividades de las Regiones Polares en general, a través de la CHA para el Antártico, pero también a través de la Comisión Hidrográfica Regional Ártica (CHRA) para la Región Ártica, en apoyo del Consejo Ártico y de su Grupo de Trabajo para la Protección del Medio Ambiente Marino Ártico (PAME) en particular. Este doble compromiso de la OHI en las Regiones Polares es un factor clave para el desarrollo de sinergias en diversos ámbitos (tecnologías autónomas de cartografía de los fondos marinos, desarrollo de nuevos servicios operativos S-100 y portales geoespaciales en apoyo de las necesidades de los usuarios).

La CHA y la IBCSO de GEBCO

El Dr. Boris DORSCHELL (*Alfred Wegener Institute for Polar and Marinen Research*, Alemania) es el responsable de la compilación de la 2.ª versión de la Carta Batimétrica Internacional del Océano Austral (IBCSO) de GEBCO[1], un nuevo modelo batimétrico reticulado de alta resolución (500 m). A principios del 2021, la CHA hizo una petición a sus Miembros para que compartiesen sus datos con el Jefe de Proyecto, con el fin de apoyar la fase de compilación. Esta petición se aplica no sólo a los Servicios Hidrográficos que representan a sus naciones en la OHI, sino también a los institutos científicos y de investigación de todo el mundo.

La CHA y la RCTA

La CHA ha establecido buenos vínculos con la RCTA, con la Secretaría del Tratado Antártico y con otras organizaciones de apoyo (IAATO, SCAR, COMNAP, Quantarctica, ...) durante muchos años gracias a la recogida de datos, el intercambio de información, la participación regular en las reuniones consultivas de la RCTA en calidad de observadora o organizando seminarios y talleres paralelos a las reuniones de los Grupos de Trabajo de la RCTA.

Tras una propuesta efectuada por la OHI en la RCTA XL en Pekín, en el 2017, se invitó a la OHI a organizar un seminario de sensibilización en la RCTA XLII en Praga, en el 2019. Desde entonces, el Secretario Ejecutivo del Tratado Antártico ha invitado gentilmente a la OHI a considerar el envío de expertos a la RCTA XLIII en París, en el 2021.

La OHI se complace en confirmar que la celebración de la 17.ª Conferencia de la CHA está prevista en París, los días 14 y 15 de junio del 2021, y será gentilmente organizada por el SHOM, el Servicio Hidrográfico y Oceanográfico francés. Este evento proporcionará una buena oportunidad para que los Miembros de la CHA participen en la RCTA XLIII y proporcionen apoyo a su delegación.

Desde la perspectiva de la RCTA, el principal resultado de esta larga cooperación entre la RCTA y la OHI puede resumirse simplemente recordando 3 importantes Resoluciones de la RCTA, adoptadas desde el 2008 al 2019. Éstas son:

- Resolución N.° 5 de la RCTA (2008): *Improving Hydrographic Surveying and Charting to Support Safety of Navigation in the Antarctic Region* (Mejorar los Levantamientos Hidrográficos y la Cartografía de las Aguas Antárticas);
- Resolución N.° 5 de la RCTA (2014): *Strengthening Cooperation in Hydrographic Surveying and Charting of Antarctic Waters* (Reforzar la Cooperación en los Levantamientos Hidrográficos y la Cartografía de las Aguas Antárticas);
- Resolución N.° 6 de la RCTA (2019): *Hydrographic Mapping of Antarctic Waters* (Cartografía Hidrográfica de las Aguas Antárticas).

No cabe duda de que las recomendaciones que se recogen en estas Resoluciones son elementos clave para algunas naciones implicadas en la investigación científica en aguas antárticas. También son impulsores clave para algunos Servicios Hidrográficos de la OHI. Han sido bien identificadas por las partes interesadas en las semanas, los meses posteriores a las reuniones anuales de la RCTA, pero luego tienden a «sedimentarse» y se olvidan... hasta el siguiente seminario, taller, presión de la OHI... seguidos de otra Resolución de la RCTA.

Entonces, la pregunta debería ser: ***¿Ahora qué sigue?***

En el Seminario de la OHI celebrado en Praga (RCTA XLII, 2019), el Secretario General de la OHI sugirió, con estas palabras finales:

[1] Carta Batimétrica General de los Océanos, un programa OHI-COI.

ENTONCES, ¿QUÉ PODEMOS HACER MEJOR? PROPUESTAS

1. *La RCTA deberá considerar los medios y las formas de implementar las Resoluciones N.° 5 de la RCTA (2008, 2014), creando:*
   a. *objetivos clave para la hidrografía en la Antártida, basados en los objetivos estratégicos de la RCTA;*
   b. *prioridades en función de las zonas y su aplicación;*
   c. *una orientación sobre un enfoque de recogida de datos coordinada basada en una infraestructura de batimetría participativa de la OHI;*
2. *La CHA deberá considerar los objetivos y la orientación de la RCTA y desarrollar procedimientos de implementación;*
3. *La CHA deberá informar periódicamente a la RCTA sobre el progreso de la implementación y hacer que los datos estén públicamente disponibles gracias a servicios SIG de datos de libre acceso.*

transformar la Resolución en un plan operativo eficaz que puede ser apoyado por la OHI, un plan operativo que cumpla los requisitos de la RCTA. El primer paso es, sin duda, identificar, recoger y clasificar por prioridades estos requisitos. Esta tarea es responsabilidad de la RCTA.

Propuestas para su consideración por la RCTA

En conformidad con las Resoluciones de la RCTA N.° 5 (2008) y (2014) y 6 (2019), la OHI está dispuesta a apoyar la implementación por parte de la RCTA de las etapas 1a, 1b y 1c (véase más arriba) y queda a disposición de la Secretaría del Tratado Antártico para hacerlo.

Se invita a la RCTA a tomar nota del trabajo en curso con la compilación de la versión 2.0 de la retícula batimétrica de alta resolución de la IBSCO de GEBCO y a compartir sus datos batimétricos con el Jefe de Proyecto, en aplicación de las Resoluciones de la RCTA. Los requisitos técnicos pueden facilitarse a la demanda (adcs@iho.int or boris.dorschel@awi.de).

Finalmente, de requerir información adicional sobre las actividades de la OHI en la Antártida, la encontrarán en: https://lnkd.in/dQEzM2h

Informe anual de la OMM

La Organización Meteorológica Mundial[1] (OMM) es una agencia especializada de las Naciones Unidas que cuenta con 193 Estados miembros y territorios. Es portavoz autorizada del sistema de la ONU en lo que respecta al estado y el comportamiento de la atmósfera terrestre, su interacción con los océanos, el clima que produce y la distribución resultante de los recursos hídricos.

La OMM estructuró sus actividades polares y de alta montaña pertenecientes al Plan Estratégico de la OMM correspondiente al período 2020-2023 con las siguientes prioridades: i) integración de observaciones de superficie y espaciales; ii) predicción y otros servicios polares, incluidos los servicios climáticos; iii) la fase preoperativa del programa de Vigilancia de la Criosfera Global; iv) actividades de alta montaña; v) transición de actividades de investigación a operación y servicios; y vi) recursos y asociaciones.
Las actividades de la OMM relacionadas con la Antártida se coordinan a través del Panel de Expertos del Consejo Ejecutivo de la OMM sobre Observaciones, Investigaciones y Servicios Polares y de Alta Montaña (EC-PHORS) desde 2007. En 2021, el EC-PHORS celebró su 10.ª sesión y el informe está disponible en línea. La reunión recomendó términos de referencia revisados del Panel, incluido un enfoque en la evolución de la coordinación de aquellas actividades en la Antártida donde la OMM podría contribuir para promover objetivos específicos actuales y emergentes, así como los compromisos con otros actores en la región, p. ej.: SCAR, COMNAP, etc.

Actividades de observaciones y datos de la OMM relacionadas con la Antártida:

La OMM sigue desempeñando un papel clave a la hora de facilitar programas de observaciones meteorológicas de superficie y en altitud en la Antártida trabajando con organizaciones científicas pertinentes, así como la estandarización de las prácticas de observación, codificación, intercambio de datos y gestión de datos aplicadas a la Antártida. Tras la reforma de gobernanza de las actividades de la OMM, estas recibirán un apoyo activo a través de las estructuras de la Comisión de Observación, Infraestructura y Sistemas de Información de la OMM (Comisión de Infraestructura).

La 73.ª sesión del Consejo Ejecutivo de la OMM (EC-73), que tendrá lugar en junio de 2021, considerará para su aprobación el plan preoperativo de Vigilancia de la Criosfera Global (VCG). En el Boletín de la OMM, vol. 70(1), 2021, se publicó un resumen de los objetivos sobre hielo marino de la VCG[2].

Las estaciones de observación que operan en la Antártida proporcionan información fundamental para los modelos de predicción global, y la disponibilidad de sus datos en tiempo real es fundamental. Para facilitar el registro de las estaciones de superficie disponibles en la Herramienta de Análisis y Capacidad del Sistema de Observación (OSCAR/Surface) de la OMM, la organización ha proporcionado más aclaraciones sobre la asignación de identificadores de estación WIGOS (WSI) a estaciones que operan en la Antártida. En concreto, se invita a los operadores de estaciones a conectarse con sus puntos focales OSCAR/Superficie nacionales autorizados a emitir WSI para estaciones con base en la Antártida operadas por instituciones nacionales. Estos puntos focales también aportarán orientación sobre el proceso de registro, basado en las políticas acordadas a nivel nacional. La lista de puntos focales OSCAR/Superficie nacionales está disponible en

[1] www.wmo.int

[2] https://library.wmo.int/doc_num.php?explnum_id=10595

https://community.wmo.int/governance/commission-membership/national-focal-points-oscarsurface.
Además, se ha autorizado a muchos otros programas, incluido el de Vigilancia de la Criosfera Global, a emitir WSI cuando no los emiten los puntos focales nacionales. Esta aclaración debería facilitar aún más la participación de los operadores de estaciones en la Antártida, con el objetivo de propiciar el intercambio de datos en tiempo real desde estas estaciones.

Durante el actual período entre reuniones, la OMM está desarrollando dos políticas fundamentales, que se discutirán en EC-73. La primera se relaciona con la Política de Datos Unificada para el Intercambio Internacional de Datos del Sistema Terrestre y la segunda, con el establecimiento del marco regulatorio para una red básica global de observación, a la cual se espera que las estaciones de observación en la Antártida hagan una contribución fundamental. El concepto del Sistema de Control de la Calidad de los Datos del WIGOS (WDQMS) desarrollado por la OMM está relativamente evolucionado. Se está transfiriendo al estado preoperativo un proyecto piloto que utiliza las capacidades de observación existentes de los centros mundiales de predicción meteorológica numérica (NWP) para el componente de superficie del Sistema Mundial de Observación, y ya ha demostrado el valor de dicho sistema. La OMM está interesada en apoyar la implementación de este concepto para las estaciones operadas en la Antártida y colaborar en este sentido con las organizaciones interesadas.

Períodos de observación de invierno antártico y otros planes para el Año de la Predicción Polar en el hemisferio sur (YOPP-SH)

El Año de la Predicción Polar (YOPP) 2017-2019 impulsó esfuerzos adicionales de observación y modelado tanto en el Ártico como en la Antártida. El YOPP es parte del Proyecto de Predicción Polar (PPP) de la Organización Meteorológica Mundial. A partir de julio de 2019, el PPP pasó a su fase de consolidación. Esta fase final del PPP (hasta finales de 2022) es crucial para sintetizar los datos y la investigación de las fases de preparación y central y para determinar el éxito a largo plazo del YOPP. El YOPP-SH está planificando actualmente un segundo período especial de observación, de mediados de abril a mediados de julio de 2022, coincidiendo con la rápida expansión de la cobertura de hielo marino (ver IP 94 asociado).

Red Antártica de Centros Meteorológicos Polares Regionales (AntRCC): alcance y concepto

La OMM, con sus socios, siguió desarrollando la Red Antártica de Centros Meteorológicos Polares Regionales (AntRCC). Para facilitar la participación de los países (incluidas las Partes del Tratado, los miembros de la OMM, etc.) interesados en los servicios climáticos para la Región Antártica, incluidos los representantes de las comunidades operativa, de investigación y de usuarios, la OMM, en coordinación con la Secretaría del Tratado Antártico y otros socios, organizó un taller: «Scoping Workshop on Climate Services for Polar Regions: Towards Implementing an Antarctic RCC- Network (Taller de alcance sobre servicios climáticos para las regiones polares: hacia la implementación de una red RCC antártica)». La mayoría de los representantes de los países expresaron un claro interés en contribuir a las actividades de la red RCC antártica, y acordaron mutuamente que la implementación de la RCC para la Antártida probablemente se basaría en un modelo de función distribuida, similar al de la Asociación Regional VI de la OMM al servicio de Europa; es decir, que países con sólidas capacidades en funciones obligatorias podrían asumir la responsabilidad principal de funciones específicas e involucrar a otros contribuyentes para formar un consorcio. Se proporcionan más detalles en el IP 95 asociado.

Actividades científicas antárticas del Programa Mundial de Investigaciones Climáticas

A través de su Programa Mundial de Investigaciones Climáticas [2] copatrocinado, la OMM lleva a cabo una serie de actividades de investigación y modelado a diversas escalas en las que el clima de la región antártica supone un aspecto clave. Por ejemplo, su Proyecto Principal Clima y Criosfera (http://www.climate-cryosphere.org) con una oficina internacional en el Bjerknes Centre, en Noruega, se centra en el componente de criosfera del sistema climático. Esto incluye la coordinación de una serie de actividades de investigación (a menudo en asociación con el SCAR) sobre el balance de masa de la capa de hielo y el nivel del mar, hielo marino, gelisuelo y otros componentes de la criosfera. El PMIC también coordina una serie de actividades de modelado de relevancia para las Partes del Tratado, incluido el CORDEX antártico[3] (el Experimento de Redimensionamiento Coordinado Antártico, con una oficina en el Instituto Meteorológico e Hidrológico de Suecia), y el Proyecto de Intercomparación de Modelos Acoplados que elabora las pruebas de escenario que emplea el IPCC[4] (ahora también con una nueva oficina de proyectos que acoge la Agencia Espacial Europea en el Reino Unido).

Como parte de la implementación de su Plan Estratégico 2019-2028,[5] el PMIC ha iniciado una serie de nuevas actividades de interés para las Partes. Entre ellas, resultan clave las nuevas actividades faro del PMIC[6] en desarrollo (ver figura 1, a continuación). Damos la bienvenida a la participación en el desarrollo de estas actividades y tenemos la intención de proporcionar información adicional sobre la relevancia de estas para la región antártica en una futura RCTA.

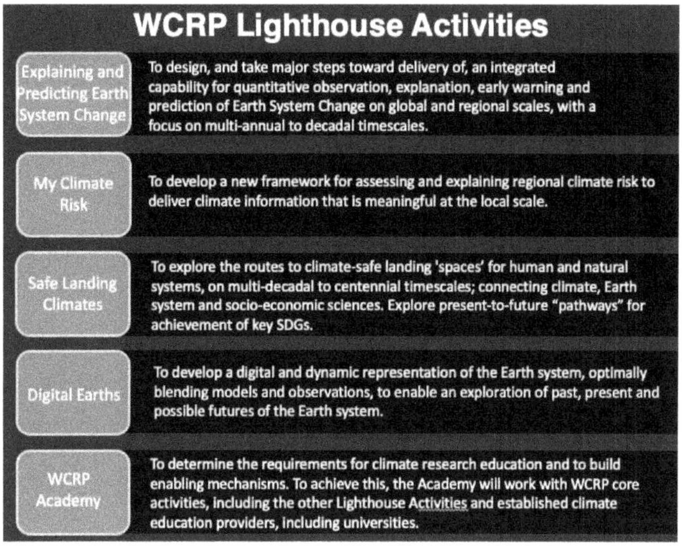

Figura 1: nuevas actividades faro del PMIC. Ver: https://www.wcrp-climate.org/wcrp-ip-la para más información.

El PMIC está desarrollando una serie de foros de investigación climática regionales[7] para intercambiar ideas, debatir nuevas actividades y oportunidades, con vistas a explorar formas de participar para nuestra comunidad de científicos, programas asociados, financiadores y usuarios finales de nuestra ciencia climática. Invitamos a las Partes interesadas y a otras personas a participar.

Declaración de la OMM sobre el estado del clima mundial

[3] https://cordex.org/domains/region-10-antarctica/
[4] https://www.wcrp-climate.org/wgcm-cmip
[5] https://www.wcrp-climate.org/wcrp-sp
[6] https://www.wcrp-climate.org/wcrp-ip-la
[7] https://www.wcrp-climate.org/climate-research-forums

Cada año, la OMM elabora una «Declaración sobre el estado del clima mundial»[8] con socios clave, incluido el SCAR. Estas declaraciones se presentan en las reuniones de la Conferencia de las Partes (CoP) y otros foros y están disponibles en inglés, español, ruso, francés, chino y árabe. Pueden descargarse copias desde:
https://library.wmo.int/doc_num.php?explnum_id=10618

La OMM sigue estando comprometida a trabajar en pos de las observaciones, los servicios y las investigaciones sobre el tiempo y el clima antárticos en una colaboración mutuamente beneficiosa con las Partes del Tratado. Para más información, póngase en contacto con Mike Sparrow (msparrow@wmo.int) en primera instancia.

[8] https://public.wmo.int/en/our-mandate/climate/wmo-statement-state-of-global-climate

PARTE IV

Documentos adicionales de la XLIII RCTA

1. Lista de documentos

1. Lista de documentos

PESTA 2019/2021 (2020)

Documentos de Trabajo

No.	Puntos del Programa	Título	Suministrado por	I	E	F	R	Adjuntos
WP001	CPA 9b	Propuesta de incorporación a la lista de Sitios y Monumentos Históricos del pecio del buque San Telmo	España	↓	↓	↓	↓	
WP002	CPA 9a	Revisión de los planes de gestión para las Zonas Antárticas Especialmente Protegidas (ZAEP) n.º 113 de isla Litchfield, puerto Arthur, archipiélago de Palmer; n.º 119 de valle Davis y laguna Forlidas, macizo Dufek, y n.º 139 de punta Biscoe y archipiélago	Estados Unidos	↓	↓	↓	↓	ASPA 113 Map 1 ASPA 113 Map 2 ASPA 119 Map 1 ASPA 119 Map 2 ASPA 139 Map 1 ASPA 139 Map 2 ASPA 139 Map 3 ZAEP n.º 113, isla Litchfield: Plan de Gestión revisado ZAEP n.º 119, valle Davis y laguna Forlidas: Plan de Gestión revisado ZAEP n.º 139, punta Biscoe: Plan de Gestión revisado
WP003	CPA 9a	Plan de Gestión revisado de la Zona Antártica Especialmente Protegida n.º 121, cabo Royds, isla de Ross	Estados Unidos	↓	↓	↓	↓	ASPA 121 Map 1 ASPA 121 Map 2 ASPA 121 Map 3 ZAEP n.º 121, cabo Royds: Plan de Gestión revisado
WP004	CPA 9a	Plan de Gestión revisado de la Zona Antártica Especialmente Protegida n.º 124, cabo Evans, isla de Ross	Estados Unidos	↓	↓	↓	↓	ASPA 124 Map 1 ASPA 124 Map 2 ZAEP 124 Plan de Gestión revisado

Documentos Informativos

No.	Puntos del Programa	Título	Suministrado por	I	E	F	R	Adjuntos
IP001	RCTA 4	Informe presentado por el Reino Unido	Reino Unido	↓	↓	↓	↓	

Documentos Informativos								
No.	**Puntos del Programa**	**Título**	**Suministrado por**	**I**	**E**	**F**	**R**	**Adjuntos**
		en calidad de Gobierno Depositario de la Convención para la Conservación de las Focas Antárticas (CCFA) en virtud de la Recomendación XIII-2, párrafo 2(D)						
IP002	CPA 5	Report by the SC-CAMLR Observer to CEP	CCRVMA	↓				
IP003	RCTA 13	Mitigación de la erosión de la línea de costa en la Base Antártica Española Gabriel de Castilla	España	↓	↓	↓	↓	
IP004	RCTA 13	Implementación del Código Polar de la OMI en España. Certificación del buque oceanográfico Sarmiento de Gamboa	España	↓	↓	↓	↓	
IP005	CPA 10c	First Evidence for Underwater Hearing in Gentoo Penguins	Alemania	↓				
IP006	RCTA 17 CPA 13	Handling of scientific activities associated with tourism activities	Alemania	↓				
IP007	RCTA 15	Turkish Antarctic Expedition (TAE - IV) 2019 - 2020	Turquía	↓				
IP008	RCTA 15	Antarctic Publications by Turkish Scientists	Turquía	↓				
IP009	RCTA 15	Maintenance of Automatic Weather Station (AWS) in Antarctica	Turquía	↓				
IP010	RCTA 15	Belarus-Turkey Scientific Collaboration in Antarctica	Belarús Turquía	↓				
IP011	RCTA 15	Bulgaria-Turkey Scientific Collaboration in Antarctica	Bulgaria Turquía	↓				
IP012	RCTA 13	COVID-19 Precautions during	Turquía	↓				

Documentos Informativos								
No.	**Puntos del Programa**	**Título**	**Suministrado por**	**I**	**E**	**F**	**R**	**Adjuntos**
		the Turkish Antarctic Expedition (TAE-IV) 2019 – 2020						
IP013	RCTA 11	Education & Outreach Activities during the Turkish Antarctic Expedition - IV (TAE-IV) 2019-2020	Turquía	↓				
IP014	RCTA 15	Installation of GNSS (Global Navigation Satellite Systems) station at Faure Islands	Turquía	↓				
IP015	RCTA 6 CPA 13	Harmonizing the Protocol on Environmental Protection to the Antarctic Treaty with Turkish Legislation	Turquía	↓				
IP016	RCTA 15	Search for Antarctic Meteorites and Micrometeorites in Collaboration with Belgian and Japanese Scientists	Turquía	↓				
IP017	RCTA 15	Turkish Scientific Project at Henryk Arctowski Polish Antarctic Station, King George Island	Turquía	↓				
IP018	RCTA 15	Opportunities for Turkish Scientists to participate in scientific projects related to Antarctica	Turquía	↓				
IP019	RCTA 6	The Foundation of the Polar Research Institute of the Republic of Turkey	Turquía	↓				
IP020	RCTA 13	Hydrographic and Oceanographic Survey Activities of the Turkish Navy Office of Navigation, Hydrography and Oceanography (TN-ONHO) in Antarctic Region	Turquía	↓				
IP021	RCTA 13	Casos de Búsqueda y Salvamento en el área de la Península Antártica año	Chile	↓	↓			

Documentos Informativos								
No.	**Puntos del Programa**	**Título**	**Suministrado por**	**I**	**E**	**F**	**R**	**Adjuntos**
		2019/2020 MRCC Chile						
IP022	CPA 8b	Towards assessment of trends of air quality impact of diesel generator power plants emission in Antarctica	Belarús	↓			↓	
IP023	CPA 10a	Horizon scanning exercise to identify likely invasive non-native species in the Antarctic Peninsula region	Reino Unido	↓				
IP024	RCTA 17 CPA 6	Report on Environmental Remediation	Reino Unido	↓				
IP025	RCTA 6	Report of Antarctic Parliamentarians Assembly 2-3 December 2019: London	Reino Unido	↓				Assembly Statement
IP026	RCTA 13	Informe sobre la XXIIª edición de la Patrulla Antártica Naval Combinada entre Chile y la Argentina	Argentina Chile	↓	↓			
IP027	RCTA 13 CPA 9e	Vigilancia volcánica de la isla Decepción, islas Shetland del Sur	España	↓	↓	↓	↓	Protocolo de actuación del Comité Polar Español para la vigilancia volcánica de la isla Decepción
IP028	RCTA 4 CPA 5	Informe anual de 2019/2020 del Consejo de Administradores de los Programas Antárticos Nacionales (COMNAP)	COMNAP	↓	↓	↓	↓	
IP029	CPA 8b	Information on the initiation of renovations at the Henryk Arctowski Polish Antarctic Station on King George Island, South Shetland Islands	Polonia	↓				
IP030	RCTA 13	Closing of the Arctowski Polish Antarctic Station for tourist traffic due to the ongoing	Polonia	↓				

Documentos Informativos

No.	Puntos del Programa	Título	Suministrado por	I	E	F	R	Adjuntos
		COVID-19 pandemic						
IP031	CPA 10a	Non-native species Trichocera maculipennis (Diptera) eradication from Arctowski Polish Antarctic station, Western Shore of Admiralty Bay, King George Island, South Shetland Islands	Polonia	↓				
IP032	CPA 10a	Eradication of a non-native grass Poa annua L. from Western Shore of Admiralty Bay, King George Island, South Shetland Islands – update 2019/2020	Polonia	↓				
IP033	RCTA 13	Preliminary COMNAP advice in regards to ATCM process of review of Resolution 1 (2013)	COMNAP	↓				
IP034	RCTA 15 CPA 11	Time-lapse camera monitoring of species in the Antarctic Treaty area	Reino Unido	↓				
IP035	RCTA 17	Data Collection and Reporting on Yachting Activity in Antarctica in 2019-20	IAATO Chile Argentina Reino Unido	↓				
IP036	RCTA 17 RCTA 4	Informe de la Asociación Internacional de Operadores Turísticos en la Antártida 2019-2020	IAATO	↓	↓	↓	↓	
IP037	RCTA 17	IAATO Overview of Antarctic Tourism: 2019-20 Season	IAATO	↓				
IP038	RCTA 17 CPA 9c	Report on IAATO Operator Use of Antarctic Peninsula Landing Sites and ATCM Visitor Site	IAATO	↓				

Documentos Informativos

No.	Puntos del Programa	Título	Suministrado por	I	E	F	R	Adjuntos
		Guidelines, 2019-20 Season						

Documentos de la Secretaría

No.	Puntos del Programa	Título	Suministrado por	I	E	F	R	Adjuntos
SP001	RCTA 3 CPA 2	Programa preliminar de la XLIII RCTA y XXIII Reunión del CPA	STA	↓	↓	↓	↓	Plan de trabajo estratégico plurianual de la RCTA
SP002	RCTA 6	Lista de medidas con estado “Aún no entró en vigor”	STA	↓	↓	↓	↓	
SP003	RCTA 7	Informe de la Secretaría 2019/2020	STA	↓	↓	↓	↓	Contribuciones recibidas por la Secretaría del Tratado Antártico durante 2019/20 Informe financiero auditado 2018/19 Informe financiero provisional 2019/20
SP004	RCTA 7	Programa de la Secretaría 2020/2021	STA	↓	↓	↓	↓	Declaración provisional para el ejercicio económico 2019/20, presupuesto para el ejercicio económico 2020/21, presupuesto proyectado para el ejercicio económico 2021/22 Escala de contribuciones para el ejercicio económico 2021/22 Escala salarial
SP005	RCTA 7	Perfil presupuestario quinquenal prospectivo 2021/22 a 2025/26	STA	↓	↓	↓	↓	Perfil presupuestario quinquenal prospectivo 2021/22 a 2025/26
SP006	RCTA 8	Límites de responsabilidad y remediación ambiental	STA	↓	↓	↓	↓	Límites de la responsabilidad en los instrumentos internacionales

Documentos de la Secretaría

No.	Puntos del Programa	Título	Suministrado por	I	E	F	R	Adjuntos
								pertinentes. Resumen de todas las Medidas y Resoluciones pertinentes y asesoramiento previo del CPA en relación con los asuntos de remediación y responsabilidad ambientales.
SP007	RCTA 17 CPA 9e	Nuevo mapa e informes de todos los sitios que reciben visitas de embarcaciones en la Antártida	STA	⤓	⤓	⤓	⤓	
SP008	RCTA 15	Prioridades científicas clave de los programas antárticos nacionales	STA	⤓	⤓	⤓	⤓	Submission form

Documentos de antecedentes

No.	Puntos del Programa	Título	Suministrado por	I	E	F	R	Adjuntos
BP001	RCTA 14 CPA 12	Seguimiento de las recomendaciones de la inspección a la Base Antártica Española Gabriel de Castilla	España	⤓	⤓			
BP002	RCTA 14 CPA 12	Seguimiento de las recomendaciones de las inspecciones a la Base Antártica Española Juan Carlos I	España	⤓	⤓			
BP003	CPA 8b	Initial EIA of Three GNSS Stations Assembled by Turkey	Turquía	⤓				
BP004	RCTA 11	Turkey Journey to the White Continent: A Book of Turkish Antarctic Expeditions	Turquía	⤓				

RCTA XLIII - CPA XXIII (2021)

Documentos de Trabajo

No.	Puntos del Programa	Título	Suministrado por	I	E	F	R	Adjuntos
WP001	CPA 9b	Propuesta de incorporación a la lista de Sitios y Monumentos Históricos del pecio del buque San Telmo	España	↓	↓	↓	↓	
WP002 rev. 1	CPA 9a	Revisión de los planes de gestión para las Zonas Antárticas Especialmente Protegidas (ZAEP) n.° 113 de isla Litchfield, puerto Arthur, archipiélago de Palmer; n.° 119 de valle Davis y laguna Forlidas, macizo Dufek, y n.° 139 de punta Biscoe y archipiélago	Estados Unidos	↓	↓	↓	↓	ASPA 113 Map 1 ASPA 113 Map 2 ASPA 119 Map 1 ASPA 119 Map 2 ASPA 139 Map 1 ASPA 139 Map 2 ASPA 139 Map 3 ZAEP n.° 113, isla Litchfield: Plan de Gestión revisado ZAEP n.° 119, valle Davis y laguna Forlidas: Plan de Gestión revisado ZAEP n.° 139, punta Biscoe: Plan de Gestión revisado
WP003	CPA 9a	Plan de Gestión revisado de la Zona Antártica Especialmente Protegida n.° 121, cabo Royds, isla de Ross	Estados Unidos	↓	↓	↓	↓	ASPA 121 Map 1 ASPA 121 Map 2 ASPA 121 Map 3 ZAEP n.° 121, cabo Royds: Plan de Gestión revisado
WP004	CPA 9a	Plan de Gestión revisado de la Zona Antártica Especialmente Protegida n.° 124, cabo Evans, isla de Ross	Estados Unidos	↓	↓	↓	↓	ASPA 124 Map 1 ASPA 124 Map 2 ZAEP 124 Plan de Gestión revisado
WP005	CPA 9e	Directrices sugeridas para la eliminación de la designación de Zonas Antárticas Especialmente Protegidas (ZAEP)	Estados Unidos Reino Unido Nueva Zelandia China Australia Noruega	↓	↓	↓	↓	
WP006	CPA 9a	Plan de Gestión revisado de la Zona Antártica Especialmente Protegida n.° 106, cabo Hallett, Tierra	Estados Unidos	↓	↓	↓	↓	ASPA 106 Map 1 ASPA 106 Map 2 ASPA 106 Map 3 ASPA 106 Map 4 ASPA 106 Map 5 ZAEP n.° 106, Plan

Documentos de Trabajo								
No.	**Puntos del Programa**	**Título**	**Suministrado por**	**I**	**E**	**F**	**R**	**Adjuntos**
		Victoria del Norte, mar de Ross						de Gestión revisado
WP007	CPA 9c	Directrices del Tratado Antártico revisadas para el sitio para visitantes n.º 28, Seabee Hook, cabo Hallett, Tierra de Victoria del Norte, mar de Ross	Estados Unidos	⤓	⤓	⤓	⤓	Guía para visitantes al sitio: Seabee Hook, cabo Hallett
WP008	RCTA 13	Asesoramiento preliminar del COMNAP con respecto a la revisión de la Resolución 1 (2013) de la RCTA	COMNAP	⤓	⤓	⤓	⤓	
WP009 rev. 1	CPA 9a	Revisión del Plan de Gestión para la Zona Antártica Especialmente Protegida n.º 163: Glaciar Dakshin Gangotri, Tierra de la Reina Maud	India	⤓	⤓	⤓	⤓	ASPA 163 Figure 1 ASPA 163 Figure 2 ASPA 163 Map 1 ASPA 163 Map 2 ASPA 163 Map 3 ASPA 163 Map 4 ASPA 163 Map 5 ZAEP 163 Plan de Gestión revisado
WP010	CPA 8a	Informe del grupo de contacto de composición abierta entre sesiones (GCI) para el análisis del borrador de la evaluación medioambiental global preparado por Nueva Zelandia para la renovación de la base Scott	España	⤓	⤓	⤓	⤓	
WP011	CPA 9c	Informe del Grupo de Contacto Intersesional (GCI) sobre el refuerzo de las instrucciones existentes para los visitantes a la Antártida: propuesta para adoptar las directrices generales actualizadas para visitantes a la Antártida	Alemania	⤓	⤓	⤓	⤓	Directrices generales actualizadas para visitantes a la Antártida
WP012	CPA 8a	Informe del Grupo de Contacto Intersesional (GCI) de duración	Australia	⤓	⤓	⤓	⤓	

Documentos de Trabajo

No.	Puntos del Programa	Título	Suministrado por	I	E	F	R	Adjuntos
		indeterminada para revisar el proyecto de evaluación medioambiental global preparado por Turquía para la construcción y operación de la Estación de Investigación Antártica Turca (TARS)...						
WP013	CPA 9b	Evaluación y gestión de restos históricos anteriores a 1958 en el lago Camp, cerros Vestfold, Antártida Oriental	Australia	↓	↓	↓	↓	
WP014	CPA 7b	Informe del Grupo Subsidiario sobre Respuesta al Cambio Climático (GSRCC) 2019-2021	Reino Unido	↓	↓	↓	↓	Adjunto A Proyecto de CCRWP Adjunto B Proyecto de necesidades científicas Adjunto C Proceso para solicitar información científica Adjunto F Plan de trabajo del GSRCC Attachment D Current CCRWP presentation Attachment E Updated CCRWP presentation
WP015	RCTA 11	Cuarto informe del Grupo de Contacto Intersesional sobre Educación y Divulgación	Reino Unido España Portugal Chile Brasil Bélgica Bulgaria	↓	↓	↓	↓	
WP016	RCTA 9	Bioprospección antártica: Encuesta SCAR de países miembros	SCAR	↓	↓	↓	↓	
WP017	RCTA 16 CPA 7a	El cambio climático de la Antártida y el océano Austral en un contexto global	SCAR	↓	↓	↓	↓	
WP018	CPA 8a	Proyecto de evaluación medioambiental global (EMG) para la	Turquía	↓	↓	↓	↓	Resumen no técnico

Documentos de Trabajo								
No.	Puntos del Programa	Título	Suministrado por	I	E	F	R	Adjuntos
		construcción y operación de la Estación de Investigación Antártica Turca (TARS) en la isla Horseshoe, Antártida						
WP019	CPA 11	Portal de Medioambientes Antárticos	SCAR	⤓	⤓	⤓	⤓	Portal Content Management Plan
WP020	CPA 9a	Revisión del plan de gestión para la Zona Antártica Especialmente Protegida (ZAEP) 104: Isla Sabrina, islas Balleny	Nueva Zelandia	⤓	⤓	⤓	⤓	Plan de gestión revisado para la ZAEP 104
WP021	CPA 9d	Informe sobre debates informales acerca de medidas de protección marina	Nueva Zelandia	⤓	⤓	⤓	⤓	
WP022	CPA 9a	Revisión del plan de gestión para la Zona Antártica Especialmente Protegida 105: Isla Beaufort, ensenada McMurdo, mar de Ross	Nueva Zelandia	⤓	⤓	⤓	⤓	ASPA 105 Map 1 ASPA 105 Map 2 ASPA 105 Map 3 Plan de gestión revisado para la ZAEP 105
WP023 rev. 1	CPA 9a	Revisión del plan de gestión para la Zona Antártica Especialmente Protegida n.º 155, cabo Evans, isla de Ross	Nueva Zelandia	⤓	⤓	⤓	⤓	ASPA 155 Map 1 ASPA 155 Map 2 Plan de gestión revisado para la ZAEP 155
WP024 rev. 1	CPA 9a	Revisión del plan de gestión para la Zona Antártica Especialmente Protegida (ZAEP) n.º 157, bahía Backdoor, cabo Royds, isla de Ross	Nueva Zelandia	⤓	⤓	⤓	⤓	ASPA 157 Map 1 ASPA 157 Map 2 ASPA 157 Map 3 Plan de gestión revisado para la ZAEP 157
WP025 rev. 1	CPA 9a	Revisión del plan de gestión para la Zona Antártica Especialmente Protegida (ZAEP) n.º 158, punta Hut, isla de Ross	Nueva Zelandia	⤓	⤓	⤓	⤓	ASPA 158 Map 1 Plan de gestión revisado para la ZAEP 158
WP026 rev. 1	CPA 9a	Revisión del plan de gestión para la Zona Antártica Especialmente Protegida (ZAEP) n.º 159, cabo Adare, costa Borchgrevink	Nueva Zelandia	⤓	⤓	⤓	⤓	ASPA 159 Map 1 ASPA 159 Map 2 Plan de gestión revisado para la ZAEP 159

Documentos de Trabajo

No.	Puntos del Programa	Título	Suministrado por	I	E	F	R	Adjuntos
WP027	CPA 7a	Diseño sostenible de estaciones antárticas: cómo reducir las contribuciones al cambio climático	Nueva Zelandia Reino Unido	↓	↓	↓	↓	
WP028	CPA 9a	Revisión del plan de gestión para la Zona Antártica Especialmente Protegida (ZAEP) n.º 103, isla Ardery e isla Odbert, costa Budd, Tierra de Wilkes, Antártida oriental	Australia	↓	↓	↓	↓	ASPA 103 Map A ASPA 103 Map B ASPA 103 Map C ASPA 103 Map D Plan de gestión revisado para la ZAEP 103
WP029	CPA 9a	Revisión del plan de gestión para la Zona Antártica Especialmente Protegida (ZAEP) n.º 102, islas Rookery, bahía Holme, Tierra de Mac. Robertson	Australia	↓	↓	↓	↓	ASPA 102 Map A ASPA 102 Map B ASPA 102 Map C Plan de gestión revisado para la ZAEP 102
WP030	CPA 9a	Revisión del plan de gestión para la Zona Antártica Especialmente Protegida (ZAEP) n.º 167, isla Hawker, Tierra de la Princesa Isabel	Australia	↓	↓	↓	↓	ASPA 167 Map A ASPA 167 Map B Plan de gestión revisado para la ZAEP 167
WP031	CPA 9a	Revisión de los planes de gestión para la Zona Antártica Especialmente Administrada (ZAEA) n.º 6, colinas de Larsemann, y la Zona Antártica Especialmente Protegida (ZAEP) n.º 174, Stornes, Antártida oriental	Australia China Federación de Rusia India	↓	↓	↓	↓	ASMA 6 Map A ASMA 6 Map B ASMA 6 Map C ASMA 6 Map D ASMA 6 Map E ASMA 6 Map F Plan de gestión revisado para la ZAEA n.º 6
WP032	RCTA 16	La Antártida en un clima cambiante	Reino Unido Alemania Australia Bélgica España Estados Unidos Finlandia Francia Noruega Nueva Zelandia Países Bajos Suecia	↓	↓	↓	↓	

Documentos de Trabajo

No.	Puntos del Programa	Título	Suministrado por	I	E	F	R	Adjuntos
WP033	CPA 8b	Código de Conducta del SCAR sobre actividades de investigación en geociencias sobre el terreno en la Antártida	SCAR	↓	↓	↓	↓	Código de Conducta del SCAR sobre actividades de investigación en geociencias sobre el terreno en la Antártida
WP034	CPA 9e	Identificación sistemática de sitios geológicos de importancia mundial en la Antártida	SCAR	↓	↓	↓	↓	Método para la identificación sistemática de sitios geológicos de importancia mundial en la Antártida
WP035	RCTA 17	Instalaciones permanentes para el turismo y otras actividades no gubernamentales en la Antártida	Países Bajos	↓	↓	↓	↓	
WP036	RCTA 16 CPA 7a	Acidificación en el océano austral	SCAR	↓	↓	↓	↓	
WP037	CPA 10b	Las proyecciones de la futura disminución de la población subrayan la necesidad de designar al pingüino emperador como una especie antártica especialmente protegida	SCAR	↓	↓	↓	↓	
WP038	RCTA 10	Actualización de requisitos para el intercambio de información sobre expediciones nacionales	Estados Unidos Italia	↓	↓	↓	↓	Cambios propuestos al anexo sobre requisitos para el intercambio de información de la Decisión 7 (2019)
WP039 rev. 1	CPA 9a	Plan de gestión revisado de la Zona Antártica Especialmente Protegida N.º 145 Puerto Foster, isla Decepción, islas Shetland del Sur	Chile España	↓	↓	↓	↓	ZAEP 145 Plan de gestión revisado
WP040	CPA 9a	Revisión del plan de gestión para la Zona Antártica Especialmente Protegida (ZAEP) n.º	Reino Unido Argentina	↓	↓	↓	↓	Plan de gestión revisado para la ZAEP 148

Documentos de Trabajo								
No.	Puntos del Programa	Título	Suministrado por	I	E	F	R	Adjuntos
		148, monte Flora, bahía Hope, península Antártica						
WP041	RCTA 17	Informe del Grupo de Contacto entre Sesiones (GCS) sobre un marco operativo voluntario de observadores a bordo de los buques turísticos que operan en la zona del Tratado Antártico	Francia Argentina	⤓	⤓	⤓	⤓	Lista de verificación para la observación - Marco operativo voluntario de observadores a bordo para embarcaciones turísticas que operan en el área del Tratado Antártico Marco operativo voluntario de observadores a bordo para embarcaciones turísticas que operan en el área del Tratado Antártico Marco operativo voluntario de observadores a bordo para turismo basado en embarcaciones en el área del Tratado Antártico (2021)
WP042	RCTA 13	Eclipse en la Península Antártica	Argentina Chile	⤓	⤓	⤓	⤓	
WP043	CPA 9e	Zonas importantes para la conservación de las aves y zonas antárticas especialmente protegidas: hacia el desarrollo de criterios de selección	Alemania Australia España Estados Unidos Noruega Nueva Zelandia Reino Unido	⤓	⤓	⤓	⤓	
WP044	CPA 9c	Guía del Tratado Antártico para sitios de importancia histórica que reciben visitantes en la región del mar de Ross	Estados Unidos Nueva Zelandia	⤓	⤓	⤓	⤓	Guía para visitantes: Cabo Adare Guía para visitantes: Cabo Evans Guía para visitantes: Cabo Royds Guía para visitantes: Punta

Documentos de Trabajo

No.	Puntos del Programa	Título	Suministrado por	I	E	F	R	Adjuntos
								Hut
WP045	CPA 9a	Revisión del plan de gestión para la Zona Antártica Especialmente Protegida (ZAEP) 131: Glaciar Canadá, lago Fryxell, valle Taylor, Tierra de Victoria	Nueva Zelandia	↓	↓	↓	↓	ASPA 131 Map 1 ASPA 131 Map 2 ASPA 131 Map 3 Plan de gestión revisado para ZAEP 131
WP046	CPA 8a	Proyecto de Evaluación Medioambiental Global (EMG) para la remodelación propuesta de la base Scott	Nueva Zelandia	↓	↓	↓	↓	Presentation on the Draft Comprehensive Environmental Evaluation (CEE) for the Proposed Scott Base Redevelopment (Powerpoint presentation 34 Mb)
WP047	CPA 10a	SARS-CoV-2 en especies antárticas mediante zoonosis inversa	COMNAP	↓	↓	↓	↓	
WP048	RCTA 17	Informe del debate informal sobre la elaboración de un manual de normativas y directrices pertinentes para el turismo y las actividades no gubernamentales en la Antártida	Francia Argentina Estados Unidos	↓	↓	↓	↓	Folleto de operadores turísticos Manual de reglamentos y directrices relevantes para las actividades turísticas y no gubernamentales en la Antártida (formato sinóptico) Manual of Regulations and Guidelines Relevant to Tourism and NGO Activities (Ready to print format)
WP049	RCTA 11	Revisión de la información relacionada con la educación y la divulgación disponible a través de la página web de la Secretaría del Tratado Antártico	España Bulgaria Bélgica Brasil Chile Portugal Reino Unido	↓	↓	↓	↓	
WP050	CPA 9a	Revisión del Plan de Gestión para la Zona	Australia	↓	↓	↓	↓	ASPA 101 Map A ASPA 101 Map B

Documentos de Trabajo

No.	Puntos del Programa	Título	Suministrado por	I	E	F	R	Adjuntos
		Antártica Especialmente Protegida (ZAEP) n.° 101, pingüinera Taylor, Tierra de Mac Robertson						ASPA 101 Map C ASPA 101 Map D ZAEP 101 Plan de Gestión revisado
WP051	CPA 9a	Plan de Gestión para la ZAEP n.º 166, Puerto Martin, Tierra de Adelia. Propuesta de ampliación del plan existente	Francia	↓	↓	↓	↓	
WP052	CPA 10c	Análisis retrospectivo de datos de seguimiento antárticos (RAATD): Zonas de Importancia Ecológica en el medio marino antártico	Francia Australia Bélgica Alemania Reino Unido Estados Unidos Sudáfrica	↓	↓	↓	↓	
WP053	CPA 10c	Áreas Importantes para Mamíferos Marinos (IMMA)	Francia Reino Unido Chile Alemania Mónaco Sudáfrica	↓	↓	↓	↓	
WP054	CPA 9a	Revisión del Plan de Gestión para la Zona Antártica Especialmente Protegida (ZAEP) n.° 120 - Punta Géologie	Francia	↓	↓	↓	↓	Plan de Gestión revisado de la ZAEP 120
WP055	RCTA 6b	Informe de las consultas informales sobre temas de actualidad, tendencias y retos para el Sistema del Tratado Antártico	Federación de Rusia	↓	↓	↓	↓	
WP056	CPA 9c	Directrices propuestas para sitios que reciben visitantes de las islas Argentina, archipiélago Wilhelm	Ucrania	↓	↓	↓	↓	Directrices del sitio para visitantes: Islas Argentina
WP057	RCTA 15a CPA 9d	Propuesta para mejorar la cooperación en la investigación y el seguimiento de la dinámica de la población de pingüinos en la región del mar de Ross	China	↓	↓	↓	↓	Population Dynamics of Emperor Penguins and Adelie Penguins in the Ross Sea Region

Documentos de Trabajo								
No.	**Puntos del Programa**	**Título**	**Suministrado por**	**I**	**E**	**F**	**R**	**Adjuntos**
WP058	CPA 9e	Promoción de la investigación científica para proporcionar información en la toma de decisiones sobre la Antártida	China	⤓	⤓	⤓	⤓	Extracto del plan quinquenal del CPA de 2019
WP059 rev. 1	RCTA 7	Propuesta de régimen disciplinario y modificaciones al Reglamento de Personal de la STA	Argentina	⤓	⤓	⤓	⤓	
WP060 rev. 1	CPA 9b	Rediseño del formato de la lista de Sitios y Monumentos Históricos de acuerdo con la Decisión 1 (2019)	Argentina Noruega Reino Unido	⤓	⤓	⤓	⤓	Guía para la presentación de WP que contengan propuestas relativas a Zonas Antárticas Especialmente Protegidas, Zonas Antárticas Especialmente Administradas o a Sitios y Monumentos Históricos Lista de Sitios y Monumentos Históricos
WP061	RCTA 17	Informe del Grupo de Contacto Intersesional (GCI) sobre informes posteriores a la visita	Argentina	⤓	⤓	⤓	⤓	Instrucciones para los informes posteriores a la visita (revisión) Post-Visit Report Form
WP062	CPA 9a	Informe de actividades del Grupo Subsidiario sobre Planes de Gestión durante el período entre sesiones 2019-2021	Argentina	⤓	⤓	⤓	⤓	ASPA XXX Rosenthal Islands Map 1 ASPA XXX Rosenthal Islands Map 2 ASPA XXX Rosenthal islands Map 3 Plan de Gestión revisado de la isla Inexpresable y la bahía Seaview Plan de Gestión revisado de las islas Leonie ZAEP XXX, islas Rosenthal, isla Anvers, Plan de Gestión del archipiélago

Documentos de Trabajo

No.	Puntos del Programa	Título	Suministrado por	I	E	F	R	Adjuntos
								Palmer
WP063	RCTA 6b	La COVID-19 y la Antártida	Nueva Zelandia Argentina Australia Chile Noruega Reino Unido SCAR	↓	↓	↓	↓	
WP064	CPA 9a	Revisión del Plan de Gestión de la Zona Antártica Especialmente Protegida (ZAEP) No. 134, Punta Cierva e Islas Frente a la Costa, Costa Danco, Península Antártica	Argentina	↓	↓	↓	↓	ZAEP 134 Plan de gestión revisado
WP065	RCTA 13	Sistema de manejo de emergencias sísmicas	Chile	↓	↓	↓	↓	

Documentos Informativos

No.	Puntos del Programa	Título	Suministrado por	I	E	F	R	Adjuntos
IP001	RCTA 14 CPA 12	United States Report of Inspection, February 2020	Estados Unidos	↓				2020 United States Antarctic Inspection
IP002	RCTA 4	Informe del Gobierno Depositario del Tratado Antártico y su Protocolo de conformidad con la Recomendación XIII-2	Estados Unidos	↓	↓	↓	↓	1. Cuadro de estado del Tratado Antártico 2. Cuadro de estado del Protocolo sobre Protección del Medio Ambiente 3. Anexo V Cuadro de estado 4. Anexo VI Cuadro de estado 5. Lista de Recomendaciones/Medidas y su aprobación
IP003	RCTA 4	Informe del Observador de la CCRVMA a presentar en la cuadragésima tercera Reunión Consultiva del	CCRVMA	↓	↓	↓	↓	

Documentos Informativos								
No.	**Puntos del Programa**	**Título**	**Suministrado por**	**I**	**E**	**F**	**R**	**Adjuntos**
		Tratado Antártico						
IP004	RCTA 13 RCTA 4	Informe de la Organización Hidrográfica Internacional (OHI)	OHI	↓	↓	↓	↓	
IP005	RCTA 6a	Sobre la cuestión del examen de la solicitud de la República de Belarús para obtener la condición de Parte Consultiva	Belarús	↓	↓	↓	↓	
IP006	CPA 10a	Horizon scanning exercise to identify likely invasive non-native species in the Antarctic Peninsula region	Reino Unido	↓				
IP007	RCTA 17 CPA 6	Report on Environmental Remediation	Reino Unido	↓				
IP008	RCTA 6b	Report of Antarctic Parliamentarians Assembly 2-3 December 2019: London	Reino Unido	↓				Assembly Statement
IP009	RCTA 15a CPA 11	Time-lapse camera monitoring of species in the Antarctic Treaty area	Reino Unido	↓				
IP010 rev. 1	RCTA 4	Informe presentado por el Reino Unido en calidad de Gobierno Depositario de la Convención para la Conservación de las Focas Antárticas (CCFA) en virtud de la Recomendación XIII-2, párrafo 2(d) 2018/19 y 2019/20	Reino Unido	↓	↓	↓	↓	

Documentos Informativos								
No.	**Puntos del Programa**	**Título**	**Suministrado por**	**I**	**E**	**F**	**R**	**Adjuntos**
IP011	RCTA 4 CPA 5	Informe anual 2020/21 del Consejo de Administradores de los Programas Antárticos Nacionales (COMNAP)	COMNAP	↓	↓	↓	↓	
IP012	RCTA 9	Antarctic Bioprospecting: SCAR Survey of Member Countries	SCAR	↓				
IP013	RCTA 17	A case of fruitful cooperation between Chile and Ukraine National Competent Authorities regarding yacht's activity in Antarctica	Chile Ucrania	↓				
IP014	CPA 13	Antarctic wilderness and inviolate areas	Australia Nueva Zelandia Países Bajos	↓				
IP015	RCTA 14 CPA 12	Australian Antarctic Treaty and Environmental Protocol inspections: January/February 2020	Australia	↓				Inspection Report
IP016	CPA 7a	A custom Green Star Antarctic Tool: A sustainable design standard	Nueva Zelandia	↓				
IP017	CPA 12	Sobre las actividades de la República de Belarús para la implementación en 2019-2021 de los principios de conservación del Protocolo de Madrid de 1991	Belarús	↓	↓	↓	↓	
IP018	CPA 10c	Operationalizing the use of Unmanned Aerial Vehicles (UAV) for assessing	Alemania	↓				

Documentos Informativos								
No.	**Puntos del Programa**	**Título**	**Suministrado por**	**I**	**E**	**F**	**R**	**Adjuntos**
		Antarctic wildlife populations						
IP019	CPA 10c	Managing the Effects of Anthropogenic Noise in the Antarctic – Steps towards the development of an underwater noise protection concept for 'Antarctica'	Alemania	⤓				
IP020 rev. 1	CPA 10c	Assessment of communication masking in Antarctic marine mammals by airgun sound	Alemania	⤓				
IP021	CPA 11	A step towards a structured sample and data collection of environmental contamination in the Antarctic	Alemania Italia	⤓				
IP022 rev. 1	CPA 10b	Projections of future population decline indicate the need to designate the emperor penguin as an Antarctic Specially Protected Species	SCAR	⤓				
IP023	CPA 9e	Important Bird Areas and Antarctic Specially Protected Areas: Toward the development of selection criteria	Alemania Australia España Estados Unidos Noruega Nueva Zelandia Reino Unido	⤓				
IP024	CPA 10c	Important Marine Mammal Areas (IMMAS) within the Antarctic Treaty area: An international collaboration to inform habitat-related	SCAR UICN	⤓				

Documentos Informativos								
No.	**Puntos del Programa**	**Título**	**Suministrado por**	**I**	**E**	**F**	**R**	**Adjuntos**
		conservation decision-making and conservation planning for marine mammal species						
IP025	RCTA 15a	Report of the Asian Forum for Polar Sciences (AFoPS) 2019–2021	Japón	↓				
IP026	RCTA 15a	Actividades del Programa Nacional Antártico de Perú Período 2020 - 2021	Perú		↓			
IP027	RCTA 15a	Expedición Científica del Perú a la Antártida	Perú		↓			
IP028	RCTA 18 CPA 15	Proposal of Finland to host the 45. ATCM in Helsinki in 2023	Finlandia	↓				
IP029 rev. 1	RCTA 4 CPA 5	Informe anual correspondiente al período de 2021 del Comité Científico de Investigación Antártica para la XLIII Reunión Consultiva del Tratado Antártico	SCAR	↓	↓	↓	↓	SCAR Annual Report Infographic
IP030	CPA 8b	Information provision of quantitative assessment of cumulative air impacts in the framework of environmental impact assessment in Antarctica	Belarús	↓			↓	
IP031	RCTA 15a CPA 11	Breeding of seabirds insensitive to shifting ocean temperatures	Portugal Canada Nueva Zelandia Sudáfrica Reino Unido	↓				

Documentos Informativos

No.	Puntos del Programa	Título	Suministrado por	I	E	F	R	Adjuntos
IP032	RCTA 11 CPA 13	Education and outreach by the Antarctic Treaty Parties under ATCM framework: a review	Portugal Bélgica Bulgaria Reino Unido	↓				
IP033	RCTA 11 CPA 13	Celebrando a Magallanes y Elcano	España Portugal	↓	↓			
IP034	CPA 11	Using treated wastewater for hydroponic cultivation of vegetables in the Antarctic	Portugal Bulgaria	↓				
IP035	CPA 10a	Progress and plan towards eradication of the Non-native flies in King George Island, South Shetland Islands	Chile Corea RDC Federación de Rusia Uruguay	↓				Genetic variability analyses of Non-native files
IP036	RCTA 13	The response of the Italian National Antarctic Program to COVID-19 pandemic in the 2020-2021 expedition	Italia	↓				
IP037	RCTA 15a CPA 10a	Seeds for Future. Global Wild Plant Seed Vault	Italia	↓				
IP038	RCTA 13	Informe sobre la XXIIIª edición de la Patrulla Antártica Naval Combinada entre Chile y la Argentina - 2020/2021	Chile Argentina	↓	↓			
IP039	RCTA 13	Informe sobre las tareas del Servicio de Hidrografía Naval en el Continente Antártico 2020/21	Argentina	↓	↓			
IP040	RCTA 15a	Malaysia's activities and achievements in Antarctic research and diplomacy	Malasia	↓				

Documentos Informativos								
No.	**Puntos del Programa**	**Título**	**Suministrado por**	**I**	**E**	**F**	**R**	**Adjuntos**
IP041	RCTA 6b	A review of the activities conducted by Italy in support of the established CCAMLR Ross Sea Region Marine Protected Area (RSRMPA)	Italia	↓				
IP042	RCTA 13	Experiencia de Chile en materia de la aplicación de protocolo Covid-19 de control y seguimiento	Chile	↓	↓			
IP043	RCTA 15a	Agenda de Género del Programa Científico Chileno	Chile	↓	↓			
IP044	RCTA 11	Comunicación y educación antártica en un año de pandemia	Chile	↓	↓			
IP045	RCTA 15a	Diversity in Polar Science Initiative: Polar Horizons	Reino Unido	↓				Polar Horizons - How-to Guide
IP046	RCTA 16	Red latitudinal de estaciones multiparamétricas en Antártica y Observatorio de Cambio Climático	Chile	↓	↓			Brochure Climate Change Observatory
IP047	CPA 10a	Potencial de transmisión zoonótica del SARS-CoV-2 desde los seres humanos a la vida silvestre antártica	Chile	↓	↓			
IP048	CPA 10c	Second Edition of the Wildlife Awareness Manual	Reino Unido Alemania IAATO	↓				
IP049 rev. 1	CPA 10c	The Retrospective Analysis of Antarctic Tracking Data identifies Areas of Ecological Significance in	SCAR	↓				

Documentos Informativos

No.	Puntos del Programa	Título	Suministrado por	I	E	F	R	Adjuntos
		the Southern Ocean						
IP050	RCTA 15a	Programa Científico Nacional (PROCIEN) y desafíos del Plan Quinquenal 2020-2025	Chile	↓	↓			
IP051	RCTA 15a CPA 8b	Current glaciological research activities at the Dome Fuji station and its vicinity	Japón	↓				
IP052	RCTA 15a	Australian Antarctic Science Program 2019-20 and 2020-21	Australia	↓				
IP053	CPA 9a	Initiation of the review of the Management Plan for Antarctic Specially Protected Area No. 126 Byers Peninsula, Livingston Island, South Shetland Islands	Reino Unido Chile España	↓				
IP054	RCTA 17	Data Collection and Reporting on Yachting Activity in Antarctica in 2019-20 and 2020-21	Reino Unido Argentina Chile IAATO	↓				
IP055	CPA 10a	Risks of COVID-19 to Antarctic Wildlife	SCAR	↓				
IP056	RCTA 13	Mitigación de la erosión de la línea de costa en la Base Antártica Española Gabriel de Castilla	España	↓	↓	↓	↓	
IP057	RCTA 13	Implementación del Código Polar de la OMI en España. Certificación del buque oceanográfico Sarmiento de	España	↓	↓	↓	↓	

Documentos Informativos								
No.	**Puntos del Programa**	**Título**	**Suministrado por**	**I**	**E**	**F**	**R**	**Adjuntos**
		Gamboa						
IP058	RCTA 17	Competent Authorities discussion forum on tourism regulatory activities: report by the convener	Australia	⤓				
IP059	RCTA 13	COMNAP Antarctic Aviation Project: Update	COMNAP	⤓				
IP060 rev. 1	CPA 10c	State of Antarctic Penguins 2020 Report	SCAR	⤓				
IP061	RCTA 13	Concept study for Troll station	Noruega	⤓				
IP062	RCTA 17	Norwegian supervision scheme for Antarctic cruise operators	Noruega	⤓				
IP063	RCTA 11	Education & Outreach Activities of Turkey in 2020-2021	Turquía	⤓				
IP064	RCTA 11	Polar Research Projects Contest for High School Students in Turkey	Turquía	⤓				
IP065	RCTA 15a	The Letter of Endorsement between the Association of Polar Early Career Scientists (APECS) and APECS National Committee of Turkey	Turquía	⤓				
IP066	RCTA 15a	The Fifth Turkish Antarctic Expedition (TAE-V)	Turquía	⤓				
IP067	RCTA 6b	New Legislation for Turkish Polar Scientific Expeditions	Turquía	⤓				

Documentos Informativos								
No.	**Puntos del Programa**	**Título**	**Suministrado por**	**I**	**E**	**F**	**R**	**Adjuntos**
IP068	RCTA 15a	Turkey's Membership to the European Polar Board	Turquía	↓				
IP069	RCTA 15a	Turkey's Full Membership to the SCAR	Turquía	↓				
IP070	RCTA 15a	The Turkish Academy of Sciences Young Scientists Award Programme Polar Studies Prize	Turquía	↓				
IP071	RCTA 15a	A Letter of Intent between the Scientific and Technological Research Council of Turkey, Marmara Research Center, Polar Research Institute and the Korea Polar Research Institute	Turquía Corea RDC	↓				
IP072	RCTA 15a	A Memorandum of Understanding between the Scientific and Technological Research Council of Turkey, Marmara Research Center, Polar Research Institute and the Bulgarian Antarctic Institute	Turquía Bulgaria	↓				
IP073	RCTA 15a	A Memorandum of Understanding between the Scientific and Technological Research Council of Turkey, Marmara Research Center, Polar Research Institute and the State Institution National Antarctic Scientific Centre of Ukraine	Turquía Ucrania	↓				

Documentos Informativos

No.	Puntos del Programa	Título	Suministrado por	I	E	F	R	Adjuntos
IP074	RCTA 15a	Antarctic Publications by Turkish Scientists (2020/2021 Update)	Turquía	↓				
IP075	RCTA 11	Training Book for the Turkish Scientific Polar Expeditions	Turquía	↓				
IP076	RCTA 15a	Project Calls and Evaluation Processes in Turkish Antarctic Expeditions	Turquía	↓				
IP077	RCTA 15a CPA 9d	Observing the Changing Southern Ocean and its Global Connections	Estados Unidos	↓				
IP078	RCTA 15a	Delivering the Promise of Antarctic Science through Inclusiveness and Diversity	Estados Unidos Reino Unido	↓				
IP079	RCTA 15a	High-precision Map of Antarctic Ice Sheet Bed Topography	Estados Unidos	↓				
IP080	RCTA 4	Informe de la ASOC para la RCTA	ASOC	↓	↓	↓	↓	
IP081	RCTA 6b CPA 13	The Madrid Protocol at Thirty: Where Do We Go From Here?	ASOC	↓				
IP082	RCTA 15a RCTA 6b	National Antarctic Programs' operations during an unprecedented Antarctic season	COMNAP	↓				
IP083	RCTA 4	Informe del Gobierno Depositario de la Convención sobre la Conservación de los Recursos Vivos Marinos Antárticos (CCRVMA)	Australia	↓	↓	↓	↓	
IP084	RCTA 4	Informe del Gobierno	Australia	↓	↓	↓	↓	

Documentos Informativos								
No.	**Puntos del Programa**	**Título**	**Suministrado por**	**I**	**E**	**F**	**R**	**Adjuntos**
		Depositario del Acuerdo sobre la Conservación de Albatros y Petreles (ACAP)						
IP085	RCTA 15a	Japan's Antarctic Research Highlights 2020–21	Japón	⤓				
IP086	RCTA 17	Closing of the Arctowski Polish Antarctic Station for tourist traffic due to the COVID-19 pandemic and the ongoing renovation of station facilities	Polonia	⤓				
IP087	RCTA 15a	Polish-Russian Collaboration in East Antarctica	Federación de Rusia Polonia	⤓				
IP088	CPA 10a	Non-native species Trichocera maculipennis (Diptera) eradication from Arctowski Polish Antarctic Station, Western Shore of Admiralty Bay, King George Island, South Shetland Islands – update 2020/2021	Polonia	⤓				
IP089	CPA 10a	Eradication of a non-native grass Poa annua L. from the Western Shore of Admiralty Bay, King George Island, South Shetland Islands – update 2020/2021	Polonia	⤓				
IP090	RCTA 6b	Adoption of the Polish Polar Policy. From Past Expeditions to Future Challenges	Polonia	⤓				

Documentos Informativos								
No.	**Puntos del Programa**	**Título**	**Suministrado por**	**I**	**E**	**F**	**R**	**Adjuntos**
IP091	CPA 8a	The Initial Responses to the Comments on the Draft CEE for the Construction and Operation of the Turkish Antarctic Research Station (TARS) at Horseshoe Island, Antarctica	Turquía	↓				
IP092	RCTA 13	Autonomous Science Operations at Halley Research Station	Reino Unido	↓				
IP093	RCTA 4 CPA 5	Informe anual de la OMM	OMM	↓	↓	↓	↓	
IP094	RCTA 15a	Winter Targeted Observing Periods and Further Plans of the Year of Polar Prediction in the Southern Hemisphere (YOPP-SH)	OMM	↓				
IP095	RCTA 15a CPA 5	Antarctic Regional Climate Centre Network: the scope and concept	OMM	↓				WMO AntRCC Appendix
IP096	RCTA 17 CPA 8b	Framework for assessing 'New, Novel or Particularly Concerning Activities'	Reino Unido	↓				
IP097	CPA 8b	Update and CEE Compliance Report: Rothera Wharf Reconstruction and Coastal Stabilisation Project	Reino Unido	↓				
IP098	CPA 10a	Detection and eradication of a non-native Lepidoptera incursion in a food deposit at Carlini Station	Alemania Argentina	↓				

Documentos Informativos								
No.	**Puntos del Programa**	**Título**	**Suministrado por**	**I**	**E**	**F**	**R**	**Adjuntos**
IP099	CPA 9c	Política de Gestión del Turismo para la Base Antártica Esperanza	Argentina	↓	↓			Directriz para visitantes Base Esperanza
IP100	CPA 9e	Deception Island Antarctic Specially Managed Area (ASMA No. 4) – 2019/2021 Management report	Argentina Chile Noruega España Reino Unido Estados Unidos ASOC IAATO	↓				
IP101	CPA 9e	Evaluación de los servicios ecosistémicos y determinación preliminar de sus sinergias	España	↓	↓			
IP102	CPA 8a	Preparation of a Comprehensive Environmental Evaluation for the proposed construction and operation of an aerodrome near Australia's Davis research station (the Davis Aerodrome Project)	Australia	↓				
IP103	RCTA 13	Modernisation of Australia's Antarctic Program	Australia	↓				Davis Aerodrome Project Fact Sheet
IP104	RCTA 17 CPA 9e	Guidance on Short Overnight Stays: Consistency and Coordination through Knowledge Sharing	Estados Unidos Canada	↓				Attachment A: Questionnaire
IP105	RCTA 6b	Notification of the Intention of Canada to request recognition of Consultative Party status	Canada	↓		↓		

Documentos Informativos								
No.	**Puntos del Programa**	**Título**	**Suministrado por**	**I**	**E**	**F**	**R**	**Adjuntos**
IP10 6	CPA 13	The Ice Memory Programme	Francia Italia	↓				
IP10 7	RCTA 15a	Report about 2020-2021 Antarctic Summer Campaign Uruguayan National Antarctic Program	Uruguay	↓				
IP10 8	RCTA 13	Protocolo sanitario aplicable a ciudadanos nacionales y extranjeros que participaron de actividades en la Campaña Antártica 2020-2021	Uruguay		↓			
IP10 9	RCTA 17 RCTA 4	Informe de la Asociación Internacional de Operadores Turísticos de la Antártida 2020-21	IAATO	↓	↓	↓	↓	
IP11 0	RCTA 17	IAATO Overview of Antarctic Tourism: A Historical Review of Growth, the 2020-21 Season, and Preliminary Estimates for 2021-22	IAATO	↓				
IP11 1	RCTA 17 CPA 9c	A Five-Year Overview and 2020–21 Season Report on IAATO Operator Use of Antarctic Peninsula Landing Sites and ATCM Visitor Site Guidelines	IAATO	↓				
IP11 2	RCTA 15a	Avances en la participación de Colombia en el SCAR	Colombia		↓			

Documentos Informativos								
No.	Puntos del Programa	Título	Suministrado por	I	E	F	R	Adjuntos
IP113	RCTA 15a CPA 13	Adhesión de Colombia al Protocolo del Tratado Antártico sobre Protección del Medio Ambiente: Retos y Oportunidades	Colombia		⤓			
IP114	RCTA 11	Primer Congreso Internacional "Colombia y su proyección en la Antártida"	Colombia		⤓			
IP115	RCTA 15a	VII Expedición Científica de Colombia a la Antártica, verano austral 2020-2021	Colombia		⤓			
IP116	RCTA 15a	Determinación del aporte de la presión Atmosférica sobre las variaciones del nivel del mar en la Antártica, verano austral 2020-2021	Colombia Ecuador		⤓			
IP117	RCTA 6b	Colombia, Miembro Observador del Consejo de Administradores de los Programas Antárticos Nacionales (COMNAP)	Colombia		⤓			
IP118	RCTA 13	Implementación de una Turbina Eólica en la Antártica	Colombia		⤓			
IP119	RCTA 15a	Cooperación de Colombia con la Comisión para la Conservación de los Recursos Vivos Marinos Antárticos (CCRVMA): Implementación Voluntaria de la Medida de	Colombia		⤓			

Documentos Informativos								
No.	**Puntos del Programa**	**Título**	**Suministrado por**	**I**	**E**	**F**	**R**	**Adjuntos**
		Conservación 10-05 (2018)						
IP120	RCTA 15a	Cooperación Internacional para el Estudio de Mamíferos Marinos en el Pacífico Sudeste y la Antártica	Colombia					
IP121	RCTA 6b	Fortalecimiento del Programa Antártico Colombiano (PAC)	Colombia					
IP122	RCTA 11	Resultados XIX Encuentro de Historiadores Antárticos Latinoamericanos y I Feria de Historia Antártica Latinoamericana	Colombia					
IP123	RCTA 15a	Cooperación entre Colombia y Argentina sobre análisis magnetoeléctrico en tectónica: Instalación de una Estación Geofísica Permanente en la Base Antártica Isla Marambio	Colombia					
IP124	CPA 8b	Procedimiento implementado en el marco del Programa Antártico Colombiano para la evaluación de impacto ambiental de las actividades desarrolladas en el área del Tratado Antártico	Colombia					
IP125	RCTA 13	Gestión y eliminación de residuos a bordo del buque ARC "20 de Julio", en el marco de las	Colombia					

Documentos Informativos								
No.	**Puntos del Programa**	**Título**	**Suministrado por**	**I**	**E**	**F**	**R**	**Adjuntos**
		expediciones científicas de Colombia a la Antártica						
IP126	RCTA 15a	Aportes de Colombia a la Investigación Antártica: Publicaciones Científicas	Colombia		⤓			
IP127	RCTA 13	Comunicaciones Satelitales de la Fuerza Área Colombiana (FAC) en la Antártica	Colombia		⤓			
IP128	RCTA 13	Brazilian Antarctic Operation (OPERANTAR) - OPERANTAR XXXIX (2020/2021) and OPERANTAR XL (2021/2022)	Brasil	⤓				
IP129	RCTA 11	New Ferraz Station book and stamp	Brasil	⤓				
IP130	RCTA 13	Comandante Ferraz Antarctic Station	Brasil	⤓				
IP131	RCTA 11	PROANTAR Education & Outreach Activities	Brasil	⤓				
IP132	RCTA 13	Brazilian Hydrographic Surveying of Antarctic Waters	Brasil	⤓				
IP133	CPA 9a	Progress in the revision process of the Management Plan for Antarctic Specially Managed Area Nº 1, Admiralty Bay	Brasil Ecuador Estados Unidos Perú Polonia	⤓				
IP134	RCTA 13 CPA 9e	Vigilancia volcánica de la isla Decepción durante la campaña antártica	España		⤓			

Documentos Informativos								
No.	**Puntos del Programa**	**Título**	**Suministrado por**	**I**	**E**	**F**	**R**	**Adjuntos**
		española 2020-2021						
IP135	CPA 9b	Elaboración de la versión preliminar de las Directrices de Buenas Prácticas en Arqueología Terrestre y Subacuática	SCAR	↓	↓	↓	↓	
IP136	RCTA 15a	The Southern Ocean contribution to the United Nations Decade of Ocean Science for Sustainable Development	SCAR	↓				
IP137	CPA 11	Persistent Organic Chemicals in Antarctica: A horizon scan of priority challenges	SCAR	↓				
IP138	RCTA 13	On the work of the Russian Antarctic Expedition during the COVID-19 pandemic: lessons from the 2020–2021 season	Federación de Rusia	↓			↓	
IP139	RCTA 14	Response to Australia's 2019/2020 Inspection Observations	Federación de Rusia	↓			↓	
IP140	RCTA 17	Participation of a Russian scientist in Heritage Expeditions voyage	Federación de Rusia	↓			↓	
IP141	RCTA 11	Celebrating the bicentennial of the discovery of Antarctica	Federación de Rusia ASOC	↓			↓	
IP142	RCTA 15a	Informe de las actividades científicas del Instituto Antártico Argentino – Año 2020	Argentina	↓	↓			
IP143	CPA 4	Committee for Environmental	Noruega	↓				

Documentos Informativos								
No.	Puntos del Programa	Título	Suministrado por	I	E	F	R	Adjuntos
		Protection (CEP): summary of activities during the 2019/21 intersessional period						
IP144	RCTA 14 CPA 12	Resumen del debate entre sesiones sobre los informes de inspección realizados de conformidad con el artículo VII del Tratado Antártico y el artículo 14 del Protocolo al Tratado Antártico sobre Protección del Medio Ambiente	España Noruega	⭳	⭳			
IP145	RCTA 18	Preparation of the 44 th Meeting - Berlin, 2022	Alemania	⭳				

Documentos de la Secretaría								
No.	Puntos del Programa	Título	Suministrado por	I	E	F	R	Adjuntos
SP001 rev. 6	RCTA 3	XLIII RCTA y XXIII Reunión del CPA: Programa y calendario diario de trabajo	STA	⭳	⭳	⭳	⭳	Directrices ad hoc para la XLIII RCTA - XXIII Reunión del CPA, celebradas virtualmente Plan de trabajo estratégico plurianual de la RCTA
SP002	CPA 2	Programa preliminar de la XXIII Reunión del CPA y Plan de Trabajo Quinquenal	STA	⭳	⭳	⭳	⭳	Directrices ad hoc para la XLIII RCTA - XXIII Reunión del CPA, celebradas virtualmente

Documentos de la Secretaría								
No.	**Puntos del Programa**	**Título**	**Suministrado por**	**I**	**E**	**F**	**R**	**Adjuntos**
SP003	RCTA 6b	Lista de medidas con estado "Aún no entró en vigor"	STA	↓	↓	↓	↓	
SP004	RCTA 7	Informe de la Secretaría 2020/2021	STA	↓	↓	↓	↓	Contribuciones recibidas por la Secretaría del Tratado Antártico durante 2020/21 Informe financiero auditado para 2019/2020 Informe financiero provisional 2020/21
SP005	RCTA 7	Programa de la Secretaría 2021/2022	STA	↓	↓	↓	↓	Declaración provisional para el ejercicio económico 2020/21, presupuesto para el ejercicio económico 2021/22, presupuesto proyectado para el ejercicio económico 2022/23 Escala de contribuciones para el ejercicio económico 2022/23 Escala de salarios Programa de la Secretaría 2021/2022
SP006	RCTA 7	Perfil presupuestario quinquenal prospectivo 2022/23 - 2026/27	STA	↓	↓	↓	↓	Perfil presupuestario quinquenal prospectivo 2022/23 - 2026/27
SP007	RCTA 17 CPA 9e	Nuevo mapa e informes de todos los sitios que reciben visitas de embarcaciones en la Antártida	STA	↓	↓	↓	↓	
SP008	RCTA 15a	Prioridades científicas clave de los programas antárticos nacionales	STA	↓	↓	↓	↓	submission form
SP009	RCTA 10	Rediseño del Sistema Electrónico de Intercambio de Información (SEII)	STA	↓	↓	↓	↓	
SP010	RCTA 10	Análisis del uso del Sistema Electrónico	STA	↓	↓	↓	↓	

Documentos de la Secretaría

No.	Puntos del Programa	Título	Suministrado por	I	E	F	R	Adjuntos
		de Intercambio de Información: la evolución de la carga de Informes Anuales y otras consideraciones adicionales						
SP011	RCTA 7	Estado del archivo de informes finales de la Secretaría	STA	↓	↓	↓	↓	
SP012	CPA 8b	Lista anual de evaluaciones medioambientales iniciales (EMI) y evaluaciones medioambientales globales (EMG) preparadas entre el 1 de abril de 2019 y el 31 de marzo de 2021	STA	↓	↓	↓	↓	
SP013	RCTA 10 RCTA 11 RCTA 12 RCTA 6b RCTA 7 RCTA 8 RCTA 9	ATCM Working Group 1 Schedule, Annotated Agenda and Summary of Papers	STA	↓				
SP014 rev. 1	CPA 2	CEP XXIII Schedule, Annotated Agenda and Summary of Papers	STA	↓				
SP015 rev. 1	RCTA 13 RCTA 14 RCTA 15a RCTA 16 RCTA 17	ATCM Working Group 2 Schedule, Annotated Agenda and Summary of Papers	STA	↓				
SP016 rev. 1	RCTA 1 RCTA 18 RCTA 19 RCTA 2 RCTA 20 RCTA 21 RCTA 3 RCTA 4 RCTA 5 RCTA 6a	ATCM Plenary - Schedule, Annotated Agenda and Summary of Papers	STA	↓				

Documentos de antecedentes								
No.	**Puntos del Programa**	**Título**	**Suministrado por**	**I**	**E**	**F**	**R**	**Adjuntos**
BP001	CPA 10c	Unoccupied Aerial System (UAS) Surveys Minimize Predator Response relative to Ground Surveys	Estados Unidos	↓				
BP002	RCTA 6b	Sobre la publicación de la Ley 21.255 "Estatuto Chileno Antártico"	Chile	↓	↓			Estatuto Chileno Antártico - Ley 21255
BP003	RCTA 17	Sobre la Política Chilena de Turismo Antártico	Chile	↓	↓			Política Nacional de Turismo Antártico
BP004	RCTA 6b	Recent amendments in Antarctica legislation of the Kingdom of the Netherlands	Países Bajos	↓				
BP005	CPA 6	Characterising Antarctic Fuels to Inform the Clean Up of Fuel Spill Sites	Argentina Australia	↓				
BP006	CPA 10c	The Animal Audiogram Database	Alemania	↓				
BP007	RCTA 14	Follow-up on Recommendations from the Inspection at the Antarctic Jang Bogo Station during 2019-2020 Antarctic Summer Season	Corea RDC	↓				
BP008	RCTA 15a	Scientific and Science-related Cooperation with the Consultative Parties and the Wider Antarctic Community and COVID-19 Responses	Corea RDC	↓				
BP009 rev. 1	RCTA 11	Italian activities in Antarctica before the institution of the Italian National Research Program in Antarctica (PNRA)	Italia	↓				
BP010	RCTA 16	The 19th Council of Managers of National Antarctic Programs (COMNAP) Symposium (2020)	COMNAP	↓				
BP011	RCTA 11	Documentaries of the Turkish Antarctic Expedition (TAE - IV) 2019 - 2020	Turquía	↓				
BP012	RCTA 11	Turkish Polar Encyclopedia Project	Turquía	↓				
BP013	CPA 8b	Information on the Progress of the Renovation of the Henryk Arctowski Polish Antarctic Station on King	Polonia	↓				

Documentos de antecedentes								
No.	**Puntos del Programa**	**Título**	**Suministrado por**	**I**	**E**	**F**	**R**	**Adjuntos**
		George Island, South Shetland Islands						
BP014	RCTA 13	Fire at the Russian Antarctic station Mirny	Federación de Rusia	↓			↓	
BP015	RCTA 13	On the postponement of the first stage of assembly of a new wintering building at Vostok station for the season 2021/2022	Federación de Rusia	↓			↓	
BP016	RCTA 13	Informe de ejecución de la XXIV Expedición Antártica Ecuatoriana (2019-2020)	Ecuador		↓			
BP017	RCTA 15a	Cooperación Científica entre Programas Antárticos Nacionales ECUANTAR XXIV (2019-2020)	Ecuador		↓			
BP018	RCTA 13	Informe de ejecución de la XXV Expedición Antártica Ecuatoriana (2020-2021)	Ecuador		↓			
BP019	RCTA 15a	Cooperación Científica entre Programas Antárticos Nacionales ECUANTAR XXV (2020-2021)	Ecuador		↓			
BP020	RCTA 15a	Estudios toxicológicos de metales pesados, microplásticos y ecología microbiana con potencial biotecnológico en la Península Antártica	Ecuador		↓			
BP021	RCTA 13	Informe de actividades y resultados REFUGIO ANTÁRTICO ECUATORIANO Expediciones XXIV y XXV	Ecuador		↓			
BP022	RCTA 15a	Informe de avance sobre el proyecto "Estructura microalgal y su relación con la variabilidad físico-químicas en el ecosistema marino de las islas Shetland del Sur	Ecuador		↓			
BP023	RCTA 15a	South Africa's first Antarctic and Southern Ocean Strategy gazetted	Sudáfrica	↓				Gazetted South Africa's Antarctic and Southern Ocean Strategy

2. Lista de participantes

2. Lista de participantes

Partes Consultivas			
Parte	**Título**	**Nombre**	**Cargo**
Alemania	Dra.	Boetius, Antje	Delegada
Alemania	Dra.	Diedrich, Erhard	Delegada
Alemania	Dra.	Duennwald, Sonja	Delegada
Alemania	Sra.	Fabris, Rita	Delegada
Alemania	Prof. Dr.	Gaedicke, Christoph	Delegada
Alemania	Dra.	Hain, Stefan	Delegada
Alemania	Dra.	Herata, Heike	Delegada
Alemania	Sra.	Hilbert, Jacqueline	Delegada
Alemania	Sr.	Hochmüller, Tilman	Jefe de Delegación
Alemania	Dra.	Krakau, Manuela	Delegada
Alemania	Dra.	Küster, Anette	Delegada
Alemania	Dra.	Läufer, Andreas	Delegada
Alemania	Sr.	Liebschner, Alexander	Delegada
Alemania	Sr.	Lindemann, Christian	Delegada
Alemania	Sra.	Marker, Benita	Delegada
Alemania	Sr.	Mengedoht, Dirk	Delegada
Alemania	Dra.	Nixdorf, Uwe	Delegada
Alemania	Dra.	Reinke, Manfred	Delegada
Alemania	Sr.	Schulz, Christian	Delegada
Alemania	Dra.	Vöneky, Silja	Asesor
Alemania	Dra.	Wesche, Christine	Delegada
Alemania	Sr.	Wilckens, Julian	Delegada
Alemania	Sra.	Wolter, Miriam	Delegada
Argentina	MSc.	Abas, Marina	Asesor
Argentina	Lic.	Abbeduto, María Luz	Asesor
Argentina	Coronel	Acosta, Oscar Alfredo	Asesor
Argentina	Dra.	Ansaldo, Martin	Asesor
Argentina	Coronel	Ballerini, Enrique Marcelo	Asesor
Argentina	Sra.	Balsalobre, Silvina	Asesor
Argentina	General	Calandin, Edgar Fernando	Delegada
Argentina	Lic.	Casela, Paula	Delegada
Argentina	Consejera	Conde Garrido, Rodrigo	Alterno
Argentina	Dra.	Curtosi, Antonio	Asesor
Argentina	Dra.	Diaz, Martin Andres	Delegada
Argentina	Dra.	Fontana, Pablo	Asesor
Argentina	Min.	Gowland, Máximo	Jefe de Delegación
Argentina	Dra.	Libertelli, Marcela	Asesor
Argentina	Dra.	Lirio, Juan Manuel	Asesor
Argentina	Min.	Lopez Crozet, Fausto	Alterno

Partes Consultivas			
Parte	**Título**	**Nombre**	**Cargo**
Argentina	Coronel	López Meyer, Lorenzo Matías	Asesor
Argentina	Dra.	Mac Cormack, Walter	Alterno
Argentina	Dra.	Martinez Alvarez, Lucas	Asesor
Argentina	Coronel	Mingorance, Ruben Alejandro	Asesor
Argentina	Consejera	Mulville, Cynthia	Delegada
Argentina	Dra.	Negrete, Javier	Asesor
Argentina	Lic.	Ortúzar, Patricia	Representante del CPA
Argentina	Sec.	Pesaresi, Andrea Paula	Delegada
Argentina	Dra.	Reguero, Marcelo	Asesor
Argentina	Capitán De Corbeta	Rivas, Julio Cesar	Asesor
Argentina	Dra.	Ruberto, Lucas	Asesor
Argentina	Sec.	Santiago, Facundo	Delegada
Argentina	Lic.	Santillana, Sergio	Asesor
Argentina	Dra.	Schloss, Irene	Asesor
Argentina	Lic.	Vereda, Marisol	Asesor
Argentina	Consejera	Violini, Patricio	Delegada
Australia	Sr.	Ellis, Kim	Alterno
Australia	Sra.	Kingston, Melissa	Delegada
Australia	Sr.	LaMacchia, Frank	Delegada
Australia	Sra.	Mccourt, Suzanne	Alterno
Australia	Sr.	Mcgee, Jeffrey	Asesor
Australia	Sr.	Mcivor, Ewan	Representante del CPA
Australia	Sr.	Newnham, Simon	Jefe de Delegación
Australia	Sr.	Playle, Ben	Delegada
Australia	Sr.	Quinn, Todd	Delegada
Australia	Dra.	Tracey, Phillip	Delegada
Australia	Profesor	Webster, Nicole	Delegada
Australia	Dra.	Wooding, Rob	Alterno
Bélgica	Embajador	de Lannoy, Christian	Jefe de Delegación
Bélgica	Sra.	Langerock, Stephanie	Representante del CPA
Bélgica	Sr.	Mayence, Jean-François	Asesor
Bélgica	Dra.	Van de Putte, Anton	Asesor
Bélgica	Sra.	Vancauwenberghe, Maaike	Alterno
Bélgica	Sr.	Vanstappen, Nils	Asesor
Bélgica	Sr.	Verheyen, Koen	Asesor
Bélgica	Sra.	Wilmotte, Annick	Asesor
Brasil	Sr.	Diniz Guedes, Thomaz	Alterno
Brasil	Sr.	Suarez Sampaio, Carlos Hugo	Asesor
Brasil	Sr.	Belli , Guilherme	Asesor
Brasil	Sr.	Carvalho Raposo, Philippe	Alterno

Partes Consultivas			
Parte	**Título**	**Nombre**	**Cargo**
Brasil	Sra.	Cruz, Andrea	Delegada
Brasil	Contralmirante	Da Rocha Martins, Antonio Cesar	Alterno
Brasil	Sra.	Hemetrio Valadares, Luciana	Representante del CPA
Brasil	Sra.	Messias E Silva, Julie	Asesor
Brasil	Sr.	Obino, Rodrigo	Delegada
Brasil	Sr.	Peruch Viana, Benhur	Jefe de Delegación
Brasil	Sra.	Trad Souza, Haynnée	Delegada
Bulgaria	Sra.	Damyanova, Milena	Delegada
Bulgaria	Sra.	Dramova, Dimana	Jefe de Delegación
Bulgaria	Sr.	Mateev, Dragomir	Representante del CPA
Bulgaria	Prof. D.Sc.	Pimpirev, Christo	Alterno
Bulgaria	Sra.	Raycheva, Sasha	Delegada
Chile	Sra.	Asencio, Geraldine	Delegada
Chile	Sr.	Barticevic, Elias	Delegada
Chile	Mr.	Benitez, Cristobal	Asesor
Chile	Sr.	Canales, Reiner	Delegada
Chile	Sr.	Cariceo, Yanko	Representante del CPA
Chile	Sra.	Carvallo, Maria Luisa	Asesor
Chile	Sr.	Castillo, Rafael	Asesor
Chile	Cdr	Christiansen, Lars	Asesor
Chile	Sr.	Ferrada, Luis Valentín	Asesor
Chile	Cdr	Figueroa, Miguel	Asesor
Chile	Sr.	Gamboa, Cesar	Asesor
Chile	Sra.	Gonzalez, Paula	Delegada
Chile	Sr.	González, Marcelo	Delegada
Chile	Sr.	Hawa, Samy	Asesor
Chile	Sr.	Jarpa, Victor	Asesor
Chile	Sra.	Lazen, Chantal	Asesor
Chile	Dra.	Leppe, Marcelo	Alterno
Chile	Sr.	Lertora, Francisco	Asesor
Chile	Sra.	Molina, Alejandra	Delegada
Chile	Sra.	Movillo, Macarena	Asesor
Chile	Mr.	Piña, Carlos	Asesor
Chile	Dra.	Ranson García, John	Asesor
Chile	Sr.	Salazar, Miguel	Asesor
Chile	Sra.	Salinas, Carla	Delegada
Chile	Sr.	Santibañez, Miguel	Asesor
Chile	Sra.	Stockins, Christine	Asesor
Chile	Sra.	Vallejos, Verónica	Representante del CPA
Chile	Sr.	Waghorn, Rodrigo	Jefe de Delegación
China	Sra.	Bai, Jiayu	Asesor
China	Sr.	Gou, Haibo	Jefe de Delegación
China	Sra.	Li, Xueping	Asesor
China	Sr.	Li, Linlin	Delegada

Partes Consultivas			
Parte	**Título**	**Nombre**	**Cargo**
China	Sr.	Long, Wei	Representante del CPA
China	Sra.	Qiu, Yutong	Delegada
China	Sr.	Su, Wenlu	Delegada
China	Profesor	Tang, Jianye	Asesor
China	Sr.	Yang, Lei	Alterno
China	Sra.	Yu, Xinwei	Delegada
China	Prof.	Zhang, Yanyun	Asesor
China	Sr.	Zhang, Yang	Alterno
China	Sra.	Zheng, Yingqin	Asesor
Ecuador	Ministro	Carranza, José Antonio	Delegada
Ecuador	Cpnv-Em	Correa Aguayo, Johny	Delegada
Ecuador	Sr.	Mendoza, Javier	Delegada
Ecuador	Cpfg-Em	Morales Auz, Luis	Representante del CPA
Ecuador	Cpfg-Emt	Pinto, Edwin	Delegada
Ecuador	Emb.	Troya, Maria Gabriela	Jefe de Delegación
Ecuador	Ing.	Vera Hidalgo, Andrea	Alterno
España	Sr.	Aguilera Aranda, Francisco	Jefe de Delegación
España	Sr.	Díaz De La Guardia, Ignacio	Delegada
España	Sr.	Ojeda Cardenes, Miguel Ángel	Delegada
España	Dra.	Quesada Del Corral, Antonio	Representante del CPA
España	Sra.	Ramos García, Sonia	Delegada
España	Prof. Dra. Sra.	Sobrido Prieto, Marta	Delegada
Estados Unidos	Sra.	Arvis, Constance	Jefe de Delegación
Estados Unidos	Sr.	Edwards, David	Asesor
Estados Unidos	Dra.	Falkner, Kelly	Asesor
Estados Unidos	Sr.	Gilanshah, Bijan	Asesor
Estados Unidos	Profesor	Karentz, Deneb	Asesor
Estados Unidos	Sr.	Kill, Theodore P.	Asesor
Estados Unidos	Dra.	McGinn, Nature	Asesor
Estados Unidos	Sr.	Muntean, William	Alterno
Estados Unidos	Sra.	Ohnemus, Kimberly	Asesor
Estados Unidos	Dra.	O'Reilly, Jessica	Asesor
Estados Unidos	Dra.	Penhale, Polly A.	Representante del CPA
Estados Unidos	Sra.	Roemele, Julie	Asesor
Estados Unidos	Sra.	Scott, Lela	Asesor
Estados Unidos	Sr.	Sheppard, Paul	Asesor
Estados Unidos	Sr.	Shobert, William	Asesor
Estados Unidos	Sra.	Short, Stephanie	Asesor
Estados Unidos	Dra.	Sung, Nancy	Asesor
Estados Unidos	Sra.	Taylor, Heidi	Asesor
Estados Unidos	Dra.	Watters, George	Asesor
Estados Unidos	Sra.	Wheatley, Victoria	Asesor

Partes Consultivas			
Parte	**Título**	**Nombre**	**Cargo**
Federación de Rusia	Sra.	Bystramovich, Anna	Alterno
Federación de Rusia	Sr.	Kalinin, Andrey	Jefe de Delegación
Federación de Rusia	Sr.	Klepikov, Alexander	Representante del CPA
Federación de Rusia	Sr.	Pomelov, Victor	Asesor
Federación de Rusia	Sr.	Tarasenko, Sergey	Asesor
Federación de Rusia	Sra.	Zhuzhginova, Yulia	Delegada
Finlandia	Sra.	Haukka, Jenny	Alterno
Finlandia	Sr.	Kalakoski, Mika	Asesor
Finlandia	Sra.	Kangas, Aino	Alterno
Finlandia	Sr.	Koivurova, Timo	Asesor
Finlandia	Sra.	Mähönen, Outi	Representante del CPA
Finlandia	Sra.	Tölö, Elina	Alterno
Finlandia	Sr.	Vuorimäki, Petteri	Jefe de Delegación
Finlandia	Sra.	Yletyinen, Anna	Alterno
Francia	Dra.	Chappellaz, Jérôme	Representante del CPA
Francia	Dra.	Choquet, Anne	Asesor
Francia	Sr.	Cottarel, Guillaume	Delegada
Francia	Sra.	Jolly, Maude	Representante del CPA
Francia	Sr.	Le Lan, Julien	Alterno
Francia	Sr.	Ortolland, Didier	Jefe de Delegación
Francia	Embajador	Poivre D'arvor, Olivier	Presidente de la RCTA
Francia	Sr.	Raharinaivo, Jacques	Asesor
Francia	Sr.	Ropert-Coudert, Yan	Delegada
India	Dra.	Chaturvedi, Sanjay	Delegada
India	Dra.	Gupta, G.V.M.	Delegada
India	Dra.	Kumar, Vijay	Delegada
India	Dra.	Rangreji, Luther	Delegada
India	Dra.	Ravichandran, Muthalagu	Jefe de Delegación
India	Dra.	Tiwari, Anoop Kumar	Representante del CPA
Italia	Prof.	Andreone, Gemma	Delegada
Italia	Dra.	Azzaro, Maurizio	Delegada
Italia	Prof.	Calizza, Edoardo	Asesor
Italia	Dra.	Ghigliotti, Laura	Asesor
Italia	Sr.	Guanciale, Orazio	Jefe de Delegación
Italia	Ing.	Mecozzi, Roberta	Representante del CPA
Italia	Prof.	Onofri, Silvano	Delegada
Italia	Dra.	Ubaldi, Carla	Delegada
Italia	Dra.	Vacchi, Marino	Delegada
Japón	Sr.	Baba, Kentaro	Asesor

Partes Consultivas			
Parte	**Título**	**Nombre**	**Cargo**
Japón	Prof.	Hashida, Gen	Asesor
Japón	Sra.	Ichitsuka, Yuka	Representante del CPA
Japón	Prof.	Imura, Satoshi	Asesor
Japón	Sr.	Iwasaki, Atsushi	Jefe de Delegación
Japón	Sr.	Kayashima, Takuro	Alterno
Japón	Prof.	Nakamura, Takuji	Asesor
Japón	Sr.	Okumura, Kouki	Asesor
Japón	Sra.	Sato, Moeka	Asesor
Japón	Sra.	Shirai, Hikaru	Alterno
Noruega	Sra.	Galli, Aasta Louise Thorbjørnsrud	Delegada
Noruega	Sr.	Guldahl, John Erik	Delegada
Noruega	Sra.	Høgestøl, Astrid Charlotte	Delegada
Noruega	Sra.	Jørem, Ane	Alterno
Noruega	Dra.	Misund, Ole Arve	Delegada
Noruega	Sra.	Nicolaisen, Kristine Oftedal	Delegada
Noruega	Sra.	Njåstad, Birgit	Delegada
Noruega	Sra.	Øseth, Ellen	Representante del CPA
Noruega	Sra.	Stoltenberg, Anne Elisabeth	Delegada
Noruega	Sra.	Strengehagen, Mette	Jefe de Delegación
Noruega	Sr.	Theisen, Fredrik Juell	Delegada
Noruega	Sra.	Von Quillfeldt, Cecilie	Delegada
Nueva Zelandia	Sr.	Jain, Arun	Alterno
Nueva Zelandia	Sr.	Kirk, Hamish	Delegada
Nueva Zelandia	Sra.	Newman, Jana	Jefe de Delegación
Nueva Zelandia	Sra.	Poirot, Ceisha	Representante del CPA
Nueva Zelandia	Sra.	Sitter, Pauline	Delegada
Países Bajos	Dra.	Badhe, Renuka	Asesor
Países Bajos	Prof. Dr.	Bastmeijer, Kees	Delegada
Países Bajos	Dr.	Eijs, Arthur	Representante del CPA
Países Bajos	Sra.	Elstgeest, Marlynda	Asesor
Países Bajos	Sra.	Eshuis, Nikki	Delegada
Países Bajos	Dr.	Kroef, Van Der, Dick A.	Delegada
Países Bajos	Sra.	Kuile, Ter, Liz	Delegada
Países Bajos	Sr.	Peijs, Martijn	Delegada
Países Bajos	Sr.	Pistecky, Michael	Jefe de Delegación
Países Bajos	Sra.	Wijmenga, Hannah	Delegada
Perú	Sra.	Bello Chirinos, Cinthya	Representante del CPA
Perú	Sr.	Franco Moreno, Enrique	Delegada
Perú	Sr.	Londoñe Bailon, Pablo	Delegada
Perú	Min.	Soarez Documet, Manuel	Jefe de Delegación

Partes Consultivas			
Parte	**Título**	**Nombre**	**Cargo**
Polonia	Dr. Hab.	Bialik, Robert	Alterno
Polonia	Sr.	Jalukowicz, Tomasz	Delegada
Polonia	Sra.	Krawczyk-Grzesiowska, Joanna	Delegada
Polonia	Sra.	Kruszewska, Agnieszka	Representante del CPA
Polonia	Prof.	Lewandowski, Marek	Delegada
Polonia	Dra.	Marciniak, Konrad	Jefe de Delegación
Polonia	Sra.	Tolkacz, Katarzyna	Representante del CPA
Reino Unido	Sr.	Chance, Thomas	Delegada
Reino Unido	Sra.	Clarke, Rachel	Delegada
Reino Unido	Sr.	Clarkson, George	Representante del CPA
Reino Unido	Dra.	Crosbie, Kim	Delegada
Reino Unido	Sr.	Downie, Rod	Delegada
Reino Unido	Sr.	Eager, John	Delegada
Reino Unido	Prof. Sra.	Francis, Jane	Delegada
Reino Unido	Sr.	Garrod, Simon	Delegada
Reino Unido	Dra.	Hughes, Kevin	Delegada
Reino Unido	Sra.	Purdasy, Margaret	Delegada
Reino Unido	Sra.	Rumble, Jane	Jefe de Delegación
República Checa	Sr.	Beranek, Milan	Delegada
República Checa	Sr.	Caban, Pavel	Delegada
República Checa	Sra.	Filippiova, Martina	Alterno
República Checa	Dra.	Kapler, Pavel	Delegada
República Checa	Sra.	Krizova, Barbora	Delegada
República Checa	Dra.	Nyvlt, Daniel	Delegada
República Checa	Dra.	Štepánek, Premysl	Delegada
República Checa	Dra.	Válek, Petr	Jefe de Delegación
República Checa	Sr.	Venera, Zdenek	Representante del CPA
República de Corea (RdC)	Sr.	Ahn, Kukhyun	Jefe de Delegación
República de Corea (RdC)	Sr.	Choi, Seonung	Delegada
República de Corea (RdC)	Dra.	Chung, Hosung	Delegada
República de Corea (RdC)	Sr.	Han, Seung Woo	Delegada
República de Corea (RdC)	Sra.	Han, Juhee	Delegada
República de Corea (RdC)	Sra.	Jung, Chaerin	Delegada
República de Corea (RdC)	Sra.	Kim, Min Ji	Delegada
República de Corea (RdC)	Sra.	Kim, Ji Hyun	Delegada
República de Corea (RdC)	Dra.	Kim, Ji Hee	Delegada

Partes Consultivas			
Parte	**Título**	**Nombre**	**Cargo**
República de Corea (RdC)	Sr.	Seo, Joonwoo	Delegada
República de Corea (RdC)	Dra.	Shin, Hyoung Chul	Delegada
República de Corea (RdC)	Sra.	Suh, Hyein	Delegada
Sudáfrica	Sra.	Brammer, Romi	Asesor
Sudáfrica	Sr.	Devanunthan, Nishendra	Delegada
Sudáfrica	Sr.	Dopolo, Mbulelo Tomie	Jefe de Delegación
Sudáfrica	Sra.	Madlokazi, Ntombovuyo	Asesor
Sudáfrica	Sra.	Malherbe, Carina	Asesor
Sudáfrica	Dra.	Siko, Gilbert	Asesor
Suecia	Dra.	Dahl, Justiina	Representante del CPA
Suecia	Prof.	Gardfeldt, Katarina	Delegada
Suecia	Director adjunto	Nilsson, Pernilla	Jefe de Delegación
Suecia	Dra.	Norling, Pia	Delegada
Suecia	Funcionario, Dr.	Ratcovich Leopardi, Martin	Asesor
Ucrania	Sr.	Fedchuk, Andrii	Alterno
Uruguay	Director	Danzov, Ernesto	Asesor
Uruguay	R.A. (Ret.)	Burgos, Manuel	Alterno
Uruguay	Sr.	Corbo, Richard	Asesor
Uruguay	Lic.	Da Costa, Pamela	Asesor
Uruguay	Sr.	Fraga, Rafael	Personal
Uruguay	Sr.	Juri, Eduardo	Representante del CPA
Uruguay	Lic.	Machado , Ana Laura	Asesor
Uruguay	Sr.	Pache Soto, Jaime	Delegada
Uruguay	Sr.	Pereyra, Álvaro	Asesor
Uruguay	Lic.	Quartarolo, Angela	Delegada
Uruguay	Dra	Rivero, Florencia	Asesor
Uruguay	Dra.	Vanerio Balbela, Gustavo	Jefe de Delegación

Partes no Consultivas			
Parte	**Título**	**Nombre**	**Cargo**
Belarús	Sra.	Kaminskaya, Alena	Delegada
Belarús	Dra.	Haidashou, Aliaksei	Alterno
Belarús	Dra.	Kakareka, Sergey	Representante del CPA
Belarús	Sra.	Kharashun, Tamara	Delegada
Belarús	Prof.	Loginov, Vladimir	Jefe de Delegación
Belarús	Sr.	Ryzhikov, Vladimir	Delegada
Belarús	Sr.	Shpakovsky, Alexander	Delegada
Belarús	Sra.	Velichko, Irina	Delegada
Canadá	Sr.	Dupuis, Frederick	Delegada
Canadá	Sra.	Murji, Alyssa	Asesor
Canadá	Sr.	Paul, Amrita	Delegada
Canadá	Sra.	Rumbolt, Sara	Delegada
Canadá	Sra.	Song, Gloria	Alterno
Canadá	Sr.	Taillefer, David	Jefe de Delegación
Canadá	Sra.	Thompson, Jacqueline	Delegada
Canadá	Sra.	Wark, Jutta	Alterno
Colombia	Capitán	Arias Isaza, Francisco Armando	Alterno
Colombia	Sr.	Barreto , Luis Reinaldo	Delegada
Colombia	Sr.	Bula Bohórquez, Alberto	Asesor
Colombia	Capitán De Corbeta	Burgos Uribe , Natalia	Representante del CPA
Colombia	Embajador	Cadena Montenegro, Diego Felipe	Delegada
Colombia	Sr.	Ceballos , Jorge Luis	Delegada
Colombia	Capitán De Navío	Forero Hauzeur, Juan Camilo	Delegada
Colombia	Sra.	Franco Torrente, Catalina	Delegada
Colombia	Sra.	González , Ana María	Delegada
Colombia	Mayor	Jaimes Parada, Gerson Ricardo	Delegada
Colombia	Capitán	Jiménez Lozano, César	Delegada
Colombia	Teniente Coronel	Jiménez Sánchez , Jorge Giovanni	Delegada
Colombia	Sr.	Marmolejo Egred , Andrés Felipe	Delegada
Colombia	Embajadora	Molina De La Villa, Olga Cielo	Delegada
Colombia	Sr.	Montenegro Coral, Ricardo	Jefe de Delegación
Colombia	Sra.	Moreno , Kelly Joletii	Delegada
Colombia	Sr.	Navarro Hernández , Jesús Gabriel	Delegada
Colombia	Sra.	Ricaurte , Constanza	Delegada
Colombia	Mayor	Rincón Urbina, Sonia Ruth	Delegada
Colombia	Tenienta de Fragata	Rodríguez Saldaña, Danna María	Delegada
Colombia	Sra.	Rubio Tamayo, Laura	Delegada
Colombia	Sra.	Sierra Correa , Paula Cristina	Delegada

Partes no Consultivas			
Parte	**Título**	**Nombre**	**Cargo**
Colombia	Sra.	Suárez Triviño , Natalia Del Pilar	Delegada
Eslovaquia	Sra.	Erdelská, ?ubica	Alterno
Eslovaquia	Sra.	Pánisová Ležáková, Michaela	Alterno
Eslovaquia	H.E.	Slobodník, Igor	Jefe de Delegación
Eslovaquia	Sra.	Sykorova, Michaela	Delegada
Eslovenia	Sra.	Del Fabro, Elena	Delegada
Malasia	Sr.	Abd Rahman, Mohd Nasaruddin	Delegada
Malasia	Sr.	Abu Bakar, Jamalulail	Jefe de Delegación
Malasia	Prof. Dr.	Abu Samah, Azizan	Delegada
Malasia	Sr.	Baharuddin, Rosmahyuddin	Delegada
Malasia	Sra.	Mogan, Deepa	Delegada
Malasia	Dra.	Mohd Nor, Salleh	Delegada
Mónaco	Dra.	Le Bohec, Céline	Alterno
Mónaco	Dra.	Planas, Victor	Asesor
Mónaco	Del.	Van Klaveren-Impagliazzo, Céline	Representante del CPA
Portugal	Prof.	Caetano Xavier, José Carlos	Jefe de Delegación
Portugal	Dra.	Grafino, Carla Fonseca	Delegada
Portugal	Dra.	Mendes, Maria Luís	Delegada
Portugal	Dra.	Motta, Gonçalo	Delegada
Portugal	Sra.	Santos, Maria Germana	Delegada
Suiza	Sr.	Andrin, Studer	Representante del CPA
Suiza	Sra.	Carola, Göhlich	Delegada
Suiza	Sra.	Danièle, Rod	Asesor
Suiza	Sr.	Hauser, Grégoire	Delegada
Suiza	Dra.	Margrit, Schwikowski	Asesor
Suiza	Embajador	Roberto, Balzaretti	Jefe de Delegación
Turquía	Sra.	Bayar, Eda	Representante del CPA
Turquía	Dra.	Erguven, N. Sarp	Delegada
Turquía	Capitán	Oktar, Özgün	Alterno
Turquía	Sr.	Özigci, Yunus Emre	Delegada
Turquía	Prof.	Özsoy, Burcu	Jefe de Delegación
Turquía	Sr.	Ünlü, Bartu	Delegada
Turquía	Dra.	Yilmaz, Atilla	Alterno
Turquía	Sr.	Yüksel, Subutay	Delegada
Venezuela	Sr.	Castillo, Marco	Alterno
Venezuela	Sra.	Handt, Helga	Representante del CPA
Venezuela	Sra.	Requena, Ailing	Delegada

Observadores, expertos e invitados			
Parte	**Título**	**Nombre**	**Cargo**
CCRVMA	Dra.	Agnew, David	Jefe de Delegación
CCRVMA	Dra.	Granit, Jakob	Alterno
CCRVMA	Dra.	Welsford, Dirk	Representante del CPA
COMNAP	Dra.	Colombo, Andrea	Delegada
COMNAP	Sra.	Rogan-Finnemore, Michelle	Jefe de Delegación
SCAR	Dra.	Grant, Susie	Representante del CPA
SCAR	Dra.	Kennicutt, Mahlon C.	Delegada
SCAR	Dra.	Kim, Yeadong	Jefe de Delegación
SCAR	Dra.	Nath, Chandrika	Delegada
ASOC	Sra.	Aiken, Kimberly	Asesor
ASOC	Sra.	Andrews, Olive	Asesor
ASOC	Sr.	Chen, Jiliang	Asesor
ASOC	Sra.	Christian, Claire	Jefe de Delegación
ASOC	Sra.	Grilly, Emily	Asesor
ASOC	Sr.	Helten, Randy	Asesor
ASOC	Sra.	Kavanagh, Andrea	Asesor
ASOC	Dra.	Kim, Eunhee	Asesor
ASOC	Sr.	Markowitz, David	Asesor
ASOC	Dra.	Prior, Sian	Asesor
ASOC	Dra.	Roura, Ricardo	Representante del CPA
ASOC	Sra.	Schuetzek, Meike	Asesor
ASOC	Sr.	Sonntag, Ralf	Asesor
ASOC	Sr.	Walker, Mike	Asesor
ASOC	Sr.	Wang, Charlie Sen	Asesor
ASOC	Sr.	Werner Kinkelin, Rodolfo	Asesor
ASOC	Sra.	Zharkova, Elena	Asesor
ASOC	Sra.	Zhou, Wei	Asesor
IAATO	Sra.	Greer, Gina Marie	Delegada
IAATO	Sra.	Kelley, Lisa	Jefe de Delegación
IAATO	Sra.	Lynnes, Amanda	Representante del CPA
OHI	Sr.	Guillam, Yves	Asesor
OHI	Dra.	Jonas, Mathias	Jefe de Delegación
FIDAC	Sr.	Maura, José	Jefe de Delegación
FIDAC	Sr.	Okugawa, Yuji	Asesor
UICN	Sra.	Epps, Minna	Jefe de Delegación
UICN	Dra.	Francis, Elizabeth	Delegada
UICN	Dra.	Leung, Yu-Fai	Alterno
UICN	Dra.	Spadone, Aurélie	Delegada
OMM	Dra.	Hovsepyan, Anahit	Delegada
OMM	Dra.	Nitu, Rodica	Delegada
OMM	Dra.	Sparrow, Mike	Jefe de Delegación

Secretaría del País Anfitrión			
Parte	**Título**	**Nombre**	**Cargo**
HCS	Sr.	Binachon, Martin	Personal
HCS	Sra.	Gourbeau, Alexana	Personal
HCS	Sra.	Krajka, Caroline	Jefe de Delegación
HCS	Sra.	Lakhyali , Amelle	Personal
HCS	Sr.	Mousnier-Lompre, Patrick	Personal

Secretaría del Tratado Antártico			
Parte	**Título**	**Nombre**	**Cargo**
STA	Sr.	Agraz, José Luis	Personal
STA	Sra.	Balok, Anna	Personal
STA	Sra.	Choudhry, Iqra Asghar	Personal
STA	Sra.	Erceg, Diane	Personal
STA	Sr.	González Vaillant, Joaquín	Personal
STA	Sra.	Hodgson-Johnston, Indiah	Personal
STA	Sr.	Lluberas, Albert	Jefe de Delegación
STA	Dra.	Nielsen, Hanne Fonss	Personal
STA	Sr.	Papaserge, Walter	Personal
STA	Sr.	Phillips, Andrew	Personal
STA	Dra.	Portella Sampaio, Daniela	Personal
STA	Sr.	Sabev, Atanas	Personal
STA	Mg.	Sánchez, Rodolfo Andrés	Personal
STA	Sra.	Van Der Watt, Lize-Marié	Personal
STA	Sr.	Wainschenker, Pablo	Personal
STA	Sr.	Wydler, Diego	Alterno
Traducción e interpretación	Sr.	Arias, Iván	Personal
Traducción e interpretación	Sra.	Bocharova, Elena	Personal
Traducción e interpretación	Sra.	Buergo, Matilde	Personal
Traducción e interpretación	Sra.	Correa, Olivia	Personal
Traducción e interpretación	Sr.	Fleming, Jack	Personal
Traducción e interpretación	Sr.	Hoffman, Justin	Personal
Traducción e interpretación	Sra.	Kryzhanovska, Ekaterina	Personal
Traducción e interpretación	Sra.	Lantsuta-Davis, Ludmila	Personal
Traducción e interpretación	Sr.	Lorente, Adriá	Personal
Traducción e interpretación	Sra.	Malyshenko, Alexandra	Personal

Secretaría del Tratado Antártico			
Parte	**Título**	**Nombre**	**Cargo**
Traducción e interpretación	Sra.	Mateos, Maria Cristina	Personal
Traducción e interpretación	Sra.	Moroz, Victoria	Personal
Traducción e interpretación	Sr.	Mossop, David	Personal
Traducción e interpretación	Sra.	Palà, Silvia	Personal
Traducción e interpretación	Sra.	Poupin, Anna	Personal
Traducción e interpretación	Sr.	Sandin, José Manuel	Personal
Traducción e interpretación	Sr.	Seizilles De Mazancourt, Stephen	Personal
Traducción e interpretación	Sr.	Skinner, Michael	Personal
Traducción e interpretación	Sr.	Tazara, Spafford	Personal
Traducción e interpretación	Sra.	Vallvé, Caroline	Personal
Traducción e interpretación	Sra.	Vinarskaja, Valeria	Personal
Traducción e interpretación	Sra.	Zelenina, Acielle	Personal

www.ingramcontent.com/pod-product-compliance
Lightning Source LLC
LaVergne TN
LVHW082157051026
849532LV00012B/3619